WCAG, WAI-ARIA 적용부터 UI 개선과 디자인 시스템 도입까지

웹 접근성 바이블

WEB APPLICATION ACCESSIBILITY—KYOKARA HAJIMERU
GEMBAKARANO KAIZEN
by Rikiya Ihara, Daisuke Kobayashi, Soichi Masuda, Rei Yamamoto

Copyright © 2023 Rikiya Ihara, Daisuke Kobayashi, Soichi Masuda, Rei Yamamoto
All rights reserved.
Original Japanese edition published by Gijutsu-Hyoron Co., Ltd., Tokyo

This Korean language edition published by arrangement with Gijutsu-Hyoron Co., Ltd., Tokyo
in care of Tuttle-Mori Agency, Inc., Tokyo, through Danny Hong Agency, Seoul.

이 책의 한국어판 저작권은 대니홍 에이전시를 통한 저작권사와의 독점 계약으로
(주)비제이퍼블릭에 있습니다. 저작권법에 의해 한국 내에서 보호를 받는 저작물이므로
무단전재와 복제를 금합니다.

WCAG, WAI-ARIA 적용부터 UI 개선과 디자인 시스템 도입까지

웹 접근성 바이블

The Web Accessibility Bible

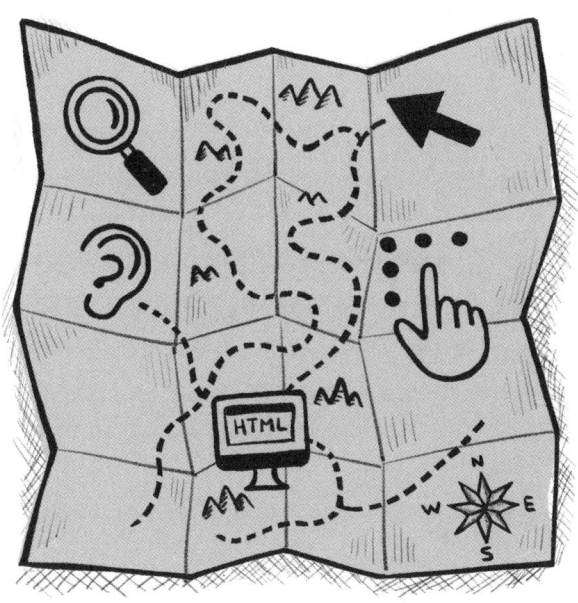

머리말

이 책의 목적

웹 애플리케이션은 우리 사회나 생활에 없으면 안 되는 존재가 됐습니다. 업무에 이용하는 웹 애플리케이션만 하더라도 정보 공유, 노무 관리, 회계 등 다양한 종류의 웹 애플리케이션을 이용하고 있습니다. 접근성은 이러한 웹 애플리케이션을 보다 다양한 사회나 생활에 정착시키기 위한 필수적인 품질 요소 중 하나라고 할 수 있습니다.

그러나 웹 애플리케이션의 접근성을 높이는 데는 여러 문제가 있습니다. 많은 웹 애플리케이션은 복잡한 UI로 구성돼 있습니다. 복잡한 UI에 쉽게 접근케 만들려면 전문적인 지식이 필요합니다. 또한 많은 웹 애플리케이션은 대규모이면서 성장해 나간다는 전제가 깔려 있습니다. 그렇기에 연관 있는 사람들만 대응하기보단 개발 프로세스에 접근성이라는 개념을 주입해 조직 전체가 접근성을 의식해야 합니다. 이 책의 목적은 이러한 문제점을 유념하면서 여러분이 개발하는 웹 애플리케이션의 접근성을 높이는 것입니다.

이 책의 대상 독자

이 책의 주요 대상 독자는 접근성에 흥미가 있는 디자이너나 엔지니어, 특히 웹 애플리케이션을 개발 중인 분입니다. 기술적으로는 HTML, CSS, 자바스크립트의 기본적인 문법을 이해하고 있어야 합니다. 이 책에서는 리액트로 작성된 프로그램이 등장하지만 상세한 내용은 해당 부분에서 설명하므로 리액트를 깊게 이해하고 있지 않아도 됩니다.

이 책의 구성

이 책의 구성은 필자들이 속한 사업 회사[1]에서 경험한 웹 애플리케이션의 접근성을 높이기 위한 여정을 따라갑니다.

접근성을 알다

웹 애플리케이션의 접근성을 개선하기 위한 첫 동기는 접근성을 알고 그 중요성을 이해하는 것입니다.

- 제1장 '웹 접근성이란'에서는 접근성의 개요를 이해하는 데 필요한 사용자의 다양한 이용 환경, 가이드라인, 접근성을 개선하는 이유를 설명합니다.

할 수 있는 것부터 개선한다

접근성의 중요성을 이해했다면 바로 할 수 있는 것부터 문제를 하나씩 개선해 나갑니다. 이 책에서는 ① 자주 있는 사례에서 문제 알아보기, ② 체크 포인트, ③ 자주 있는 사례 개선하기라는 세 단계로 접근성 문제를 해결하는 방법을 제시합니다.

- 제2장 '웹 접근성의 기초'에서는 접근성을 개선하는 데 중요한 머신 리더빌리티나 키보드 조작을 설명합니다.
- 제3장 '폼의 개선'에서는 웹 애플리케이션에 필수적인 폼이나 오류를 다룹니다.
- 제4장 'UI 디자인의 개선'에서는 대부분의 웹 애플리케이션에서 자주 사용하는 색, 문자, 이미지, 동영상과 같은 기본적인 디자인의 접근성을 다룹니다.
- 제5장 '복잡한 UI 패턴의 개선'에서는 모달 다이얼로그나 툴팁과 같은 웹 애플리케이션에서 자주 사용하는 복잡한 UI에 쉽게 접근케 하는 방법을 검토합니다.

조직 전체가 노력한다

접근성은 조금씩 개선되겠지만 관련자들만 행동해서는 언젠가 한계를 맞이합

---

1 역주: 사업 회사란 SI(System Integration) 회사를 제외한 어떠한 사업을 영위하는 회사를 말합니다(유통, 제조, 금융 등).

니다. 접근성을 더욱 높이려면 조직 전체에 접근성을 전파하고 개발 프로세스에 포함해야 합니다.

- 제6장 '디자인 시스템과 접근성'에서는 조직 전체가 접근성이 좋은 웹 애플리케이션을 디자인 시스템으로 개발하는 방법을 설명합니다.
- 제7장 '접근성의 조직 도입'에서는 조직 내의 접근성 공인 팀을 만드는 것을 목표로, 필자가 실천한 조직에 접근성을 전파하는 방법을 설명합니다.

처음부터 접근할 수 있게 한다

조직 전체가 접근성을 개선하는 체계를 만들었더라도 문제를 발견하고서 개선한다는 흐름을 계속 이어 나간다면 접근성과 관련된 문제는 계속 발생하게 됩니다. 문제가 발생하기 전에 처음부터 쉽게 접근하도록 만드는 사고가 중요합니다.

- 제8장 '접근할 수 있는 UI 설계의 원리를 끌어낸다'에서는 다양한 이용 환경으로부터 공통 문제를 찾아내 접근성에 관련된 문제를 만들지 않기 위한 UI 설계의 원리를 제시합니다.

추구합시다

접근성, 그 길에 끝이란 없습니다. 이 분야가 인간의 다양성을 대상으로 하고 있기 때문입니다. 필자는 이 책을 통해 웹 애플리케이션의 접근성이 크게 개선되리라 확신하면서도 세상의 모든 사람을 받아들일 수 있는 웹 애플리케이션이 개발되는 건 아득한 미래의 일이라 생각하고 있습니다.

하지만 그렇기에 지금을 살아가는 우리에게 그 미래를 추구하는 가치와 책임이 있다고 생각합니다. 여러분이 이 책을 읽고 제8장을 넘어 제9장, 제10장 그리고 그 앞에 기다리는 멋진 미래를 추구해 주신다면 그보다 더 기쁜 일은 없을 것입니다.

지원 사이트

아래 링크는 지원 사이트입니다. 책을 보며 참고하시기를 바랍니다.

일본: https://webapp-a11y.com/

한국: https://bjpublic.tistory.com/261248

이 책의 사례

이 책에서는 freee, SmartHR, cybozu의 사례를 소개하는데 freee는 이하라와 야마모토, SmartHR은 마스다, cybozu는 고고바야시가 책을 집필하던 시점의 근무처입니다.

감사의 말씀

이 책은 많은 분의 리뷰를 들으며 집필했습니다(괄호 안은 명시가 없다면 트위터 계정입니다). 이시키 마사히데 님(@cocktailzjp), 이타가키 히로아키 님(@itagakiHiroaki), 이토 슌스케 님(@shunito), 우에키 마코토 님(@makoto_ueki), 우에노 마나부 님(@manabuueno), 오오타 요시노리 님(@bakera)께 이 자리를 통해 감사의 말씀을 드립니다. 여러분의 도움이 없었다면 이 책을 집필하지 못했을 것입니다.

또, 출판에 힘써 주신 기술평론사의 구보타 유마 님께 감사드립니다. 집필이 늦어진 저희에게 질타와 격려를 해주시며 완성까지 이끌어 주신 데 감사드립니다. 마지막으로 필자들을 항상 지켜봐 준 가족들에게 감사드립니다.

2023년 1월 필자 일동

저자 소개

■ **이하라 리키야**

2004년에 주식회사 비즈니스 아키텍츠에 입사해 정보 아키텍트로 활동했다. 2017년에 freee 주식회사에 입사했다. 다양한 업무처리 방식의 실현을 목표로 디자인 팀을 관리하거나 접근성을 보급하는 활동을 하고 있다. 외부 컨설턴트로서 note, Ubie, STUDIO, 도쿄도 신형 코로나바이러스 감염증 대책 사이트의 접근성 개선을 지원했다. 웹 접근성 기반위원회(WAIC) 위원, 인간중심 설계 추진기구(HCD-Net) 평가위원. 저서(공동 집필)로 '디자이닝 웹 접근성', 감역서로 '코딩 웹 접근성', '인클루시브 HTML + CSS & 자바스크립트'가 있다.

트위터: @magi1125

■ **고바야시 다이스케**

2012년에 cybozu 주식회사에 신입 사원으로 입사했다. 프로그래머로 클라우드 서비스 'kintone'의 개발에 참여했다. 2014년에 저시력자 직원의 사용성 테스트를 관찰한 일을 계기로 접근성 개선 활동을 시작했다. 접근성 전문가로서 접근할 수 있는 디자인과 개발 지도, 사내 가이드라인 작성 등에 종사했다. 2021년부터 kintone의 디자인 시스템 구축에 참여했다. 웹 접근성 기반위원회(WAIC) 워킹그룹 1의 주임이다.

트위터: @sukoyakarizumu

■ 마스다 소이치

2007년에 주식회사 구조계획연구소에 입사해 제조업 고객에 대한 법인 영업과 마케팅을 담당했다. 2014년에 데지파 주식회사에 입사해 프런트엔드 엔지니어로 전직했다. 2017년에 주식회사 사이버 에이전트에 입사하여 방송 플랫폼, 공영경기투표 서비스의 웹 프런트 개발을 걸쳐 아메바 블로그, ABEMA의 접근성 향상 프로젝트를 추진했다. 2021년에 주식회사 SmartHR에 입사했다. 직원 설문조사 기능의 프로덕트 디자인을 담당했고 접근성과 다언어화를 전문으로 하는 프로그레시브 디자인 그룹을 만들어 매니저로 취임했다. 현재는 전사 차원의 접근성 추진을 담당하고 있다.

트위터: @masuP9

■ 야마모토 레이

게이오기주쿠대학 정책미디어 연구과 석사 과정을 수료 후 모바일 게임을 만드는 벤처 기업을 거쳐 2014년에 freee 주식회사에 입사했다. 프런트엔드 개발을 중심으로 엔지니어로서 회계와 인사노무 소프트웨어의 기능 개발에 참여했다. 2019년에 디자이너로 전직하여 현재는 사내에서 사용하는 디자인 시스템 구축, 사원 연수를 비롯한 접근성 보급 활동, 접근성이 좋은 제품을 릴리즈하기 위한 프로세스 정비 등에 참가하고 있다.

트위터: @ymrl

옮긴이의 말

안녕하세요?

『웹 접근성 바이블』의 옮긴이 이민성입니다.

이 책은 접근성을 다룹니다. 접근성이란 누구나 접근할 수 있음을 말합니다. 여기서 말하는 누구나란 시력이 약하거나 나이가 들었거나 몸을 움직이기 불편한 사람, 혹은 아무런 문제가 없는 사람 모두를 포함합니다. 웹은 기본적으로 모두에게 열려 있다는 게 전제 조건이므로 웹 개발을 할 때는 모든 이가 이용할 수 있도록 개발해야 합니다. 그때 이 책이 유용하리라 생각합니다. 이 책에서는 접근성이란 무엇이고, 어떤 상황에 있고, 왜 해당 문제를 개선해야 하는지를 설명합니다. 또한 사례를 들며 구체적으로 어떻게 개선하는지 그 모습을 보여줍니다. 최근 접근성은 공공기관의 웹 사이트나 일정한 사용자가 있다면 인증 마크를 취득하는 등 반드시 지키도록 의무화돼 있습니다. 미국이나 유럽 등 해외에 진출하려는 웹 서비스도 접근성을 법적 의무로 인해 고려해야만 합니다. 또한 접근성의 준수는 SEO(검색 엔진 최적화) 대책이 되기도 하며 HTML 구조를 더 잘 이해하는 계기가 된다고 생각합니다. 아무쪼록 이 책을 통하여 접근성을 이해하는 사람이 늘어나 모두가 쉽게 이용할 수 있는 웹 사이트가 많이 생기면 좋겠습니다.

베타 리더 추천사

프론트엔드 개발자로서 가장 중요하다고 생각되는 것은 사용자에게 최적화된 UI를 제공하는 것입니다. 우리가 알고 있는 시멘틱 태그는 단순히 div 태그만을 사용하는 것이 아닙니다. 다양한 웹 브라우저에서 명확한 웹 구조와 SEO를 위한 것도 아닙니다. 사용자가 지금까지 경험한 다양한 웹 서비스의 경험을 통해 개발자가 구현한 웹에서 사용자가 원하는 결과를 도출할 수 있도록 만드는 것입니다.

이 책은 HTML, CSS, JavaScript부터 React, TypeScript 환경까지, 사용자를 위한 시멘틱 태그 설계와 더 나아가 UI/UX, 디자인 패턴 등에서 놓쳤던 웹 접근성에 대한 방향과 사례들을 개선하는 방법을 알려줍니다.

더 나아가 서비스를 개발할 때 개발자, PM, PO, 디자이너와 함께 사용자에게 제공할 기능과 정보에 대해 기술적으로 학습하고 정보를 탐구하며, 실제 사용자를 찾아가 사용해 보고 사용자의 경험을 향상하는 방법을 제시합니다. 부족한 점을 개선하여 웹 접근성을 높이고 서비스의 완성도를 최대로 높이는 방법도 다루고 있습니다.

이 책은 실무에 바로 적용할 수 있는 구체적인 예제와 함께, 최신 웹 접근성 표준을 따르는 방법을 상세히 설명합니다. 특히, React와 같은 최신 프레임워크를 사용할 때도 웹 접근성을 고려하는 방법을 배울 수 있어 매우 유용합니다.

또한, 다양한 실제 사례를 통해 이론이 아닌 실전에서의 적용 방법을 배울 수 있어 더욱 가치가 높습니다. 실제 사용자를 찾아가 서비스를 체험하고 사용자의 긍정적인 경험을 더욱 살리고, 부족했던 경험을 개선했던 사례도 포함되어 있습니다.

이를 통해 독자는 이론뿐만 아니라 실제로 어떻게 접근성을 개선할 수 있는지 구체적인 방법을 배울 수 있습니다. 사용자를 생각하는 프론트엔드 개발자에게 추천하며, UI/UX와 웹 접근성에 대해 부족했던 분들에게도 강력하게 추천합니다.

배수인 프론트엔드 개발자

유엔은 인구 대비 65세 이상 인구 비율을 봤을 때 세계 최고령의 나라는 일본이라고 설명합니다. 일본은 노인 고용률이 높으며 전체 노동력의 13%를 차지합니다. 일본 고령자의 인터넷 이용률(2021년)은 나이별로 차이는 있지만 27% 이상입니다. 이 이용률은 해마다 상승하고 있고, 고령자만큼 신체장애인도 늘고 있습니다. 이들은 웹사이트나 모바일 앱을 잘 사용하고 싶어 하지만 종종 불편함을 느낍니다. 그들이 불편함을 느끼는 이유는 다양한 서비스(웹, 모바일 등)가 접근성을 지키지 않는다는 점입니다. 이 책은 이런 문제를 느끼는 분에게 도움을 주기 위해 나왔습니다.

우리나라도 그들과 별반 다르지 않습니다. 이 책을 우리가 읽어야하는 이유입니다. 웹의 힘은 보편성에 있습니다. 장애 여부와 관계없이 누구나 접근할 수 있기 때문입니다. 이 책은 일본의 다양한 통계와 법령 그리고 장애에 대해 자세히 설명해 주고 웹 접근성에 기초부터 실무까지 세세하게 풀어줍니다. 이 책을 통해 자기 회사의 웹 접근성을 높이고 장애에 대해 간접적으로 이해하고 싶다면 읽어보는 것을 추천합니다.

황시연 백엔드 개발자

웹 접근성을 기계적으로 준수하는 것과 내가 개발한 애플리케이션이 실제로 접근성을 갖추는 것은 전혀 다르다는 점을 이 책을 통해 알게 되었습니다. 이 책은 접근할 수 있는 UI 설계와 실행 방안에 관한 이야기이며, 지속 가능하게 웹 접근성을 개선하도록 도와주는 소중한 책입니다.

책에서는 웹 접근성을 준수해야 하는 이유와 다양한 사례를 통해 애플리케이션의 웹 접근성을 개선하는 방법, 그리고 웹 접근성과 관련된 도구와 사이트를 확인할 수 있습니다. 특히, 저자의 경험을 토대로 한 7장 "접근성의 조직 도입"을 단계적으로 실행하면 팀 내에서도 어렵지 않게 접근성에 관한 인사이트를 얻을 수 있을 것입니다.

책에서 "장애는 사용자에게 있는 것이 아니라, 사용자와 서비스 사이의 경계에 존재한다"라고 말합니다. 개발을 목표로 하시는 모든 분께 이 책을 가장 먼저 읽을 것을 추천해 드립니다.

안단희 솔루션 개발자

이 책은 웹을 사용하는 다양한 사용자들에 대한 깊은 통찰을 제공하며, 제3의 시각으로 웹을 바라볼 수 있도록 안내하고 있습니다. 기존에 생각하지 못했던 새로운 관점에서 웹을 설계하고, 당연하게 여겼던 기능들과 UI에 대해 신선한 깨달음을 준 책입니다.

현직 개발자는 물론, 기획자, 퍼블리셔, QA 등 웹 서비스를 기획하고 구현하는 모든 분께 이 책을 강력히 추천합니다.

조민수 웹 개발자

목차

머리말 iv
저자 소개 viii
옮긴이의 말 x
베타 리더 추천사 xi

제 1 장 웹 접근성이란 1

1.1 접근성이란 2
단어로서의 정의 2
사용성과의 비교 2
접근성은 사용하기 쉬운 정도다? 4

1.2 웹 접근성이란 5
웹에 있기만 하면 접근성이 압도적으로 높다 5
웹 콘텐츠는 형태를 바꿀 수 있다 6

1.3 웹 접근성과 '장애' 9
장애의 종류별 개요와 이용 상황 9
노화와 장애 24
일시적인 장애 26
의학 모델과 사회 모델 27

1.4 WCAG: 웹 접근성의 표준 31
WCAG의 개요 31
세 가지 적합 레벨과 그 내용 34
접근성 지원 여부 41

1.5 웹 접근성을 개선하는 이유 43
사용자를 늘린다 43
사용성을 높일 수 있다 51
권리를 지키며 법을 준수할 수 있다 52

1.6 왜 웹 애플리케이션 접근성인가 60
꾸준히 이용함으로써 생활이나 업무가 변화하므로 60
공동 이용을 하는 데 모두가 사용할 수 있어야 하므로 60
기업의 미션으로 이어지므로 61

제2장
웹 접근성의 기초 63

2.1 기초 머신 리더블 이해하기 64
아무것도 읽지 못하며 조작할 수 없는 버튼 - '이름'과 '역할' 64
선택 여부를 알 수 없는 체크 박스 - '상태' 67
HTML 시맨틱스와 이를 보완하는 WAI-ARIA 70
HTML과 WAI-ARIA와 AOM(접근성 오브젝트 모델) 74

2.2 키보드 조작의 기본 81
자주 있는 사례에서 문제 알아보기 83
[사례 1] 키보드로 조작할 수 없다 - 인터랙티브 요소를 사용하지 않았다 83
[사례 2] 키보드로 조작할 수 없다 - 인터랙티브 요소를 가렸다 84
[사례 3] 키보드로 조작할 수 없다 - 마우스로만 표시되는 UI 85
[사례 4] 키보드 조작 시 현재 위치를 알 수 없다 86
체크 포인트 88
자주 있는 사례를 개선하다 89
[사례 1 개선❶] 인터랙티브 요소를 사용해서 키보드 조작을 가능케 한다 89
[사례 1 개선❷] 포커스를 받아 키 이벤트로 실행 가능하도록 한다
  - 인터랙티브 요소를 사용할 수 없을 때 89
[사례 2 개선] 키보드 조작으로 포커스가 가능한 상태에서 인터랙티브 요소를 감춘다 93
[사례 3 개선] 마우스 이벤트와 키보드 이벤트를 병행해 키보드를 조작할 때 표시한다 95
[사례 4 개선❶] 적절한 포커스 인디케이터를 표시한다 97
[사례 4 개선❷] 필요할 때만 포커스 인디케이터를 표시한다 98

2.3 비텍스트 콘텐츠의 머신 리더빌리티 100
자주 있는 사례에서 문제 알아보기 101
[사례 1] 대체 텍스트가 부여되지 않은 이미지 101
[사례 2] 접근 가능한 이름이 없는 UI 102
[사례 3] 장식을 위한 시각 표현에 텍스트 데이터가 존재한다 104
체크 포인트 105
자주 있는 사례를 개선하다 106
[사례 1 개선❶] 이미지에 대체 텍스트를 부여한다 106
[사례 1 개선❷] 사용자가 이미지에 대체 텍스트를 설정할 수 있도록 한다 108

[사례 1 개선❸] 그래프나 차트를 대체할 콘텐츠를 제공한다 108
[사례 2 개선] UI에 접근 가능한 이름을 부여한다 110
[사례 3 개선] 장식을 위한 시각 표현을 무시한다 113

2.4 콘텐츠 구조의 머신 리더빌리티 116
자주 있는 사례에서 문제 알아보기 118
[사례 1] 표제가 표제로서 마크업되지 않았다 118
[사례 2] 정보의 관계성을 마크업하지 않았다 120
[사례 3] 정보의 그룹을 마크업하지 않았다 122
[사례 4] 시각적인 표현을 위해 잘못된 시맨틱스를 사용했다 123
체크 포인트 124
자주 있는 사례를 개선하다 125
[사례 1의 개선] 표제를 표제로서 마크업한다 125
[사례 2의 개선] 마크업으로 정보를 연관 짓다 126
[사례 3의 개선] 마크업으로 그룹화한다 128
[사례 4의 개선] 시각 표현을 위해 사용한 시맨틱스를 삭제한다 129

제 3 장
폼 개선 131

3.1 레이블과 설명 132
자주 있는 사례에서 문제 알아보기 132
[사례 1] 플레이스 홀더로 레이블을 표현했다 132
[사례 2] 레이블과 설명 배치를 이해하기 어렵다 134
[사례 3] 폼 제어에 레이블과 설명을 연관 짓지 않았다 135
[사례 4] 그룹에 레이블과 설명을 연관 짓지 않았다 136
[사례 5] 필수 입력의 설명이 전달되지 않는다 137
체크 포인트 138
자주 있는 사례를 개선하다 139
[사례 1 개선] 레이블이나 설명을 플레이스 홀더 바깥쪽에 배치한다 139
[사례 2 개선] 폼 제어·그룹 레이블과 설명을 이해하기 쉽게 배치한다 140
[사례 3 개선❶] 폼 제어에 레이블과 설명을 연관 짓는다 - label 요소를 사용했을 때 141
[사례 3 개선❷] 폼 제어에 레이블과 설명을 연관 짓는다 - WAI-ARIA를 사용했을 때 141
[사례 3 개선❸] 폼 제어에 보이지 않는 레이블을 붙인다 142
[사례 4 개선❶] 그룹에 레이블과 설명을 연관 짓는다
             - fieldset 요소와 legend 요소를 사용했을 때 143
[사례 4 개선❷] 그룹에 레이블과 설명을 연관 짓는다 - WAI-ARIA를 사용했을 때 145
[사례 5 개선] 필수 입력 여부를 텍스트로 설명한다 147

3.2 입력 지원 150
자주 있는 사례에서 문제 알아보기 150
[사례 1] 필요 이상으로 입력을 요구한다 150
[사례 2] 하나의 입력값을 나타내는 폼 제어가 분할되어 있다 151
[사례 3] 브라우저의 자동 완성을 사용할 수 없다 151
[사례 4] 입력값 종류에 적절한 입력 형식이 선택되지 않았다 152
[사례 5] 선택지가 있는 입력란에 적절한 폼 제어가 선택되지 않았다 154
체크 포인트 155
자주 있는 사례를 개선하다 156
[사례 1 개선] 입력 항목 개수를 최소화한다 156
[사례 2 개선] 하나의 입력값을 나타내는 폼 제어를 합친다 156
[사례 3 개선] 자동 완성되도록 마크업한다 156
[사례 4 개선❶] 입력값 종류에 따라 입력 형식을 지정한다 158
[사례 4 개선❷] 소프트웨어 키보드의 종류를 지정한다
　　　　　　　　- inputmode 속성과 pattern 속성 159
[사례 4 개선❸] 인터페이스의 입력을 제한한다
　　　　　　　　- max 속성·min 속성·step 속성·maxlength 속성 162
[사례 5 개선❶] 선택식 폼 제어를 검토한다 - 라디오 버튼·체크 박스 163
[사례 5 개선❷] 선택식 폼 제어를 검토한다 - 셀렉트 박스·리스트 박스 163
[사례 5 개선❸] 선택식 폼 제어를 검토한다 - 콤보 박스 165

3.3 제약의 검증과 오류 167
자주 있는 사례에서 문제 알아보기 167
[사례 1] 오류 발생 위치와 오류 메시지의 관계를 알기 어렵다 167
[사례 2] 다양한 사용자에게 오류를 알리는 방법을 검토하지 않았다 169
[사례 3] 오류 수정 방법을 알기 어렵다 170
[사례 4] 필요 이상으로 입력을 제약했다 171
[사례 5] 사용자가 직접 조작을 검증할 수단이 없다 171
체크 포인트 172
자주 있는 사례를 개선하다 173
[사례 1 개선❶] HTML 표준 제약 검증을 이용한다 173
[사례 1 개선❷] 독자적인 오류를 알기 쉽게 디자인한다 175
[사례 1 개선❸] 독자적인 오류를 마크업한다 - 폼 제어의 경우 176
[사례 1 개선❹] 독자적인 오류를 마크업한다 - 그룹의 경우 177
[사례 2 개선❶] 오류 발생 여부와 발생 위치를 알기 쉽게 알린다 179
[사례 2 개선❷] 패턴 1: 전송 시에 폼 제어로 포커싱한다 179
[사례 2 개선❸] 패턴 2: 전송 시에 오류 요약을 표시한다 180
[사례 2 개선❹] 패턴 3: 입력 시에 실시간으로 검증한다 182
[사례 3 개선❶] 오류 수정 방법을 이해하기 쉽게 작성한다 184
[사례 3 개선❷] 오류 수정 후보를 제안한다 185

[사례 4 개선] 입력 제약을 최소화한다 186
[사례 5 개선] 사용자가 직접 조작을 검증할 수 있도록 한다 186

3.4 사용자가 예측할 수 있는 작동 188
자주 있는 사례에서 문제 알아보기 188
[사례 1] 폼 제어 값을 변경했을 때 화면 전환이 발생한다 188
[사례 2] 페이지를 로딩할 때나 폼 제어에 값을 입력할 때 포커스가 이동한다 191
체크 포인트 192
자주 있는 사례를 개선하다 192
[사례 1 개선] 사용자가 콘텐츠의 큰 변화를 예측할 수 있도록 한다 192
[사례 2 개선] 사용자가 포커스 이동을 예측할 수 있도록 한다 193

3.5 커스텀 컴포넌트 195
자주 있는 사례에서 문제 알아보기 195
[사례 1] 커스텀 컴포넌트의 필요성을 제대로 파악하지 않았다 195
[사례 2] 기존의 커스텀 컴포넌트 샘플을 참고하지 않았다 196
[사례 3] 키보드 조작이 적절히 설계되지 않았다 196
[사례 4] WAI-ARIA 사양을 따른 역할이 설정되지 않았다 197
[사례 5] WAI-ARIA 사양을 따른 속성·상태가 설정되지 않았다 197
[사례 6] 지원 기술로 검증하지 않았다 197
체크 포인트 198
자주 있는 사례를 개선하다 199
[사례 1 개선] 애초에 커스텀 컴포넌트를 이용해야 하는지 검토한다 199
[사례 2 개선] 접근성을 고려한 커스텀 컴포넌트 샘플을 참고한다 199
[사례 3 개선] 적절한 키보드 조작을 설계한다 201
[사례 4 개선] 적절한 WAI-ARIA 역할을 검토한다 203
[사례 5 개선] 적절한 WAI-ARIA 속성·상태를 검토한다 205
[사례 6 개선] 지원 기술로 검증한다 206

제 4 장
UI 디자인의 개선 209

4.1 색과 대비 210
자주 있는 사례에서 문제 알아보기 210
[사례 1] 색만으로 정보를 제공했다 210
[사례 2] 명암비가 너무 낮다 213
체크 포인트 213
자주 있는 사례를 개선하다 216
[사례 1 개선] 색 이외의 수단으로도 정보를 제공한다 216

   [사례 2 개선❶] 문자의 명암비를 개선한다 218
   [사례 2 개선❷] 문자 이외의 명암비를 개선한다 221
   [사례 2 개선❸] 되도록 명암비를 높이거나, 문자를 크고 굵게 표시한다
         (명암비를 확보할 수 없을 때) 223
4.2 텍스트 크기 226
  자주 있는 사례에서 문제 알아보기 228
   [사례 1] 터치 디바이스에서 핀치 아웃으로 화면을 확대하지 못한다 228
   [사례 2] 화면을 확대하면 위치가 고정된 요소가 화면을 가려버린다 229
   [사례 3] 브라우저의 문자 크기 변경 기능이 반영되지 않는다 229
  체크 포인트 230
  자주 있는 사례를 개선하다 232
   [사례 1 개선] 핀치 아웃으로 화면을 확대할 수 있게 한다 232
   [사례 2 개선] 위치가 고정된 요소를 확대했을 때의 표시 방법을 검토한다 232
   [사례 3 개선] 폰트 사이즈는 상대 단위로 지정한다 233
4.3 텍스트 레이아웃 235
  자주 있는 사례에서 문제 알아보기 236
   [사례 1] 줄이 너무 길다 236
   [사례 2] 줄 간격이나 단락 간격이 좁다 237
   [사례 3] 텍스트가 양쪽 정렬됐다 237
   [사례 4] 공백 문자를 사용해 문자 간격을 조정했다 238
   [사례 5] 텍스트 블록의 크기를 고정했다 239
   [사례 6] 문자 이미지로 텍스트 레이아웃을 고정했다 239
  체크 포인트 239
  자주 있는 사례를 개선하다 241
   [사례 1 개선] 줄을 적절한 길이로 맞춘다 241
   [사례 2 개선] 줄 간격과 단락 간격을 넓게 한다 241
   [사례 3 개선] 양쪽 정렬을 사용하지 않는다 242
   [사례 4 개선] CSS를 사용해 문자 간격을 조정한다 242
   [사례 5 개선] 텍스트 블록의 크기를 가변으로 한다 243
   [사례 6 개선] 문자 이미지 사용은 최소화한다 244
4.4 라이팅 244
  자주 있는 사례에서 문제 알아보기 245
   [사례 1] 페이지의 언어가 지정되지 않았다 245
   [사례 2] 페이지 제목에 페이지의 주제가 나타나지 않았다 245
   [사례 3] 표제가 페이지의 개요를 표현하지 않았다 247
   [사례 4] 링크 텍스트가 이동되는 곳을 표현하지 않았다 247
   [사례 5] 감각적 특징에만 의존했다 249
   [사례 6] 화면에 표시된 텍스트의 이름 속성을 덮어썼다 250
  체크 포인트 251

자주 있는 사례를 개선하다 252
　[사례 1 개선] lang 속성에 적절한 언어를 지정한다 252
　[사례 2 개선] 주제가 나타나는 페이지 제목을 부여한다 252
　[사례 3 개선] 표제만 추출해 페이지의 개요를 이해할 수 있도록 한다 253
　[사례 4 개선] 링크 텍스트만으로도 이동되는 곳을 이해할 수 있도록 한다 254
　[사례 5 개선] 감각적 특징과 함께 콘텐츠를 특정하는 텍스트를 전달한다 256
　[사례 6 개선] 표시된 텍스트와 이름 속성을 일치시킨다 257

4.5 이미지의 대체 텍스트 258
자주 있는 사례에서 문제 알아보기 259
　[사례 1] 대체 텍스트가 이미지 내용을 표현하지 않았다 259
　[사례 2] 일러스트, 사진, 스크린샷의 대체 텍스트가
　　　　'일러스트', '사진', '스크린샷'으로 지정되어 있다 260
　[사례 3] 장식 이미지에 대체 텍스트가 설정되어 있다 261
　[사례 4] 기능을 가진 이미지의 대체 텍스트가 외관을 나타냈다 262
　[사례 5] 문자 이미지가 나타내는 텍스트 중 일부만 대체 텍스트로 설정했다 262
　[사례 6] 그래프나 그림의 대체 텍스트를 '그래프', '그림'으로 설정했다 263
체크 포인트 264
자주 있는 사례를 개선하다 265
　[사례 1 개선] 이미지 내용을 나타내는 대체 텍스트를 설정한다 265
　[사례 2 개선] 정보를 제공하는 이미지의 대체 텍스트로는 중요한 정보를 짧게 전달한다 266
　[사례 3 개선] 장식 이미지의 대체 텍스트는 공백으로 한다 268
　[사례 4 개선] 기능을 갖는 이미지의 대체 텍스트라면 해당 기능을 설명한다 268
　[사례 5 개선] 문자 이미지에 적힌 텍스트를 문자 이미지의 대체 텍스트로 설정한다 271
　[사례 6 개선] 제공된 데이터 또는 동등한 정보를 그래프나 그림의 대체 텍스트로 설정한다 272

4.6 동영상·음성 매체 276
자주 있는 사례에서 문제 알아보기 277
　[사례 1] 동영상·음성 콘텐츠에서 음성을 듣지 않으면 내용을 이해할 수 없다:
　　　　녹화된 콘텐츠의 경우 277
　[사례 2] 동영상·음성 콘텐츠에서 음성을 듣지 않으면 내용을 이해할 수 없다:
　　　　실시간 방송의 경우 277
　[사례 3] 동영상 콘텐츠에서 영상을 보지 않으면 내용을 이해할 수 없다 277
　[사례 4] 동영상·음성이 자동 재생된다 278
　[사례 5] BGM의 음량이 너무 크다 278
　[사례 6] 미디어 플레이어의 접근성이 낮다 278
체크 포인트 279
자주 있는 사례를 개선하다 279
　[사례 1 개선❶] 동영상·음성에 대체 콘텐츠(캡션, 자막)를 제공한다 279
　[사례 1 개선❷] 적절한 캡션 제공 방법을 선택한다 282
　[사례 2 개선] 실시간 방송에 대체 콘텐츠(캡션, 자막)를 제공한다 283

- [사례 3 개선] 음성만으로 동영상을 이해할 수 있도록 한다 285
- [사례 4 개선] 사용자의 동의를 얻고 동영상과 음성을 재생한다 286
- [사례 5 개선] BGM의 음량은 낮게 한다 286
- [사례 6 개선] 미디어 플레이어의 접근성을 확보한다 286

4.7 애니메이션 287
자주 있는 사례에서 문제 알아보기 288
- [사례 1] 자동 재생되는 애니메이션을 제어할 수 없다 288
- [사례 2] 사용자 조작으로 재생되는 애니메이션을 제어할 수 없다 289

체크 포인트 290
자주 있는 사례를 개선하다 291
- [사례 1 개선❶] 애니메이션을 짧은 시간만 표시하던가 애니메이션을 이용하지 않는다 291
- [사례 1 개선❷] 자동 재생되는 애니메이션은 사용자가 일시정지 및
  정지 가능하거나 숨길 수 있도록 한다 291
- [사례 2 개선] 사용자 조작에 의한 애니메이션을 비활성화할 수 있도록 한다 292

4.8 모바일 디바이스 293
자주 있는 사례에서 문제 알아보기 294
- [사례 1] 콘텐츠가 화면 크기에 최적화되지 않았다 294
- [사례 2] 표시되는 방향을 제한했다 295
- [사례 3] 터치 대상이 너무 작다 296
- [사례 4] 제스처에만 의존했다 297
- [사례 5] 데스크톱 특유의 조작에만 의존했다 297
- [사례 6] 모바일 디바이스 특유의 지원 기술을 고려하지 않았다 298

체크 포인트 298
자주 있는 사례를 개선하다 300
- [사례 1 개선] 반응형 디자인을 채택한다 300
- [사례 2 개선] 표시되는 방향을 한 방향으로 제한하지 않는다 300
- [사례 3 개선] 터치 대상의 크기를 키운다 301
- [사례 4 개선] 제스처는 사용하지 않거나 대체 수단을 마련한다 302
- [사례 5 개선] 데스크톱 특유의 조작은 사용하지 않거나 대체 수단을 마련한다 302
- [사례 6 개선] 모바일 디바이스의 지원 기술로 검증한다 302

4.9 페이지의 레이아웃과 일관성 303
자주 있는 사례에서 문제 알아보기 304
- [사례 1] 페이지 레이아웃이 시각적 특징만으로 표현됐다 304
- [사례 2] 페이지가 랜드마크로 적절히 분할되지 않았다 304
- [사례 3] 페이지 레이아웃에 일관성이 없다 305
- [사례 4] 컴포넌트에 일관성이 없다 306
- [사례 5] 현재 위치를 알 수 없다 307

체크 포인트 307
자주 있는 사례를 개선하다 308

[사례 1 개선] 표제를 이용해 페이지의 영역에 쉽게 도달하도록 한다 308
[사례 2 개선] 랜드마크를 이용해 페이지의 영역에 쉽게 도달하도록 한다 310
[사례 3 개선] 페이지의 레이아웃을 통일한다 312
[사례 4 개선] 페이지의 컴포넌트를 통일한다 312
[사례 5 개선] 현재 위치를 파악할 수단을 마련한다 313

제5장 복잡한 UI 패턴 개선   315

5.1 모달 다이얼로그 316
모달 다이얼로그의 사례와 문제점 317
다이얼로그의 인터랙티브 요소를 곧바로 포커싱할 수 없다: 포커스 제어 구현 320
다이얼로그 바깥으로 포커스가 이동한다: 포커스 트랩 구현 323
요소의 상태를 머신 리더블하게 한다: WAI-ARIA의 활용 325
모달 다이얼로그의 개선 사례 328
최신 HTML 사양인 dialog 요소의 기대 330

5.2 알림 333
소극적인 알림을 스크린 리더에도 전달한다: 라이브 리전 333
페이지 밖에서의 알림: Notifications API 341
알림 제한 시간: 마음대로 사라지는 알림과 현실적인 대처법 343

5.3 캐러셀 346
이미지 자동 전환을 일시 정지할 수 있도록 한다 347
다양한 사용자가 이미지를 전환할 수 있도록 한다 349
표시하지 않은 이미지를 모든 환경에서 보거나 조작할 수 없도록 한다 352
이미지 자동 전환을 스크린 리더에 알리지 않는다 355
캐러셀이 꼭 필요한지 재검토한다 355

5.4 단순한 툴팁 356
단순한 툴팁의 사례와 문제점 357
화면 확대·키보드 조작 문제와 개선: 툴팁 표시·미표시 제어 360
스마트폰·스크린 리더의 문제와 개선: 마우스 오버 의존에서 탈피 368

5.5 풍부한 툴팁 378
풍부한 툴팁의 사례와 문제점 378
포커스 제어를 구현한다: 키보드 조작과 스크린 리더를 지원 384
툴팁 정리하기 390

5.6 드래그 앤 드롭 393
드래그 앤 드롭 조작 시 문제점: 키보드 조작에 의한 대체 394
드래그 앤 드롭의 대체 수단 396

5.7 햄버거 메뉴 403
햄버거 메뉴의 사례와 문제점 404
메뉴를 열고 닫는 버튼을 접근 가능하도록 한다 406
메뉴를 접근 가능하도록 한다 409
햄버거 메뉴의 개선 사례 412
HTML 표준 요소를 사용해 열고 닫힌 상태를 갖는 UI를 구현한다:
디스클로저(summary 요소·details 요소) 415

5.8 화면 전환 417
클라이언트 사이트 라우팅의 문제점 417
클라이언트 사이드 라우팅을 접근 가능하도록 한다 419
클라이언트 사이트 라우팅에서도 a 요소를 사용한다 422

제 6 장
디자인 시스템과 접근성 425

6.1 디자인 시스템이란 426
디자인 시스템의 구성 426
디자인 시스템의 장점 429
디자인 시스템 제정과 도입 시의 의사 결정 430

6.2 디자인 시스템과 접근성의 관계 432
디자인 시스템의 일부로 접근성을 포함하는 장점 432
유명한 디자인 시스템에서의 접근성의 위상 433
접근성을 '좋은 제약'으로 활용할 수 있다 438

6.3 디자인 시스템에 접근성을 포함시킨다 439
디자인 원리에 포함시킨다 439
스타일 가이드에 포함시킨다 440
패턴 라이브러리에 포함시킨다 443

6.4 디자인 시스템을 접근성 관점에서 강화한다 446
접근성과 연관된 직종과 역할 446
접근 가능하도록 하기 위한 역할과 작업 방법 정의 449
접근성 강화를 위해서 준비할 수 있는 것 450

6.5 디자인 시스템만으로는 접근할 수 없다 454
디자인 시스템 작성자의 의도대로 사용하지 않는다 454
페이지 전체 및 제품 전체의 상황을 알 수 없다 455
각자가 책임감을 갖는다 456

제 7 장
접근성의 조직 도입 ... 457

- 7.1 이 장을 읽는 법과 사용법 ... 458
- 7.2 정보를 공유하고 동료를 찾는다 ... 460
- 7.3 사내 커뮤니티를 설립한다 ... 465
- 7.4 자신의 생각을 사내에서 발언한다 ... 471
- 7.5 작은 규모의 개선을 시도한다 ... 474
- 7.6 주변에서 확인 및 개선 가능하도록 지원한다 ... 484
- 7.7 접근성이 필요한 사람과 만나다 ... 488
- 7.8 접근성 면에서 사내 오너가 된다 ... 497

제 8 장
접근할 수 있는 UI 설계의 원리를 이끌어내다 ... 507

- 8.1 처음부터 접근 가능하도록 하려면 ... 508
- 8.2 이용 상황으로부터 공통적 문제를 이끌어낸다 ... 516
- 8.3 안티 패턴과 대책❶: 한 화면에 많은 상태를 가진다 ... 542
- 8.4 안티 패턴과 대책❷: 텍스트가 생략된 화면 ... 556
- 8.5 안티 패턴과 대책❸: 작게 밀집된 조작 대상 ... 558
- 8.6 안티 패턴과 대책❹: 사용자가 요구하지 않은 작동 ... 561
- 8.7 안티 패턴과 대책❺: 확인과 보고가 많다 ... 570
- 8.8 안티 패턴과 대책❻: 입력 사항이 수고가 든다 ... 577
- 8.9 접근 가능한 UI 설계 원리 ... 580

부록
지원 기술과 이용 상황 ... 597

- 1 포인팅 디바이스와 지원 기술 ... 598
- 2 키보드 조작과 지원 기술 ... 620
- 3 조작 방식을 변경하는 지원 기술 ... 631
- 4 화면 표시와 지원 기술 ... 643

찾아보기 ... 657

제 1 장

웹 접근성이란

이 장에서는 웹 접근성의 기초를 설명합니다. 접근성이란 '이용 가능한 상황의 범위'를 의미합니다. 사실상 웹은 접근성을 위해 존재하는 미디어지만, 웹의 가능성을 살리는 건 애플리케이션을 어떻게 만드는지에 달려 있습니다. 아무것도 모르는 상태라면 경우에 따라서는 전혀 이용할 수 없는 것을 만들 수도 있습니다. 웹 접근성 개선은 다양한 이용 상황의 존재를 이해하고, 가이드라인이 요구하는 바가 무엇인지 아는 것에서 시작합니다.

1.1
접근성이란

접근성은 '이용 가능한 상황의 범위'를 의미합니다. 또한 접근성의 향상은 특정 사람만이 혜택을 받는 상황에서 그치는 게 아닌, 어떤 상황에서도 서비스 가치가 전달되며 그 가치가 최대화되는 가능성을 만든다는 매우 흥미로운 활동입니다.

우선 접근성이 가리키는 의미를 설명합니다.

단어로서의 정의

접근성은 영어의 access에서 유래합니다. access에는 '접근, 통로, 입구, 입수, 입장, 이용'이라는 의미가 있으며 장소, 물건, 정보에 접근해 이용하는 것까지 지칭하는 단어입니다. 그리고 접근성이란 access + ability(능력)이며 장소, 물건, 정보가 가진 '접근을 성립시키는 능력'이라 볼 수 있습니다. a와 y 사이에 알파벳이 열한 개가 있기에 줄여서 a11y로 표기하기도 합니다.

사용성과의 비교

접근성과 비슷한 단어로 사용성(usability)이 있습니다. 사용성은 일반적으로 '사용하기 쉬운 정도'로 해석되기에 접근성과 유사한 개념이라고도 할 수 있지만 차이점도 있습니다.

일본의 산업 규격인 'JIS Z 8521:2020 인간공학-사람과 시스템의 인터랙션-사용성의 정의 및 개념(人間工学—人とシステムとのインタラクション—ユーザビリ

ティの定義及び概念)'을 보겠습니다. 우선 사용성과 접근성 모두에 관한 개념으로 '이용 상황'이 있습니다. 이 규격에는 다음과 같이 기재되어 있습니다.

> 이용 상황은 시스템, 제품 또는 이용자가 서비스를 사용하는 상황일 때 사용자, 목표, 작업, 자원 또는 기술적, 신체적, 사회적, 문화적 및 조직적 환경의 조합으로 구성된 것이다.

사용자가 시스템, 제품, 서비스를 이용하는 데는 앞서 설명했듯 다양한 요소의 조합에 따른 '이용 상황'이 존재합니다. 그리고 사용성은 다음과 같이 정의되어 있습니다.

> 특정 사용자가 특정 이용 상황에서 시스템, 제품 또는 서비스를 이용할 때 효과, 효율 및 만족도를 동반하여 특정 목표를 달성하는 정도

이처럼 사용성은 '특정 사용자가 목표를 달성하는 정도'를 의미합니다. 이에 비해 접근성은 다음과 같이 정의되어 있습니다.

> 특정 이용 환경에서 특정 목표를 달성하기 위해 사용자의 다양한 요구와 특성 및 능력으로 제품, 시스템, 서비스, 환경 및 시설을 사용할 수 있는 정도

이처럼 접근성은 '제품이나 서비스를 다양한 요구하에서 사용할 수 있는 정도'를 가리키는 말입니다. 대부분의 상황에서 접근할 수 있다면 접근성이 높다고 하며, 거꾸로 특정 상황에서만 접근할 수 있다면 접근성이 낮다고 표현합니다.

이들의 관계성을 도표로 나타내면 **그림 1-1-1**과 같습니다.

사용성은 특정 사용자 시점에서 사용하기 편한 정도를 나타내며 사용자마다 그 값이 다릅니다. 접근성은 사용자들의 각 상황을 살펴봤을 때 '우선 이용 자체는 가능하겠다'는 점을 어느 정도의 범위로 달성했는지를 나타내는 말이라 할 수 있습니다.

그림 1-1-1 사용성과 접근성의 관계성

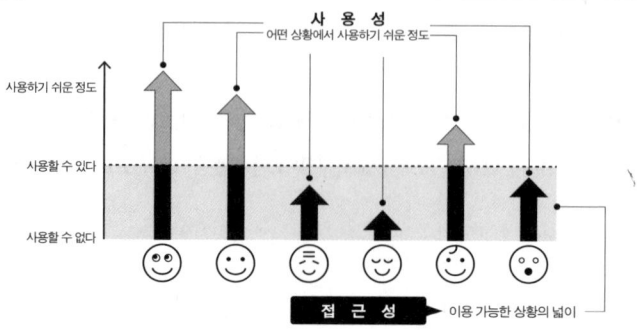

일서: '잘 보이지 않고 읽기 어려운 디자인을 해결한다(見えにくい、読みにくい「困った！」を解決するデザイン)' 23쪽에서 발췌(일부 수정)

접근성은 사용하기 쉬운 정도다?

접근성은 '사용하기 쉬운 정도'로 번역되기도 하며 사전에도 이와 같이 정의되어 있지만 이 번역은 오해를 일으킬 수 있습니다. '사용하기 쉬운 정도'라는 어감으로부터 '사용할 수 있음을 암묵적인 전제로 했을 때 사용하기 쉬운지 여부'라는 이미지를 갖는 사람이 어느 정도는 있다고 생각합니다. 그리고 그 어감이 '개선하면 좋겠지만 사용이 불가능한 건 아니니까 우선도는 높지 않다'는 해석으로 이어지는 것 같기도 합니다.

그러나 사용하기 쉬운 정도가 '0'인, 즉 전혀 사용할 수 없는 경우도 많습니다. 이 책의 주제인 웹 애플리케이션에도 UI(User Interface)상에 있는 버튼을 눈치채지 못하거나, 키보드 포커스가 보이지 않아 전혀 조작할 수 없거나, 마우스 오버를 하면 요소가 사라지는 것처럼 보이는 등 기능을 전혀 사용하지 못하게 되는 문제가 당연하듯 숨어 있습니다. 전부 치명적인 요소로, 버그라 해도 틀린 말은 아닐 것입니다.

접근성을 높이는 활동이란 이러한 문제가 일어나지 않도록 '우선 이용 자체는 가능'은 상황을 늘리거나, 이를 위한 선택지를 마련하는 것입니다.

1.2 웹 접근성이란

웹 접근성을 고려할 때는 우선 웹의 특징을 이해해야 합니다. 오해를 무릅쓰고 말하자면 웹은 접근성을 위해 존재하는 미디어입니다. 이렇게 단언할 수 있는 건 다른 미디어에는 없는 '접근을 가능케 하는 구조'가 웹에는 갖춰져 있기 때문입니다. 그 구조를 통해 어떤 상황에서도 사용할 수 있는 가능성이 열려 있습니다.

웹에 있기만 하면 접근성이 압도적으로 높다

애당초 웹에 콘텐츠나 서비스가 있다면 그 자체로도 접근성은 상당히 높습니다. 오히려 웹을 통해 콘텐츠나 서비스를 제공한다는 건 이러한 접근성의 혜택을 얻겠다 생각한 결과라고도 할 수 있습니다.

그림 1-2-1은 웹이 지닌 접근성 측면을 계층으로 나눈 것입니다. 이 그림으로 말하자면 웹에 콘텐츠를 공개하기만 하면 견고·발견·휴대까지 커버할 수 있습니다. 다양한 디바이스에서 인터넷에 접근하거나 URL로 콘텐츠를 고유하게 특정할 수 있으며, 서버들의 상호 네트워크를 통해 콘텐츠에 도달할 수 있다는 구조

그림 1-2-1 접근성의 계층

개편: 가공할 수 있다, 재이용할 수 있다	hackability
공유: 누군가에게 전달할 수 있다, 공유할 수 있다	shareability
사용: 지각·이해·조작, 목적 달성	usability
휴대: 이동시킬 수 있다, 호출할 수 있다	portability
발견: 특정할 수 있다, 찾을 수 있다	findability
견고: 존재가 유지된다	robustness

가 표준 사양으로 구현돼 있는 것이 바로 웹입니다. 그렇기에 통신 환경과 단말만 있다면 시간이나 장소, 디바이스 등의 제약을 넘어 누구라도 서비스의 입구에 설 수 있습니다.

그렇기에 온라인에서 쇼핑을 하고, 뉴스를 읽고, 학습을 하고, 일을 하는 행동이 일반적으로 가능하게 된 것입니다. 외출하기 어려운 사람도 편리하게 쇼핑할 수 있으며 집에서 원격 근무도 가능합니다. 이러한 작업은 웹이 생기기 전에는 어려웠습니다. 사실 웹에 서비스나 콘텐츠를 만드는 것만으로도 접근할 수 있는 세상을 만드는 데 공헌했다고 할 수 있습니다.

하지만 모든 게 구조로 해결되지는 않고 서비스 제공자가 어떻게 만드는지에 따라 접근성이 충분히 발휘되지 않을 수도 있습니다. 그림에서는 '사용' 계층과 그 윗부분으로, 이 부분에 무관심하면 웹이 가진 진정한 가치를 모두 발휘하기 어려우며 서비스 이용의 입구 앞으로 나아가지 못하는 상황을 만들게 됩니다.

그렇더라도 '사용' 계층 역시 웹의 표준 사양을 따름으로써 상당한 접근성을 확보할 수 있습니다.

웹 콘텐츠는 형태를 바꿀 수 있다

웹의 또 다른 장점은 사용자가 콘텐츠의 표현 자체를 바꿀 수 있다는 점입니다. '사용' 계층에서 올바르게 접근성을 확보하기 위해 이 점을 알아 둬야 합니다.

물리적인 제품의 경우 형태를 바꿀 수 없으므로 한 가지 물건으로 제공할 수 있는 선택지에는 한계가 있습니다. 예를 들어 다목적 화장실(**그림 1-2-2**), 휠체어 사용자, 고령자, 장루설치환자(ostomate), 아이들, 젖먹이 등 다양한 사람이 이용할 수 있도록 상황에 따른 기구가 설치되어 있습니다. 화장실 자체는 접근성이 높다고 할 수 있으나 이를 위해서는 여러 기구가 필요합니다.

웹에는 이런 물리적인 제약이 없습니다. 정보 자체와 표현을 분리하며, 표현에 해당하는 부분을 사용자가 변경할 수 있습니다. 이러한 특성이 있기에 OS 및 브라우저 설정을 조정하거나 특정한 사용법을 지원하는 '지원 기술'이라는 하드웨어 및 소프트웨어를 사용함으로써 화면을 보거나 조작하는 방법을 전혀 다른 것으로 바꿀 수 있습니다.

구체적인 예시를 생각해보겠습니다. 웹을 이용하는 데 많은 사람들이 연상하는 '일반적인 상황'이란 화면을 눈으로 보고 이해하여 마우스나 터치 디바이스로 조작하고 키보드로 문자를 입력하는 것이 아닐까요?

하지만 웹의 사용법은 그런 형태에 그치지 않으며, 다음과 같이 다양한 형태로 사용법을 '변화'시킬 수 있습니다(지원 기술 내용은 부록에서 자세히 설명합니다).

그림 1-2-2   다목적 화장실

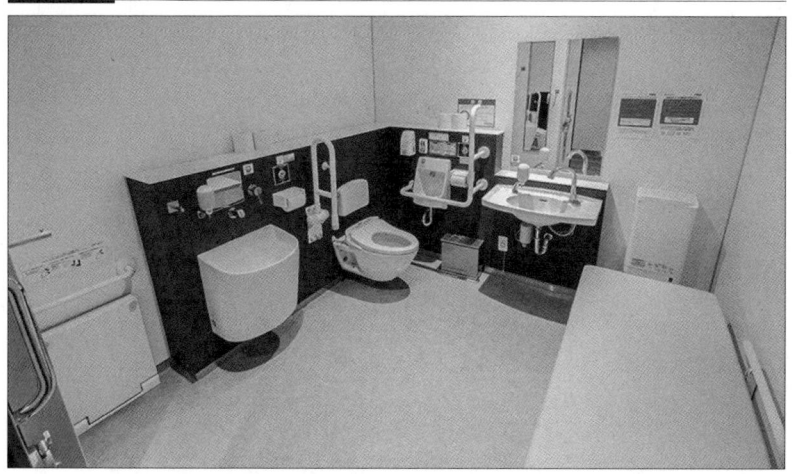

출처: 후쿠오카 공항(https://www.fukuoka-airport.jp/service/m-multipurpose-toilet.html)

- 웹 페이지의 색이나 문자를 보기 어려워도 배색, 문자 크기를 변경하는 등 사용자가 OS나 브라우저의 설정을 통해 덮어쓸 수 있다
- 화면이 전혀 보이지 않아도 스크린 리더라는 지원 기술을 사용하면 화면상에 있는 내용을 음성으로 읽거나 점자로 표시함으로써 웹 페이지의 내용을 이해할 수 있다
- 마우스나 터치 디바이스를 사용할 수 없더라도 키보드만으로 모든 조작을 할 수 있다. 그 밖에도 머리의 방향이나 시선, 표정, 음성, 물리적인 터치와 같은 다양한 조작 방법을 이용할 수 있다

웹의 고안자이자 URL, HTTP, HTML의 최초 설계자, 웹 표준을 제정하는 국제적인 커뮤니티인 W3C(World Wide Web Consortium)의 디렉터이기도 한 팀 버너스 리(Tim Berners-Lee) 씨는 다음과 같이 말합니다.[1]

> The power of the Web is in its universality. Access by everyone regardless of disability is an essential aspect.

'웹의 힘은 보편성에 있다. 장애 여부에 관계없이 누구나 접근할 수 있음이 웹의 본질'이라고 웹의 고안자가 말합니다. 웹에 콘텐츠나 서비스가 있음으로써 압도적으로 접근성이 높아지며 이를 다양한 형태로 변화시켜 이용할 수 있다는 특성은 웹 기술이 그러한 사고를 바탕으로 설계됐기 때문입니다.

---

1 https://www.w3.org/WAI/fundamentals/accessibility-intro/

1.3
웹 접근성과 '장애'

웹의 힘을 활용해 접근할 수 있는 웹 사이트나 웹 애플리케이션을 만들기 위해서는 다양한 이용 상황을 이해하고서 적절한 대응을 해야 합니다. 이 절에서는 먼저 다양한 장애의 종류와 개요를 설명하고서 디지털 디바이스의 이용 상황을 확인해봅니다.

장애의 종류별 개요와 이용 상황

보조나 지원을 필요로 하는 경우로 떠올리기 쉬운 건 장애인이 디지털 디바이스나 웹을 이용하는 상황입니다. 어떻게 보면 맞다고 할 수 있습니다.

다음 절에서 소개할 국제 표준 가이드라인인 WCAG 2.1의 서두에는 '웹 콘텐츠를 장애가 있는 사람에게 보다 쉽게 접근할 수 있게 하는 방법을 정의하고 있다'고 말합니다. 또한 자주 참조하는 JIS X 8341-3:2016의 제목 역시 '고령자·장애인 등 배려설계지침-정보통신기기, 소프트웨어 및 서비스-제3부: 웹 콘텐츠'이기도 합니다.

웹 사이트나 웹 애플리케이션의 접근성을 고려할 때는 이러한 가이드라인을 이해하는 전제로서 우선 '어떤 장애가 있으며 사용자가 어떻게 대처해서 웹에 접근하고 있는지'를 제작자가 이해해야 하며, 여기서는 그 개요를 설명합니다(자세한 내용은 부록을 참조하세요).

또한 다음에 설명할 장애의 설명은 디지털 디바이스의 이용 상황을 이해하기 위한 개요로, 의학적 견해나 장애등급 등에 근거한 것이 아님에 주의해주세요. 여기서는 둘 이상의 장애가 있는 경우의 설명은 생략했습니다.

약시·저시력

약시·저시력(low vision)은 시력이 낮거나 혹은 시야가 좁아 보기 힘들거나, 안경이나 콘택트렌즈를 사용해도 교정에 한계가 있는 상태를 말합니다. 윤곽이 흐릿하게 보이거나, 중심이나 주변, 혹은 일부만 보이거나 눈부심을 느끼거나, 어둑하면 구별하기 어려운 등 시야를 보기 힘든 정도는 사람마다 다릅니다.

화면을 보고 표시된 내용을 지각하는 건 가능하므로 PC나 태블릿, 스마트폰을 시각적으로 이용해 마우스나 터치스크린을 통해 조작합니다. 그러나 초기 설정 그대로 사용하면 잘 안 보인다고 느낄 수 있으며 장시간 작업할 때 고통을 느끼기도 합니다. 그래서 OS나 브라우저에는 접근성 옵션을 여럿 마련해두고 있습니다.

- 시력이 낮을 때는 문자 또는 화면을 확대하는 기능을 설정한다(그림 1-3-1). 화면 전체를 확대했을 때 마우스 포인터를 이동(태블릿, 스마트폰은 손가락의 제스처)하면 표시 영역이 따라오므로 항상 일부 화면만 보이는 상태가 된다
- 화면에 얼굴을 가까이해 이용할 때도 있으며 이때 지각할 수 있는 범위는 더 좁아진다
- 시력에 따라서는 화면 확대와, 스크린 리더 혹은 텍스트 읽기 기능을 같이 쓰는 경우도 있다
- 쉬운 마우스 조작을 위해 마우스 포인터를 확대하는 경우가 있다
- 스마트폰이나 태블릿은 화면을 확대하면 스크린 키보드를 사용하기 어려워지므로 블루투스 키보드를 같이 쓰는 경우도 있다
- 화면이 눈부신 정도를 줄이거나, 대비를 높여 문자나 그림을 읽기 쉽도록 다크 모드(그림 1-3-2)나 색 반전(그림 1-3-3), 고대비 모드(그림 1-3-4)와 같이 색을 변경하는 경우도 있다

그림 1-3-1　돋보기의 이용 사례

윈도우 10의 돋보기를 사용하는 모습

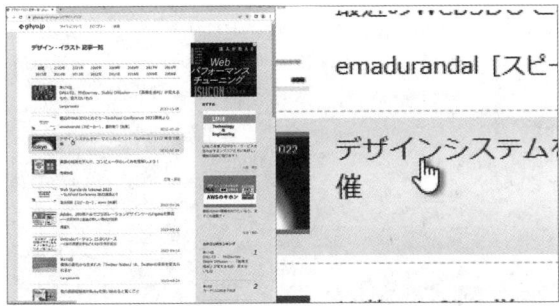

그림 1-3-2　macOS의 다크 모드 설정

어두운 배경색과 흰 문자를 기반으로 한 UI로 변경

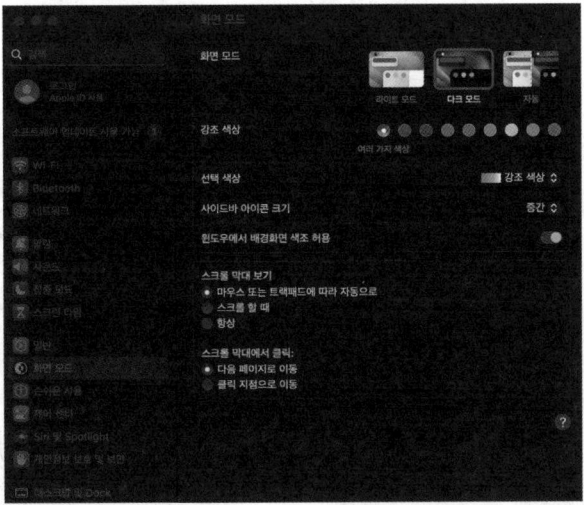

그림 1-3-3 윈도우 10의 색 반전

색을 반전시키면 눈부심을 방지해 보기 편하다

그림 1-3-4 윈도우 10의 고대비

배경색과 텍스트의 대비가 올라가며 창이나 패널 경계선도 뚜렷한 테마로 바뀐다

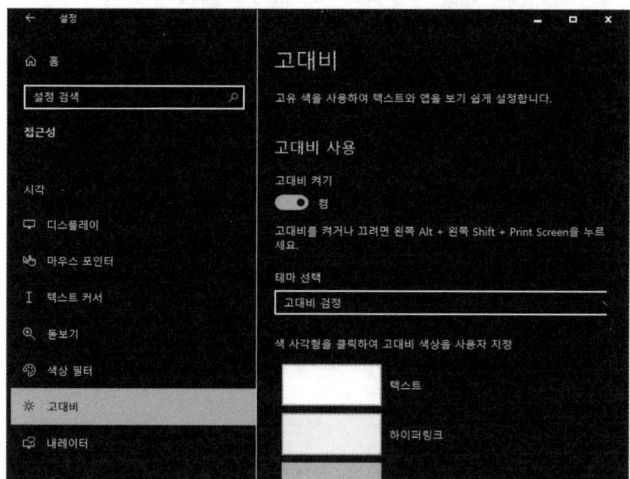

색각 특성·색약

사람마다 색을 달리 느낍니다. 사람은 망막에 있는 L 원추세포, M 원추세포, S 원추세포라는 세 종류의 시세포를 통해 색을 느낍니다. L 원추세포는 황록~빨강, M 원추세포는 초록~주황, S 원추세포는 보라~파랑을 지각하는데, 이 원추세포 중 하나 또는 여럿이 제 기능을 하지 못하면 색을 다르게 느끼며 이를 색각 특성이라고 합니다. 일본의 NPO 법인 컬러 유니버설 디자인 기구(CUDO)가 제창하는 호칭[2]에 의하면 다음과 같은 형식이 있습니다(표 1-3-1).

- C형(일반형): 모든 원추세포가 충분히 기능하고 있다
- P형: L 원추세포(황록~빨강)가 기능하지 않거나 약하다
- D형: M 원추세포(초록~주황)가 기능하지 않거나 약하다
- T형: S 원추세포(보라~파랑)가 기능하지 않는다
- A형: 하나의 원추세포만 기능하거나 모든 원추세포가 기능하지 않아 흑백으로 보인다

표 1-3-1 일본 NPO 법인 컬러 유니버설 디자인 기구(CUDO)가 제창하는 호칭

CUDO의 신규 호칭		지금까지의 호칭			
C형	일반 색각자	색각 정상			3색형
P형(강·약)	색약자	제1	색맹·색약	적록 색맹	2색형 이상 3색형
D형(강·약)		제2	색각 이상		
T형		제3	색각 장애	황청 색맹	
A형		전 색맹			1색형

색각 특성이 있다면 이웃한 색들을 구분하지 못하거나, 강조 표시가 오히려 옅게 보이거나 하여 정보를 잘못 해석할 때가 있습니다. 그럴 때는 OS가 제공하는 색을 바꾸는 컬러 필터라는 기능을 쓰기도 합니다(**그림 1-3-5**). 예를 들면 빨강과 초록의 구별이 어려운 경우 빨강을 분홍에 가깝게 만듦으로써 초록과 구별하기

---

2 https://cudo.jp/?page_id=84

쉬워집니다. 하지만 이 경우에는 분홍과 빨강을 구별하기 어려워지는 등 만능이 아님에 주의해야 합니다.

전맹

전맹은 시력이 거의 없거나 전혀 없는 상태를 말하며 시각적으로 사물을 구별하거나 문자를 읽는 것이 불가능합니다(빛을 느끼거나 색을 구분하는 경우도 있습니다). 그렇기에 화면에 표시된 내용을 시각적으로는 지각할 수 없는 상태입니다.

앞서 말한 스크린 리더라는 지원 기술을 통해서 PC나 태블릿, 스마트폰을 이용합니다(**그림 1-3-6**). 화면 상태나 지금 가능한 조작은 무엇인지, 입력한 문자가 무엇인지 파악하는 작업을 모두 음성 변환을 통해서 합니다.

화면이 보이지 않기에 PC의 경우 마우스를 쓰지 않고 키보드로 조작하며 입력합니다. 스마트폰이나 태블릿의 경우 화면이 보이지 않는 상황을 전제로 한 스크린 리더 고유의 방법으로 조작하며 입력합니다.

그 밖에 다음과 같은 사용법을 병행하는 경우도 있습니다.

- 터치 스크린을 갖춘 PC의 경우 터치한 위치를 읽어 주는 방법을 병행하기도 한다
- 점자를 읽을 수 있다면 점자 디스플레이로 텍스트를 파악하기도 한다
- 이미지화된 문자를 인식하기 위해서 OCR 소프트웨어로 문자를 인식하기도 한다
- 스마트폰이나 태블릿의 경우 블루투스 키보드를 같이 사용하여 조작 효율을 높이기도 한다

그림 1-3-5   macOS의 컬러 필터

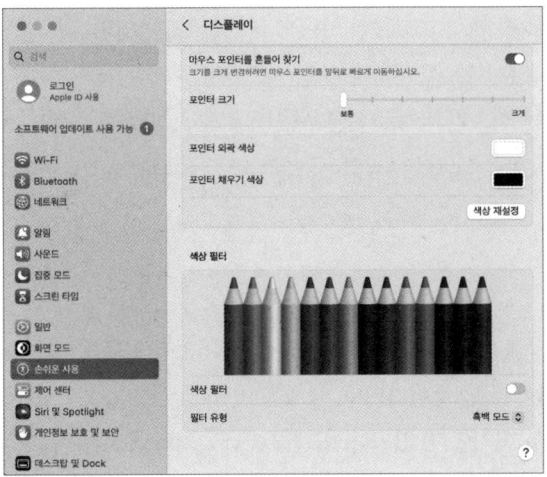

그림 1-3-6   스크린 리더

윈도우용 스크린 리더 'NVDA'로 웹 사이트를 열람하는 모습

그러나 2006년 일본 후생노동성 조사[3]에 따르면 전맹·약시를 포함한 시각 장애인 중 점자가 가능하다고 답변한 사람의 비율은 12.7%입니다.

자주 사용하는 스크린 리더로 윈도우는 PC-Talker, NVDA, JAWS, 내레이터가 있고 macOS와 iOS는 VoiceOver, 안드로이드는 TalkBack이 있습니다.

상지 장애

상지(上肢) 장애란 팔, 손, 손가락을 움직일 수 없거나 움직이기 어려운 상태를 말합니다. 힘이 잘 안 들어가거나, 세세한 힘 조절이 어렵거나, 불수의운동[4]이 일어나 의도대로 움직일 수 없거나, 쉽게 피로해지거나 혹은 마비로 인해 움직이기 어렵거나, 신체 부위가 결손돼 있는 등 그 상태는 다양합니다.

마우스나 터치 디바이스, 키보드를 그대로 쓸 수 없을 때는 물리적인 하드웨어와 소프트웨어에 의한 지원을 조합합니다. 상황에 따라서 그 조합은 다양하며 **그림 1-3-7~15**에 사례를 소개합니다.

---

3 https://www.mhlw.go.jp/toukei/saikin/hw/shintai/06/dl/01_0001.pdf
4 불수의운동(不隨意運動)은 자신의 의지나 의도와는 상관없이 나타나는 운동을 말합니다.

그림 1-3-7 대체 마우스

조이스틱과 큰 버튼으로 조작하는 마우스 등을 사용한다. 사진은 라쿠라쿠 마우스 Ⅲ
사진 제공: 테크노툴 주식회사

그림 1-3-8 그림키보드 커버

오타를 방지하는 커버를 씌운다. 사진은 키 가드가 딸린 키보드
사진 제공: 주식회사 비트트레이드원

그림 1-3-9 그림 카메라 입력

웹 카메라를 통해 얼굴의 방향이나 표정으로 조작하는 방법이 있다. 그림은 macOS의 헤드 포인터

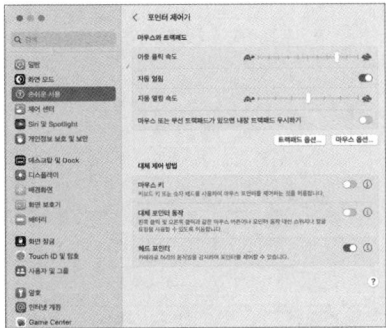

그림 1-3-10 체류 시간 제어

클릭이 어려운 경우 마우스 포인터를 일정 시간 같은 곳에 두면 해당 행동에 따른 작업이 실행되는 조작 방법이 있다.
그림은 macOS의 잠시 멈춤을 사용했을 때

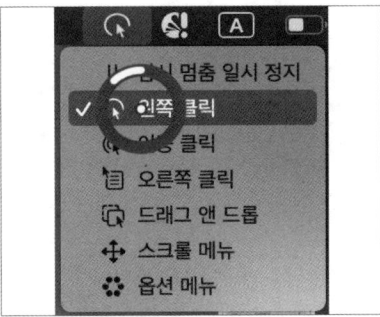

그림 1-3-11 음성 명령

화면 내 레이블이나 번호를 말하여 선택하거나 그리드로 구분된 영역의 번호를 말하면 마우스에 상응하는 조작을 할 수 있다. 텍스트 입력이나 수정도 음성으로 할 수 있다.
그림은 macOS의 음성 명령을 사용했을 때(항목 번호)

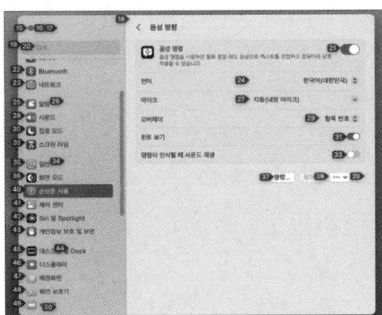

그림 1-3-12 음성 명령

macOS의 음성 명령을 사용했을 때(그리드)

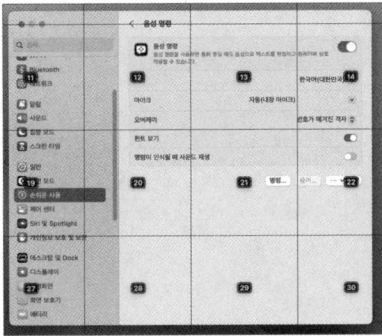

그림 1-3-13　macOS의 스위치 제어(홈)

스위치 제어 메뉴에서 마우스 포인터 조작 모드를 선택한다.

그림 1-3-14　macOS의 스위치 제어(포인터)

포인터를 어떻게 움직일지 고른다. 여기서는 이동해서 클릭을 선택한다.

그림 1-3-15　macOS의 스위치 제어(글라이딩 커서)

인형 뽑기처럼 X 좌표, Y 좌표를 지정해서 마우스 포인터를 이동해 클릭한다.

청각 장애: 농·중도실청·난청

보청기 등을 사용해도 소리가 들리지 않는 사람 중 선천적이거나 음성 언어를 습득하기 전에 실청한 사람을 농인, 음성 언어를 습득한 후에 실청한 사람을 중도(Post-lingual) 실청자라 합니다. 소리 자체는 느낄 수 있지만 청력이 낮은 상태를 난청이라고 합니다. '들리지 않는 정도'는 사람에 따라 다양합니다.

소리가 전혀 혹은 잘 들리지 않기 때문에 애당초 소리가 울리는 걸 알아채지 못할 때가 있기에 PC, 스마트폰의 알림음이나 경고음을 알아채지 못합니다. 또한 OS에 따라서는 알림음이 울릴 때 화면을 점멸시키는 설정이 가능한 경우가 있습니다.

음성이 포함된 동영상, 라디오, 팟캐스트와 같은 음성 콘텐츠를 이용하기 어려워집니다. 이러한 콘텐츠에는 캡션, 자막, 수화가 필요합니다(**그림 1-3-16**). 또한 농인의 제1언어는 수화며 음성 언어(예를 들어 한국어)는 제2의 언어라는 점에도 주의해야 합니다. 캡션이나 자막만 있으면 뜻이 전달되기 어려울 수 있습니다.

그림 1-3-16 YouTube에서 자막이 포함된 동영상을 재생하는 모습

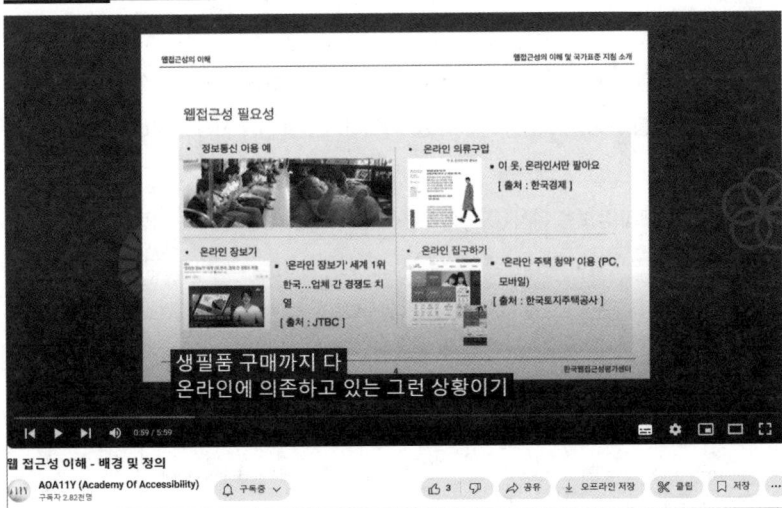

제공자가 이러한 정보를 마련하지 못했다면 음성을 자막으로 표시해주는 소프트웨어를 사용해 직접 음성을 텍스트화해 내용을 인식하는 방법이 있지만 정확성이 떨어지는 경우도 있습니다.

인지·학습 장애

정신 장애는 상당히 다양한 양상을 보이기에, 웹을 이용하는 데 특히 직접적으로 문제가 되기 쉬운 인지·학습 장애에 한해서 다루겠습니다. 인지·학습 장애인이 사용하기 쉬운 콘텐츠 설계를 위한 조언으로 W3C가 공개한 'Making Content Usable for People with Cognitive and Learning Disabilities'[5]에 따르면 인지·학습 장애란 다음과 같은 인지 기능에 관한 장애가 발생한 상태를 말합니다.

- 학습, 의사소통, 읽고 쓰기, 산수
- 새롭거나 복잡한 정보를 이해하고 기능을 학습하는 능력, 자립하여 대처하는 능력
- 기억력, 주의력, 시각적·언어적·수치적인 사고력

이런 장애가 있다면 웹을 이용하는 데 다음 사례와 같은 문제가 생긴다고 합니다.

- 단기 기억 장애가 있는 사람은 비밀번호나 접근 코드를 기억해낼 수 없을지도 모른다. 새로운 아이콘이나 인터페이스를 기억하기 힘들거나 전혀 기억하지 못할 가능성이 있다.
- 워킹 메모리(정보를 일시적으로 기억해두는 능력)에 장애가 있는 사람은 동시에 기억할 수 있는 항목이 1~3개 정도로 한정되는 경우가 있다. 그렇기에 정보를 일시적으로 유지하거나 접근 코드를 복사하기 어려워진다.
- 정보 처리 능력이 떨어지는 사람은 화면에 있는 디자인의 관계성이나 정보를 이해하기 위해서 시간이 더 걸릴 수 있다.

---

5 https://www.w3.org/TR/coga-usable/

- 언어 관련 장애가 있는 사람은 단순하고 이해하기 쉬운 말이나 지시가 필요할 수 있다. 또한 콘텐츠를 이해하기 위해 보조적인 그래픽, 아이콘, 익숙한 심볼에 의존하기도 한다.
- 사회적 장애나 의사소통 장애가 있는 사람은 비유나 문자 이외의 텍스트, 새로운 아이콘을 이해하지 못하여 직설적이며 명확한 말이 필요할 수 있다.
- 수학적 개념을 이해하는 데 장애가 있는 사람은 퍼센트 등의 수치 참조를 이해하지 못하거나 혼동하기도 한다.
- 집중력을 유지하거나 회복하는 데 문제가 있는 사람은 산만함과 방해 요소가 많으면 간단한 작업이라도 완료하는 데 어려움을 겪을 수 있다. 주의를 잃은 후 맥락을 되찾기 위해서 머리글과 표지판이 필요할 수 있다.
- 학습에 관한 인지 장애나 학습 장애가 있는 사람은 새로운 프로세스나 인증 작업을 완료하기 위해 보다 많은 지원과 시간이 필요할 수 있다.
- 인지·학습 장애가 있는 대부분의 경우에서 복잡한 다단계 작업(폼 입력, 정확한 데이터 입력, 필요한 콘텐츠나 기능 검색 등)을 할 때 인지적 피로로 어려움을 겪을 수 있다. 오류를 최소화하고 작업을 완료하기 위한 지원이 필요하다.

이런 상황에서 사용자는 OS나 브라우저 설정, 확장 기능 등을 사용하거나 다른 방법을 테스트해보며 다음과 같은 보조를 받을 수 있습니다.

- 표시 방법 변경(그림 1-3-17)
  - 화면 색, 텍스트 스타일, 폰트를 변경해서 시각적으로 보기 쉽게 한다
  - 화면이나 텍스트 크기를 확대해서 시각적으로 보기 쉽게 한다
  - 텍스트를 보기 쉽게 해주는 모드를 사용해서 원하는 정보에 집중할 수 있도록 한다
- 콘텐츠 변환 및 조정
  - 아이콘 및 이미지를 텍스트로 변환해서 이해한다
  - 선택한 텍스트를 음성으로 읽어서 이해한다
  - 텍스트에 그래픽 심볼을 추가해서 이해를 돕는다
  - 콘텐츠를 부분적으로 클립하여 저장할 수 있는 도구를 사용한다

- 입력 방법 변경 및 보조
  - 음성 인식 기능으로 텍스트를 입력한다
  - 비밀번호 관리 도구나 폼 자동 완성 기능을 사용한다
  - 문법이나 철자 확인 도구를 사용한다
- 동영상·음성 변환 및 조정
  - 자막과 캡션을 표시해서 이해를 돕는다
  - 음성을 문자로 변환해주는 도구를 사용해 이해를 돕는다
  - 재생 속도를 조정해서 이해를 돕는다

그림 1-3-17 OS 설정을 통한 표시 방법 변경

macOS의 손쉬운 사용→디스플레이 설정

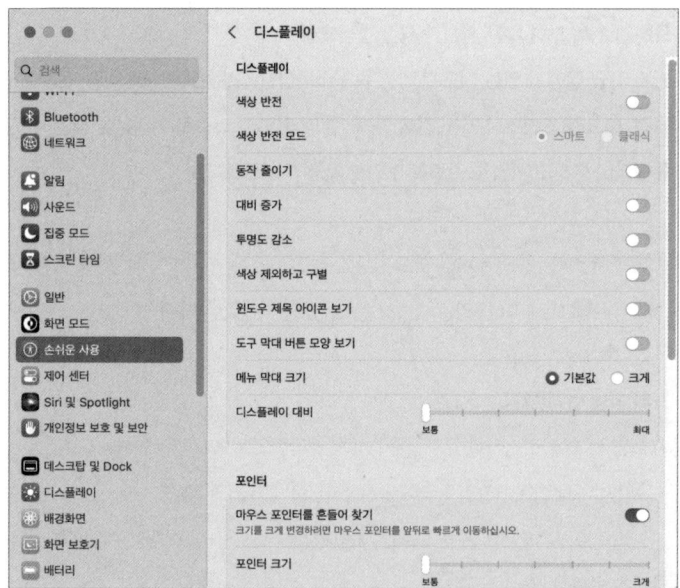

- **집중을 방해하는 요소 억제(그림 1-3-18)**
  - 애니메이션이나 투과 표현을 멈추는 옵션을 설정한다
  - 메시지나 동영상의 자동 재생을 정지하는 옵션을 설정한다
  - 음성에 노이즈 캔슬링을 적용해서 집중을 높인다
  - 잡음을 제거하는 배경음을 재생해서 집중을 높인다
- **다른 디바이스 혹은 매체에서의 이용**
  - 구조가 단순한 스마트폰용 사이트나 애플리케이션을 사용한다
  - Siri, 구글 어시스턴트, Alexa 등 음성 에이전트를 경유한다

그러나 이러한 보조 기능을 사용하거나 다른 방법을 시도해도 기존에 이해하기 어려운 내용을 이해하기 쉽게 만들기란 불가능합니다. 인지·학습 장애를 고려해 처음부터 웹 사이트나 애플리케이션을 단순하면서도 이해하기 쉽게 설계해야 합니다(자세한 내용은 제8장에서 설명합니다).

그림 1-3-18 OS 설정을 통한 집중을 방해하는 요소 억제
macOS의 손쉬운 사용—배경 사운드 설정

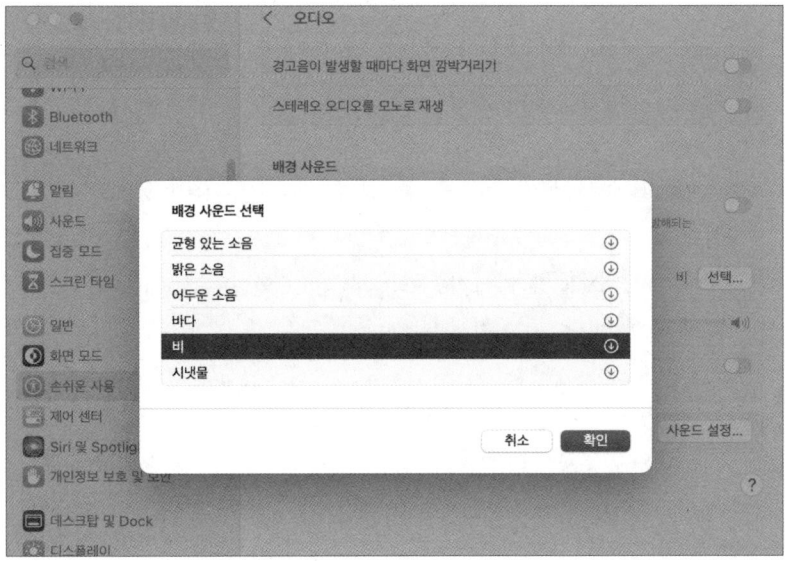

노화와 장애

지금까지 다룬 시각, 상지, 청각, 인지, 학습 장애는 나이를 먹으면 누구라도 조금씩 생깁니다. '고령자용 생산현장설계 가이드라인'[6]의 레이더 차트를 보면 장년층(30~49세)의 움직임·시각·청각 능력을 1로 봤을 때, 전기 고령자(65~74세)의 능력이 대략 80~60%까지 떨어진다고 합니다.

또한 나이를 먹어감에 따라 장애인 수첩[7]의 교부 대상이 될 수 있는 의학적인 장애가 발현하는 비율도 상승합니다(고령자 수와 신체 장애인 수의 관계는 제1장 5절에서 설명합니다).

그렇기에 이전 항 '장애 종류별 개요와 이용 상황'에서 설명한 웹 이용 시의 문제는 나이를 먹어감에 따라서도 동일하게 발생합니다. 고령자와 웹 접근성의 관계를 이해하기 위한 자료로 W3C가 공개한 'Older Users and Web Accessibility'[8]의 '공통적인 요구: 고령자와 장애인'에서 다음과 같은 예시를 들고 있습니다.

- 시각
  대비 감도, 색채 감각, 접근 초점이 저하됨에 따라 웹 페이지를 읽기 어려워진다
- 신체
  미세한 운동 능력이 저하되어 마우스 사용이나 작은 항목을 클릭하기 어려워진다
- 청각
  주파수가 높은 소리를 듣거나 소리를 분리하기 어려운 등의 이유로 특히 BGM이 흐르는 팟캐스트나 그 밖의 오디오를 듣기 어려워진다

---

6 https://www.hql.jp/database/wp-content/uploads/person_base-guide-seisan.pdf
7 역주: 한국의 복지카드(장애인등록증)에 해당합니다.
8 https://www.w3.org/WAI/older-users/

그림 1-3-19　장년층과 고령자의 비교(움직임, 시각, 청각)

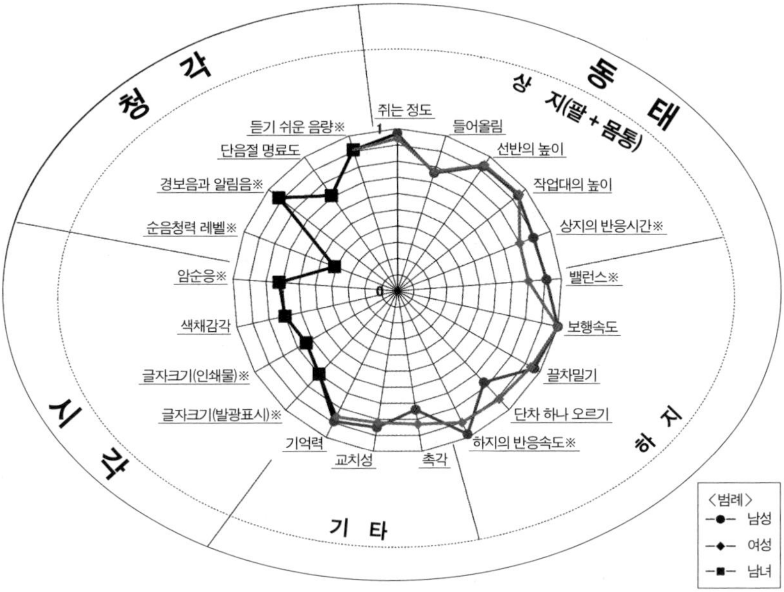

위 그래프는 장년자를 1로 했을 때의 전기 고령자의 값을 레이더 차트로 나타낸 것이다. 단, ※ 표시가 되어 있는 것은 〈장년자의 값〉 〈 〈전기 고령자의 값〉이므로, (장년자의 값)/(전기 고령자의 값)으로 구했다.

	계측항목		남성	여성
동태	쥐는 정도	쥐는 정도(H12): 드는 것처럼: 가로로 쥠(X)	0.97	0.94
	들어올림	드는 작업(H12): 한 손(가능한한 노력)	0.76	0.77
	선반의 높이	상부작업공간의 높이(H12): 한 손(가능한한 노력)	0.93	0.94
	작업대의 높이	작업대의 높이(H12): 한 손, 선 자세(작업하기 쉬운 높이)	0.94	0.95
	상지의 반응속도※	모니터 감시작업에서 작업성 계측(불규칙하게 발생하는 정보에 대한 적성): 선 자세(작업하기 쉬운 위치)	0.89	0.80
	밸런스※	중심동요(H13): 폐안 총궤적길이	0.91	0.80
	보행속도	10m자유보행(H13): 1000lx 시 자신의 신발로 일반적으로 걸을 때	1.00	1.00
	끌차 밀기	끌차 밀기: 가장 끌기 쉬운 속도	0.96	0.94
	단차 하나 오르기	한 스텝(H12): 손에 물건을 쥐고 오르기(평가의 평균이 1.5를 넘기 전)	0.77	0.91
	하지의 반응속도※	정보에 대한 반응(H13): 빛과 소리 자극 시의 반응속도	0.99	0.90
	촉각	손가락으로 물건을 만지는 동작(촉각): 키보드 제시 전의 정답률	0.74	0.83
	교치성	벨트 컨베어 작업(H13): 작업능률(1시간 당 완성개수*양품률)*1000lx, 소음있음	0.85	0.82
	기억력	소리 정보에 대한 작업성(동작을 위한 소리의 기억력): 정답률 2회째	0.89	0.86
시각	글자크기(발광표시)※	작업 거리에서 볼 수 있는 글자의 크기(발광표시)(H13): 1000lx 시에 화면휘도가 500cd/m²의 경우	0.70	
	글자크기(인쇄물)※	작업 거리에서 볼 수 있는 글자의 크기(불투명 필름)(H12): 1000lx 시 인쇄농도 100%의 경우	0.64	
	색채감각	색의 정렬 방법 계측: 정답률	0.70	
	암순응※	암순응의 계측: 시야거리 3m, 지표면조도 10lx, 지표농도 100% 전순응 있음	0.72	
청각	순음청력 레벨※	순음청력 레벨(H13)	0.41	
	경보음과 알림음※	경보음과 알림음(H13): 배경음 없음, 무언가 하고 있어도 들리는 4000Hz	0.92	
	단음절 명료도	단음절 명료도(H12): 정답률	0.71	
	듣기 쉬운 음량※	듣기 쉬운 음량(라디오 청취음량)	0.91	

출처: 고령자용 생산현장설계 가이드라인
(https://www.hql.jp/database/wp-content/uploads/person_base-guide-seisan.pdf)

- 인지

  능력단기 기억력 저하, 집중력 저하, 주의력이 떨어지는 등 지시를 따르거나 온라인에서 작업을 완료하기 어려워진다

나이를 먹어감에 따라 웹을 이용하는 데 어려움을 겪을 때의 대처법으로는 이전 항 '장애 종류별 개요와 이용 상황'에서 설명한 것과 같습니다. OS와 브라우저 설정, 확장 기능, 지원 기술 등을 이용하지만 어떤 형태로 문제가 발생할지는 사람에 따라 다르므로 그 대처법도 천차만별입니다.

나이를 먹어감에 따른 능력의 변화는 그라데이션과 같이 명확히 구분하기 어려우며 인지·학습 장애의 경우와 겹치는 부분도 있습니다. 그렇기에 이에 대한 근본적인 해결법은 역시나 웹 사이트나 애플리케이션을 간단하고 이해하기 쉽게 설계하는 데 있습니다(자세한 내용은 제8장에서 설명합니다).

일시적인 장애

현 시점에서 장애인 수첩의 교부 대상이 될 만한 장애가 없고, 나이를 먹어감에 따른 장애가 생기지 않았다고 해도 웹을 이용하는 데 장벽을 느끼는 사례는 늘 있습니다. 예를 들면 다음과 같은 사례며, 누구라도 일시적으로 장애를 가진 상황이 될 수 있습니다.

- 시각에 관한 것
  - 안경이나 콘택트 렌즈를 잃어버려 화면이 잘 안 보인다
  - 웹 페이지를 흑백으로 인쇄했더니 색으로 구분된 그래프를 이해할 수 없다
  - 통신 회선에 속도 제한이 걸려 용량이 큰 이미지를 다운로드할 수 없다
- 상지에 관한 것
  - 손을 다치거나 건초염에 걸려 마우스를 조작하기 어렵다

- 아기 혹은 짐을 안고 있어 손을 사용해 조작할 수 없다
- 마우스나 키보드가 고장 나서 둘 중 하나만으로 조작해야 된다

• **청각에 관한 것**
- 직장이나 지하철에서 스피커로 소리를 들을 수 없다
- 블루투스 이어폰의 배터리가 닳아서 소리를 들을 수 없다
- 통신 회선에 속도 제한이 걸려서 스트리밍 동영상을 재생할 수 없다

• **인지나 학습에 관한 것**
- 음주를 하거나 수면이 부족하여 인지 능력이나 학습 능력이 저하됐다
- 몸 상태가 좋지 않아 집중하기 어려운 상태에서 스마트폰으로 증상을 검색해 병원을 찾는다
- 해외 여행 중 현지에 관한 정보를 얻기 위해 외국어로 쓰인 글을 읽어야 한다

이러한 사례는 앞서 설명한 각 장애 종류의 이용 상황이나 나이를 먹어감에 따른 장애가 발생한 상황과 유사하다고 할 수 있습니다. 오히려 자신이 할 수 있는 것과 그렇지 않은 것에 대한 이해가 없거나, 평소에 시뮬레이션이나 훈련을 하지 않은 만큼 더욱 혼란해지기 쉬운 상황이라고도 할 수 있습니다. 하지만 해당 서비스의 접근성이 높다면 이런 상황을 혼자서도 극복할 수 있는 가능성이 생깁니다.

의학 모델과 사회 모델

지금까지 의학적인 장애, 나이를 먹어감에 따른 장애, 일시적인 장애를 설명했습니다. 공통점은 장애 원인에 관계없이 모두 '이 상태에서는 웹을 이용하기 어려우니 보조나 지원이 필요'한 '상황적인 장애'가 존재하며, 각 상황에 대한 대처법도 같습니다. 이는 장애의 사회 모델에 대한 사고방식과도 통합니다.

장애에는 의학 모델과 사회 모델이라는 사고방식이 있습니다.

의학 모델에서 장애는 사람의 신체에 있다고 봅니다. '장애가 있다', '장애를 갖다'는 표현이 있듯이 눈과 귀, 사지, 정신 등 신체에 장애가 있다는 사고방식입니다. 휠체어 사용자를 생각해보겠습니다. 이 사람이 문지방을 넘지 못할 경우 개인의 보행 능력에 문제가 있다고 보는 게 의학 모델입니다. 이 문제를 해결하기 위해서는 당사자에게 치료나 재활운동을 권함으로써 보행 능력의 회복과 향상을 꾀하는 것입니다.

사회 모델에서 장애는 사회에 있다고 봅니다. 다양한 상황이 존재하는 가운데 사회나 환경이 대응하지 못하고 있기에 장애가 발생한다는 사고방식입니다. 휠체어 사용자로 생각해보면 이 사람이 문지방을 넘지 못하는 건 문지방을 만드는 환경이나 사회의 문제라고 보는 게 사회 모델입니다. 이 문제를 해결하기 위해서는 문지방을 깎아서 경사면의 단차를 해소하는 것입니다.

일본 외무성의 '장애인 권리조약 팜플렛[9]에는 2011년 장애인 기본법 개정에 따라 장애의 사회 모델은 국가적인 기본 방침에 포함된다고 합니다. 필자도 웹 접근성 향상을 추진하려면 사회 모델이 가진 사고방식에 따라야 한다고 생각합니다. 장애는 사용자에게 있는 것이 아니라, 사용자와 서비스 사이의 경계에 존재한다고 생각합니다.

---

9 https://www.mofa.go.jp/mofaj/gaiko/jinken/index_shogaisha.html

음성을 활용한 보조 기능

예전엔 서드파티 소프트웨어로 제공돼 일부 사람만 이용했던 음성 변환(**그림 1-3-a**)이나 음성 텍스트 입력(**그림 1-3-b**)이 최근 들어 상당히 보편화됐습니다. 윈도우나 macOS, 안드로이드나 iOS에도 표준 탑재돼 다양한 상황에서 사용자를 보조해주고 있습니다. 합성 음성 엔진이나 음성 인식 기술이 진화되면서 일부 기술이 제공되기 시작한 것입니다. 접근성의 진화는 많은 사람의 생활을 바꾸는 것이기도 합니다. 필자도 Kindle 음성 변환이나 UD Talk라는 음성을 텍스트화해주는 애플리케이션을 자주 사용하고 있습니다.

그림 1-3-a   음성 변환

음성 변환을 사용하면 시력이 낮거나 문자를 읽지 못하는 장애가 있더라도 소리로 정보를 얻을 수 있다. 읽는 대상은 스크린 리더와는 달리 화면에 있는 텍스트뿐인 데 주의. 그림은 macOS에서 선택한 범위를 음성으로 변환한 모습.

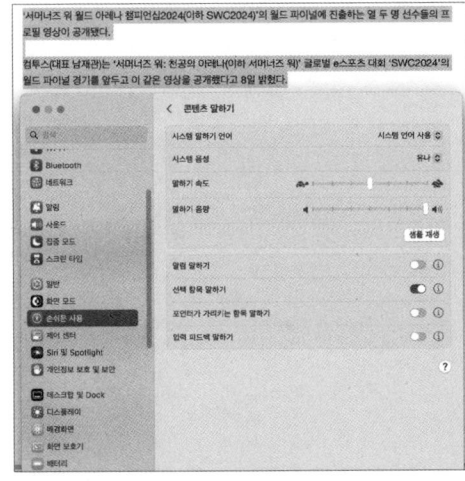

그림 1-3-b   음성을 통한 텍스트 입력

음성 입력을 사용하면 스마트폰의 스크린 키보드보다 빨리 입력하거나, 발음을 텍스트화해 전달할 수도 있다. 입력한 텍스트를 수정하기 위해서는 다시 말해야 하는 수고가 든다는 점에 주의. 그림은 UD Talk로 이 그림의 캡션을 읽은 것을 텍스트화한 모습.

여기까지 살펴봤듯이 실제로 발생하는 장애에는 명확한 구분이 있지 않습니다. 또한 일시적인 장애 사례를 보면 해당 장애가 신체적인 상황에만 국한되는 게 아니라는 점도 분명합니다. 그리고 우리 모두 나이나 일시적 장애 여부와 무관하지 않습니다.

하지만 웹이라면 이런 상황들에 포괄적으로 대처할 수 있습니다. 웹 콘텐츠는 형태를 바꿀 수 있기 때문입니다. 웹의 특징을 이해하여 그 이점을 살리도록 디자인하고 개발하면 특정 사람만이 아닌 폭넓은 상황에서 이용 가능한 환경을 만들 수 있습니다.

어떤 서비스를 이용 중일 때 장애를 느끼는 사람이 없다면 사회 모델적으로 '비로소 장애인은 없다'는 상태를 만들어낼 수 있습니다.

1.4
WCAG: 웹 접근성의 표준

웹 접근성이라 하면 WCAG가 떠오를 정도로 이 문서의 존재감은 지대합니다. 지금까지 다룬 다양한 이용 상황에 따른 접근성을 확보하기 위한 방법으로 유용합니다. 하지만 WCAG를 통독하려 할 경우 높은 확률로 좌절할 수도 있습니다. 여기서는 WCAG의 개요를 파악함과 동시에 WCAG가 무엇을 요구하는지 이해합니다.

WCAG의 개요

웹 접근성을 개선할 때 자주 참조하는 Web Content Accessibility Guidelines(WCAG, 위캐그라고도 합니다)가 있습니다. 웹 표준을 제정하는 국제적인 커뮤니티인 W3C가 발행합니다.

WCAG 2.1[10]이 대상으로 하는 건 '웹 기술을 사용한 콘텐츠 전부'입니다. 웹 사이트나 애플리케이션은 물론이며 그 밖의 네이티브 애플리케이션에서 돌아가는 웹 페이지, HTML로 만든 도움말, 키오스크 단말의 인터페이스, 전자책의 EPUB, PDF 등도 모두 대상이며, 공개 여부를 따지지 않습니다. 일반적인 소비자로서 접속할 수 있는 웹 사이트나 애플리케이션만이 아닌 공개되지 않는 관리자 화면이나 업무용 애플리케이션도 그 대상입니다.

WCAG 2.1은 네 가지 원칙과 그 원칙을 분석한 개별 가이드라인, 관련 개선점을 나타낸 달성 기준(Success Criterion)으로 구성돼 있습니다.

---

10 집필 시점(2022년 12월)에서는 WCAG 2.1이 최신 버전입니다. WCAG 2.2가 권장 대상이라 곧 업데이트될 가능성이 있습니다.

그중 원칙은 비교적 이해하기 쉽게 쓰여 있습니다. 우선 네 가지 원칙을 보겠습니다.

- 1. 지각 가능
  정보 및 사용자 인터페이스 요소를 이용자가 지각할 수 있는 방법으로 이용자에게 제시할 수 있어야 한다.
- 2. 조작 가능
  사용자 인터페이스 요소 및 내비게이션을 조작할 수 있어야 한다.
- 3. 이해 가능
  정보 및 사용자 인터페이스의 조작을 이해할 수 있어야 한다.
- 4. 견고
  콘텐츠는 지원 기술을 포함한 다양한 사용자 에이전트 프로그램이 확실히 해석할 수 있도록 충분히 견고해야 한다.

다양한 상황을 고려하여 디바이스나 환경에 의존하지 않고 다음을 만족해야 함을 요구하고 있습니다.

- 우선 '정보나 UI가 여기 있다'고 지각할 수 있을 것
- 그 UI나 내비게이션을 조작할 수 있을 것
- 페이지에 있는 정보 및 UI 조작에 관한 정보를 이해할 수 있을 것
- 표준 사양에 따라 개발함으로써 호환성을 최대화할 것

대단히 명료하기에 추후 웹 접근성을 개선할 때 초심을 되짚어볼 수 있는 원칙이 될 것입니다. 또한 대응 방침을 고려할 때도 도움이 됩니다. 예를 들면 제7장 5절 '작은 규모의 개선을 시도하다'에서는 우선 존재를 지각할 수 없으면 조작도 이해도 불가능하므로, 먼저 '지각 가능'하도록 개선하자는 사고방식을 제안합니다.

하지만 원칙의 개별 가이드라인 내용은 잘 이해되지 않을 수 있습니다. 예를 들

면 '지각 가능' 원칙과 연관된 첫 번째 가이드라인은 다음과 같습니다.

> 가이드라인 1.1 텍스트에 의한 대체
> 모든 비(非)텍스트 콘텐츠에는 확대 인쇄, 점자, 음성, 심볼, 평이한 말 등 이용자가 필요로 하는 형식으로 변환할 수 있도록 텍스트에 의한 대체를 제공할 것

이 '비텍스트 콘텐츠'란 무엇인지 정의를 살펴보겠습니다.

> 프로그램에 의한 해석이 가능한 문자의 나열이 아닌 콘텐츠 또는 문자의 나열이 자연 언어에 있기에 어떤 것도 표현하지 않은 콘텐츠. 설명: (문자에 의한 그림인)ASCII 아트, 이모티콘, (문자를 대체하는)리트 스피크(leet speak), 문자를 표현한 이미지 등이 포함된다.

정의에서 비텍스트 콘텐츠에 '텍스트가 아닌 콘텐츠임'과 ASCII 아트, 이모티콘 등이 포함됨을 알 수 있지만 구체적으로 무엇을 가리키는지는 아직 잘 이해되진 않습니다.

이 가이드라인의 달성 기준을 설명한 달성 기준 1.1.1 '비텍스트 콘텐츠를 이해하다'[11]를 살펴봐야 겨우 그 정체가 보이기 시작합니다.

> 텍스트에 의한 대체를 제공함으로써 정보를 다양한 사용자 에이전트 프로그램을 통해 다양한 방법으로 렌더링할 수 있게 한다. 예를 들어 사진을 볼 수 없는 사람은 합성 음성을 사용해 텍스트로 대체된 것을 읽게 할 수 있다. 또한 음성 파일을 들을 수 없는 사람은 텍스트로 대체된 것을 표시함으로써 읽을 수 있다.

즉, 비텍스트 콘텐츠의 전형적인 예시는 이미지나 음성이며, 이에 대체 텍스트나 캡션 등을 제공할 것을 요구함을 알 수 있습니다.

---

11 https://www.w3.org/WAI/WCAG21/Understanding/non-text-content.html

가이드라인이나 달성 기준이 이렇게 쓰인 건 '현재의 기술에 의존하지 않는다'는 정책이 있기 때문입니다. 현재는 HTML, CSS, 자바스크립트가 웹의 주요 기술이지만 다른 기술이 생기더라도 접근성이 확보되도록 추상적으로 쓰인 것입니다.

그렇기에 WCAG를 읽을 때는 본서와 함께 해설 및 달성 방법 모음도 같이 참고해야 합니다. 문서만 읽으면 의도는 이해할 수 있지만 분량이 많고 문체도 어렵기 때문에 이해하는 데 시간이 걸립니다.

이 문서 특성상 실무에서 많은 사람이 이용하기 위해서는 어느 정도 고민이 필요합니다. 한 예로 접근성 개선을 진행하는 각 회사가 WCAG를 기반으로 하면서 이해하고 읽기 쉬운 독자적인 가이드라인 및 체크리스트를 만들어 공개했습니다.

- freee 접근성 가이드라인[12]
- Ameba 접근성 가이드라인[13]
- 웹 접근성 간이 체크리스트 | SmartHR Design System[14]

자세한 내용은 제7장에서 다루지만 개선을 시작할 때는 이런 독자적인 가이드라인을 참고하는 것도 하나의 방법입니다.

세 가지 적합 레벨과 그 내용

WCAG에는 레벨 A, AA, AAA의 세 가지 적합 레벨이 있습니다. 여기서는 필자의 해석에 따라 각 레벨에 포함되는 달성 기준의 개요를 소개합니다.

---

12 https://a11y-guidelines.freee.co.jp/
13 https://a11y-guidelines.ameba.design/
14 https://smarthr.design/accessibility/check-list/

레벨 A와 머신 리더빌리티

레벨 A는 최소 기준입니다. 이 기준을 만족하면 사용자가 지원 기술을 이용해 웹 사이트에 구현된 대부분의 요소에 접근할 수 있게 됩니다. 거꾸로 말하면 레벨 A 기준을 만족하지 못하면 지원 기술을 이용해도 전혀 접근할 수 없게 될 수도 있으며, 주로 다음과 같은 점을 요구하고 있습니다.

- 시각에 의존하지 않더라도 정보를 얻을 수 있는 텍스트를 마련한다
- 그 텍스트를 의미에 따라 순서대로 나열하고 내용에 따라서 적절한 HTML로 마크업한다
- 어디에 입력 오류가 있는지 텍스트로 전달한다
- 모든 인터랙티브 요소를 키보드로 조작할 수 있게 한다

이 항목들은 대부분 '머신 리더빌리티', 즉 기계 판독성 개념과 연관이 있습니다. 앞서 설명했듯 웹에는 '정보 자체와 표현을 분리하며, 표현에 해당하는 부분은 사용자가 변경할 수 있다'는 특징이 있습니다. 제1장 3절에서 언급했듯이 다양한 상황에서 이용할 수 있는 이유는 머신 리더빌리티가 확보돼 있어 브라우저나 지원 기술과 같은 사용자 에이전트 프로그램이 정보 전달 방법을 변경할 수 있기 때문입니다.

예를 들면 시각적인 정보를 전혀 얻을 수 없으면서 마우스 등의 포인팅 디바이스를 이용할 수 없는 때라도 이러한 장점으로 인해 웹을 이용할 수 있습니다. 스크린 리더를 이용하면 정보 구조 부분에 직접 접근해 음성으로 읽을 수 있기에 정보를 얻거나 조작이 가능해집니다.

머신 리더빌리티의 근간은 텍스트와 HTML

머신 리더빌리티를 실현하는 방법은 간단합니다. 텍스트만으로도 알 수 있도록 콘텐츠나 레이블을 준비해 적절한 HTML로 마크업하면 됩니다. 이것만으로 레

벨 A에서 요구하는 대부분의 달성 기준을 만족할 수 있습니다.

이미지, 음성, 동영상 등 웹에서 표현할 수 있는 형식은 다양하지만 가장 많은 사람에게 정보를 전달할 수 있는 형식은 '텍스트'입니다. 텍스트는 눈으로 볼 수도 있으며, 음성 변환이나 점자 등으로 대체할 수도 있으며 번역도 가능한 유연성이 가장 높은 매체입니다. 실제 예시를 보겠습니다. 우선 텍스트만으로도 뜻이 전달되게끔 콘텐츠나 레이블을 준비한 후, HTML로 마크업합니다.

예시: 텍스트만으로도 뜻이 전달되는 콘텐츠와 HTML을 통한 마크업

```html
<h1>애플리케이션 접근성 입문</h1>
<h2>접근성이란</h2>
<ul>
  <li><a href="section1-1.html">접근성의 개요</a></li>
  <li><a href="section1-2.html">웹 접근성이란</a></li>
  <li><a href="section1-3.html">웹 접근성 가이드라인</a></li>
  <li><a href="section1-4.html">웹 접근성을 개선하는 이유</a></li>
</ul>
```

텍스트를 마크업한 후 해당 텍스트가 HTML의 어떤 요소가 될지 나타내면 의미나 행동이 정해집니다. 또한 속성에 따라 상태나 이동할 곳과 같은 정보도 추가됩니다. 예시에서는 표제 수준 1, 표제 수준 2, 항목 리스트, 리스트가 몇 항목 있는지, 링크인지 등 브라우저를 통해서 스크린 리더와 같은 지원 기술로 전달됩니다. 또한 href 속성을 갖는 a 요소로 마크업하면 브라우저가 기본적으로 키보드 포커스 대상으로 지정해 포커스 인디케이터를 표시하며 선택이나 결정을 가능케 해줍니다.

또한 이는 검색 엔진 최적화(SEO) 이론과 대부분 일치합니다. 구글이 제공하는 '검색 엔진 최적화(SEO) 기본 가이드'[15]를 보더라도 알 수 있습니다. 구글의 크롤

---

15 https://developers.google.com/search/docs/fundamentals/seo-starter-guide?hl=ko

러가 올바르게 콘텐츠를 해석할 수 있도록 콘텐츠를 머신 리더블하게 만드는 행위가 SEO의 첫걸음입니다. 즉, SEO란 웹이 가진 '콘텐츠를 접근할 수 있도록 전달하는 구조'를 전제로 한 것입니다.

머신 리더빌리티와 WAI-ARIA

텍스트를 HTML로 마크업하기만 하면 접근성이 대폭 좋아지지만 이 책이 대상으로 하는 웹 애플리케이션의 경우 HTML만으로 전부 대처하지는 못합니다. HTML만으로는 적절히 표현할 수 없는 UI를 구현하는 경우가 있기 때문입니다(상세 내용은 제2장 이후에서 소개합니다).

예전엔 웹에서 애플리케이션의 UI를 만들기 위해서는 HTML에 정의된 폼이나 버튼을 조합할 수밖에 없었습니다. 하지만 그것만으로는 표현할 수 있는 범위가 한정적이며 기능이나 모양이 데스크톱 애플리케이션에 비해 떨어졌습니다. 그래서 대부분의 웹 애플리케이션은 CSS나 자바스크립트를 구사해 보다 고기능이면서 보기 좋은 UI 컴포넌트를 구현하게 됐습니다.

하지만 HTML에는 '메뉴 바', '탭', '툴팁', '툴바' 등 데스크톱 애플리케이션에서는 당연히 사용하는 위젯을 직접적으로 나타내는 단어가 없습니다. 시각적으로 그런 위젯처럼 보이게끔 만들어도 스크린 리더와 같은 지원 기술에 그게 어떤 위젯이며 어떤 상태인지에 대한 정보를 전달할 수 없습니다.

이런 상황에 대처하고자 WAI-ARIA(웨이 아리아라고 읽습니다)가 있습니다. ARIA란 Accessible Rich Internet Applications의 약자며 이름 그대로 웹 애플리케이션을 보다 쉽게 접근할 수 있도록 W3C가 발행한 사양입니다. WAI-ARIA를 사용하면 각 HTML 요소에 속성을 기술하는 형태로, 앞서 설명했듯 위젯에 상응하는 역할을 부여하거나 위젯의 상태 변화를 전달하거나 DOM(Document Object Model)에서 떨어진 위치에 있는 요소의 변화 여부를 알릴 수 있습니다.

비간섭: 다른 부분을 볼 수 없게 되는 표현을 피한다

레벨 A에는 '비간섭'에 관한 네 가지 달성 기준이 있습니다. 문제가 되는 부분이 있으면 해당 페이지의 다른 부분을 볼 수 없게 되기에(간섭받는) 반드시 기준을 달성해야 한다고 명시돼 있습니다. 자세한 내용은 해당 절을 참조하세요.

- 달성 기준 1.4.2 '음성의 제어': 음성의 자동 재생에 대해 회피나 제어를 요구하는 기준. 제4장 6절을 참조
- 달성 기준 2.1.2 '키보드 트랩 없음': 포커스가 갇히는 현상의 회피를 요구하는 기준. 제3장 5절을 참조
- 달성 기준 2.2.2 '일시 정지, 정지, 미표시': 자동으로 움직이는 UI에 대해 회피나 제어를 요구하는 기준. 제4장 7절을 참조

또 다른 하나는 달성 기준 2.3.1 '3번의 섬광 또는 기준치 이하'입니다. 점멸이나 섬광 표현이 뇌전증 등의 발작을 유발하기도 하므로 이러한 표현을 피하거나 기준치 이하로 할 것을 요구하고 있습니다. 자세한 내용은 WCAG 2.1 해설서[16]를 참조하세요.

레벨 AA와 휴먼 리더빌리티

레벨 AA는 이 기준을 만족하면 사용자가 지원 기술 없이도 웹 사이트에 구현된 대부분의 요소에 접근할 수 있습니다. 주로 다음과 같은 요구 사항이 있습니다.

- 사이트 맵이나 사이트 내 검색과 같은 복수의 내비게이션 수단으로 정보에 도달할 수 있다. 내비게이션이나 식별성을 일관성 있게 설정한다
- 내용에 대해 적절한 표제를 제공한다. 입력란에 적절한 레이블을 제공한다

---

16 https://www.w3.org/WAI/WCAG21/Understanding/three-flashes-or-below-threshold.html

- 입력 오류의 수정 방법을 전달한다. 중요한 전송은 사전에 확인하거나 취소할 수 있다
- 표시 영역이 좁더라도 튀어나오지 않게 표시한다(리플로우). 브라우저 줌을 방해하지 않는다. 가로 및 세로 방향 중 어느 쪽으로도 표시되게 한다
- 텍스트의 명암비나 아이콘·삽화의 명암비를 기준치 이상으로 한다. 문자의 이미지화를 피한다
- 마우스 오버나 키보드 포커스로 표시되는 항목을 부주의하게 사라지게 하지 않으면서 Esc 키 등으로 의도적으로 끌 수 있게 한다

이 항목들은 대부분 '휴먼 리더빌리티'라는 개념과 관련 있습니다. 머신 리더빌리티는 기계가 읽을 수 있는 것을, 휴먼 리더빌리티는 사람이 읽을 수 있는 것을 가리킵니다. 구체적으로는 사용자가 알기 쉽게 정보에 도달하거나 브라우저를 시각적으로 이용하는 데 방해가 되지 않는 작업을 말합니다.

정보 설계 및 디자인 프로세스 작업 시 사용자가 정보를 더 알기 쉽게 만드는 경우도 많을 것입니다. 이는 접근성 관점에서도 중요합니다. 지원 기술이 필요한 상황에서는 이해 및 조작에 시간이 걸리는 경우도 많습니다. 그럴 때 적은 시행 횟수로 정보에 도달할 수 있다면 사용자는 목적을 달성할 확률이 높아집니다. 거꾸로 말하면 알기 어려운 내용을 제공하면 포기한 사용자가 해당 서비스에서 이탈할 가능성이 높아집니다.

이는 앞서 말한 머신 리더빌리티의 관점과도 연결됩니다. 내비게이션이나 텍스트를 HTML로 마크업해서 제공해도 기존의 내비게이션이나 텍스트 정보를 알기 어렵다면 의미가 없습니다. 또한 디자인이 명확하지 않다면 마크업을 할 때 적절한 요소를 선택하기도 어려워집니다. 적절한 구조와 텍스트로 디자인하는 것이 머신 리더빌리티를 통한 가능성을 넓히는 전제가 됩니다. 이 부분에 대한 사고방식은 제8장에서 설명합니다.

현대의 웹 디자인적으로는 브라우저를 시각적으로 이용할 때 방해가 되지 않게

끔 어느 정도 이루어지고 있을지도 모릅니다. 반응형 웹 디자인을 통한 리플로 우 실현 등이 그 전형적인 사례일 것입니다.

하지만 시각적으로 이용하더라도 제공자가 예상하는 기본 상태로만 이용한다고 할 수는 없습니다. 스마트폰을 쓰니까 폭이 좁은 것이 아닌 PC 브라우저에서 폭을 좁게 했거나 줌을 사용했거나 저해상도로 설정되었을 수 있습니다(반대로 폭이 넓더라도 스마트폰을 가로로 보고 있을지도 모릅니다).

제1장 3절에서도 다뤘듯이 시력이 낮기 때문에 화면의 일부를 확대해서 이용하는 경우도 있습니다. 낮은 대비, 문자 이미지, 마우스 오버로 뜻밖에 등장하는 위젯 등은 그러한 사용자에게는 큰 방해가 됩니다.

이런 상황에 CSS 등을 모두 무시하도록 설정하면 정보에 접근할 수 있겠지만 제공자가 디자인한 의도를 이해하면서 이용할 수 있다면 그보다 좋은 건 없을 것입니다. 시각적인 디자인 전달을 조금 더 확장함으로써 보다 많은 환경에서 접근 가능하도록 하는 것이 휴먼 리더빌리티 향상의 의의입니다.

또한 일본의 공공기관용 '모두의 공공 사이트 운용 가이드라인'[17]에서는 JIS X 8341-3:2016의 적합 레벨 AA에 준거할 것을 요구하고 있습니다. 또한 다른 나라들도 웹 접근성을 법률로 의무화한 경우가 있는데, WCAG 2.0/2.1의 레벨 AA를 많이 요구하는 것 같습니다. 그렇기에 실무적으로는 레벨 AA에 적합하도록 하는 것이 하나의 목표라고도 할 수 있습니다(자세한 내용은 제1장 5절의 '권리를 지키며 법을 준수할 수 있다' 항에서 설명합니다).

---

17 https://www.soumu.go.jp/main_sosiki/joho_tsusin/b_free/guideline.html

레벨 AAA는 '강화 버전'

레벨 AAA는 다음과 같이 레벨 A 및 AA를 더욱 강화하여 발전시킨 기준을 나타냅니다.

- 레벨 A나 AA의 기준을 예외 없이 달성하도록 엄격화한 기준
- 조작에 방해되는 사항을 처음부터 채택하지 않음으로써 사용자가 사용을 회피하거나, 직접 조정할 수 있도록 하는 등을 요구하는 기준
- 읽기 쉽고, 조작하기 쉽고, 이해하기 쉬운 여부의 확보를 요구하는 기준

레벨 AAA의 기준을 만족하면 사용자가 웹 사이트에 접근하기 더욱 쉬워집니다. 그러나 콘텐츠나 기능에 따라서는 '예외 없이 달성'하기 어렵거나, 조작에 방해되는 사항을 배제하면 기능 자체가 성립하지 않을 수도 있습니다. 그렇기에 보통은 레벨 AAA에 적합함을 목표로 삼지 않습니다.

그런데 꼭 달성이 어려운 기준만 있는 것도 아닙니다. 예를 들면 내비게이션의 현재 위치를 표시하는 요구 사항을 만족하는 건 그리 어렵지 않습니다. 세 번째 항목인 읽기 쉽고, 조작하기 쉽고, 이해하기 쉬운 여부의 확보를 요구하는 기준이 실현 가능해 보인다면 꼭 시도해보세요.

접근성 지원 여부

웹 접근성을 개선할 때 한 가지 더 신경 쓸 점이 있습니다. '그 달성 방법이 접근성을 지원하는지(accessibility supported)' 여부입니다.

WCAG의 달성 방법 모음에는 달성 기준을 만족하기 위한 방법이 여럿 존재합니다. 그 방법 중 실제로 지원 기술이나 브라우저가 지원하는 방법을 '접근성이 지

원된다'고 합니다. 반대로 현 시점에서 기술적으로 달성 불가능한 방법도 있습니다. 이론상으로는 달성 기준을 만족하지만 주요 브라우저 및 지원 기술이 지원하지 못하는 것도 있기 때문입니다.

예를 들면 달성 기준 1.3.1 '정보 및 관계성'을 만족하는 방법 중 하나로 'H49: 강조 또는 특별한 텍스트를 마크업하기 위해서 시맨틱한 마크업을 사용한다'[18]라는 달성 방법이 있습니다. 구체적으로는 em 요소나 strong 요소로 마크업함으로써 강조 및 중요하다는 의도를 전달하려는 것입니다. 하지만 집필 시점(2022년 12월)에서 이 마크업은 어떤 스크린 리더도 지원하지 않습니다. 중요하다고 알릴 경우 다른 방법을(예를 들면 텍스트로 '중요'라고 적는 등) 검토해야 합니다. 웹 개발자라면 자신이 쓴 코드가 브라우저에서 의도대로 작동하는지 확인할 것입니다. 접근성도 이와 마찬가지로 실시하려는 달성 방법이 디바이스·브라우저·지원 기술을 다양하게 조합해보며 실현 가능한지 확인해야 합니다.

개발자의 개발 환경에서 다양한 디바이스·브라우저·지원 기술을 조합해 테스트하는 것이 바람직합니다. 또한 간단한 확인 작업을 위해 보조 자료인 웹 접근성 기반 위원회(일본)가 제공하는 '접근성 지원 정보'[19]나 'Accessibility Support'[20] 등을 활용합시다. 브라우저나 지원 기술을 이용해 독자적으로 검증하여 그 결과를 공개한 것입니다.

---

18 https://www.w3.org/WAI/WCAG21/Techniques/html/H49
19 https://waic.jp/guideline/as/
20 https://a11ysupport.io/

1.5 웹 접근성을 개선하는 이유

웹 접근성을 개선하면 사용자가 서비스에 접근할 가능성이 높아집니다. 그 가능성은 해당 서비스가 제공하려는 틀을 넘어 퍼져 나갑니다. 접근 가능한 상황을 늘리는 작업은 사용성 개선으로도 이어집니다. 반대로 개선이 없다면 이후 서비스를 운영하는 데 위험성이 생길 수도 있습니다.

사용자를 늘린다

접근성을 개선하면 다음 세 가지 관점을 통해 사용자를 늘릴 수 있습니다.

- 접근이 불가능한 사람을 줄인다
- 접근 가능하다면 소문을 통해 시장이 생긴다
- 사이트나 서비스의 틀을 넘어 정보가 널리 퍼진다

접근성은 디자인이나 개발을 하는 단계에서 사용자 수를 최대화하는 데 공헌하는 것입니다.

접근이 불가능한 사람을 줄인다

접근성을 개선하지 않으면 어느새 '접근이 불가능한' 사용자가 발생합니다. 바꿔 말하면 어느새 사용자가 줄었다고 할 수 있으며, 그 수는 무시할 수 없습니다.

모든 상황을 예상해서 접근성을 제공하는 것이 접근성 향상 활동입니다. 이를 통해 접근이 가능해지는 사용자의 전형적인 예시가 장애인과 고령자임은 의심할 여지가 없습니다. 그렇기에 해당 사용자들에게 접근성을 제공하는 작업은 이제 필수적일 것입니다.

우선 장애인의 대략적인 상황과 인터넷 이용에 대해 살펴보겠습니다. 일본의 '2022년 장애인 백서'[21]에서는 '국민 중 약 7.6%가 어떠한 장애를 갖고 있다'고 서술합니다.

> 신체 장애, 지적 장애, 정신 장애의 세 구분에 대해 각 장애인 수는 대략 신체 장애인(아동을 포함) 436만 명, 지적 장애인(아동을 포함) 109만 4천 명, 정신 장애인 419만 3천 명이다. 이를 인구 천 명당 기준으로 따지면 신체 장애인은 34명, 지적 장애인은 9명, 정신 장애인은 33명이다. 여러 장애를 동시에 갖는 사람도 있기에 단순한 합계를 내지는 못하지만 국민 중 약 7.6%가 어떠한 장애를 갖고 있다.

일본의 '2016년 생활의 어려움 등에 관한 조사(전국 재택 장애아동 및 장애인 등 실태 조사)'[22]에 의하면 장애인 수첩 소지자는 약 560만 명이며 그중 신체 장애인은 약 429만 명, 웹 접근성의 영향을 받기 쉬운 시각·청각·지체 장애인만 해도 약 258만 명이 있습니다.

그리고 일본 총무성 자료 '장애가 있는 사람들의 인터넷 등 이용에 관한 조사 연구'[23]에 따르면 시각 장애인의 91.7%, 청각 장애인의 93.4%, 지체 부자유자의 82.7%가 인터넷을 이용하고 있습니다. 장애인에게도 웹은 필수품이라 할 수 있습니다.

그러나 장애인 입장에서 웹 사이트를 쉽게 접근 가능하다고는 할 수 없습니다.

---

21 https://www8.cao.go.jp/shougai/whitepaper/r04hakusho/zenbun/index-pdf.html
22 https://www.mhlw.go.jp/toukei/list/seikatsu_chousa_h28.html
23 https://www.soumu.go.jp/iicp/chousakenkyu/data/research/survey/telecom/2012/disabilities2012.pdf

앞서 말한 조사 연구에서는 '인터넷을 이용할 때 불편한 점'에 대한 질문(복수 대답)에 시각 장애인은 '장애를 배려한 홈페이지가 많지 않다'가 44.7%, '화면이 복잡해 보기 어렵다'가 35.7%, '원하는 정보가 없거나 찾기 어렵다'가 34.3%라고 합니다(그림 1-5-1).

그림 1-5-1 인터넷을 이용할 때의 불편한 정도

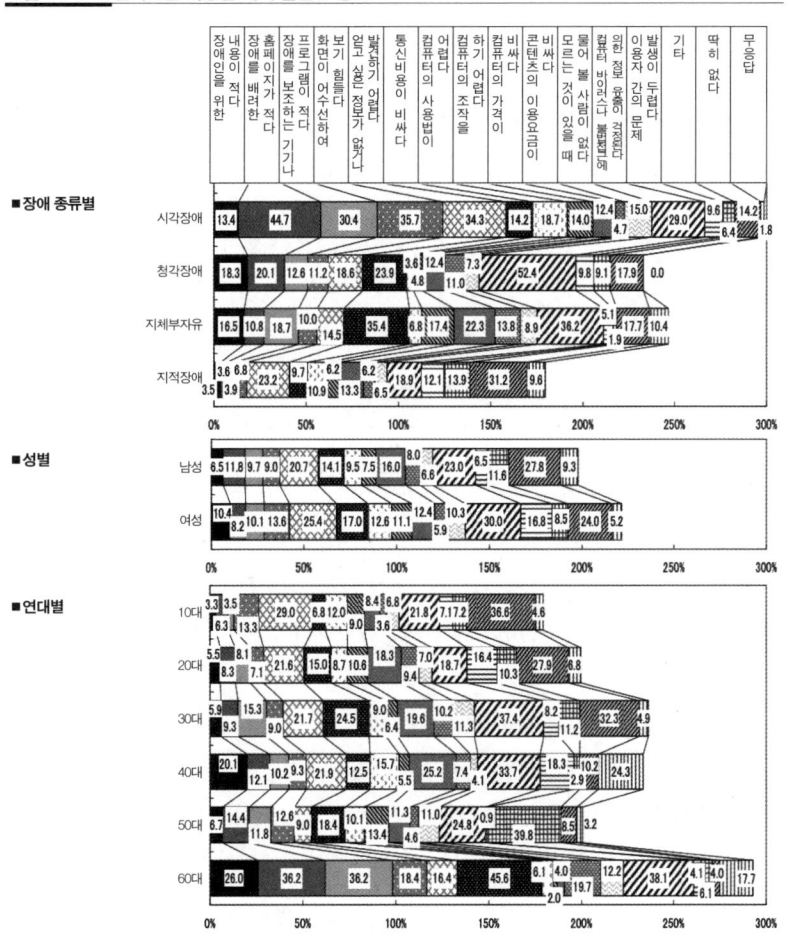

덧붙여 닛케이BP 컨설팅이 실시한 '장애인의 인터넷 이용 실태 조사'[24]는 다음과 같습니다(그림 1-5-2).

컴퓨터를 이용할 때 웹에 장벽이 있어 원하는 정보를 찾지 못하거나 절차를 끝까지 완료하지 못했던 경험은 '가끔 있다'가 가장 많은 46.4%며 '자주 있다(29.3%)'를 더하면 75.7%였다. 특히 맹인에게 현저한데, 맹인의 '자주 있다(36.1%)'와 '가끔 있다(55.6%)'의 응답 합계는 90%를 넘었다.

그림 1-5-2 컴퓨터를 이용할 때 웹상의 장벽

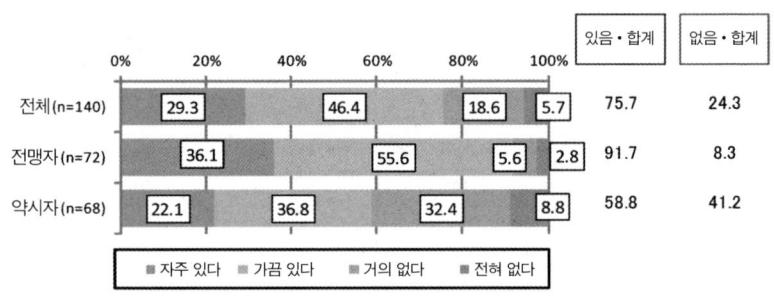

고령자의 대략적인 상황과 인터넷 이용 상황도 살펴보겠습니다. '통계에서 본 일본의 고령자 '노인의 날'과 관련하여'[25]에 따르면 2022년 기준 일본의 65세 이상 인구는 3,627만 명에 달하며 총 인구의 29.1%를 점유하고 있습니다. 이 비율은 앞으로도 계속 상승할 것이며 2040년에는 35.3%가 될 것이라고 합니다.

그리고 '고령자의 인터넷 이용률(2021년)'[26]에 따르면 65~69세가 80%, 70~79세가 59.4%, 80세 이상이 27.6%라고 합니다. 고령자도 웹을 일상적으로 이용하고 있음을 알 수 있으며, 이 이용률은 해마다 상승하고 있습니다. 사적인 일이나 업무로 인터넷 이용 경험이 있는 사람들이 나이를 먹으며 고령자가 되기 때문입니다.

24 https://consult.nikkeibp.co.jp/info/news/2014/1203sa/
25 https://www.stat.go.jp/data/topics/topi1321.html
26 https://barrierfree.nict.go.jp/relate/statistics/elder_net.html

한편으론 고령자에게 웹 사이트는 아직 사용하기 어려운 존재입니다. '웹 이용자로서의 고령자'[27]라는 기사에는 웹 사이트의 정량적 사용성 테스트를 했는데 21~55세 사용자의 작업 성공률이 74.5%였던 것에 비해 65세 이상 고령자의 성공률은 55.3%였다고 합니다.

웹이 장애인에게 필수적이며 고령자에게도 중요한 매체임은 어떤 의미로 당연합니다. 제1장 2절의 '웹에 있기만 하면 접근성이 압도적으로 높다' 항에서도 언급했듯 지금까지는 물리적으로 방문하거나 종이 서류로만 가능했던 활동이 웹을 통해 시간이나 장소, 디바이스 등의 제약 없이도 가능해진 한편 일부 사용자들은 비교적 접근하기 힘든 상황도 일상적인 일이 됐습니다.

> **Column**
>
> ### 나이와 신체 장애의 관계성 및 증가
>
> 나이와 신체 장애는 서로 관계가 있으며 고령자가 느는 만큼 신체 장애자도 늘어납니다.
>
> '신체 장애인의 연령계층별 상황'[28]에 따르면 2011년에 신체 장애인 수첩 소지자 약 386만 명 중 65세 이상의 비율은 68.7%였습니다. 신체 장애는 고령이 될수록 생기기 쉽다고 할 수 있습니다.
>
> 게다가 그 5년 후인 2016년에 신체 장애인 수첩 소지자는 약 429만 명이며 65세 이상의 비율은 72.6%로, 총 인구와 65세 이상의 비율 모두 증가했습니다. 일본의 저출산 고연령화에 따라 고령자와 신체 장애인의 수가 증가할 것을 예상할 수 있습니다.

---

27 https://u-site.jp/alertbox/usability-seniors-improvements
28 https://barrierfree.nict.go.jp/relate/statistics/population3.html

접근 가능하다면 소문을 통해 시장이 생긴다

평소에도 접근 불가능한 상황이 일상적인 사람 입장에서 보면 아무런 문제 없이 접근 가능케 하거나, 접근성에 관심을 갖고 개선하는 서비스를 보면 주변 사람에게 추천하고 싶은 마음이 들 것입니다.

현 시점에서 대부분의 웹은 접근성이 결여된 서비스가 많습니다. 접근성이 필요한 사람은 그러한 서비스를 써보려고 악전고투하지만 결국 포기하는 상황이 늘 있습니다. 이러한 상황에서는 이용하려는 서비스가 접근성을 개선해 접근이 가능하도록 하는 자체가 큰 의미를 갖습니다. 접근성이 필요한 사람 입장에서 보면 서비스 제공자가 '당신을 사용자로 인식하며, 관계를 구축하고 싶다'고 선언했다고 생각하기 때문입니다.

이런 활동은 실제로 사용자를 끌어들입니다. 특히 장애인은 커뮤니티에 속해 매일 정보를 교환하기도 합니다. 앞서 설명했듯 '사용 불가능한 것이' 당연한 상황 속에서 그 부자유를 어떻게 해결할지 서로 소통합니다. 그때 접근성이 좋은 서비스가 있다면 당연히 해당 서비스를 추천할 것입니다. 이러한 소문에 따른 사용자 증가는 필자가 접근성 개선을 지원 중인 note[29]라는 미디어 서비스에서 실제로 일어나고 있습니다.

이런 의견에 대해 '우리 서비스는 장애인이나 고령자를 목표로 하지 않는다', '지금은 사용이 그리 많지 않아 수요가 없다'는 말을 자주 듣지만 이는 순서가 잘못됐습니다. 사용할 수 없기에 사용하는 사람이 나타나지 않는 것입니다.

제품이나 서비스를 사용하는 방법은 다양합니다. 의외라 생각할 수도 있겠지만 시각 장애인은 카메라를 사용합니다. 찍은 사진을 누군가에게 보여주거나 잘 보

---

[29] https://note.com

이지 않는 물체를 카메라 줌을 통해 확인합니다. 시력이 저하되기 전 사진이 취미였던 사람은 시력이 낮아진 후에도 카메라를 사용하고 있습니다. 이런 사례를 참고해 저시력 사용자를 위한 레이저 망막 투영 카메라[30]도 개발된 상태입니다.

자신이 직접적인 사용자가 아니더라도 다른 사람에게 부탁을 받아 해당 내용을 알아보거나 쇼핑을 하는 경우도 충분히 있을 수 있습니다. 그럴 때 '대상이 아니라'며 접근성을 무시하는 건 사용자의 개념을 상당히 한정적으로 생각하는 것입니다.

웹 사이트나 서비스의 접근성이 좋다면 지금까지 존재하지 않았던 시장을 만들어 낼 수 있습니다. 예를 들어 회계나 인사노무 프로그램, 그룹웨어 등의 접근성이 좋아진다면 지금까지 종이로는 작업하기 어려웠던 데이터 정리나 신청 승인과 같은 업무에 관해 새로이 고용을 창출할 수 있게 됩니다.

사이트나 서비스의 틀을 넘어 정보가 널리 퍼진다

앞서 설명했듯 접근성의 근간은 머신 리더빌리티입니다. 브라우저나 지원 기술과 같은 사용자 에이전트 프로그램이 해석할 수 있게끔 콘텐츠를 만드는 것인데, 접근성의 위력은 그뿐만이 아닙니다.

제공자의 웹 사이트 밖에 있는 서비스 또한 '사용자 에이전트 프로그램'이기 때문입니다. 머신 리더블하다면 '제공자의 사이트나 서비스를 브라우저에서 그대로 볼 수 있다'는 사용법을 넘어 퍼지는 계기를 만들 수 있습니다.

텍스트로 제공된 콘텐츠는 브라우저의 기능이나 플러그인, 번역 서비스 등으로 콘텐츠를 번역해 읽을 수 있습니다. 마크업돼 있다면 번역 후에도 문서 구조는

---

30 https://www.retissa.biz/about-1-1/

유지됩니다.

브라우저의 리더 모드를 사용하면 웹 페이지에서 메인 콘텐츠 부분만을 추출해, 브라우저가 마련한 스타일을 적용해서 읽을 수 있습니다. 이 분석에는 HTML 구조가 사용되고 있습니다.

Pocket,[31] Instapaper[32] 등을 사용하면 지금 보고 있는 웹 페이지를 클립하여 보존함으로써 나중에 다시 읽을 수 있습니다. 이때 페이지 스타일을 자신이 원하는 형태로 바꿀 수 있습니다. 또한 Onenote Web Clipper[33]는 페이지의 일부만을 추출하여 저장할 수 있습니다.

웹 페이지를 전자책화해주는 서비스를 사용해 EPUB 형식으로 변환하면 전자책 리더기로 읽을 수 있습니다. EPUB의 구조는 HTML이므로 전자책 리더기의 지원 기술을 사용해 음성 변환도 가능합니다.

외부에 있는 서비스에서 불러온 콘텐츠를 가공함으로써 새로운 의미를 부여할 수 있습니다. 예를 들면 calil[34]은 일본 전국 도서관의 장서 정보를 읽어들임으로써 횡단적(넘나드는) 검색을 가능케 했습니다. 장서 정보가 HTML로 공개되어 있기 때문입니다. 비슷한 횡단적 검색 사이트는 EC 분야에도 있습니다.

물론 앞서 언급한 SEO도 이러한 정보 확산의 예시입니다. HTML을 적절히 작성해 단순히 크롤링 및 인덱싱되어 검색 결과에 나오는 것이 아닌, 페이지의 일부 정보를 검색 결과 페이지에 나오게 할 수 있습니다. 게다가 Schema.org의 정의에 따라 구조화 데이터로 마크업하면 검색 엔진에 페이지의 의도를 명시적으로

---

31 https://getpocket.com/
32 https://www.instapaper.com/
33 https://onenote.com/Clipper
34 https://calil.jp/

전달할 수 있습니다. 그 결과, 사용자가 요리 레시피를 검색했을 때 검색 결과 페이지에 콘텐츠와 사진을 함께 표시할 수도 있습니다.

머신 리더블한 콘텐츠로 인해 다양한 접근 방식이 생길 수 있습니다. 제1장 2절 '웹에 있기만 하면 접근성이 압도적으로 높다' 항에서 나타낸 **그림 1-2-1**의 '사용' 상위 계층인 '공유'나 '개편'은 이를 가리킵니다.

WCAG 2.1 원칙 중 네 번째인 '견고'에 따라 웹 표준 사양을 지켜 구현함으로써 현재나 미래에 걸쳐 호환성이 확보됩니다. 때문에 브라우저나 지원 기술의 접근뿐 아니라, 이러한 '예상을 반 걸음 뛰어넘는' 혹은 '제공된 서비스의 범위를 뛰어넘는' 사용법이 생길 가능성도 장래에 걸쳐 확보되는 것입니다.

사용성을 높일 수 있다

제1장 1절의 '사용성과의 비교'에서 설명한 대로 접근성은 '사용할 수 있는' 범위를 확대하는 노력입니다. 그 노력은 큰 장애가 없는 상태에서의 사용성도 끌어올립니다.

WCAG에 근거해 휴먼 리더빌리티의 관점에서 적절한 정보 설계나 시각 디자인을 통해 이해나 조작에 시간이 걸리는 사례에서 접근성이 높아집니다. 당연히 작업에 그리 시간이 걸리지 않는 사람도 쉽게 목적을 달성할 수 있게 됩니다.

앞서 설명했듯 머신 리더빌리티의 관점에서도 HTML로 마크업하기 위해서 '텍스트만으로 전달하는 구조'를 라이팅(writing) 및 UI 설계 단계에서 생각합니다. 이 역시 사용성을 끌어올리는 방법으로, 시각에 의존하지 않더라도 정보를 얻을 수 있는 텍스트가 있다면 시각적으로 검색하는 사람 입장에서도 구체적인 힌트가 많아져 쉬운 이해를 돕기 때문입니다.

그 밖에도 WCAG 2.1 레벨 AA로 언급한 모든 항목은 대다수 사용자의 사용성도 향상시킵니다.

- 리플로우를 할 수 있다
- 줌을 할 수 있다
- 가로 화면도 지원한다
- 대비가 높아 구분하기 쉽다
- 입력 오류가 발생해도 수정 방법을 알 수 있으며, 입력을 확정하기 전에 사전 확인 및 취소가 가능하다
- 마우스 오버 UI가 있어도 안정적으로 조작할 수 있다

WCAG는 폭넓은 상황에서 사용케 하기 위한 베스트 프랙티스 모음집입니다. 이는 모든 사용자의 사용성을 끌어올리는 프랙티스 모음집이기도 하며, WCAG에도 명시되어 있습니다.

> 이 가이드라인은 나이를 먹어감에 따라 능력이 변화한 고령자 입장에서 웹 콘텐츠를 보다 사용하기 쉽게 만듦과 동시에 이용자 전반의 사용성을 향상시킨다.

권리를 지키며 법을 준수할 수 있다

코로나 바이러스 때문에 원격 근무가 추진되며 온라인화가 가속되고 있습니다. 웹에 있는 정보나 애플리케이션에 접근 가능하다는 점은 점점 중요해집니다. 일본에서는 장애인 차별 해소법 시행과 개정을 통해 공공기관뿐 아닌 민간 사업자도 합리적 배려를 하도록 의무화됐습니다. 미국에서는 이미 관련법을 근거로 소송이 여럿 일어나고 있습니다.

이제 웹은 공생 사회를 실현하는 데 필수적인 것입니다.

장애인 차별 해소법, 합리적 배려와 환경의 정비

일본의 민간 사업자에 대한 웹 접근성 개선의 구체적인 근거가 되는 법률은 집필 시점(2022년 12월)에서 장애인 차별 해소법[35]이라 생각합니다.

법률은 2016년 4월에 시행됐습니다. '모든 국민이 장애 여부에 따라 차별받는 일 없이 상호 간에 인격과 개성을 존중하면서 공생하는 사회의 실현을 목표로, 장애를 이유로 하는 차별 해소를 추진함'을 목적으로 한 것입니다.[36]

이 법률은 주로 두 가지를 요구하고 있습니다. 내각부에 의한 '장애인 차별 해소법 포스터'[37]에서 인용합니다.

> 부당한 차별적 취급의 금지
> 국가·도도부현·시정촌 등의 관공서, 회사나 가게 등의 사업자가 장애가 있는 사람에게 정당한 이유 없이 장애를 이유로 한 차별을 금지함
>
> 합리적 배려의 제공
> 국가·도도부현·시정촌 등의 관공서, 회사나 가게 등의 사업자는 장애가 있는 사람으로부터 사회에 존재하는 장벽을 제거하기 위해 어떠한 대처가 필요하다는 의사를 전달받았을 때, 부담이 크지 않은 범위에서 대처할 것

합리적 배려의 구체적인 사례는 장애인 차별 해소법 안내지[38]에 명시돼 있습니다.

---

35 https://www8.cao.go.jp/shougai/suishin/sabekai.html
36 https://elaws.e-gov.go.jp/document?lawid=425AC0000000065
37 https://www8.cao.go.jp/shougai/suishin/sabekai_poster.html
38 https://www8.cao.go.jp/shougai/suishin/sabekai_leaflet.html

- 장애가 있는 사람의 장애 특성에 따라서 좌석을 정한다
- 장애가 있는 사람 중 '직접 작성하기는 어렵기에 대신 작성해줬으면 좋겠다'는 의사를 전달받았을 때, 해당 서류가 대리 작성에 문제가 없다면 당사자의 의사를 충분히 확인하면서 대리 작성한다
- 의사를 서로 전달하기 위하여 그림이나 사진 카드, 태블릿 단말 등을 사용한다
- 단차가 있을 때 경사면 등을 사용해 보조한다

관련된 개념으로 '환경 정비'가 있습니다. '장애인의 차별 해소를 향한 이해 촉진 포털 사이트'의 '환경 정비'[39]에서는 다음과 같이 표현합니다(**그림 1-5-3**).

'환경 정비'란 기업, 점포 등의 사업자나 행정기관 등이 장애인의 각 장애에 대한 합리적 배려를 명확히 행할 수 있도록 불특정 다수의 장애인을 주 대상으로 하는 사전적인 개선 조치를 말합니다.

그림 1-5-3 '장애인 차별해소를 위한 이해촉진 포털사이트'의 '환경의 정비' 그림

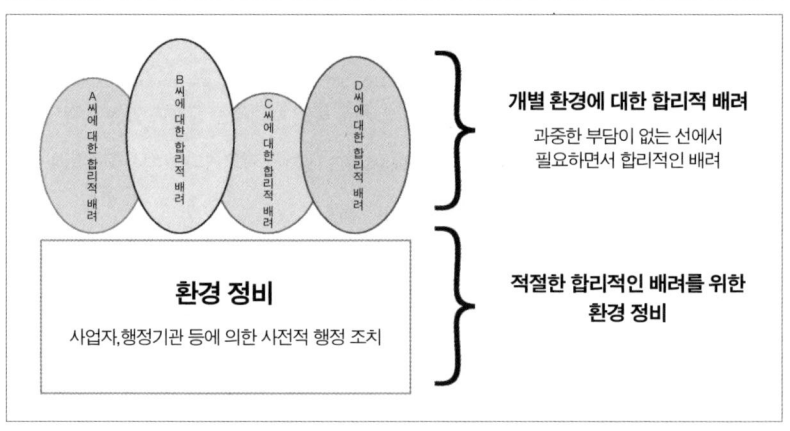

---

39 https://shougaisha-sabetukaishou.go.jp/kankyonoseibi/

이 사이트에서 소개한 환경 정비의 구체적인 사례('합리적 배려를 필요로 하는 장애인이 여러 명 혹은 여러 번 이용하리라 예상되는 경우')는 다음과 같습니다.

- 강연회 등에서 큰 소리에 민감한 발달 장애가 있는 참가자가 있다
    - → 의자 끄는 소리를 줄이기 위해 모든 책상과 의자 다리에 방음 가공을 했다
- 접수 방법이 모니터를 보면서 직접 입력하는 형태다
    - → 시각 장애가 있는 사람도 이용할 수 있도록 핸드셋(수화기)이 달린 기기를 도입했다
- 청각 장애가 있는 사람과 필담으로 소통하고 있지만 더 쉽게 의사소통하고 싶다
    - → 이후 다른 청각 장애인하고도 쉽게 소통할 수 있도록 태블릿을 도입해 점원이 말한 내용을 문장으로 자동 변환해주는 애플리케이션을 설치했다
- 음식점의 카운터석이 고정 의자이므로 휠체어를 탄 상태로는 앉을 수 없다
    - → 휠체어를 탄 상태로도 앉을 수 있도록 카운터석의 일부를 개조해 입구와 가까운 위치에 있는 일부 좌석을 바퀴 달린 의자로 변경했다

웹 접근성도 '합리적 배려', '환경 정비'의 범위 내에 있다

이러한 '합리적 배려'나 이를 위한 '환경 정비'는 웹 사이트나 애플리케이션에도 똑같이 필요합니다.

장애인 차별 해소법은 2016년 4월 시점에서 공공기관으로 하여금 합리적 배려 제공을 법적 의무화했습니다.[40] 그렇기에 공공기관에서는 이미 '모두의 공공 사이트 운용 가이드라인'[41]을 기준으로 웹 접근성의 개선이 진행되고 있습니다.

가이드라인은 '환경 정비' 및 '합리적 배려 제공'에 관한 내용을 장애인 차별 해소법 및 기본 방침[42]에 비춰봤을 때 웹 접근성 역시 명확히 해당 범위 안에 있음을

---

40 환경 정비에 대해서는 행정기관 및 사업자 모두 노력할 의무가 있습니다.
41 https://www.soumu.go.jp/main_sosiki/joho_tsusin/b_free/guideline.html
42 https://www8.cao.go.jp/shougai/suishin/sabekai/kihonhoushin/honbun.html

나타내고 있습니다.

(1) 환경 정비
웹 접근성을 포함한 정보 접근성은 합리적 배려를 명확히 하기 위한 환경 정비로서 위치하고 있으며 각 단체에 사전적 개선 조치를 계획적으로 추진할 것을 요구합니다.
(중략)
(2) 합리적 배려 제공
장애인 등이 각 단체 홈페이지 등의 웹 접근성 개선 요청을 했을 경우 장애인 차별 해소법에 근거해 대처해야 합니다.

일본 총무성의 '공공기관용 웹 접근성 대응 강연회' 자료 '공공기관에 요구되는 웹 접근성 대응'[43]은 단적인 사례를 나타내고 있습니다.

홈페이지에 게시한 정보를 음성 변환 프로그램으로 변환할 수 없다는 문의가 있을 경우 문의자에게 음성으로 변환할 수 있는 텍스트 파일 등을 제공하는 것이 '합리적 배려 제공', 음성 변환이 가능하도록 홈페이지를 수정하는 것이 '환경 정비'

앞서 언급한 기본 방침에는 '개정안이 검토 중'이라 되어 있어 '합리적 배려 제공과 환경 정비의 관계와 관련된 일례'로 포함될 가능성이 있습니다. 이것도 예시로서 이해하기 쉽습니다.

온라인으로 신청 절차를 진행할 때 웹 사이트가 장애인 입장에서 이용하기 어렵다면, 절차를 진행할 때 지원을 요청받을 경우 전화나 전자메일 등으로 대응해야 함(합리적 배려 제공)과 동시에 앞으로 장애인이 온라인 신청 시 불편을 느끼지 않도록 웹 사이트를 개선한다(환경 정비).

---

43 https://www.soumu.go.jp/main_content/000674055.pdf

이러한 웹 접근성에 관한 합리적 배려 제공은 민간 사업자에게도 법적 의무가 될 전망입니다. 운용 가이드라인의 배경이 된 장애인 차별 해소법은 2021년 6월에 개정법이 공포되어 민간 사업자도 합리적 배려를 '하도록 노력해야 한다'는 노력 의무에서 '해야 한다'는 법적 의무로 개정됐기 때문입니다.

공포로부터 3년 이내에 시행되기에 늦어도 2024년 6월에는 시행됩니다. 민간 사업자에 대해서도 앞으로는 이 법률을 근거로 한 웹 접근성에 관한 합리적 배려의 요구가 늘어날 가능성이 큽니다. 이런 상황에 대응하기 위해서는 웹 접근성을 '환경 정비'하는 개선이 필요해질 것입니다.

미국에서는 이미 소송 위험이

웹 서비스는 전 세계 어디서나 접속할 수 있기 때문에 많은 기업이 글로벌 전개를 노리고 있습니다. 이때 접근성은 피할 수 없는 문제입니다. 특히 미국에서는 소송 사건이 매년 대폭 증가하고 있습니다.

웹 접근성 대응을 법률로 의무화 중인 나라도 다수 있습니다. 미국, 캐나다, 영국, 독일, 프랑스, 이탈리아, 호주, 중국, 인도, 한국, EU 등이 이에 해당합니다. 공공기관 조달 시 접근성 기준을 만족해야 함을 의무화하거나 민간 사업자도 포함해 명확한 벌칙 규정이 존재하기도 합니다.[44]

이 중에는 WCAG를 기준으로 잡은 것도 있으며, WCAG를 해당 지역에서 독자적으로 재편한 것도 있습니다. WCAG을 직접적으로 언급하지 않더라도 판례로서 참고 중인 경우도 있습니다. 참고 버전도 제정 시기에 따라서 2.0인지 2.1인지에 따라 차이가 있습니다. 각 지역이 원칙적으로 WCAG를 기반으로 하고 있다는 점은 거의 같기 때문에 WCAG에 대응하는 것이 글로벌 전개 시 법률 위험

---

44 전반적인 목록은 'Web Accessibility Laws & Policies'를 참조하세요.
https://www.w3.org/WAI/policies/

을 없앨 수 있다는 점은 틀림없습니다.

대응하지 못하고 있다면 소송에 휘말릴 수도 있습니다. 미국에서는 하루에 10건 이상의 소송이 일어나고 있습니다. 2019년 가수 비욘세의 공식 사이트가 전맹인 팬에게 소송을 당한 일은 큰 뉴스가 됐습니다. 같은 해 도미노피자 사이트가 접근성이 낮다고 느낀 사용자가 소송을 했으며 사용자가 승소했습니다.

그 밖에도 아마존, 애플, 넷플릭스, 나이키, 디즈니, 맥도날드, 버거킹과 같은 유명한 기업도 소송을 당했습니다. 이러한 흐름에 따라 2018년 시점에서도 약 2,300건이나 있던 소송 건수가 매년 500~600건씩 증가했고, 2021년 기준 미국의 디지털 접근성 관련 소송은 4,000건을 넘고 있습니다.[45]

> **Column**
>
> ### 접근성 오버레이는 필요한가?
>
> 접근성 관련 소송이 늘어나는 가운데 접근성 오버레이라는 도구가 주목받고 있습니다. 웹 사이트에 자바스크립트 코드를 추가하면 표시 방법을 변경할 수 있는 옵션을 추가하거나, 많은 접근성 문제를 자동으로 수정해줍니다.
>
> 도구 제공자도 'WCAG에 대응할 수 있다', '소송 위험을 줄일 수 있다'고 주장하고 있기에 이에 의존하려는 움직임도 있습니다. 그중에는 큰 자금 조달에 성공한 도구[46]도 있습니다.
>
> 하지만 'Overlay Fact Sheet'[47]는 이러한 오버레이는 다음과 같은 문제를 일으킨다고 주장합니다.

---

45 UsableNet의 조사에 따릅니다. https://info.usablenet.com/2021-endyear-digital-accessibility-lawsuit-report-download-page
46 https://techcrunch.com/2021/02/10/accessibility-overlay-startup-accessibe-closes-28m-series-a/
47 https://overlayfactsheet.com/

- 지원 기술이 필요한 경우 사용자는 자신의 환경을 커스터마이징한 상태이므로, 특정 사이트에만 접근성 옵션이 있어도 의미가 없다
- 자동 수정의 정밀도가 낮아 오히려 정보를 얻는 데 방해되는 요소가 생기거나 사이트의 조작 체계를 파괴하는 경우가 있다
- 지원 기술 이용 여부 탐지, 오버레이 커스터마이징에 의해 장애인이라는 사실이나 관련 내용이 운영자에게 전송되므로 개인정보 침해에 해당할 가능성이 있다

Fact Sheet는 이런 오버레이에 대한 장애 당사자의 견해나 오버레이 폐지에 찬성하는 전문가의 서명을 모으고 있습니다. 또한 UsableNet의 'A RECORD-BREAKING YEAR FOR ADA DIGITAL ACCESSIBILITY LAWSUITS'[48]에는 오버레이를 적용한 사이트의 소송도 다수 일어나고 있으며 소송 위험을 줄일 수 없다고 지적하고 있습니다.

애당초 그러한 오버레이로는 언뜻 문제를 해결한 것처럼 보여도 문제가 없는 상태로 만들 수는 없기에 WCAG에 적합하지 않습니다.

필자는 오버레이라는 접근 방식 자체를 부정하는 것은 아닙니다. 예를 들면 지원 기술까지는 필요 없는 경도 장애가 있는 사용자 입장에서는 표시 변경 옵션으로 접근성이 높아질 가능성은 있습니다. 하지만 불성실한 메시지를 띄우며 판매하는 등 오히려 접근성을 낮추는 오버레이 제품에는 큰 문제가 있다고 생각합니다.

오버레이를 통한 대응은 웹 접근성의 극히 일부에 지나지 않으며 토대가 되지도 않습니다. 웹의 특성을 이해하고서 머신 리더빌리티와 휴먼 리더빌리티를 높이도록 개선하는 작업이 결국 웹에 접근할 수 있는 권리를 지키는 길로 이어집니다.

---

48 https://blog.usablenet.com/a-record-breaking-year-for-ada-digital-accessibility-lawsuits

1.6
왜 웹 애플리케이션 접근성인가

최근 수년 사이에 웹 애플리케이션 제공 기업이 접근성 개선에 노력 중이라 발표한 사례가 증가하고 있습니다. 왜 이런 움직임이 생기는지 몇 가지 이유를 알아봅시다.

꾸준히 이용함으로써 생활이나 업무가 변화하므로

대다수 웹 애플리케이션은 한 번만 이용하는 것이 아닌, 어떤 작업을 반복하는 지속적인 이용을 전제로 합니다. 매일 사용하는 애플리케이션의 접근성이 좋아지면 혼자서는 불가능하거나 많은 노력이 필요했던 작업이 혼자서도 가능해진다는 변화가 생깁니다.

업무 애플리케이션이라면 사용 가능 여부에 따라 작업 가능 여부로 이어집니다. 예를 들어 개인 사업자용 회계 프로그램의 접근성이 좋아지면 지금까지 회계 프로그램을 사용하지 못했던 사용자도 혼자서 회계 업무나 확정 신고를 할 수 있습니다. 그 충격적인 경험은 생활을 변화시키기도 합니다.

공동 이용을 하는 데 모두가 사용할 수 있어야 하므로

소프트웨어를 웹에 둔다는 건 여러 사람이 공동으로 이용하는 토대 위에 두는 것과 같습니다. 그런 특징을 살려 웹 애플리케이션은 공동 이용을 전제로 한 설계도 간단히 할 수 있습니다. 이런 점을 보면 접근성은 중요합니다. 여러 사람이 이용하는 데 일부 사용자가 사용하지 못한다면 업무에 지장을 줄 수 있습니다. 모든 이가 사용할 수 있어야 도입이 가능합니다.

인사노무 프로그램으로 예를 들면 입력한 근태나 급여 명세, 연말정산 정보 등을 직원이 직접 확인할 수 없다면 그때마다 상사나 인사 담당자가 개별적으로 대응해야 합니다. 사내 커뮤니케이션 도구 등을 다른 사람이 대신 입력하기란 어려우므로 모두가 사용할 수 없으면 의미가 없습니다. 필자가 어림잡아 본 결과[49] 접근성이 필요한 사람이 팀 안에 한 명이라도 포함될 확률은 적어도 5명 팀에서 50% 이상, 30명 팀에서 98% 이상이었습니다. 이런 상황이 될 가능성은 생각보다 높다고 느낍니다.

일본에는 장애인 고용률 제도[50]가 있습니다. 일정 수 이상의 직원을 갖는 사업자는 총 직원에 대한 신체 장애인·지적 장애인·정신 장애인의 비율을 '법정 고용률' 이상으로 할 의무가 있습니다. 민간 기업의 법정 고용률은 2.3%입니다. 직원을 43.5명 이상 고용 중인 사업자는 장애인을 한 명 이상 고용해야 합니다.

직원이 일정 수 이상인 사업장에는 접근성을 필요로 하는 사람이 사실상 존재하며, 해당 인원을 포함해서 기능을 사용하지 못하는 상황이 발생한다면 모두의 생산성을 올리지 못하게 되는 것입니다.

기업의 미션으로 이어지므로

웹이라는 플랫폼을 사용해서 서비스를 제공하는 각 기업은 의식 여부를 따지지 않더라도 웹이 가진 압도적인 접근성을 전제로 하고 있습니다. 때문에 지금까지 많은 사람과 상황에 서비스의 가치가 전달되어 현재도 활동을 지속할 수 있는 것입니다.

---

49 https://www.slideshare.net/rikiha/cybozu-accessibility
50 https://www.mhlw.go.jp/stf/seisakunitsuite/bunya/koyou_roudou/koyou/jigyounushi/page10.html

그러한 기업의 이념을 실현해 현재의 사회 문제나 구조를 근본적으로 바꾸기 위해서는 웹이 가진 가능성을 더욱 이끌어내 해당 서비스의 잠재적 사용자를 모두 끌어들여야 합니다. 그렇기에 그 핵심이 될 웹 애플리케이션을 접근할 수 있도록 만들어야 합니다.

기업의 미션이나 비전과의 연관성을 나타낸 사례로, 필자들이 근무 중인 회사의 견해를 소개합니다.

cybozu는 '팀워크가 넘치는 사회를 만든다'를 기업의 존재 의의(Purpose)로 하며, 세상의 모든 팀에게 정보 공유 인프라를 제공하고자 합니다. cybozu는 팀에 참가하거나 공헌하고 싶은 모든 사람이 '팀에 접근할 수 있도록' 접근성 개선에 힘써야 합니다.

SmartHR은 'well-working 노동에 관한 사회적 문제를 없애고 누구나 각자의 방식대로 일할 수 있는 사회 만들기'를 미션으로 하고 있습니다. SmartHR의 서비스나 제품을 통해서 '누구나 각자의 방식대로 작업할 수 있도록' 지지한다면 해당 서비스나 제품은 반드시 '누구나' 사용할 수 있어야 합니다.

freee는 '스몰 비즈니스를 세상의 주역으로'를 미션으로 제창하며, '누구나 자유롭게 경영할 수 있는 통합형 경영 플랫폼'의 실현을 목표로 하고 있습니다. 이를 추구하기 위해서는 개인 사업자가 사용하는 서비스도, 스몰 비즈니스에서 일하는 직원이 사용하는 서비스도 '누구나' 사용할 수 있어야 합니다.

접근성을 개선한다는 건 사용자가 서비스를 통해서 기업 이념에 접근하는 것과 같습니다. 그 이념에 '누구나'를 의미하는 단어가 있거나 웹을 통해서 그 이념을 전달하고자 한다면 그 실현에 웹 접근성은 필수라고 할 수 있습니다.

제 **2** 장

웹 접근성의 기초

이 장에서는 구현하는 관점에서 웹 접근성의 기초(머신 리더빌리티, 키보드 조작)를 설명합니다. 접근성을 확보하려면 HTML을 올바르게 작성해야 하는데, 이 장을 읽으면 그 이유를 알게 될 것입니다. 각 절에서는 애플리케이션 구현 시 접근성을 해치는 사례를 소개하면서 확인 및 개선 방법을 설명합니다.

2.1 기초 머신 리더블 이해하기

이 장에서는 웹 애플리케이션 개발에서 자주 있는 사례인 스크린 리더로 조작 불가능한 버튼과 체크 박스 등을 통해 접근성의 기초를 설명합니다.

아무것도 읽지 못하며 조작할 수 없는 버튼 - '이름'과 '역할'

웹 애플리케이션에서 자주 발생하는 문제로, 스크린 리더로는 어떤 것도 읽지 못하며 조작도 불가능한 버튼이 있습니다. 시각적으로 접근할 수 있는 경우와 비교해봅니다.

시각으로 정보를 얻을 수 있는 경우 **그림 2-1-1**과 같은 GUI는 추가나 삭제 버튼임을 인식할 수 있으며 버튼을 눌러 기능에 접근할 수 있습니다.

UI에 접근하려면 콘텐츠와 그 시맨틱스(의미)를 이해할 수 있어야 합니다. 그림 2-1-1의 우측 GUI를 시각적으로 분석하면 검은 원 안에 '+' 기호가 있는 이미지가 모서리가 둥근 사각형 안에 있습니다.

기호를 통해 '추가' 또는 '더하기'라는 의미를 알 수 있습니다. 또한 모서리가 약간

그림 2-1-1   + 아이콘 이미지만 있는 버튼과 휴지통 이미지만 있는 버튼

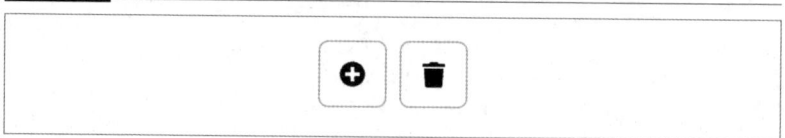

출처: Font Awesome Free(https://fontawesome.com/)와 SmartHR UI(https://github.com/kufu/smarthr-ui)

둥근 사각형은 일반적으로 버튼임을 알 수 있습니다. 이는 현실 세계의 버튼을 모방하여 시각적인 의미를 부여했기 때문입니다. '추가'와 '버튼'을 인식함으로써 UI로 기능하며 접근할 수 있습니다.

UI의 접근성을 확보하는 데 중요한 시맨틱스로 '이름'과 '역할'이 있습니다. 이름이 있다면 대상을 식별하거나 목적을 이해할 수 있습니다. 역할이 있다면 사용자는 대상의 움직임(버튼이면 누를 수 있다 등)을 기대할 수 있습니다.

그렇다면 시각을 통해 정보를 얻을 수 없어 스크린 리더를 사용하는 사용자는 UI로부터 어떻게 콘텐츠와 시맨틱스(이름과 역할)를 이해하며 접근할까요?

접근성을 고려해 구현했다면 '추가, 버튼'이라는 음성을 읽어줄 것입니다(**그림 2-1-2**). 기능에 접근하는 데 필요한 시맨틱스를 읽음으로써 접근할 수 있습니다.

하지만 접근성을 고려하지 않았다면 '추가'처럼 이름만 혹은 '버튼'처럼 역할만 읽거나, 아무것도 읽지 않기도 합니다.

그렇다면 접근성이 확보된 구현과 그렇지 않은 구현에는 어떤 차이가 있을까요?

그림 2-1-2 스크린 리더에 의한 음성 인식
macOS VoiceOver의 화면 출력 결과

읽을 수 있는 구현-이름과 역할

음성을 읽을 수 있도록 구현한 예시[1]로 시맨틱스가 구현되어 있습니다.

> **좋은 예시: 스크린 리더로 읽을 수 있다**
>
> ```
> <button class="Button">
>   <img src="/image/icon/add.png" alt="추가"/>
> </button>
> ```

버튼에는 button 요소를 사용했습니다. button 요소에는 img 요소가 있으며 alt 속성에 의해 대체 텍스트인 '추가'가 부여됐습니다.

스크린 리더는 button 요소를 통해 역할이 버튼임을 이해할 수 있습니다. 또한 이미지의 대체 텍스트로부터 버튼의 이름을 이해할 수 있습니다. 그 결과, 요소의 이름과 역할이 스크린 리더에 전달되어 '추가, 버튼'이라는 음성을 읽으며 접근할 수 있게 되는 것입니다.

읽을 수 없는 구현

그러면 어떻게 구현하면 스크린 리더가 음성을 읽을 수 없을까요? 앞선 예시를 떠올려보면 반대로 콘텐츠와 시맨틱스를 이해하지 못하는 구현이라 추측할 수 있으며, 예를 들면 다음과 같습니다.

> **좋지 않은 사례: 스크린 리더로 읽을 수 없다**
>
> ```
> <div class="Button">
>   <svg class="Icon -add" viewBox=0 0 512 512"><path d="M505 ..."/></svg>
> </div>
> ```

---

1 시각적인 표현을 위한 CSS는 생략했습니다.

button 요소가 아닌 div 요소를 사용했으며 아이콘은 인라인 SVG로 그렸습니다. div 요소는 특별한 의미를 갖지 않으므로 시맨틱스를 이해할 수 없습니다. 또, 아이콘의 그래픽을 나타내는 SVG에는 텍스트 정보가 없어 콘텐츠를 이해할 수 없습니다. div 요소와 svg 요소는 의미가 있을 법한 class 속성을 갖고 있지만 class 속성값은 시맨틱스로서 기능하지 않습니다.

접근이 가능하려면 스크린 리더 등의 지원 기술 등으로 기계가 이해할 수 있도록 콘텐츠와 시맨틱스를 구현하여 이름과 역할을 이해할 수 있도록 해야 합니다.

선택 여부를 알 수 없는 체크 박스 - '상태'

버튼 예시에서 접근을 위해서는 시맨틱스(이름과 역할)가 필요하다고 설명했는데 한 가지 더 중요한 것이 '상태'입니다. 예를 들면 체크 박스의 시각 표현을 변경하는 일이 자주 있는데 이 역시 구현 방법에 따라서는 접근하기 어려워질 수 있습니다.

체크 박스의 외관을 바꿀 때는 주로 span 요소나 div 요소의 스타일을 변경해서 구현합니다.

좋지 않은 사례: span 요소로 오리지널 체크 박스를 만들어 바꾼다(HTML)

```
<span class="checkbox-wrapper" onclick="toggleCheck();">
<span class="checkbox -checked"></span>
<span>동의한다</span>
</span>
```

좋지 않은 사례: span 요소로 오리지널 체크 박스를 만들어 바꾼다(CSS)

```
.checkbox {
  display: inline-flex;
```

```
  height: calc(1em - 2px);
  width: calc(1em - 2px);
  border: 1px solid #999;
  border-radius: 4px;
}

.checkbox.-checked {
  background-color: #0077c7;
  background-image: url("check.svg");
  border-color: #0077c7;
}
```

처음부터 외관을 만들 때는 HTML 표준인 체크 박스의 외관을 바꾸는 것보다는 효율적일 수 있으나 이 경우 시맨틱스가 포함되지 않아 접근성을 확보할 수 없습니다. 실제로 스크린 리더로 음성을 읽어보면 **그림 2-1-3**처럼 '동의한다'는 콘텐츠는 읽을 수 있지만, 체크 박스임은 읽을 수 없습니다.

우선 HTML 표준 체크 박스가 어떻게 작동하는지 보겠습니다. HTML 표준은 `<input type="checkbox"/>`를 사용해 다음과 같이 마크업합니다.

그림 2-1-3   span 요소로 작성한 체크 박스를 스크린 리더로 읽었을 때

좋은 예시: HTML 표준 체크 박스

```
<label>
  <input type="checkbox" checked="checked"/>
  동의한다
</label>
```

input 요소는 type 속성마다 다른 역할을 갖습니다. type="checkbox"는 체크 박스의 역할을 합니다. label 요소는 '동의한다' 콘텐츠와 연관되며 '동의한다'라는 이름을 갖습니다. 이로써 동의 여부를 진리값으로 입력하는 체크 박스임을 알 수 있습니다.

또한 체크 박스에 체크 표시가 돼 있으면 진리값을 갖는 checked 속성에 checked 값이 들어가 체크된 상태임을 나타냅니다.

시험삼아 스크린 리더로 읽어보면 레이블은 '동의한다', 상태는 '체크되어 있다', 역할은 '체크 박스'가 됩니다(**그림 2-1-4**).

현재 입력된 값을 모르면 조작이 가능하더라도 체크 여부를 알 수 없어 애당초 목적을 달성할 수 없습니다. 입력하는 UI에는 '이름'과 '역할', 그리고 '상태'가 필요합니다.

그림 2-1-4 '동의한다' 레이블이 있는 체크 박스를 스크린 리더로 읽었을 때

HTML 시맨틱스와 이를 보완하는 WAI-ARIA

앞선 예시에서 접근성에 시맨틱스를 구현이 중요하다고 언급했습니다. 예를 들면 요소에 '버튼'이라는 시맨틱스를 부여함으로써 사용자는 해당 요소가 실행 가능함을 알 수 있으며 '체크되어 있음'이라는 상태를 부여함으로써 입력 여부를 알 수 있습니다.

HTML은 시맨틱스를 가진다

읽을 수 있는 버튼의 구현 예시에서는 button 요소를 사용했습니다. button 요소는 버튼이라는 역할을 지닙니다. 이는 HTML의 네이티브 시맨틱스라 부르는 것입니다.

기본적으로는 HTML 요소를 적절히 사용함으로써 시맨틱스를 구현할 수 있지만 HTML 요소 및 속성에는 한계가 있습니다. 문서를 공유하는 목적에서 시작된 HTML의 어휘는 애플리케이션 특유의 독특한 시맨틱스가 부족합니다. 예를 들면 탭 등의 인터랙션을 포함하는 역할이나 요소가 펼쳐졌는지 여부입니다.

HTML의 시맨틱스를 보완하는 WAI-ARIA

이러한 시맨틱스를 보완하는 것이 WAI-ARIA라는 사양입니다. WAI-ARIA에는 주로 역할을 보완하는 WAI-ARIA 역할(role)과, 상태나 속성을 보완하는 WAI-ARIA 상태(state) 및 속성(property)이 있습니다.

WAI-ARIA는 HTML에 없는 시맨틱스를 보완하기 위해 탄생했습니다. 예를 들면 탭 UI의 경우 HTML만으로는 탭 UI 여부, 탭 선택 여부, 숨겨진 탭 콘텐츠 등의 시맨틱스를 표현할 수 없었지만 WAI-ARIA를 사용하면 표현이 가능합니다(**그림 2-1-5**).

그림 2-1-5 WAI-ARIA를 사용해 구현한 탭 UI의 탭

구글 크롬의 개발자 도구 화면

> 좋은 사례: 탭 UI의 시맨틱스를 WAI-ARIA로 보완한다

```
<div role="tablist">
  <button role="tab" aria-selected="true" id="search-tab">검색해서 추가</button>
  <button role="tab" aria-selected="false" tabindex="-1" id="file-tab">파일에서 추가</button>
</div>
<div role="tabpanel" aria-labelledby="search-tab" aria-hidden="false">
  …(중략)
</div>
<div role="tabpanel" aria-labelledby="file-tab" aria-hidden="true">
  …(중략)
</div>
```

이 예시는 탭 UI를 구성하는 역할(role="tab", role="tablist", role="tabpanel")과 탭 선택 여부(aria-selected), 탭 패널이 숨겨져 있는지(aria-hidden) 여부의 상태를 보완하고 있습니다.

어떠한 이유로 인해 HTML 요소를 변경할 수 없더라도 WAI-ARIA 속성을 사용함으로써 시맨틱스를 보완할 수 있습니다. 예를 들어 이 절 서두에 설명한 '아무것도 읽지 못하며 조작이 불가능한 버튼'을, WAI-ARIA로 시맨틱스를 보완해 구현하면 다음과 같습니다.

> **개선 사례: WAI-ARIA로 시맨틱스를 보완한다**

```
<div role="button" class="button">
  <svg role="img" aria-label="추가" class="Icon -add" viewBox="0 0 512 512">
<path d="M505 ..."/>
</div>
```

역할은 role 속성을 사용해 보완합니다. 여기서는 버튼의 역할을 role="button"으로 보완했습니다. SVG의 역할을 이미지(img)로 하여 aria-label 속성으로 요소의 이름을 보완했습니다.

'선택 여부를 알 수 없는 체크 박스'도 WAI-ARIA의 aria-checked 속성으로 상태를 보완해 구현 수 있습니다.

> **개선 사례: aria-checked="true"를 사용해 선택된 상태를 보완한다**

```
<span class="checkbox-wrapper" onclick="toggleCheck();">
<span class="checkbox" aria-checked="true" aria-labelledby="label"
class="checkbox -checked"></span>
<span id="label">동의한다</span>
</span>
```

단, WAI-ARIA로는 시맨틱스만 보완할 수 있으므로 특별한 이유가 없다면 적절한 HTML 요소를 사용해서 시맨틱스를 표현하도록 합니다.

WAI-ARIA보다 HTML 네이티브 시맨틱스가 좋은 이유

HTML은 기본 사용자 스타일을 지녔기에 독자적인 스타일을 구현하려면 그 스타일을 덮어써야 하는 수고가 생깁니다. 그렇기에 스타일을 만들기 쉬운 div 요소만을 사용하고, 시맨틱스는 WAI-ARIA로 부여하는 방식을 생각할 수 있겠지만 이 방식은 추천하지 않습니다.

WAI-ARIA는 어디까지나 HTML의 시맨틱스만 보완하며, 작동까지 재현해주지는 않기 때문입니다. 예를 들면 div 요소나 span 요소에 role="button"을 부여해도 키보드로 조작할 수는 없습니다(키보드 조작은 다음 절에서 자세히 설명합니다).

또한 href 속성을 갖는 a 요소라면 URL 복사나 새 탭에서 열기가 컨텍스트 메뉴에 추가됩니다(**그림 2-1-6**).

a 요소에 마우스 오버 또는 포커스하면 브라우저 왼쪽 아래 화면에 URL이 표시됩니다.

애당초 WAI-ARIA를 이해하는 사용자 에이전트 프로그램이나 지원 기술이 한정된 것도 HTML의 네이티브 시맨틱스를 사용하는 이유를 들 수 있습니다. 스크린 리더에 따라서는 WAI-ARIA의 일부만 지원하지만 HTML 요소명으로 시맨틱스를 이해할 수 있는 것도 있습니다.

그림 2-1-6   **href 속성을 갖는 a 요소의 작동**
메뉴가 컨텍스트 메뉴에 추가되며 화면 왼쪽 아래에 URL이 표시된다

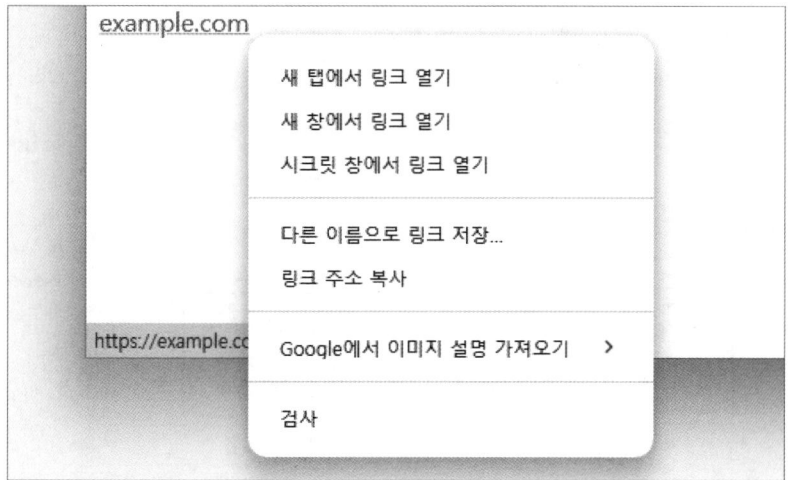

기본적으로는 HTML 요소를 사용하며, WAI-ARIA는 보완적으로 사용하는 것이 좋습니다.

HTML과 WAI-ARIA와 AOM(접근성 오브젝트 모델)

지금까지 다룬 이름이나 역할, 상태와 같은 시맨틱스는 스크린 리더 등의 지원 기술에 어떻게 전달되는 것일까요? 대부분의 지원 기술은 OS에 마련된 접근성 API(윈도우: Microsoft Active Accessibility, Windows Automation API, macOS: NSAccessibility)를 통해 애플리케이션과 소통합니다.

OS상의 애플리케이션은 애플리케이션 창을 루트 노드로 한 접근성 오브젝트 모델(AOM)을 생성합니다(그림 2-1-7). 생성한 모델에는 각 인터랙티브가 가능한 인터페이스나 텍스트 노드가 포함되어 있습니다. 그 모델을 접근성 API를 통해 공개합니다. 지원 기술은 접근성 오브젝트 모델을 이해하고 조작함으로써 애플리케이션을 조작합니다.

브라우저는 검색창이나 뒤로 가기 버튼 등의 인터페이스뿐 아닌 웹 사이트 운영자가 만든 콘텐츠도 접근성 오브젝트 모델로 변환하여 접근성 API를 통해 공개합니다. 이로써 사용자는 지원 기술을 통해서 웹 페이지에 접근할 수 있습니다.

그림 2-1-7 접근성 오브젝트 모델

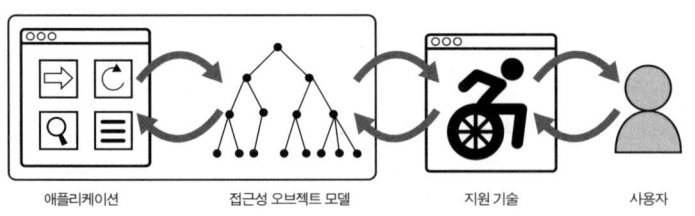

애플리케이션   접근성 오브젝트 모델   지원 기술   사용자

출처: Accessibility Object Model, AOM(https://wicg.github.io/aom/explainer.html#the-accessibility-object-model)

웹 콘텐츠로부터 접근성 오브젝트 모델을 생성한다

브라우저는 화면상에 표시할 인터페이스를 생성하기 위해 HTML로부터 DOM(Document Object Model)을 생성합니다. 그리고 CSS로부터 CSS 오브젝트 모델을 생성한 후 두 가지 오브젝트 모델을 조합합니다. 그 조합으로부터 렌더링 트리를 생성하고 레이아웃을 계산해 최종적으로 화면에 나타냅니다. 접근성 오브젝트 모델도 마찬가지로 DOM과 CSS 오브젝트 모델 정보를 조합해서 생성됩니다.

DOM 트리에는 HTML 요소명이나 속성이 있기에 여기서 이름이나 역할, 상태 등의 시맨틱스를 얻습니다. CSS가 필요한 이유는 표시와 관련된 스타일을 참조하기 위함입니다. 예를 들면 display: none이 지정된 요소는 시각적으로 숨겨져 있기에 지원 기술에서도 똑같이 숨겨져야 합니다. 그렇기에 CSS 스타일은 접근성 오브젝트 모델에도 영향을 줍니다.

다음과 같은 간단한 마크업과 스타일로 실제 트리를 확인해보겠습니다.

예시: 추가 버튼과 추가 완료 메시지 마크업

```
<button>
  <img src="/image/icon/add.png" alt=""/>
  추가
</button>
<p>추가했습니다</p>
```

예시: 추가 완료 메시지를 표시하지 않는 스타일

```
p {display: none}
```

이 마크업의 DOM은 html 요소를 정점으로 한 구조로, body 요소 바로 아래에 button 요소와 p 요소가 있으며 button 요소의 자식에는 alt 속성값이 비어 있

는 img 요소와 '추가'라는 텍스트 노드가 있으며, p 요소의 자식에는 '추가했습니
다'라는 텍스트 노드만 있습니다(**그림 2-1-8의 왼쪽**).

한편 CSS 오브젝트 모델은 브라우저의 스타일 시트를 제외하면 p 요소에 대한
display: none 지정만 있습니다(**그림 2-1-8의 가운데**).

이것들을 조합한 접근성 오브젝트 모델은 웹 콘텐츠의 Root 노드 아래에 role이
button, name이 '추가'인 노드가 있으며 해당 노드는 '추가' 텍스트의 텍스트 노드
를 가집니다(**그림 2-1-8의 오른쪽**).[2]

이때 접근성 오브젝트 모델에는 alt 속성이 비어 있는 이미지나 display: none
으로 미표시된 요소는 포함되지 않습니다.

그림 2-1-8　DOM과 CSS 오브젝트 모델로부터 접근성 오브젝트 모델이 생성된다

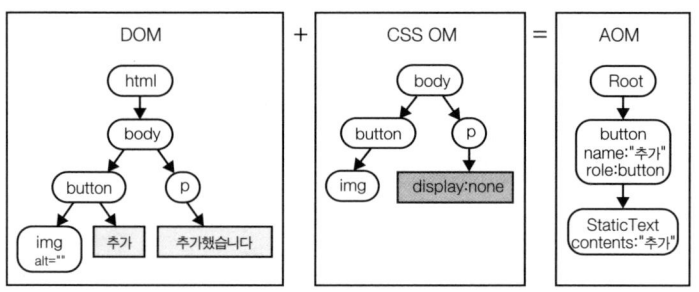

다음으로 이 DOM을 조작해보겠습니다(**그림 2-1-9**). button 요소를 클릭했을 때
p 요소의 스타일인 display 속성을 바꿉니다. 그러면 CSS 오브젝트 모델이 변경
되어 p 요소가 렌더링됩니다(**그림 2-1-9의 가운데**). 아울러 접근성 오브젝트 모
델에도 button 노드 다음에 paragraph의 role과 '추가했습니다'라는 텍스트 노
드를 가진 노드가 추가됩니다(**그림 2-1-9의 오른쪽**).

2　구글 크롬이 생성하는 접근성 오브젝트 모델입니다.

그림 2-1-9 변경 후 접근성 오브젝트 모델

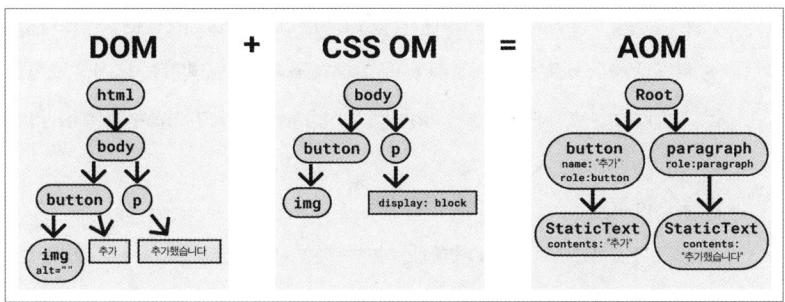

접근성 오브젝트 모델을 조작하는 WAI-ARIA

접근성 오브젝트 모델은 다양한 속성을 가집니다. WAI-ARIA에는 접근성 오브젝트 모델 속성에 대응하는 어휘가 있습니다. 예를 들어 Expanded 속성이라면 aria-expanded 속성입니다.

주요 속성은 다음과 같습니다.

- **Name 속성**
  오브젝트 이름. 접근 가능한 이름이라고도 한다. '추가'라는 텍스트 노드를 가진 버튼의 이름은 '추가'가 된다. label 요소로 연관 지은 input 요소 역시 연관된 텍스트의 이름을 갖는다. WAI-ARIA에는 직접 Name 속성을 부여하는 aria-label 속성이나 참조할 텍스트 콘텐츠를 지정하는 aria-labelledby 속성이 있다.
- **Role 속성**
  오브젝트 역할. 오브젝트의 역할에 따라서 사용자에게 조작을 제시하거나 지원할 수 있다. 예를 들어 Role 속성이 button이라면 클릭 가능함을 전달한다. HTML 요소에 각각 할당되어 있으나 CSS 스타일에 따라서 변경될 가능성이 있다. WAI-ARIA로는 role 속성으로 지정할 수 있다.

- **Description 속성**

  오브젝트 설명. Name 속성보다 상세한 설명을 부여한다. HTML로는 `title` 속성을 사용해 부여된다. WAI-ARIA로는 `aria-describedby` 속성을 사용해 설명문을 참조한다. 또한 직접 Description 속성에 추가 가능한 `aria-description` 속성도 차기 WAI-ARIA 사양으로 검토 중에 있다.

- **Expanded 속성**

  오브젝트가 펼쳐졌는지 여부를 나타내는 상태 속성. WAI-ARIA로는 `aria-expanded` 속성으로 지정할 수 있다.

그 밖에도 Checked 속성(체크되어 있는지)이나 Disabled 속성(비활성인지) 등 HTML 네이티브 속성으로 정의 가능하거나, Busy 속성(요소 내부가 변경 중에 있는지) 등 HTML이 네이티브하게 가지지 않은 것도 있습니다. WAI-ARIA는 aria- 접두사를 가진 개별 속성으로 취급합니다(예를 들면 `aria-expanded`, `aria-checked`, `aria-busy` 등).

이처럼 접근성 오브젝트 모델은 HTML, CSS, WAI-ARIA로부터 생성됩니다. 그렇다면 그 우선 순위는 어떻게 될까요?

원칙적으로 WAI-ARIA > CSS > HTML의 우선 순위를 갖습니다. 예시로 table 요소에 스타일과 WAI-ARIA를 부여해서 접근성 노드를 확인해보겠습니다.

> 예시: table 요소에 스타일과 WAI-ARIA를 부여한다
>
> ```
> <table style="display: contents" role="table"></table>
> ```

우선 HTML 요소로부터 접근성 오브젝트를 생성합니다. 이 오브젝트의 Role 속성은 HTML로부터 table이 됩니다. 다음에 CSS로 `display: contents`가 지정되어 있습니다. table 요소의 display 속성이 변경되면 표 구조가 아니게 될 가능

성이 있습니다. 브라우저에 따라서는 이 오브젝트의 Role 속성을 table이 아닌 값으로 변경합니다.[3]

마지막으로 WAI-ARIA의 role에 table 값이 있습니다. WAI-ARIA에 의해 table 요소로부터 만들어지는 접근성 노드의 Role 속성값은 최종적으로 table이 됩니다(그림 2-1-10).

CSS에 의한 역할 변경 여부는 브라우저에 따라 다르지만, WAI-ARIA가 우선된다는 점은 대체로 어떤 브라우저에서도 동일합니다.

또한 WAI-ARIA에서는 역할과 상태, 속성 등이 각각 다른 속성으로 되어 있습니다. 그렇기에 예를 들면 role="table"과 aria-checked="true" 등 역할에 필요 없는 상태나 속성을 지정할 수 있게 됩니다. WAI-ARIA는 접근성 오브젝트의 각 속성을 직접 변경하는 것에 가깝습니다.

그림 2-1-10 구글 크롬의 접근성 오브젝트 모델을 확인

Role 속성이 table이 된다.

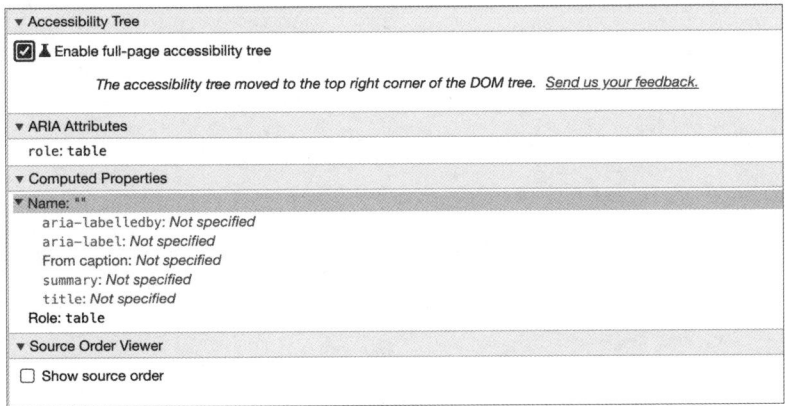

---

3 크롬은 LayoutTable, 파이어폭스는 table, 사파리는 역할 없음으로 변경합니다(2022년 12월 기준).

하지만 HTML에서는 checked 속성이 `<input type="checkbox">` 요소로만 활성화되듯, role 속성과 aria-*속성의 조합도 어느 정도 정해져 있습니다. 표는 체크할 수 없듯이 역할에 따른 속성이 아니면 사용자가 혼란스럽기 때문입니다.

WAI-ARIA의 사양에는 WAI-ARIA 상태, 속성마다 허용되는 역할이 명시되어 있으므로 WAI-ARIA를 사용할 때는 주의해서 사용합시다.

마찬가지로 HTML과 WAI-ARIA의 조합에도 허용된 조합이 있습니다. 이건 ARIA in HTML[4]이라는 사양으로 정리되어 있습니다.

HTML 요소를 사용할 수 있다면 해당 요소를 사용하면 좋다는 것은 이런 점에서도 언급할 수 있습니다.

---

4 https://www.w3.org/TR/html-aria/

2.2 키보드 조작의 기본

이 절에서는 키보드 조작의 기본을 설명합니다.

브라우저에서 Tab 키를 누르면 폼 입력란이나 링크로 포커스가 이동하며(**그림 2-2-1**), Space 및 Enter 키로 실행하거나 방향 키로 선택함으로써 키보드로 조작이 가능합니다.

키보드 조작 여부는 접근성을 확보하는 데 매우 중요합니다. GUI에서는 마우스 등의 포인팅 디바이스를 주요 조작 디바이스로 여기는데, 눈과 손을 움직이지 않으면 사용하지 못하는 포인팅 디바이스는 화면을 볼 수 없는 사용자는 사용할 수 없습니다. 이러한 사용자들은 스크린 리더 등의 키보드 조작을 주로 하는 지원 기술을 이용해서 웹을 조작하고 있습니다.

키보드로 조작할 수 있다는 것엔 다양한 이점이 있습니다. 어떠한 이유로 포인팅 디바이스를 쓸 수 없는 경우에도 조작이 가능하며, 키보드 조작으로 끝나는 작업이라면 키보드와 마우스를 번갈아 잡을 필요도 없어 효율적이면서 정확히 입력할 수 있습니다.

그림 2-2-1 **포커싱된 체크 박스**
Keyboard-focusable로 설정돼 있다.

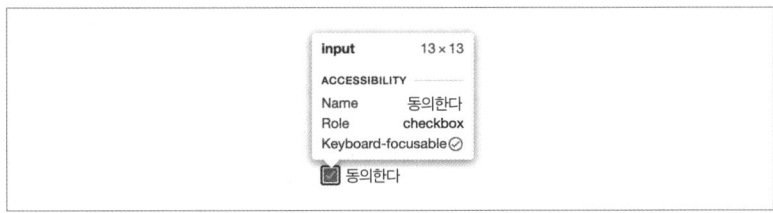

예를 들면 팝업 형태로 입력 후보가 나오는 콤보 박스(**그림 2-2-2**)로, 입력 후보를 방향 키나 Tab 키로 선택할 수 있다면 마우스를 잡지 않고도 키보드로 조작을 계속할 수 있습니다.

특히 '키보드와 마우스를 번갈아 사용하는 것'은 지원 기술 사용자에게 큰 부담이 될 수 있습니다. 시선 입력이나 음성 명령, 스위치 제어 등은 화면의 특정 위치를 클릭하는 것보다 키보드 조작을 에뮬레이트하는 것이 더 쉬운 경우가 있습니다. 또한 손이나 손끝을 정확히 움직이지 못한다면 입력 후보를 클릭하기보단 키보드로 대상을 선택해 실행하면 더 정확히 조작할 수 있습니다.

텍스트 입력과 UI 조작 간 전환이 자주 발생하는 애플리케이션(회계 장부 입력이나 텍스트 편집기)을 생각해봐도 키보드로만 조작을 마칠 수 있다는 점은 무척 효과적입니다.

그림 2-2-2 날짜 선택 팝업을 키보드로 조작

자주 있는 사례에서 문제 알아보기

지금부터는 흔히 일어나는, 접근 불가능한 사례를 기준으로 원인과 확인 방법, 그리고 개선 방법을 설명합니다.

[사례 1] 키보드로 조작할 수 없다 - 인터랙티브 요소를 사용하지 않았다

키보드로 조작할 수 없는 대다수 UI는 적절한 HTML 요소를 사용하지 않은 것이 원인입니다. 인터랙티브 콘텐츠에 속하는 HTML 요소(인터랙티브 요소)는 기본적으로 키보드로 조작 가능하지만[5] 그렇지 않은 요소는 키보드로 조작할 수 없습니다.

대표적인 인터랙티브 요소는 다음과 같습니다.

- href 속성을 갖는 a 요소
- button 요소
- type 속성값이 hidden이 아닌 input 요소
- select 요소
- textarea 요소
- controls 속성을 갖는 video 요소나 audio 요소
- details 요소(실제로 포커싱되는 건 자식인 summary 요소)
- dialog 요소

인터랙티브 콘텐츠가 아닌 요소(비인터랙티브 요소)에도 자바스크립트로 클릭 이벤트를 부여할 수 있지만 이 경우 키보드로 조작할 수 없습니다. 비인터랙티브 요소인 div 요소에 클릭 이벤트를 부여하는 경우가 자주 있습니다.

---

5 label 요소는 키보드로 조작할 수 없습니다.

> **좋지 않은 사례: 비인터랙티브 요소에 클릭 이벤트를 부여했다**

```
<script>
const clickButton = (e) => { /* 처리 */ }
</script>
<div role="button" onclick="clickButton();">추가</div>
```

WAI-ARIA를 사용해 role="button"을 부여해도 div 요소는 포커스를 받을 수 없습니다. 시맨틱스는 보완되지만 포커스를 받는 작동까지는 보완되지 않기 때문입니다.

[사례 2] 키보드로 조작할 수 없다 - 인터랙티브 요소를 가렸다

인터랙티브 요소를 사용했더라도 키보드로 조작할 수 없는 경우도 있습니다. 예를 들면 외관을 변경하고자 input 요소를 display: none으로 가리고 CSS나 이미지로 체크 박스를 표현했을 때, 마우스로 label 요소를 클릭하면 연관된 input 요소를 조작할 수 있습니다. 언뜻 문제가 없는 듯 보이지만 display: none으로 가린 요소는 포커스를 받지 못하므로 키보드로는 조작할 수 없습니다.

> **좋지 않은 사례: 포커스 가능한 요소를 display: none으로 표시하지 않았다(HTML)**

```
<label>
  <input type="checkbox" checked/>
  <span class="Checkbox__wrapper">
    <svg viewBox="0 0 512 512" width="14">
      <path fill="#0770c7" d="(중략)"/>
    </svg>
  </span>
  동의한다
</label>
```

> 좋지 않은 사례: 포커스 가능한 요소를 display: none으로 표시하지 않았다(CSS)

```css
input {
  display: none;
}

input:not(:checked)~.Checkbox__wrapper > svg {
  display: none;
}
```

[사례 3] 키보드로 조작할 수 없다 - 마우스로만 표시되는 UI

마우스 조작만으로 표시할 수 있는 영역 내에 UI가 있을 때도 해당 UI를 키보드로 조작할 수 없습니다. 다음 비디오 플레이어 구현 사례에서는 <div class="VideoPlayer">에 마우스 오버했을 때만 내부 제어 바 <div class="VideoPlayer__controls" role="group">를 표시합니다(**그림 2-2-3**).

> 좋지 않은 사례: 마우스 오버 시에만 요소를 표현한다(HTML)

```html
<div class="VideoPlayer">
  <video src="/movie/sample.mp4"></video>
  <div class="VideoPlayer__controls" role="group">
    <button type="button">일시정지</button>
    <button type="button">재생</button>
  </div>
</div>
```

> 좋지 않은 사례: 마우스 오버 시에만 요소를 표현한다(CSS)

```css
.VideoPlayer__controls {
  display: none;
}

.VideoPlayer:hover>.VideoPlayer__controls {
  display: block;
}
```

제어 바의 버튼은 인터랙티브 요소인 button 요소를 사용했기에 포커싱할 수 있지만 부모 요소가 display: none으로 표시되지 않았기에 포커스를 받을 수 없어 제어 바 전체를 키보드로 조작할 수 없습니다.

그림 2-2-3   비디오 플레이어 구현 사례

[사례 4] 키보드 조작 시 현재 위치를 알 수 없다

키보드로 조작하기 위해서는 포커스가 어느 요소를 가리키고 있는지 알아야 합니다. 화면을 보면서 키보드로 조작할 때 포커스가 가능하더라도 포커스가 어디를 가리키는지 알 수 없다면 조작은 어렵습니다.

현재 선택된 요소를 모르면 사용자는 어떤 작업 중인지 모르기에 실행할 수 없습니다. 주로 키보드로 조작하는 사용자가 포커스 위치를 알 수 없다면, 마우스 포인터가 보이지 않는 상황에서 조작하는 것과 같습니다.

기본값으로는 요소에 포커스하면 이를 나타내는 포커스 인디케이터가 표시됩니다(그림 2-2-4). 브라우저가 가진 스타일 시트에, 포커싱된 요소에 outline 속성

2.2 키보드 조작의 기본

을 설정하는 스타일이 있기 때문입니다.

하지만 이 outline을 표시하지 않도록 한 웹 애플리케이션도 있습니다. 포커스 인디케이터가 의도하지 않은 시각 표현으로 보이기 때문일지도 모릅니다.

> **좋지 않은 사례: 포커스 인디케이터를 표시하지 않았다(CSS)**
> ```
> * {
>   outline: none;
> }
> ```

시험삼아 이 사례처럼 포커스 인디케이터를 지운 웹 애플리케이션을 키보드만으로 조작해보세요. 키보드로 포커스를 가리킬 수 있다고 해도 꽤 불편함을 느낄 것입니다.

그림 2-2-4　각 브라우저의 기본 포커스 인디케이터

Google Chrome　　　Edge

[취소] [추가]　　　[취소] [추가]

Firefox　　　Safari

[취소] [추가]　　　[취소] [추가]

체크 포인트

수동 확인(디자인 시)

- 포커스 인디케이터를 표시한다

수동 확인(구현 시)

- 키보드로 포커싱할 수 있는지 확인한다
  Tab 키나 방향 키로 포커스를 이동할 수 있는지 확인한다
- 포커스 인디케이터가 표시되는지 확인한다
- 키보드로 조작을 실행할 수 있는지 확인한다(Enter 키나 Space 키)

자동 확인

키보드로 조작 가능한지 여부를 자동으로 확인하기란 어렵습니다. 정적인 HTML이나 DOM을 분석할 땐 요소에 이벤트가 부여되어 있는지, :hover만 있는 스타일을 가리키는지 검출하기가 어렵기 때문입니다.

따라서 키보드 조작 여부는 코드 수준에서 확인하는 것이 적합합니다. ESLint[6] 플러그인에는 비인터랙티브 요소에 클릭 이벤트나 마우스 이벤트만 부여했는지 여부를 검출할 수 있는 것이 있습니다.

- eslint-plugin-jsx-a11y / eslint-plugin-vuejs-accessibility
  - click-events-have-key-events // 비인터랙티브 요소에 클릭 이벤트를 부여할 때 키보드 이벤트도 부여되어 있는지 확인한다

---

6 ESLint는 자바스크립트의 정적 코드 검증 도구입니다. https://eslint.org/

- interactive-supports-focus // 인터랙티브 이벤트가 부여된 요소가 포커스 가능한지 확인한다
- mouse-events-have-key-events // mouseover, mouseout와 함께 focus, blur 이벤트가 부여되어 있는지 확인한다

자주 있는 사례를 개선하다

키보드로 조작 가능하려면 키보드로 요소에 도달하거나 포커스를 받았는지를 알 수 있고, 포커스됐을 때 키보드로 실행할 수 있어야 합니다.

[사례 1 개선❶] 인터랙티브 요소를 사용해서 키보드 조작을 가능케 한다

키보드 조작을 보장하는 데 가장 간단한 방법은 HTML 요소를 적절히 사용하는 것입니다. 인터랙션이 있는 UI를 만들 때 버튼에는 button 요소, 링크에는 a 요소, 폼에는 input 요소 등의 인터랙티브 요소를 사용합니다.

> 개선 사례: 인터랙티브 요소를 사용한다(HTML)

```
<script>
const clickButton = (e) => { /* 처리 */ }
</script>
<button onclick="clickButton();">추가</button>
```

[사례 1 개선❷] 포커스를 받아 키 이벤트로 실행 가능하도록 한다
- 인터랙티브 요소를 사용할 수 없을 때

키보드로 조작 가능하려면 포커스를 받아 키보드로 실행할 수 있게 해야 합니다. 인터랙티브 요소라면 해당 요소 모두 해당 작동이 가능하지만, 인터랙티브

요소를 사용할 수 없을 때는 둘 다 구현해야 합니다.

요소를 변경하면 스타일에 큰 영향을 주는 등 어떠한 이유로 인해 요소를 변경할 수 없는 상황이라면 이 방법을 검토해보세요.

포커스를 받을 수 있도록 하려면 tabindex 속성을 사용합니다. tabindex 속성은 요소가 포커스를 받게 하거나, Tab 키를 눌렀을 때 어떤 순서로 포커스를 받을지 설정하는 속성입니다. tabindex는 유효한 정수값을 취해 어떤 요소에도 부여할 수 있습니다.

비인터랙티브 요소인 tabindex 속성에 0 이상의 값을 부여하면 요소가 Tab 키로 포커스를 받을 수 있게 됩니다(**그림 2-2-5**).

개선 중인 사례: tabindex 속성에 의해 div 요소도 포커스를 받을 수 있다)

```
<script>
  const clickButton = (e) = => { /* 처리 */ }
</script>
<div role="button" tabindex="0" onclick="clickButton();">추가</div>
```

그림 2-2-5　Keyboard-focusable이 된 div 요소

tabindex 속성값에 따라 [Tab] 키를 눌렀을 때 포커스의 순서(탭 시퀀스)를 제어할 수 있습니다. 일반적으로 탭 시퀀스는 HTML 작성 순(DOM 트리 순)입니다.

tabindex 속성값을 0으로 설정하면 해당 요소의 탭 시퀀스는 바뀌지 않기에 HTML 작성 순서를 그대로 따릅니다. 단순히 포커스만 받도록 하고 싶다면 0을 부여하는 것이 좋습니다.

tabindex 속성값이 마이너스라면 탭 시퀀스에는 들어가지 않기에 [Tab] 키를 눌러도 포커스가 되지 않지만, DOM API의 focus() 메서드를 통해 스크립트로부터 포커스가 가능해집니다.

tabindex 속성값을 1 이상으로 설정하면 HTML 작성 순서에 관계없이 탭 시퀀스 순서를 변경할 수 있습니다. tabindex 속성값이 1 이상인 요소가 여럿 있다면 tabindex 값이 적은 순으로 우선됩니다. 하지만 탭 시퀀스의 순서를 변경하면 시각적인 표시 순서와 포커스하는 순서가 대부분 달라져 포커스 위치를 놓치는 등 조작이 어려워집니다. 원칙적으로 tabindex 속성값에는 0 또는 -1만을 사용해주세요.

또한 비 인터랙티브 요소를 키보드로 조작하도록 하려면 포커스를 받게만 해선 충분하지 않은 경우가 대부분입니다. 인터랙티브 요소는 button 요소처럼 포커스를 받고 있을 때 키보드의 [Enter] 키를 누르면 클릭 이벤트가 발생하지만 비인터랙티브 요소에는 그런 작동이 없습니다. tabindex 속성이나 WAI-ARIA의 role 속성을 부여하더라도 작동이 추가되지는 않습니다.

계속해서 [사례 1]의 버튼을 개선해보겠습니다. div 요소는 비인터랙티브 요소이지만 이미 tabindex 속성에 의해 포커스를 받을 수 있는 상태입니다.

> 개선 사례: 비인터랙티브 요소에 키보드 이벤트를 부여해 Enter 키 또는 Space 키로 실행할 수 있다

```
<script>
const clickButton = (e) => { /* 처리 */ }
const keyupButton = (e) => {
  if (e.key === 'Enter' || e.key === 'Space') {
    // 처리
  }
}
</script>

<div role="button" tabindex="0" onclick="clickButton();"
onkeyup="keyupButton(event);">추가</div>
```

Column

키보드 포커스와 스크린 리더 커서

키보드 조작 여부는 스크린 리더로 조작하는 작업에도 중요함을 설명했습니다. 그렇지만 모든 요소에 tabindex를 부여할 필요는 없습니다.

스크린 리더는 비인터랙티브 요소에도 음성 변환 위치(커서)를 이동시킬 수 있습니다. 인터랙티브 요소에만 커서를 이동할 수 있다면 텍스트 콘텐츠를 포함하는 p 요소 등 비인터랙티브 요소의 내용을 불러오지 못해 콘텐츠를 읽을 수 없기 때문입니다.

'스크린 리더로도 조작 가능하도록' 모든 요소에 tabindex 속성을 부여하는 사람도 있지만 스크린 리더에는 필요하지 않을뿐더러 키보드를 조작해 웹을 이용하는 사용자 입장에선 의미 없이 포커스를 받는 곳이 늘어나 조작 수고가 늘어납니다.

키보드 조작은 어디까지나 인터랙션이 있는 UI에 한정된 이야기임을 기억해 주세요.

키보드로 조작이 가능하도록 하려면 클릭 이벤트뿐 아니라 키를 눌렀을 때 처리 여부를 부여해야 합니다. 다음 사례에서는 요소 위에서 키보드를 누르고 뗐을 때 발생하는 keyup 이벤트에 처리를 추가했습니다. 누른 키가 Enter 또는 Space 키라면 처리를 실행하며 인터랙티브 요소와 동일하게 작동합니다.

해당 이벤트를 부여함으로써 기존에 키보드로 조작 불가능한 버튼을 키보드로 조작할 수 있게 됐습니다. 그러나 접근 불가능한 UI를 나중에 접근하도록 변경하는 작업은 처음부터 이렇게 만드는 것보다 비용이 더 필요함을 보여주는 대표적인 사례입니다.

인터랙티브 요소를 사용했다면 tabindex 속성을 지정하거나, 키보드 이벤트를 부여하지 않아도 됩니다. button 요소의 CSS를 덮어쓰면 구현 비용이 더 적게 듭니다.

[사례 2 개선] 키보드 조작으로 포커스가 가능한 상태에서 인터랙티브 요소를 감춘다

외관 때문에 인터랙티브 요소를 감추고자 한다면 포커스가 가능하게끔 하면서 감추는 방법을 선택합시다. 키보드 조작이 불가능한 사례에서는 `display: none`으로 요소를 감췄지만 이 경우 키보드로 조작할 수 없으며 `visibility` 속성도 마찬가지입니다.

또한 인터랙티브 요소를 감추면 포커스 인디케이터도 감춰지기 때문에 다른 수단으로 UI가 포커스됐음을 나타냅시다(그림 2-2-6). 인터랙티브 요소가 숨겨져 있어도 :focus 유사 클래스(또는 가상 클래스)를 사용할 수 있으므로 :focus 유사 클래스와 후속 형제 결합자(~) 혹은 인접 형제 결합자(+)를 조합해 스타일을 지정합니다.

그림 2-2-6　포커스가 가능한 상태에서 요소를 감춘다

보이지 않는 input 요소에 포커스가 닿았을 때 표시 여부를 나타내는 .Checkbox__wrapper에 outline이 표시돼 있다.

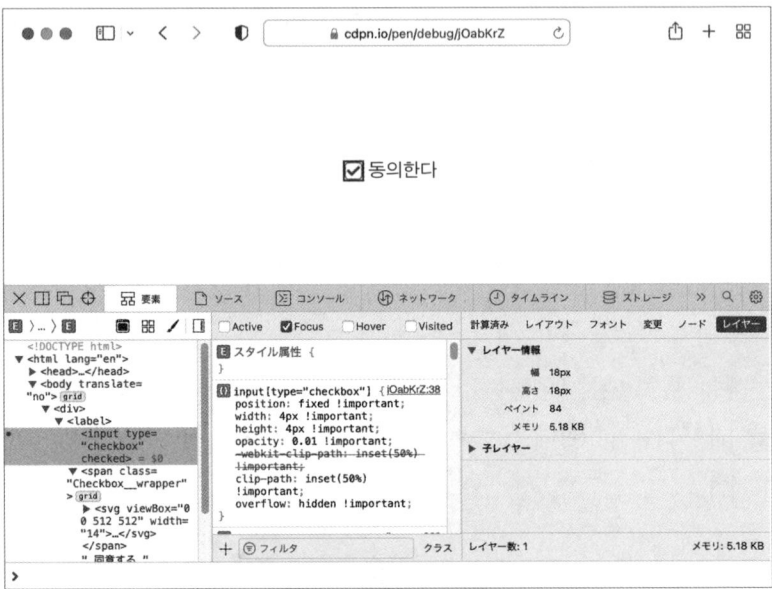

개선 사례: 포커스가 가능한 상태에서 요소를 감춘다(HTML)

```
<label>
  <input type="checkbox" checked/>
  <span class="Checkbox__wrapper">
    <svg viewBox="0 0 512 512" width="14">
      <path fill="#0770c7" d="(생략)"/>
    </svg>
  </span>
동의한다
</label>
```

개선 사례: 포커스가 가능한 상태에서 요소를 감춘다(CSS)

```
/* input[type="checkbox"]를 display, visibility 이외의 속성을 통해 시각적으로 표시되지 않도
록 한다(자세한 내용은 제2장, 제3장에서 설명) */
input[type="checkbox"] {
```

```css
  position: fixed !important;
  width: 4px !important;
  height: 4px !important;
  opacity: 0.01 !important;
  clip-path: inset(50%) !important;
  overflow: hidden !important;
}

/* input[type="checkbox"]에 포커싱되었을 때 보이는 요소에 포커스 인디케이터를 표시 */
input[type="checkbox"]:focus+.Checkbox__wrapper {
  outline: 2px solid blue;
}

input:not(:checked) ~.Checkbox__wrapper > svg {
  display: none;
}
```

[사례 3 개선] 마우스 이벤트와 키보드 이벤트를 병행해 키보드를 조작할 때 표시한다

[사례 3]처럼 마우스로만 표시되는 UI를 개선하려면 마우스 조작을 트리거하는 이벤트와 키보드 이벤트를 병행합니다. CSS의 :hover 유사 클래스나 DOM의 mouseenter 이벤트로 요소를 조작할 때도 마찬가지로 CSS의 :focus 유사 클래스나 :focus-within 유사 클래스, focus 이벤트를 병행하면 키보드로 요소에 도달할 수 있습니다.

:focus 유사 클래스는 포커스가 맞춰진 요소의 스타일을 정의할 수 있습니다. :focus-within 유사 클래스는 요소 또는 자식 요소 중 하나에 포커싱되었을 때의 스타일을 정의할 수 있습니다.

[사례 3]의 비디오 플레이어 제어 바 사례를 개선해보겠습니다. 이 사례의 문제는 포커스 가능한 요소가 display: none으로 감춰져 있으며 이를 마우스로만 표시 가능했습니다.

개선 방법은 마우스 조작을 통한 CSS 변경뿐 아닌, 키보드를 통한 조작도 고려하는 것입니다.

우선 `<div class="VideoPlayer">`에 tabindex 속성을 부여해서 포커스를 가능케 합니다. 그리고 마우스를 조작했을 때 :hover 유사 클래스뿐 아닌, 요소가 포커싱되었을 때 활성화되는 :focus-within 유사 클래스를 병행합니다.

이로써 `<div class="VideoPlayer">`와 그 자식 요소가 포커싱되었을 때 제어 바를 표시할 수 있습니다. 이로써 제어 바를 키보드로 조작할 수 있습니다.

개선 사례: 마우스 이벤트와 키보드 이벤트를 병행한다(HTML)

```html
<div class="VideoPlayer" tabindex="0">
  <video src="/movie/sample.mp4"></video>
  <div class="VideoPlayer__controls" role="group">
    <button type="button">일시정지</button>
    <button type="button">재생</button>
  </div>
</div>
```

개선 사례: 마우스 이벤트와 키보드 이벤트를 병행한다(CSS)

```css
.VideoPlayer__controls {
  display: none;
}

.VideoPlayer:hover > .VideoPlayer__controls,
.VideoPlayer:focus-within > .VideoPlayer__controls {
  display: block;
}
```

우선 `<div class="VideoPlayer">`가 포커싱되면 `<div class="VideoPlayer__controls">`가 표시되어 포커스가 닿은 상태가 됩니다.

다음으로 `<div class="VideoPlayer__controls>`의 button 요소에 포커스

가 닿게 되는데, 이는 `<div class="VideoPlayer">`의 자식 요소이므로 .VideoPlayer의 :focus-within 유사 클래스가 활성화되어 제어 바가 계속 표시됩니다.

[사례 4 개선 ❶] 적절한 포커스 인디케이터를 표시한다

별다른 이유가 없다면 브라우저의 기본 포커스 인디케이터를 그대로 표시하는 것이 좋습니다. **그림 2-2-4**처럼 대다수의 브라우저는 다양한 웹 페이지에서 보기 쉬운 포커스 인디케이터를 만들고자 고민하고 있습니다. 예를 들면 구글 크롬은 유색 테두리 밖에 추가로 흰색 테두리가 있어 어떤 배경색을 가진 웹 페이지에서도 포커스 인디케이터가 배경과 겹치지 않습니다.

또한 포커스 인디케이터 색이 OS 설정을 따라가는 브라우저도 있습니다. 만약 포커스 인디케이터의 색이 보기 어렵더라도 사용자가 보기 쉬운 색으로 직접 변경할 수 있습니다.

하지만 항상 기본 포커스 인디케이터가 보기 쉬운 건 아니며, 브라우저에 따라서 그 스타일도 다릅니다. 대부분의 브라우저에서 보기 쉽더라도 일부 브라우저에서는 보기 어려운 상황도 발생할 수 있습니다. 심미적인 관점에서 기본 포커스 스타일이 어색할 수도 있을 것입니다.

만약 독자적인 포커스 인디케이터를 표시하고자 할 경우 다음과 같은 점에 주의합시다.[7]

- 포커스 인디케이터의 면적을 넓힌다. 너무 작으면 포커스를 놓칠 가능성이 있다.
- 포커싱한 상태와 그렇지 않은 상태를 구별하기 쉽도록 한다. 구체적으로는 포커스 인디

---

[7] 집필 시점(2022년 12월)에서 제정 중인 WCAG 2.2에는 포커스 인디케이터에 대한 구체적인 달성 기준이 추가될 예정입니다.

케이터 색과 배경색 대비를 충분히 크게 한다.
- 포커스 인디케이터가 포커스 대상 요소와 겹치지 않게 한다.
outline-offset 속성 등을 사용해 포커스 인디케이터와 포커스 대상의 요소를 떨어 뜨리면 좋다. 어렵다면 포커스 인디케이터와 포커스 대상의 색 대비를 크게 하거나, 포커스 인디케이터를 굵게 나타내는 등의 방법을 검토한다.

또한 포커스 이외의 상태(마우스 오버·액티브·선택 상태 등)와 스타일을 구별하는 것도 중요합니다. 예를 들어 포커스와 마우스 오버에 같은 스타일을 적용했다면 사용자가 포커스를 놓치거나, 마우스 오버 혹은 포커싱된 위치를 오해할 가능성이 있습니다.

또한 브라우저에 따라서는 포커스 인디케이터를 강제로 표시하는 설정이 있습니다. 예를 들어 크롬에서 '설정→접근성→포커싱된 객체를 빠르게 강조 표시'를 활성화하면 outline: none이 설정된 상태에도 포커스 인디케이터가 표시됩니다. 하지만 모든 사용자가 이 설정을 알지 못하기 때문에 브라우저 설정에 의존하는 것은 피해야 합니다.

[사례 4 개선 ❷] 필요할 때만 포커스 인디케이터를 표시한다

포커스 인디케이터는 기본적으로 표시되지만, 표시하지 않는다면 키보드 조작을 예상하지 않기에 포커스 인디케이터는 의미가 없는 것이라 인식했기 때문일지도 모릅니다. 예를 들면 버튼을 클릭했을 때 브라우저에 따라서는 버튼에 포커스가 닿아 포커스 인디케이터가 표시됩니다. 마우스로 조작할 때는 불필요한 강조 표시처럼 보일지도 모릅니다. 하지만 마우스 조작에 필요 없다고 모든 포커스 인디케이터를 지워버리면 키보드로 조작할 경우 매우 불편해집니다.

이런 사례에서는 필요에 따라 포커스 인디케이터를 구분해서 표시해야 합니다. 예를 들면 마우스로 클릭했을 때는 포커스 인디케이터 표시를 줄이거나 표시하

지 않고, 키보드의 [Tab] 키로 포커싱했을 때만 포커스 인디케이터를 알기 쉽게 표시하는 등입니다(**그림 2-2-7**).

그림 2-2-7 포커스 인디케이터 제어
기본 포커스 인디케이터를 지우고 마우스 클릭에 의한 포커스(가운데)와 키보드 포커스에 의한 포커스(오른쪽)를 구분했다

:focus-visible 유사 클래스를 사용하면 구분할 수 있습니다. :focus-visible 유사 클래스는 브라우저가 포커스 인디케이터를 표시해야 한다고 판단했을 때 활성화되는 유사 클래스입니다. [Tab] 키에 의한 포커스로는 활성화되는데, 예를 들어 button 요소를 클릭해 포커스가 button 요소로 이동해도 활성화되지 않습니다.

```
개선 사례: :focus-visible 유사 클래스를 사용해 포커스 인디케이터 표시 여부를 구분한다(CSS)

*:focus {
  outline: none;
  box-shadow: 0 0 1px rgba(0, 0, 0, 0.2);
}

*:focus-visible {
  outline: none;
  box-shadow: 0 0 0 2px white, 0 0 0 4px blue;
}
```

2.3 비텍스트 콘텐츠의 머신 리더빌리티

머신 리더블(기계가 읽을 수 있다는 의미)은 접근성의 근간입니다. 웹은 기계가 읽을 수 있는 HTML이나 CSS, 자바스크립트를 사용자 에이전트 프로그램(브라우저나 검색 엔진), 지원 기술이라 칭하는 스크린 리더 등의 기계가 읽어들여, 사람이 지각할 수 있는 형태로 렌더링함으로써 성립합니다.

머신 리더빌리티 확보에 필요한 건 텍스트 데이터와 시맨틱스입니다. 이 장에서는 텍스트 데이터에 관련된 사례로부터 비텍스트 콘텐츠의 머신 리더빌리티를 확인하는 방법과 개선책을 설명합니다. 요소 간 관계성이나 구조를 머신 리더블하게 만드는 방법은 다음 절에서 다룹니다.

브라우저를 비롯한 기계는 텍스트 데이터로 이루어진 콘텐츠를 정확히 이해할 수 있습니다. 최근엔 영상 인식 기술도 좋아져 시각 정보에서 텍스트 데이터를 추출할 수도 있지만 100% 정확하지는 않습니다. 정확성과 콘텐츠를 의도대로 전달하기 위해서는 텍스트가 가장 적합합니다.

머신 리더블을 통해 다양한 방법으로 접근할 수 있게 됩니다. 브라우저는 텍스트 데이터를 시각적으로 지각할 수 있는 형태로 렌더링합니다. 그 밖에도 접근성 오브젝트 모델을 기준으로 지원 기술이 텍스트 데이터를 청각, 예를 들어 음성 인식, VUI(voice user interface) 등이나 촉각, 점자 디스플레이 등으로 변환합니다. 다른 언어로 자동 번역하거나, 검색 엔진에서 다양한 웹 사이트를 검색 가능한 것도 웹 사이트가 머신 리더블함으로써 검색 엔진의 크롤러가 웹 사이트를 이해할 수 있기 때문입니다.

기능을 머신 리더블하게 만들면 아직 세상에 나오지 않은 미지의 기술 간 호환성도 높일 것입니다. 예를 들면 RPA(robotic process automation)를 통한 자동화도 쉬워질 것입니다. 그 밖에도 문장을 요약하는 AI 등 머신 리더블함을 전제로 다양한 접근 수단이 개발될 가능성도 높아집니다.

하지만 웹 애플리케이션을 구성하는 건 텍스트만이 아닙니다. 데이터를 시각적으로 표현하는 그래프나 차트, 이해를 더하기 위한 그림, 아이콘이나 입력을 위한 UI도 텍스트가 아닌 콘텐츠입니다.

이러한 비텍스트 콘텐츠에 대체 텍스트를 부여함으로써 애플리케이션 전체를 머신 리더블한 접근이 가능하도록 만들 수 있습니다.

자주 있는 사례에서 문제 알아보기

[사례 1] 대체 텍스트가 부여되지 않은 이미지

머신 리더블의 대표적인 문제는 제2장 1절에서도 언급한 이미지나 도형에 대체 텍스트를 부여하지 않는다는 점입니다.

> **좋지 않은 사례: 대체 텍스트가 없는 img 요소**
> ```
> <img src="/image/icon-add.svg"/>
> ```

img 요소에는 alt 속성을 통해 대체 텍스트를 부여할 수 있습니다. 대체 텍스트가 부여되지 않은 이미지는 기계가 콘텐츠를 이해하지 못하는 경우가 대부분입니다(스크린 리더에 따라서는 파일명을 읽어서 내용을 유추할 수 있기도 합니다).

alt 속성은 스크린 리더 사용자만을 위한 것이 아닙니다. 이미지 검색 엔진이 콘텐츠를 이해하는 데 도움이 되며 이미지 로딩에 실패했을 때 상황을 보조하는 역할도 합니다. 어떠한 이유로 인해 이미지 로딩에 실패해도 대체 텍스트를 통해 사용자는 정보를 얻을 수 있을 것입니다(**그림 2-3-1**).

img 요소만이 아닌 인라인 SVG를 사용해 이미지를 나타낼 때도 SVG 안에 텍스트가 없다면 이미지의 대체 텍스트를 제공해야 합니다. 다음 사례는 HTML에 svg 요소로 이미지를 나타냈는데 텍스트가 없기에 기계가 이해할 수 없습니다.

> 좋지 않은 사례: 대체 텍스트가 없는 svg 요소

```
<svg viewBox="0 0 512 512">
  <path d="M505 …"/>
</svg>
```

그림 2-3-1　이미지 로딩에 실패해도 대체 텍스트가 있다면 버튼 기능을 파악할 수 있다

　　추가

[사례 2] 접근 가능한 이름이 없는 UI

제2장 1절에서 설명했듯 접근 가능한 이름(접근성 오브젝트 모델의 Name 속성)이 없는 UI는 조작했을 때 무엇이 일어나는지, 무엇을 입력해야 하는지를 시각으로만 파악할 수 있습니다. 예를 들어 대체 텍스트가 없고 아이콘만 사용한 버튼은 스크린 리더로 '버튼'이라는 정보만 전달되기에 사용자는 조작할 수 없을 것입니다(**그림 2-3-2**).

> 좋지 않은 사례: 접근 가능한 이름이 없는 버튼

```
<button type="button">
  <svg viewBox="0 0 512 512"><path d="M505 …"/></svg>
</button>
```

그림 2-3-2   접근 가능한 이름이 없는 버튼

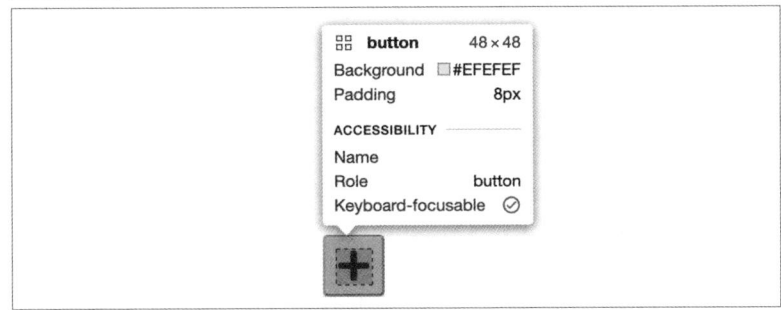

버튼뿐 아니라 입력란에도 접근 가능한 이름이 필요합니다. 입력란에 접근 가능한 이름이 없다면 시각으로 정보를 얻을 수 없는 사용자는 무엇을 입력하면 되는지 판단할 수 없습니다.

예를 들면 검색 입력란임을 나타내기 위해 돋보기 아이콘을 사용했을 때 시각 정보로는 아이콘의 형태로 검색임을 유추할 수 있습니다. 하지만 아이콘에 대체 텍스트가 없고 input 요소에 접근 가능한 이름도 없다면 무엇을 입력하면 되는지 알 수 없을 것입니다(**그림 2-3-3**).

그림 2-3-3   input 요소의 Name 속성값이 없다

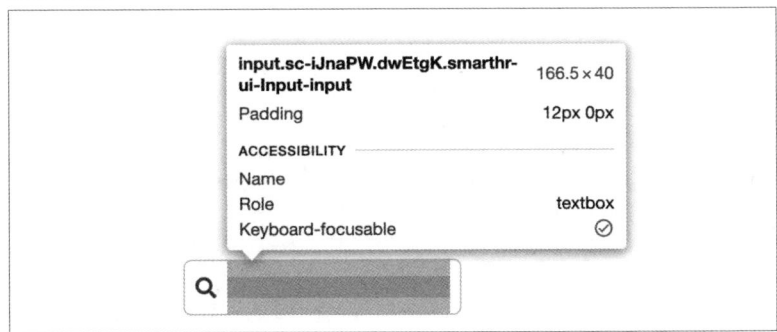

```
좋지 않은 사례: 접근 가능한 이름이 없는 입력란
<label>
  <svg viewBox="0 0 512 512"><path d="M505 ..."/></svg>
  <input type="text"/>
</label>
```

[사례 3] 장식을 위한 시각 표현에 텍스트 데이터가 존재한다

앞선 사례와는 달리 콘텐츠가 아닌 장식을 위한 시각 표현에 텍스트 데이터가 존재할 때 사용자에게 혼란을 줄 가능성이 있습니다.

예를 들면 추가 버튼에 플러스 기호 아이콘과 '추가'라는 텍스트가 모두 있을 때 플러스 기호 아이콘은 신규로 추가한다는 의미를 보충하는 장식일 뿐입니다.

하지만 그래픽 도구에서 작업한 svg 요소에 title 요소로 불필요한 텍스트가 있거나(**그림 2-3-4**), 긴 임의의 문자열을 img 요소의 alt 속성에 부여하는 경우가 있습니다. 후자는 특히 사용자가 이미지 데이터를 업로드할 수 있는 애플리케이션에서 자주 발생합니다.

그림 2-3-4 아이콘과 텍스트 모두를 표시한 버튼
button 요소의 Name 속성에 불필요한 fa fa-plus 문자열이 들어가 있다

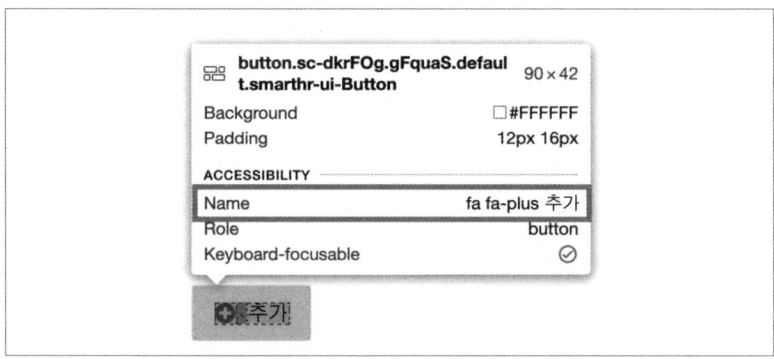

> 좋지 않은 사례: 버튼을 장식하기 위한 svg 요소에 title 요소가 설정돼 있다

```
<button type="button">
  <svg viewBox="0 0 512 512">
    <title>fa fa-plus</title>
    <path d="M.."></path>
  </svg>
추가
</button>
```

이 사례에서 스크린 리더 사용자가 문자열을 음성 변환해 음성을 들으면 '추가'임을 알 수 있기에 치명적인 문제가 되지 않을 수도 있겠지만 확실히 사용성은 떨어집니다. 이 경우 기계가 텍스트 데이터를 무시할 수 있도록 하는 것이 바람직합니다.

체크 포인트

수동 확인(구현 시)

- 이미지
  - img 요소나 svg 요소 등 이미지에 대체 텍스트가 부여되어 있는지 확인한다
  - 이미지가 단순한 장식인 경우나, 인접하는 텍스트와 같은 의미를 가질 때는 지원 기술이 이를 무시하는지 확인한다
- UI
  - 요소의 접근성 오브젝트 모델 Name 속성값이 있는지 확인한다
    - 크롬/엣지: 개발자 도구 > Elements > Accessibility
    - 파이어폭스: 접근성 또는 컨텍스트 메뉴에서 접근성 정보를 확인
    - 사파리: 요소 > 노드 > 접근성

자동 확인

접근 가능한 이름은 다양한 방법으로 제공할 수 있기에 자동으로 확인하는 방법도 다양합니다. 대표적인 예시는 다음과 같습니다.

- eslint-plugin-jsx-a11y / eslint-plugin-vuejs-accessibility
  - alt-text // alt 속성을 부여할 수 있는 요소에 alt 속성이 존재하는지 확인한다
- axe[8]
  - image-alt // img 요소에 alt 속성이 있는지 확인한다
  - button-name // button 요소에 식별 가능한 텍스트가 있는지 확인한다

원칙적으로는 자동 확인으로는 대체 텍스트의 유무만 확인 가능하며, 대체 텍스트가 적절한지 여부는 직접 확인이 필요합니다. 물론 누락을 방지하는 것만으로도 큰 의미가 있습니다.

자주 있는 사례를 개선하다

[사례 1 개선❶] 이미지에 대체 텍스트를 부여한다

img 요소에는 alt 속성으로 대체 텍스트를 부여합니다. 만약 장식 역할을 하는 이미지여도 값이 공백인 alt 속성을 부여하면 지원 기술에 장식이라는 정보가 전달됩니다. alt 속성을 기본적으로 부여한다는 인식을 가지면 좋습니다.

---

8 axe는 Deque System사가 제공하는 접근성 테스트 도구입니다. https://www.deque.com/axe/

개선 사례: img 요소에 대체 텍스트를 부여한다

```html
<img src="./image/icon-add.svg" alt="추가"/>
```

SVG를 svg 요소로 직접 HTML에 기술할 때 title 요소를 대체 텍스트로 이용할 수 있습니다(현재 svg 요소는 브라우저에 따라 접근성 오브젝트 모델의 Role 속성값이 변하기에 role="img"를 사용해 Role 속성을 img로 고정합니다).

개선 사례: svg 요소에 title 요소를 사용해 대체 텍스트를 부여한다

```html
<svg role="img">
  <title>검색</title>
  <path d="M79.99 79.177c-...."/>
</svg>
```

또는 직접 aria-label 속성을 사용해도 좋습니다.

개선 사례: svg 요소에 aria-label 속성을 사용해 대체 텍스트를 부여한다

```html
<svg role="img" aria-label="검색">
  <path d="M79.99 79.177c-...."/>
</svg>
```

어떤 대체 텍스트가 적절할지는 제4장 5절에서 설명합니다.

[사례 1 개선❷] 사용자가 이미지에 대체 텍스트를 설정할 수 있도록 한다

사용자가 콘텐츠를 제작할 때 사용하는 애플리케이션의 경우 이미지에 대체 텍스트를 설정할 수 있도록 해야 합니다(그림 2-3-5). 이미지 데이터를 저장하는 데이터베이스에는 대체 텍스트도 세트 값으로 갖도록 하면 좋습니다.

그림 2-3-5 tistory 블로그의 글 편집 화면
이미지 편집창에 대체 테스트(alt 속성) 입력란이 마련돼 있다

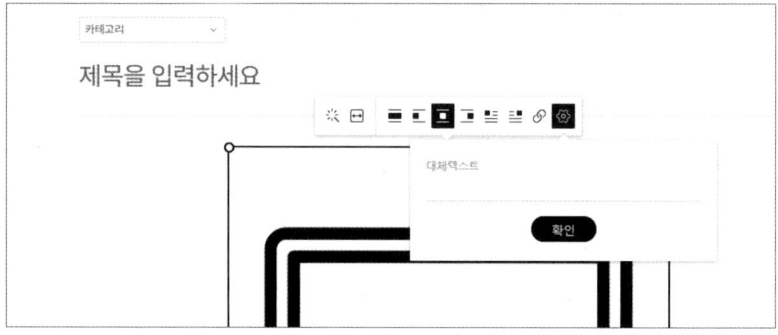

[사례 1 개선❸] 그래프나 차트를 대체할 콘텐츠를 제공한다

정보량이 많은 그래프나 차트에 대체 텍스트를 설정하기란 어렵습니다. 데이터로부터 자동으로 그래프나 차트를 생성할 때는 개별 텍스트를 준비할 수 없기에 더 어려워집니다.

한 가지 해결책은 그래프의 원본 데이터를 텍스트로 제공하는 것입니다. 대부분의 그래프나 차트는 표 형식으로도 제공할 수 있을 것입니다.

예를 들면, 도쿄도의 신형 코로나 바이러스 대책 사이트[9]는 데이터 대부분을 차

---

9 https://stopcovid19.metro.tokyo.lg.jp/(도쿄도의 코로나 대책 사이트의 링크가 폐지되었음)

트로 제공 중이지만 표 형식 텍스트 데이터와 오픈 데이터를 함께 얻을 수 있는 링크를 제공하고 있습니다(**그림 2-3-6**).

하지만 데이터를 이해할 수 있게 됐다고 해서 그래프나 차트로 표현한 내용 모두를 대체할 수는 없습니다. 그래프나 차트가 나타내는 내용이나 의견도 함께 텍스트로 병기하는 방법 등을 생각해봅니다.

그림 2-3-6 도쿄도 신형 코로나 바이러스 대책 사이트의 '보고일별 양성자 수 추이'

일자별 막대 그래프 아래에 표 형식 데이터와 '오픈 데이터 얻기'라는 링크가 있다

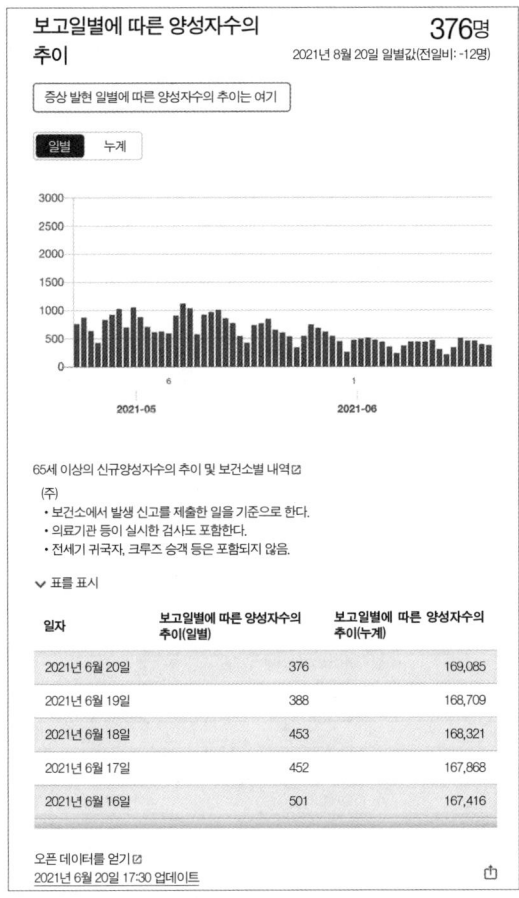

[사례 2 개선] UI에 접근 가능한 이름을 부여한다

'사례 2'에서 다룬 아이콘만으로 작동을 나타낸 버튼에 텍스트 데이터를 부여합니다. 이번 사례에서는 버튼에 접근 가능한 이름을 부여하는 것이 목적입니다.

UI의 접근 가능한 이름은 몇 가지 방법을 통해 부여할 수 있습니다. 가장 간단한 방법은 UI가 될 요소에 텍스트를 포함하거나(**그림 2-3-7**) 연관 짓는 것입니다.

> **개선 사례: 아이콘만 있는 버튼에 텍스트를 포함시킨다**
>
> ```
> <button type="button">
>   <svg viewBox="0 0 448 512" width="24"><path d="M416 …"/></svg>
>   추가
> </button>
> ```

텍스트를 추가하면 아이콘만 있을 때보다 의미가 명확하며 더욱 이해하기 쉬워집니다. 또한 다른 언어로 번역하는 경우를 생각하면 가장 접근성이 좋은 방법이라 할 수 있습니다.

그림 2-3-7 '추가' 텍스트를 포함한 버튼
        Name 속성에 '추가'가 부여되어 있다

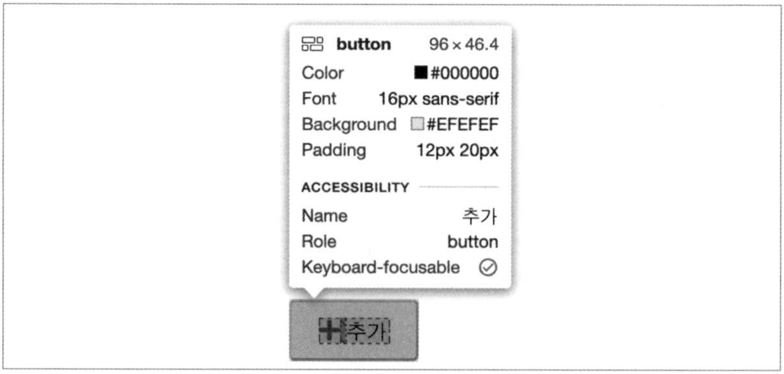

공간상 텍스트를 추가하기 어렵다면 포함할 이미지에 대체 텍스트를 부여합니다. 구체적인 방법은 '사례 1 개선①'에서 소개한 것과 같습니다. 어느 방법을 쓰든 button 요소의 Name 속성으로 반영됩니다.

개선 사례: 아이콘만 있는 버튼 아이콘에 대체 텍스트를 부여한다

```
<!-- img 요소를 이용한 사례 -->
<button type="button">
  <img src="./image/icon-add.svg" alt="추가"/>
</button>

<-- svg 요소와 WAI-ARIA를 이용한 사례 -->
<button type="button">
  <svg role="img" aria-label="추가">
    <path d="M416 …"/>
</button>
```

텍스트를 포함할 수 없는 요소, 예를 들어 input 요소 등은 텍스트와 연관 지음으로써 접근 가능한 이름을 부여할 수 있습니다.

좋은 사례: 텍스트를 포함할 수 없는 요소에 label 요소로 텍스트와 연관 짓는다

```
<label>
  검색
  <input type="text"/>
</label>
```

WAI-ARIA를 이용해 button 요소의 접근성 오브젝트 Name 속성에 텍스트를 직접 부여해도 좋습니다. Name 속성에 값을 부여하려면 aria-label을 이용합니다.

개선 사례: 아이콘만 있는 버튼에 aria-label 속성으로 텍스트를 추가한다

```
<button type="button" aria-label="추가">
  <svg viewBox="0 0 448 512" width="24"><path d="M146 …"/></svg>
</button>
```

하지만 aria-label 속성은 다른 방법에 비해 접근성은 다소 낮아집니다. aria-label 속성은 접근성 오브젝트 모델의 Name 속성에만 영향을 주기에 WAI-ARIA를 처리할 수 없는 사용자 에이전트 프로그램은 접근할 수 없습니다. 예를 들면 RPA 도구나 브라우저를 자동으로 조작하는 소프트웨어 중에는 aria-label 속성값에 접근할 수 없는 것도 많이 있습니다. 또한 aria-label 속성값은 현재 브라우저 기준으로 자동 번역 대상에 해당하지 않는 경우도 많습니다.

되도록 접근 가능한 이름을 텍스트로 부여하는 것이 바람직하지만 공간상 항상 그렇게 할 수는 없습니다. 공간을 절약하면서 텍스트를 통해 접근 가능한 이름을 부여하기 위해서는 Visually Hidden이라는 방법이 유용합니다. Visually Hidden은 요소나 텍스트를 시각적으로만 감추면서 기계는 이해할 수 있는 형태로 남기는 CSS 기법입니다.

보통 CSS로 요소를 표시하지 않을 때 `display: none`이나 `visibility: hidden`을 사용하는데 이렇게 하면 접근성 오브젝트 모델에도 존재하지 않게 됩니다.[10]

Visually Hidden은 접근성 오브젝트 모델에 영향이 없는 속성만을 사용해서 시각적으로 미표시합니다. 다음 사례는 `position: absolute`로 레이아웃 계산에서 제외하며 `clip-path: inset(100%)`로 요소가 표시되는 부분을 없애 극히 작은 `width`와 `height`에 의해 클릭 영역을 영향이 거의 없는 값으로 설정했습니다.

> 개선 사례: Visually Hidden을 이용해 버튼에 텍스트 데이터를 부여한다

```
<button type="button">
  <i class="fas fa-plus" aria-hidden="true"></i>
  <span class="visually-hidden">추가</span>
</button>
```

---

10 접근성 오브젝트 모델이 CSS의 영향을 받음을 제2장 1절에서 설명했습니다.

```css
.visually-hidden {
  position: absolute;
  width: 1px;
  height: 1px;
  clip-path: inset(100%);
}
```

하지만 Visually Hidden도 브라우저에 따라서는 `width`나 `height` 값에 따라 요소를 무시하기도 하므로 신중히 검토해야 합니다.

다소 특이한 방법인지라 되도록 시각적으로도 표시되는 텍스트 데이터로 레이블을 부여하는 것이 바람직합니다.

[사례 3 개선] 장식을 위한 시각 표현을 무시한다

'사례 3'에서 설명했듯 장식을 위한 시각 표현이나 쓸데없이 긴 표현은 사용자가 조작하는 데 혼란을 줄 수 있기에 무시할 수 있도록 해야 합니다.

잡음이 될 만한 텍스트 데이터를 부여하지 않거나 오브젝트를 무시하도록 하는 방법은 여러 가지가 있습니다. 첫 번째는 배경 이미지로 취급하는 방법, 두 번째는 `alt` 속성값을 공백으로 하는 방법, 세 번째는 WAI-ARIA의 `aria-hidden` 속성을 이용해 접근성 오브젝트 모델에서 제외하는 방법입니다.

가장 단순한 건 CSS를 이용해 배경 이미지로 취급하는 방법입니다. CSS로 표현되는 배경 이미지는 접근성 오브젝트 모델에 포함되지 않습니다.

> **좋은 사례: 배경 이미지를 이용해서 버튼에 장식을 한다**

```
<button type="button">
  추가
</button>

button {
    padding-left: 20px;
    background-image: url(./img/add-icon.png);
    background-position: left 4px center;
    background-repeat: no-repeat;
}
```

다음으로 alt 속성값을 공백으로 하는 방법입니다. alt 속성이 공백인 img 요소는 접근성 오브젝트 모델에서 제외되므로 지원 기술이 무시할 수 있습니다.

> **좋은 사례: alt 속성이 공백인 img 요소를 장식에 이용한다**

```
<button type="button">
  <img src="./img/add-icon.png" alt=""/>
  추가
</button>
```

주의점은 alt 속성을 부여하지 않는 것이 아니라, alt 속성값을 공백으로 하는 것입니다. alt 속성이 없는 이미지는 콘텐츠인지 장식인지 명시되지 않았기에 스크린 리더가 파일 경로를 콘텐츠로서 읽는 경우가 있습니다. 만약 콘텐츠라면 파일명으로부터 의미를 유추할 수 있기 때문입니다. 따라서 장식일 때는 반드시 공백인 값을 alt 속성에 부여합시다.

마지막으로 WAI-ARIA의 aria-hidden 속성을 이용하는 방법입니다. aria-hidden 속성은 오브젝트를 감추는 WAI-ARIA 속성입니다. 감춘다는 건 시각적으로는 표시되지만 접근성 오브젝트 모델에서만 제외함을 의미합니다.

특히 svg 요소를 무시하고자 할 때 자주 이용합니다. 예를 들면 title 요소를 포함하고 있어도 aria-hidden 속성이 true인 요소는 모두 접근성 오브젝트 모델에서 제외되므로 title 요소의 텍스트는 지원 기술이 무시합니다.

개선 사례: 장식인 svg 요소를 aria-hidden 속성으로 감춘다

```
<button type="button">
  <svg aria-hidden="true" viewBox="0 0 512 512">
  <title>fa fa-plus</title>
  <path d="M.."></path>
  </svg>
  추가
</button>
```

aria-hidden 속성은 꽤 강력하므로 주의해서 사용해주세요. 장식뿐 아니라 다양한 요소를 접근성 오브젝트 모델에서 제외할 수 있으며 자신의 자손 노드도 포함해 모두 제외합니다. 실제로 어떤 모달 다이얼로그용 라이브러리가 body 요소에 aria-hidden 속성을 부여하는 사례가 있었는데, 다이얼로그를 실행하니 스크린 리더로 화면을 전혀 조작할 수 없게 됐습니다. 부여할 대상에는 특히 주의합시다.

2.4 콘텐츠 구조의 머신 리더빌리티

이전 절에서 텍스트 데이터로 제공되는 콘텐츠를 머신 리더블하는 작업이 접근성에 필요함을 설명했습니다.

하지만 콘텐츠뿐 아니라 콘텐츠와 콘텐츠 사이의 관계성도 정보에 해당합니다. 정보에 접근하기 위해서는 콘텐츠와 콘텐츠 사이의 관계성(=구조)에도 접근할 수 있어야 합니다.

웹 애플리케이션에는 표, 표제, 캡션 등 많은 구조가 존재합니다. 표는 각 셀에 행과 열두 가지 집합과의 관계성을 나타냅니다. 표제나 캡션은 구조의 이름을 나타내거나 설명을 제공합니다.

그림 2-4-1은 업무 애플리케이션의 직원 리스트 구조를 나타낸 것입니다. 표제를 통해 이 콘텐츠가 직원 리스트임을 나타냅니다. 직원이 갖는 정보는 행으로 그룹

그림 2-4-1   제목과 데이터 표의 예시

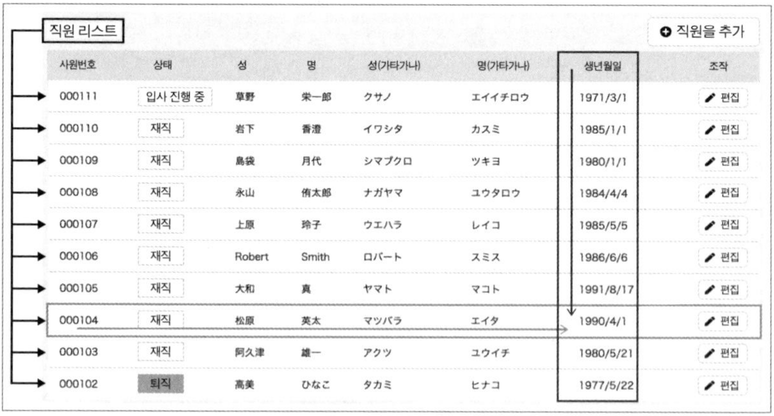

직원 리스트							⊕ 직원을 추가
사원번호	상태	성	명	성(가타카나)	명(가타카나)	생년월일	조작
000111	입사 진행 중	草野	栄一郎	クサノ	エイイチロウ	1971/3/1	✎ 편집
000110	재직	岩下	香澄	イワシタ	カスミ	1985/1/1	✎ 편집
000109	재직	島袋	月代	シマブクロ	ツキヨ	1980/1/1	✎ 편집
000108	재직	永山	侑太郎	ナガヤマ	ユウタロウ	1984/4/4	✎ 편집
000107	재직	上原	玲子	ウエハラ	レイコ	1985/5/5	✎ 편집
000106	재직	Robert	Smith	ロバート	スミス	1986/6/6	✎ 편집
000105	재직	大和	真	ヤマト	マコト	1991/8/17	✎ 편집
000104	재직	松原	英太	マツバラ	エイタ	1990/4/1	✎ 편집
000103	재직	阿久津	雄一	アクツ	ユウイチ	1980/5/21	✎ 편집
000102	퇴직	高美	ひなこ	タカミ	ヒナコ	1977/5/22	✎ 편집

화돼 있습니다. 그중에서도 맨 처음 행의 사원번호는 표제 셀로서 기능하며 그룹(행)의 핵심이 됩니다. 첫 번째 열은 직원이 갖는 정보의 핵심이 되는 사원번호가 표제 셀로 배치돼 있습니다.

이 구조로부터 '1990/4/1'이라는 정보가 생년월일이며, 사원번호 '000104'가 갖는 정보임이 나타납니다.

구조가 가진 정보에 접근할 수 있다는 점은 정보를 바르게 지각, 이해하는 데 필수적입니다. **그림 2-4-1**의 직원 리스트에는 구조를 나타내는 시각적인 단서가 있습니다. 예를 들면 열의 표제 셀은 회색 배경에 굵은 글씨며, 행마다 수평선이 있으며, 표제는 다른 텍스트보다 크고 굵은 문자인 점 등입니다. 이런 시각적 표현으로 구조를 지각하고 구조로부터 정보가 갖는 의미를 이해할 수 있습니다.

하지만 이 구조가 머신 리더블하지 않다면 시각으로 정보를 얻지 못하는 사용자는 정보가 갖는 의미를 바르게 이해할 수 없습니다. 머신 리더블하기만 하면 스크린 리더를 이용하는 사용자도 사원번호 '000104'의 생년월일을 파악할 수 있을 것입니다(**그림 2-4-2**).

그림 2-4-2   스크린 리더로 표의 셀을 읽었을 때

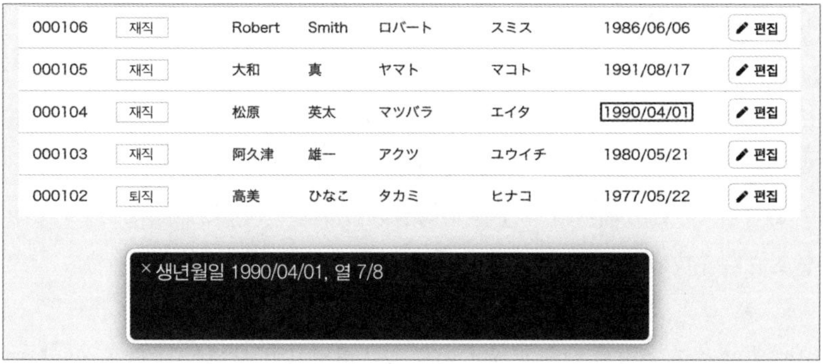

000106	재직	Robert	Smith	ロバート	スミス	1986/06/06	✏ 편집
000105	재직	大和	真	ヤマト	マコト	1991/08/17	✏ 편집
000104	재직	松原	英太	マツバラ	エイタ	1990/04/01	✏ 편집
000103	재직	阿久津	雄一	アクツ	ユウイチ	1980/05/21	✏ 편집
000102	퇴직	高美	ひなこ	タカミ	ヒナコ	1977/05/22	✏ 편집

× 생년월일 1990/04/01, 열 7/8

HTML에는 구조를 머신 리더블하게 만드는 시맨틱스가 존재합니다. HTML을 올바르게 이용함으로써 구조를 머신 리더블하게 접근할 수 있도록 할 수 있습니다. 반대로 말하면 HTML을 적절히 이용하지 않으면 구조는 머신 리더블하지 않게 되어 접근할 수 없게 됩니다.

자주 있는 사례에서 문제 알아보기

[사례 1] 표제가 표제로서 마크업되지 않았다

표제를 사용하는 건 문서뿐 아니라 웹 애플리케이션에서도 마찬가지입니다. 표제를 통해 콘텐츠를 그룹화해 페이지 전체의 구조를 나타냄으로써 스크린 리더 사용자를 포함한 사용자가 페이지 전체를 파악할 수 있습니다. 콘텐츠의 세부적인 내용을 모두 읽지 않더라도 페이지의 대략적인 내용을 파악할 수 있을 것입니다(그림 2-4-3).

스크린 리더 사용자도 마찬가지로 페이지 전체의 구조를 파악하는 데 표제를 이용합니다. 스크린 리더는 페이지 상단에서부터 순서대로 요소를 선택하면서 정보를 읽어 나갑니다. 하지만 그래서는 페이지 전체의 구조를 이해하는 데 시간이 걸립니다. 그렇기에 표제 점프라는 기능을 사용합니다.

표제 점프는 콘텐츠를 건너뛰고 제목으로 직접 이동할 수 있는 기능입니다. 표제 점프를 이용해 표제를 훑어봄으로써 페이지에 어떤 콘텐츠가 있는지 파악할 수 있습니다. 또한 페이지 구조를 파악한다면 원하는 콘텐츠로 빠르게 이동할 수 있습니다.

이처럼 표제를 적절히 이용해 페이지를 구조화했다면 표제의 내용만 이해하면 전체를 파악할 수 있습니다. 예를 들면 입력 폼이 길더라도 사전에 전체적인 내용을 파악하면 필요한 입력 내용을 사전에 준비할 수 있습니다. 또한 작업을 마치는 데 걸리는 대략적인 시간을 파악할 수도 있어 효율성도 높아집니다.

표제는 시각적인 표현뿐 아니라 머신 리더블한 형식으로 제공하는 것이 중요합니다. HTML은 표제 요소인 h1~h6 요소로 계층 구조를 표현할 수 있습니다. 하지만 표제임에도 표제 요소를 사용하지 않고 CSS만으로 표현했다면 시각으로 정보를 얻지 못하는 스크린 리더 사용자는 표제를 통한 도움을 받을 수 없습니다.

그림 2-4-3 긴 화면에서 표제로 콘텐츠를 그룹화

> **좋지 않은 사례: 표제에 h1~h6 요소를 사용하지 않았다(HTML)**

```html
<div class="heading -level3">부양가족정보 입력</div>
```

> **좋지 않은 사례: 표제에 h1~h6 요소를 사용하지 않았다(CSS)**

```css
.heading {
  font-weight: bold;
  line-height: 1.25;
}

.heading.level3 {
  font-size: 1.5rem;
}
```

반대로 표제가 아닌데 시각적으로는 표제처럼 보이는 큰 문자나 장식을 가진 문장을 표제 요소로 마크업하면 안 됩니다. 페이지 구조와 관계없는 콘텐츠가 표제로 제공되면 페이지 구조를 파악하는 데 방해가 됩니다.

[사례 2] 정보의 관계성을 마크업하지 않았다

정보의 관계성에서 자주 등장하는 건 어떤 정보(값)에 메타 정보(키)가 연관된 키-값(key-value) 형식입니다.

예를 들면 성이라는 키에 김이라는 값이 있고, 이름이라는 키에 소희라는 값이 있다면 이 정보들은 연관돼 있습니다(표 2-4-1).

표 2-4-1   키-값(key-value) 형식

성	이름
김	소희
박	성진

값은 입력 가능할 때도 있습니다. 이때 입력값과 키가 연관돼 있지 않으면 무엇을 입력하면 되는지 알 수 없습니다.

좋지 않은 사례: 입력과 키가 연관돼 있지 않은 입력란(HTML)

```html
<p>
    <span>성</span>
    <span>이름</span>
</p>
<p>
    <input type="text"/>
    <input type="text"/>
</p>
```

좋지 않은 사례: 입력과 값이 연관돼 있지 않은 입력란(CSS)

```css
p {
  display: flex;
  gap: 1em;
}

p > * {
  width: 50%;
}
```

성, 이름의 두 가지 레이블과 입력란의 마크업 사례입니다. 시각적으로는 '성', '이름'이 각각 입력란과 가까우면서 왼쪽 끝에 정렬돼 있기에 정보와 정보 간 관계를 지각할 수 있지만(**그림 2-4-4**), 실제로 마크업해보면 '성, 이름, 입력란, 입력란'의 순서가 됩니다.

그림 2-4-4　'좋지 않은 사례'의 HTML과 CSS를 브라우저에서 표시

성과 입력란, 이름과 입력란이 각각 근접하여 그룹화돼 있다

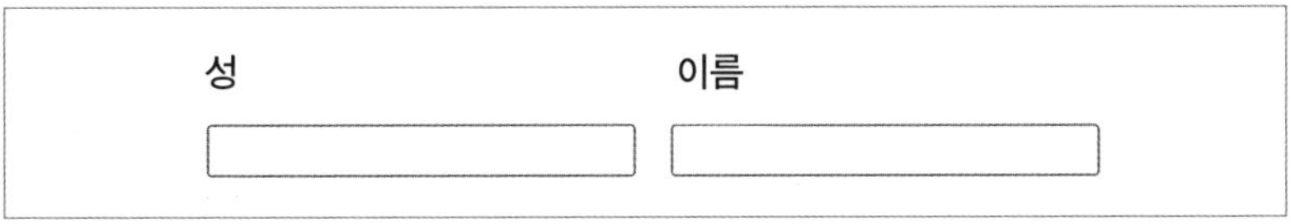

스크린 리더는 기본적으로 HTML 작성 순서대로 읽기에, 이 렌더링 결과를 읽었을 때 '성 이름 텍스트를편집 텍스트를편집'이 되므로 어느 입력란에 성이나 이름을 입력할지 확신이 서지 않습니다.

표제 사례에서 설명했듯 실제 데이터 구조를 마크업하여 나타내지 않은 경우 데이터 구조를 기계가 이해할 수 없어 접근하지 못하게 됩니다.

[사례 3] 정보의 그룹을 마크업하지 않았다

그룹은 가장 단순한 정보 구조입니다. 콘텐츠의 그룹을 정확히 인지할 수 없으면 정보에 정확히 접근할 수 없습니다.

예를 들면 상태와 각 상태의 정보가 몇 건 있는지 나타내는 UI가 있다고 합시다 (**그림 2-4-5**). 시각적으로는 상태와 건수를 가까이 표시했기 때문에 상태와 건수의 관계(그룹화)를 이해해 정보를 정확히 인식할 수 있습니다.

그림 2-4-5   그룹화된 상태와 건수

| 완료 | 123건 | 진행중 | 28건 | 오류 | 3건 |

하지만 이 그룹화된 구조가 머신 리더블하지 않다면 시각적인 정보를 얻지 못하는 스크린 리더 사용자에겐 평범한 텍스트가 나열된 것처럼 보입니다.

이 마크업을 스크린 리더는 '완료 123건 진행 중 28건 오류 3건'이라 읽습니다. 그룹화되지 않은 평범한 텍스트를 읽어 나가면서 오류가 28건인지 3건인지 확신이 서지 않게 됩니다. 데이터 수가 많아지면 더더욱 알 수 없게 될 것입니다.

> **좋지 않은 사례: 정보가 그룹화돼 있지 않다**
>
> ```
> 완료
> 123건
> 진행 중
> 28건
> 오류
> 3건
> ```

[사례 4] 시각적인 표현을 위해 잘못된 시맨틱스를 사용했다

시각적인 표현을 위해 잘못된 HTML 요소를 사용하면 페이지 구조를 정확히 이해할 수 없어 정보에 접근하지 못할 수 있습니다.

HTML 요소에는 table 요소처럼 시각 표현을 동반하는 요소가 많이 있습니다. 해당 요소들은 기본적으로 시맨틱스를 표현하기 위한 최소한의 시각적인 표현인데, 시각 표현을 사용하기 위해 HTML 요소를 사용하면 시맨틱스를 이용하는 사용자에게 잘못된 정보(구조)가 전달될 것입니다.

예를 들면 단락으로 구분된 복잡한 레이아웃을 만들기 위해 table 요소 등을 사용해 마크업하는 것입니다.

> **좋지 않은 사례: 단락 구분을 위해 table 요소를 사용했다**
>
> ```
> <table>
>   <tbody>
>     <tr>
>       <td>...메인 콘텐츠</td>
>       <td>...사이드 칼럼</td>
>     </tr>
>   </tbody>
> </table>
> ```

지금은 플렉스 박스나 그리드 등 CSS를 통한 레이아웃 표현 방법이 다양해졌기에 찾아보기 힘들지만, HTML 메일에서는 메일 클라이언트가 CSS에 대응하는 경우가 늦어 아직도 주요 레이아웃 수단으로 사용되고 있습니다.

체크 포인트

머신 리더블한 구조인지는 정보와 정보의 관계성을 정확히 HTML 시맨틱스 또는 접근성 오브젝트 모델로 표현했는지 여부의 관점에서 확인합니다.

구조는 모든 곳에 있고 표현 가능한 시맨틱스도 HTML이나 WAI-ARIA가 진화하면서 다양해졌기에 확인할 내용과 양 모두 방대합니다. 그렇기에 자동으로 확인하는 방법을 사용하고 싶지만 아직은 정보와 정보의 관계성이 가진 시맨틱스를 기계로 판단할 수는 없습니다. 따라서 HTML 문법적으로 정확한 구조인지 혹은 권장하는 구조인지만 자동으로 확인할 수 있습니다.

수동 확인(구현 시)

다음은 정보와 정보의 관계성을 머신 리더블하게 만드는 구체적인 사례입니다. 하지만 앞서 설명했듯 구조 패턴은 셀 수 없을 정도로 다양합니다. 더 구체적인 사례를 알고 싶다면 WCAG의 달성 기준 1.3.1 '정보 및 관계성의 달성 방법 및 실패 사례'[1]를 참조하세요.

- 표제 및 표제 수준을 적절히 설정한다
- 표 구조 데이터를 table 요소로 마크업한다
- 셀 표제를 th 요소로 마크업한다

---

1 https://www.w3.org/WAI/WCAG21/Understanding/info-and-relationships.html

- 표 설명을 caption 요소로 마크업한다
- 복잡한 셀을 병합하지 않는다
- 리스트 구조 데이터를 ul 요소, ol 요소, dl 요소로 마크업한다
- 입력과 레이블 텍스트를 연관 짓는다

자동 확인

- axe
  - empty-table-header // 테이블 헤더가 공백인지 확인한다
  - list // ul, ol 요소의 자식 요소가 li 요소임을 확인한다
  - heading-order // 표제 수준이 생략됐는지 확인한다

자주 있는 사례를 개선하다

[사례 1의 개선] 표제를 표제로서 마크업한다

표제 요소를 이용해 표제 수준을 건너뛰지 않고 계층 구조를 나타내도록 마크업해 개선합니다. 대부분의 경우 h6 요소로 충분하지만 WAI-ARIA의 role="heading"과 aria-level 속성을 이용하면 7 이상의 표제 수준을 표현할 수 있습니다.

> 좋지 않은 사례: 표제 수준이 구조와 맞지 않다(HTML)

```
<article>
  <h1>기사 제목</h1>
  <section>
    <h1>절 제목</h1>
  </section>
</article>
```

> **개선 사례: 표제 수준으로 구조를 표현한다(HTML)**

```html
<article>
  <h1>기사 제목</h1>
  <section>
    <h2>절 제목</h2>
  </section>
</article>
```

또한 section 요소와 h1 요소만으로 중첩에 따른 계층 구조를 표현할 수 있는 아웃라인 알고리즘은 HTML 사양에서 삭제됐습니다. 따라서 h1~h6 요소의 표제 수준으로 표제 계층 구조를 표현해주세요.

[사례 2의 개선] 마크업으로 정보를 연관 짓다

정보의 관계성을 마크업하는 데는 여러 수단이 있지만 가장 간단한 방법은 의미 단위로 그룹화하는 것입니다. '사례 2'의 성과 이름과 각 입력란은 키가 될 레이블과 값의 입력란을 그룹화합니다. 레이블과 입력란을 그룹화하고자 label 요소를 이용합니다. label 요소는 자식 요소인 텍스트 노드와 입력란을 연관 짓기 위한 요소입니다.

> **개선 사례: 레이블과 입력란을 label 요소로 연관 짓는다**

```html
<div>
  <label>
    <span>성</span>
    <input type="text">
  </label>
  <label>
    <span>이름</span>
    <input type="text">
  </label>
</div>
```

label 요소로 마크업해 연관 지으면 input 요소인 접근 가능한 이름에 레이블 텍스트가 설정됩니다. 예를 들어 스크린 리더의 내비게이션 기능으로 input 요소로 직접 이동하면 '성, 텍스트를 편집'이라 읽어주기에 무엇을 입력해야 할지 명확해집니다(**그림 2-4-6**).

label 요소를 통해 연관 지으면 조작에도 영향을 줍니다. 레이블이 될 텍스트 노드를 클릭하면 연관된 input 요소로 포커스가 이동합니다. 클릭 영역이 좁은 체크 박스나 라디오 박스의 조작성이 향상될 수 있습니다.

레이아웃상 label 요소의 자식 요소에 레이블이 될 텍스트 노드와 input 요소를 넣지 못할 경우 for 속성과 id 속성을 이용해 연관 지을 수 있습니다. for 속성과 id 속성으로도 label 요소로 둘러쌀 때와 같이 연관 지을 수 있습니다.

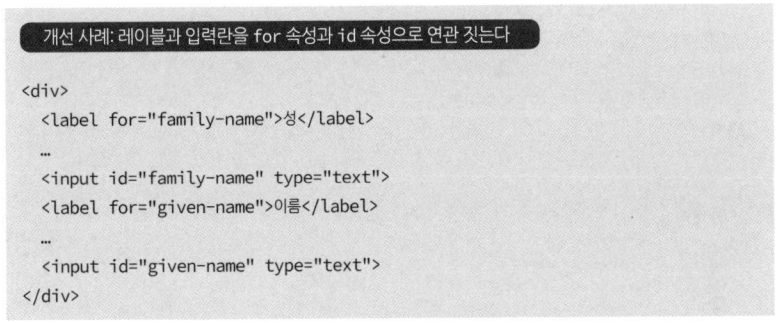

```
개선 사례: 레이블과 입력란을 for 속성과 id 속성으로 연관 짓는다
<div>
  <label for="family-name">성</label>
  ...
  <input id="family-name" type="text">
  <label for="given-name">이름</label>
  ...
  <input id="given-name" type="text">
</div>
```

그림 2-4-6　label 요소로 텍스트와 연관 지은 input 요소를 읽었을 때

[사례 3의 개선] 마크업으로 그룹화한다

의미가 있는 단위로 정보를 그룹화하려면 적절한 HTML 요소로 마크업합니다. '사례 3'에서는 상태와 건수를 그룹화했어야 합니다. 이 상태와 건수의 그룹은 키(상태)-값(건수) 형식이라고도 할 수 있습니다.

HTML로 키-값 형식을 마크업하는 방법은 여럿 있지만 예시에서는 키와 값의 그룹이 더욱 그룹화돼 있으므로 dl 요소를 이용합니다. 키를 dt 요소로, 값을 dd 요소로 마크업하면 정보의 관계성을 더욱 명확히 나타낼 수 있습니다.

> **개선 사례: 키-값 형식의 정보를 dl 요소로 그룹화한다**
>
> ```html
> <dl>
>   
>     <dt>완료</dt><dd>123건</dd>
>   
>   
>     <dt>진행 중</dt><dd>28건</dd>
>   
>   
>     <dt>오류</dt><dd>3건</dd>
>   
> </dl>
> ```

하지만 현재 대부분의 지원 기술은 dl 요소를 단순한 리스트로 취급하므로 키와 값의 구별이 어렵습니다. 또한 dl 요소는 HTML 사양상 포함할 수 있는 요소에 한계가 있고 스타일링하기 어렵다는 점도 있으므로 대신 ul 요소, li 요소를 사용해도 큰 문제는 없을 것입니다. 키-값 형식이 아니게 되지만 정보의 결합만 보장할 수 있다면 수치를 잘못 읽는 일은 없을 것입니다.

그 밖에도 표제를 사용하는 방법이 있습니다. 만약 키가 될 정보가 페이지 전체의 구조상 의미를 갖는 경우나, 값에 해당하는 콘텐츠의 정보량이 많은 경우라면 키를 표제로 마크업해도 좋습니다.

> **개선 사례: 키-값 형식의 정보를 표로 마크업한다**
>
> ```
> <section>
>   <h2>Key</h2>
>   Value...
> </section>
> ```

[사례 4의 개선] 시각 표현을 위해 사용한 시맨틱스를 삭제한다

레이아웃을 목적으로 table 요소 등 특정 요소를 사용할 수밖에 없는 경우 해당 요소가 장식 목적임을 나타내는 WAI-ARIA의 role="presentation"을 이용합니다.

role="presentation"은 부여된 요소와 그 요소에 관련된 자식 요소의 역할을 접근성 오브젝트 모델에서 삭제합니다. 따라서 table 요소에만 부여하면 자식 요소의 tbody 요소에 부여할 필요가 없습니다. 그러나 복잡한 레이아웃을 구현하느라 table 요소가 중첩돼 있다면 역할은 삭제되지 않고 남습니다. 삭제하려면 role="presentation"을 각 table 요소에 부여해야 합니다.

또한 셀 내부의 콘텐츠 역할이나 table 요소와 관련 없는 요소의 역할은 삭제되지 않고 남습니다.

좋은 사례: 레이아웃이 목적인 table 요소의 역할을 삭제한다

```
<table role="presentation">
  <tbody> <!-- 아래의 tbody, tr, td의 역할은 삭제된다 -->
    <tr>
     <td>
       <h1>표제</h1>  <-- 이 h1의 역할은 남는다 -->
       <table> <!-- 중첩됐다면 역할은 삭제되지 않고 남는다 -->
         ...
       </table>
     </td>
    </tr>
  </tbody>
</table>
```

role="presentation"과 같은 역할을 하는 role="none"을 사용해도 좋습니다.

제 3 장
폼 개선

이 장에서는 폼의 접근성을 설명합니다. 폼은 사용자의 입력을 받기 위한 중요한 요소이므로 폼의 접근성은 중요한 품질 중 하나입니다. 폼의 접근성을 높이면 입력값이 명확해지고, 입력 조작이 간단해지며, 오류 등의 피드백을 이해하기 쉬워지는 다양한 이점이 있습니다. 이 장에서는 적절한 HTML 표준 요소 활용법과 커스텀 컴포넌트를 접근 가능하도록 하는 방법을 설명합니다.

제3장 폼 개선

3.1 레이블과 설명

이 절에서는 폼 제어나 그룹에 대한 '레이블'과 '설명'을 다룹니다. '레이블'은 각각의 폼 제어·그룹을 식별하기 위한 문구를 말합니다. Name 속성(접근 가능한 이름)은 지원 기술을 이용하는 사용자에게만 인식되지만 레이블은 모든 사용자가 인식할 수 있는 문구입니다. '설명'이란 입력 규칙 등 폼 제어·그룹을 보충하는 문구를 말합니다. 폼 제어나 그룹에 적절한 레이블·설명을 부여하는 작업은 다양한 사용자가 폼 제어를 조작하는 데 중요한 관점 중 하나입니다.

자주 있는 사례에서 문제 알아보기

[사례 1] 플레이스 홀더로 레이블을 표현했다

폼 제어의 레이블과 설명에서 흔히 일어나는 문제는 플레이스 홀더로 레이블을 표현한 폼 제어입니다(**그림 3-1-1**).

> 좋지 않은 사례: 플레이스 홀더로 레이블을 표현했다
> ```
> <input type="text" placeholder="사용자명(반각 영숫자로 입력)">
> ```

그림 3-1-1　플레이스 홀더로 레이블을 표현했다

> 사용자명(반각 영숫자로 입력)

플레이스 홀더로 레이블을 표현하는 데는 다양한 문제가 있습니다. 대표적인 문제를 세 가지 소개합니다.

- 플레이스 홀더의 색이 연해서 시인하기 어렵다
- 플레이스 홀더와 폼 제어 값이 구별되지 않는다
- 폼 제어에 값을 입력했을 때 플레이스 홀더 값이 보이지 않게 된다

첫 번째 문제점은 플레이스 홀더의 색이 연해서 인식하기 어렵다는 것입니다. 일반적으로 플레이스 홀더에는 연한 색이 사용됩니다. 고령자나 저시력자는 연한 색을 잘 보지 못하는 경우가 있습니다. 또한 밝은 장소에서 화면을 보는 사용자도 연한 색을 보기 어려울 수 있습니다. 플레이스 홀더로 표현한 레이블이 보이지 않으면 사용자는 폼 제어에 무엇을 입력해야 하는지 이해할 수 없습니다.

두 번째 문제점은 플레이스 홀더와 폼 제어 값이 구별되지 않는다는 것입니다. 플레이스 홀더의 가시성 문제를 해결하고자 플레이스 홀더의 색을 진하게 하면, 이번엔 입력된 값과 플레이스 홀더를 구별하기 어려워집니다. 사용자에 따라서는 폼 제어 값을 입력했다고 착각하여 폼 제어 입력 과정을 건너뛸 우려가 있습니다.

세 번째 문제점은 폼 제어에 값을 입력하면 플레이스 홀더가 사라져 레이블을 인식할 수 없게 되는 것입니다. 사용자는 텍스트 필드에 값을 입력하는 동안 플레이스 홀더의 내용을 기억해둬야 합니다. 특히 기억 장애가 있거나 고령자 등 값을 기억하기 어려운 사용자는 입력할 값을 잊게 될 가능성이 있습니다. 또한 입력을 도중에 중단하고서 다른 업무를 본 후 입력을 재개할 때 입력할 값을 기억해내지 못할 수도 있습니다. 게다가 많은 필드에 입력을 모두 하고 나서 값을 검증하려 할 때 입력한 값들이 정확한지 알 수 없습니다.

이 세 가지 문제점 외에도 야곱 노먼[1]은 플레이스 홀더의 다양한 단점을 소개한 바 있습니다.

HTML Living Standard에서도 label 요소를 대체하여 플레이스 홀더를 사용하면 안 된다고 합니다. 또한 플레이스 홀더는 '짧은 힌트'를 나타내는데,[2] 중요한 설명이나 긴 설명을 플레이스 홀더에 포함시켜서는 안 됩니다.

[사례 2] 레이블과 설명 배치를 이해하기 어렵다

레이블이나 설명 배치를 이해하기 어려워 레이블 및 설명과 폼 제어의 관계성을 이해하기 어려운 사례가 있습니다.

설명이 폼 제어와 관련 있음을 인식하기 어려울 때가 있습니다. 예를 들면 설명이 텍스트 제어의 뒤에 배치되어 있을 때입니다(**그림 3-1-2**). 텍스트를 입력할 때 설명이 화면에 다 들어오지 않아 사용자는 설명의 존재를 미처 알아채지 못하고 입력합니다. 화면을 확대한 사용자나 저시력자는 인식할 수 있는 화면 범위가 좁아 설명의 존재를 더욱 알아채기 어려워집니다. 모바일 디바이스 사용자도 텍스트 제어에 값을 입력할 때 소프트웨어 키보드로 인해 설명이 가려질 때가 있습니다.

그림 3-1-2　**설명이 텍스트 제어 뒤쪽에 배치되어 있다**

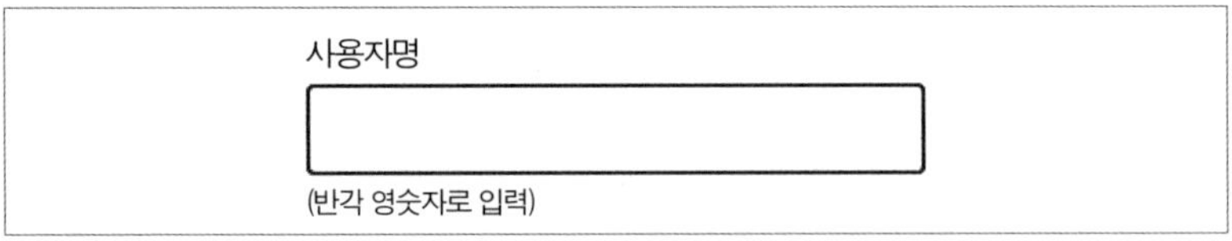

사용자명
[   ]
(반각 영숫자로 입력)

1　https://www.nngroup.com/articles/form-design-placeholders/
2　https://html.spec.whatwg.org/multipage/input.html#the-placeholder-attribute

레이블이 어느 폼 제어와 관계 있는지 인식하기 어려울 때도 있습니다. 예를 들어 항목 수가 많은 라디오 버튼이나 체크 박스가 일렬로 나열되어 있으면서 가까이 있는 경우입니다(**그림 3-1-3**). 사용자는 레이블이 좌우 중 어느 쪽 폼 제어와 관계 있는지 그룹 전체를 보고 판단해야 합니다. 특히 화면을 확대한 사용자나 저시력자는 한 번에 그룹의 일부밖에 보지 못합니다. 그룹 전체를 한 번에 보기 어렵기 때문에 레이블과 폼 제어의 관계성을 오해하기 쉬워집니다.

그림 3-1-3   항목 수가 많은 체크 박스가 일렬로 가까이 나열되어 있다

> ☐ 정치 ☑ 경제 ☑ 국제 ☐ 과학 ☑ 스포츠
> ☑ 맛집 ☑ 기술 ☐ IT   ☑ 지역 ☑ 연예

[사례 3] 폼 제어에 레이블과 설명을 연관 짓지 않았다

폼 제어에 레이블과 설명을 연관 짓지 않은 사례가 있습니다. 제2장 4절에서 설명했듯 input 요소를 비롯한 폼 제어에는 레이블을 연관 지어야 합니다. 주의해야 할 점은 설명도 폼 제어에 연관 지어야 한다는 것입니다. 다음 예시는 설명이 폼 제어에 연관되어 있지 않은 마크업입니다.

> **좋지 않은 사례: 폼 제어에 설명이 연관되어 있지 않다**
>
> ```
> <label for="username">사용자명</label>(반각 영숫자로 입력)
> <input type="text" id="username">
> ```

스크린 리더는 폼 제어로 포커스하면 폼 제어에 연관된 레이블과 설명을 읽습니다. 레이블만 연관되어 있으면 스크린 리더는 설명을 읽지 않으므로 스크린 리더 사용자는 입력 전에 설명의 존재를 알아채지 못할 가능성이 있습니다.

[사례 4] 그룹에 레이블과 설명을 연관 짓지 않았다

폼 제어와 마찬가지로 그룹에도 레이블과 설명을 연관 지어야 하는 경우가 있습니다. 특히 폼 제어 레이블만으로는 무엇을 입력해야 하는지 특정할 수 없어 그룹 레이블과 조합해야 하는 경우입니다. 다음은 라디오 버튼 그룹이나 체크 박스 그룹에 그룹 레이블과 설명이 연관되지 않은 예시입니다.

좋지 않은 사례: 라디오 버튼 그룹에 레이블와 설명이 연관되어 있지 않다

```
<div>
  <span>상품 색(한 가지만 선택)</span>
  <label><input type="radio" name="product-color">파랑</label>
  <label><input type="radio" name="product-color">초록</label>
  <label><input type="radio" name="product-color">노랑</label>
  <label><input type="radio" name="product-color">빨강</label>
</div>
```

좋지 않은 사례: 체크 박스 그룹에 레이블과 설명이 연관되어 있지 않다

```
<div>
  <span>흥미로운 주제(세 개까지 선택)</span>
  <label><input type="checkbox" name="topic">정치</label>
  <label><input type="checkbox" name="topic">경제</label>
  <label><input type="checkbox" name="topic">국제</label>
  <label><input type="checkbox" name="topic">과학</label>
  <label><input type="checkbox" name="topic">스포츠</label>
</div>
```

그룹에도 레이블과 설명이 연관되어 있지 않으면 스크린 리더의 편의성을 크게 저하시킵니다. 레이블과 설명이 연관되어 있으면 스크린 리더는 그룹에 도달했을 때 그룹 레이블을 읽습니다. 만약 이 라디오 버튼 그룹이 적절히 마크업됐다면 NVDA로 그룹의 맨 처음 요소('파랑')에 포커스하면 '파랑 라디오 버튼 상품의 색(하나만 선택) 그룹'이라 읽습니다. 하지만 이 사례에서는 '파랑 라디오 버튼'이라고만 읽습니다. 스크린 리더 사용자는 그룹이 있음을 알아채지 못하여 라디오 버튼이 나타내는 내용을 알지 못할 수 있습니다. 또한 Tab 키를 눌러 포커스 가능한 요소만을 골라서 읽는 사용자는 그룹 레이블을 읽지 못하고 넘겨 버릴 수도 있습니다.

[사례 5] 필수 입력의 설명이 전달되지 않는다

폼 제어나 그룹이 필수 입력임을 나타내는 설명이 일부 사용자에게 전달되지 않는 경우가 있습니다. 예를 들면 필수 입력을 나타내기 위해 예고 없이 '＊' 등의 기호를 사용하는 경우입니다(**그림 3-1-4**).

폼 입력에 익숙하지 않은 사용자는 '＊'의 의미를 이해하지 못할 수 있습니다. 또한 필수 입력 여부를 적절히 마크업하지 않았다면 스크린 리더 사용자는 필수 입력임을 전달받지 못할 수 있습니다.

필수 입력 여부가 일부 사용자에게 전달되지 않는 표현에는 이 사례 말고도 필수 입력을 색만으로 표현하는 사례도 있습니다. 자세한 내용은 제4장 1절을 참조하세요.

그림 3-1-4   필수 입력 여부를 나타내기 위해 예고 없이 '＊'을 사용한 폼 제어

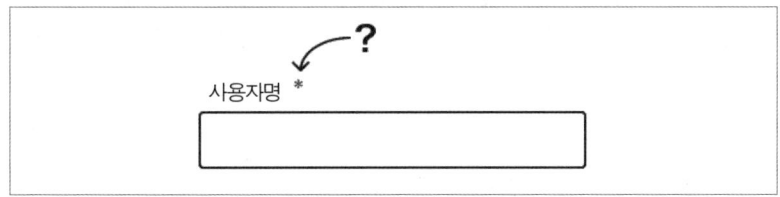

제3장 폼 개선

체크 포인트

수동 확인(설계 시)

- 레이블은 폼 제어 바깥쪽에 배치한다
- 내용이 길거나 중요한 설명은 폼 제어 바깥쪽에 배치한다
- 레이블과 설명이 어느 폼 제어 및 그룹과 관계 있는지 이해하기 쉽게 배치한다
- 필수 입력 여부를 텍스트로 설명한다

수동 확인(구현 시)

- 폼 제어에 레이블과 설명을 연관 짓기 위해 `label` 요소를 사용한다. 또는 `aria-labelledby` 속성, `aria-describedby` 속성을 사용한다
- 폼 제어에 보이지 않는 레이블을 부여하기 위해 `title` 속성 또는 `aria-label` 속성을 사용한다
- 폼 제어 그룹에 `fieldset` 요소 또는 `role="group"`을 사용한다
- 폼 제어 그룹과 레이블 및 설명을 연관 짓기 위해 `legend` 요소를 사용한다. 또는 `aria-labelledby` 속성, `aria-describedby` 속성을 사용한다
- 필수 입력 사항인 폼 제어에 `required` 속성이나 `aria-required` 속성을 부여한다

자동 확인

자동 확인 도구로 레이블과 연관되어 있지 않은 폼 제어를 검색할 수 있습니다.

- eslint-plugin-jsx-a11y / eslint-plugin-vuejs-accessibility
  - control-has-associated-label // 폼 제어에 레이블이 연관되어 있는지 확인한다
  - label-has-associated-control // 폼 제어와 연관되지 않은 `label` 요소가 없는지 확인한다

- axe
  - label // 폼 제어에 레이블이 연관되어 있는지 확인한다
  - label-title-only // 폼 제어에 볼 수 있는 레이블이 연관되어 있는지 확인한다(title 속성 등으로 볼 수 없는 레이블이 연관되어 있을 때는 오류)

자주 있는 사례를 개선하다

[사례 1 개선] 레이블이나 설명을 플레이스 홀더 바깥쪽에 배치한다

레이블을 플레이스 홀더에 포함하지 않고 폼 제어 바깥쪽에 배치하면 레이블의 내용을 외우지 않아도 되며 무엇을 입력해야 하는지 항상 확인할 수 있습니다. 또한 플레이스 홀더를 입력 완료 값으로 오해할 우려가 없어지며, 폼 제어를 클릭하기도 쉬워집니다. `label` 요소로 레이블과 폼 제어를 연관 지으면 레이블을 클릭해서 폼 제어로 포커싱할 수 있기 때문입니다.

설명 역시 플레이스 홀더에 포함하기보단 폼 제어 바깥쪽에 배치하면 좋습니다. 특히 긴 설명은 플레이스 홀더에 포함하지 않도록 합시다. 사용자가 값을 입력하려 할 때 플레이스 홀더가 보이지 않게 되므로 플레이스 홀더의 내용을 외워야 합니다. 플레이스 홀더에 긴 설명을 넣어도 사용자는 그 설명을 다 외우기 힘듭니다. 또한 중요한 설명도 플레이스 홀더에 포함하지 않도록 합니다. 일반적으로 플레이스 홀더는 연한 색을 사용하기에 상황에 따라서 전혀 인식하지 못할 수도 있습니다. 놓쳐서는 안 되는 중요한 설명은 플레이스 홀더에 포함시키지 않도록 하며, 설명을 포함시키고 싶다면 사용자가 설명을 놓치더라도 큰 문제가 없도록 짧은 힌트 정도로 그쳐야 합니다.

[사례 2 개선] 폼 제어·그룹 레이블과 설명을 이해하기 쉽게 배치한다

레이블과 설명은 폼 제어·그룹과 연관되어 있음을 쉽게 인식하도록 만듭니다. 기본적으로 레이블과 설명 모두 폼 제어·그룹 앞에 배치하면 좋습니다(**그림3-1-5**). 사용자가 페이지를 위에서 순서대로 읽으며 폼 제어·그룹에 도달하면 레이블과 설명이 화면에 들어옵니다. 사용자는 레이블과 설명을 모두 확인하고서 폼 제어·그룹을 조작할 수 있습니다. 또한 모바일 디바이스를 이용하는 사용자도 레이블과 설명을 확인하기 쉬워집니다. 폼 제어에 값을 입력할 때 소프트웨어 키보드가 레이블와 설명을 가리는 일이 없어지기 때문입니다.

레이블은 어느 폼 제어·그룹과 연관 있는지 쉽게 인식하도록 만듭시다. 특히 항목 수가 많은 라디오 버튼이나 체크 박스라면 항목을 세로로 나열해 라디오 버튼이나 체크 박스 레이블을 정렬하면 좋습니다(**그림 3-1-6**). 세로로 나열하기 어려워 가로로 나열할 경우에는 항목 사이에 충분한 여백을 둡시다. 사용자는 그룹 전체를 보지 않더라도 레이블이 어떤 라디오 버튼과 연관되어 있는지 이해할 수 있습니다.

그림 3-1-5 레이블과 설명을 폼 제어 앞에 배치한다

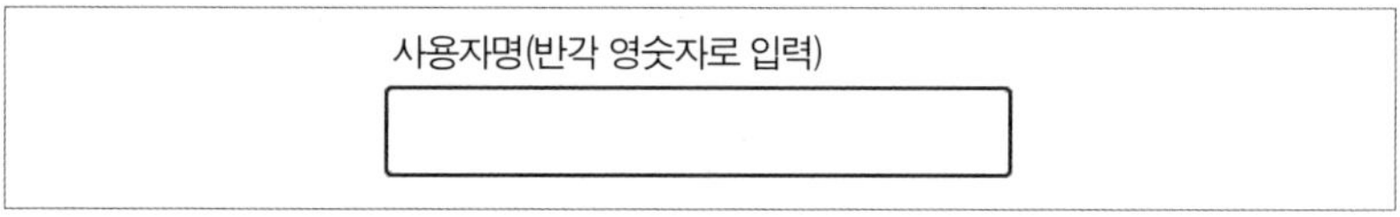

그림 3-1-6 체크 박스를 세로로 나열해 레이블을 정렬한다

3.1 레이블과 설명

[사례 3 개선 ❶] 폼 제어에 레이블과 설명을 연관 짓는다 - label 요소를 사용했을 때

label 요소를 사용해 폼 제어에 레이블과 설명을 함께 연관 짓습니다. 구체적으로는 label 요소에 레이블과 설명 양쪽을 포함합니다. 다음 HTML에는 '사용자명'이라는 레이블과 '(반각 영숫자로 입력)'이라는 설명이 모두 label 요소에 포함되어 있습니다.

> 개선 사례: label 요소를 사용해 폼 제어에 레이블과 설명을 연관 짓는다

```
<label for="username">사용자명<span>(반각 영숫자로 입력)</span></label>
<input type="text" id="username">
```

이 방법으로는 레이블과 설명이 폼 제어의 Name 속성에 해당하기에 폼 제어에 포커싱했을 때 스크린 리더는 레이블과 설명을 모두 읽습니다. 또한 레이블과 설명을 클릭함으로써 폼 제어에 포커싱할 수 있다는 장점도 있습니다.

[사례 3 개선 ❷] 폼 제어에 레이블과 설명을 연관 짓는다 - WAI-ARIA를 사용했을 때

WAI-ARIA를 통해서도 폼 제어에 레이블과 설명을 연관 지을 수 있습니다. 구체적으로는 다음 두 가지를 구현합니다.

- 레이블을 나타내는 요소에 ID를 할당한 후, 폼 제어에 aria-labelledby 속성을 부여하여 레이블의 ID를 설정한다
- 설명을 나타내는 요소에 ID를 할당한 후, 폼 제어에 aria-describedby 속성을 부여하여 설명의 ID를 설정한다

다음 HTML에는 '사용자명'이라는 레이블이 aria-labelledby 속성으로, '(반각 영숫자로 입력)'이라는 설명이 aria-describedby 속성으로 폼 제어에 연관되어 있습니다.

> **개선 사례: WAI-ARIA를 사용해 폼 제어에 레이블과 설명을 연관 짓는다**
>
> ```
> <span id="username-label">사용자명</span>
> <span id="username-description">(반각 영숫자로 입력)</span>
> <input type="text" aria-labelledby="username-label" aria-describedby="username-description">
> ```

이 경우 레이블이 폼 제어의 Name 속성에, 설명이 폼 제어의 Description 속성에 해당됩니다. 스크린 리더는 폼 제어에 포커싱했을 때 레이블과 설명을 모두 읽습니다. 하지만 레이블과 설명을 클릭해도 폼 제어에 포커싱되지는 않습니다.

label 요소를 사용할 수 없을 때만 WAI-ARIA를 사용해 구현하도록 합니다. 예를 들면 다양한 폼 제어의 레이블에 div 요소나 span 요소를 사용하고 있어 label 요소로 바꾸기에는 영향 범위가 너무 큰 상황일 때입니다. 또한 label 요소는 input 요소나 select 요소 등의 '레이블을 부여할 수 있는 요소'[3]에만 사용할 수 있습니다. div 요소나 span 요소 등을 포커싱이 가능하도록 구축한 커스텀 제어에는 label 요소를 사용해 레이블이나 설명을 연관 지을 수 없기에 WAI-ARIA를 사용해야 합니다.

[사례 3 개선❸] 폼 제어에 보이지 않는 레이블을 붙인다

시각 디자인에 따라서는 레이블이 없어도 폼 제어에 입력해야 할 값이 명확할 때가 있습니다. 예를 들어 검색 버튼 바로 앞에 있는 텍스트 제어 등으로, 인식 가능한 사용자는 레이블이 없어도 검색 키워드를 입력해야 한다는 것을 금방 알 수 있습니다. 이럴 때 레이블을 표시하면 오히려 장황한 디자인이 될 수 있습니다.

시각 디자인의 관점에서 보이는 레이블을 부여하기 어려울 때는 보이지 않는 레이블을 부여합니다. 스크린 리더 등 지원 기술을 이용하는 사용자는 보이지 않

---

3 https://html.spec.whatwg.org/multipage/forms.html#category-label

는 레이블을 읽음으로써 입력할 값을 이해할 수 있습니다. 구체적으로는 제2장 1절에서 설명한 `title` 속성이나 `aria-label` 속성 등을 이용합니다. 일반적으로 `title` 속성은 Description 속성으로 간주되는데, Name 속성이 없는 폼 제어에 부여하면 Name 속성으로 간주됩니다.

> **좋은 사례: `title` 속성을 사용해 보이지 않는 레이블을 부여한다**
>
> ```
> <input type="search" title="검색 키워드"><button>검색</button>
> ```
>
> **좋은 사례: `aria-label` 속성을 사용해 보이지 않는 레이블을 부여한다**
>
> ```
> <input type="search" aria-label="검색 키워드"><button>검색</button>
> ```

보이지 않는 레이블은 남용해서는 안 됩니다. 어디까지나 이 방법은 인식 가능한 사용자에게 레이블이 없어도 입력해야 할 내용이 명백하도록 시각 디자인 관점에서 보이는 레이블을 부여하기 어려울 때만 사용해야 합니다. 인식 가능한 사용자 입장에서 입력해야 할 값이 명확하지 않다면 보이는 레이블이 필요합니다. 또한 보이는 레이블을 부여할 수 있는 디자인으로 변경이 가능하다면 디자인을 변경해야 합니다. 보이지 않는 레이블을 '시각 디자인을 바꾸지 않아도 되는 면죄부'로 사용해서는 안 됩니다.

[사례 4 개선 ❶] 그룹에 레이블과 설명을 연관 짓는다
- fieldset 요소와 legend 요소를 사용했을 때

그룹에 레이블과 설명을 연관 짓기 위해서는 그룹 전체를 `fieldset` 요소로 둘러싸고, 그룹의 레이블과 설명을 `legend` 요소에 포함시킵니다.

> 개선 사례: fieldset 요소와 legend 요소를 사용해 라디오 버튼 그룹을 마크업한다

```
<filedset>
  <legend>상품 색(한 가지만 선택)</legend>
  <label><input type="radio" name="product-color">파랑</label>
  <label><input type="radio" name="product-color">초록</label>
  <label><input type="radio" name="product-color">노랑</label>
  <label><input type="radio" name="product-color">빨강</label>
</fieldset>
```

> 개선 사례: fieldset 요소와 legend 요소를 사용해 체크 박스 그룹을 마크업한다

```
<fieldset>
  <legend>흥미로운 주제(세 개까지 선택)</legend>
  <label><input type="checkbox" name="topic">정치</label>
  <label><input type="checkbox" name="topic">경제</label>
  <label><input type="checkbox" name="topic">국제</label>
  <label><input type="checkbox" name="topic">과학</label>
  <label><input type="checkbox" name="topic">스포츠</label>
</fieldset>
```

주의할 점으로 다음과 같이 legend 요소를 div 요소 등으로 둘러싸면 안 됩니다. 그룹 레이블이 스크린 리더에 인식되지 않게 됩니다. HTML Living Standard에서 legend 요소는 fieldset 요소의 첫 자식으로 사용해야 한다고 정해져 있습니다.[4]

> 좋지 않은 사례: legend 요소가 div 요소로 둘러싸여 있다

```
<fieldset>
  <div>
    <legend>상품 색(한 가지만 선택)</legend>
  </div>
  ...
</fieldset>
```

---

4 https://html.spec.whatwg.org/multipage/form-elements.html#the-legend-element

그룹을 적절히 마크업함으로써 스크린 리더는 그룹에 도달했을 때 그룹 레이블과 설명을 읽습니다. 스크린 리더에 따라서는 그룹을 다르게 읽습니다. NVDA는 그룹 밖에서 그룹 안의 라디오 버튼으로 포커싱했을 때 라디오 버튼의 레이블을 읽으며 동시에 그룹 레이블과 설명을 읽습니다. 그룹 내부를 이동할 때는 라디오 버튼의 레이블만을 읽습니다. macOS VoiceOver는 그룹 내부의 라디오 버튼으로 포커싱할 때마다 라디오 버튼 레이블과 그룹 레이블 및 설명을 읽습니다.

그룹은 마크업뿐 아니라 시각적으로도 그룹임을 알 수 있도록 표현해야 합니다. `fieldset` 요소를 이용하면 브라우저의 기본 스타일 시트는 그룹 전체를 틀로 둘러쌉니다. 가끔씩 틀로 둘러싸인 것이 싫어서 CSS로 틀을 지우는 사례가 있는데, 그룹임을 알기 힘든 스타일로 만들고자 할 땐 신중해야 합니다. 시각적으로 화면을 이해하는 사용자는 그룹 레이블과 폼 제어의 연관 여부를 이해하지 못할 수도 있습니다. 모든 사용자가 명확히 그룹임을 알 수 있는 스타일로 해야 합니다.

또한 폼 제어 집합을 무조건 그룹으로 만들 필요는 없으며, 표제나 리스트 등을 이용하면 충분하기도 합니다. 그룹을 사용할지 판단할 지표 중 하나로, 입력할 항목을 폼 제어 레이블만으로 특정할 수 있는지 생각해봅시다. 앞서 설명했듯 스크린 리더는 그룹에 도달했을 때 그룹 레이블을 읽습니다. 만약 폼 제어 레이블과 그룹 레이블을 반드시 동시에 인식해야 한다면 그룹으로 만들어야 합니다. 그렇지 않다면 반드시 그룹으로 만들지 않아도 됩니다. 또한 스크린 리더는 중첩된 그룹을 인식하지 못할 수 있습니다. 그룹이 중첩됐다면 하나만 그룹으로 만들어 중첩을 해소합시다.

[사례 4 개선❷] 그룹에 레이블과 설명을 연관 짓는다 - WAI-ARIA를 사용했을 때

구현상 제약으로 인해 `fieldset` 요소나 `legend` 요소를 사용하지 못할 때는 WAI-ARIA의 사용을 검토합시다. 다음 세 가지를 구현함으로써 그룹에 레이블과 설명을 연관 지을 수 있습니다.

- 그룹을 나타내는 요소에 role="group"를 부여한다. 라디오 버튼 그룹을 나타낼 때는 role="radiogroup"를 부여할 수도 있다
- 그룹 레이블을 나타내는 요소에 ID를 할당한다. role="group"을 부여한 요소에 aria-labelledby 속성을 부여해서 레이블 ID를 설정한다
- 그룹 설명을 나타내는 요소에 ID를 할당한다. role="group"를 부여한 요소에 aria-describedby 속성을 부여해서 설명 ID를 설정한다

개선 사례: WAI-ARIA를 사용해 라디오 버튼 그룹을 마크업한다

```
<div id="radiogroup-label">상품 색</div>
<div id="radiogroup-description">한 가지만 선택</div>
<div role="radiogroup" aria-labelledby="radiogroup-label" aria-describedby="radiogroup-description">
  <label><input type="radio" name="product-color">파랑</label>
  <label><input type="radio" name="product-color">초록</label>
  <label><input type="radio" name="product-color">노랑</label>
  <label><input type="radio" name="product-color">빨강</label>
</div>
```

개선 사례: WAI-ARIA를 사용해 체크 박스 그룹을 마크업한다

```
<div id="group-label">흥미로운 주제</div>
<div id="group-description">세 개까지 선택</div>
<div role="group" aria-labelledby="group-label" aria-describedby="group-description">
  <label><input type="checkbox" name="topic">정치</label>
  <label><input type="checkbox" name="topic">경제</label>
  <label><input type="checkbox" name="topic">국제</label>
  <label><input type="checkbox" name="topic">과학</label>
  <label><input type="checkbox" name="topic">스포츠</label>
</div>
```

role 속성을 사용함으로써 그룹임을 나타낼 수 있습니다. role="group"을 부여하면 요소가 '그룹'임을 나타낼 수 있습니다. role="group"을 사용했을 때와 fieldset 요소를 사용했을 때 지원 기술에 전달되는 의미는 같습니다. 이는 fieldset 요소의 네이티브 시맨틱스(암묵적인 의미)가 group 역할이기 때문입

니다. 또한 role="radiogroup"을 부여하면 요소가 '라디오 버튼 그룹'임을 나타낼 수 있습니다. role="group"에 비해 그룹의 종류를 더 자세하게 전달할 수 있습니다.

그룹의 레이블이나 설명도 WAI-ARIA를 이용해서 표현할 수 있습니다. 그룹을 나타내는 요소와 그룹의 레이블을 나타내는 요소를 aria-labelledby 속성으로 연관 지으면 그룹 레이블을 지원 기술에 전달합니다. aria-labelldby 속성은 legend 요소를 사용했을 때와 같은 의미를 지원 기술에 전달합니다. 또한 그룹을 나타내는 요소와 그룹 설명을 나타내는 요소를 aria-describedby 속성으로 연관 지으면 그룹 설명을 지원 기술에 전달합니다.

그렇지만 WAI-ARIA를 사용한 방법은 fieldset 요소나 legend 요소를 사용할 수 없을 때만 사용합시다. 일부 스크린 리더는 WAI-ARIA를 사용한 방법을 지원하지 않기 때문입니다.

[사례 5 개선] 필수 입력 여부를 텍스트로 설명한다

필수 입력은 '*'과 같은 기호로 표현하기보단 '(필수)'와 같은 텍스트로 설명하면 좋습니다(**그림 3-1-7**). '*'의 의미를 이해하지 못하는 사용자도 필수 입력 여부를 알 수 있습니다. '*'를 '(필수)'로 바꾸지 못할 경우라면 폼 서두에 '*'이 붙은 항목은 필수 입력입니다'와 같은 문장을 적읍시다(**그림 3-1-8**).

또한 필수로 입력해야 하는 폼 제어에는 required 속성을 붙입시다. required 속성을 사용하면 필수 입력임을 브라우저나 지원 기술에 전달할 수 있습니다. 스크린 리더는 required 속성을 부여하면 '필수'임을 읽습니다.

'(필수)'나 '*'은 폼 제어나 그룹 레이블에 포함시킵니다. 폼 제어에 포커스하면 스크린 리더는 레이블과 함께 '(필수)'나 '*'을 읽습니다. required 속성이 있으니 레이블에 포함시킬 필요가 없다고 생각할 수도 있습니다. 하지만 머신 리더블한 방법으로 필수 입력 여부를 표현해도 이를 읽지 않는 스크린 리더도 있습니다.[5] 필수 입력 여부를 레이블과 속성으로 나타냄으로써 보다 다양한 환경에서 필수 입력 여부를 이해하기 쉬워집니다.

그림 3-1-7   필수 입력을 나타내기 위해 '(필수)'라 표기했다

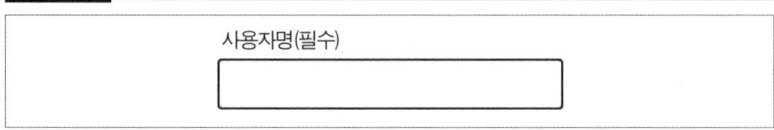

그림 3-1-8   폼 서두에 '＊'이 필수 입력임을 나타냈다

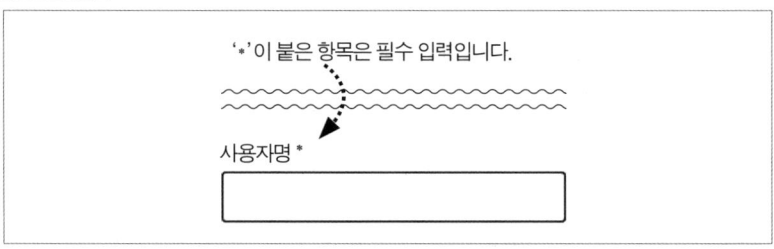

> **좋은 사례: 필수 입력인 폼 제어(레이블에 '(필수)'를 포함했을 때)**
>
> ```
> <div>
>   <label>
>     <span>사용자명(필수)</span>
>     <input type="text" required>
>   </label>
> </div>
> ```
>
> **좋은 사례: 필수 입력인 폼 제어(폼의 서두에 필수임을 나타냈을 때)**
>
> ```
> <div>
>   <strong>'＊'이 붙은 항목은 필수 입력입니다.</strong>
> ```

---

5 집필 시점(2022년 12월)에서는 TalkBack + 크롬과 PC-Talker Neo + NetReader Neo는 `required` 속성이나 `aria-required` 속성을 붙여도 필수 여부를 읽지 않습니다.

```
...
  <label>
    <span>사용자명*</span>
    <input type="text" required>
  </label>
</div>
```

또한 required 속성은 스크린 리더가 '필수'라 읽는 것 이외에 입력값을 검증할 수 있다는 장점도 있습니다. 제3장 3절을 참조하세요.

HTML 표준 폼 제어가 아닌 커스텀 제어를 만들었을 경우 required 속성은 사용하지 못하며 aria-required 속성만을 사용할 수 있습니다. 스크린 리더는 필수 여부를 읽지만 실제로 입력값을 검증하지는 않기에 별도로 입력치를 검증하도록 구현해야 합니다. aria-required 속성은 required 속성을 사용할 수 없을 때만 사용합시다.

> **좋은 사례: 필수 입력 사항인 커스텀 제어**
>
> ```
> <span id="textbox-label">리치 텍스트 편집기</span>
> <div role="textbox" contenteditable tabindex="0" aria-labelledby="textbox-label" aria-required="true"
> ```

3.2
입력 지원

이 절에서는 사용자의 입력을 지원해 입력 시간을 단축하는 방법을 설명합니다. 입력은 사용자에게 부담을 주는 조작입니다. 사용자의 부담을 최소한으로 덜기 위해서는 다양한 입력을 지원해야 합니다.

이 절에서는 입력 지원으로 크게 세 가지 방법을 다룹니다. 첫 번째는 애초에 입력을 요구하지 않는 것입니다. 필요성이 낮은 폼 제어를 줄여서 사용자의 입력 부담을 줄입니다. 두 번째는 입력을 자동 완성되도록 하는 것입니다. 사용자가 과거에 입력한 값을 재이용함으로써 사용자가 값을 손수 입력할 수고를 줄입니다. 세 번째는 입력하기 쉬운 폼 제어를 만드는 것입니다. 입력 형식이나 소프트웨어 키보드 등을 최적화함으로써 사용자가 정확한 값을 재빨리 입력할 수 있도록 합니다.

자주 있는 사례에서 문제 알아보기

[사례 1] 필요 이상으로 입력을 요구한다

사용자에게 필요 이상으로 입력을 요구할 때가 있습니다. 예를 들면 한 가지 폼에 너무 많은 폼 제어가 있거나, 필수 입력 사항인 폼 제어가 너무 많은 상황 등입니다. 이 폼 제어들 중에는 시스템상 중요하지 않거나 당장 입력이 필요하지 않은 항목이 포함돼 있기도 합니다. 입력이 필요한 폼 제어 수가 많으면 폼을 전송할 때까지 드는 사용자의 수고가 커집니다. 특히 지체 장애인이나 손가락을 다친 사용자 등 입력에 시간이 걸리는 사용자에게는 심각한 문제입니다.

[사례 2] 하나의 입력값을 나타내는 폼 제어가 분할되어 있다

하나의 입력값을 나타내는 폼 제어가 분할된 경우가 있습니다. 예를 들면 다음과 같습니다.

- 이름이 '성'과 '이름'의 두 가지 폼 제어로 나뉘어 있다
- 메일 주소가 '@' 앞뒤에 있는 두 가지 폼 제어로 구분되어 있다
- 전화번호가 지역번호, 내선번호 등의 폼 제어로 분리되어 있다
- 신용카드 번호가 하이픈으로 구분된 네 개의 폼 제어로 나누어져 있다

폼 제어가 분리되어 있으면 예를 들어 브라우저 자동 완성이 어려워지는 등의 문제로 사용자가 입력하는 데 지장이 생길 수 있습니다. 특히 메일 주소나 신용카드 번호를 분할하면 대응되는 autocomplete 속성값이 없으므로 자동 완성이 어려워집니다. 사용자가 직접 값을 입력할 때도 복사 및 붙여넣기로 한 번에 입력할 수 없게 됩니다. 게다가 애당초 입력값이 폼 제어에 적합하지 않기도 합니다. 예를 들어 이름에 중간 이름(middle name)이 포함되어 있다면 성과 이름의 두 가지 폼 제어 중 어디에 중간 이름을 입력해야 할지 알 수 없습니다.

[사례 3] 브라우저의 자동 완성을 사용할 수 없다

대부분의 브라우저는 사용자가 과거에 입력한 사용자 정보를 자동 완성합니다. 사용자 정보에는 이름, 소속, 주소, 전화번호, 메일 주소, 신용카드 번호, 생년월일 등이 포함됩니다. 입력하려는 입력란뿐 아닌 주변 입력란도 대체로 같이 자동 완성됩니다.

HTML에 따라서는 기존엔 사용 가능한 브라우저의 자동 완성을 사용할 수 없을 때가 있습니다. 구체적으로는 autocomplete 속성을 사용하지 않았을 경우입니다. 예를 들면 신용카드 정보를 입력하는 다음 폼에는 autocomplete 속성을 사

용하지 않아 브라우저에 자동 완성을 요청하는 지정이 없습니다.

> **좋지 않은 사례: 자동 완성이 기능하지 않는 폼**
> ```
> <form>
>   <label>신용카드 명의자:
>     <input type="text" name="credit-name">
>   </label>
>   <label>신용카드 번호:
>     <input type="text" name="credit-number">
>   </label>
>   <button>전송</button>
> </form>
> ```

입력값이 자동 완성되지 않으면 사용자에게 입력하는 부담을 줍니다. 우선 사용자는 입력값을 생각해내야 하며, 특히 기억 장애가 있는 사용자가 복잡한 값을 기억하거나 생각해내기란 쉽지 않은 일입니다. 또한 입력값이 생각나지 않으면 수동으로 입력해야 합니다. 입력에 시간이 걸림은 물론이고 실수가 발생할 가능성도 높아집니다. 특히 지체 장애인에게 수동 입력은 큰 부담입니다. 장애인을 포함해 모든 사용자가 값을 쉽게 입력할 수 있도록 입력을 지원해야 합니다.

[사례 4] 입력값 종류에 적절한 입력 형식이 선택되지 않았다

그림 3-2-1에 나타냈듯 폼 제어에는 입력값 종류에 따라 다양한 입력 형식을 설정하거나 입력 형식에 따른 UI를 표시할 수 있습니다.

입력값 종류에 입력 형식이 적절히 선택되지 않은 경우가 있습니다. 다음에는 수치 및 일자 입력란에 입력 형식으로 type="text"가 지정되어 있습니다.

> **좋지 않은 사례: 수치 입력란에 type="text"가 지정되어 있다**
> ```
> <label>상품 개수:
> ```

```
    <input type="text">
</label>
```

좋지 않은 사례: 일자 입력란에 type="text"가 지정되어 있다

```
<label>상품 도착일:
    <input type="text">
</label>
```

입력값 종류에 적절한 입력 형식이 선택되어 있지 않으면 입력 실수가 일어나기 쉽습니다. 원래 허용되지 않는 종류의 입력값이 입력될 수 있기 때문입니다. 이 사례에서는 상품 개수에 수치 이외의 값이나, 상품 도착일에 일자 형식을 따르지 않은 값을 입력할 수 있게 됩니다. 많은 사용자가 정확한 값을 입력할 수 있도록 적절한 입력 형식을 선택해야 합니다.

그림 3-2-1   입력 형식에 따라 표시된 UI

텍스트·수치·라디오 버튼·체크 박스·일자·시각·색 선택 등 다양한 UI가 표시된다

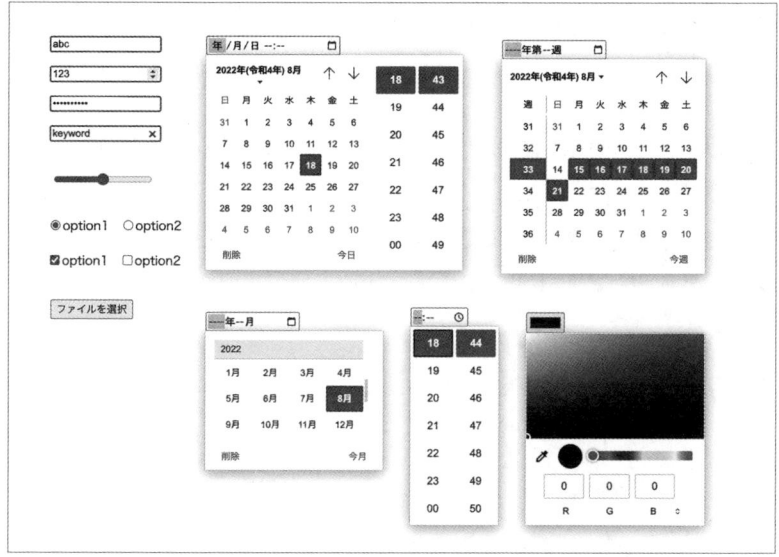

[사례 5] 선택지가 있는 입력란에 적절한 폼 제어가 선택되지 않았다

한정된 입력값 중 하나를 선택해야 하는데도 불구하고 자유 입력 형식의 폼 제어가 사용된 경우도 있습니다. 다음은 '상품 색' 입력란에 폼 제어로 텍스트 제어가 사용된 사례로, 값을 입력해도 선택지 등이 표시되지 않아 사용자는 설명에 쓰인 값을 수동으로 입력해야 합니다.

> **좋지 않은 사례: 선택지가 있는 입력값에 텍스트 제어가 사용됐다**
>
> ```
> <label>
>     상품 색(파랑·초록·노랑·빨강 중 한 가지를 선택해주세요)
>     <input type="text">
> </label>
> ```

선택식이 아닌 폼 제어를 사용하면 입력 실수가 발생하기 쉬워집니다. 예정된 선택지에 없는 값을 입력할 수 있기 때문입니다. 이 사례에서는 설명에 있는 네 가지 색 이외에도 임의의 텍스트를 입력할 수 있어 입력 실수가 발생할 가능성이 있습니다.

또한 선택식이 아닌 폼 제어를 사용하면 입력값을 모두 수동으로 입력해야 하기에 입력하는 데 드는 수고도 커집니다. 특히 시선이나 머리를 움직여 조작하는 운동 장애인에게 수동 입력은 큰 부담입니다. 장애인을 포함해 많은 사용자가 정확한 선택지를 쉽게 고를 수 있도록 적절한 폼 제어를 선택해야 합니다.

체크 포인트

수동 확인(설계 시)

- 입력 항목 개수를 최소한으로 한다
- 폼 제어를 하나로 합친다(이름, 메일 주소, 전화번호, 신용카드 번호 등)
- 애플리케이션의 자동 완성 기능을 검토한다(주소 등)
- 입력값 종류에 적절한 입력 형식을 선택한다
- 선택지가 있는 입력값에 적절한 폼 제어를 선택한다

수동 확인(구현 시)

- 입력을 자동 완성할 곳에 autocomplete 속성을 부여한다
- 적절한 type 속성을 선택한다
- inputmode 속성과 pattern 속성 등을 이용해서 입력 형식을 최적화한다

자동 확인

입력값이 자동 완성되도록 브라우저에 요청하는 속성으로 autocomplete 속성이 있습니다. HTML 사양에 정의된 값이 autocomplete 속성으로 사용됐는지를 확인할 수 있습니다.

- eslint-plugin-jsx-a11y / eslint-plugin-vuejs-accessibility
  - autocomplete-valid // autocomplete 속성으로 사용 가능한 값이 사용됐는지 확인한다
- axe
  - autocomplete-valid // autocomplete 속성으로 사용 가능한 값이 사용됐는지 확인한다

자주 있는 사례를 개선하다

[사례 1 개선] 입력 항목 개수를 최소화한다

입력을 지원할 때는 애당초 입력 항목이 필요한지 생각해보고, 입력 항목 개수는 최소한으로 줄입시다. 요건을 정리하여 불필요하다고 생각한 항목은 줄여야 합니다. 항목 자체를 삭제할 수 없더라도 필수 입력을 임의 입력으로 바꿀 수는 없는지 검토합시다. 반드시 입력해야 하는 항목을 줄임으로써 사용자의 부담을 줄일 수 있습니다. 특히 입력에 시간이 걸리는 사용자에게는 큰 도움이 될 것입니다.

[사례 2 개선] 하나의 입력값을 나타내는 폼 제어를 합친다

하나의 입력값을 나타내는 폼 제어는 하나로 합치면 좋습니다. 이름, 메일 주소, 전화번호, 신용카드 번호 등은 되도록 분할하지 않고 하나의 폼 제어로 만들면 좋습니다. 각 폼 제어에 autocomplete 속성을 사용해 autocomplete ="name", autocomplete="email", autocomplete="tel", autocomplete="cc-number" 등을 부여하면 브라우저로 자동 완성을 하기 쉬워지며, 복사와 붙여넣기를 이용해 값을 한 번에 입력할 수도 있습니다. 또한 중간 이름을 포함한 이름 등 다양한 입력값에 대응할 수 있습니다.

[사례 3 개선] 자동 완성되도록 마크업한다

브라우저에 저장된 사용자 정보를 자동 완성되도록 하기 위해서는 autocomplete 속성을 사용합니다. autocomplete 속성으로 설정할 수 있는 값은 HTML Living Standard[6]에서 확인할 수 있습니다.

---

6 https://html.spec.whatwg.org/multipage/form-control-infrastructure.html#autofilling-form-controls:-the-autocomplete-attribute

또한 autocomplete 속성을 부여해도 자동 완성이 기능하지 않을 때가 있습니다. 많은 브라우저에서는 자동 완성을 활성화하기 위해서 폼 제어를 form 요소로 둘러싸야 합니다. 또한 autocomplete 속성과 함께 name 속성에도 적절한 값을 설정해야 합니다. 브라우저에 따라서는 자동 완성에 name 속성이 필요할 때가 있기 때문입니다.

다음 폼에서는 자동 완성을 활성화했습니다. 신용카드 명의자 폼 제어에는 autocomplete="cc-name"을, 신용카드 번호 폼 제어에는 autocomplete="cc-number"를 지정했습니다. 또한 name 속성도 함께 지정했으며 폼 전체를 form 요소로 둘러쌌습니다.

> **개선 사례: 자동 완성이 기능하는 폼**
>
> ```
> <form>
>   <label>신용카드 명의자:
>     <input type="text" name="ccname" autocomplete="cc-name">
>   </label>
>   <label>신용카드 번호:
>     <input type="text" name="cardnumber" autocomplete="cc-number">
>   </label>
>   <button>전송</button>
> </form>
> ```

입력값 종류에 따라서는 브라우저의 자동 완성과 애플리케이션 자동 완성을 함께 구현하는 것이 좋습니다.

예를 들면 '주소'는 브라우저의 자동 완성과 함께 애플리케이션의 자동 완성도 활용하면 좋습니다. 애플리케이션이 우편 번호로부터 주소를 자동 완성해줌으로써 보다 많은 사용자가 효율적으로 실수 없이 값을 입력할 수 있게 됩니다.

[사례 4 개선❶] 입력값 종류에 따라 입력 형식을 지정한다

폼 제어에는 입력값 종류에 따라 적절한 입력 형식을 지정합니다. 예를 들어 날짜라면 date, 시각이면 time, 범위 입력이면 range, 색이면 color 등을 지정할 수 있습니다. 한 줄인 입력란에도 text 외에 email, number, search, tel, url 등을 지정할 수 있습니다. 지정 가능한 입력 형식 중 일부는 **표 3-2-1**과 같습니다. 보다 자세한 입력 형식은 HTML Living Standard[7]에서 확인할 수 있습니다.

상품의 개수와 같은 '수치'를 입력받는 입력란에는 입력 형식으로 number를 할당하면 좋습니다. 또한 상품 도착일처럼 '일자'를 입력받는 입력란에는 입력 형식으로 date를 할당하면 좋습니다.

> **개선 사례: 수치 입력란에 type="number"가 지정되어 있다**

```
<label>상품 개수:
  <input type="number">
</label>
```

> **개선 사례: 일자 입력란에 type="date"가 지정되어 있다**

```
<label>상품 도착일:
  <input type="date">
</label>
```

표 3-2-1 　 주요 type 속성값과 대응되는 입력값

type 속성	입력값
text	한 줄인 텍스트
email	메일 주소
number	수치
search	검색 문자열
tel	전화번호
url	URL

7　https://html.spec.whatwg.org/multipage/input.html#states-of-the-type-attribute

입력 형식을 적절히 선택함으로써 사용자의 입력을 지원하는 다양한 장점이 있습니다.

- 폼 제어가 보다 입력하기 쉬운 UI로 변화한다
  - number라면 일정 간격마다 값을 증감시킬 수 있는 버튼이 표시된다
  - date라면 연·월·일마다 입력란이 분할된다. 또한 표시되는 달력에서 값을 선택할 수 있다
- 키보드를 통한 조작을 지원한다
  - number라면 키보드의 상하 방향 키를 누름으로써 값을 증감시킬 수 있다
  - date라면 연·월·일마다 상하 방향 키로 값을 증감시킬 수 있다. 또한 달력도 키보드 이동이 가능해 방향 키로 조작할 수 있다
- 지원 기술을 통한 조작을 지원한다
  - number라면 스크린 리더가 '스핀 버튼' 등으로 읽어주므로 값을 증감할 수 있다는 내용을 전달하기 쉬워진다
  - date라면 연·월·일마다 스크린 리더가 '스핀 버튼' 등으로 읽어준다
- 모바일 디바이스로 조작했을 때 적절한 소프트웨어 키보드가 선택된다
  - number라면 수치 입력용 소프트웨어 키보드가 선택된다

또한 입력 형식에 따라서는 브라우저나 지원 기술이 지원하지 않는 경우도 있으므로 어디까지 지원되는지 확인합시다. 지정한 입력 형식을 브라우저가 지원하지 않으면 브라우저는 입력 형식을 text로 변경합니다.

[사례 4 개선❷] 소프트웨어 키보드의 종류를 지정한다
- inputmode 속성과 pattern 속성

입력 형식에 따른 소프트웨어 키보드 최적화는 큰 장점이지만 그 이유만으로 입력 형식을 선택해서는 안 됩니다. 입력 형식은 어디까지나 입력값 종류에 따라서 선택해야 합니다.

예를 들면 입력 형식 number나 tel을 사용하면 숫자를 입력하기 쉬운 소프트웨어 키보드가 표시되는데, 그렇다고 숫자를 입력하는 곳에 항상 number나 tel을 사용하는 건 올바르지 않습니다. 우편번호나 신용카드 번호 입력란에는 number나 tel을 사용해서는 안 됩니다.

입력 형식 number나 tel이 받아들이는 입력값은 단순한 숫자의 나열이 아닙니다. number는 증감하는 데 의미가 있는 수치를 위한 입력 형식입니다. 입력란의 스핀 버튼이나 키보드의 상하 방향 키를 잘못 누르면 입력값이 변화합니다. 또한 큰 수치를 입력했을 때 수치가 축약되어 지수로 표시되기도 합니다. 입력 형식 tel은 전화번호를 입력하기 위한 입력 형식입니다. 일부 브라우저에서는 사용자가 과거에 입력한 전화번호를 입력 후보로 추천하여 사용자에게 혼동을 줍니다.

입력 형식을 변경하지 않고 소프트웨어 키보드를 최적화하고 싶다면 inputmode 속성을 사용합시다. inputmode 속성은 모바일 디바이스의 소프트웨어 키보드 등 입력 구조를 선택하기 위한 속성입니다. 신용카드 번호나 우편번호 등 숫자의 나열을 입력하는 입력란은 inputmode="numeric"을 지정합니다. inputmode 속성값에 따른 소프트웨어 키보드 최적화 여부는 **표 3-2-2**와 같습니다. 또한 아이폰에서 소프트웨어 키보드를 표시한 결과를 **그림 3-2-2**에 나타냈습니다.

표 3-2-2 　　주요 inputmode 속성값과 소프트웨어 키보드

inputmode 속성	소프트웨어 키보드	상세 내용
decimal	실수를 입력하는 키보드	구분 문자(. 또는 , 등)를 표시한다. 단말에 따라서는 -도 표시한다.
email	메일 주소를 입력하는 키보드	@, . 등을 표시한다.
numeric	숫자를 입력하는 키보드	0부터 9까지를 표시한다. 단말에 따라서는 -도 표시한다.
search	검색 문자열을 입력하는 키보드	확정 키의 레이블 등이 검색에 최적화된다. 예를 들면 iOS에서는 'return'이 'go'로 변화한다.
tel	전화번호를 입력하는 키보드	0부터 9까지를 표시한다. *, # 등도 표시한다.
url	URL을 입력하는 키보드	/, . 을 표시하거나 도메인 문자열(.kr)을 간단히 입력하는 버튼을 표시하기도 한다

inputmode 속성을 지원하지 않는 낡은 브라우저에서는 pattern 속성값에 따라 소프트웨어 키보드를 최적화하기도 합니다. pattern 속성은 올바른 입력값 패턴(정규 표현)을 지정하는 속성입니다. 예를 들어 pattern="[0-9]*"를 지정하면 입력값으로 수치만을 허용합니다. 브라우저에 따라서는 수치 입력용 소프트웨어 키보드를 표시합니다. 따라서 inputmode 속성과 함께 pattern 속성을 지정하면 좋습니다.

> **좋은 사례: 소프트웨어 키보드를 최적화하기 위해 inputmode 속성과 pattern 속성을 지정했다**
>
> ```
> <label>
>   신용카드 번호: <input type="text" inputmode="numeric" pattern="[0-9]*">
> </label>
> ```

또한 type 속성에 따라 표시되는 소프트웨어 키보드의 종류가 적절하다면 굳이 inputmode 속성을 지정할 필요는 없습니다. 예를 들면 type="tel"에 의해 전화번호를 입력하는 키보드가 표시됐다면 inputmode="tel"을 따로 추가하지 않아

그림 3-2-2 아이폰에서 소프트웨어 키보드를 표시한 결과

inputmode 속성값에 따라서 소프트웨어 키보드가 변화한다

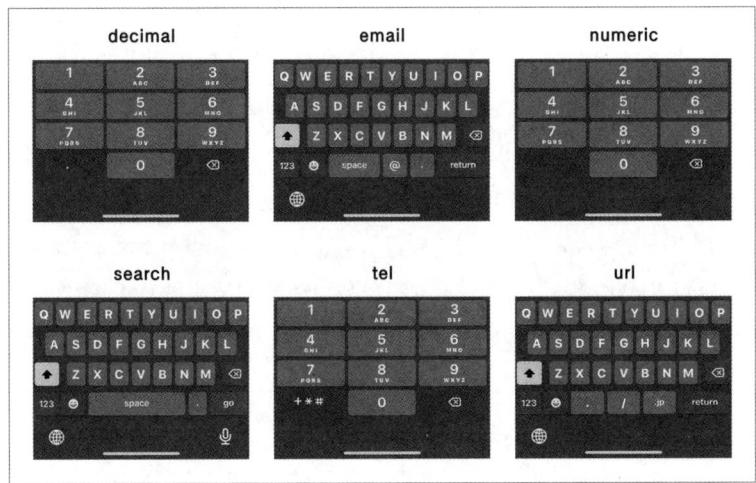

도 됩니다. inputmode 속성은 type 속성을 변경하지 않고 소프트웨어 키보드를 최적화하고자 할 때 이용합니다.

[사례 4 개선❸] 인터페이스의 입력을 제한한다
- max 속성·min 속성·step 속성·maxlength 속성

몇 가지 입력 형식에는 인터페이스의 입력을 제한하는 속성이 지원됩니다. 인터페이스의 입력을 제한하는 속성으로는 max 속성, min 속성, step 속성, maxlength 속성이 있습니다.

max 속성, min 속성, step 속성을 부여하면 인터페이스에서는 지정된 범위로만 입력할 수 있게 됩니다. `<input type="number">`라면 스핀 버튼을 눌러서 수치를 변경할 때 지정된 범위로만 변경이 가능합니다. `<input type="date">`라면 달력에서 일자를 선택할 때 지정된 범위의 일자만 고를 수 있게 됩니다.[8] 때문에 사용자가 올바른 값을 입력하기 쉬워집니다. 하지만 모두 키보드로 범위 외의 값을 직접 입력하는 것까지 제한하지는 않습니다.

maxlength 속성을 부여하면 키보드로 값을 입력하는 경우라도 최대 길이까지만 입력할 수 있게 됩니다. 그렇기에 사용자가 입력한 문자열은 최대 길이를 넘지 않습니다.[9] 이 방식은 편리하게 보이지만 뒤의 문자열이 잘렸음을 사용자는 눈치채지 못할 우려가 있습니다. 예를 들면 긴 문자열이나 암호 등을 복사 및 붙여 넣기했을 때입니다. 대부분의 경우 사용자는 복사한 값이 그대로 붙여넣기되기를 기대하는데 실제로는 뒤쪽 문자열이 잘리게 됩니다. 따라서 maxlength 속성을 사용하기보단 최대 길이 이상의 문자를 입력할 수 있도록 하고서, pattern 속성 등으로 입력값에 제약을 두는 것이 좋습니다. 입력값의 제약은 제3장 3절을

---

[8] 일부 브라우저에서는 max 속성, min 속성, step 속성을 지정해도 인터페이스가 변하지 않는 경우가 있습니다. 지원 여부를 확인하세요.
[9] 초기값이 최대 길이를 넘었거나 자바스크립트로 값을 변경한 경우는 제외합니다.

참조하세요.

> **좋은 사례: pattern 속성을 사용해 입력값의 최대 길이를 세 문자로 정한 사례**
>
> `<input type="text" pattern=".{0,3}">`

[사례 5 개선❶] 선택식 폼 제어를 검토한다 - 라디오 버튼·체크 박스

선택식 폼 제어면서 선택 항목이 비교적 적은 경우 '라디오 버튼'이나 '체크 박스'를 검토합시다. 라디오 버튼은 단일 선택, 체크 박스는 복수 선택인 폼 제어입니다. 라디오 버튼이나 체크 박스는 항목이 한 번에 표시되어 사용자가 한눈에 볼 수 있습니다. '상품 색' 사례에서는 선택지가 네 개뿐이므로 라디오 버튼을 이용하는 것이 적합합니다.

제3장 1절에서 설명했듯 표준 HTML을 이용함으로써 접근성이 높은 라디오 버튼이나 체크 박스를 구현할 수 있습니다. 키보드 조작이나 스크린 리더의 음성 변환도 지원됩니다. 라디오 버튼은 방향 키로, 체크 박스는 `Tab` 키로 선택 항목을 이동할 수 있습니다. 또한 스크린 리더는 항목으로 이동했을 때 항목이 선택됐는지 여부를 읽어줍니다.

[사례 5 개선❷] 선택식 폼 제어를 검토한다 - 셀렉트 박스·리스트 박스

선택식 폼 제어면서 선택 항목이 비교적 많다면 '셀렉트 박스(**그림 3-2-3**)'나 '리스트 박스(**그림 3-2-4**)'를 검토합시다. 셀렉트 박스는 단일 선택을, 리스트 박스는 복수 선택을 위해 이용하는 폼 제어입니다. 셀렉트 박스나 리스트 박스는 한 번에 일정 수만 표시하여 화면을 압박하지 않습니다.

표준 HTML로 접근성이 높은 셀렉트 박스나 리스트 박스를 구현할 수 있습니다. 셀렉트 박스는 select 요소와 option 요소를 사용해 구현할 수 있습니다.

optgroup 요소를 사용해 선택 항목을 그룹화할 수도 있습니다. 키보드 조작으로는 Space 키에 의한 메뉴 여닫기, 상하 방향 키에 의한 항목 이동, Home 키와 End 키에 의한 맨 처음 및 맨 끝으로 이동 등이 지원됩니다. 리스트 박스도 multiple 속성을 부여한 select 요소와 option 요소를 사용해 구현할 수 있습니다. 키보드 조작도 지원되지만 복수 항목을 선택하기 위해서는 Space 키나 Ctrl 키(Mac에서는 Command 키)와 상하 방향 키를 함께 눌러야 합니다.

다음은 셀렉트 박스를 사용해 지역을 선택하는 폼 제어를 구현한 사례입니다.

```
좋은 사례: 지역을 선택하는 셀렉트 박스
<label>지역:
  <select>
    <option value="" selected>(미선택)</option>
    <option value="서울특별시">서울특별시</option>
    <option value="경기도">경기도</option>
    <option value="대전광역시">대전광역시</option>
    ...
  </select>
</label>
```

그림 3-2-3 셀렉트 박스

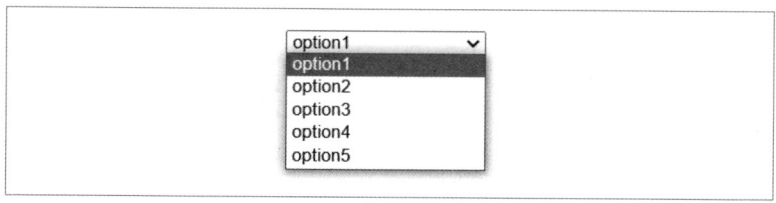

그림 3-2-4 리스트 박스

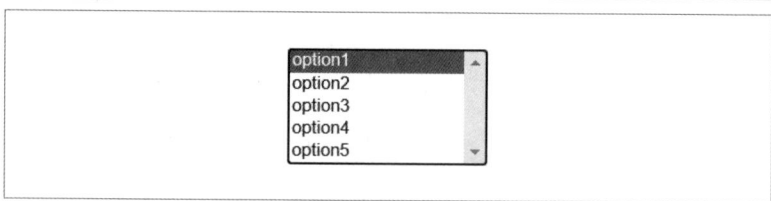

[사례 5 개선❸] 선택식 폼 제어를 검토한다 - 콤보 박스

선택식 폼 제어면서 선택 항목이 현저히 많은 경우 '콤보 박스(**그림 3-2-5**)' 도입도 검토합시다. 사용자가 폼 제어에 값을 입력하고자 할 때 복수의 입력 후보가 추천됩니다.

표준 HTML을 이용함으로써 콤보 박스를 구현할 수 있습니다. 입력 후보는 datalist 요소와 option 요소를 사용해 표현할 수 있습니다. datalist 요소에 id를 할당해 input 요소의 list 속성에 값을 설정함으로써 datalist 요소와 input 요소를 연관 지을 수 있습니다. 키보드의 상하 방향 키로 입력 후보를 선택할 수 있습니다.

표준 HTML을 이용한 콤보 박스 구현은 간편하지만 집필 시점(2022년 12월)에서는 지원 기술의 지원이 충분하지 않습니다. 예를 들면 iOS 사파리 + VoiceOver 환경에서는 소프트웨어 키보드에 입력 후보가 표시되지만 입력 후보 메뉴를 펼칠 방법이 없습니다. 지원 기술의 도움을 받기 위해서는 HTML 표준 요소가 아닌 커스텀 제어로 콤보 박스를 구현해야 합니다.

그림 3-2-5   콤보 박스

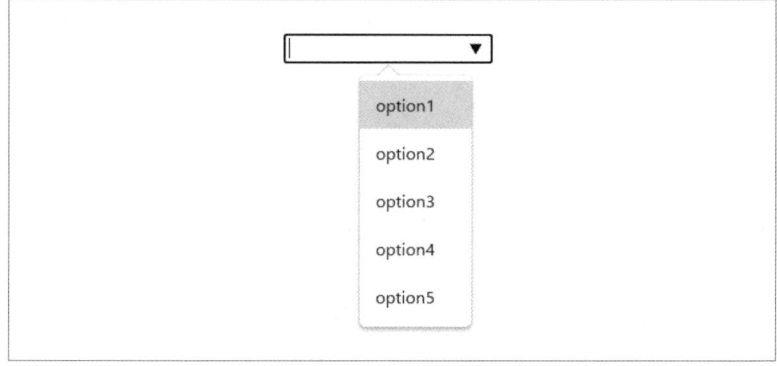

또한 사양상 datalist 요소는 type="text"뿐 아닌 type="range"나 type="color" 등 다양한 입력 형식에 이용할 수 있습니다. 크롬이나 사파리에서는 type="range"에 눈금이 표시됩니다. type="color"에는 후보가 될 색의 목록이 표시됩니다. 하지만 현재는 브라우저의 지원이 충분하지 않으므로 도입을 신중하게 검토해야 합니다.

다음은 콤보 박스를 사용해 지역을 선택하는 폼 제어를 구현한 사례입니다.

> **좋은 사례: 지역을 선택하는 콤보 박스**
>
> ```
> <label>지역:
>   <input type="text" list="prefecture-list">
> </label>
> <datalist id="prefecture-list">
>   <option value="서울특별시">서울특별시</option>
>   <option value="경기도">경기도</option>
>   <option value="대전광역시">대전광역시</option>
>   …
> </datalist>
> ```

3.3
제약의 검증과 오류

이 절에서는 사용자가 입력한 내용이 규약을 따랐는지 검증하고, 제약을 따르지 않았을 때 오류를 알리는 방법을 설명합니다.

오류는 다양한 사용자를 예상해서 접근할 수 있게 해야 합니다. 첫 번째로는 사용자에게 오류가 발생했음을 알리고 오류 발생 위치로 정확하게 도달할 수 있게 해야 합니다. 두 번째로는 오류 발생 위치와 오류 메시지의 관계를 알기 쉽게 해야 합니다. 세 번째로는 사용자가 오류 수정 방법을 이해하기 쉽도록 오류 메시지를 작성해야 합니다.

오류를 접근할 수 있게 만드는 관점과는 별개로 애당초 오류가 일어나지 않는 폼을 설계하는 것도 중요합니다. 시스템에 다양한 입력값을 허용하면 입력에 따른 오류 발생 빈도를 줄일 수 있습니다. 또한 중요한 처리 시에는 시스템 검증뿐 아니라 사용자도 입력을 검증하도록 만들어야 합니다. 폼을 전송하기 전과 후에 사용자가 입력을 검증하는 구조를 만듦으로써 사용자가 조작 실수를 피할 수 있습니다.

자주 있는 사례에서 문제 알아보기

[사례 1] 오류 발생 위치와 오류 메시지의 관계를 알기 어렵다

오류 발생 위치와 오류 메시지의 관계를 알기 어려울 때가 있습니다. 예를 들면 오류 발생 위치와 오류 메시지가 서로 떨어져 배치된 경우입니다. 특히 화면을 확대한 사용자는 오류 발생 위치와 오류 메시지를 동시에 볼 수 없기에 오류가 어디서 발생했는지 알기 어려워집니다(**그림 3-3-1**).

그 밖에도 오류 발생 위치나 오류 메시지의 관계가 적절히 마크업되지 않은 경우도 있습니다. 예를 들면 다음 예시는 오류를 적절히 마크업하지 않아 오류 메시지와 폼 제어가 연관되어 있지 않습니다.

좋지 않은 사례: 오류가 적절히 마크업되지 않은 폼 제어

```
<label for="username">
  <span>사용자명(반각 영숫자로 입력)</span>
</label>
<span>오류: 이미 같은 사용자명이 등록되어 있습니다.</span>
<input type="text" id="username">
```

오류가 연관되도록 마크업하지 않았다면 오류 발생 위치에 도달하더라도 스크린 리더는 오류 메시지를 읽지 않습니다. 스크린 리더를 이용하는 사용자는 오류가 발생했음을 알기 어려울 수 있습니다.

그림 3-3-1 　 **오류 발생 위치와 오류 메시지가 서로 떨어져 배치되어 있다**

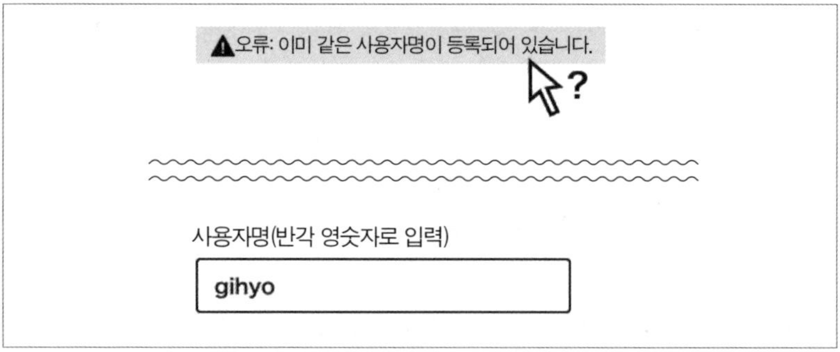

[사례 2] 다양한 사용자에게 오류를 알리는 방법을 검토하지 않았다

다양한 사용자에게 오류를 알리는 방법을 검토하지 않았다면 사용자에 따라서는 오류 발생 여부 및 발생 위치를 이해하지 못할 우려가 있습니다. 폼을 전송했을 때 오류가 발생한 위치 근처에 그저 오류를 표시만 해서는 오류를 적절히 알렸다고는 할 수 없습니다(**그림 3-3-2**).

스크린 리더를 이용하는 사용자는 오류가 발생했음을 알아채지 못할 수 있습니다. 스크린 리더는 기본적으로 커서가 있는 곳을 읽습니다. 전송 버튼을 눌러서 클라이언트 오류가 발생했다면 전송 버튼에 커서가 있습니다. 따라서 전송 버튼과 다른 위치에 오류 메시지가 표시되더라도 그 상태에서는 오류 메시지를 파악하기 어렵습니다.

또한 화면을 확대한 사용자도 오류가 발생했음을 알아채지 못할 수 있습니다. 화면을 확대해서 화면의 일부만 인식할 수 있는데, 오류 메시지가 화면에 들어오지 않는다면 오류 메시지를 못 보기 때문입니다.

그림 3-3-2 **다양한 사용자에게 오류를 알리지 못한다**

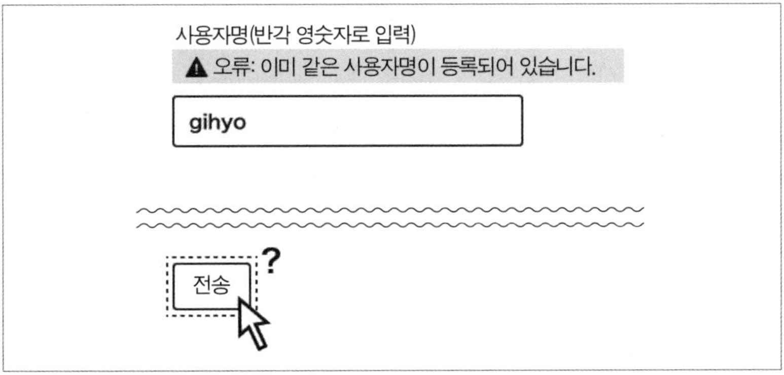

[사례 3] 오류 수정 방법을 알기 어렵다

오류 수정 방법을 알기 어렵다면 사용자에게 오류를 알려도 오류를 수정하기 힘듭니다. 알기 어려운 오류 메시지에는 전형적인 패턴이 있습니다.

첫 번째는 난해한 오류입니다. 사용자가 이해하기 어려운 전문 용어 등이 오류 메시지에 포함된 경우입니다. 예를 들면 "오류 AB_XYZ_0123이 발생했습니다", '올바르지 않은 리퀘스트입니다"와 같은 오류 메시지입니다. 'AB_XYZ_0123'과 같은 오류 코드는 그 상태만으로 사용자가 이해할 수 없습니다. 또한 사용자에 따라서 '리퀘스트'라는 기술 용어를 이해하지 못할 수도 있습니다. 전문 용어를 포함한 메시지만 표시되고 전문 용어에 대한 보충 설명이 없다면 사용자는 오류 수정 방법을 알지 못합니다.

두 번째는 쓸데없이 긴 오류입니다. 오류 수정 방법을 이해하는 데 불필요한 말이 오류 메시지에 포함된 경우입니다. 예를 들면 '죄송합니다', '번거롭지만'과 같은 말이 포함된 오류 메시지입니다. 오류 메시지에서 유익한 정보가 상대적으로 줄게 돼 사용자가 오류를 읽고 수정 방법을 이해하는 데 시간이 걸리게 됩니다.

세 번째는 애매한 오류입니다. 입력값에 제한이 있을 때 구체적인 제한값(크기, 길이, 범위)이 표시되지 않은 경우입니다. 예를 들면 "파일 크기가 너무 큽니다', '암호가 너무 짧습니다"와 같은 오류 메시지입니다. 제한값을 명시하지 않으면 오류가 사라질 때까지 사용자는 몇 번이고 다시 입력해야 합니다. 또한 입력값으로 사용할 형식이 명시되지 않은 경우도 있습니다. 예를 들면 "사용자명에 사용할 수 없는 문자가 있습니다', '메일 주소가 유효하지 않습니다"와 같은 오류 메시지입니다. 이 경우도 올바른 형식이 될 때까지 사용자가 몇 번이고 값을 수정해야 합니다.

[사례 4] 필요 이상으로 입력을 제약했다

폼에 제약을 두는 건 중요하지만 필요 이상으로 정하는 것은 바람직하지 않습니다. 입력을 강하게 제한하면 사용자에게 부담을 주며 입력에 시간이 걸리거나 실수가 발생하기 쉬워집니다.

입력값의 문자 종류를 필요 이상으로 제한하는 경우가 있습니다. 전형적으로는 입력값의 전각과 반각을 강제하는 사례[10]입니다. 사용자에 따라서는 전각과 반각을 구분하지 못하거나 그 개념을 이해하지 못해 입력 실수를 하기 쉬워집니다. 또한 모바일 디바이스의 소프트웨어 키보드로는 전각 영숫자를 입력하기 어려워 입력을 완료하는 데 시간이 걸립니다.

입력값의 형식을 필요 이상으로 제한하는 경우도 있습니다. 전형적으로는 전화번호나 우편번호에 하이픈 여부를 강제하는 사례입니다. 사용자에 따라서는 다른 문서에서 복사 및 붙여넣기를 하기도 합니다. 또한 입력값이 자동 완성되는 경우도 있습니다. 하이픈 여부를 강제하면 사용자가 직접 하이픈을 추가하거나 삭제해야 하므로 입력에 시간이 걸립니다.

[사례 5] 사용자가 직접 조작을 검증할 수단이 없다

사용자가 직접 조작을 검증할 수단이 없기도 합니다. 예를 들면 사용자에게 조작을 확인할 기회를 부여하지 않은 채 결제가 되거나 대상을 삭제하는 사례입니다. 또한 사용자가 의도치 않게 조작을 실행했을 때 취소할 수단이 없기도 합니다. 사용자가 직접 조작을 검증할 수 없다면 실수를 피하기 어려워집니다.

---

10 역주: 일본에서는 전각 문자와 반각 문자를 사용합니다. 경우에 따라 구분해서 사용하는데 역자인 저도 강제 사용에 대한 문구가 작은 글씨로 적혀 있어 여러 번 수정한 적이 있습니다.

체크 포인트

수동 확인(설계 시)

- 오류와 오류 발생 위치를 연관 짓는다
  - HTML 표준 제약 검증을 검토한다
  - 텍스트로 표현한 오류를 오류 발생 위치 근처에 배치한다
- 오류 발생을 알린 후 발생 위치에 도달시킨다
  - 화면을 볼 수 있는 사용자에게 오류 발생 사실을 알리고 발생 위치로 도달시킬 방법을 검토한다
  - 스크린 리더를 이용하는 사용자에게 오류 발생 사실을 알리고 발생 위치로 도달시킬 방법을 검토한다
- 오류 수정 방법을 알기 쉽게 작성한다
  - 오류 수정 방법을 이해하기 쉬운 오류 메시지로 작성한다
  - 오류 수정 후보를 제시할 수 있다면 수정 후보를 제시한다
- 입력 제약을 최소화한다
- 중요한 처리(송금 혹은 삭제 처리 등)는 다음 수단 중 하나 이상으로 조작 실수를 회피할 수 있도록 한다
  - 폼을 전송하기 전에 사용자가 전송 내용을 확인할 수 있는 수단을 마련한다
  - 폼을 전송한 후에 사용자가 전송 내용을 취소할 수 있는 수단을 마련한다

수동 확인(구현 시)

- 오류를 적절히 마크업한다
  - 오류가 발생한 폼 제어·그룹에 aria-invalid="true"를 부여한다
  - 오류 메시지를 폼 제어과 연관 짓는다(오류 메시지를 label 요소에 포함 또는 aria-describedby 속성으로 연관 짓는다)

- 오류 메시지를 그룹과 연관 짓는다(오류 메시지를 legend 요소에 포함 또는 aria-describedby 속성으로 연관 짓는다)
- 오류를 알린다
  - 전송할 때 오류가 발생한 위치나 오류 요약으로 포커스를 이동시킨다
  - 입력할 때 오류가 발생할 수 있다면 aria-live 속성을 이용한다

자주 있는 사례를 개선하다

[사례 1 개선❶] HTML 표준 제약 검증을 이용한다

오류를 표현할 때 우선적으로 검토해야 할 사항은 HTML 표준의 제약 검증을 이용하는 것입니다. 폼 제어에 이용할 수 있는 HTML 속성 중에는 입력값에 제약을 두는 것이 있습니다(**표 3-3-1**). 또한 폼 제어의 입력 형식에 따라서는 입력값을 제한하는 속성을 이용하지 않더라도 입력값에 제약을 둡니다. 예를 들면 type="email"은 입력값을 메일 주소 형식으로 제한합니다.[11] 또한 type="url"은 입력값을 URL 형식으로 제한합니다.

표 3-3-1 입력값을 제한하는 속성

속성	제약
max	입력값의 최대치
min	입력값의 최소치
step	입력값의 폭(단위)
maxlength	입력값의 최대 길이
minlength	입력값의 최소 길이
pattern	입력값이 따르는 정규 표현
required	필수 입력

---

11 multiple 속성이 부여됐을 때는 콤마(,)로 구분된 복수의 메일 주소 형식으로 제한합니다.

이런 속성이나 입력 형식에 의해 규정된 제약은 전송 시에 검증됩니다. 제약을 위반한 값을 입력해 폼을 전송하면 오류가 발생한 폼 제어로 포커스가 이동하여 오류 메시지가 표시되며(**그림 3-3-3**), 스크린 리더는 오류 메시지의 내용을 읽습니다.

그림 3-3-3 HTML 표준 제약 검증에 의해 표시된 오류 메시지

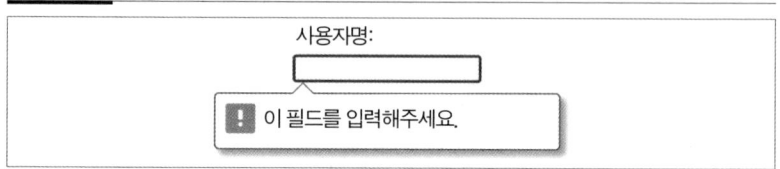

제약은 입력할 때도 검증됩니다. 제약을 위반한 값을 입력하면 올바르지 않은 값임이 접근성 오브젝트 모델에 등록됩니다. 스크린 리더는 '올바르지 않은 값'이라 읽습니다. 또한 CSS의 유사 클래스를 사용해 오류가 발생한 폼 제어의 스타일을 알기 쉽게 변경할 수 있습니다. 정상적인 값일 때는 :valid, 그렇지 않을 때는 :invalid가 적용됩니다.

좋은 사례: 수치 입력 중 값이 올바르지 않을 때 테두리 스타일을 변경한다

```
input[number]:valid {
  border: 1px solid black;
}
input[number]:invalid {
  border: 2px dotted red;
}
```

HTML 표준 제약 검증을 이용함으로써 오류가 발생한 위치와 오류 메시지의 관계도 알기 쉬워집니다. 폼을 전송했을 때 오류가 발생한 위치 근처에 오류 메시지가 표시되기 때문입니다. 또한 포커스가 폼 제어로 이동한 후 오류 메시지를 읽기 때문에 스크린 리더를 이용하는 사용자에게도 오류 발생 위치와 오류 메시지의 관계를 알기 쉬워집니다.

제약 검증 API를 이용함으로써 독자적인 제약 검증을 할 수도 있습니다. 독자적인 검증 로직을 두거나 오류 메시지 내용을 커스터마이징할 수 있습니다. 또한 HTML 표준 오류 메시지가 아닌 다른 디자인의 오류 메시지를 표시할 수도 있습니다. 제약 검증 API의 자세한 내용은 MDN에 의한 제약 검증 설명[12]을 참조하세요.

[사례 1 개선 ❷] 독자적인 오류를 알기 쉽게 디자인한다

웹 서비스에 따라서는 HTML 표준 제약 검증으로 표시되는 오류 메시지의 디자인을 채택할 수 없는 경우도 있습니다. 그럴 때는 독자적인 오류 메시지를 알기 쉽게 디자인해야 합니다.

우선 중요한 건 오류를 텍스트로 표현하는 것입니다. 오류를 텍스트로 표현함으로써 다양한 사용자에게 오류를 전달할 수 있습니다. 텍스트가 아닌 색의 차이만으로 표현된 오류나 테두리의 종류 등 감각적인 특징의 차이만으로 표현된 오류는 일부 사용자가 인식할 수 없습니다. 오류는 텍스트만으로 전달되게 하면서 색이나 감각적인 특징은 텍스트를 더욱 알기 쉽게 만드는 목적으로만 이용하도록 합니다. 색은 제4장 1절, 감각적인 특징은 제4장 4절에서 자세히 설명합니다.

다음으로 중요한 건 오류 메시지를 오류가 발생한 위치 근처에 배치하는 것입니다. 이렇게 하면 오류 메시지와 오류가 발생한 위치와의 관계를 알기 쉬워집니다. 제3장 1절에서 설명한 폼 제어·그룹에 대한 설명과 마찬가지로 오류 메시지는 폼 제어·그룹 앞에 배치하면 좋습니다.

만약 오류 발생 위치 근처에 오류 메시지를 표시하기 어렵다면 오류 발생 위치를 특정하는 문구, 즉 오류가 발생한 폼 제어·그룹 레이블을 오류 메시지에 포함

---

12 https://developer.mozilla.org/en-US/docs/Learn/Forms/Form_validation

합시다. 예를 들면, "'10문자 이내로 입력해주세요'가 아닌 '암호는 10문자 이내로 입력해주세요'"로 적는 것입니다. 화면을 볼 수 있는 사용자는 오류 메시지를 봄으로써, 스크린 리더를 이용하는 사용자는 오류 메시지를 읽음으로써 오류가 발생한 위치를 알 수 있습니다.

[사례 1 개선❸] 독자적인 오류를 마크업한다 - 폼 제어의 경우

독자적인 오류를 폼 제어에 표시할 때는 적절히 마크업합시다. 오류 메시지를 폼 제어에 연관 지을 수 있습니다. 폼 제어로 포커스하면 스크린 리더는 레이블, 설명과 함께 오류 메시지를 읽습니다. 오류 메시지를 연관 지으려면 제3장 1절의 '사례 3 개선❶, ❷'에서 설명한 방법을 활용합니다. 구체적으로는 다음 방법 중 하나를 구현합니다.

- 오류 메시지를 label 요소에 포함시킨다
- 오류 메시지에 ID를 할당하고, 폼 제어의 aria-describedby 속성에 오류 메시지의 ID를 설정한다

또한 aria-describedby 속성에는 복수의 ID를 지정할 수 있기에 설명을 나타내는 요소가 기존에 aria-describedby 속성으로 지정돼 있더라도 오류 메시지를 연관 지을 수 있습니다.

또한 오류가 발생한 폼 제어에는 aria-invalid="true"를 부여합시다. aria-invalid 속성을 부여하면 HTML 제약 검증과 마찬가지로 올바르지 않은 값임이 접근성 오브젝트 모델에 등록되며, 스크린 리더는 '올바르지 않은 값'이라 읽습니다.

다음 예시는 오류가 발생한 폼 제어를 마크업한 사례입니다.

> **개선 사례: label 요소를 사용해 폼 제어의 오류를 마크업한다**

```
<label for="username">
  <span>사용자명 (반각 영숫자로 입력)</span>
  <span>오류: 이미 같은 사용자명이 등록되어 있습니다.</span>
</label>
<input type="text" aria-invalid="true" id="username">
```

> **개선 사례: WAI-ARIA를 사용해 폼 제어의 오류를 마크업한다**

```
<span id="username-label">사용자명</span>
<span id="username-description">(반각 영숫자로 입력)</span>
<span id="username-error">오류: 이미 같은 사용자명이 등록되어 있습니다.</span>
<input type="text" aria-invalid="true" aria-labelledby="username-label"
aria-describedby="username-description username-error">
```

[사례 1 개선❹] 독자적인 오류를 마크업한다 - 그룹의 경우

독자적인 오류를 그룹에 표시할 때도 적절히 마크업합시다. 오류 메시지를 그룹과 연관 지을 수 있습니다. 그룹에 도달했을 때 스크린 리더는 레이블, 설명과 함께 오류 메시지를 읽습니다. 오류 메시지를 연관 지으려면 제3장 1절의 '사례 4 개선❶, ❷'에서 설명한 방법을 사용합니다. 구체적으로는 다음 방법 중 하나를 구현합니다.

- 오류 메시지를 legend 요소에 포함시킨다
- 오류 메시지에 ID를 할당하고, 그룹의 aria-describedby 속성에 오류 메시지의 ID를 설정한다

그룹에도 aria-invalid="true"를 부여하도록 검토합시다. 하지만 WAI-ARIA 사양에 따라서 부여할 수 있는 그룹에는 조건이 있습니다.

- radiogroup 역할에는 aria-invalid 속성을 부여할 수 있다
- group 역할에 aria-invalid 속성을 부여하는 건 권장하지 않는다

- fieldset 요소는 암묵적으로 group 역할을 갖기에 role="radiogroup"을 부여하지 않는 한 aria-invalid 속성을 부여하는 건 권장하지 않는다. 하지만 NVDA나 VoiceOver 등의 스크린 리더는 fieldset 요소에 aria-invalid 속성을 부여해도 유효하지 않은 값임을 읽는다. 권장하지는 않지만 부여는 가능하다

또한 그룹 내 모든 폼 제어에 오류 메시지를 연관 짓거나 aria-invalid 속성을 부여해서는 안 됩니다. 각 요소로 포커싱할 때마다 오류 메시지를 읽거나 '유효하지 않은 값'이라 읽기 때문입니다.

다음 예시는 오류가 발생한 그룹의 마크업 사례입니다.

좋은 사례: fieldset 요소와 legend 요소를 사용해 폼 제어의 오류를 마크업한다

```html
<fieldset role="radiogroup" aria-invalid="true">
  <legend>
    <span>상품 색(한 가지만 선택)</span>
    <span>오류: 색이 선택되지 않았습니다</span>
  </legend>
  <label><input type="radio" name="product-color">파랑</label>
  <label><input type="radio" name="product-color">초록</label>
  <label><input type="radio" name="product-color">노랑</label>
  <label><input type="radio" name="product-color">빨강</label>
</fieldset>
```

좋은 사례: WAI-ARIA를 사용해 폼 제어의 오류를 마크업한다

```html
<div id="group-label">상품 색</div>
<div id="group-description">(한 가지만 선택)</div>
<div id="group-error">오류: 색이 선택되지 않았습니다</div>
<div role="radiogroup" aria-invalid="true" aria-labelledby="group-label"
aria-describedby="group-description group-error">
  <label><input type="radio" name="product-color">파랑</label>
  <label><input type="radio" name="product-color">초록</label>
  <label><input type="radio" name="product-color">노랑</label>
  <label><input type="radio" name="product-color">빨강</label>
</div>
```

[사례 2 개선❶] 오류 발생 여부와 발생 위치를 알기 쉽게 알린다

폼에 오류가 발생했을 때는 다양한 사용자가 알기 쉽도록 오류를 알려야 합니다. 여기서는 다양한 사용자의 사례로, 스크린 리더를 이용하는 사용자와 화면을 확대하는 사용자에 대해 검토해보겠습니다. 또한 오류를 적절히 통보하기 위해서는 사용자가 두 가지 절차를 밟을 수 있도록 해야 합니다. 첫 번째는 사용자가 오류 발생 여부를 알도록 하는 것, 두 번째는 사용자가 오류 발생 위치로 이동하도록 하는 것입니다. 다음에서는 다양한 사용자에 대해 이 두 가지 절차를 구현하는 방법을 검토합니다.

다양한 사용자가 오류가 발생했음을 알아채고 해당 오류의 발생 위치로 도달할 수 있도록 하는 데는 다양한 방법이 있습니다. 여기서는 다음 세 가지 패턴을 소개합니다.

- 패턴 1: 전송 시에 폼 제어로 포커싱한다
- 패턴 2: 전송 시에 오류 내용을 요약해 표시한다
- 패턴 3: 입력 시에 실시간으로 검증한다

[사례 2 개선❷] 패턴 1: 전송 시에 폼 제어로 포커싱한다

패턴 1은 폼을 전송했을 때 오류가 발생한 폼 제어로 포커스하는 방법입니다(그림 3-3-4). 여러 폼 제어에서 오류가 발생했을 때 오류가 생긴 맨 처음의 폼 제어로 포커스합니다. HTML 표준 제약 검증을 이용했을 경우 오류가 발생한다면 이 포커스 이동이 발생합니다.

스크린 리더 이용자는 오류 발생 여부와 발생 위치를 동시에 이해할 수 있습니다. 폼 제어에 포커싱했을 때 오류 메시지를 읽을 수 있기 때문입니다. HTML 표준 제약 검증을 사용했다면 오류 메시지가 표시된 순간에 곧바로 읽게 됩니다.

독자적인 오류 메시지도 폼 제어와 연관 지어서 마크업했다면 폼 제어에 포커싱했을 때 오류 메시지를 읽게 됩니다.

또한 화면을 확대한 사용자도 오류 발생 여부와 발생 위치를 이해하기 쉬워집니다. 폼 제어에 포커스하면 스크롤되면서 폼 제어가 화면 안에 들어오기 때문입니다. 폼 제어가 화면에 들어오기에 화면을 확대했더라도 폼 제어와 그 근처에 표시된 오류 메시지를 인식하기 쉬워집니다.

패턴 1은 비교적 도입 비용이 낮은 방법입니다. HTML 표준 제약 검증을 이용하면 자동으로 지원되며, 독자적인 오류를 표시하는 경우도 포커스를 이동하는 기능만 추가하면 되기 때문입니다. 한편 패턴 1은 한 번에 하나의 오류만 알릴 수 있습니다. 그렇기에 단일 폼 제어나 구조가 간단한 폼에 효과적입니다.

그림 3-3-4　패턴 1: 전송 시에 폼 제어로 포커싱한다

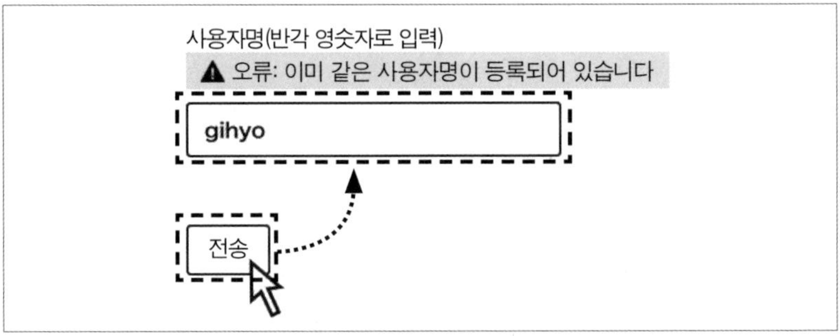

사용자명(반각 영숫자로 입력)
⚠ 오류: 이미 같은 사용자명이 등록되어 있습니다

gihyo

전송

[사례 2 개선 ❸] 패턴 2: 전송 시에 오류 요약을 표시한다

패턴 2는 폼을 전송했을 때 오류 요약을 표시하는 방법입니다(**그림 3-3-5**). 오류 요약이란 폼 전체에서 발생한 오류의 개요를 모은 것을 말합니다. 오류 요약에는 폼 안에서 발생한 모든 오류가 표시됩니다. 대부분 오류 요약은 페이지 맨 앞에 표시되며, 폼 전송 버튼 근처에 배치되기도 합니다. 오류 요약을 표시했을 때 포커스를 오류 요약으로 이동시킵니다. 오류 메시지를 클릭하면 오류가 발생한 폼 제어의 페이지 내 링크로 포커스가 이동하도록 합니다.

다음에 오류 요약의 마크업 사례를 나타냅니다.

> **좋은 사례: 오류를 요약해 오류의 개요를 모은다**
>
> ```
> <section class="error-summary" tabindex="-1"> <!-- 오류 요약을 표시했을 때 포커싱한다
> -->
>   <h2>입력한 정보에 문제가 있습니다.</h2>
>   <ul>
>     <li><a href="#username">이미 같은 사용자명이 등록되어 있습니다.</a></li>
>     <li><a href="#password">암호는 10문자 이내로 입력해주세요.</a></li>
>   </ul>
> </section>
> ```

그림 3-3-5 패턴 2: 전송 시에 오류 요약을 페이지 맨 앞에 표시한다

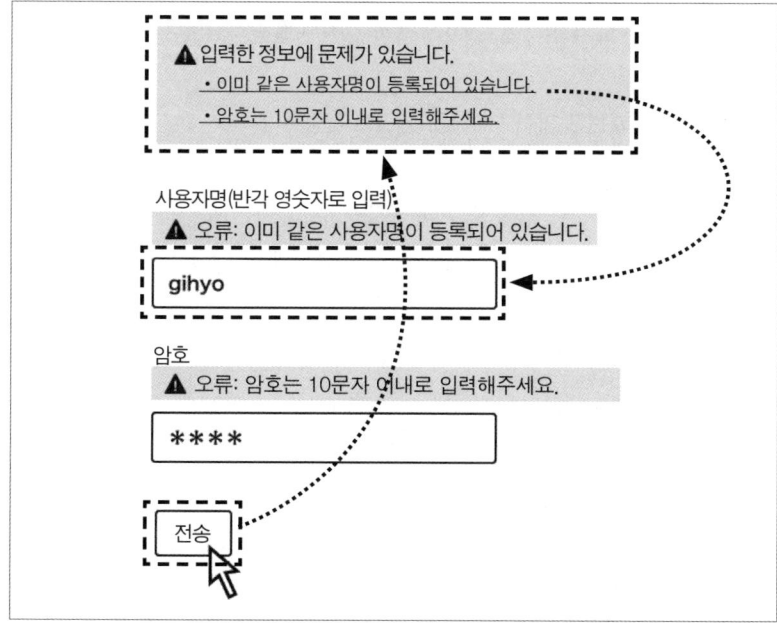

스크린 리더 이용자는 오류 요약을 통해 오류 발생 여부와 발생 위치를 이해할 수 있습니다. 오류가 발생하면 오류 요약으로 포커스가 이동하므로 스크린 리더가 요약된 오류 내용을 읽음으로써 스크린 리더 이용자가 오류 발생 여부를 알아챌 수 있습니다. 그 후 요약된 오류 메시지를 클릭해 오류가 발생한 위치로 이동할 수 있습니다.

또한 화면을 확대한 사용자도 오류 요약을 통해 오류 발생 여부와 발생 위치를 이해하기 쉬워집니다. 오류 요약으로 포커스하면 스크롤이 발생하여 오류 요약이 화면 안에 들어오기 때문입니다. 그 후 요약된 오류 메시지를 클릭함으로써 오류가 발생한 폼 제어가 화면에 나타나 오류가 발생한 위치를 발견할 수 있습니다.

패턴 2는 비교적 도입 비용이 높은 방법입니다. 새롭게 오류 요약을 설계하고 구현해야 하기 때문입니다. 한편 패턴 2는 한 번에 여러 오류를 알릴 수 있습니다. 그렇기에 여러 오류가 발생할 수 있는 복잡한 폼에 효과적입니다.

[사례 2 개선❹] 패턴 3: 입력 시에 실시간으로 검증한다

패턴 3은 폼 제어에 값을 입력 중일 때 실시간으로 값을 검증하는 방법입니다(그림 3-3-6). 폼 제어에 값을 입력한 순간에 값을 검증해서 오류를 발생시킵니다.

그림 3-3-6   패턴 3: 입력 시에 실시간으로 검증한다

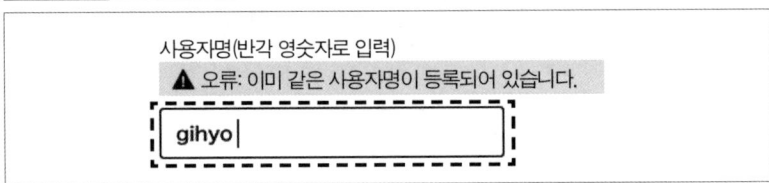

오류가 발생하기 전에 미리 오류 메시지를 저장하는 요소를 마크업합니다. 오류

가 발생했을 때 요소에 오류 메시지를 추가합니다. 오류 메시지를 저장하는 요소에 aria-live="polite"를 지정함으로써 요소의 텍스트가 변화했을 때 스크린 리더가 요소의 텍스트를 읽습니다. aria-live 속성의 자세한 내용은 제5장 2절을 참조하세요.

> **좋은 사례: 입력 시에 실시간으로 오류를 표시한다**
>
> ```
> <!-- 오류가 발생하기 전 -->
> <span aria-live="polite"></span>
> <!-- 오류가 발생한 후 -->
> <span aria-live="polite">오류: 이미 같은 사용자명이 등록되어 있습니다.</span>
> ```

스크린 리더 이용자는 오류 발생 여부와 발생 위치를 알 수 있습니다. aria-live 속성에 따라 입력 도중 오류를 읽음으로써 오류 발생 여부를 알아챌 수 있습니다. 또한 오류를 읽었다는 건 이미 발생 위치로 포커스됐다는 것이므로 오류 발생 위치를 자동으로 알 수 있습니다.

화면을 확대한 사용자도 오류 발생 여부와 발생 위치를 쉽게 알 수 있습니다. 입력 도중에 조작 중인 위치 근처에 오류 메시지가 표시되므로 화면을 확대했더라도 화면에 오류 메시지가 들어오기 쉬워 간단히 오류 메시지를 발견할 수 있기 때문입니다.

패턴 3에는 장점과 단점이 있어 도입에는 신중한 검토가 필요합니다. 패턴 3은 전송 시가 아닌 입력 시에 값을 검증하기 때문에 사용자가 재빨리 오류를 알아챌 수 있다는 장점이 있습니다. 하지만 오류 발생 빈도에 따라서는 사용자의 집중을 저해할 수 있습니다. 극단적인 사례로는 한 문자만 입력했는데 오류라고 알려 사용자가 입력을 중단하는 계기가 되는 것입니다.

패턴 3을 이용할 폼 제어를 잘 분간합시다. 사용자가 직접 올바르게 입력했음을 쉽게 판단할 수 있는 폼 제어라면 실시간 검증은 오히려 방해가 될 것입니다. 예를 들면 이름, 메일 주소, 우편번호 등의 폼 제어로, 실시간 검증을 이용하기보단 미리 폼 제어의 설명을 표시하여 전송 시에 검증하면 충분할 것입니다. 반대로 사용자가 직접 올바르게 입력했음을 판단하기 어려운 경우라면 실시간 검증이 유용할 것입니다. 예를 들면 사용자명을 등록하는 폼 제어로, 사용자명 중복 여부는 서비스가 판단해야 하기에 사용자는 이용 가능 여부를 판단하기 어렵습니다. 사용자명을 이용할 수 있는지 빠르게 알려줌으로써 사용자는 안심하고 폼을 입력할 수 있습니다.

[사례 3 개선❶] 오류 수정 방법을 이해하기 쉽게 작성한다

오류 수정 방법을 알기 쉽게 작성하는 건 오류를 알리는 방법과 마찬가지로 중요합니다. 사용자는 오류 수정 방법을 이해해야만 오류를 해소하고 폼을 올바르게 전송할 수 있기 때문입니다. 오류 메시지 작성법에는 여러 가이드라인이 있지만 여기서는 사례 3의 문제를 해소하고자 세 가지 관점을 파악하겠습니다.

- 평이하게 작성할 것
- 간결하게 작성할 것
- 구체적으로 작성할 것

오류 메시지는 평이하게 작성합시다. 예를 들어 난해한 전문 용어나 기술 용어 등을 사용하는 건 피해야 합니다. 어떤 이유로 인해 전문 용어를 표시해야 한다면 평이한 말과 병기합시다.

오류 메시지는 간결하게 작성합시다. 예를 들면 '죄송합니다', '번거롭지만'과 같은 표현은 오류의 수정 방법을 이해하는 데 도움이 되지 않습니다. 큰 이유가 없다면 사용하지 않도록 합시다.

입력값에 상한선이나 하한선이 있다면 구체적으로 전달합시다. 예를 들면 '파일 크기가 너무 크다', '암호가 너무 짧다'와 같은 애매한 표현을 피하며, "500MB 이내의 파일을 업로드하세요', '10문자 이상의 암호를 입력하세요'"와 같이 구체적인 값을 나타냅니다.

입력값 형식이 정해져 있을 때도 구체적으로 전달합시다. 예를 들면 "사용자명으로 사용할 수 없는 문자가 포함되었습니다'와 같은 표현 대신 '사용자명으로는 알파벳(a~z), 숫자(0~9), 마침표(.)만 사용할 수 있습니다'"와 같이 형식을 만족하지 않는 구체적인 원인을 나타냅니다. 만약 입력값 형식이 복잡하다면 형식을 만족하지 않는 주요 원인을 나열합니다. 예를 들면 다음 오류 메시지에서는 메일 주소가 특정 형식을 만족하지 않음을 전달하면서 몇 가지 주요 원인을 나열했습니다.

> 메일 주소의 형식이 올바르지 않습니다. 다음에 해당하지 않는지 확인해주세요.
> - 공백이 포함되어 있다
> - @ 이후의 문자를 입력하지 않았다
> - 존재하지 않는 도메인이다

[사례 3 개선❷] 오류 수정 후보를 제안한다

사용자에게 입력값의 수정 후보를 제안할 수 있다면 그렇게 합시다. 사용자가 오류를 수정하는 시간을 단축할 수 있기 때문입니다. 예를 들어 사용자가 도시명을 검색했을 때 해당하는 도시가 나오지 않았다고 칩시다. 이때 사용자가 철자를 잘못 입력했음을 의심하여 유사한 철자를 가진 도시를 후보로 추천합니다. 사용자는 도시명을 재입력하지 않고도 곧바로 도시를 다시 선택할 수 있습니다.

[사례 4 개선] 입력 제약을 최소화한다

지금까지 입력값에 제약을 둠으로써 오류를 적절히 설계하고 구현하는 방법을 설명했습니다. 제약이나 오류를 검토함과 동시에 다양한 입력값을 허용함으로써 제약을 최소화하여 애당초 오류가 발생하지 않도록 하는 것도 중요합니다.

입력값의 문자 종류나 형식을 제한하는 건 최소화합시다. 사용자가 제약을 지키도록 하기보단 받은 입력값을 시스템에서 조정합시다. 반각 및 전각 등의 문자 종류는 사용자에게 강제하기보단 시스템에서 문자 종류를 통일합시다. 전화번호나 우편번호 등의 입력란에서 하이픈 여부를 사용자에게 강제하기보단 시스템에서 값을 조정합시다.

또한 제3장 2절과 마찬가지로 폼 제어를 줄이는 것도 검토합시다. 폼 제어가 많아지면 그만큼 사용자가 지켜야 할 제약이 늘어나기 때문입니다. 만약 폼 제어를 줄이기 어렵다면 필수 입력인 폼 제어를 임의 입력으로 바꿀 수 없을지 검토하면 좋습니다.

[사례 5 개선] 사용자가 직접 조작을 검증할 수 있도록 한다

시스템이 사용자의 조작을 검증하는 것뿐 아니라 사용자가 직접 조작을 검증해 실수를 회피할 수 있는 구조를 마련하는 것도 중요합니다. 실수를 회피하는 구조는 실행 결과의 영향이 큰 처리 시에 특히 중요해집니다. 예를 들면 송금 처리나 삭제 처리 등이 이에 해당합니다.

사용자가 직접 조작을 검증하도록 하는 데 크게 두 가지 방법이 있습니다.

- 폼을 전송하기 전에 사용자가 전송 내용을 쉽게 확인하도록 한다
- 폼을 전송한 후에 사용자가 전송 내용을 취소할 수 있도록 한다

첫 번째 방법은 폼을 전송하기 전에 사용자가 전송 내용을 쉽게 확인하도록 하는 것입니다. 전형적인 방법은 폼을 전송하기 전에 사용자가 입력한 값을 나열한 '확인 페이지'를 표시하거나, 조작을 실행할지 확인하는 '확인 다이얼로그'를 표시하는 것입니다. 추가로 확인 페이지나 확인 다이얼로그를 표시하고서 사용자에게 입력을 요구하기도 합니다. 예를 들면 GitHub에서는 리포지토리를 삭제하려 하면 확인을 위해 리포지토리 이름을 입력하는 폼 제어가 표시됩니다(**그림 3-3-7**). 올바른 리포지토리 이름을 입력했을 때만 리포지토리가 삭제됩니다. 이를 통해 원치 않는 리포지토리가 삭제되는 상황을 방지하고 있습니다.

그림 3-3-7 GitHub에서 리포지토리를 삭제하려 할 때 표시되는 폼 제어

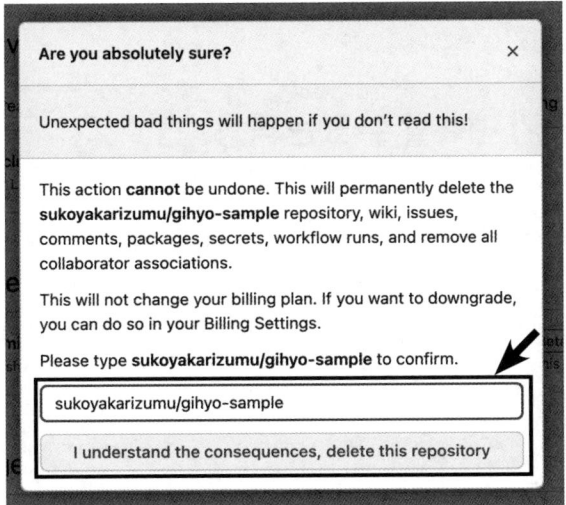

두 번째 방법은 폼을 전송하고 난 뒤 사용자가 전송 내용을 취소할 수 있도록 하는 것입니다. 전형적인 방법은 실수로 삭제를 하고 난 뒤 삭제한 대상을 복원하는 '휴지통' 기능을 제공하거나, 주문 이후 일정 기간 동안 주문을 취소할 수 있는 기능을 제공하는 것입니다. 예를 들면 Gmail에서는 메일을 삭제하면 메일이 휴지통에 이동됨과 동시에 해당 조작을 취소하는 링크가 표시됩니다(**그림 3-3-8**). 이를 통해 사용자는 실수로 메일을 삭제해도 곧바로 메일을 복원할 수 있습니다.

그림 3-3-8   Gmail에서 메일을 삭제하려 할 때 표시되는 링크

사용자가 직접 조작을 검증할 수 있도록 함으로써 조작 실수를 회피하기 쉬워집니다.

3.4
사용자가 예측할 수 있는 작동

이 절에서는 사용자가 예측할 수 있는 작동에 대해 다룹니다. 사용자가 폼을 조작했을 때 사용자의 예측에 반하여 웹 페이지의 내용이 크게 바뀌거나 포커스가 자동으로 이동하면 사용자에게 큰 혼란을 줍니다. 사용자가 예측한 대로 작동하는 폼을 어떻게 만드는지 살펴봅니다.

자주 있는 사례에서 문제 알아보기

[사례 1] 폼 제어 값을 변경했을 때 화면 전환이 발생한다

사용자가 작동을 예측할 수 없는 사례로 값을 변경했을 때 화면 전환이 일어나는 폼 제어가 있습니다.

예시로 셀렉트 박스를 이용한 '언어 변경 부분'을 보겠습니다(**그림 3-4-1**). 여러 언어에 대응하는 웹 페이지가 있다고 합시다. 언어 변경 부분에는 다양한 언어가 옵션으로 나열되어 있으며 현재 표시된 웹 페이지의 언어가 선택되어 있습니다. 셀렉트 박스 값을 바꾸면 화면 전환이 발생하고 언어가 변경됩니다.

그림 3-4-1   셀렉트 박스를 이용한 '언어 변경 부분'

이 언어 변경 부분은 키보드로 조작했을 때 심각한 문제를 일으킵니다. 문제를 이해하기 위해 셀렉트 박스의 값을 변경하는 조작 내용을 정리해봅시다. 키보드를 이용해서 셀렉트 박스의 값을 변경하는 방법은 다음 두 가지가 있습니다.

- **셀렉트 박스를 펼쳐서 값을 변경하는 방법**
  셀렉트 박스로 포커스하여 [Space] 키로 펼친다. 방향 키로 옵션을 변경하고 [Enter] 키 또는 [Space] 키로 값을 결정한다
- **셀렉트 박스를 펼치지 않고 값을 변경하는 방법**
  셀렉트 박스로 포커스하여 방향 키로 옵션을 변경한다. 일부 브라우저에서는 메뉴가 펼쳐지지 않고 즉시 셀렉트 박스의 값이 변경된다[13]

각 방법의 예시를 **그림 3-4-2**에 나타냅니다.

언어 변경 부분에서 문제가 되는 건 '셀렉트 박스를 펼치지 않고 값을 변경하는 방법'입니다. 방향 키를 눌러 값이 변경된 순간에 화면 전환이 일어납니다. 이 작

---

[13] 집필 시점(2022년 12월)에서 윈도우용 크롬, 파이어폭스, 엣지는 방향 키를 눌러도 메뉴가 펼쳐지지 않습니다.

동은 많은 사용자의 예측에 반합니다. 사용자는 셀렉트 박스의 값을 변경하는 조작과 셀렉트 박스의 값을 화면에 반영하는 조작은 별개라고 생각하기에, 값을 변경한 순간에 화면 전환이 될 거라 예측하기란 어렵기 때문입니다. 사전에 화면 전환이 발생한다는 예고가 없다면 사용자는 혼란스러워합니다.

Space 키로 셀렉트 박스를 펼치면 방향 키로 옵션을 변경해도 화면 전환은 발생하지 않습니다. 하지만 사용자가 이런 회피 방법을 모른다면 방향 키를 한 번 누를 때마다 발생하는 화면 전환을 감수하면서 언어 변경 부분을 조작해야 하며, 이는 상당히 비효율적입니다. 또한 의도치 않게 언어가 바뀌었을 때 페이지의 내용을 이해하지 못하여 사실상 조작할 수 없게 될 수도 있습니다.

이처럼 셀렉트 박스의 값을 변경했을 때 사전에 예고 없이 화면이 전환되면 셀렉트 박스 조작 방법에 따라서는 사용자가 화면 전환 여부를 예측할 수 없습니다.

그림 3-4-2 셀렉트 박스의 값을 변경하는 방법

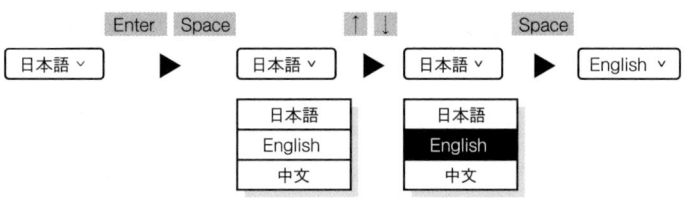

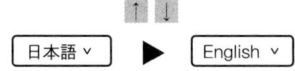

[사례 2] 페이지를 로딩할 때나 폼 제어에 값을 입력할 때 포커스가 이동한다

페이지를 로딩했을 때 포커스를 자동으로 이동시키는 경우가 있습니다. HTML의 autofocus 속성을 이용하면 페이지를 로딩한 직후에 autofocus 속성이 부여된 요소로 포커스를 이동할 수 있습니다. 사용자는 포커스를 수동으로 이동하지 않아도 되므로 곧바로 입력을 시작할 수 있다는 장점이 있습니다.

하지만 페이지를 로딩할 때 포커스를 이동시키면 화면 전체의 구조를 파악하기 어려워집니다. 브라우저의 창이 좁거나 화면의 일부를 확대한 경우는 화면 전체를 파악하기도 전에 화면에 보이는 범위가 포커스의 주위로 이동하므로 전체 정보를 못 보고 지나치는 원인이 됩니다. 스크린 리더를 이용할 때도 페이지 전체를 읽기도 전에 포커싱된 요소를 읽게 되기 때문에 페이지 전체의 정보를 누락하는 원인이 됩니다.

폼 제어에 값을 입력했을 때 포커스를 자동으로 이동시키는 경우도 있습니다. 예를 들면 전화번호나 카드 번호 입력 항목을 여러 입력란으로 나눴을 때, 입력란에 수치를 입력하면 포커스가 다음 입력란으로 자동으로 이동되는 경우입니다. 마우스를 이용하면서 입력 실수가 적은 사용자는 마우스를 클릭하여 포커스를 이동시키는 수고를 덜 수 있어 빠르게 입력 가능하다는 장점이 있습니다.

하지만 입력을 끝낸 직후에 포커스가 이동되면 사용자의 입력 부담을 늘리는 원인이 되기도 합니다. 특히 키보드로 포커스를 이동시키는 사용자 입장에서는 혼란을 가중시킵니다. 사용자가 포커스 이동을 알아채지 못하고 Tab 키를 누르면 한 칸 더 앞에 있는 입력란으로 포커스가 이동하기 때문입니다. 또한 사용자가 실수로 틀린 값을 입력했을 때도 수고가 늘어납니다. 사용자는 입력값을 수정하고자 포커스를 기존 입력란으로 되돌려야 하기 때문입니다.

체크 포인트

수동 확인(설계 시)

- 폼 제어 값을 변경했을 때 콘텐츠를 크게 변화시키지 않는다(화면이 변환되거나, 새로운 페이지나 탭이 열리거나, 표시 내용이나 레이아웃을 대폭 변경하는 등)
- 폼 제어 값을 입력했을 때 혹은 페이지를 로딩했을 때 포커스를 자동으로 이동시키지 않는다

자동 확인

- eslint-plugin-jsx-a11y / eslint-plugin-vuejs-accessbility
  - no-autofocus // autofocus 속성을 이용했는지 확인한다

자주 있는 사례를 개선하다

[사례 1 개선] 사용자가 콘텐츠의 큰 변화를 예측할 수 있도록 한다

화면 전환 등 콘텐츠가 크게 변화할 때는 사용자가 변화를 예측할 수 있도록 합시다.

언어 변경 부분에서 사용자가 화면 전환을 예측할 수 없는 원인은 셀렉트 박스 값의 변경과 화면 전환이 동시에 발생하기 때문입니다. 사용자가 이를 예측할 수 있도록 개선하고자 셀렉트 박스를 변경하는 조작과 값을 반영해서 화면을 변환하는 조작을 분리합시다. 한 가지 해결책은 언어 선택 부분과는 별개로, 언어를 변경하는 버튼을 두고 버튼을 눌렀을 때 화면이 변환되도록 하는 것입니다 (그림 3-4-3).

그림 3-4-3　언어를 변경하는 버튼

언어 선택

| 日本語 ∨ | 언어를 변경 |

| 日本語 |
| English |
| 中文 |

그림 3-4-4　링크로 구현한 언어 변경

<u>日本語</u>　<u>English</u>　<u>中文</u>

언어 선택 부분의 선택지가 적다면 셀렉트 박스를 사용하기보단 선택 가능한 모든 언어를 화면에 링크로 표시하는 방법도 검토합시다(**그림 3-4-4**). 링크는 셀렉트 박스와는 달리 키보드 포커스만으로는 화면 전환이 발생하지 않습니다.

어떤 방법이든 구현하기 어렵다면 셀렉트 박스로 화면 전환이 일어남을 텍스트로 설명합시다. 텍스트를 셀렉트 박스보다 앞에 배치합니다. 사용자는 텍스트를 읽고서 셀렉트 박스를 조작하기에 화면 전환을 예측할 수 있습니다. 하지만 사용자에 따라서는 텍스트를 건너뛰고 셀렉트 박스를 조작하기도 합니다. 이 방법은 셀렉트 박스의 작동을 변경할 수 없을 때 검토하면 좋습니다.

[사례 2 개선] 사용자가 포커스 이동을 예측할 수 있도록 한다

사용자가 포커스 이동을 예측할 수 있도록 합시다. 사용자가 예측하지 않은 시점에서 포커스를 자동으로 이동시키는 것은 피해야 합니다.

페이지를 로딩할 때 포커스를 자동으로 이동시키는 것은 피합시다. 페이지를 로딩할 때 포커스를 이동시키는 경우는 로그인 폼 등 화면에서 할 일이 정해져 있으며, 화면 전체의 구조를 파악할 필요가 없는 경우로 한정합시다.

폼 제어에 값을 입력했을 때 포커스를 자동으로 이동시키는 것도 피합시다. 입력을 마쳤을 때 포커스를 이동시키는 작업은 사용자에게 맡겨야 합니다. 사용자는 입력값이 올바른지 검증하며 틀렸다면 포커스를 이동시키지 않고도 값을 수정할 수 있습니다. 또한 제3장 2절에서 설명했듯 애당초 하나의 입력값을 나타내는 폼 제어를 분리하는 건 바람직하지 않습니다. 여러 입력란으로 분할했기에 포커스를 자동으로 이동시켜야 한다면 입력란을 하나로 합칠 수는 없을지 검토합시다. 만약 꼭 포커스를 이동시켜야 한다면 포커스가 이동됨을 폼 제어의 설명 등으로 나타내어 사용자가 포커스의 이동을 예측할 수 있도록 합시다.

또한 예측 가능한 시점에서, 예측할 수 있는 위치로 포커스를 자동으로 이동시키는 건 문제가 없습니다. 특히 커스텀 컴포넌트의 경우 보다 좋은 키보드 조작을 설계하기 위해 포커스를 자동으로 이동시키기도 합니다. 자세한 내용은 다음 절에서 설명합니다.

3.5 커스텀 컴포넌트

웹 서비스에 따라서는 HTML 표준 폼 제어를 이용하지 못해 커스텀 제어가 필요해지는 경우가 있습니다. 그중 큰 이유는 HTML 표준 폼 제어의 외관이 웹 서비스에 어울리지 않기 때문입니다. 폼 제어에 따라서는 CSS를 이용해도 외관을 변경하지 못하는 경우가 있습니다. 이 경우 HTML 표준 폼 제어가 아닌 여러 HTML 요소를 조합하여 커스텀 제어를 설계해야 합니다.

또한 웹 서비스에서는 복잡한 기능을 가진 커스텀 컴포넌트가 필요해지는 경우가 있습니다. 여기서 말하는 커스텀 컴포넌트란 여러 HTML 요소를 조합해 구현한 UI입니다. 커스텀 컴포넌트는 커스텀 제어를 포함합니다.

커스텀 컴포넌트를 머신 리더블하게 하려면 WAI-ARIA에 대한 깊은 이해가 필요합니다. WAI-ARIA의 사양을 규정한 문서나 WAI-ARIA를 설명한 문서를 참고하면서 WAI-ARIA를 이용해야 합니다. 여기서는 실제로 몇 가지 문서를 예시로 들면서 어떻게 커스텀 컴포넌트를 구현할지 설명합니다.

자주 있는 사례에서 문제 알아보기

[사례 1] 커스텀 컴포넌트의 필요성을 제대로 파악하지 않았다

커스텀 컴포넌트의 필요성을 제대로 파악하지 않은 경우가 있습니다. 커스텀 컴포넌트를 접근할 수 있게 하려면 큰 비용이 듭니다. 커스텀 컴포넌트의 접근성에 많은 비용을 들이면 다른 개발 작업이 지연될 수 있습니다. 또한 커스텀 컴포넌

트를 접근하도록 하는 충분한 공수[14]를 확보하지 못하여 접근성이 충분하지 않은 상태로 릴리즈할 우려도 있습니다. 게다가 커스텀 컴포넌트의 디자인에 따라서는 아무리 공수를 들여도 접근 가능케 하는 데 한계가 있기도 합니다. 커스텀 컴포넌트 가격 대비 성능을 고려하지 않을 경우 다양한 위험 요소를 안게 됩니다.

[사례 2] 기존의 커스텀 컴포넌트 샘플을 참고하지 않았다

커스텀 컴포넌트를 만들 때 기존의 커스텀 컴포넌트 샘플을 참고하지 않고 자신이 아는 지식만으로 만드는 경우가 있습니다. 접근성을 고려해 설계한 수많은 커스텀 컴포넌트의 샘플이 인터넷에 공개되어 있습니다. 그런 커스텀 컴포넌트를 무시하고 자신만의 방식으로 개발하려면 HTML이나 WAI-ARIA에 관한 다양한 사양서를 처음부터 살펴봐야 하기에 개발 비용이 높아집니다. 또한 사양을 만족하지 않는 커스텀 컴포넌트를 개발할 위험성도 높아집니다.

[사례 3] 키보드 조작이 적절히 설계되지 않았다

커스텀 컴포넌트는 개발자가 직접 키보드 조작을 설계해야 합니다.

키보드 조작을 설계할 때 특히 문제가 되는 것은 포커스가 깨지는 경우입니다. 키보드만으로는 절대로 포커스가 불가능한 위치가 생기거나 사용자가 의도하지 않은 위치로 이동하는 경우입니다. 포커스가 깨지면 키보드만으로는 더 이상 조작할 수 없게 되어 현저히 비효율적인 조작이 됩니다.

또한 표준적인 키보드 조작법을 지원하지 않는 경우도 있습니다. 커스텀 컴포넌트에는 해당 컴포넌트만의 키보드 조작법이 있습니다. 사용자는 OS를 조작하거나 다른 웹 페이지를 조작하기 위해 이미 표준적인 키보드 조작법을 학습했습니니

---

14 공수(工數)란 어떠한 작업을 하는 데 들어가는 인원수를 시간 단위로 나눈 비용을 말합니다 (예로 M/D, M/M).

다. 커스텀 컴포넌트가 표준적인 키보드 조작법을 지원하지 않으면 사용자는 지금까지 학습한 키보드 조작법으로 커스텀 컴포넌트를 조작하지 못해 조작을 포기하거나 조작에 시간이 걸리게 될 수 있습니다.

[사례 4] WAI-ARIA 사양을 따른 역할이 설정되지 않았다

커스텀 컴포넌트에 부여한 역할이 WAI-ARIA 사양을 따르지 않은 경우가 있습니다. 사양에 따라 역할을 부여하지 않으면 추가한 역할이 지원 기술에서 인식되지 않을뿐더러 HTML 네이티브 시맨틱스도 전달되지 않게 됩니다. 지원 기술 이용자는 커스텀 컴포넌트의 구조를 오해하거나 조작 불가능할 수 있습니다.

[사례 5] WAI-ARIA 사양을 따른 속성·상태가 설정되지 않았다

커스텀 컴포넌트에 부여한 속성·상태가 WAI-ARIA 사양을 따르지 않은 경우가 있습니다. 사양을 따라 속성·상태를 부여하지 않으면 부여한 속성·상태가 지원 기술에서 무시될 수 있습니다. 지원 기술 이용자는 속성·상태를 부여한 효과를 얻을 수 없습니다.

[사례 6] 지원 기술로 검증하지 않았다

커스텀 컴포넌트를 지원 기술로 검증하지 않은 경우가 있습니다. HTML이나 WAI-ARIA의 최신 사양을 만족했더라도 지원 기술로 쾌적하게 조작할 수 있다고는 할 수 없습니다. 지원 기술에 따라서는 일부 HTML이나 WAI-ARIA를 올바르게 인식하지 못하는 경우가 있기 때문입니다. 실제로 지원 기술로 검증하지 않으면 지원 기술 이용자가 커스텀 컴포넌트를 조작하기 어렵거나 조작하지 못하는 문제가 발생할 위험성이 있습니다.

체크 포인트

수동 확인(설계 시)

- 애초에 커스텀 컴포넌트를 이용해야 하는지 검토한다
- 접근성을 고려한 커스텀 컴포넌트 샘플을 참고한다
- 적절한 커스텀 컴포넌트 키보드 조작을 설계한다
- 커스텀 컴포넌트에 적절한 WAI-ARIA 역할을 검토한다
- 커스텀 컴포넌트에 적절한 WAI-ARIA 속성·상태를 검토한다

수동 확인(구현 시)

- 커스텀 컴포넌트를 키보드만으로 조작 가능한지 검증한다
- 커스텀 컴포넌트를 지원 기술로 검증한다

자동 확인

WAI-ARIA 사양은 자동으로 확인하기가 쉬우며, 대부분의 규칙이 제공되어 있습니다. 여기서는 대표적인 규칙만을 나열합니다.

- eslint-plugin-jsx-a11y / eslint-plugin-vuejs-accessbitiliy
    - aria-props // WAI-ARIA 속성이 유효한 속성명인지 확인한다
    - aria-proptypes // WAI-ARIA 속성에 유효한 값이 설정되어 있는지 확인한다
    - aria-role // role 속성에 유효한 값이 설정되어 있는지 확인한다
- axe
    - aria-roles // role 속성에 유효한 값이 설정되어 있는지 확인한다
    - aria-valid-attr // WAI-ARIA 속성이 유효한 속성명인지 확인한다

- aria-valid-attr-value // WAI-ARIA 속성에 유효한 값이 설정되어 있는지 확인한다
- aria-required-parent // 역할이 적절한 부모 요소에 포함되어 있는지 확인한다
- aria-required-children // 역할에 적절한 자식 요소가 포함되어 있는지 확인한다
- aria-allowed-attr // WAI-ARIA 속성을 요소에 적용할 수 있는지 확인한다

자주 있는 사례를 개선하다

[사례 1 개선] 애초에 커스텀 컴포넌트를 이용해야 하는지 검토한다

애초에 커스텀 컴포넌트를 반드시 이용해야 하는지 검토하는 것이 중요합니다. 접근성이 높은 커스텀 컴포넌트를 실현하려면 디자인과 구현에 큰 비용을 들여야 합니다. 높은 비용을 들여 커스텀 컴포넌트를 구현하는 것이 과연 가격 대비 성능이 좋을지 검토해봅시다.

커스텀 컴포넌트를 피할 방법을 생각해봅시다. 만들려는 컴포넌트를 HTML 표준 폼 제어로 대체할 수 있는지 검토합시다. HTML 표준 폼 제어라도 디자인 면에서 문제가 없다면 이를 이용함으로써 비용을 크게 절감할 수 있습니다. 또한 복잡한 컴포넌트를 단순한 컴포넌트로 바꿀 수 없을지 검토합시다. 예를 들면 복잡한 컴포넌트를 여러 개의 단순한 컴포넌트로 분할할 수 없을지 검토합니다. 커스텀 컴포넌트를 피할 수 있다면 접근성을 높이는 데 드는 비용을 절약함으로써 접근성을 높여야 할 다른 부분에 집중할 수 있습니다.

[사례 2 개선] 접근성을 고려한 커스텀 컴포넌트 샘플을 참고한다

커스텀 컴포넌트를 설계할 때 우선 접근성을 고려한 커스텀 컴포넌트 샘플을 참고하면 좋습니다. HTML, WAI-ARIA, 키보드 조작, 지원 기술의 지원 여부를 처음부터 검토하려면 큰 비용이 듭니다. 커스텀 컴포넌트 샘플을 참고함으로써 검

토 비용을 줄일 수 있습니다.

가장 많이 참고하는 커스텀 컴포넌트 샘플 중 하나는 'ARIA Authoring Practices Guide(APG)'[15]로, 해당 문서에는 WAI-ARIA로 다양한 커스텀 컴포넌트를 구현하는 방법이 패턴으로 설명되어 있습니다(**그림 3-5-1**).

그림 3-5-1 ARIA Authoring Practices Guide(APG)의 패턴 목록

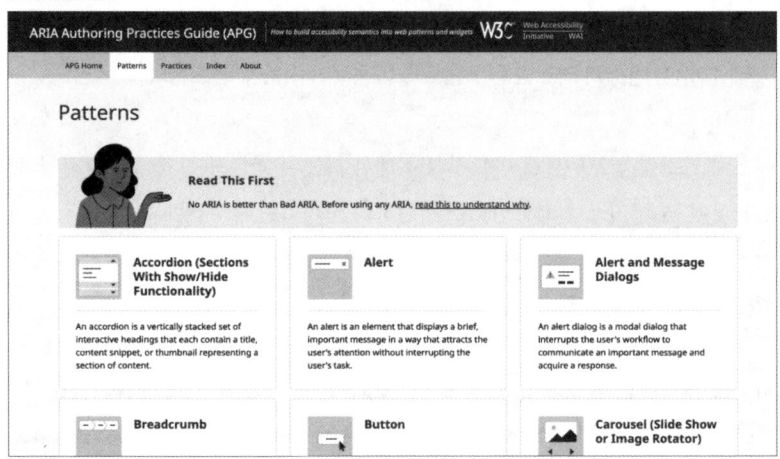

커스텀 컴포넌트마다 주로 다음 내용이 설명되어 있습니다.

- 권장하는 WAI-ARIA의 역할·상태·속성
- 권장하는 키보드 조작
- 구현 예시의 데모

첫 번째는 권장하는 WAI-ARIA의 역할·상태·속성입니다. ARIA APG에는 WAI-ARIA 사양을 만족하면서도 커스텀 컴포넌트에 적합한 역할·상태·속성이 선택

---

15 https://www.w3.org/WAI/ARIA/apg/

되어 있습니다. 아무것도 없는 상태에서 선택하는 경우와 비교해 계획을 세우기 쉬워집니다.

두 번째는 권장하는 키보드 조작입니다. OS의 GUI를 기준으로 한 표준적인 키보드 조작이 설명되어 있습니다.

세 번째는 실제 구현 사례 데모입니다. 설명한 내용을 기준으로 구현 예시 데모를 제공하고 있습니다. 예시가 있으므로 실제로 키보드로 어떻게 조작하는지, 상황에 따라서 WAI-ARIA를 어떻게 부여해야 할지 등을 검토할 수 있어 구현하는 데 도움이 됩니다.

이처럼 커스텀 컴포넌트 샘플을 확인함으로써 힌트가 전혀 없는 상태에서 커스텀 컴포넌트를 구현하는 작업에 비해 비용을 줄일 수 있습니다.

하지만 커스텀 컴포넌트 샘플만으로는 만들기 어려운 경우도 있습니다. 예를 들면 제공된 샘플과 구현하려는 커스텀 컴포넌트의 사양이 다르다면 그 상태에서 커스텀 컴포넌트를 구현할 수는 없습니다. 또한 커스텀 컴포넌트를 구현하는 데 필요한 공수를 들이지 못하거나, 이미 구현된 커스텀 컴포넌트의 접근성을 높일 때는 커스텀 컴포넌트 샘플 구현을 완벽히 따를 수 없기도 합니다. 커스텀 컴포넌트 샘플을 따를 수 없을 경우 앞으로 설명하는 다양한 사양서를 참고하면서 직접 커스텀 컴포넌트 구현 방법을 검토해야 합니다.

[사례 3 개선] 적절한 키보드 조작을 설계한다

제2장 2절에서는 기본적인 키보드 조작 지원 방법을 설명했습니다. 제2장 2절의 내용과 함께 커스텀 컴포넌트는 다음 관점에 주의해야 합니다.

- 표준적인 키보드 조작을 지원한다

- 포커스가 깨지지 않도록 한다
- 부적절한 요소로 포커싱할 수 없도록 한다

첫 번째는 OS나 브라우저가 제공하는 표준적인 키보드 조작을 따르는 것입니다. 조작하는 키는 일반적으로 커스텀 컴포넌트의 종류에 따라서 정해져 있습니다. 예를 들어 버튼이라면 [Tab] 키로 포커스하여 [Space] 키 또는 [Enter] 키로 실행합니다. 리스트 박스, 메뉴, 라디오 그룹, 탭 등 여러 옵션으로 구성된 커스텀 컴포넌트는 [Tab] 키로 포커스하여 방향 키로 커스텀 컴포넌트의 옵션을 선택합니다. 표준적인 키보드 조작을 따름으로써 사용자는 지금까지 학습한 조작 방법으로 커스텀 컴포넌트를 조작할 수 있게 됩니다.

두 번째는 키보드 조작이 깨지지 않게 하는 것입니다. 키보드 조작이 깨지는 건 다음에 나타내는 몇 가지 전형적인 패턴으로 인해 일어납니다. 각 패턴의 문제점과 대처법을 확인합시다.

- **포커스의 리셋**
  포커스가 body 요소로 이동되어 키보드 조작이 페이지 맨 앞에서부터 다시 시작되는 것. 포커싱되는 요소를 삭제하거나 표시하지 않을 때 발생한다. 포커스를 적절한 위치로 이동시켜야 한다.
- **포커스 트랩**
  포커스가 일정 요소에 갇히는 것. 예를 들면 리치 텍스트 편집기에서 [Tab] 키로 탭 스페이스를 입력할 수 있도록 하면 [Tab] 키를 눌러도 리치 텍스트 편집기에서 포커스가 빠져나오지 못하게 된다. 키보드만으로는 웹 페이지 전체를 조작할 수 없게 되므로 포커스 트랩을 피하거나 빠져나올 수 있는 수단을 마련해야 한다.
- **무한 스크롤**
  어떤 리스트를 끝까지 스크롤하면 리스트 아이템이 자동으로 로딩되는 것. 키보드만으로 조작할 때 리스트 끝으로 포커스하면 스크롤이 발생해 리스트 아이템이 로딩되기에 리스트보다 뒤쪽에 있는 요소로 포커싱할 수 없게 된다. 무한 스크롤을 피하며 리스트 아이템을 로딩하기 위한 버튼을 마련하면 좋다. 자세한 내용은 제8장 6절을 참조.

세 번째는 부적절한 요소로 포커싱할 수 없게 하는 것입니다. 특히 접근성 오브젝트 모델에서 삭제된 요소(aria-hidden="true" 안의 요소)로 포커싱할 수 없게 해야 합니다. 스크린 리더는 aria-hidden="true"를 부여한 요소를 읽지 않지만, Tab 키 등으로 포커스하는 건 가능하기 때문입니다. 사용자 입장에서 보면 포커싱한 요소가 있음에도 아무것도 읽지 않기 때문에 무엇을 조작하면 되는지 알 수 없어 혼란이 가중됩니다.

접근성 오브젝트 모델에서 삭제된 요소는 포커싱할 수 없게 합시다. aria-hidden="true"를 부여한 요소에 포커스 가능한 요소가 있다면 tabindex="-1"을 부여함으로써 사용자의 키보드 조작에 따른 포커스를 방지할 수 있습니다.[16]

[사례 4 개선] 적절한 WAI-ARIA 역할을 검토한다

HTML을 검토하고서 보다 적절한 역할은 없는지 검토합시다. HTML의 네이티브 시맨틱스만으로는 커스텀 컴포넌트를 나타내는 충분한 구조와 의미를 전달할 수 있다고는 할 수 없기 때문입니다.

특히 역할 중에는 HTML의 네이티브 시맨틱스로 나타낼 수 없는 역할이 있습니다. 예를 들어 다음과 같은 역할은 HTML만 이용해서는 전달되지 않기에 WAI-ARIA로 역할을 직접 지정해야 합니다.

- tab 역할
- tablist 역할
- tabpanel 역할
- tree 역할
- treeitem 역할

---

16 inert 속성을 이용하는 방법도 있습니다. inert 속성은 aria-hidden 속성과 마찬가지로 요소를 접근성 오브젝트 모델에서 삭제함과 동시에 키보드 조작을 할 수 없게 합니다. 하지만 집필 시점(2022년 12월)에서 inert 속성은 파이어폭스에서 지원되지 않습니다.

이 역할들이 나타내는 인터페이스를 **그림 3-5-2**에 나타냅니다. HTML에는 탭이나 트리를 직접 나타내는 요소는 없습니다. role="tab" 혹은 role="tree"를 부여함으로써 보다 정확한 구조나 의미를 지원 기술로 전달할 수 있습니다.

역할을 지정함으로써 보다 상세한 시맨틱스를 지원 기술로 전달할 수 있지만 무작정 역할을 부여해도 된다는 의미는 아닙니다. 역할을 이용하기 위해 지켜야 할 몇 가지 제약이 있습니다. 역할을 올바르게 이용하지 않으면 거꾸로 접근성이 저하될 우려가 있습니다.

그림 3-5-2　tab 역할과 tree 역할이 나타내는 인터페이스

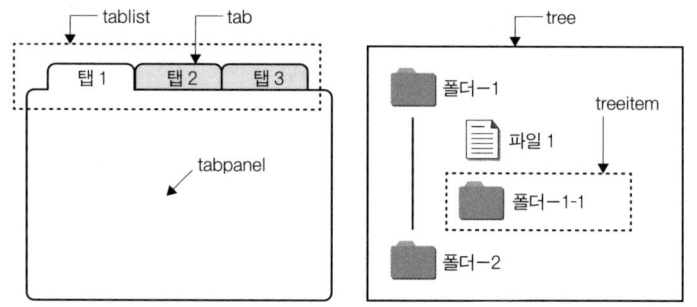

역할을 지정할 때는 특히 다음 사항을 지킵시다.

- 역할을 현재 HTML 요소에 적용할 수 있는지 확인한다
- 역할에 대한 필수적인 구조가 있는지 확인한다

첫 번째는 역할을 현재 HTML 요소에 적용할 수 있는지 확인하는 것입니다. 각 HTML 요소에 적용할 수 있는 역할은 'ARIA in HTML'[17]의 'HTML에서 ARIA 속성을 사용하기 위한 문서 적합성 요건'에 정의되어 있습니다. 해당 사양에는 각

17　https://www.w3.org/TR/html-aria/

HTML 요소에 어느 역할을 적용할 수 있는지가 기록되어 있습니다. 적용하려는 역할이 적용할 곳의 HTML 요소에서 허용되는지 확인해야 합니다.

두 번째는 필수적인 구조가 있는지 확인하는 것입니다. HTML 요소에는 자신의 자손 요소에 제약이 있습니다. 예를 들면, ul 요소의 자손에는 li 요소를 비롯한 일부 요소만 허용됩니다. 역할도 마찬가지로 역할을 부여한 요소의 자손에 제약이 생깁니다. 이 사양은 'ARIA in HTML'의 'ARIA 역할의 허용된 자손'과 'Accessible Rich Internet Applications(WAI-ARIA)'의 각 역할에 대한 설명 중 '필수인 소유된 요소'[18]로 정의되어 있습니다. 예를 들면 tablist 역할의 자손으로는 tab 역할인 요소만 인정됩니다. 두 사양을 참고하여 자손에 제약이 있다면 자손의 역할 수정을 검토합시다.

[사례 5 개선] 적절한 WAI-ARIA 속성·상태를 검토한다

커스텀 컴포넌트는 역할 지정뿐 아니라 커스텀 컴포넌트의 현재 상태도 전달해야 합니다. WAI-ARIA에는 커스텀 컴포넌트의 상태를 표현하는 다양한 속성·상태가 있습니다(표 3-5-1).

표 3-5-1 커스텀 컴포넌트의 상태와 대응하는 속성·상태의 예시

커스텀 컴포넌트의 상태	속성·상태
펼쳐지거나 확장된 상태	aria-expanded="true"
선택된 상태	aria-selected="true"
체크된 상태	aria-checked="true"
눌린 상태	aria-pressed="true"
필수 입력	aria-required="true"
비활성, 사용할 수 없음	aria-disabled="true"
읽기 전용	aria-readonly="true"

---

18 https://www.w3.org/TR/wai-aria-1.2/#mustContain

역할과 마찬가지로 속성·상태를 부여할 때도 규칙을 지켜야 합니다. 특히 속성·상태를 이용할 때는 다음과 같은 점에 주의해야 합니다.

- 역할에 속성·상태를 사용할 수 있는지 확인한다
- 역할에 필수적인 속성·상태가 있는지 확인한다

첫 번째는 역할에 속성·상태를 사용할 수 있는지 확인하는 것입니다. 역할마다 이용 가능한 속성·상태는 정해져 있습니다. WAI-ARIA에는 각 역할에 이용할 수 있는 속성·상태가 정해져 있습니다. 속성·상태를 부여하려는 역할이 해당 속성·상태를 허용하는지 확인합시다.

두 번째는 역할에 필수적인 속성·상태가 있는지 확인하는 것입니다. 역할을 이용한 단계에서 특정 속성·상태를 지정해야 하는 경우가 있습니다. WAI-ARIA에는 각 역할에 필수적인 속성·상태가 정의되어 있습니다. 필수적인 속성·상태가 있다면 반드시 지정합시다.

[사례 6 개선] 지원 기술로 검증한다

지금까지 사양에 따른 커스텀 컴포넌트 구현 방법을 설명했습니다. 앞서 설명한 내용을 고려하면 이론적으로는 머신 리더블한 커스텀 컴포넌트를 구현할 수 있을 것입니다. 하지만 필자는 사양에 따른 구현뿐 아니라, 실제로 지원 기술을 사용해 커스텀 컴포넌트에 접근할 수 있는지 검증하기를 강력히 권합니다.

지원 기술을 이용해서 커스텀 컴포넌트를 검증하는 데는 세 가지 이유가 있습니다.

첫 번째는 브라우저나 지원 기술에 따라서는 WAI-ARIA를 올바르게 인식하지 못하거나 의도대로 포커스가 이동되지 않는 경우가 있기 때문입니다. 실제로 지원 기술을 이용해서 커스텀 컴포넌트를 조작함으로써 커스텀 컴포넌트가 의도대로 작동하는지 검증할 수 있습니다.

두 번째는 조작감을 확인할 수 있기 때문입니다. 실제로 조작해봄으로써 지원 기술에 대한 조작이 생각보다 비효율적임을 깨달을 수 있습니다.

세 번째는 WAI-ARIA를 이용하는 효과를 팀 내 다른 인원에게 설명하기 쉬워지기 때문입니다. 이는 특히 커스텀 컴포넌트를 본격적으로 구현하기 전에 프로토타입을 만들 때 중요한 관점입니다. 팀 인원에 따라서는 WAI-ARIA를 이용하면 조작감이 어떻게 향상되는지 설명을 요구하기도 합니다. 지원 기술로 검증한 결과를 피드백하여 조작감이 어떻게 향상되는지 설명할 수 있습니다. 또한 상황에 따라서는 조작감 향상과 구현 비용을 감안하여 현실적인 한계점을 찾아야 하는 경우도 있습니다. 이러한 경우에도 지원 기술의 검증 결과가 판단을 내릴 수단이 되기도 합니다.

지원 기술을 이용한 검증 시에는 검증에 사용할 지원 기술을 한 가지 정해두면 좋습니다. 익숙하지도 않은데 여러 지원 기술로 검증하기란 어렵습니다. 일본에서 이용 가능한 많은 데스크톱 PC용 스크린 리더에는 PC-Talker나 NVDA 등이 있으며, 스마트폰용 스크린 리더에는 iOS VoiceOver가 있습니다. 우선은 가장 많이 이용하는 스크린 리더를 사용해 검증하면 좋습니다.

또한 개발자가 직접 검증하면서 실제로 지원 기술 이용자에게 조작을 요청하는 것도 한 방법입니다. 지원 기술 이용자는 개발자보다 실제 사용감을 더 정확하게 피드백할 수 있기 때문입니다. 예를 들면 지원 기술 이용자는 지원 기술 기능을 비교적 잘 알고 있으며 개발자가 조작하기 어렵다고 생각하는 부분도 문제 없이 조작할 수 있습니다. 또한 거꾸로 개발자가 간단하다고 생각하는 조작을 하기 어렵거나 못한다고 느끼는 경우도 있습니다. 지원 기술 이용자가 가까이 있다면 꼭 요청해봅시다.

제 **4** 장

UI 디자인의 개선

이 장에서는 주로 시각적인 UI 디자인 면에서 접근성을 해치는 자주 있는 문제와 그 해결 방법을 설명합니다. 색이나 타이포그래피, 화면 레이아웃, 동영상이나 애니메이션의 움직임 등 시각적인 표현은 다방면에 이릅니다. 이러한 문제들을 해결하여 접근성을 높이면 특정 장애가 있는 사용자뿐 아니라, 다양한 환경에서도 콘텐츠나 UI를 이용하기 훨씬 쉬워집니다. 또한 시각적인 표현만이 아닌 라이팅이나 대체 텍스트와 같은 콘텐츠에 접근하도록 하는 방법도 설명합니다.

4.1 색과 대비

이 절에서는 주로 색을 다룹니다. 웹 애플리케이션 UI에서도 색은 매우 중요한 역할을 합니다. 예를 들면 조작 중요도를 나타내거나 정보 분류를 나타내는 등 다양한 정보를 지각하기 쉽게 합니다. 색들로 정보를 접근할 수 있도록 하는 방법을 설명합니다.

흰색 배경에 흰색 문자로 되어 있다면 시각적으로는 아무것도 읽을 수 없습니다. 시각적으로 형태를 지각하기 위해서는 색의 차이가 있어야 하며, 색의 차이가 너무나도 적으면 시력이나 특성에 따라서는 정보를 지각할 수 없습니다. 색을 적절히 이용함으로써 접근성을 높일 수 있습니다. 이 절에서는 특히 WACG의 달성 기준이기도 한 휘도의 차이(명암비)도 설명합니다.

자주 있는 사례에서 문제 알아보기

[사례 1] 색만으로 정보를 제공했다

색은 시각적인 정보이므로 색만으로 정보를 제공하면 시각으로 정보를 얻을 수 없는 사용자(예를 들어 스크린 리더 이용자 혹은 맹인)는 정보에 접근할 수 없습니다.

또한 사람에 따라서는 색이 다르게 보일 수 있습니다. 사람은 망막에 있는 L 원추세포·M 원추세포·S 원추세포라는 세 종류의 시세포를 통해 색을 느낍니다. L 원추세포는 황록~빨강, M 원추세포는 초록~주황, S 원추세포는 보라~파랑을 지각하며, 이 원추세포 중 하나 또는 여럿이 제 기능을 하지 못하면 색을 다르게 느낍니다. 이렇게 색을 달리 느끼는 현상을 색각 특성이라 합니다.

모든 원추세포가 충분히 기능하고 있으면 C형(일반형)이라 합니다. L 원추세포(황록~빨강)가 기능하지 않거나 약하면 P형, M 원추세포(초록~주황)가 기능하지 않거나 약하면 D형, S 원추세포(보라~파랑)가 기능하지 않거나 약하면 T형이라고 합니다. 하나의 원추세포만 기능하거나 모든 원추세포가 기능하지 않아 흑백으로 보이면 A형이라고 합니다. 이는 일본의 NPO 법인 컬러 유니버설 디자인 기구가 제창하는 호칭입니다.

각각 보이는 색의 차이는 있지만 색각 특성 중에서도 가장 많은 P형과 D형은 '빨강과 초록', '노랑과 황록', '분홍과 회색', '파랑과 보라' 구분이 어려우며 해당 색만으로 정보를 제공한다면(필수 항목을 빨강으로만 나타내는 등) 이용하기 어려워집니다(그림 4-1-1).[1]

그림 4-1-1   필수 항목을 색만으로 표시한 입력 폼
Chrome DevTools에 의한 색각 시뮬레이션

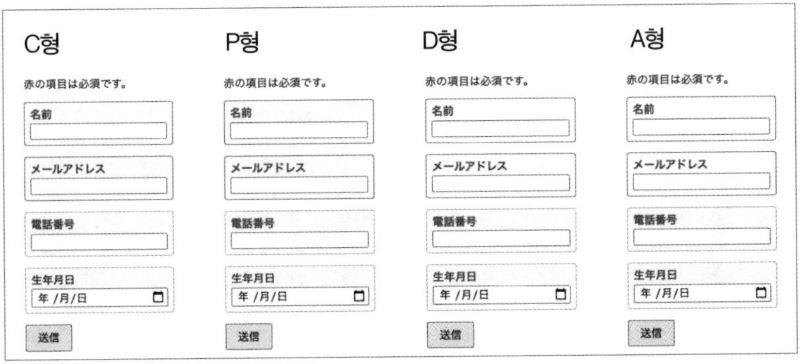

색에만 의존한 아이콘을 이용한 UI도 자주 봅니다. 예를 들면 즐겨찾기를 나타내는 아이콘으로, 즐겨찾기를 하지 않은 상태를 회색, 즐겨찾기를 한 상태를 빨강, 즐겨찾기할 수 없는 상태를 연한 회색으로 나타낸 것입니다(**그림 4-1-2의 왼쪽**). 아이콘 모양은 같은데 상태 차이를 색만으로 나타내면 색각에 따라서는 즐

---

1 이 절의 그림은 인쇄용으로 변환했기 때문에 실제 화면에서 보이는 것과는 차이가 있을 수 있습니다.

즐겨찾기를 한 상태(빨강)와 그렇지 않은 상태(회색)를 구분하기 어려워집니다(그림 4-1-2의 오른쪽).

그림 4-1-2　색만으로 상태를 나타낸 즐겨찾기 아이콘
C형과 A형 색각 시뮬레이션으로 봤을 때

출처: https://heroicons.com

색에만 의존한 그래프나 차트도 많이 있습니다. 범례와 데이터의 관계를 색만으로 나타냈을 때 색의 차이를 느끼지 못한다면 그래프 정보를 이해할 수 없습니다(그림 4-1-3).

그림 4-1-3　A와 B의 두 가지 데이터를 꺾은선으로 나타낸 그래프
데이터와 범례의 관계가 색만으로 표시되어 있다. P형 색각은 A와 B를 구별할 수 없다.

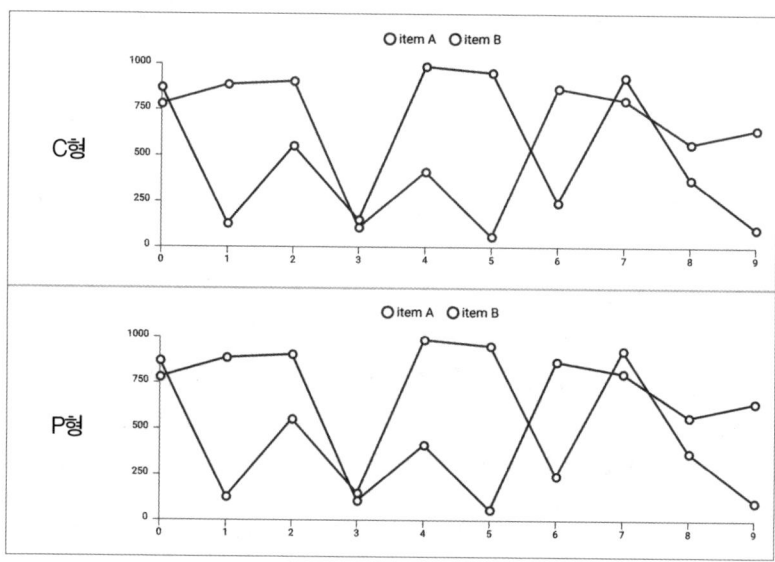

이 경우 시각 장애가 없거나 색각 특성이 없더라도 영향을 줍니다. 예를 들면 애플리케이션 화면을 종이에 흑백으로 인쇄하는 일도 있을 것입니다. 또한 최근에는 시각 자극을 줄이기 위해 OS 화면을 어둡게 설정하는 사례도 있습니다. 어떤 경우라도 색에만 의존한 정보를 누락하기 쉽습니다.

[사례 2] 명암비가 너무 낮다

시각으로 정보를 얻더라도 색의 차이를 느끼는 힘이 약하거나 그러한 환경에 있을 때는 정보에 접근하기 어렵습니다. 예를 들면 나이를 먹어 시력이 저하된 고령자나 저시력자는 흰색 배경에 연한 회색 문자를 볼 수 없습니다. 또한 주변 광이 화면에 반사되는 환경이라면 어두운 배경에 어두운 문자를 읽기 힘들 것입니다.

체크 포인트

수동 확인(설계 시)

- 색 차이만으로 정보를 전달하지 않는다
- 각 색각에 대한 시뮬레이터를 이용해서 어떻게 보이는지 확인한다
- 배경색과 문자색의 명암비는 4.5:1 이상, 큰 문자(18포인트 이상 또는 굵게 14포인트 이상)는 3:1 이상으로 한다
  - WCAG의 AAA를 목표로 한다면 7:1 이상 또는 큰 문자는 4.5:1 이상으로 한다

확인 도구

색각마다 어떻게 보이는지 확인하거나 명암비를 직접 계산하는 작업은 시간이 걸리므로 도구를 이용합니다. 몇 가지 관련 도구가 있으며, 색각 시뮬레이션 결

제4장 UI 디자인의 개선

과와 명암비 확인이 모두 가능한 Stark[2]는 디자인 도구 플러그인으로 이용할 수 있기에 제작 단계에서 확인할 수 있습니다(**그림 4-1-4**).

그림 4-1-4 P형 색각 시뮬레이션(위)과 색상 명암비 계산(아래)
　　　　　 Stark의 크롬 확장 기능

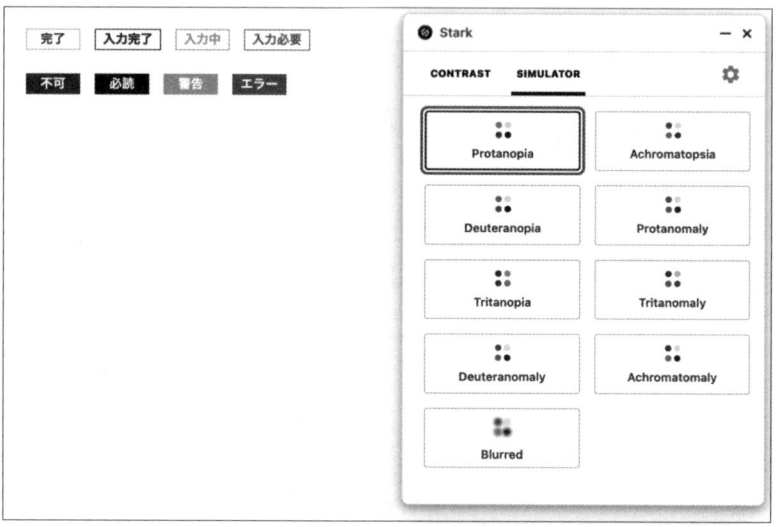

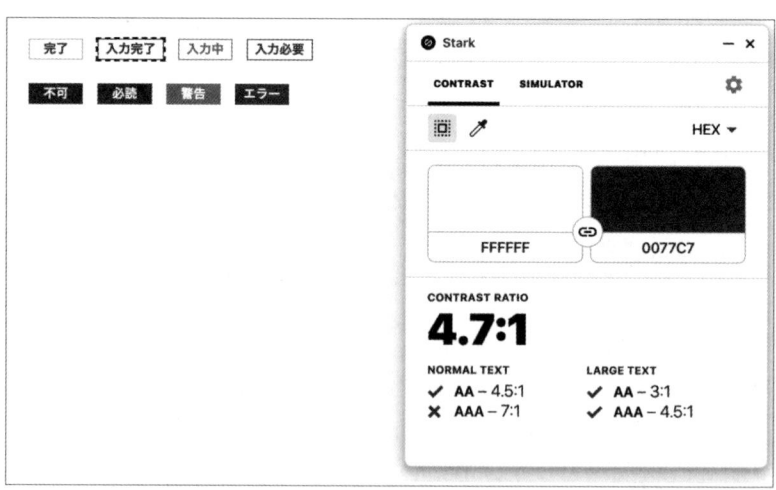

---

2 https://www.getstark.co/

실제로 웹 페이지를 확인할 때는 브라우저의 개발자 도구를 이용하는 것이 가장 간단합니다. 크롬, 파이어폭스, 엣지는 실제로 렌더링된 색을 기준으로 명암비를 계산하거나 다양한 모습을 시뮬레이션할 수 있습니다.

하지만 색각 시뮬레이션이 반드시 실제 사용자가 보는 모습을 나타낸다고는 할 수 없음에 주의해야 합니다. 보이는 모습은 환경이나 사람에 따라 다릅니다. 도구도 이용하되, 보다 정확한 확인을 위해 다양한 사용자에게 검증을 의뢰합시다.

자동 확인

자동 확인 도구를 이용하면 명암비를 확인할 수 있습니다. 색을 이용한 곳은 방대하므로 페이지 수가 많다면 자동 확인 도구가 유용합니다.

하지만 자동 확인 도구로는 배경이 이미지나 동영상일 경우, 배경색이 지정되지 않은 요소나 그라데이션, 반투명 색을 이용했을 때는 확인하기 어려울 수 있으므로 주의해야 합니다.

- axe
  - color-contrast // 전경색과 배경색의 명암비를 확인한다

자주 있는 사례를 개선하다

[사례 1 개선] 색 이외의 수단으로도 정보를 제공한다

사례 1을 개선해봅시다. 각 항목이 필수 입력임을 나타내기 위해 레이블 옆에 텍스트를 표시합니다(**그림 4-1-5**).

아이콘 색만으로 상태를 나타냈던 사례에서는 색 채우기나 모양을 변경한 아이콘을 이용함으로써 색 이외의 수단으로도 정보를 제공할 수 있습니다(**그림 4-1-6**).

그림 4-1-5   입력 폼 개선 사례
색으로 나타냈던 필수 항목의 레이블 옆에 '※필수' 텍스트를 추가

그림 4-1-6   즐겨찾기 아이콘 개선 사례
선만 있는 회색 아이콘, 색이 채워진 빨강 아이콘, 빗금이 그어진 아이콘을 C형과 A형 색각 시뮬레이션으로 봤을 때. **흑백이더라도 모양이 달라 차이를 알 수 있다.**

서드파티 아이콘 모음을 이용하는 사례도 많을 것입니다. 그럴 때는 같은 심볼을 다양한 모양으로 제공하는지 확인하면 좋습니다.

그래프의 사례도 색 이외의 모양을 이용해 개선합니다. 꺾은선 그래프라면 선을 파선으로 하거나 마커(Microsoft Office에서는 표식이라고 함)의 모양을 바꾸는 등 색에 의존하지 않고 정보를 제공할 수 있습니다(**그림 4-1-7**).

그림 4-1-7 꺾은선 그래프 개선 사례

데이터와 범례의 관계를 색만이 아닌 선의 스타일이나 마커 모양으로도 나타냈다

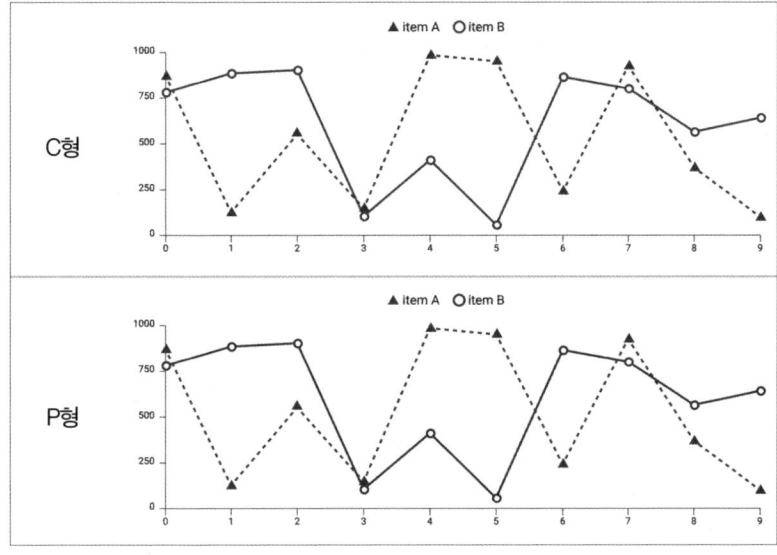

그 밖에도 범례와 데이터의 대응을 직접 선으로 연결하는 방법이 있습니다. 또한 모양으로 나타내는 것 이외에도 '빨강'과 '초록'의 조합을 피하는 등 다양한 색각을 지녀도 구별하기 쉬운 배색을 검토하는 것도 중요합니다(**그림 4-1-8**).

사용자가 정보를 분류하는 데 도움을 주거나 연상하도록 도와주는 등 색은 무척 강력한 도구지만, 정보를 색에만 의존해 제공하지 않도록 색을 잘 활용합시다.

그림 4-1-8   꺾은선 그래프 개선 사례
범례와 데이터를 선으로 연결해 배색도 구분하기 쉽도록 했다

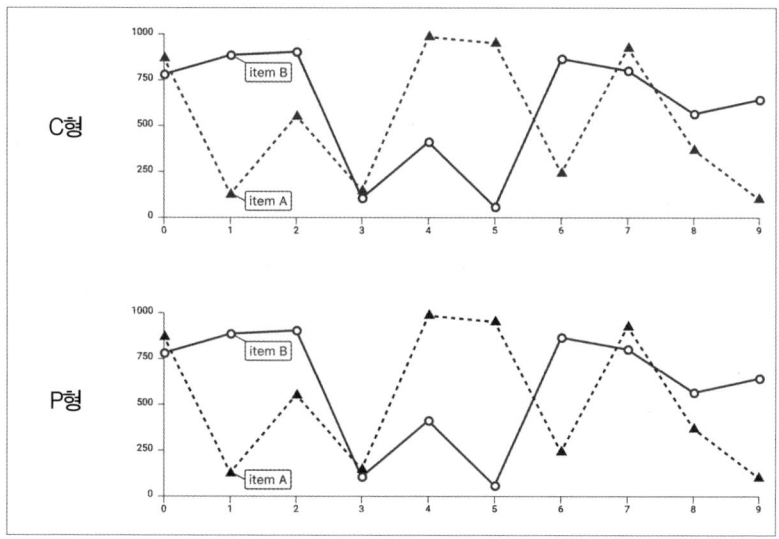

[사례 2 개선❶] 문자의 명암비를 개선한다

WCAG 2.1의 달성 기준 1.4.3 '색의 대비(최소한)'[3]에서는 문자색과 배경색의 명암비를 4.5:1 이상으로 할 것을 요구합니다(**그림 4-1-9**).

---

3 https://www.w3.org/WAI/WCAG21/Understanding/contrast-minimum.html

조금 더 발전된 달성 기준 1.4.6 '색의 대비(향상된)'[4]에서는 문자색과 배경색의 명암비를 7:1 이상으로 할 것을 요구합니다. 하지만 이 기준은 레벨 AAA에 해당하므로 애플리케이션 전체에서 이 기준을 만족하기란 쉽지 않습니다. 우선 전체를 4.5:1 이상으로 하도록 목표하면서, 본문에 해당하는 부분은 7:1 이상으로 하는 등 두 가지 기준을 둡니다.

문자색에 변화가 있더라도 명암비를 만족하도록 합시다. 예를 들면 링크나 버튼의 경우 명암비를 만족하지만 마우스 오버했을 때 연한 색을 사용하는 사례가 있습니다. 이 경우 사용자가 마우스 오버해서 요소를 주시하는데도 문자가 잘 보이지 않거나 혹은 아예 보이지 않을 수 있으므로 피해야 합니다.

그림 4-1-9 3:1, 4.5:1, 7:1의 명암비 예시

흰색 배경에 검정 또는 회색 문자로 표시되어 있다

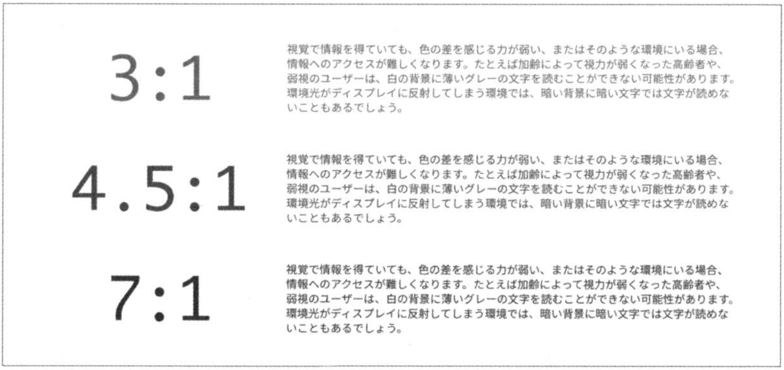

---

4 https://www.w3.org/WAI/WCAG21/Understanding/contrast-enhanced.html

주변의 색으로 인해 색이 다르게 보인다

현재 WCAG 2.1의 명암비 달성 기준은 상대적인 휘도 비교로, 색에 의한 지각 변화는 고려하지 않았습니다. 그렇기에 색에 따라서는 실제로 보이는 것과 명암비의 수치가 감각적으로 맞지 않는 것처럼 느껴질 수도 있습니다.

그림 4-1-a의 주황(#FA9806), 검정(#000000), 흰색(#FFFFFF) 조합은 색이 어떻게 보이는지에 따르지만 시인성이 크게 달리 느껴지지는 않습니다. 하지만 명암비로 보면 9.6:1에 대해 2.2:1이 되어 AAA를 만족하는 기준과 AA도 만족하지 않는 기준으로 크게 달라집니다.

그림 4-1-a　**주황 배경에 검정 텍스트와 흰색 텍스트**
일반형(C형) 색각이라면 시인성은 크게 다르지 않은 것처럼 느끼지만 명암비는 크게 다르다

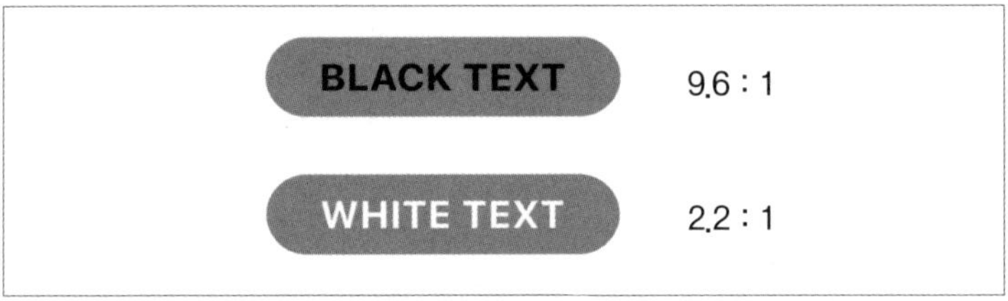

BLACK TEXT　9.6 : 1

WHITE TEXT　2.2 : 1

이런 현상이 일어나는 이유는 인간이 색이나 대비를 지각하는 데 주변 색에 영향을 받기 때문에 물리적으로 같은 색이 그렇지 않은 듯 보이기 때문입니다. 이를 이용한 유명한 착시로 '체커 그림자 착시(**그림 4-1-b**)'가 있습니다.

WCAG 3.0에서 검토 중인 시인성 달성 기준에는 APCA 대비라는 방법을 통해 주변 색에 의한 지각 변화를 고려하고 있습니다.

그림 4-1-b 체커 그림자 착시
A, B 부분은 모두 회색이지만 A가 더 어둡게 보인다

출처: http://persci.mit.edu/gallery/checkershadow ©Edward H. Adelson

[사례 2 개선 ❷] 문자 이외의 명암비를 개선한다

웹에는 문자 이외에 아이콘이나 입력 부분 등 시인성이 특히 요구되는 부분이 있습니다. WCAG 2.1의 달성 기준 1.4.11 '비텍스트의 대비'[5]는 UI 컴포넌트나 그래픽 객체에 인접하는 색의 명암비를 3:1 이상으로 할 것을 요구합니다.

UI 컴포넌트와 같은 부분은 다양한 모양이나 형태가 존재하기에 문자색과 배경색의 명암비를 고려할 때와는 달리 어느 부분의 명암비를 만족하면 될지 판단하기 어려울 수도 있습니다. 한 가지 판단 기준으로는 명암비가 낮은(3:1 미만) 곳에 대해 색의 차이를 알 수 없는 경우라도 정보가 누락되지 않았는지를 확인하는 것입니다.

- **아이콘**
  색의 차이를 알지 못하게 되면 아이콘이 보이지 않으므로 아이콘 색과 배경색의 명암비를 확보해야 한다.

---

5 https://www.w3.org/WAI/WCAG21/Understanding/non-text-contrast.html

- 버튼

  버튼 내부의 아이콘이나 텍스트에 충분한 명암비가 확보됐다면 버튼의 배경색과 바깥 쪽 배경색의 명암비를 반드시 확보할 필요는 없다. 만약 배경색과의 차이를 알기 힘들더라도 버튼을 식별하는 데 중요한 아이콘이나 텍스트를 인지할 수 있기 때문이다. 하지만 버튼 배경색을 힌트로 삼는 사용자도 있기에 버튼 배경색과 바깥 쪽 배경색의 대비도 충분히 확보하는 것이 바람직하다.

- 체크 박스

  체크 표시와 배경색, 그리고 체크 표시를 감싸는 테두리와 배경색의 대비를 확보해야 한다(**그림 4-1-10**). 체크 표시의 명암비만 확보하면 사용자는 체크 박스인지 아니면 단순한 체크 표시인지 판단하기 힘들다.

- 텍스트 입력란

  입력란의 배경색과 테두리 또는 입력란의 배경색과 바깥쪽 배경색은 충분한 명암비를 확보해야 한다(**그림 4-1-11**). 그렇지 않을 경우 텍스트 입력란이 배경에 묻혀 보이지 않을 수 있다. 단, 테두리가 없으면서 배경색만으로 구별되는 텍스트 입력은 인접한 배경에 대해 3:1의 명암비를 갖도록 한다.

그림 4-1-10 체크 박스의 좋지 않은 사례와 좋은 사례

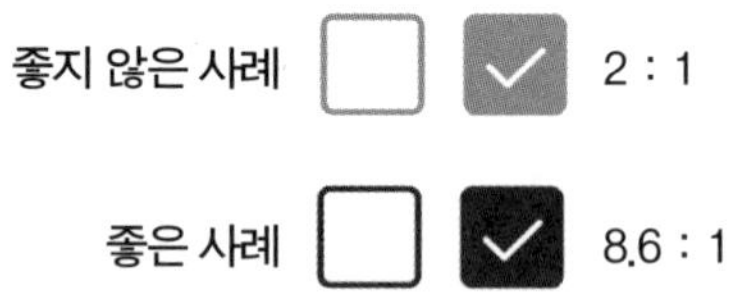

그림 4-1-11 텍스트 입력란의 좋지 않은 사례와 좋은 사례

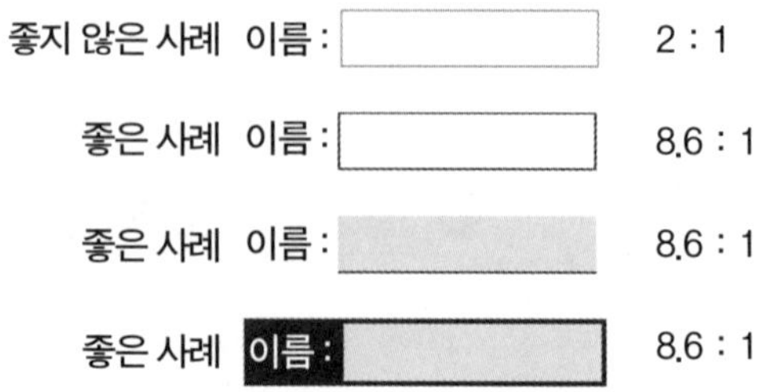

WCAG 2.1의 달성 기준 1.4.11 '비텍스트의 대비'에는 더욱 다양한 사례에서 명암비를 어떻게 만족하면 될지 자세한 설명이 있으니 한번 읽어보시기 바랍니다.

[사례 2 개선❸] 되도록 명암비를 높이거나, 문자를 크고 굵게 표시한다
　　　　　　　(명암비를 확보할 수 없을 때)

앞서 언급했듯 WCAG 2.1의 달성 기준 1.4.3은 4.5:1 이상의 명암비를 요구합니다. 이 4.5:1이라는 값은 테스트를 가능케 한다는 WCAG의 설계 방침에 따른 기준값으로, 이 값을 만족하지 않더라도 낮은 명암비를 높이면 시인성 향상으로 이어집니다.

또한 시인성은 문자의 크기나 굵기와도 연관이 있습니다. 도저히 명암비를 확보하기 힘들더라도 문자를 크거나 굵게 표시함으로써 고민해 볼 여지가 남아 있습니다.

달성 기준값을 만족하기는 어렵더라도 조금이라도 높은 시인성을 위해 다양한 개선 방법을 시도해봅시다.

색에 의한 자극을 억제한다

발달 장애가 있거나 빛의 자극에 과민한 사용자 중에는 높은 명암비를 스트레스로 느끼는 사람도 있습니다. 따라서 명암비는 높으면 높을수록 좋다고 할 수 없습니다. 흰색(#FFFFFF) 배경에 검은색(#000000)을 사용하지 않도록 한 사람도 있을 것입니다.

문자색에 검정이 아닌 명도를 다소 내린 검정을 사용하거나 흰색 배경에 검은색 문자가 이어질 때 연한 회색 배경색을 이용하는 등 화면 전체의 명암비가 너무 높아지지 않게 조정합시다(**그림 4-1-a**).

또한 채도가 높은 색의 면적이 크면 눈이 따가운데, 자극에 과민한 이용자는 장시간 이용하지 못할 수 있습니다. 채도가 높은 색으로 칠한 면적이 크지 않도록 주의합시다.

특히 빨간색은 필자가 과거 경험을 통해 가장 신경 쓰는 색입니다. 필자가 과거에 담당한 블로그 서비스에서 '글쓰기 화면의 사이드 바에 있는 빨간색 작은 UI가 신경 쓰이므로 색을 조정해줬으면 좋겠다'는 요청을 이용자로부터 받은 적이 있습니다. 채도가 높은 색을 그대로 이용하기보단 색조를 맞춘 연한 색을 이용하는 등의 고민이 필요합니다(**그림 4-1-b**).

특히 장시간 이용하는 애플리케이션이라면 배색에 더욱 주의하거나, 사용자가 화면 배색을 설정할 수 있도록 하는 방안도 검토합시다(**그림 4-1-c**).

4.1 색과 대비

그림 4-1-a 화면 전체의 대비가 높은 사례(왼쪽)와 대비를 조정한 사례(오른쪽)

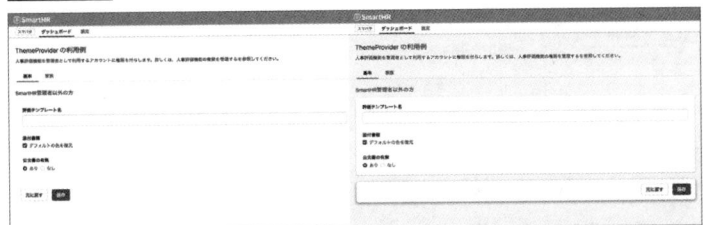

그림 4-1-b 빨간색 배경에 흰색 배경인 로그인 화면(왼쪽)과 배경색의 채도를 내린 사례(오른쪽)

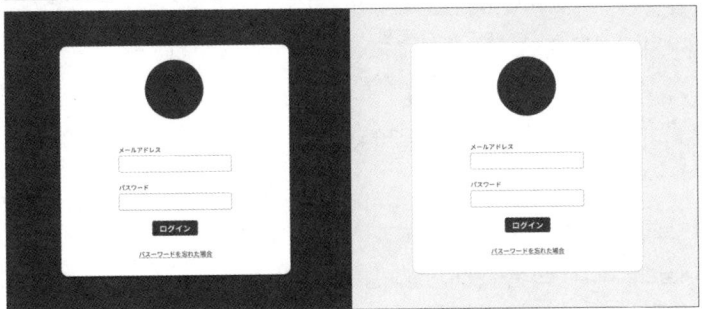

그림 4-1-c Slack의 환경 설정 화면
마련된 테마에서 화면의 배색을 설정하거나 독자적인 테마를 만들 수 있다

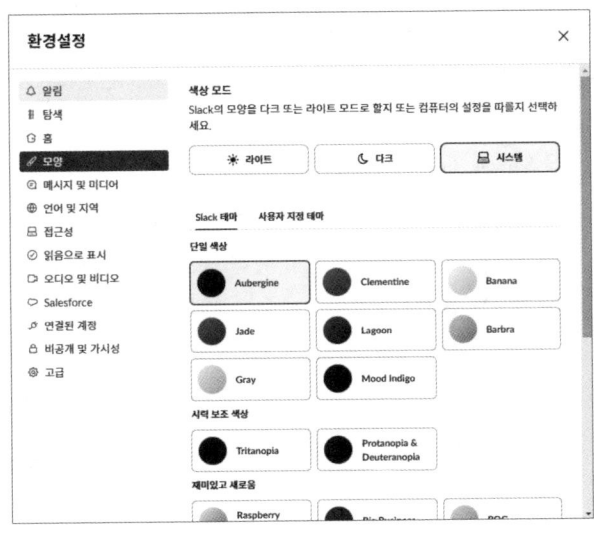

4.2 텍스트 크기

텍스트 크기에 관해 접근성을 고려할 때 가장 중요한 점은 사용자가 문자를 확대해서 볼 수 있도록 하는 것입니다. 특히 저시력자는 글자를 확대하지 않으면 문자를 읽을 수 없습니다. 또한 작은 화면으로 보거나 햇빛 아래서 보는 사용자도 글자를 확대하지 않으면 문자를 읽기 어려워집니다. 문자를 확대 가능하다면 많은 사용자가 문자를 인지할 수 있게 됩니다.

웹 페이지의 문자를 확대하는 데 몇 가지 방법이 있습니다.

- 브라우저의 줌 기능을 사용하는 방법
- 브라우저나 OS의 문자 크기 변경 기능을 사용하는 방법
- 핀치 아웃으로 화면을 확대하는 방법(두 손가락으로 터치한 상태에서 지도 등을 확대하는 것)
- 지원 기술의 화면 확대 기능을 사용하는 방법
- 웹 페이지가 제공하는 독자적인 문자 크기 변경 기능을 사용하는 방법

브라우저의 줌 기능은 브라우저에 표시된 화면 전체를 확대합니다. 예를 들어 크롬의 설정 항목에서 '확대/축소'를 선택하면 확대율을 지정해서 화면 전체를 확대할 수 있습니다. **그림 4-2-1**은 크롬의 '확대/축소'를 이용한 예시로, 화면 전체를 확대했음을 알 수 있습니다.

브라우저나 OS의 문자 크기 변경 기능은 문자 크기를 변경합니다. **그림 4-2-2**는 크롬의 '글꼴 맞춤 설정'을 변경한 예시입니다. 문자 크기만 커졌음을 알 수 있습니다.

핀치 아웃은 손가락으로 터치 디바이스나 트랙패드를 핀치 아웃하여 화면 일부를 확대합니다. **그림 4-2-3**은 핀치 아웃으로 화면을 확대한 예시입니다. 화면의 왼쪽 상단 영역을 확대했음을 알 수 있습니다.

그림 4-2-1   브라우저의 줌 기능을 사용하는 방법

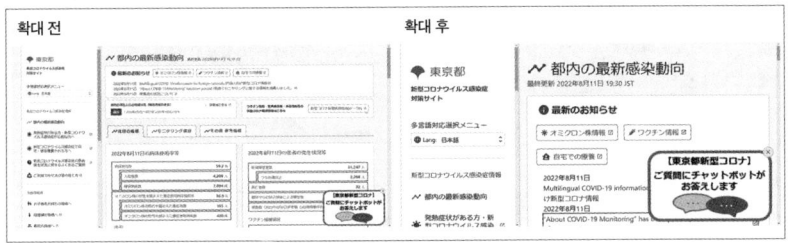

그림 4-2-2   브라우저의 문자 크기 변경 기능을 사용하는 방법

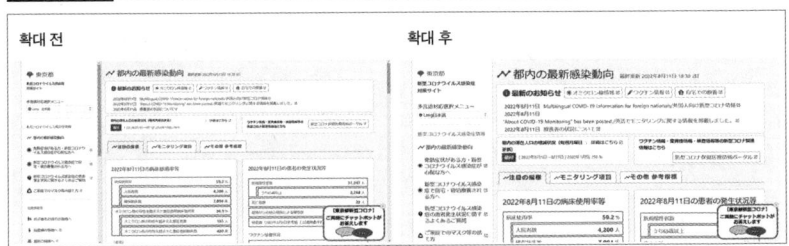

그림 4-2-3   핀치 아웃을 통한 화면을 확대하는 방법

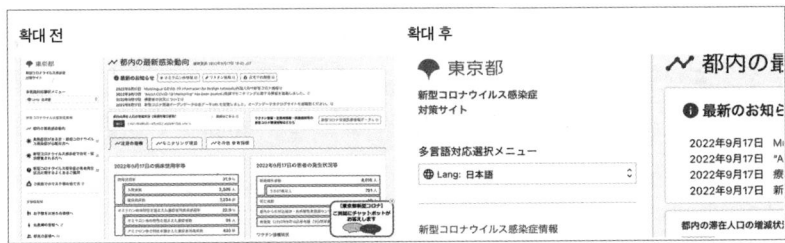

지원 기술의 화면 확대 기능은 전용 소프트웨어를 이용해서 화면 일부를 확대합니다. 윈도우에는 '돋보기', macOS에는 '확대/축소'라는 기능이 표준 탑재돼 있습

니다. 또한 ZoomText[6] 등 화면을 확대하기 위한 소프트웨어도 있습니다. **그림 4-2-4**는 윈도우의 '돋보기'의 렌즈 모드를 이용한 예시입니다. 화면 일부를 확대했음을 알 수 있습니다.

그림 4-2-4   지원 기술의 화면 확대 기능을 사용하는 방법

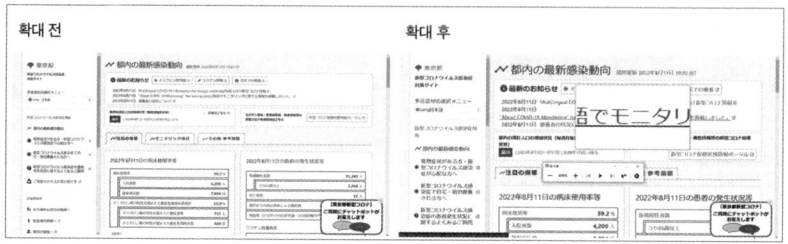

웹 페이지가 제공하는 독자적인 문자 크기 변경 기능은 웹 페이지 자체에 구현된 문자 크기를 선택하는 기능을 이용해서 문자 크기를 변경합니다. 예를 들면 문자 크기를 선택하는 '대', '중', '소'와 같은 버튼이 웹 페이지의 상단에 배치돼 있습니다. 버튼을 눌러 화면 전체의 문자 크기를 변경할 수 있습니다.

자주 있는 사례에서 문제 알아보기

[사례 1] 터치 디바이스에서 핀치 아웃으로 화면을 확대하지 못한다

문자를 확대할 수 없는 전형적인 사례는 터치 디바이스에서 핀치 아웃으로 화면을 확대하지 못하는 경우입니다. `meta` 요소의 `viewport` 설정에 `user-scalable=no`나 `maximum-scale=1.0`을 추가하면 안드로이드 크롬에서는 핀치 아웃으로 화면을 확대할 수 없게 됩니다.[7] 화면 확대가 필요한 사용자는 웹 페이

---

6 https://www.freedomscientific.com/products/software/zoomtext/
7 안드로이드 크롬의 '접근성' 설정에서 '확대/축소 강제 사용'을 활성화했을 때는 제외합니다. 또한 iOS 10부터는 viewport 설정에 관계없이 확대/축소 기능을 막지 못하게 됐습니다.

지를 열람하거나 조작하기 어려워집니다.

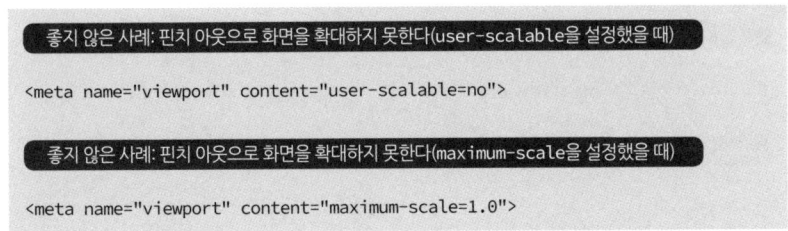

[사례 2] 화면을 확대하면 위치가 고정된 요소가 화면을 가려버린다

화면을 확대하면 위치가 고정된 영역(헤더나 푸터 등)이 화면을 가려버리는 경우가 있습니다(**그림 4-2-5**). 확대 기능이 필요한 사용자는 고정된 요소의 틈을 통해서 웹 페이지를 열람해야 하며, 한 번에 적은 양의 정보밖에 얻을 수 없습니다.

그림 4-2-5   위치가 고정된 영역(헤더나 푸터)이 화면을 가려버린다

[사례 3] 브라우저의 문자 크기 변경 기능이 반영되지 않는다

브라우저의 문자 크기 변경 기능을 이용해도 문자 크기가 변하지 않는 경우가 있습니다. 문자 크기를 절대 단위(px, pt 등)로 지정하면 변경 사항이 문자 크기에

반영되지 않게 됩니다.

> **좋지 않은 사례: 브라우저의 문자 크기 설정이 반영되지 않는다(HTML)**

```html
<button class="save-button">저장</button>
```

> **좋지 않은 사례: 브라우저의 문자 크기 설정이 반영되지 않는다(CSS)**

```css
.save-button {
    font-size: 16px;
    min-width: 80px;
    height: 32px;
}
```

Internet Archive의 조사에 따르면 브라우저의 문자 크기 변경 기능을 사용 중인 사용자는 전체 사용자의 약 3%라고 합니다.[8] 변경 사항이 반영되지 않으면 해당 사용자들은 계속 문자를 읽을 수 없게 됩니다.

또한 브라우저의 문자 크기 변경 기능과 브라우저의 줌 기능을 혼동하지 않도록 주의합시다. 브라우저의 문자 크기 변경 기능은 문자만 확대하며, 브라우저의 줌 기능은 화면 전체를 확대합니다. 또한 각 확대 방법이 정상적으로 작동하지 않게 되는 원인은 서로 다릅니다. 문자 크기에 절대 단위를 지정하면 브라우저의 문자 크기 변경 기능으로는 확대할 수 없지만, 브라우저의 줌 기능에는 영향을 주지 않습니다.

체크 포인트

문자 크기를 확대했을 때 의도대로 디자인이 표현됐는지는 직접 확인해야 합니다.

---

8 'Pixels vs. Ems: Users DO Change Font Size' https://medium.com/@vamptvo/pixels-vs-ems-users-do-change-font-size-5cfb20831773

WCAG 2.1의 달성 기준 1.4.4 '텍스트 크기 변경'[9]에는 웹 페이지의 콘텐츠나 기능을 저해하지 않고 지원 기술의 도움 없이 200%까지 문자 크기를 변경할 수 있도록 요구합니다. 또한 문자를 확대하는 방법을 여럿 제공하는 건 필수는 아닙니다. 어느 한 가지 방법으로 문자를 확대할 수 있다면 달성 기준을 만족하게 됩니다.

수동 확인(설계 시)

- 브라우저의 줌 기능으로 200%까지 확대했을 때의 표시 방법을 검토한다
- 브라우저의 문자 크기 변경 기능으로 문자 크기를 2배로 했을 때의 표시 방법을 검토한다

수동 확인(구현 시)

- viewport에 user-scalable=no나 maximum-scale=1.0을 지정하지 않는다
- 글꼴 크기나 글꼴 크기에 따라 변화하는 크기에는 상대 단위를 지정한다
- 브라우저의 줌 기능을 이용해 200%까지 확대했을 때 문자가 잘리거나 겹치지 않았는지 확인한다
- 브라우저의 문자 크기 변경 기능으로 문자 크기를 2배로 했을 때 문자가 잘리거나 겹치지 않았는지 확인한다

자동 확인

브라우저의 줌 기능이 막혀 있는지 자동으로 확인할 수 있습니다.

- axe
  - meta-viewport // 200%까지 확대할 수 있도록 viewport가 지정됐는지 확인한다
  - meta-viewport-large // 500%까지 확대할 수 있도록 viewport가 지정됐는지 확인한다

---

9 https://www.w3.org/WAI/WCAG21/Understanding/resize-text.html

자주 있는 사례를 개선하다

[사례 1 개선] 핀치 아웃으로 화면을 확대할 수 있게 한다

터치 디바이스에서 핀치 아웃으로 화면을 확대할 수 있도록 합시다. viewport에 user-scalable=no나 maximum-scale=1.0을 지정하지 않도록 합시다.

> 개선 사례: 브라우저의 확대 기능을 막지 않는다
>
> ```html
> <meta name="viewport" content="width=device-width,initial-scale=1.0">
> ```

[사례 2 개선] 위치가 고정된 요소를 확대했을 때의 표시 방법을 검토한다

위치가 고정된 요소를 확대했을 때의 표시 방법을 검토해둡시다. 자주 사용하는 해결책은 확대 시 위치 고정을 해제하는 것입니다. 브라우저의 줌 기능을 사용해 화면을 확대한 상태는 좁은 화면에서 표시한 것과 같으므로 미디어 쿼리 등을 사용해 스타일을 전환할 수 있습니다.

> 개선 사례: 확대했을 때 헤더의 위치 고정을 해제한다
>
> ```css
> .header {
>   position: fixed;
> }
> @media (max-height: 480px) {
>   .header {
>     position: static;
>   }
> }
> ```

그림 4-2-6은 확대했을 때 헤더와 푸터의 위치 고정을 해제한 사례입니다. 사용자는 화면 전체를 활용하여 정보를 얻을 수 있습니다.

그림 4-2-6   헤더와 푸터의 위치 고정을 해제한 사례

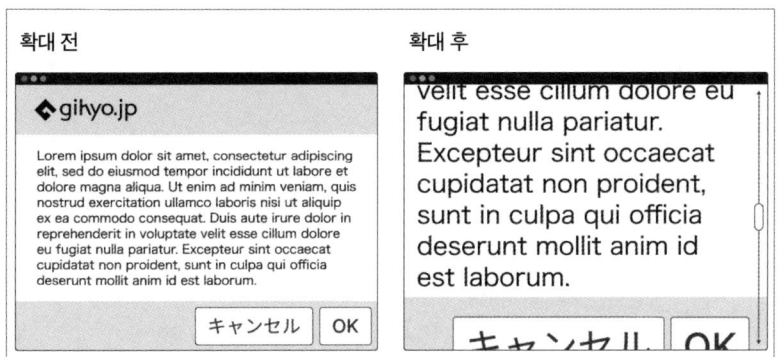

[사례 3 개선] 폰트 사이즈는 상대 단위로 지정한다

브라우저의 문자 크기 변경 기능으로 문자를 확대 가능하도록 하려면 폰트 사이즈를 em, rem, % 등의 상대 단위로 지정합시다. 폰트 사이즈를 상대 단위로 지정하면 브라우저의 문자 크기 변경 기능에서 설정한 표준 문자 크기가 폰트 사이즈에 반영됩니다. 브라우저의 기본 문자 크기는 16px입니다. 브라우저에서 표준 문자 크기를 16px보다 크게 설정함으로써 웹 페이지의 모든 문자의 크기를 확대할 수 있습니다.

또한 버튼의 폭이나 높이 등, 폰트 사이즈만이 아닌 폰트 사이즈에 따른 크기 변화를 원하는 부분도 상대 단위로 지정합시다. 폰트 사이즈를 키웠는데 버튼의 폭이나 높이가 연동되지 않는다면 문자가 버튼에서 튀어나와 조작하거나 보기 어려워집니다.

> 개선 사례: 폰트 사이즈를 상대 단위로 지정한다(HTML)

```
<button class="save-button">저장</button>
```

> 개선 사례: 폰트 사이즈를 상대 단위로 지정한다(CSS)

```
.save-button {
  font-size: 1rem;
  min-width: 5rem;
  height: 2rem;
}
```

상대 단위의 기준이 되는 폰트 사이트도 절대 단위로 지정하지 않도록 합시다. 예를 들면 rem은 html 요소의 폰트 사이즈를 기준으로 삼기에 html 요소의 폰트 사이즈에 10px처럼 지정하지 않도록 합시다. html가 아닌 요소의 폰트 사이즈에 rem을 사용해도 기준 폰트 사이즈에 따라서 문자의 크기가 변하지 않게 됩니다. html 요소의 폰트 사이즈는 % 등의 상대 단위로 지정하거나 처음부터 지정하지 않도록 합시다.

Column

웹 페이지의 독자적인 문자 크기 변경 기능은 필수가 아니다

브라우저나 OS의 설정과는 별개로, 웹 페이지에 독자적인 문자 크기 변경 기능을 두는 경우가 있습니다. 그런 기능은 눈에 잘 띄며, 이따금 웹 접근성의 확보를 홍보하기 위해 도입합니다.

하지만 그 기능은 웹 접근성을 확보하는 데 필수적이지는 않습니다. 지금까지 설명했듯 문자 크기는 브라우저나 OS에서 변경할 수 있기에 해당 기능이 문자를 확대하는 유일한 수단은 아닙니다. 또한 저시력자 등 항상 확대가 필요한 사용자의 대부분은 브라우저, OS, 지원 기술을 사용해 문자를 확대합니다. 웹 페이지의 독자적인 기능은 사용 빈도가 반드시 많지 않을 수 있으며, 비용 대비 효과도 낮을 수 있습니다.

물론 브라우저 조작에 익숙하지 않은 사용자 중에는 브라우저의 줌 기능의 존재를 모르는 사용자도 있습니다. 그런 사용자에게 웹 페이지의 독자적인 기능을 제공하는 건 유용하다고 할 수 있습니다. 하지만 독자적인 기능을 제공하기 전에 우선 브라우저에 탑재된 기능의 존재나 사용법을 사용자에게 충분히 설명하는 것이 좋습니다.

사용자가 브라우저의 기능을 사용해 문자 크기를 변경 가능하도록 한 후, 필요에 따라 웹 페이지의 독자적인 기능 제공을 검토하면 좋습니다.

4.3 텍스트 레이아웃

접근성에서 텍스트 레이아웃은 중요한 역할을 지닙니다. 텍스트 레이아웃이 적절하면 텍스트를 읽는 속도가 빨라지고, 잘못 읽는 일이 적어지며 이해하기 쉬워지는 등의 효과를 기대할 수 있습니다.

이 절에서는 텍스트 레이아웃 접근성의 두 가지 관점을 소개합니다. 첫 번째는 텍스트 레이아웃을 기본적으로 읽기 쉽게 디자인하는 것입니다. 줄 길이, 줄 간격, 단락 간격, 정렬 등을 적절히 디자인함으로써 많은 사용자가 텍스트를 읽기 쉬워집니다. 두 번째는 텍스트 레이아웃을 사용자가 보기 쉽게 덮어쓸 수 있도록 하는 것입니다. 사용자에 따라서는 기본값 텍스트 레이아웃으로는 충분한 시인성을 얻을 수 없어 텍스트 레이아웃을 변경해야 합니다. 사용자가 텍스트 레이아웃을 덮어쓸 수 있도록 함으로써 보다 많은 사용자가 텍스트를 읽기 쉬워집니다.

WCAG 2.1에는 텍스트 레이아웃에 관한 달성 기준 1.4.8 '시각적 제시'[10]와 1.4.12 '텍스트 간격'[11]의 두 가지가 있습니다. 달성 기준 1.4.8은 텍스트의 레이아웃을 콘텐츠 제작자가 읽기 쉽게 만들 것을 요구합니다. 이에 비해 달성 기준 1.4.12는 줄 간격, 단락 간격, 문자 간격, 단어 간 간격 등 텍스트의 간격을 사용자가 조정해 가독성을 개선 가능하도록 함을 요구합니다. 이 절에서는 두 가지 달성 기준과 그 달성 방법의 일부를 소개합니다. 또한 달성 기준 1.4.8은 레벨 AAA, 달성기준 1.4.12는 레벨 AA 기준입니다.

자주 있는 사례에서 문제 알아보기

[사례 1] 줄이 너무 길다

줄이 너무 길면 대부분의 사용자들은 읽기 어려워집니다(**그림 4-3-1**). 지금 자신이 어디를 읽는지 파악하기 힘들거나 다음 줄로 넘어가기 어려워집니다. 또한 화면 확대가 필요한 저시력자는 확대한 화면의 가로폭에 줄이 다 들어오지 않습니다. 줄이 너무 길면 줄을 읽을 때마다 좌우로 크게 스크롤해야 하므로 부담이 됩니다.

그림 4-3-1   줄이 너무 긴 텍스트

アクセシビリティとは「利用可能な状況の幅広さ」を指します。アクセシビリティの向上とは、特定の人々に向けての恵意にとどまらず、どのような状況でもサービスの価値が届き、さらにそれが最大化される可能性を作るという、非常にエキサイティングな取り組みです。では、まずはこの言葉が指す意味を紐解いてみましょう。
アクセシビリティは英語のaccessから来ています。accessには「接近、通路、入口、入手、入場、利用」といった意味があります。場所やモノや情報に対して近づき、利用するところまでを指している単語です。派生して、access + ableでアクセシブル、つまりアクセスできることを指します。そして、アクセシビリティは access + ability であり、ある対象に対する「アクセスできる可能性」と捉えることができます。なお、a.ty の あいだに11文字あるため、略してa11yと表記されることもあります。アクセシビリティの高低は、その対象が備えている「アクセス可能な状況の幅広さ」に応じます。多くの状況でアクセスできるものはアクセシビリティが高く、逆に特定の状況でしかアクセスできないものはアクセシビリティが低いと表現します。たとえば、PCやスマートフォンの設定画面に「アクセシビリティ」の文字を見かけることがあると思います。ここには、そのデバイスを多くの状況で利用可能にするための設定や機能がまとめられています。

---

10 https://www.w3.org/WAI/WCAG21/Understanding/visual-presentation.html
11 https://www.w3.org/WAI/WCAG21/Understanding/text-spacing.html

[사례 2] 줄 간격이나 단락 간격이 좁다

줄 간격이 너무 좁아도 대부분의 사용자가 텍스트를 읽기 어렵습니다. 줄 간격이 좁으면 지금 읽고 있는 줄에 다른 줄이 겹쳐 보이거나 같은 줄을 여러 번 읽기도 합니다.

단락 간격이 줄 간격에 비해 좁을 때는 단락 덩어리를 인식하기 어려워집니다. 사람에 따라서는 단락 앞부분만 읽고 문장의 개요를 파악하기도 합니다. 단락 간격이 좁으면 단락 앞부분을 찾지 못해 문장을 빠르게 이해할 수 없게 됩니다. 또한 단락 마지막 부분을 인식하기 어려워지기에 화제가 전환되는 시점을 오해할 수도 있습니다.

그림 4-3-2의 텍스트는 줄 간격이 좁아 읽기 어려우며, 단락 간격도 좁기에 단락 구분도 인식하기 어렵습니다.

그림 4-3-2 줄 간격이나 단락 간격이 좁은 텍스트

> アクセシビリティとは「利用可能な状況の幅広さ」を指します。アクセシビリティの向上とは、特定の人々に向けてへの恩恵にとどまらず、どのような状況でもサービスの価値が届き、さらにそれが最大化される可能性を作るという、非常にエキサイティングな取り組みです。では、まずはこの言葉が指す意味を紐解いてみましょう。
> アクセシビリティは英語のaccessから来ています。accessには「接近、通路、入口、入手、入場、利用」といった意味があります。場所やモノや情報に対して近づき、利用するところまでを指している単語です。派生して、access + able でアクセシブル、つまりアクセスできることを指します。そして、アクセシビリティとは…

[사례 3] 텍스트가 양쪽 정렬됐다

텍스트가 양쪽 정렬돼 있으면 단어 간 간격이 상황에 따라 변화하므로 텍스트를 읽기 어려워집니다. 단어 간 간격이 띄엄띄엄 있을 때 각 줄의 공백 부분이 연결돼 '천(川)'자처럼 보이게 됩니다(**그림 4-3-3**). 특정 인지 장애가 있는 사용자는 '川'자에 정신이 팔려 텍스트를 읽기 힘들어집니다.

이 밖에도 첫 번째 줄의 문자 수가 많아지면 단어 간 간격이 좁아지며, 마지막 줄 등에서 문자 수가 적으면 단어 간 간격이 너무 벌어집니다. 어떤 경우든 가독성이 떨어집니다.

그림 4-3-3 양쪽 정렬에 의해 'lll'자로 보이는 텍스트

```
em ipsum dolor sit amet, consect
piscing elit. Pellentesque viverra
 nunc. Nam sed nisl nec elit susc
llamcorper. In leo  ante, venenati
tpat ut, imperdiet  auctor, enim.
avida. Suspendisse  molestie sem
esent a lacus vitae  turpis consec
mper. Integer porta. Donec sit am
esent a eros. In hac habitasse pl
ctumst. Suspendisse fermentum.
em ipsum dolor sit amet, consect
```

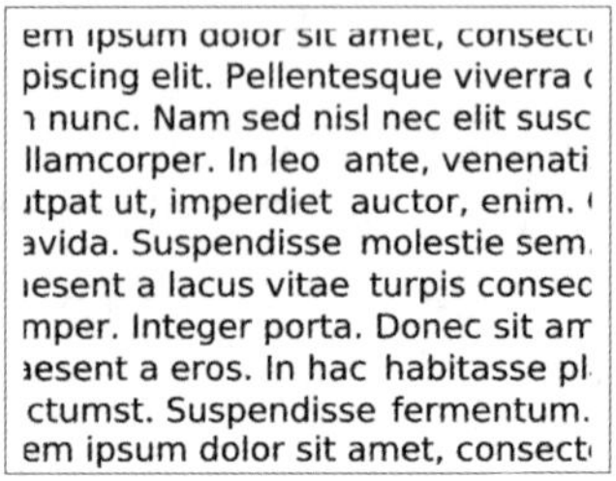

출처: Wikipedia 'River(typography)' https://en.wikipedia.org/wiki/River_(typography)

[사례 4] 공백 문자를 사용해 문자 간격을 조정했다

공백 문자를 사용해 문자 간격을 조정한 경우가 있습니다. 다음 사례는 '기술평론사'라는 텍스트로, 각 문자 사이에 전각 스페이스가 삽입됐습니다.

> **좋지 않은 사례: 공백 문자를 사용해 문자 간격을 조정했다**
>
> `<span>기 술 평 론 사</span>`

문자 간격을 공백 문자로 조정하면 브라우저나 지원 기술이 단어의 정확한 구분점을 이해할 수 없게 됩니다. 예를 들면 스크린 리더는 텍스트를 한 문자씩 읽기 나가기 때문에 영단어 발음이나 숙어의 음훈[12] 등을 적절히 읽을 수 없게 됩니다. 또한 영어를 자동 번역했을 때 적절히 번역되지 않게 됩니다. 그 밖에도 찾기를 통해 페이지 내에서 단어가 검색되지 않는 문제도 있습니다.

---

12 역주: 일본어의 한자는 읽는 방법이 여러가지가 있으므로 주의해야 합니다.

[사례 5] 텍스트 블록의 크기를 고정했다

텍스트 블록 내 레이아웃이 변화하지 않음을 전제로 텍스트 블록 크기를 고정하는 경우가 있습니다. 하지만 텍스트 블록 내 레이아웃은 사용자가 커스터마이징을 통해 변경할 수 있습니다. 예를 들면 텍스트를 읽기 어려운 사용자는 텍스트의 글꼴, 행 간격, 단락 간격, 문자 간격, 단어 간 간격 등을 조정합니다. 또한 일본어에 익숙하지 않은 사용자는 텍스트를 번역하거나 한자에 윗주(또는 루비 문자)를 달기도 합니다. 텍스트 블록 크기가 텍스트 레이아웃 변화를 따라가지 못하면 텍스트가 잘리거나 텍스트 블록에서 튀어나올 수 있습니다.

[사례 6] 문자 이미지로 텍스트 레이아웃을 고정했다

텍스트 레이아웃을 고정하고자 문자 이미지를 이용하는 경우가 있습니다. 텍스트를 문자 이미지로 만들면 이용 환경에 관계없이 같은 레이아웃을 제공할 수 있습니다. 그러나 레이아웃을 커스터마이징해야 하는 사용자는 문장을 읽기 어려워집니다. 문자 이미지로 인해 텍스트의 글꼴, 색, 간격과 같은 텍스트 레이아웃 요소를 변경하지 못하기 때문이며, 화면을 확대한 사용자도 문자 이미지를 읽기 어려워집니다. 문자 이미지를 확대하면 계단 현상(일명 깍두기 현상)이 발생해 윤곽을 파악하기 어려워지기 때문입니다. 해외 사용자 역시 문자 이미지를 이해하기 힘들어집니다. 문자 이미지를 자동 번역하거나 윗주를 달 수 없기 때문입니다.

체크 포인트

수동 확인(설계 시)

- 줄의 넓이가 80자를 넘지 않도록 한다(전각 문자인 경우 40자)

- 줄 간격을 1.5 이상으로 한다
- 단락 간격을 줄 간격의 1.5배 이상으로 한다
- 텍스트 블록을 양쪽 정렬하지 않는다
- 문자 간격을 조정하기 위해 공백 문자를 사용하지 않는다
- 사용자가 텍스트 간격을 변경해도 콘텐츠를 조작해서 볼 수 있도록 한다
- 줄 바꿈이 있는 텍스트 블록의 높이는 가변으로 한다
- 줄 바꿈이 없는 한 줄짜리 텍스트 블록은 넓이를 가변으로 하거나 충분한 넓이를 확보한다
- 문자 이미지를 사용하지 않는다(로고나 배너 등 필수적인 경우를 제외)

수동 확인(구현 시)

- 줄이 적절한 넓이로 줄바꿈되도록 width 속성이나 max-width 속성을 지정한다
- line-height 속성에 1.5 이상을 지정한다
- 텍스트 블록에 text-align: justify를 지정하지 않는다
- 문자의 간격을 조정하기 위해 letter-spacing 속성을 사용한다
- height 속성이나 max-height 속성을 지정해서 줄 바꿈이 있는 텍스트 블록의 높이를 고정하지 않는다

자동 확인

사용자가 CSS를 사용해 텍스트 레이아웃을 커스터마이징 가능한지 확인할 수 있습니다. !important 등을 사용해 스타일을 덮어쓸 수 없도록 했다면 오류로 표시됩니다. 또한 양쪽 정렬이 없는지 여부도 확인할 수 있습니다.

- axe
  - avoid-inline-spacing // 사용자가 텍스트 레이아웃을 덮어쓸 수 있는지 확인한다

- stylelint-a11y[13]
  - no-text-align-justify // CSS로 양쪽 정렬을 사용했는지 확인한다

자주 있는 사례를 개선하다

[사례 1 개선] 줄을 적절한 길이로 맞춘다

줄을 적절한 위치에서 줄 바꿈되도록 하여 한 줄을 짧게 합시다. WCAG 2.1의 달성 기준 1.4.8 '시각적 제시'에서는 넓이가 80자(반각 문자는 40자)를 넘지 않을 것을 요구합니다. 한편 줄이 너무 짧으면 오히려 읽기 어려워집니다. 그렇기에 줄의 넓이는 80자 근방(반각 문자는 40자)으로 하면 좋습니다.

ch 등의 상대 단위를 이용함으로써 문자 크기에 따라 줄의 넓이가 변경됩니다.

> 좋은 사례: 줄의 최대 넓이를 대략 반각 80자로 설정한다

```
p {
  max-width: 80ch;
}
```

[사례 2 개선] 줄 간격과 단락 간격을 넓게 한다

줄 간격과 단락 간격은 모두 넓게 잡읍시다. WCAG 2.1의 달성 기준 1.4.8 '시각적 제시'에서는 줄 간격을 적어도 1.5로, 단락 간격을 적어도 줄 간격의 1.5배 이상으로 할 것을 요구합니다. 하지만 줄 간격을 너무 넓게 잡으면 사용자가 다음 줄을 놓칠 가능성이 있습니다. 줄 간격은 문자 크기의 1.5배~2배 정도로 합시다.

---

13 https://www.npmjs.com/package/stylelint-a11y

line-height 속성을 설정해 줄의 높이를 변경함으로써 줄 간격을 변경할 수 있습니다.

> **좋은 사례: 줄의 높이를 폰트 사이즈의 1.5배, 단락 간격을 폰트 사이즈의 2배로 설정한다**

```
p {
  line-height: 1.5;
  font-size: 1rem;
}

p + p {
  margin-top: 2rem;
}
```

[사례 3 개선] 양쪽 정렬을 사용하지 않는다

양쪽 정렬을 사용하지 않도록 합시다. 텍스트 블록에 `text-align: justify`를 지정하지 않도록 합니다. WCAG 2.1의 달성 기준 1.4.8 '시각적 제시'에서는 양쪽 정렬이 아닌 왼쪽·오른쪽 정렬 사용을 달성 기준의 하나로 삼고 있습니다.

또한 WCAG 2.1은 텍스트 블록에만 양쪽 정렬을 하지 않도록 요구하며, 줄 바꿈을 전제로 하지 않는 한 줄짜리 텍스트에 대해서는 양쪽 정렬을 허용하고 있습니다. 하지만 문자 수에 따라서는 단어의 간격이 너무 좁거나 벌어질 수 있습니다. 또한 자동 번역 등을 적용하면 문자 수가 증감합니다. 한 줄짜리 텍스트라도 양쪽 정렬을 할 땐 신중해야 합니다.

[사례 4 개선] CSS를 사용해 문자 간격을 조정한다

문자 간격은 공백 문자가 아닌 CSS를 사용해 조정합시다. `letter-spacing` 속성을 이용함으로써 올바른 텍스트를 브라우저나 지원 기술이 이해할 수 있게 하면서 문자 사이에 공백을 줄 수 있습니다.

> **개선 사례: CSS를 사용해 문자 간격을 조정한다**
>
> ```
> 기술평론사
> ```

하지만 CSS를 이용하더라도 문자 간격을 극단적으로 조정하는 것은 신중해야 합니다. 인지 장애를 가진 사용자는 문자 간격이 너무 벌어져 있거나 좁으면 텍스트의 의미를 이해하기 어려워집니다. 또한 이미지를 확대한 저시력자는 문자 간격이 너무 벌어져 있으면 문자를 누락할 수 있어 단어의 구분점을 오해할 가능성도 있습니다.

[사례 5 개선] 텍스트 블록의 크기를 가변으로 한다

줄 바꿈이 있는 텍스트 블록은 높이를 가변으로 합시다. 사용자는 CSS를 덮어써 텍스트 블록의 줄 간격, 문자 간격, 단락 간격, 단어 간격 등을 변경합니다. 또한 자동 번역을 통해 텍스트 자체를 변화시키기도 합니다. 사용자에 따라 텍스트 블록 높이가 달라진다고 생각하면 좋습니다. 구현할 때는 CSS로 텍스트 블록의 높이를 고정하는 것은 피합시다. 예를 들어 텍스트 블록에 `height` 속성이나 `max-height` 속성을 절대 단위로 지정하면 텍스트 레이아웃이 변화했을 때 문자가 튀어나오거나 잘릴 가능성이 있습니다.

줄 바꿈을 전제로 하지 않는 한 줄짜리 텍스트는 넓이를 가변으로 합니다. CSS로 `width` 속성이나 `max-width` 속성을 설정하지 않으면 내부 텍스트에 따라 넓이가 변화합니다. 꼭 고정 넓이를 설정해야 한다면 레이아웃 변경에도 견딜 수 있는 충분한 넓이를 확보합시다. WCAG 2.1의 달성 기준 1.4.12 '텍스트 간격'에서는 기본 최대 넓이보다 20% 넓게 설정할 것을 달성 방법의 하나로 소개하고 있습니다.[14]

---

[14] https://www.w3.org/WAI/WCAG21/Techniques/css/C35

[사례 6 개선] 문자 이미지 사용은 최소화한다

문자 이미지는 되도록 사용하지 않도록 합시다. 특히 HTML이나 CSS를 사용해서 문자 이미지를 표현할 수 있다면 문자 이미지 사용은 피합시다. 또한 어떤 특수한 글꼴을 표현하고 싶더라도 문자 이미지 사용은 신중히 검토합시다. 표현하고자 하는 글꼴이 웹 폰트로 제공되고 있다면 문자 이미지를 사용하지 않아도 됩니다.

로고나 배너 등 반드시 문자 이미지를 사용해야 한다면 SVG 형식을 검토합시다. SVG 형식의 문자 이미지는 문자색을 변경할 수 있으며 확대 시 계단 현상이 나타나지 않기에 PNG나 JPEG 형식과 비교해 사용자가 커스터마이징할 여지가 늘어나기 때문입니다.

4.4 라이팅

이 절에서는 라이팅(writing)을 설명합니다. 웹 페이지에는 본문 외에도 페이지 제목, 제목, 링크와 같은 다양한 텍스트가 있습니다. 텍스트의 라이팅을 통해 접근성을 높일 수 있습니다.

자주 있는 사례에서 문제 알아보기

[사례 1] 페이지의 언어가 지정되지 않았다

라이팅을 자세히 검토하기 전에 우선 텍스트가 적절한 언어로 브라우저나 지원 기술에 인식되는지 여부를 확인해야 합니다. 브라우저나 지원 기술이 의도한 언어가 아닌 다른 언어로 인식하는 경우가 있습니다. 전형적인 사례는 페이지의 텍스트가 한국어임에도 불구하고 html 요소에 lang="en"이 지정된 경우입니다. 스크린 리더는 올바른 발음으로 텍스트를 읽지 않는 경우가 있습니다. 특히 iOS VoiceOver는 사용자가 직접 언어를 변경하지 않는 한 한국어 텍스트를 모두 읽지 않게 됩니다.

> 좋지 않은 사례: 한국어 페이지에 영어가 지정돼 있다
>
> ```
> <html lang="en">
> ```

[사례 2] 페이지 제목에 페이지의 주제가 나타나지 않았다

페이지 제목은 사용자가 페이지의 주제를 이해하는 데 중요한 텍스트입니다. 페이지 제목은 브라우저의 다양한 위치에 표시됩니다. 예를 들면 브라우저의 타이틀 바(제목 표시줄), 탭, 즐겨찾기, 방문 기록 등입니다. 또한 구글 등의 검색 엔진은 검색 결과로 페이지 제목 리스트를 표시합니다.

시각 장애인에게도 페이지 제목은 중요합니다. 스크린 리더는 페이지를 열었을 때 맨 처음에 페이지 제목을 읽습니다. 시력에 문제가 없는 사용자는 페이지 제목을 확인하지 않더라도 화면 전체를 훑어봄으로써 페이지의 주제를 어느 정도 이해할 수 있지만, 시각 장애인은 화면 전체를 인지하기 어렵기에 페이지 제목은 중요한 힌트입니다.

페이지 제목이 애매하면 사용자가 페이지의 주제를 이해할 수 없게 됩니다. 예를 들면 다음 제목만으로는 페이지의 주제를 이해할 수 없습니다.

- '리스트'
- '상세 내용'

페이지 제목을 읽기만 해서는 구체적으로 무엇을 의미하는 리스트 및 상세 내용인지 이해할 수 없습니다. 예를 들어 브라우저의 탭만으로는 어떤 페이지인지 판단하기 어려워집니다(**그림 4-4-1**). 또한 시각 장애인은 페이지를 열었을 때 어떤 페이지가 열렸는지 이해할 수 없어 주제를 이해하지 못한 상태로 페이지를 읽어 나가야 합니다.

또한 웹 사이트 내의 여러 페이지에 같은 페이지 제목을 사용하는 경우도 있습니다. 예를 들면 웹 사이트 내 모든 페이지의 제목이 항상 웹 사이트명이거나, 여러 페이지로 구성된 폼에서 페이지 제목이 항상 폼 이름을 나타내는 경우 등으로, 웹 사이트 내의 여러 페이지에 같은 페이지 제목을 사용하면 어떤 페이지를 열더라도 브라우저 탭에 같은 단어가 표시돼 페이지를 구별할 수 없습니다(**그림 4-4-2**). 또한 스크린 리더는 어떤 페이지를 열더라도 같은 단어를 읽으므로 시각 장애인은 페이지를 구별할 수 없게 됩니다.

그림 4-4-1   애매한 페이지 제목이 브라우저 탭에 표시된 예시

그림 4-4-2   사이트명이 페이지 제목으로 표시된 브라우저 탭의 예시

[사례 3] 표제가 페이지의 개요를 표현하지 않았다

표제는 페이지의 개요를 이해하는 데 중요한 텍스트입니다. 사용자는 페이지를 처음부터 순서대로 읽는다고는 할 수 없으며, 눈에 들어온 표제를 읽고 페이지를 빨리 이해하거나 관심이 있는 부분부터 읽어 나가기도 합니다. 스크린 리더 이용자도 표제 점프 기능을 사용합니다.

표제의 텍스트가 부적절하면서 페이지의 개요를 표현하지 않았다면 사용자는 페이지의 개요를 이해하기 어렵습니다. 예를 들면 다음 표제로는 페이지의 개요를 이해할 수 없습니다.

- '내용 1'
- '내용 2'
- '내용 3'

'내용 1', '내용 2'…로 이어지는 표제가 페이지의 개요를 표현했다고는 할 수 없습니다. 사용자는 페이지의 내용을 이해하는 데 시간이 걸리거나 불필요한 내용을 읽게 됩니다.

[사례 4] 링크 텍스트가 이동되는 곳을 표현하지 않았다

링크 텍스트를 읽어도 이동되는 곳을 알 수 없는 링크가 있습니다. 전형적인 사례는 '여기'라는 링크 텍스트입니다.

좋지 않은 사례: '여기'라고 된 링크 텍스트

```
<div>기능 A의 상세 내용은<a href="…">여기</a>를 참고하세요.</div>
<div>기능 B의 상세 내용은<a href="…">여기</a>를 참고하세요.</div>
```

사용자는 '여기'라는 링크 텍스트만으로는 이동되는 곳을 특정할 수 없습니다. 시각적으로 화면을 확인하는 사용자는 링크로 시선을 움직여 이동되는 곳을 확인합니다. '여기'라는 링크로는 이동되는 곳을 확인할 수 없기 때문에 링크 주변의 텍스트를 포함해서 읽어야 합니다. 또한 스크린 리더 이용자는 링크를 골라 읽는 '링크 점프'라는 기능을 사용합니다. VoiceOver의 링크 점프를 사용해 위의 사례를 읽어보면 '여기 링크 여기 링크'라 읽습니다. '여기'라는 링크로 점프했을 때 이동되는 곳을 확인하기 위해 링크 주변의 텍스트를 읽는 수고가 생깁니다. 이 사례처럼 페이지에 '여기'라는 링크가 여럿 존재한다면 링크 점프를 할 때마다 링크 주변 텍스트를 여러 번 읽어야 하므로 효율이 떨어집니다.[15]

리스트 마지막에 있는 '더 보기'도 전형적인 사례입니다.

좋지 않은 사례: '더 보기'라는 링크 텍스트

```html
<ul>
  <li>의견 1</li>
  <li>의견 2</li>
  <li>의견 3</li>
</ul>
<a href="...">더 보기</a>
```

사용자는 '더 보기'라는 링크 텍스트만으로는 이동되는 곳을 특정할 수 없습니다. 시각적으로 화면을 확인하는 사용자는 직전의 리스트 내용을 보고 '더 보기'를 통해 표시될 내용을 예측해야 합니다. 스크린 리더 이용자도 '더 보기'로 링크 점프를 했더라도 이동되는 곳을 특정할 수 없습니다. 이동되는 곳을 확인하기 위해 링크 직전의 리스트를 읽는 수고가 발생합니다.

---

15 단, 좋지 않은 사례의 '여기'라는 링크 텍스트는 WCAG 2.1의 달성 기준 2.4.4 '링크의 목적(컨텍스트)'을 만족합니다. 달성 기준에는 링크가 포함된 문장 전체를 확인해서 이동되는 곳을 특정할 수 있으면 된다고 정의돼 있기 때문입니다.

[사례 5] 감각적 특징에만 의존했다

감각적 특징(형태, 크기, 위치, 방향 등)에만 의존한 라이팅은 주의해야 합니다.

"톱니바퀴 아이콘을 클릭해주세요"와 같은 표현은 형태에만 의존한 전형적인 사례입니다. 스크린 리더 이용자는 '톱니바퀴 아이콘'이 무엇을 가리키는지 알 수 없습니다(그림 4-4-3). 스크린 리더는 이미지의 형태가 아닌 이미지에 부여된 대체 텍스트를 읽기 때문입니다. 예를 들어 톱니바퀴 이미지에 '설정'이라는 대체 텍스트가 부여됐다면 스크린 리더는 '설정 이미지'로 읽습니다. "톱니바퀴 아이콘을 클릭해주세요"와 같은 표현을 사용하면 스크린 리더 이용자는 '톱니바퀴'가 나타내는 의미를 모르기 때문에 아이콘이 위치한 곳을 특정할 수 없습니다.

그림 4-4-3   형태에만 의존한 표현
'톱니바퀴 아이콘'이라는 표현은 이미지의 형태를 지각할 수 있는 사용자에게는 의미가 통하지만 스크린 리더 이용자에게는 의미가 통하지 않는다

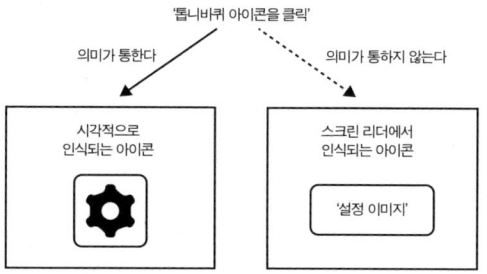

"화면의 왼쪽 위 아이콘을 클릭해주세요"라는 표현은 위치에만 의존한 사례입니다. 스크린 리더 이용자는 '화면의 왼쪽 위 이미지'가 무엇을 가리키는지 알 수 없습니다. 스크린 리더는 표 등의 일부 예외를 제외하면 HTML 순서에 따라 선형으로 정보를 읽기 때문입니다. 즉, 스크린 리더에는 '전', '후' 개념밖에 없습니다. 그렇기에 화면상에서만 알아볼 수 있는 위치나 방향을 전달하면 스크린 리더 이용자는 의미를 이해하지 못하거나 오해할 수 있습니다. 특히 CSS를 사용해 콘텐츠 순서를 HTML과는 다른 순서로 변경한 경우에는 주의해야 합니다.

[사례 6] 화면에 표시된 텍스트의 이름 속성을 덮어썼다

마크업을 통해 화면에 표시된 텍스트의 이름 속성(접근할 수 있는 이름)을 변경할 수 있습니다. 제2장 3절에서 설명했듯 aria-label 속성이나 Visually Hidden 등을 이용함으로써 화면에 표시된 텍스트와는 다른 텍스트로 이름 속성을 덮어쓸 수 있습니다. 이름 속성을 덮어쓰는 방법은 대체 텍스트가 필요한 아이콘 폰트 등에 주로 사용하지만 일반 텍스트에도 사용할 수 있습니다.

> 좋지 않은 사례: aria-label 속성을 이용해 이름 속성을 덮어쓴 텍스트 버튼

```
<button aria-label="사이트 내 검색">검색</button>
```

> 좋지 않은 사례: Visually Hidden과 aria-hidden 속성을 이용해 이름 속성을 덮어쓴 텍스트 링크

```
<a href="...">
  <span class="visually-hidden">기능A의 상세</span>
  <span aria-hidden="true">도움말</span>
</a>
```

그러나 일반 텍스트의 이름 속성을 덮어쓰는 작업은 특히 '음성 명령' 이용자가 불편해지는 등의 문제를 일으킵니다. 음성 명령 이용자는 제어의 이름 속성을 말함으로써 웹 페이지를 보거나 조작합니다. 예를 들면 '검색'이라는 이름 속성을 가진 텍스트 버튼은 '검색을 클릭'이라 말함으로써 누를 수 있습니다. 대개 텍스트 버튼이나 텍스트 링크는 표시된 텍스트가 이름 속성이 됩니다. 따라서 표시된 텍스트를 말하면 음성 명령으로 텍스트 버튼이나 텍스트 링크를 조작할 수 있습니다.

그런데 이 사례는 화면에 표시된 텍스트와 이름 속성이 다르므로 의도대로 웹 페이지를 보거나 조작할 수 없습니다. 화면에는 '검색'이나 '도움말'이 표시돼 있으나 '검색을 클릭', '도움말을 클릭'이라고 말해도 아무 일도 일어나지 않습니다. 음성 명령은 이름 속성에 반응하기 때문에 버튼을 누르려면 '사이트 내 검색을 클

릭', '기능A의 상세 정보를 클릭'이라 말해야 합니다. 이는 음성 명령 이용자의 예측에 반하기에 혼란을 일으킵니다.

체크 포인트

수동 확인(설계 시)

- 페이지 제목은 웹 페이지의 주제를 설명하면서 페이지마다 고유하게 정한다
- 표제만 추출하여 페이지의 개요를 이해할 수 있도록 한다
- 링크에서 링크 텍스트만 추출하여 이동되는 곳을 이해할 수 있도록 한다
- 감각적 특징(형태, 크기, 위치, 방향 등)에만 의존한 표현은 사용하지 않는다

수동 확인(구현 시)

- html 요소의 lang 속성에 적절한 값을 지정한다
- HTML로 링크의 문맥을 보충하여 이동되는 곳을 사용자가 이용할 수 있도록 한다
- 표시된 텍스트의 이름 속성을 덮어쓰지 않는다

자동 확인

페이지 제목, 표제, 링크가 부여됐는지 여부와 빈 문자열이 아님을 확인할 수 있습니다. 또한 표제 수준이 적절한지 여부와, 링크 텍스트와 이동되는 곳의 대응도 확인할 수 있습니다.

- eslint-plugin-jsx-a11y / eslint-plugin-vuejs-accessibility
    - html-has-lang // html 요소에 lang 속성이 부여됐는지 확인한다
    - lang // html 요소의 lang 속성에 유효한 값이 지정됐는지 확인한다

- heading-has-content // 표제 요소가 공백이 아님을 확인한다
- anchor-has-content // 링크 요소가 공백이 아님을 확인한다
- axe
  - html-has-lang // html 요소에 lang 속성이 부여됐는지 확인한다
  - html-lang-valid // html 요소의 lang 속성에 유효한 값이 지정됐는지 확인한다
  - document-title // 페이지 제목이 부여됐는지 확인하다
  - empty-heading // 표제 요소가 공백이 아님을 확인한다
  - identical-links-same-purpose // 같은 이름을 가진 링크가 같은 곳으로 이동되는지 확인한다
  - label-content-name-mismatch // 레이블과 이름 속성이 일치하는지 확인한다

자주 있는 사례를 개선하다

[사례 1 개선] lang 속성에 적절한 언어를 지정한다

html 요소의 lang 속성은 페이지의 언어에 맞춰 적절히 지정합시다. 한국어라면 lang="ko"로 지정합니다. 특히 라이브러리를 이용해 html 요소를 생성했을 때 lang="en"이 지정된 경우가 많으므로 꼭 적절한 값으로 변경합시다.

> 개선 사례: 한국어로 된 페이지의 언어를 한국어로 지정한다

```
<html lang="ko">
```

[사례 2 개선] 주제가 나타나는 페이지 제목을 부여한다

페이지의 주제를 설명하는 내용으로 페이지 제목을 부여합시다. '리스트', '상세 내용'과 같은 애매한 텍스트가 아닌 무엇을 나타내는 리스트며 무엇의 상세 내용

인지를 명확히 나타냅시다.

사이트명(서비스명)을 페이지 제목에 병기해도 좋습니다. 그럴 때는 페이지 고유의 내용을 앞쪽에, 사이트명(서비스명)을 뒤쪽에 적어 더 중요한 정보를 먼저 확인할 수 있도록 합시다. 페이지 고유 내용과 사이트명(서비스명)을 구분하는 데 특별한 규정은 없지만 대부분 '|', '-'와 같은 기호를 사용합니다.

이러한 사항을 고려해 '리스트', '상세 내용'이라는 페이지 제목은 다음과 같이 개선하면 좋습니다.

- '신간 서적 리스트 | 기술평론사'
- 'WEB+DB PRESS 100 - 서적의 상세 내용 | 기술평론사'

이처럼 주제를 설명하는 고유한 페이지 제목이라면 브라우저의 탭만 보고도 어떤 페이지인지 판단하기 쉬워집니다(**그림 4-4-4**). 또한 시각 장애인도 페이지를 열었을 때 어떤 페이지인지 알기 쉬워집니다.

그림 4-4-4 브라우저 탭에 주제를 나타낸 페이지 제목이 표시된 사례

| 🌐 신간 서적 리스트 | 기술평론사　✕ | 🌐 WEB+DB PRESS 100 - 서적의　✕ | + |

[사례 3 개선] 표제만 추출해 페이지의 개요를 이해할 수 있도록 한다

표제는 표제만 추출해 페이지의 개요를 알 수 있는 문구로 합시다. 제목과 마찬가지로 중요한 정보는 되도록 문구 앞쪽에 배치하면 좋습니다.

또한 같은 수준의 표제를 나열할 경우 조화를 이루도록 합니다. 사람에 따라서는 특정 수준의 표제만 읽고 페이지의 전체적인 내용을 이해하는 경우가 있기 때

문입니다. 예를 들어 스크린 리더에는 특정 수준의 표제만 추출해 점프하는 기능이 있습니다.

[사례 4 개선] 링크 텍스트만으로도 이동되는 곳을 이해할 수 있도록 한다

링크 텍스트만으로 이동되는 곳을 이해할 수 있는 내용으로 합시다. 예를 들면 '여기'라는 링크 텍스트는 페이지 제목을 포함한 구체적인 문장으로 바꿀 수 있습니다.

> **개선 사례: 링크 텍스트를 읽으면 이동되는 곳을 알 수 있는 링크**
>
> ```
> 기능 A의 상세 내용은<a href="...">기능 A의 도움말</a>을 봐주세요.
> 기능 B의 상세 내용은<a href="...">기능 B의 도움말</a>을 봐주세요.
> ```

또한 원칙적으로 링크 텍스트가 동일하다면 이동되는 곳도 동일해야 합니다. 이동되는 곳이 다른데 동일한 링크 텍스트를 사용하면 안 됩니다.

링크 텍스트만으로 이동되는 곳을 나타내기 어려울 경우 HTML을 이용해 링크 텍스트의 문맥을 보충합니다. 예를 들어 '더 보기', '자세히 보기'와 같은 링크 텍스트는 링크 텍스트만으로 이동되는 곳을 나타내려 하면 링크 텍스트가 길어져 디자인상 허용되지 않을 수 있습니다. 그럴 때는 html로 문맥을 보충함으로써 링크 텍스트를 변경하지 않고도 이동되는 곳을 특정할 수 있습니다.

한 가지 방법으로는 title 속성을 이용해서 HTML로 문맥을 보충합니다. 사용자는 링크 텍스트와 title 속성값 양쪽을 조합해 이동되는 곳을 특정할 수 있습니다. 스크린 리더로 링크 점프를 하면 링크 텍스트와 title 속성을 모두 읽어 들이기에 이동되는 곳을 알 수 있습니다. 시각적으로 링크를 확인하는 사용자는 링크를 마우스 오버하여 툴팁을 표시함으로써 보충된 문맥을 확인할 수 있습니다.

개선 사례: title 속성과 조합해 이동되는 곳을 알 수 있는 링크

```
<ul>
  <li>의견 1</li>
  <li>의견 2</li>
  <li>의견 3</li>
</ul>
<a href="..." title="의견 리스트">더 보기</a>
```

링크 바로 앞쪽에 표제를 배치해서 링크의 문맥을 보충하는 방법도 있습니다. 사용자는 표제와 링크 텍스트 양쪽을 조합해 이동되는 곳을 특정할 수 있습니다. 스크린 리더 이용자는 표제 점프를 이용함으로써 표제로 보충된 문맥을 곧바로 확인할 수 있습니다. 시각적으로 화면을 보는 사용자는 링크 바로 앞쪽에 있는 표제를 봄으로써 보충된 문맥을 확인할 수 있습니다.

개선 사례: 바로 앞쪽에 있는 표제와 조합해 이동되는 곳을 알 수 있는 링크

```
<h3>의견 리스트</h3>
<ul>
  <li>의견 1</li>
  <li>의견 2</li>
  <li>의견 3</li>
</ul>
<a href="...">더 보기</a>
```

접근성의 관점에서는 링크 텍스트만으로 이동되는 곳을 나타내는 방법이, HTML을 이용해 링크 텍스트의 문맥을 보충하는 방법보다 더 적절합니다. 링크 텍스트만으로 이동되는 곳을 나타내면 링크 텍스트만으로 이동되는 곳을 이해할 수 있습니다. 한편 HTML을 이용해 링크 텍스트의 문맥을 보충하면 링크 텍스트만으로는 이동되는 곳을 특정할 수 없습니다. 링크를 마우스 오버해 툴팁을 확인하거나 바로 앞에 있는 표제를 읽는 등 문맥을 확인하는 작업이 필요합니다. 우선 링크 텍스트만으로 이동되는 곳을 나타내는 방법을 검토하고, 링크 텍스트를 바꾸기 어려울 때만 문맥을 보충하는 방법을 선택합시다.

[사례 5 개선] 감각적 특징과 함께 콘텐츠를 특정하는 텍스트를 전달한다

모양, 크기, 위치, 방향만으로 정보를 전달하지 않도록 합시다. 대부분의 경우 콘텐츠와 연관된 텍스트를 같이 전달함으로써 정보를 전달하기 쉬워집니다.

아이콘은 텍스트를 병기함으로써 위치를 특정하기 쉬워집니다. 사례 5의 경우 톱니바퀴 아이콘에는 '설정'이라는 텍스트를 병기합니다. 화면 왼쪽 위의 아이콘에는 '사용자 프로필'이라는 텍스트를 병기합니다. "설정을 클릭해주세요", "사용자 프로필을 클릭해주세요"처럼 설명하면 스크린 리더 이용 여부에 관계없이 대부분의 사용자가 클릭할 위치를 특정할 수 있습니다. 자세한 내용은 제8장 4절을 참조하세요.

만약 텍스트를 병기하기 힘들다면 이미지에 부여된 대체 텍스트를 함께 전달하면 좋습니다. 톱니바퀴 아이콘이라면 '톱니바퀴 모양의 설정 아이콘을 클릭'과 같이 톱니바퀴 아이콘에 부여된 '설정'이라는 대체 텍스트를 같이 전달합니다(그림 4-4-5). 화면 왼쪽 위의 아이콘이라면 '화면 왼쪽 위의 사용자 프로필 아이콘'과 같이 이미지에 부여된 '사용자 프로필'이라는 대체 텍스트를 같이 전달합니다. 이렇게 표현하면 시각적으로 아이콘을 인식하는 사용자와 스크린 리더로 아이콘을 인식하는 사용자 모두 아이콘을 특정할 수 있습니다.

그림 4-4-5 　 대체 텍스트도 같이 전달하는 표현

'톱니바퀴 모양의 설정 아이콘'이라 표현하면 아이콘 모양을 지각할 수 있는 사용자와 스크린 리더 사용자 모두 이해할 수 있다

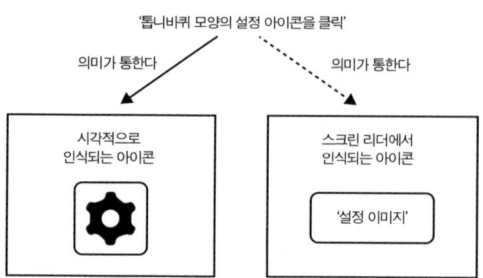

[사례 6 개선] 표시된 텍스트와 이름 속성을 일치시킨다

아이콘 폰트 등을 제외하고 화면에 표시된 텍스트와 이름 속성을 일치시킵시다. aria-label 속성이나 Visually Hidden을 이용해 이름 속성을 덮어쓰는 건 피해야 합니다. 이름 속성을 덮어쓰지 않았다면 음성 명령 이용자는 화면상에 표시된 텍스트를 말하여 원하는 행동을 실행할 수 있습니다.

스크린 리더의 이점을 고려해 꼭 이름 속성을 덮어써야 한다면 이름 속성을 바꿔 쓰지 않고 접근 가능한 설명(설명 속성) 부여를 검토합시다. title 속성 등으로 버튼에 접근 가능한 설명을 부여할 수 있습니다.

다음 사례에서는 title 속성을 사용해 버튼에 설명 속성을 부여했습니다. 스크린 리더는 버튼에 커서를 가져가면 '검색 버튼 사이트 내 검색'이라 읽습니다. 음성 명령 이용자는 '검색을 클릭'이라 말하면 버튼을 누를 수 있습니다.

> 개선 사례: title 속성으로 설명 속성을 추가한 버튼

```
<button title="사이트 내 검색">검색</button>
```

다음 사례에서는 title 속성을 사용해 링크에 설명 속성을 부여했습니다. 링크에 커서를 가져가면 스크린 리더는 '도움말 링크 기능A의 상세 내용'이라 읽습니다. 음성 명령 이용자는 '도움말을 클릭'이라 말하면 링크를 누를 수 있습니다.

> 개선 사례: title 속성으로 설명 속성을 추가한 링크

```
<a href="..." title="기능 A의 상세 내용">
  <span>도움말</span>
</a>
```

하지만 title 속성은 키보드만으로 조작하는 사용자나 터치 디바이스로 조작하

는 사용자에게는 표시되지 않으므로 남용하면 안 됩니다.

또한 표시된 텍스트와 이름 속성의 관계에 대한 가이드라인 기준이 있습니다. WCAG 2.1의 달성 기준 2.5.3 '이름(name) 레이블'[16]에는 화면상에 표시된 텍스트와 이름 속성을 일치시키거나 적어도 표시된 텍스트를 이름 속성에 포함(되도록 맨 앞에 배치)하도록 요구합니다.

4.5
이미지의 대체 텍스트

이미지의 대체 텍스트란 이미지가 표시되지 않을 때 이미지를 대신하여 이미지 내용을 설명하는 텍스트를 말합니다. 이미지의 대체 텍스트는 이미지가 표시되지 않는 다양한 경우에 사용됩니다.

- 이미지의 이름 속성으로서 접근성 오브젝트 모델에 등록된다. 스크린 리더는 이미지에 커서를 가져가면 이미지의 대체 텍스트를 읽는다.
- 어떠한 이유로 인해 이미지가 표시되지 않을 때 대신 표시된다. 구체적으로는 통신 문제로 인해 이미지를 불러오지 못했거나, 브라우저의 설정에서 의도적으로 이미지를 표시하지 않았을 때
- 이미지를 복사 및 붙여넣기했을 때 텍스트로 복사된다.
- 검색 엔진에 크롤링된다. 검색 엔진에 페이지 내 이미지 정보를 전달한다.
- 텍스트 브라우저에 표시된다. 이미지를 표시하지 않고 웹 페이지 내의 텍스트만 추출해

---

16 https://www.w3.org/WAI/WCAG21/Understanding/label-in-name.html

서 표시하는 브라우저를 말한다. 주로 시각 장애인이 사용하며 NetReader Neo(클래식 모드)[17] 등이 있다.

제2장 3절에서는 이미지의 대체 텍스트를 브라우저 및 지원 기술에 인식시키는 방법을 설명했습니다. 이 절에서는 휴먼 리더블 관점에서 사용자에게 어떤 대체 텍스트가 적절한지 설명합니다.

자주 있는 사례에서 문제 알아보기

[사례 1] 대체 텍스트가 이미지 내용을 표현하지 않았다

이미지의 대체 텍스트가 애당초 이미지 내용을 표현하지 않은 경우가 있습니다. 가장 많은 사례는 '이미지'라는 대체 텍스트입니다(**그림 4-5-1**).

> **좋지 않은 사례: 대체 텍스트가 '이미지'로 되어 있다**
>
> `<img src="setting.svg" alt="이미지">`

스크린 리더는 이미지에 도달하면 대체 이미지와 함께 이미지에 도달했음을 읽습니다. 예를 들어 예시의 이미지를 NVDA로 읽으면 '이미지 이미지', PC-Talker로 읽으면 '이미지 이미지'라 읽습니다. 대체 텍스트를 '이미지'라 지정하는 것은 스크린 리더가 같은 정보를 두 번 읽으므로 의미가 없습니다.

또한 대체 텍스트가 파일명인 사례도 있습니다(**그림 4-5-2**).

---

17 https://www.aok-net.com/products/netreaderneo.html

> **좋지 않은 사례: 대체 텍스트가 파일명으로 되어 있다**
>
> `<img src="setting.svg" alt="setting.svg">`

스크린 리더는 '세팅 점 에스브이지' 등으로 파일명을 읽습니다. 또한 이미지 다운로드에 실패하면 화면에는 파일명이 표시됩니다. 이미지를 복사 및 붙여넣기 할 경우 파일명이 복사됩니다.

그림 4-5-1   대체 텍스트가 '이미지'로 되어 있다

그림 4-5-2   대체 텍스트가 파일명으로 되어 있다

[사례 2] 일러스트, 사진, 스크린샷의 대체 텍스트가
       '일러스트', '사진', '스크린샷'으로 지정되어 있다

일러스트, 사진, 스크린샷과 같이 정보를 제공하는 이미지의 대체 텍스트가 단순히 '일러스트', '사진', '스크린샷'처럼 이미지 종류만 나타내는 경우가 있습니다. 스크린 리더 이용자는 구체적인 이미지 내용을 이해할 수 없으며 이미지를 눈으로 봤을 때와 동등한 정보가 전달되지 않습니다. 예를 들면 다음 사례는 **그림 4-5-3**의 로그인 폼 스크린샷에 '스크린샷'이라는 대체 텍스트를 설정했습니다. 스크린 리더 이용자는 이 대체 텍스트만으로는 스크린샷에 어떤 내용이 있는지 확인할 수 없습니다.

> 좋지 않은 사례: 로그인 폼 스크린샷의 대체 텍스트가 '스크린샷'으로 되어 있다

```
<img src="screenshot.png" alt="스크린샷">
```

그림 4-5-3　로그인 폼 스크린샷
　　　　　　　로그인 버튼이 테두리 표시로 강조되어 있다

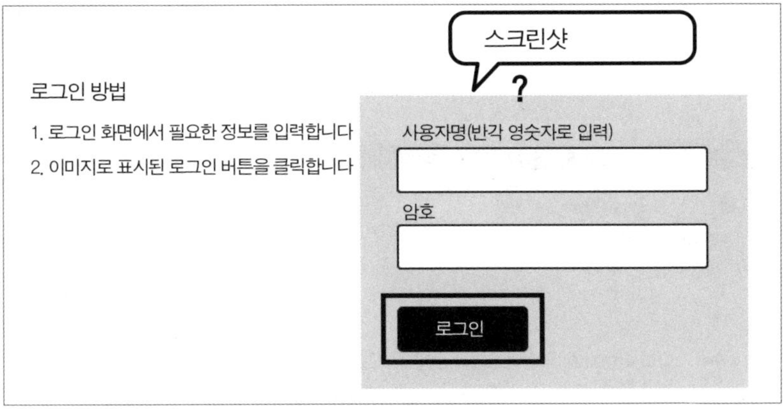

[사례 3] 장식 이미지에 대체 텍스트가 설정되어 있다

의미를 전달하지 않는 장식 이미지에 대체 텍스트가 설정된 경우가 있습니다. 대체 텍스트는 이미지와 동등한 정보를 전달하는 텍스트입니다. 처음부터 이미지에 대한 의미가 존재하지 않으면 대체 텍스트로 정보를 전달하는 과정은 오히려 불필요합니다. '모든 이미지에 어떠한 대체 텍스트를 설정해야 한다'고 생각했을 때 이러한 대체 텍스트를 부여하기 쉽습니다. 예를 들어 장식 이미지에 '배경'이라는 대체 텍스트를 설정했다면 스크린 리더는 '배경'이라 읽기 때문에 불필요한 행동이 발생합니다(**그림 4-5-4**).

> 좋지 않은 사례: 장식 이미지에 대체 텍스트가 설정되어 있다

```
<img src="bg.png" alt="배경">
```

[사례 4] 기능을 가진 이미지의 대체 텍스트가 외관을 나타냈다

아이콘 링크나 아이콘 이미지 등 기능을 갖는 이미지의 대체 텍스트에서 이미지의 외관을 그대로 전달하는 경우가 있습니다. 예를 들어 **그림 4-5-5**를 보면 톱니바퀴 아이콘으로 된 설정 버튼에 '톱니바퀴'라는 대체 텍스트를 설정했습니다. 스크린 리더는 '톱니바퀴 버튼'이라 읽으므로 스크린 리더 이용자는 버튼을 누르면 어떤 일이 일어나는지 알 수 없습니다.

> **좋지 않은 사례: 대체 텍스트가 아이콘의 형태를 나타냈다**

```
<button type="button">
  <img src="setting.svg" alt="톱니바퀴">
</button>
```

그림 4-5-4　장식 이미지에 대체 텍스트가 설정되어 있다

그림 4-5-5　아이콘 버튼의 시각적인 요소를 그대로 전달했다

[사례 5] 문자 이미지가 나타내는 텍스트 중 일부만 대체 텍스트로 설정했다

로고나 배너 등 문자 이미지에서 문자 이미지가 나타내는 텍스트 중 일부만 대체 텍스트로 설정한 경우가 있습니다. 스크린 리더 이용자는 문자 이미지가 나타내

는 일부 내용만 읽을 수 있게 되어 이미지를 눈으로 보는 사용자와 동등한 정보를 얻을 수 없습니다. 예를 들면 다음 사례에서 **그림 4-5-6**의 배너 이미지에 '접근성 스터디'라는 대체 텍스트를 설정했습니다. 스크린 리더 이용자는 이미지에 포함된 날짜나 진행 방식 등의 정보를 얻을 수 없습니다.

> 좋지 않은 사례: 문자 이미지가 나타내는 텍스트의 일부만 대체 텍스트로 설정했다
>
> `<img src="banner.jpg" alt="접근성 스터디">`

그림 4-5-6　접근성 스터디의 배너 이미지
　　　　　　날짜나 진행 방식도 기재되어 있다

[사례 6] 그래프나 그림의 대체 텍스트를 '그래프', '그림'으로 설정했다

그래프나 그림의 대체 텍스트를 단순히 '그래프'나 '그림'으로 설정한 경우가 있습니다. 예를 들면 다음과 같이 **그림 4-5-7**의 그래프 이미지에 '그래프'라는 대체 텍스트를 설정했다면 스크린 리더 이용자는 그래프가 나타내는 내용이나 데이터의 경향을 확인할 수 없습니다.

> 좋지 않은 사례: 그래프 이미지의 대체 텍스트가 '그래프'로 되어 있다
>
> `<img src="graph.png" alt="그래프">`

그림 4-5-7 올해 달성율 추이 그래프 이미지

막대 그래프와 그래프의 제목을 나타냈다

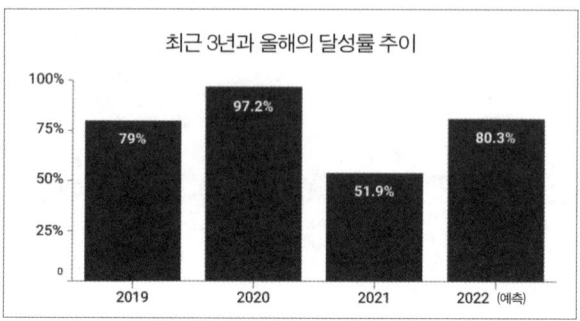

체크 포인트

수동 확인(설계 시)

- 이미지가 의미를 나타내는지 장식인지 구별한다
- 의미를 나타내는 이미지에는 적절한 대체 텍스트를 검토한다
- 대체 텍스트가 길다면 짧게 작성한다
  - 이미지를 교체한다
  - 여러 이미지로 분할한다
  - 대체 텍스트를 이미지 바깥쪽에 표시한다
  - 대체 콘텐츠를 제시한다

자동 확인

'Image'처럼 부적절한 대체 텍스트를 사용하지 않았는지 확인할 수 있습니다.

- eslint-plugin-jsx-a11y / eslint-plugin-vuejs-accessibility
  - img-redundant-alt // 대체 텍스트로 부적절한 문장이 사용되지 않았는지 확인한다

자주 있는 사례를 개선하다

[사례 1 개선] 이미지 내용을 나타내는 대체 텍스트를 설정한다

이미지의 내용을 나타내는 대체 텍스트를 설정합시다. 대체 텍스트로 '이미지' 혹은 파일명 등을 부여하면 안 됩니다.

대체 텍스트는 이미지를 '대신'하는 '텍스트'입니다. 만약 이미지를 사용할 수 없다면 이미지 대신에 어떤 텍스트를 표시할지 생각합시다. HTML Living Standard는 이미지의 대체 텍스트에 대한 가장 일반적인 원칙으로 다음을 제시합니다.[18]

> 대체 텍스트를 작성할 때 고려할 가장 일반적인 원칙은 다음과 같다.
> 모든 이미지를 해당 이미지의 alt 속성에 부여한 텍스트로 대체해도 페이지의 의미가 변경되지 않음을 의도한다.

이미지의 대체 텍스트를 생각할 때 웹 페이지의 이미지가 갖는 의미 및 의도를 생각하는 것이 중요합니다. 한 방법으로 HTML Living Standard는 전화 상대에게 이미지를 포함한 웹 페이지 내용을 어떻게 말로 전달할지 생각하는 방법을 제안합니다. 전화 상대에게 이미지 대신 전달하려는 말이 웹 페이지에 있는 이미지가 갖는 의미나 의도를 생각하는 데 좋은 힌트가 됩니다.

구체적인 대체 텍스트 설정 방법으로 WAI가 제공하는 이미지에 대한 튜토리얼[19]도 참고할 수 있습니다. 요약한 규칙을 다음과 같이 정리합니다.

---

18 '4.8.4.4 Requirements for providing text to act as an alternative for images' https://html.spec.whatwg.org/multipage/images.html#alt
19 https://www.w3.org/WAI/tutorials/images/

- **정보를 제공하는 이미지**
  정보를 그래픽으로 나타내는 일러스트나 사진에는 이미지가 전달하는 정보를 짧은 설명을 통해서라도 대체 텍스트를 제공한다

- **장식 이미지**
  시각적인 장식을 추가할 목적인 이미지에는 빈 대체 텍스트를 부여한다(alt="")

- **기능을 갖는 이미지**
  링크나 버튼으로 이용하는 이미지에는 시각적인 요소의 대체가 아닌 기능 설명을 대체 텍스트로 부여한다

- **문자 이미지**
  이미지화된 문자는 이미지에 표시된 문자와 동일한 텍스트를 대체 텍스트로 제공한다

- **그래프나 그림 등의 이미지**
  이미지로 제공되는 데이터 또는 동등한 정보를 갖는 텍스트를 대체 텍스트로 제공한다

또한 이미지의 대체 텍스트는 이미지를 배치한 사람이 생각해야 합니다. 웹 페이지의 이미지가 나타내는 의미나 의도는 이미지를 배치한 사람만 알 수 있기 때문입니다. 만약 이미지를 디자이너가 배치했다면 이미지의 대체 텍스트를 정할 책임은 디자이너에게 있습니다. 또, 이미지를 사용자가 업로드했다면 대체 텍스트를 정할 책임은 사용자에게 있습니다. 제2장 3절에서 설명했듯 웹 서비스는 사용자가 업로드한 이미지에 대체 텍스트를 설정하도록 하는 방법을 검토해야 합니다. 이미지를 배치하지 않은 사람이 대체 텍스트를 정한다면 이미지가 나타내는 의미가 충분히 전달되지 않거나 전혀 다른 의미가 전달될 수 있습니다.

[사례 2 개선] 정보를 제공하는 이미지의 대체 텍스트로는 중요한 정보를 짧게 전달한다

일러스트, 사진, 스크린샷 등 정보를 제공하는 이미지의 대체 텍스트일 경우 중요한 정보를 짧게 전달합시다.

대체 텍스트는 처음에 읽는 내용이 중요한 정보를 나타내도록 합시다. 스크린

리더에는 읽기를 중단하는 기능이 있기에 대체 텍스트 중에서 중요한 정보를 먼저 나타내면 내용을 더 읽을지 말지를 판단하기 쉬워집니다. 예를 들어 다음과 같은 요소를 조합해서 대체 텍스트를 구성하면 좋습니다.

❶ 이미지 종류('일러스트:', '사진:', '스크린샷(화면 이미지):' 등
❷ 이미지의 개요·제목
❸ 상세한 이미지 설명(임의)
❹ 더욱 상세한 이미지 설명(임의)

다음 사례에서는 그림 4-5-3의 스크린샷에 대체 텍스트를 부여했습니다. 이미지 종류(스크린샷)에 이어 이미지의 구체적인 설명이 적혀 있습니다.

> **개선 사례: 스크린샷의 대체 텍스트**
>
> `<img src="screenshot.png" alt="스크린샷: 로그인 폼. 로그인 버튼이 테두리로 강조되어 있다.">`

일러스트나 사진도 같은 방법으로 대체 텍스트를 부여하면 좋습니다.

> **좋은 사례: 일러스트의 대체 텍스트**
>
> `<img src="illust.png" alt="일러스트: 의논하는 팀. 화이트보드 앞에서 대화를 하고 있다.">`
>
> **좋은 사례: 사진의 대체 텍스트**
>
> `<img src="photo.png" alt="사진: 팀 멤버의 전체 사진. 멤버가 각각 포즈를 취하고 있다.">`

대체 텍스트에는 긴 문장도 포함되지만 너무 긴 문장을 대체 텍스트로 설정하는 것은 권장하지 않습니다. 스크린 리더 중에는 대체 텍스트를 읽는 도중 일시정지 혹은 재시작할 수 없는 것이 있습니다. 대체 텍스트가 너무 길면 전체 텍스트 전체를 이해하고자 여러 번 대체 텍스트를 읽어야 합니다.

대체 텍스트가 길어질 경우 대체 텍스트를 이미지 바깥쪽에 표시하기를 검토합시다. 제2장 3절에서 설명했듯 figure 요소나 figcaption 요소로 이미지 바깥쪽에 캡션을 부여할 수 있습니다. 이미지 주변의 콘텐츠로 이미지 내용을 대체하도록 하면 이미지를 대체 텍스트로 표현하는 수고가 줄어듭니다.

또한 대체 텍스트가 짧아지도록 이미지 자체를 조정하는 것도 중요합니다. 대체 텍스트가 길다는 건 웹 콘텐츠가 전달하는 내용에 비해 이미지에 포함되는 정보가 많을 가능성이 있기 때문입니다. 이미지를 간단한 내용으로 교체하거나 여러 장으로 분할하면 각 이미지의 대체 텍스트가 짧아질 것입니다.

[사례 3 개선] 장식 이미지의 대체 텍스트는 공백으로 한다

의미를 전달하지 않는 장식 이미지에는 제2장 3절에서 설명한 방법을 이용해 대체 텍스트를 공백으로 합니다. 웹 페이지에 이미지를 배치할 때는 그 이미지가 의미를 갖는지 장식인지 여부를 판단해야 한다는 전제 조건은 있습니다.

[사례 4 개선] 기능을 갖는 이미지의 대체 텍스트라면 해당 기능을 설명한다

링크나 버튼에 아이콘이 있는 등 기능을 갖는 이미지의 대체 텍스트라면 해당 기능을 설명하도록 합니다. 여기서는 다음 세 가지 경우를 설명합니다.

- 아이콘이 단독으로 표시된 경우
- 아이콘이 문장 안에 표시된 경우
- 아이콘과 동등한 내용이 병기된 경우

첫 번째는 아이콘이 버튼이나 링크 내에 단독으로 표시된 경우입니다. 이른바 아이콘 버튼이나 아이콘 링크 등으로, 이 경우 해당 아이콘이 나타내는 기능을 대체 텍스트로 설명합니다(그림 4-5-8).

> **개선 사례: 아이콘이 단독으로 표시된 경우**
>
> ```
> <button type="button">
>   <img src="setting.svg" alt="설정">
> </button>
> ```

주의할 점은 아이콘의 외관을 대체 텍스트로 표현하지 않는 것입니다. 설정 아이콘이 톱니바퀴로 그려져 있을 경우 alt="톱니바퀴"로 설정하면 아이콘이 나타내는 기능은 전달되지 않게 됩니다. 앞서 설명한 대로 대체 텍스트는 이미지를 '대신'하는 '텍스트'입니다. 만약 이미지를 사용할 수 없다고 가정했을 때 이미지 대신 텍스트를 표시한다면 어떤 내용을 적을지 생각해봅시다. 예시로 톱니바퀴 아이콘을 사용할 수 없는 상황일 때, 대신 '톱니바퀴'라는 텍스트를 화면에 표시할까요? 그것보단 '설정'이라는 텍스트를 화면에 표시하면 더욱 자연스러울 것입니다.

그림 4-5-8 아이콘이 버튼이나 링크 내에 단독으로 표시된 경우
아이콘이 나타내는 기능을 대체 텍스트로 설명했다

두 번째는 아이콘이 문장 안에 표시된 경우입니다. 전형적인 사례는 이동되는 곳이 외부 사이트거나 새로운 탭에서 열리는 상황을 나타내는 아이콘입니다. 이 경우도 아이콘이 나타내는 기능을 대체 텍스트로 설명합니다(**그림 4-5-9**).

괄호 등을 사용해 대체 텍스트를 작성하면 좋습니다. 텍스트로 표시한 이미지의 의미가 훨씬 잘 전달됩니다. 또한 스크린 리더 이용자도 괄호가 있으면 주위 문장과 이미지를 명확히 구분할 수 있습니다.

> 좋은 사례: 아이콘이 문장 안에 표시된 경우

```
<p>자세한 내용은 <a href="..." target="_blank">사용자 도움말<img src="external.svg" alt="(새로운 탭에서 열림)"></a>을 참조하세요</p>
```

그림 4-5-9 　아이콘이 문장 안에 표시된 경우
　　　　　　　아이콘이 나타내는 기능을 대체 텍스트로 설명했다

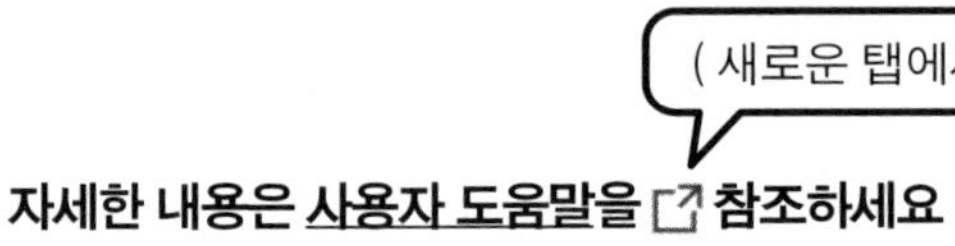

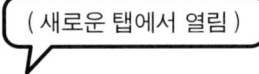

세 번째는 아이콘과 동등한 내용이 병기된 경우로, 예를 들면 기능을 나타내는 아이콘과 기능 이름, 사용자 이미지와 사용자 이름이 같은 같은 상황 등이라면 문장이 길어지지 않도록 장식 이미지처럼 대체 텍스트를 공백으로 합니다(**그림 4-5-10**).

그림 4-5-10 　아이콘과 동등한 내용이 병기된 경우
　　　　　　　대체 텍스트가 공백이므로 이미지를 읽지 않는다

> 좋은 사례: 문장이 길어지지 않도록 대체 텍스트를 공백으로 했다

```
<button>
  <img src="add.svg" alt="">
  <span>추가</span>
</button>
```

4.5 이미지의 대체 텍스트

좋은 사례: 문장이 길어지지 않도록 대체 텍스트를 공백으로 했다

```
<a href="/users/123">
  <img src="user123.png" alt="">
  <span>사용자 A</span>
</a>
```

이미지와 텍스트는 하나의 버튼·링크 요소에 포함하도록 합니다. 이미지와 텍스트를 개별적인 버튼·링크 요소에 포함하면 이름 속성이 없는 버튼·링크 요소가 생깁니다. 다음 예시에는 첫 번째 링크에 이름 속성이 없습니다. 스크린 리더는 '링크'라고만 읽기에 이동되는 곳을 알 수 없습니다.

좋지 않은 사례: 이미지와 텍스트를 개별적인 링크에 포함했다

```
<a href="/users/123">
  <img src="user123.png" alt="">
</a>
<a href="/users/123">
  <span>사용자 A</span>
</a>
```

[사례 5 개선] 문자 이미지에 적힌 텍스트를 문자 이미지의 대체 텍스트로 설정한다

로고나 배너 등 문자 이미지의 경우 문자 이미지에 적힌 텍스트를 그대로 대체 텍스트로 설정합니다. 한글, 한자, 영어 등도 기본적으로 그대로 작성합시다. 예를 들면 그림 4-5-6의 배너 이미지에 적힌 스터디 제목이나 날짜, 진행 방식 등을 그대로 대체 텍스트로 작성합니다. 문자 이미지가 여러 문구를 포함한다면 구문점이나 기호 등으로 문구를 구분하면 더 정확하게 문자 이미지의 내용이 전달됩니다. 다음 예시에서는 문구를 '/'로 구분했습니다.

> **개선 사례: 문자 이미지가 나타내는 텍스트를 그대로 대체 텍스트로 설정했다**
>
> `<img src="banner.png" alt="접근성 스터디/웹 애플리케이션의 접근성/11월 26일@온라인 방송">`

[사례 6 개선] 제공된 데이터 또는 동등한 정보를 그래프나 그림의 대체 텍스트로 설정한다

그래프나 그림과 같은 복잡한 이미지에는 제공된 데이터나 동등한 정보를 대체 텍스트로 설정하도록 합니다. 기본적인 형식은 '사례 2'와 마찬가지로 중요한 정보를 먼저 나타냅니다. 다음 예시에서는 그림 4-5-7의 그래프에 대체 텍스트를 설정했습니다. 이미지 종류(그래프)와 함께 그래프 캡션도 구체적인 수치로 적혀 있습니다.

> **개선 사례: 그래프의 대체 텍스트**
>
> `<img src="screenshot.png" alt="그래프: 최근 3년과 올해의 달성률 추이. 2019년 79%, 2020년 97.2%, 2021년 51.9% 2022년(예측)은 80.3%">`

대체 텍스트에 상세한 설명을 어느 정도로 부여할지는 이미지로 나타내고자 하는 내용이나 이미지 주변에 대체 콘텐츠를 나타냈는지 여부에 달려 있습니다. 예를 들면 그래프로 간단한 내용을 전달할 때는 그래프의 대체 텍스트에 상세한 설명을 포함할 필요는 없을 것입니다. 또한 그래프와는 별도로 그래프 내용을 표로 표현했다면 구체적인 수치를 대체 텍스트로 일일이 표현할 필요는 없을 것입니다.

'사례 2 개선'과 마찬가지로 대체 텍스트가 너무 길면 바람직하지 않습니다. 대체 텍스트가 길어질 경우 간단한 이미지로 교체하거나, 이미지를 분할하거나, 대체 텍스트를 이미지 바깥쪽에 표시하거나, 대체 콘텐츠를 표시하는 등의 대응을 검토합시다.

스크린 리더가 이미지의 대체 텍스트를 잘못 읽을 때는?

스크린 리더는 이미지의 대체 텍스트를 잘못 읽는 경우가 있습니다. 특히 일본어의 한자는 음독과 훈독이 있어 의도한 것과 다르게 읽기도 합니다. 또한 서비스명이나 인명 등 고유명사도 잘못 읽는 경우가 많이 있습니다.

스크린 리더가 잘못 읽는 상황을 피하고 올바르게 읽도록 조정하는 경우가 있습니다.

예시로 **그림 4-5-a**의 문자 이미지를 보겠습니다. 문자 이미지에는 'gihyo.jp'라고 적혀 있습니다.

이 이미지의 대체 텍스트로 'gihyo.jp'를 설정했다고 합시다. 이 책의 집필 시점(2022년 12월)에서 VoiceOver는 '기하이요제이피 이미지'라고 발음합니다.

그림 4-5-a 'gihyo.jp'라고 적힌 문자 이미지

사례: 문자 이미지에 적힌 텍스트를 대체 텍스트로 설정했다

```
<img alt="gihyo.jp" src="gihyojp.png"/>
```

대체 텍스트로 'ぎひょうじぇーぴー'를 설정하면 VoiceOver는 '기효제이피 이미지'로 발음하게 됩니다.

> **좋지 않은 사례: 올바르게 읽도록 대체 텍스트를 히라가나로 작성했다**
>
> ```
> <img alt="ぎひょうじぇーぴー" src="gihyojp.png"/>
> ```

하지만 이처럼 스크린 리더가 올바르게 읽도록 조정하는 작업은 다음과 같은 이유로 권장하지 않습니다.

- **스크린 리더에 따라서는 올바르게 읽지 못하기 때문에**

  아무리 히라가나로만 표기했어도 스크린 리더에 따라서는 억양이 다를 수 있다. 또한 현 시점에서는 올바르게 읽더라도 향후 업데이트를 통해 바뀔 수 있다

- **대체 텍스트가 아닌 텍스트도 잘못 읽을 수 있으므로**

  스크린 리더는 대체 텍스트뿐 아니라 표시된 일반 텍스트도 읽는다. 대체 텍스트의 발음만 수정하면 다른 텍스트는 잘못 읽는 상태가 지속된다. 오히려 이미지의 대체 텍스트와 그렇지 않은 텍스트의 발음이 다르면 각각 다른 대상을 가리킨다고 오해할 수 있다

- **원래 단어의 표기를 찾을 수 없게 되기 때문에**

  스크린 리더에는 한 문자씩 읽는 기능이 있다. 대체 텍스트가 'gihyo.jp'라면 한 문자씩 확인함으로써 원래의 철자를 확인할 수 있지만 대체 텍스트가 히라가나로 작성돼 있다면 원래 단어의 철자를 확인할 수 없게 된다

- **대체 텍스트는 스크린 리더만을 위한 것이 아니므로**

  대체 텍스트는 이미지를 복사하거나 이미지를 표시하지 않았을 때도 사용된다. 대체 텍스트를 'ぎひょうじぇーぴー'라고 적으면 이미지를 복사했을 때 'ぎひょうじぇーぴー'라는 문자가 복사된다. 또한 이미지 다운로드에 실패했을 때 혹은 텍스트 브라우저로 열람할 때 'ぎひょうじぇーぴー'라는 문자가 화면에 표시된다

- **단어를 잘못 읽는 건 스크린 리더 이용자에게 한정된 문제가 아니므로**

  스크린 리더 이용자가 아니더라도 고유명사를 잘못 읽을 가능성은 있다. 대체 텍스트를 조정함으로써 스크린 리더 이용자는 올바른 발음을 이해할 수 있지만 대부분의 사용자는 발음을 잘못 읽는 상태가 지속될 수 있다

대체 텍스트는 웹 페이지 전체에서 이용하는 표현과 일치시키며, 스크린 리더를 위해 조정하는 건 피합시다. 스크린 리더 이용자뿐 아니라 이미지를 복사하거나, 이미지 다운로드에 실패했거나, 단어의 발음을 모르는 사용자 등 다양한 사용자를 고려해서 대체 텍스트를 결정합니다.

올바른 발음을 확실하게 전달하고 싶을 때는 해당 단어가 처음에 등장하는 부분에 괄호로 발음을 병기합니다. 이 방법을 사용하면 스크린 리더 이용자를 포함한 모든 사용자에게 올바른 발음이 전달됩니다. 다음 예시에서는 'gihyo.jp'라는 단어가 처음에 등장한 곳에 괄호를 써서 발음을 병기했습니다.

좋은 사례: 괄호로 발음을 병기한다

```
<p>gihyo.jp(ぎひょうじぇーぴー)는 기술평론사의 웹 사이트입니다.</p>
```

또한 ruby 요소로 윗주를 다는 방법도 있지만 접근성이 충분하다고는 하지 못합니다. 이 책의 집필 시점(2022년 12월)에서 ruby 요소를 스크린 리더가 적절히 읽지 않는 경우가 있습니다. 또한 저시력자나 읽기가 불편한 사람에게는 윗주가 작게 느껴지거나 거슬리는 등 보기 어렵다는 문제도 있습니다.

4.6 동영상·음성 매체

이 절에서는 동영상, 음성과 같은 매체를 다룹니다. 동영상은 '영상'과 '음성'이라는 두 가지 요소로 나눠서 생각할 수 있습니다. '영상'이란 사진, 이미지, 실사, 애니메이션 등 시각으로 얻을 수 있는 정보를 말합니다. '음성'이란 사람의 발성, 음악, 효과음 등 청각으로 얻을 수 있는 정보를 말합니다.

최근엔 웹 서비스에서 동영상과 음성 매체를 자주 활용하고 있습니다. 예를 들면 처음 로그인할 때 동영상을 재생하여 서비스 개요나 상품의 장점을 설명하기도 합니다. 웹 서비스의 도움말 페이지도 동영상을 사용해 설명합니다. 또한 온라인 이벤트나 온라인 미팅 등의 실시간 방송을 통해 동영상과 음성으로 사용자와 소통하는 경우도 늘었습니다. 동영상과 음성 매체의 접근성도 더욱 중요시되고 있습니다.

동영상과 음성 매체의 접근성을 고려할 때는 보는 데 어려움이 있는 사람과 듣는 데 어려움이 있는 사람 모두를 고려하는 것이 특히 중요합니다. 둘 중 한쪽이 매체에 접근할 수 없다면 기회 손실로 이어집니다. 따라서 모두가 동등한 정보를 얻을 수 있도록 콘텐츠 내용을 궁리하거나 대체 콘텐츠를 마련해야 합니다.

또한 이 절에서는 동영상과 음성 매체의 접근성에 관한 대표적인 관점을 소개합니다. 자세한 설명이나 제작 과정 전반에 걸쳐 접근성을 확보하는 방법은 W3C WAI Making Audio and Video Media Accessible[20]을 참조하세요.

---

[20] https://www.w3.org/WAI/media/av/

자주 있는 사례에서 문제 알아보기

[사례 1] 동영상·음성 콘텐츠에서 음성을 듣지 않으면 내용을 이해할 수 없다: 녹화된 콘텐츠의 경우

동영상의 음성을 듣지 않고 영상만을 봤을 때 내용을 이해할 수 없는 경우가 있습니다. 이는 음성을 들을 수 있다는 전제로 영상을 만들었기 때문입니다. 음성을 전제로 동영상을 만들면 음성을 듣기 어려운 사용자는 동영상을 이해할 수 없습니다. 예를 들어 청각 장애인은 음성이 전혀 들리지 않거나 듣기 어렵습니다. 장애 여부에 관계없이 주위가 시끄러운 환경에서는 소리가 잘 들리지 않습니다. 또한 음성을 스피커로 틀기 어려운 사무실, 도서관, 지하철, 버스 등의 환경도 있습니다. 이러한 환경에서는 이어폰이나 헤드폰이 없다면 내용을 이해하기 어렵습니다.

[사례 2] 동영상·음성 콘텐츠에서 음성을 듣지 않으면 내용을 이해할 수 없다: 실시간 방송의 경우

온라인 이벤트 및 온라인 미팅 등의 실시간 방송에서 참가자가 음성을 들을 수 있음을 전제로 하는 경우가 있습니다. 이 경우도 음성을 듣기 어려운 사용자는 실시간 방송에 참가하기 어려워집니다. 특히 청각 장애인은 애당초 실시간 방송에 전혀 참가하지 못하게 될 우려도 있습니다. 또한 장소를 가리지 않는 실시간 방송은 그 시청 환경도 다양합니다. 음성을 들을 수 있음을 전제로 하면 실시간 방송의 시청 환경을 제한하게 돼 기회 손실로 이어집니다.

[사례 3] 동영상 콘텐츠에서 영상을 보지 않으면 내용을 이해할 수 없다

영상을 보지 않고 음성만을 들었을 때 내용을 이해할 수 없는 경우가 있습니다.

이는 영상을 볼 수 있다는 전제로 음성을 영상에 맞췄기 때문입니다. 영상을 전제로 동영상을 만들면 영상을 보기 어려운 사용자는 동영상을 이해하기 어려워집니다. 예를 들어 시각 장애인은 동영상 내용을 전혀 이해하지 못하게 될 우려가 있습니다. 또한 장애 여부에 관계없이 작은 단말을 사용하거나 햇빛이 닿는 환경에서는 동영상이 잘 보이지 않는 경우가 있습니다. 어떤 작업을 하면서 동영상을 음성만으로 듣기도 합니다. 이러한 상황에서는 동영상의 내용을 이해하기란 어렵습니다.

[사례 4] 동영상·음성이 자동 재생된다

페이지를 열었을 때 동영상과 음성이 자동 재생되는 경우가 있습니다. 특히 시각 장애인의 경우 스크린 리더의 음성이 제거돼 더 이상 페이지를 조작할 수 없게 되는 심각한 문제를 일으키는 원인이 됩니다. 또한 청각 장애인은 음성이 흐르고 있다는 사실을 알아채지 못해 음성을 계속 재생하게 될 우려가 있습니다.

[사례 5] BGM의 음량이 너무 크다

BGM의 음량이 말하는 음량에 비해 너무 큰 경우가 있습니다. 소리를 듣기 어려운 사람은 BGM과 그렇지 않은 소리를 구분하기 어려울 수 있습니다. BGM의 음량이 너무 크면 BGM 이외의 중요한 음성 정보를 듣지 못할 우려가 있습니다.

[사례 6] 미디어 플레이어의 접근성이 낮다

동영상과 음성 매체에 접근하기 위한 미디어 플레이어의 접근성이 충분하지 않은 경우가 있습니다. 예를 들어 재생 버튼, 일시정지 버튼, 탐색 바 등의 인터페이스를 키보드로 조작할 수 없는 경우가 있습니다. 또한 키보드로 조작했을 때 포커스 인디케이터가 표시되지 않는 경우도 있습니다. 키보드나 스크린 리더 이용자는 미디어 플레이어를 자유롭게 조작할 수 없게 됩니다. 그 밖에도 인터페이스의 색상 대비가 낮은 경우도 있습니다. 저시력자 혹은 햇빛 아래 등 시각적으로 보기 어려운 환경에 있는 사용자는 미디어 플레이어를 조작하기 어려워집니다.

체크 포인트

수동 확인(설계 시)

- 녹화된 동영상과 음성에 대체 콘텐츠(캡션, 자막)를 제공한다
- 실시간 방송의 동영상과 음성에 대체 콘텐츠(캡션, 자막)를 제공한다
- 동영상 음성만 추출했을 때 내용을 이해할 수 있는지 여부를 확인한다. 또는 음성 설명을 제공한다
- 동영상이나 음성을 제작할 때 BGM의 음량을 말하는 음량 대비 최소한 20 데시벨 낮춘다
- 동영상이나 음성을 자동 재생하지 않는다
- 외부 미디어 플레이어를 사용할 경우 접근성을 충분히 확보했는지 확인한다

자주 있는 사례를 개선하다

[사례 1 개선❶] 동영상·음성에 대체 콘텐츠(캡션, 자막)를 제공한다

영상과 음성에는 캡션이나 자막과 같은 대체 콘텐츠를 제공합시다. 여기서 말하는 캡션이란 동영상 재생 중에 표시되는, 동영상의 음성을 대신하는 텍스트입니다(**그림 4-6-1**). 자막(transcript)은 동영상이나 음성을 완전히 대체하는 문장을 말합니다(**그림 4-6-2**).

캡션은 음성이 없어도 해당 콘텐츠와 동등한 내용을 이해할 수 있도록 해야 합니다. 그렇기에 동영상 내용을 이해하기 위해 필요한 음성 정보를 모두 포함시킵

니다. 예를 들면 다음과 같은 음성입니다.

- 화자의 말
- 청중의 반응: '(박수)', '(웃음)'

그림 4-6-1 　 캡션이 표시된 동영상

화자가 말하는 음성이 캡션으로 표시됐다

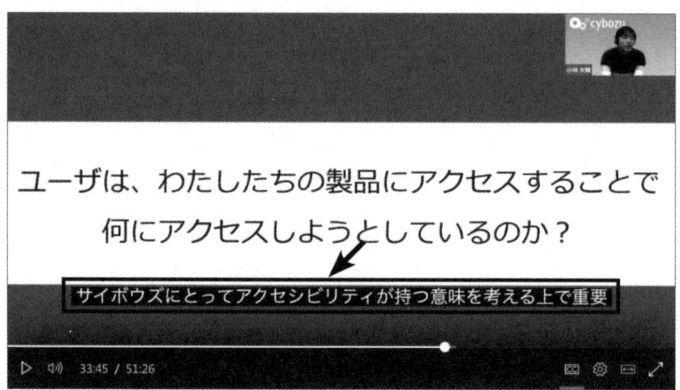

그림 4-6-2 　 자막이 병기된 음성

팟캐스트의 재생 패널 아래에 팟캐스트 자막이 표시돼 있다

- BGM 등의 음악: '(♪신나는 분위기의 음악)'
- 환경음이나 효과음: '(전화 벨소리)', '(폭발음)'

자막은 동영상의 영상과 음성을 완전히 대체해야 합니다. 그렇기에 음성 정보와 함께 동영상을 이해하는 데 필요한 영상 정보도 포함시킵니다. 말하자면 영화 각본처럼 동영상을 이해하는 데 필요한 영상 정보를 작성해야 합니다.

원칙적으로는 캡션이나 자막은 영상이나 음성을 충실히 재현합니다. 내용을 요약하거나 단순화할 경우 신중히 판단해야 합니다. 동영상 정보가 충분히 전달되지 않으며 대체 콘텐츠를 보는 사용자가 불리해질 우려가 있습니다. 또한 청각장애인 중에는 입술의 움직임을 보고 독화술(독순술)을 사용하면서 보는 사용자도 있습니다. 이런 사용자는 예상한 말과 대체 콘텐츠의 말이 일치하지 않으면 혼란스럽습니다.

캡션이나 자막을 만드는 데 시간이 많이 걸린다고 생각하는 사람도 있겠지만 최근에는 자동으로 캡션이나 자막을 만들어 주는 서비스가 늘어났으며 비용도 비교적 적게 듭니다. 예를 들어 YouTube나 Microsoft Stream과 같은 서비스는 동영상을 업로드하면 자동으로 캡션을 생성합니다. 처음부터 캡션을 만드는 경우에 비해 캡션 일부만 수정하면 되므로 효율적으로 캡션을 제공할 수 있습니다.

또한 상황에 따라서는 캡션이나 자막만이 아닌 수화 통역도 제공해야 하므로 주의해야 합니다. 수화는 손이나 손가락, 얼굴 표정 등을 사용한 시각 언어로, 음성 언어와는 다른 문법 체계를 갖는 독자적인 언어입니다. 수화가 제1의 언어인 청각 장애인에게는 한국어가 제2의 언어이기에 한국어를 읽고 이해하는 데는 시간이 걸립니다. 보다 공공성이 높은 영상과 음성 콘텐츠 제작을 목표로 한다면 캡션이나 자막과 함께 수화 통역 제공도 고려합니다.

[사례 1 개선 ❷] 적절한 캡션 제공 방법을 선택한다

캡션 제공 방법에는 '오픈 캡션'과 '클로즈드 캡션'의 두 종류가 있으며 상황에 따라 구분해서 사용해야 합니다.

오픈 캡션이란 항상 표시되는 캡션을 말합니다. 캡션은 영상에 삽입돼 있습니다. 오픈 캡션의 장점은 동영상 파일을 공유하기만 하면 항상 캡션을 표시할 수 있다는 것입니다. 단점으로는 캡션을 끌 수 없기에 캡션이 필요하지 않은 사용자에게는 오히려 방해 요인이 됩니다. 또한 캡션의 글꼴, 문자 색, 문자 크기를 변경할 수 없으며, 클로즈드 캡션에 비해 캡션을 제작할 때 드는 비용도 높아집니다.

클로즈드 캡션이란 캡션을 켜거나 끌 수 있는 캡션을 말합니다. 캡션 파일은 동영상 파일과 별도로 제공됩니다. 클로즈드 캡션의 장점은 캡션을 커스터마이징 할 수 있다는 것입니다. 사용자는 캡션의 글꼴, 문자 색, 문자 크기를 변경할 수 있습니다(**그림 4-6-3**). 또한 다른 언어로도 캡션을 마련하면 해당 언어로 캡션을

그림 4-6-3 커스터마이징하는 옵션을 표시

YouTube에서 캡션을 커스터마이징하는 옵션을 표시했다. 글꼴의 색상이나 크기를 선택 가능하며, 자동 번역된 캡션을 표시할 수도 있다.

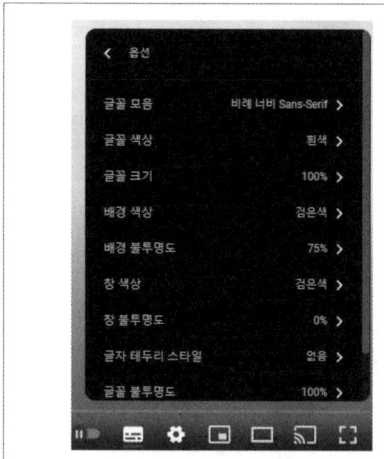
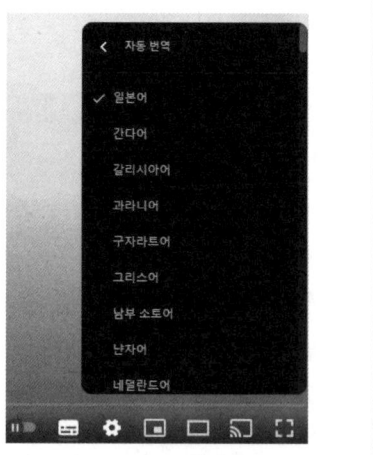

표시할 수도 있습니다. 또한 오픈 캡션과 비교하면 캡션을 제작하는 비용도 비교적 낮게 줄일 수 있습니다. 단점으로는 동영상 파일만으로는 캡션을 표시할 수 없어 클로즈 캡션을 지원하는 미디어 플레이어와 같은 기술이 필요해집니다.

캡션 제공자는 오픈 캡션과 클로즈드 캡션의 장점 및 단점을 이해하고 적절한 제공 방법을 선택해야 합니다.

[사례 2 개선] 실시간 방송에 대체 콘텐츠(캡션, 자막)를 제공한다

녹화된 동영상이나 음성뿐 아닌 온라인 미팅이나 온라인 이벤트와 같은 실시간 방송에서도 캡션이나 자막을 제공합시다.

실시간 방송이라도 비교적 간단히 캡션을 제공할 수 있습니다. 많이 이용 중인 온라인 회의 시스템 중에는 캡션을 표시하는 기능을 가진 것도 있으며 이를 사용하면 비용을 거의 들이지 않고도 캡션을 제공할 수 있습니다. 예를 들어 Microsoft Teams에는 라이브 캡션을 제공하는 기능이 있으며 기능을 활성화하기만 하면 화면상에 캡션을 표시할 수 있습니다.[21] 또한 음성을 인식해서 문자로 변환하는 기능을 제공하는 웹 서비스도 있습니다. 예를 들어 UD TALK,[22] AmiVoice,[23] ZMEETING[24]과 같은 웹 서비스를 사용하면 말하는 음성을 자동으로 인식해서 문자로 변환할 수 있습니다. 변환된 문자는 참가자의 애플리케이션 혹은 웹 페이지로 표시할 수 있습니다.

실시간 방송의 경우 녹음된 음성과는 달리 실시간으로 표시되는 캡션의 정밀도

---

21 'Microsoft Teams 모임에서 라이브 캡션 사용' https://support.microsoft.com/ko-kr/office/4be2d304-f675-4b57-8347-cbd000a21260
22 https://udtalk.jp
23 https://acp.amivoice.com
24 https://www.zplatform.ai

를 높여야 합니다. 캡션의 정밀도를 높이는 데 캡션을 제공하는 사람과 말하는 사람이 각자 할 수 있는 몇 가지 방법이 있습니다.

캡션을 제공하는 사람이 할 수 있는 주된 방법은 단어 등록과 실시간 편집입니다. 캡션을 제공하는 시스템 중에는 미리 단어와 발음을 등록할 수 있는 것이 있습니다. 단어를 등록함으로써 인식 정밀도를 높일 수 있습니다. 또한 캡션을 실시간으로 편집할 수 있는 시스템도 있습니다. 자동 인식에 실패한 캡션을 정정함으로써 더욱 정밀도가 높은 캡션을 제공할 수 있습니다. 실제로 실시간 방송을 할 때는 캡션을 편집하는 직원을 두는 경우도 있습니다. 긴 시간 동안 캡션을 편집하는 데는 수고가 많이 들기에 여러 명이 작업하면 좋습니다.

말하는 사람이 할 수 있는 주된 방법은 말을 명료히 하는 것입니다. '어…', '그…'와 같은 추임새를 피하고 짧은 문장으로 끊습니다. 또한 문장과 문장 사이에는 쉬는 구간을 넣습니다. 쉬는 구간이 있으면 캡션 시스템이 문장을 구분하기 쉬워집니다. 또, 겹쳐 말하지 않도록 하는 것도 중요합니다. 여러 사람이 동시에 말하면 음성 인식 정밀도가 떨어지게 됩니다. 화자끼리 '다른 사람의 말이 다 끝나면 말하기'와 같은 규칙을 정해두면 좋습니다. 이처럼 대화 방식을 궁리하면 캡션 시스템에도 효과적이며, 모든 사람에게도 음성이 전달되기 쉬워집니다.

캡션을 제공하는 실시간 방송의 경우 미리 참가자에게 캡션 제공 여부와 캡션을 제공하는 방법을 전달합시다. 특히 청각 장애인에게는 해당 여부에 따라 참가 가능한지 판단하는 중요한 요소가 됩니다.

녹화된 동영상과 마찬가지로 보다 높은 접근성을 요구하는 실시간 방송에는 수화 통역 제공을 검토하면 좋습니다. 수화가 제1의 언어인 청각 장애인 중에는 캡션이나 자막을 읽고 이해하는 데 시간이 걸려 실시간 방송에 참가하기 어려운 사람도 있기 때문입니다. 실시간 방송에서 수화 통역을 제공할 때 미리 수화 통역자에게 방송에서 사용할 자료를 전달해 번역 검토를 요청해야 하는 경우가 있습니다.

또한 실시간 방송의 영상에 수화 통역자를 띄우는 방법도 생각해야 합니다.

[사례 3 개선] 음성만으로 동영상을 이해할 수 있도록 한다

동영상은 영상 없이 음성만으로도 내용을 이해할 수 있도록 합시다. 음성만으로 동영상을 이해할 수 있도록 하는 데는 크게 두 가지 방법이 있습니다.

- 시각적인 정보를 화자가 구두로 설명한다
- 동영상에 음성 설명과 확장 음성 설명을 넣는다

첫 번째는 시각적인 정보를 화자가 구두로 설명하는 것입니다. 동영상을 이해하는 데 필요한 시각적인 정보를 구두로 설명합니다. 보다 좋은 음성을 제공하기 위한 방법 중 하나는 동영상 음성을 팟캐스트로 제공한다고 가정한 후, 어떻게 설명하면 팟캐스트를 듣는 사람이 내용을 이해할 수 있을지 검토하면 좋습니다.

두 번째는 동영상에 음성 설명과 확장 음성 설명을 넣는 것입니다. 음성 설명이란 영상을 음성으로 설명하는 것입니다. 설명은 동영상의 주 음성 사이에 삽입됩니다. 주 음성 사이의 짧은 시간을 이용하므로 삽입 가능한 설명 분량에 제한이 있습니다. 확장 음성 설명도 영상을 음성으로 설명한다는 점은 같지만, 일반적인 음성 설명과는 달리 동영상을 일시정지한 후 설명을 삽입합니다. 확장 음성 설명은 설명에 필요한 시간을 원하는 만큼 취할 수 있으므로 삽입 가능한 설명 분량에 제한이 없습니다. 음성 설명이나 확장 음성 설명을 사용함으로써 영상을 음성으로 보충하며 음성만으로 내용을 이해할 수 있게 됩니다.

음성 설명이나 확장 음성 설명은 이미 제작된 동영상에 설명을 나중에 추가할 수 있다는 장점이 있습니다. 반면에 설명이 없는 동영상과 설명이 있는 동영상의 두 종류를 제공해야 하므로 동영상 제작 비용과 관리 비용이 커진다는 단점이 있습니다. 우선은 화자가 시각적인 정보를 모두 설명하도록 검토한 후, 이렇게 하기 어려울 때만 음성 설명이나 확장 음성 설명을 제공하기를 권장합니다.

[사례 4 개선] 사용자의 동의를 얻고 동영상과 음성을 재생한다

동영상과 음성은 사용자의 동의를 얻은 후 재생합시다. 동영상 및 음성 자동 재생은 되도록 피하며 재생 버튼이나 정지 버튼을 마련하여 사용자가 원하는 시점에 동영상을 재생하고 정지할 수 있도록 합시다.

꼭 자동 재생이 필요하다면 페이지를 열기 전에 확인하는 과정을 둠으로써 사용자의 동의를 얻은 후 페이지를 표시하도록 합시다. 하지만 자동 재생을 원치 않는 사용자는 해당 페이지를 열지 않게 됩니다. 확인하는 과정은 어디까지나 반드시 자동 재생이 필요한 경우의 대응이라 생각합시다.[25]

[사례 5 개선] BGM의 음량은 낮게 한다

BGM의 음량은 작게 합시다. WCAG 2.1의 달성 기준 1.4.7 '낮은 배경음 또는 배경음 없음'[26]에서는 배경음은 전면에 배치된 말하는 콘텐츠보다 적어도 20데시벨 낮출 것을 요구합니다. 이는 대략 전면에 배치된 말하는 콘텐츠의 4분의 1인 크기입니다. 동영상이나 음성을 제작할 때는 BGM의 음량과 말하는 음량을 비교해서 음량을 조절합시다.

[사례 6 개선] 미디어 플레이어의 접근성을 확보한다

동영상과 음성 매체만이 아닌 미디어 플레이어의 접근성도 충분히 확보해야 합니다.

---

[25] WCAG 2.1의 달성 기준 1.4.2 '음성의 제어'에 음성 자동 재생 시의 구체적인 기준이 마련돼 있습니다. 사용자의 동의를 얻고서 페이지를 띄우는 방법은 달성 기준 1.4.2를 만족하지 않습니다.
[26] https://www.w3.org/WAI/WCAG21/Understanding/low-or-no-background-audio

미디어 플레이어를 직접 만들 때 HTML의 video 요소를 사용함으로써 접근성이 높은 미디어 플레이어를 만들 수 있습니다. video 요소를 사용한 미디어 플레이어는 인터페이스를 키보드나 스크린 리더로 조작할 수 있습니다. 만약 video 요소를 사용할 수 없다면 이 절 이후에서 설명하는 관점도 고려하면서 키보드와 지원 기술을 통한 조작을 지원하거나, 대비를 확보한 색을 사용하는 등 접근성을 확보해야 합니다.

외부 미디어 플레이어를 삽입할 때는 해당 플레이어의 접근성을 충분히 확보했는지 미리 살펴봅시다. 예를 들면 유튜브의 경우 키보드 단축키를 이용하는 방법,[27] 스크린 리더로 유튜브를 이용하는 방법[28] 등을 도움말에 공개했습니다.

4.7 애니메이션

웹 사이트는 다양한 애니메이션을 이용합니다. 애니메이션은 장점과 단점을 감안하여 적절히 이용해야 합니다. 애니메이션은 웹 사이트의 인상을 좋게 만들어 매력을 높인다는 장점이 있습니다. 또한 요소 변화 전과 후를 애니메이션으로 이음으로써 요소 변화를 이해하기 쉬워집니다. 한편 애니메이션은 적절히 이용하지 않으면 사용자의 집중력을 떨어뜨리거나 건강을 해칠 우려가 있습니다.

이 절에서는 '자동 재생되는 애니메이션'과 '사용자 조작으로 재생되는 애니메이

---

27 https://support.google.com/youtube/answer/7631406?hl=ko
28 https://support.google.com/youtube/answer/189278?hl=ko

션'의 두 가지 애니메이션의 적절한 이용 방법을 설명합니다. 자동 재생되는 애니메이션이란 사용자 조작과 관계없이 자동으로 재생되는 애니메이션입니다. 사용자 조작으로 재생되는 애니메이션이란 화면을 스크롤하거나 버튼을 클릭하는 등 사용자 조작을 기반으로 재생되는 애니메이션입니다.

자주 있는 사례에서 문제 알아보기

[사례 1] 자동 재생되는 애니메이션을 제어할 수 없다

자동 재생되는 애니메이션이란 사용자 조작과 관계없이 자동으로 재생되는 애니메이션을 가리킵니다. 애니메이션은 단독 콘텐츠로 존재하는 경우와 인터페이스의 일부인 경우가 있습니다. 특히 웹 애플리케이션에서 다음과 같은 콘텐츠가 해당합니다(**그림 4-7-1**).

- 페이지가 로딩된 직후에 자동으로 움직이는 SVG 이미지. 예를 들면 회원가입 후에 조작 방법을 알려주는 페이지에서 사용된다

그림 4-7-1 자동 재생되는 애니메이션의 예시

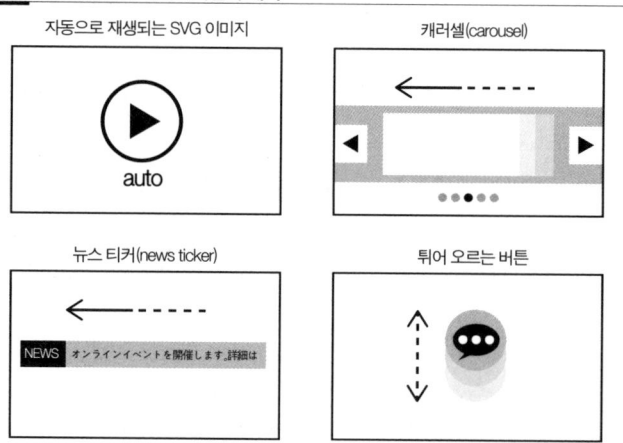

- 일정 주기로 자동으로 내용이 바뀌는 캐러셀. 예를 들면 웹 애플리케이션의 최상단에서 주요 기능을 설명하는 목적으로 사용된다
- 일정 속도로 자동으로 텍스트가 흐르는 뉴스 티커. 예를 들면 웹 애플리케이션의 대시보드 화면에서 지속적으로 갱신되는 상황을 전달하는 목적으로 사용된다
- 사용자의 주의를 끌기 위해 화면 오른쪽 아래에서 자동으로 튀어 오르는 채팅 버튼. 예를 들면 사용자를 도와주는 챗봇을 인지시키기 위한 목적으로 사용된다

자동 재생되는 애니메이션에서 자주 있는 문제는 사용자가 '애니메이션을 보지 않는다'는 선택이 불가능하다는 점으로, 크게 두 가지 문제를 일으킵니다.

첫 번째 문제는 콘텐츠를 보고 조작하는 데 시간이 걸리는 사용자가 애니메이션 콘텐츠에 접근할 수 없게 된다는 것입니다. 지체 장애인은 콘텐츠를 조작하는 데 시간이 걸리므로 애니메이션의 속도를 따라가지 못합니다. 또한 저시력자는 콘텐츠를 확대해서 보기 때문에 콘텐츠 전체를 파악하는 데 시간이 걸립니다. 애니메이션이 빠르면 콘텐츠 전체를 보는 행동이 그 속도를 따라가지 못합니다. 게다가 글을 읽기 어렵거나 번역이 필요한 사용자는 콘텐츠를 읽고 이해하는 데 충분한 시간이 필요합니다. 애니메이션에 의해 콘텐츠가 빠르게 전환되면 이런 사용자들은 콘텐츠를 이해하기 어렵습니다.

두 번째 문제는 애니메이션이 다른 콘텐츠로 접근하는 데 방해하는 원인이 되는 것입니다. 사용자에 따라서는 움직임이 있거나 점멸하는 애니메이션이 있으면 이에 주의가 끌려 애니메이션 이외의 콘텐츠에 집중할 수 없게 됩니다. 주의력 결핍 장애인에게는 매우 심각한 문제며 애니메이션이 아닌 다른 콘텐츠를 더 이상 볼 수 없게 될 우려도 있습니다.

[사례 2] 사용자 조작으로 재생되는 애니메이션을 제어할 수 없다

사용자 조작으로 재생되는 애니메이션 중 일부는 접근성 문제를 일으킵니다. 특

히 문제가 되는 건 '모션 애니메이션'입니다. 모션 애니메이션이란 위치가 이동되거나 크기가 커지는 등 물체가 움직이거나 부드럽게 이동하는 것처럼 보이는 애니메이션입니다. 예를 들어 사용자가 페이지를 스크롤하면 전경과 배경 요소가 서로 다른 속도로 변화하는 '시차(parallax)' 애니메이션이나 사용자가 버튼을 누르면 넓이나 높이가 변화하면서 표시되는 메뉴와 같은 애니메이션이 해당됩니다(그림 4-7-2).

사용자 조작에 의한 모션 애니메이션은 말하자면 '취한' 상태를 일으키기 쉽습니다. 특히 전정 기관(속귀에서 평형 감각을 담당하는 감각 기관)에 장애가 있는 사용자에게는 두통, 멀미, 구역질을 유발하여 더 이상 페이지를 볼 수 없게 되기도 합니다.

그림 4-7-2 사용자 조작에 의한 애니메이션의 예시

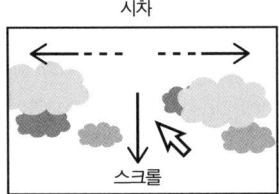
시차
스크롤

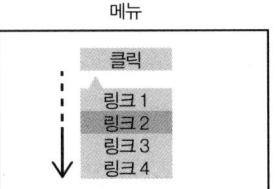
메뉴
클릭
링크 1
링크 2
링크 3
링크 4

체크 포인트

수동 확인(설계 시)

- 애니메이션이 꼭 필요한지 검토한다
- 자동 재생되는 애니메이션은 사용자가 일시정지 및 정지 가능하거나 숨길 수 있도록 한다(5초 이내에 자동으로 정지되는 경우를 제외)
- 사용자 조작에 의한 모션 애니메이션은 사용자가 비활성화할 수 있도록 한다

수동 확인(구현 시)

- 모션 애니메이션에 prefers-reduced-motion 미디어 쿼리를 사용한다

자주 있는 사례를 개선하다

[사례 1 개선❶] 애니메이션을 짧은 시간만 표시하던가 애니메이션을 이용하지 않는다

자동으로 재생되는 애니메이션을 짧은 시간 동안 표시할 수는 없을지 검토합시다. 사용자의 주의를 끌 목적일 경우, 움직이거나 점멸하는 애니메이션 중에는 몇 초만 작동하면 충분히 효과를 볼 수 있는 것도 있습니다. 또한 애니메이션 대신에 테두리로 둘러싸거나 하이라이트만 표시해도 충분할 때도 있습니다.

[사례 1 개선❷] 자동 재생되는 애니메이션은 사용자가 일시정지 및 정지 가능하거나 숨길 수 있도록 한다

애니메이션을 긴 시간 재생해야 한다면 사용자가 '애니메이션을 보지 않는다'는 선택지를 취할 수 있도록 합시다. WCAG 2.1의 달성 기준 2.2.2 '일시정지, 정지, 숨김'[29]에서는 애니메이션을 비롯한 변화하는 콘텐츠가 자동으로 시작돼 5초보다 길게 계속되면서 그 밖의 콘텐츠와 함께 표시된 경우 사용자가 일시정지, 정지, 숨길 수 있도록 하는 기능을 제공하도록 요구합니다.

일시정지, 정지, 숨기는 기능은 되도록 사용자가 알아차릴 수 있는 위치에 배치합시다. 예를 들면 웹 페이지의 맨 처음이나 애니메이션이 재생되는 위치 바로 뒤쪽 등이 있습니다. 그 이유는 애니메이션을 제어하는 기능을 찾기 전에 접근

---

29 https://www.w3.org/WAI/WCAG21/Understanding/pause-stop-hide.html

성 문제가 일어나는 것을 방지하기 위함입니다. 일부 사용자에게 자동으로 재생되는 애니메이션은 다른 콘텐츠에 접근하지 못하게 되는 원인이 됩니다. 일시정지, 정지, 숨기는 기능을 알아차리기도 전에 애니메이션을 봤을 때 페이지에서 해당 기능 자체를 찾기 힘들 수도 있습니다.

[사례 2 개선] 사용자 조작에 의한 애니메이션을 비활성화할 수 있도록 한다

모션 애니메이션을 이용할 때는 기능이나 정보를 전달하기 위해 꼭 필요한지 검토합시다. 꼭 모션 애니메이션을 이용해야 한다면 사용자가 모션 애니메이션을 회피할 수 있도록 합시다. WCAG 2.1의 달성 기준 2.3.3 '인터랙티브에 의한 애니메이션'[30]에서는 사용자의 조작으로 일어나는 모션 애니메이션을 정지할 수 있도록 요구합니다.

OS에는 모션 애니메이션을 비활성화하는 기능이 있습니다. 예를 들면 iOS에는 '접근성' 설정에 '시차 효과를 줄인다'라는 항목이 있으며, 이를 켜면 모션 애니메이션을 정지할 수 있습니다. 해당 설정은 CSS의 prefers-reduced-motion 미디어 쿼리로 CSS에 반영할 수 있습니다. 이를 사용하면 '시차 효과를 줄인다' 설정이 꺼진 상태에서만 모션 애니메이션을 표시합니다.

메뉴의 넓이나 높이가 변화하는 등 비교적 작은 모션 애니메이션은 OS 설정에 따라 모션 애니메이션을 회피할 수 있도록 합시다. 달성 기준 2.3.3에는 흐릿하거나 불투명도를 변경한 콘텐츠 등은 모션 애니메이션에 해당하지 않는다고 명시돼 있으므로, 이동을 동반하지 않고 불투명도를 변경하면서 메뉴를 표시하는 애니메이션을 대신 이용할 수 있습니다.

하지만 시차 애니메이션 등 페이지 전체에 영향을 주는 모션 애니메이션을 회피

---

30 https://www.w3.org/WAI/WCAG21/Understanding/animation-from-interactions

하는 유일한 수단이 OS 설정인 상황은 피해야 합니다. OS 설정이 있다는 사실을 모르는 사용자도 있으며, 해당 설정을 활성화하지 않은 사용자도 있습니다. 대규모 모션 애니메이션의 경우 페이지 상단에 모션 애니메이션 정지 버튼 등을 배치해 OS 설정에 의존하지 않고 애니메이션을 회피할 수 있도록 합시다.

모션 애니메이션은 해당 모션 애니메이션을 정지하더라도 성립하는 디자인을 고려해야 하며 도입에 비용이 듭니다. 따라서 모션 애니메이션 도입은 신중히 검토해야 합니다. 그저 새롭거나 재밌으니까 채택하는 것이 아닌, 사용자에게 적절한 인상을 심어줄 수 있는지, 웹 페이지의 목적을 달성할 수 있는지를 생각합시다.

4.8 모바일 디바이스

사용자는 스마트폰이나 태블릿 등 다양한 모바일 디바이스로 웹에 접근합니다.

모바일 디바이스나 데스크톱 디바이스 역시 접근성을 확보하기 위해 고려할 점은 크게 다르지 않습니다. WCAG에서도 특정 기기에 의존하지 않는 형태로 달성 기준을 제시하고 있습니다.

그러나 모바일 디바이스에는 접근성을 떨어뜨리는 특유의 문제가 있습니다. 여기서는 모바일 디바이스의 전형적인 문제를 다룹니다.

자주 있는 사례에서 문제 알아보기

[사례 1] 콘텐츠가 화면 크기에 최적화되지 않았다

데스크톱용 뷰를 모바일 디바이스의 화면 크기에 맞추지 않고 그대로 표시한 사례가 있습니다(그림 4-8-1). 이 경우는 화면 상하좌우로 콘텐츠가 튀어나와 2차원 스크롤(가로세로 방향의 스크롤)이 발생합니다. 사용자는 화면 밖에 튀어나온 콘텐츠를 미처 못 볼 수 있습니다. 또한 의도하지 않은 방향으로 스크롤하는 등 조작 실수도 일어나기 쉬워집니다.

데스크톱용 뷰를 그대로 축소해서 모바일 디바이스의 화면 크기에 맞춘 사례도 있습니다(그림 4-8-2). 이 경우 콘텐츠가 작게 표시될 수도 있습니다. 특히 저시력자는 정보를 보기 어려워집니다. 또한 손이 떨리는 등 세세한 조작이 어려운 사용자는 전혀 조작이 불가능하기도 합니다.

<u>그림 4-8-1   데스크톱용 뷰를 그대로 표시</u>
모바일 디바이스의 화면 사이즈에 맞추지 않고 그대로 표시했기에 튀어나오게 된다

그림 4-8-2   데스크톱용 뷰를 축소해서 표시
모바일 디바이스의 화면 크기에 맞춰 축소했기에 콘텐츠가 작게 표시된다

[사례 2] 표시되는 방향을 제한했다

표시되는 방향을 세로 등 한 방향으로만 제한한 사례가 있습니다(**그림 4-8-3**). 예를 들어 디바이스의 방향을 바꿔도 콘텐츠가 그 방향을 따라가지 않습니다. 또한 특정 방향으로 바꿨을 때 콘텐츠가 표시되지 않아 다른 방향으로 바꾸도록 요구하기도 합니다.

지체 장애인은 디바이스를 자신의 책상, 침대, 전동 휠체어의 팔 등에 고정해서 사용하므로 디바이스의 방향을 바꾸기 어렵습니다. 또한 화면이나 슬라이드 자료 등 가로로 긴 콘텐츠는 세로 방향에서는 작게 표시됩니다. 특히 저시력자라면 내용을 자세히 볼 수 없게 됩니다.

그림 4-8-3   표시되는 방향

표시되는 방향을 세로 등 한 방향으로만 제한한 사례(위쪽)와 다른 방향으로 표시하도록 요구하는 사례(아래쪽)

[사례 3] 터치 대상이 너무 작다

복잡한 기능을 제공하는 UI에서 터치 대상이 너무 작게 설계된 경우가 있습니다. 조작 대상이 작거나 밀집해 있으면 다양한 문제를 일으킵니다.

터치 대상이 작으면 손가락으로 터치하기 어려워집니다. 터치할 대상이 손가락에 가려져 누르기 어려워지므로 터치하는 데 시간이 걸리거나 조작 실수가 늘어납니다.

또한 헤드 포인터나 마우스 스틱 등 손가락을 대신하는 도구로 터치할 때도 조작이 힘들어집니다. 이러한 도구는 손가락의 세세한 조작을 재현하기 어렵습니다. 그렇기에 터치 대상이 작으면 다른 대상을 터치하게 될 수 있습니다. 그 밖에도 대상을 특정 위치에 머무르게 하는 것이 힘들 수 있습니다.

게다가 시선 입력, 음성 명령, 스위치 제어 등 터치 조작을 에뮬레이트하는 지원 기술을 이용할 때도 조작하기 어려워집니다. 터치할 좌표를 지정하는 데 시간이 걸리거나 잘못된 좌표를 지정할 수 있기 때문입니다.

[사례 4] 제스처에만 의존했다

모바일 디바이스, 트랙패드나 터치스크린 탑재된 PC는 조작할 때 제스처가 필요합니다. 자주 사용하는 제스처는 손가락으로 가볍게 긋는 '플릭(flick)'과 손가락을 한 방향으로 움직이는 '스와이프(swipe)'가 있습니다. 또한 어떤 지점에서 어떤 지점으로 정확한 궤적을 그려야 하는 제스처도 있습니다. 그 밖에도 여러 손가락을 통한 핀치 인/아웃, 스플릿 터치 등 여러 접점의 조작이 필요한 멀티 포인트 제스처도 있습니다.

손가락을 정확하게 움직이지 못하는 사용자에게 제스처는 어렵습니다. 헤드 포인터나 마우스 스틱 등 손가락을 대신하는 도구를 이용할 때 정확한 궤적을 그리지 못하거나 여러 접점을 동시에 조작할 수 없기도 합니다. 또한 터치 조작을 에뮬레이트하는 지원 기술을 이용할 때 제스처를 학습할 수 없거나 에뮬레이트하는 데 시간이 걸리기도 합니다.

게다가 모바일 디바이스에 외부 키보드를 연결해서 조작하는 사용자도 있습니다. 제스처에 의존한 조작은 키보드 조작으로 대체하기 어려우므로 결국 외부 키보드를 사용할 수 없게 됩니다.

[사례 5] 데스크톱 특유의 조작에만 의존했다

데스크톱 특유의 조작에만 의존해 모바일 디바이스에서 동일한 조작을 재현할 수 없는 사례가 있습니다. 이 문제는 데스크톱용 뷰를 그대로 모바일 디바이스용 뷰에 옮겼을 때 일어나기 쉽습니다. 예를 들어 모바일 디바이스에는 마우스 오버에 대응하는 조작이 없습니다. 또한 키보드의 특정 키에 할당한 조작도 모바일 디바이스에서는 재현할 수 없습니다. 마우스 오버는 제5장 4절에서도 자세히 다룹니다.

[사례 6] 모바일 디바이스 특유의 지원 기술을 고려하지 않았다

모바일 디바이스 특유의 지원 기술을 고려하지 않으면 접근성을 향상시켰더라도 문제가 발생합니다. 여기서는 지원 기술의 사례로 스크린 리더를 생각해보겠습니다.

모바일 디바이스 스크린 리더는 데스크톱 스크린 리더가 읽는 것과는 다릅니다. 데스크톱 스크린 리더에서는 올바르게 읽었지만, 모바일 디바이스 스크린 리더는 그렇지 않았다는 상황은 자주 발생합니다. 서로 다르게 읽는 이유는 OS에 따라 접근성 API가 다르기에 지원 기술용으로 공개된 정보에 차이가 있기 때문입니다. 또한 지원 기술마다 접근성 오브젝트 모델에 대한 지원 상태가 다른 것도 이유 중 하나입니다.

모바일 디바이스 스크린 리더의 조작 체계는 데스크톱과는 크게 다르므로 주의해야 합니다. 데스크톱 스크린 리더의 경우 키보드 조작으로 커서를 이동하는데, 모바일 디바이스 스크린 리더는 스와이프로 커서를 이동합니다. 데스크톱에서는 쉬운 조작이더라도 모바일에서는 노동력을 수반할 수 있습니다.

체크 포인트

수동 확인(설계 시)

- 반응형 디자인을 채택한다

- 표시되는 방향에 상관없이 보거나 조작할 수 있도록 한다
- 터치 대상의 크기를 가이드라인에 맞춰 일정 크기 이상으로 한다
- 복잡한 제스처 조작(궤적을 그리는 제스처, 멀티 포인트 제스처)은 사용하지 않는다. 또는 간단한 포인터로 조작 가능한 대체 수단을 마련한다
- 데스크톱 특유의 조작 방법(마우스 오버 등)을 사용하지 않는다. 또는 모바일 디바이스에서 조작 가능한 대체 수단을 마련한다

수동 확인(구현 시)

- 모바일 디바이스의 지원 기술로 조작할 수 없거나 조작하기 어려운 곳이 없는지 확인한다
- 넓이 320px*높이 256px에 해당하는 화면에서 2차원 스크롤이 발생하지 않는지 확인한다
- 표시되는 방향에 상관없이 보거나 조작할 수 있음을 확인한다

자동 확인

axe로 표시되는 방향이 고정되어 있지 않음을 확인할 수 있습니다. 또한 구글이 제공하는 접근성 검사기[31] 등 모바일 디바이스의 접근성을 포괄적으로 검증하는 도구도 있습니다.

- axe
  - css-orientation-lock // CSS 미디어 쿼리를 사용해 표시되는 방향을 고정했는지 확인한다

---

31 구글 플레이 스토어에서 '접근성 검사기' 검색

자주 있는 사례를 개선하다

[사례 1 개선] 반응형 디자인을 채택한다

반응형 디자인은 화면 크기에 따라 콘텐츠를 최적화해 2차원 스크롤을 발생시키지 않는 방법 중 하나입니다. 화면 넓이에 따라 콘텐츠를 1칼럼으로 표시해 일정 방향의 스크롤만으로 볼 수 있도록 합니다. WCAG 2.1의 달성 기준 1.4.10 '재배치(reflow, 리플로우)'[32]는 넓이 320px*높이 256px에 해당하는 화면에서 2차원 스크롤을 발생시키지 않을 것을 요구합니다.

또한 지도, 도표, 프레젠테이션 등 2차원 레이아웃이 필수적인 콘텐츠는 재배치할 수 없습니다. WCAG 2.1에서는 2차원 레이아웃이 필수적인 콘텐츠에는 콘텐츠 자체에 2차원 스크롤이 표시되는 것을 인정하지만 화면 전체에서 2차원 스크롤을 표시하는 것은 인정하지 않습니다.

만약 반응형 디자인을 채택하기 어렵다면 사용성 테스트 등을 실시해 중요한 정보가 누락되거나 조작이 너무 어렵지는 않은지 살펴봅시다. 특히 확대가 필요한 저시력자는 정보를 누락하기 쉬우므로 적극적으로 테스트를 해야 합니다.

[사례 2 개선] 표시되는 방향을 한 방향으로 제한하지 않는다

표시되는 방향은 한 방향으로 제한하지 않도록 합시다. 기본적으로는 앞서 말한 반응형 디자인을 채택함으로써 화면 넓이에 따라 콘텐츠를 표시할 수 있기에 표시되는 방향을 제한할 필요가 없어집니다.

---

32 https://www.w3.org/WAI/WCAG21/Understanding/reflow

WCAG 2.1의 달성 기준 1.3.4 '표시되는 방향'[33]에서는 필수적인 경우를 제외하고 콘텐츠 표시와 조작에 방향 제한을 두지 않을 것을 요구합니다.

[사례 3 개선] 터치 대상의 크기를 키운다

터치 대상은 충분히 크게 디자인합시다.

대상인 요소 자체를 키우는 법 외에도 터치 대상을 넓히는 방법이 있습니다. 텍스트 링크는 패딩을 넓게 지정함으로써 터치 가능한 영역을 넓힐 수 있습니다. 폼 제어는 label 요소와 연관 지으면 터치가 가능합니다. 레이블은 제3장 1절을 참조하세요.

터치 대상의 적절한 크기에 대한 기준 값은 팀 내부에서 협의합시다. 주요 가이드라인의 적절한 크기 기준은 표 4-8-1과 같습니다.[34]

표 4-8-1   각 가이드라인의 터치 대상에 대한 적절한 크기

가이드라인	적절한 크기
Material Design Guideline[34]	48x48 dp 이상
Human Interface Guidelines[35]	44x44 pt 이상
WCAG 2.1 달성기준 2.5.5 '대상의 크기(레벨 AAA)'[36]	44x44 CSS 픽셀 이상

---

33 https://www.w3.org/WAI/WCAG21/Understanding/orientation
34 집필 시점(2022년 12월)에서 제정 중인 WCAG 2.2에는 대상 크기에 대한 새로운 달성 기준이 추가될 예정입니다.
35 https://m2.material.io/design/usability/accessibility.html#layout-and-typography
36 https://developer.apple.com/design/human-interface-guidelines/layout
37 https://www.w3.org/WAI/WCAG21/Understanding/target-size

[사례 4 개선] 제스처는 사용하지 않거나 대체 수단을 마련한다

조작은 제스처에만 의존하지 않도록 합시다. 기본적으로 사용자에게 제스처를 요구하지 않도록 합니다. 꼭 제스처를 이용해야 한다면 제스처와는 별개로 한 손가락으로 탭을 조작하는 등 간단한 조작 UI를 설계하면 좋습니다.

또한 모바일 디바이스를 키보드로 조작하는 사용자의 존재를 잊지 않도록 합시다. 간단한 터치로 조작할 수 있는 UI라면 키보드 조작을 제공하기 쉽습니다. 그렇기에 키보드로 조작하는 관점을 고려하더라도 제스처는 되도록 피해야 합니다.

가이드라인에서도 복잡한 제스처에 의존하지 않도록 요구합니다. WCAG 2.1의 달성 기준 2.5.1 '포인터의 제스처'[38]에서는 필수적인 경우를 제외하면 정확한 궤적을 그려야 하는 제스처나 여러 접점을 통한 멀티 포인트 제스처를, 궤적에 따른 제스처를 필요로 하지 않는 싱글 포인터로 조작할 수 있도록 요구합니다.

[사례 5 개선] 데스크톱 특유의 조작은 사용하지 않거나 대체 수단을 마련한다

마우스 오버 등 데스크톱 조작에만 의존하지 않도록 합시다. 기본적으로 이러한 조작은 피해야 하며, 꼭 데스크톱 조작을 이용해야 한다면 모바일 디바이스에서 조작 가능한 대체 수단을 마련합시다. 데스크톱용 뷰를 모바일 뷰로 옮길 때는 모바일 디바이스에서 조작이 막히지 않도록 데스크톱 특유의 조작이 필요한 곳을 파악해둡시다.

[사례 6 개선] 모바일 디바이스의 지원 기술로 검증한다

모바일 디바이스용으로 디자인할 때는 반드시 모바일 디바이스의 지원 기술을

---

38 https://www.w3.org/WAI/WCAG21/Understanding/pointer-gestures

사용해 검증합시다. 스크린 리더의 경우 iOS는 iOS VoiceOver, 안드로이드 OS는 안드로이드 TalkBack을 이용해서 검증합니다. 데스크톱 스크린 리더에서는 정확하게 읽었으니까 모바일 스크린 리더에서도 똑같이 읽을 것이라는 생각은 안 이합니다.

모바일 디바이스의 지원 기술을 조작하려면 익숙해져야 합니다. 기회가 있을 때마다 조작 방법을 확인합시다. 제7장 3절에서는 사내 커뮤니티에서 지원 기술을 사용하는 활동을 소개합니다.

4.9 페이지의 레이아웃과 일관성

사용자는 웹 페이지의 레이아웃을 파악해 필요한 콘텐츠에 빠르게 도달할 수 있어야 합니다. 시각적인 디자인과 함께 텍스트나 마크업도 고민한다면 다양한 사용자가 원하는 콘텐츠에 도달할 수 있게 됩니다.

또한 전체적으로 페이지의 레이아웃이나 스타일에 일관성이 있어야 합니다. 대부분의 웹 사이트는 단일 페이지가 아닌 여러 페이지로 구성돼 있습니다. 모든 페이지에 일관된 레이아웃, 레이블, 아이콘, 스타일 등을 이용하면 사용자가 페이지 내용을 이해하기 쉬워집니다.

자주 있는 사례에서 문제 알아보기

[사례 1] 페이지 레이아웃이 시각적 특징만으로 표현됐다

페이지 레이아웃이 시각적 특징만으로 표현된 경우가 있습니다. 예를 들면 영역 간 차이를 배경색만으로 표현하거나, 영역 구분을 여백만으로 표현한 것입니다.

페이지 레이아웃이 시각적 특징만으로 표현되면 사용자는 페이지 레이아웃을 인식하기 어려워집니다. 예를 들면 야외에서 화면을 보는 사람이나 저시력자는 배경색 차이를 판단하기 어려워 영역을 구별하지 못합니다. 또한 스크린 리더 이용자도 색의 차이나 여백을 스크린 리더가 읽지 않기에 영역을 식별할 수 없습니다.

사용자가 페이지의 영역을 식별 불가능하다면 작업을 완료하는 데 시간이 걸립니다. 페이지의 어느 부분을 주시해야 작업을 마치는지를 모르기 때문입니다. 경우에 따라서는 필요한 부분을 주시하지 못해 작업을 완료할 수 없기도 합니다.

[사례 2] 페이지가 랜드마크로 적절히 분할되지 않았다

HTML에는 페이지 전체를 큰 영역으로 분할하는 '랜드마크'의 역할을 갖는 main, header, footer, nav, aside 등의 요소가 있습니다. (그림 4-9-1).

랜드마크를 적절히 이용하면 스크린 리더 이용자에게 특히 다양한 이점이 있습니다. 많은 스크린 리더가 지원하는 랜드마크에 관한 작동은 다음과 같습니다.

- 스크린 리더는 랜드마크에 도달하면 도달한 랜드마크의 종류를 읽는다. 랜드마크 안에서 바깥쪽으로 나왔을 때는 바깥쪽으로 나왔음을 읽는다
- 스크린 리더는 단축키를 누르면 다음 랜드마크로 빠르게 점프할 수 있다(이 책에서는

해당 기능을 '랜드마크 점프'라 한다)

- 스크린 리더는 랜드마크를 리스트 형식으로 표시할 수 있다. 리스트에서 랜드마크를 선택하면 선택한 랜드마크로 빠르게 점프할 수 있다

그림 4-9-1 　 랜드마크로 분할된 페이지

랜드마크가 적절히 마크업되지 않았다면 스크린 리더 이용자는 페이지 영역을 파악하기 어려우며, 원하는 영역으로 빠르게 도달할 수 없습니다.

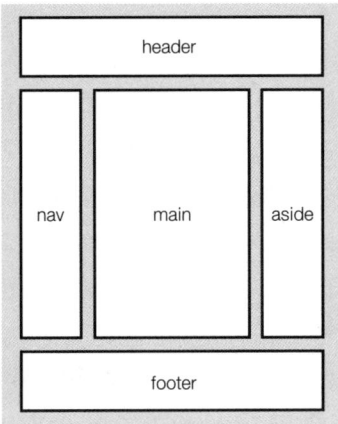

[사례 3] 페이지 레이아웃에 일관성이 없다

여러 페이지인데도 레이아웃에 일관성이 없다면 많은 사용자에게 혼란을 야기합니다. 예를 들면 웹 페이지에 익숙하지 않은 사용자는 페이지의 어디에 무엇이 있는지 학습하는 데 시간이 걸립니다. 또한 화면을 확대하는 저시력자는 원하는 콘텐츠가 상하좌우 중 어디에 있는지를 예상해서 화면 확대 범위를 변경합니다. 그 예상에서 벗어나면 콘텐츠를 찾는 데 시간이 걸리거나 콘텐츠를 발견하지 못할 수도 있습니다.

페이지의 레이아웃과 마크업 모두 시각적으로도 일관성이 있어야 합니다. 스크린 리더 이용자는 HTML의 종류나 순서를 통해 페이지 구조를 인식합니다. 각

페이지마다 시각적인 레이아웃에 일관성이 있더라도 마크업에 일관성이 없다면 페이지 구조를 인식할 수 없습니다.

[사례 4] 컴포넌트에 일관성이 없다

컴포넌트를 이용하는 부분마다 레이블, 아이콘, 스타일 등이 다른 경우가 있습니다.

같은 기능에 대해 다른 레이블이 부여되는 경우가 있습니다. 구체적으로는 '로그인'과 '사인 인', '톱 페이지'와 '포털'과 같은 사례로, 사용자는 각각 다른 기능이라 예상하게 됩니다. 또한 레이블에 '추가'와 '추가하기', '검색'과 '찾기'처럼 세세한 표기 차이가 있는 경우도 있습니다. 특히 해당 웹 사이트나 서비스에 익숙하지 않다면 학습에 시간이 들거나, 인지 장애인에게 혼란을 주기도 합니다.

같은 기능에 다른 아이콘이 부여된 경우도 있습니다. 아이콘에 일관성이 없으면 이용자는 혼란스럽습니다. 웹 서비스에 익숙하지 않은 사용자는 아이콘의 의미를 학습하는 데 시간이 걸리거나 의미를 잘못 이해할 수 있습니다. 글을 읽기 어려운 사용자나 웹 사이트에 사용된 언어에 익숙하지 않은 사용자는 텍스트를 읽기 어렵기에 아이콘에 대한 의존도가 높습니다. 아이콘에 일관성이 없다면 웹 페이지가 전달하려는 의미를 오해할 가능성이 있습니다. 또한 아이콘은 동일하지만 대체 텍스트에 일관성이 없는 경우도 있습니다. 이 경우 시각적으로는 같다고 인식되는 아이콘을 스크린 리더 및 이미지가 표시되지 않는 환경에서는 다른 아이콘이라 인식하게 됩니다.

아이콘 외에도 요소의 색, 모양, 타이포그래피 등의 스타일이 통일되지 않은 경우도 있습니다. 아이콘과 마찬가지로 같은 기능을 나타내는데도 다른 스타일이 적용되었다면 의미가 다르다고 오해하거나 인지 부하가 올라가 학습에 시간이 드는 원인이 됩니다.

[사례 5] 현재 위치를 알 수 없다

여러 페이지로 구성된 사이트나 애플리케이션 내에서 현재 위치를 파악할 수단이 없는 경우가 있습니다. 사용자는 여러 페이지로 이동하는 과정에서 현재 페이지가 사이트나 애플리케이션 전체 중 어디에 해당하는지 알 수 없게 됩니다. 또한 안쪽(깊은) 단계에 있는 페이지를 직접 표시했을 때 페이지의 문맥을 이해하지 못하기도 합니다.

체크 포인트

수동 확인(설계 시)

- 각 페이지 영역 맨 앞에 표제를 배치한다
- 페이지 레이아웃을 시각적으로 일치시킨다
- 같은 기능을 갖는 컴포넌트의 레이블, 스타일을 일치시킨다
- 현재 위치를 시각적으로 알기 쉽게 표현한다

수동 확인(구현 시)

- 표제를 표제 요소(h1 요소, h2 요소, h3 요소 등)로 마크업한다
- 페이지 영역을 랜드마크(header 요소, main 요소, footer 요소 등)로 마크업한다
- 페이지의 DOM 구조를 일치시킨다
- 같은 기능을 갖는 컴포넌트의 DOM 구조를 일치시킨다
- 현재 위치를 aria-current 속성으로 표현한다

자동 확인

주요 콘텐츠로 빠르게 이동하는 수단으로 수준 1인 표제나 main 요소 여부를 확인할 수 있습니다.

랜드마크에 관해서는 페이지상의 모든 콘텐츠가 어떠한 랜드마크에 속해 있는지 확인할 수 있습니다. 하나의 페이지에서 같은 랜드마크가 여럿 존재하지 않거나, 랜드마크에 부여된 이름을 포함해 랜드마크를 유일하게 특정할 수 있는지도 확인할 수 있습니다.

- axe
  - page-has-heading-one // 문서에 h1 요소가 하나 존재하는지 확인한다
  - landmark-one-main // 문서에 main 랜드마크가 하나 존재하는지 확인한다
  - region // 페이지의 모든 콘텐츠가 어떠한 랜드마크에 속해 있는지 확인한다
  - landmark-no-duplicate-banner // 페이지에 여러 banner 랜드마크가 없는지 확인한다
  - landmark-no-duplicate-contentinfo // 페이지에 여러 contentinfo 랜드마크가 없는지 확인한다
  - landmark-unique // 랜드마크에 유일한 역할과 이름이 부여됐는지 확인한다

자주 있는 사례를 개선하다

[사례 1 개선] 표제를 이용해 페이지의 영역에 쉽게 도달하도록 한다

페이지 레이아웃을 다양한 사용자에게 인식시키는 가장 중요한 방법은 페이지의 주요 영역에 표제를 둬서 '텍스트'로 페이지의 레이아웃을 표현하는 것입니다. 예를 들면 영역의 배경색이나 여백을 보기 어려운 사용자는 표제를 힌트로 삼음으로써 영역의 구분을 보다 인식하기 쉬워집니다. 페이지 내 검색을 이용해

표제를 검색하여 페이지의 특정 영역에 도달할 수도 있습니다. 또한 스크린 리더 이용자도 표제를 읽으면 영역의 전환을 인식할 수 있습니다. 표제 점프를 이용해 필요한 영역에 재빨리 도달할 수도 있습니다.

표제는 영역의 맨 처음에 배치합니다. 표제 바로 앞에 표제에 속하는 콘텐츠를 배치하면 사용자는 콘텐츠가 어느 표제에 속하는지 판단하기 어렵습니다. 또한 스크린 리더 이용자는 표제 점프를 하고 나면 표제 바로 뒤쪽에 있는 콘텐츠부터 읽어 나가므로, 표제 바로 앞에 표제에 속하는 내용이 있더라도 누락할 수 있습니다. 영역 맨 앞에 표제를 배치하면 제목과 콘텐츠의 연관성을 이해하기 쉬워 누락하는 일도 줄어듭니다.

다음 사례에서는 '(책 제목)' 표제 바로 앞에 '구입하기', '즐겨찾기에 등록'과 같은 버튼이 배치돼 있습니다. 스크린 리더 이용자는 표제 점프를 하고서 표제의 바로 뒤쪽 내용을 읽기 때문에 버튼을 누락할 수 있습니다.

좋지 않은 사례: 표제 바로 앞에 표제와 연관된 콘텐츠를 배치했다

```
<button>구입하기</button>
<button>즐겨찾기에 등록하기</button>
<h2>(책 제목)</h2>
...
```

다음과 같이 표제 바로 뒤쪽에 버튼을 배치하면 스크린 리더 이용자가 버튼을 누락하지 않게 됩니다.

개선 사례: 표제 바로 뒤에 표제와 연관된 콘텐츠를 배치한다

```
<h2>(책 제목)</h2>
<button>구입하기</button>
<button>즐겨찾기에 등록하기</button>
...
```

[사례 2 개선] 랜드마크를 이용해 페이지의 영역에 쉽게 도달하도록 한다

페이지를 랜드마크로 적절히 분할합니다. 랜드마크를 배치할 때는 다음과 같은 점에 특히 주의합시다.

- 랜드마크의 의미를 확인하고 사용한다
- 페이지 내의 모든 콘텐츠를 어떠한 랜드마크에 포함시킨다
- 같은 영역의 랜드마크를 되도록 여럿 이용하지 않는다

첫 번째는 각 랜드마크의 의미를 확인하고 사용하는 것입니다. 예를 들면 footer 요소는 페이지 저자에 관한 정보, 관련 문서 링크, 저작권 정보 등을 포함하는 요소입니다. 페이지 하단에 있다 해서 무조건 footer 요소가 적절하다고는 할 수 없습니다. 예를 들어 '확인', '취소'와 같은 버튼만을 포함한 바는 페이지 하단에 있으니까 footer 요소로 마크업한다는 건 부적절합니다. 또한 nav 요소는 현재 페이지의 앞뒤 '링크'를 포함하는 요소입니다. 단순히 페이지의 작동이 정리되어 있으니까 nav 요소를 사용하는 것은 부적절합니다.

두 번째는 페이지 내의 모든 콘텐츠를 어떠한 랜드마크에 포함하는 것입니다. 예를 들면 header 요소와 main 요소의 사이, main 요소와 footer 요소의 사이 등에 어떠한 랜드마크에도 속하지 않은 콘텐츠가 없도록 합시다. 랜드마크 밖에 있는 콘텐츠에는 스크린 리더로 도달하기 어렵기 때문입니다.

세 번째는 같은 종류의 랜드마크를 되도록 여럿 이용하지 않는 것입니다. 특히 main 요소는 페이지에 하나만 배치합시다. HTML 사양에는 원칙으로 main 요소가 페이지에 여럿 존재해서는 안 된다고 명시돼 있기 때문입니다.[39] main 요소 이외의 랜드마크는 사양상 여럿 존재해도 됩니다. 하지만 같은 종류의 랜드마크

---

39 정확히는 hidden 속성이 지정되지 않은 main 요소를 여럿 가져서는 안 된다고 명시돼 있습니다. 자세한 사항은 HTML Living Standard를 참조하세요.

가 페이지상에 여럿 존재하게 되면 스크린 리더 이용자에게 문제가 됩니다. 예를 들면 스크린 리더 이용자가 랜드마크에 도달했을 때 어느 요소에 도달했는지 알기 어렵습니다. 또한 랜드마크 점프를 했을 때도 어느 영역에 도달했는지 알기 어렵습니다. 같은 종류의 랜드마크를 너무 많이 배치하는 것은 권장하지 않습니다. 그리고 같은 종류의 랜드마크가 페이지상에 여럿 존재할 때 각 요소를 쉽게 구별하도록 요소에 이름 속성을 부여하는 기법이 있습니다. 자세한 사항은 제5장 7절을 참조하세요.

구현상의 이유로 랜드마크를 나타내는 HTML 요소를 사용할 수 없을 경우 WAI-ARIA를 사용해 랜드마크를 나타낼 수도 있습니다. 예를 들어 role="main"을 사용하면 메인 콘텐츠를 나타내는 랜드마크를 표현할 수 있습니다.

> **좋은 사례: WAI-ARIA로 메인 콘텐츠를 표현했다**
>
> `<div role="main">`

WAI-ARIA를 사용해 랜드마크를 나타낼 때 같은 랜드마크를 나타내는 HTML 요소의 명칭과 역할 값이 다름에 주의합시다. 예를 들면 role="header"나 role="footer"는 부적절한 값입니다. 구체적인 대응 관계를 **표 4-9-1**에 나타냅니다.

표 4-9-1   **랜드마크를 나타내는 HTML 요소에 대응하는 역할**

랜드마크를 나타내는 HTML 요소[39]	대응하는 역할
main	role="main"
header	role="banner"
footer	role="contentinfo"
nav	role="navigation"
aside	role="complementary"

40 header 요소, footer 요소, aside 요소는 특정 조건을 만족했을 때만 랜드마크를 표현하는 역할을 갖습니다. 자세한 사항은 HTML Accessibility API Mappings 1.0(https://www.w3.org/TR/html-aam-1.0/)을 참조하세요.

[사례 3 개선] 페이지의 레이아웃을 통일한다

여러 페이지에서 반복되는 요소는 일정 규칙에 따라 배치합시다. 예를 들면 로고 이미지는 헤더의 왼쪽 가장자리, 검색란은 헤더의 오른쪽 가장자리, 큰 표제는 헤드 바로 뒤쪽에 배치하는 등의 규칙을 만들어 통일합시다. 요소를 정해진 위치에 배치함으로써 많은 사용자가 페이지의 구조를 예상하기 쉬워집니다. 또한 DOM의 종류나 순서도 일관성이 있어야 합니다. 시각적인 위치만 통일하는 것이 아닌 HTML 구조도 포함해 레이아웃을 통일합시다.

임기응변으로는 레이아웃의 일관성을 유지할 수 없습니다. 제6장에서 설명하는 디자인 시스템을 활용해 페이지의 레이아웃을 문서화하거나 부서 내에서 합의하도록 검토합시다.

[사례 4 개선] 페이지의 컴포넌트를 통일한다

여러 페이지에서 반복 표시되는 컴포넌트는 디자인이나 구현 방식을 통일해 일관성을 유지하도록 합시다. 또한 적절한 라이팅 규칙이나 컴포넌트 사용법 등을 문서화하면 좋습니다.

일관성이 없는 컴포넌트를 파악하는 데는 다양한 방법이 있습니다. 유명한 방법 중 하나는 '인터페이스 인벤토리'[41]입니다. 웹 사이트에 존재하는 다양한 인터페이스의 스크린샷을 수집한 후 비슷한 것끼리 분류함으로써 불필요한 요소를 구체화합니다. 또한 스타일을 지정한 곳을 CSS 파일에서 직접 추출해 스타일 차이 여부를 비교하는 방법도 있습니다. 색이나 타이포그래피 등은 CSS에서 해당 부분을 직접 추출하기 쉽습니다. 비슷하게 지정된 스타일을 한군데로 모아 불필요한 변화를 줄일 수 있습니다.

---

41 https://bradfrost.com/blog/post/interface-inventory/

왜 스타일에 차이가 나는지 그 각각의 변화가 갖는 의미를 생각하여 같은 의미를 갖는 변화는 하나로 정리합시다. 특히 아이콘의 경우 아이콘이 가진 기능과 의미를 텍스트로 대응시킨 대응표를 만들면 좋습니다. 어떤 의미에 어느 아이콘을 사용해야 하는지 그 의미가 명확해집니다. 또한 대응하는 텍스트를 대체 텍스트로도 이용할 수 있습니다.

컴포넌트의 일관성을 더욱 높이기 위해서는 제6장에서 설명하는 디자인 시스템을 활용합니다.

[사례 5 개선] 현재 위치를 파악할 수단을 마련한다

여러 페이지로 구성된 사이트나 애플리케이션에는 현재 위치를 파악할 수단을 마련합시다.

현재 위치를 나타내는 방법 중 하나는 '브레드크럼(breadcrumb, 빵 부스러기) 리스트'를 마련하는 것입니다. 브레드크럼 리스트는 콘텐츠 구조 혹은 사용자가 지금까지 거쳐온 경로를 파악하는 힌트가 됩니다. 또한 필요에 따라서 이전 콘텐츠로 돌아갈 수도 있습니다.

내비게이션으로 현재 위치를 나타내는 방법도 유용합니다. 내비게이션의 현재 항목을 굵게 표시하거나 밑줄을 쳐서 현재 위치를 나타내는 방법을 자주 사용합니다.

또한 지원 기술을 고려한 내비게이션으로 현재 위치를 전달하는 방법 중 하나로 aria-current 속성을 이용하는 방법이 있습니다. 내비게이션에서 현재 위치를 나타내는 요소에 aria-current="page"를 부여하면 스크린 리더는 '현재 페이지'로 읽습니다. 시각적으로 현재 위치를 나타내는 방법과 조합함으로써 다양한 사용자에게 현재 위치를 전달할 수 있습니다.

건너뛰기(skip) 링크는 필수가 아니다

사용자가 원하는 영역에 쉽게 도달하도록 하는 방법으로 '건너뛰기 링크'가 있습니다. 예를 들어 구글의 검색 결과 화면에서는 페이지 맨 앞에서 Tab 키를 누르면 '주요 콘텐츠로 이동'이라는 링크가 표시되며 링크를 클릭하면 검색 결과로 포커스됩니다(그림 4-9-a). 특히 키보드 사용자에게는 원하는 영역으로 접근하는 선택지가 늘어납니다. 일본의 제2회 지원기술이용현황조사 보고서[42]에는 응답자의 38.06%가 '자주 사용한다', 41.3%가 '가끔 사용한다'고 응답했습니다.

하지만 건너뛰기 링크는 접근성을 확보하는 데 필수적인 요소가 아닙니다. 표제나 랜드마크를 이용했다면 스크린 리더 이용자는 원하는 영역으로 재빨리 점프할 수 있습니다. 키보드 사용자도 브라우저의 확장 기능 등을 이용하면 원하는 영역으로 점프할 수 있습니다. 표제나 랜드마크를 우선 이용하며, 이후 필요하게 됐을 때 건너뛰기 링크를 검토합시다.

그림 4-9-a 구글의 검색 결과 화면에 표시되는 건너뛰기 링크

---

42 https://jbict.net/survey/at-survey-02

제 5 장

복잡한 UI 패턴 개선

이 장에서는 지금까지 배운 내용을 전제로 더욱 복잡하게 움직이는 UI에 대해 접근성의 관점에서 일어나기 쉬운 문제와 그 개선 방법을 소개합니다. 소개한 내용을 단순히 접근 가능하도록 만드는 것이 아닌, 더 다양한 것을 만들 때 고려할 요점을 효과적으로 전달하게끔 사례를 선정했습니다. 소개한 내용 외에 다른 곳에도 동일한 문제가 없는지 확인해야 하며, 관련 문제를 해결하는 데 도움이 되길 바랍니다.

5.1 모달 다이얼로그

이 절에서는 모달 다이얼로그를 다룹니다. 모달 다이얼로그 또는 모달이라 부르는 기능은 사용자에게 설명 및 확인, 폼 표시 등 모던 웹 애플리케이션에는 꼭 존재한다고 볼 수 있습니다.

모달 다이얼로그는 다음과 같은 특징을 갖습니다.

- 페이지가 표시된 후 사용자의 조작이나 애플리케이션 로직으로 인해 나중에 표시된다
- 다른 콘텐츠 위를 덮어쓰듯 표시되며, 표시되는 동안에는 모달 다이얼로그 요소만 조작할 수 있다
- 모달 다이얼로그 내에서 조작하면 표시되지 않는(닫히는) 경우가 있다

웹 페이지의 모달 다이얼로그는 대부분 네이티브 애플리케이션의 다이얼로그를 모방한 작은 창 모양의 직사각형 영역으로 표시됩니다. 반투명 요소로 화면 전체를 덮고, 그 위를 포개서 표시하기도 합니다(**그림 5-1-1**).

'모달(modal)'이란 평소와는 달리 일시적으로 시스템 모드가 달라짐으로써 한정적인 조작만 할 수 있는 상태를 가리킵니다. 웹 페이지는 일반적으로 '모드가 없는(modeless)' 상태며 페이지 내의 다양한 부분을 오갈 수 있는 데 비해, '모달'한 다이얼로그는 다이얼로그라는 '모드'에 사용자를 가둡니다.

모달 다이얼로그가 표시되면 사용자는 다른 콘텐츠를 조작할 수 없게 됩니다. 표시되는 동안 사용자의 행동은 제한되지만 특정 순서에 따라 정보를 확인하거나 조작할 때는 유용한 수단입니다.

그림 5-1-1   모달 다이얼로그
뒤쪽 콘텐츠가 반투명 요소로 인해 가려졌다

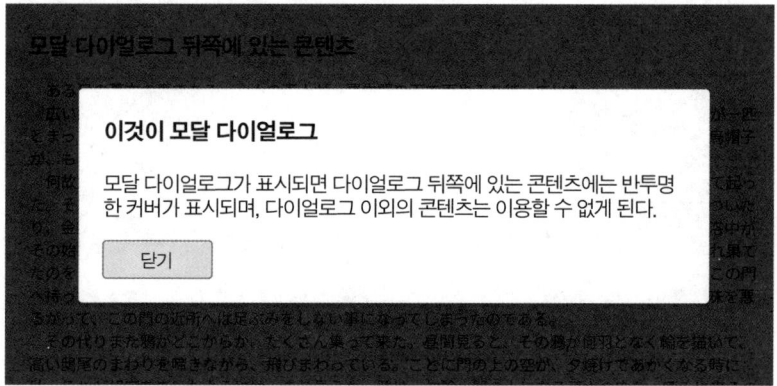

모달 다이얼로그의 사례와 문제점

모달 다이얼로그는 페이지 내 다른 요소와 겹쳐 표시하기에 body 요소의 마지막에 요소를 끼워 넣는 형태로 자주 구현합니다. body 바로 아래에 배치하면 부모 요소 스타일의 영향을 받지 않게 하면서 마지막에 삽입함으로써 동일한 z-index를 갖는 요소가 존재해도 맨 앞쪽에 표시됩니다.

다음 코드는 모달 다이얼로그를 리액트로 구현한 사례입니다.

표시하면 '다이얼로그 열기' 버튼과 '기술평론사의 웹사이트' 링크가 있고, 모달 다이얼로그에는 '다이얼로그 닫기' 버튼이 배치돼 있습니다(**그림 5-1-2**).

제5장 복잡한 UI 패턴 개선

그림 5-1-2 모달 다이얼로그의 표시 사례

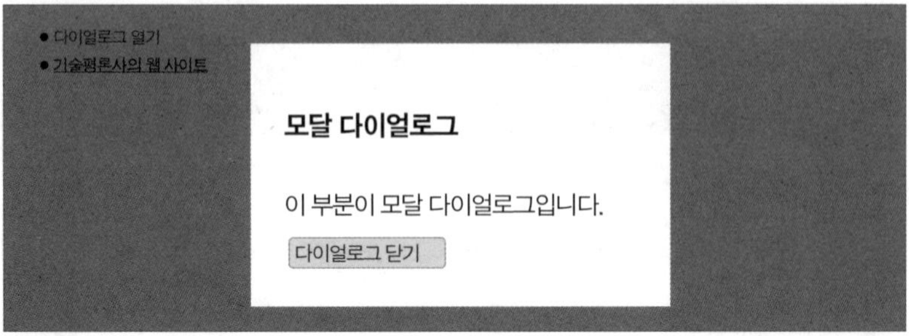

- 다이얼로그 열기
- 기술평론사의 웹 사이트

모달 다이얼로그

이 부분이 모달 다이얼로그입니다.

[다이얼로그 닫기]

좋지 않은 사례: 접근성을 고려하지 않고 만든 모달 다이얼로그의 컴포넌트(타입스크립트)

```typescript
import { useEffect, useState, useRef } from 'react';
import { createPortal } from 'react-dom';

export const ModalSampleBad = () => {
  // 모달 다이얼로그를 열고 닫는 상태를 저장하는 state
  const [isOpen, setOpen] = useState(false);
  // body 바로 아래에 삽입한 요소를 참조하기 위한 Object
  const modalElm = useRef<HTMLDivElement|null>(null);

  useEffect(() => {
    // 컴포넌트가 mount 됐을 때의 처리
    // body 바로 아래에 모달 다이얼로그를 삽입하기 위한 요소를 생성
    const el = document.createElement('div');
    document.body.appendChild(el);
    modalElm.current = el;
    return () => {
      // 컴포넌트가 unmount 됐을 때 body 바로 아래에 삽입한 요소도 삭제한다
      document.body.removeChild(el);
    }
  }, []);

  return <>
    <ul>
      <li>
        <button onClick={() => setOpen(true)}>다이얼로그 열기</button>
      </li>
      <li>
        <a href="https://gihyo.jp/">기술평론사의 웹 사이트</a>
```

```
      </li>
    </ul>
    {
      isOpen && modalElm.current && createPortal(
        <div className="screen">
          <div className="dialog">
            <h1> 모달 다이얼로그 </h1>
            <p> 이 부분이 모달 다이얼로그입니다 .</p>
            <button onClick={() => setOpen(false)}> 다이얼로그 닫기 </button>
          </div>
        </div>,
        modalElm.current
      )
    }
  </>
}
```

좋지 않은 사례: 접근성을 고려하지 않고 만든 모달 다이얼로그의 컴포넌트(CSS)

```
.screen {
  position: absolute;
  top: 0;
  left: 0;
  right: 0;
  bottom: 0;
  background: rgba(0,0,0,.4);
  z-index: 1000;
  display: flex;
  justify-content: center;
  align-items: center;
}
.dialog {
  background: #fff;
  padding: 2rem;
}
```

이렇게 만들어진 모달 다이얼로그는 다음과 같은 접근성 문제가 있습니다.

- 키보드 조작으로 다이얼로그 내 인터랙티브 요소에 곧바로 포커싱할 수 없다
- 키보드로 조작하면 포커스가 다이얼로그 바깥으로 나가 버린다

- 스크린 리더는 다이얼로그임을 인식할 수 없다
- 스크린 리더의 커서가 다이얼로그 바깥으로 나간다

이 절에서는 이와 같은 문제를 개선하는 방법을 순서대로 소개합니다.

그 외의 문제로 브라우저의 줌으로 확대하면 다이얼로그가 화면 밖으로 잘리고 스크롤바도 표시되지 않아 조작이 불가능해 닫지 못하게 되는 경우가 자주 있으며, 이 경우 오도가도 못하는 상태가 됩니다. 대처법으로는 제4장 2절의 '사례 2 개선'을 참조하세요.

다이얼로그의 인터랙티브 요소를 곧바로 포커싱할 수 없다: 포커스 제어 구현

바로 위에서 언급한 전형적인 모달 다이얼로그 구현 사례를 보면 '다이얼로그 열기' 버튼과 떨어진 위치에 모달 다이얼로그 요소를 배치했으며, 그 사이에는 모달 다이얼로그와 관계없는 링크가 있습니다.

[문제] 다이얼로그의 인터랙티브 요소를 곧바로 포커싱할 수 없다

이 모달 다이얼로그를 키보드로 조작해봅시다. '다이얼로그 열기' 버튼으로 포커스해 Enter 키를 누르면 모달 다이얼로그가 열립니다. 그리고 모달 다이얼로그를 닫으려면 '다이얼로그 닫기' 버튼으로 포커스하고 Enter 키를 누르면 될 것입니다. 하지만 Tab 키를 누르면 포커스는 다이얼로그 바깥에 있는 '기술평론사의 웹사이트' 링크로 이동됩니다.

이 사례를 보면 '다이얼로그 열기' 버튼과 모달 다이얼로그 사이에는 링크가 하나밖에 없습니다. 하지만 일반적인 웹 애플리케이션에는 포커싱한 요소와 모달 다이얼로그 사이에 더 많은 버튼과 링크, 폼 요소가 있을 것입니다. 그렇기에 다이얼로그에 도달하기까지 몇 번이고 [Tab] 키를 반복해서 눌러야 합니다.

[문제] 스크린 리더로는 다이얼로그가 열렸음을 알 수 없다

다음으로 스크린 리더로 모달 다이얼로그를 조작해 봅시다. 키보드와 마찬가지로 스크린 리더의 커서도 '다이얼로그 열기' 버튼을 누르는 것까지는 문제가 없지만 그다음 같은 장소에 계속 머물게 됩니다. 화면을 시각적으로 볼 수 있다면 다이얼로그가 열렸음을 알 수 있지만, 스크린 리더는 다이얼로그가 열렸다고 말해주지 않습니다. 버튼을 눌러도 사용자는 아무것도 일어나지 않은 것처럼 느낍니다.

[개선 방법] 열고 닫을 때의 포커스 제어를 구현한다

이런 문제를 막으려면 사용자가 기대하는 순서대로 포커스가 이동되도록 포커스의 움직임까지 포함해 설계해야 합니다. 모달 다이얼로그가 열렸을 때는 다이얼로그를 조작하기 위해 다이얼로그 안으로 포커스를 이동시켜야 합니다. 닫았을 때 body 요소로 포커스가 초기화되면 불편하므로 조작 흐름에 맞게 자연스러운 위치로 이동시켜야 합니다.

이번 사례에서는 isOpen이라는 변수로 다이얼로그를 열고 닫는 상태를 관리하므로 이 값이 변화했을 때 포커스를 이동시키면 됩니다. 다음 예시에서는 titleRef와 triggerRef라는 Ref 오브젝트에 다이얼로그의 표제 요소와 다이얼로그를 열었을 때 포커싱된 요소를 저장합니다. useEffect에 따라 isOpen 값을 감시하며 다이얼로그가 열렸을 때는 다이얼로그의 표제로, 닫혔을 때는 열기 전에 포커싱된 요소로 포커스를 이동시킵니다.

> **개선 중인 사례: 모달 다이얼로그를 열고 닫을 때 포커스를 이동시킨다**

```
// 모달 다이얼로그의 제목 부분 요소를 참조하기 위한 RefObject
const titleRef = useRef<HTMLHeadingElement>(null);
// 모달 다이얼로그를 연 시점의 포커스 대상을 저장하기 위한 RefObject
const triggerRef = useRef<Element|null>(null);

useEffect(() => {
  // isOpen에 변화가 있을때 실행되는 처리
  if (isOpen) { // isOpen이 true일 때 = 모달 다이얼로그를 열 때
    // 모달 다이얼로그를 연 순간에 포커싱된 위치를
    // triggerRef.current에 저장해둔다
    triggerRef.current = document.activeElement;
    // 모달 다이얼로그의 제목 부분으로 포커스를 이동한다
    titleRef.current?.focus();
  } else { // isOpen이 false일때 = 모달 다이얼로그를 닫을때
    // triggerRef.current가 HTMLElement임을 확인하고서
    // 포커스를 이동한다
    triggerRef.current instanceof HTMLElement && triggerRef.current.focus();
  }
}, [isOpen]);

// 중략

<div className="dialog">
  {/* titleRef를 h1 요소로 전달하고 포커스를 이동시킬 수 있도록 tabIndex를 -1로 한다 */}
  <h1 ref={titleRef} tabIndex={-1}> 모달 다이얼로그 </h1>
  { /* 중략 */}
</div>

// 후략
```

포커스를 이동시키는 건 스크린 리더에 대해서도 효과적입니다. 다이얼로그가 열렸을 때 스크린 리더의 커서가 다이얼로그 제목으로 이동하며, 스크린 리더는 제목을 읽습니다. 그리고 사용자는 해당 부분을 기점으로 다이얼로그 콘텐츠를 읽을 수 있게 됩니다.

다이얼로그 바깥으로 포커스가 이동한다: 포커스 트랩 구현

다이얼로그를 열고 닫을 때마다 포커스가 이동함으로써 키보드로 다이얼로그의 UI를 조작하거나 닫을 수 있게 됐지만 이것만으로는 완벽하다고 할 수는 없습니다.

[문제] 포커스가 모달 다이얼로그 밖으로 나가버린다

앞서 구현한 예시로는 Tab 키를 연속으로 누르거나 Space 키를 누른 상태에서 Tab 키를 누르면 모달 다이얼로그 바깥에 있는 요소로 포커싱할 수 있게 됩니다.

즉, 모달 다이얼로그 이외의 부분이 조작 가능해지는데 '모달'한 움직임(사용자를 가두는)을 기대하는 다이얼로그에서는 의도치 않은 움직임입니다. 또한 포커싱한 요소가 다이얼로그에 가려지면 사용자는 포커싱한 위치를 파악할 수 없게 된다는 문제도 있습니다.

[개선 방법] 포커스 트랩을 구현한다

모달 다이얼로그나 메뉴 버튼과 같은 UI 컴포넌트는 다이얼로그나 메뉴를 포커싱했을 때 해당 영역 밖으로 포커싱할 수 없도록 기대합니다. 그렇기에 소위 '포커스 트랩'을 구현합니다.

포커스 트랩에는 여러 방법이 있습니다. 여기서는 포커스가 영역 밖으로 나갈 것 같으면 다이얼로그의 처음과 마지막 요소로 포커스를 되돌리는 간단한 구현을 소개합니다. 즉, 포커스를 받을 수 있도록 tabindex 속성을 0으로 설정한 div 요소를 다이얼로그의 처음과 마지막에 배치해, 해당 부분을 포커스하면 포커스 위치를 되돌립니다.

> **개선 사례: tabindex 속성에 의한 포커스 트랩**
>
> ```
> // 다이얼로그 제목과 마지막에 있는 닫기 버튼을 참고하기 위한 RefObject
> const titleRef = useRef<HTMLHeadingElement>(null);
> const closeButtonRef = useRef<HTMLButtonElement>(null);
>
> // 중략
>
> {/* 다이얼로그 맨 앞으로 포커스가 이동하면 제목 부분으로 포커스를 되돌린다 */}
> <div tabIndex={0} onFocus={() => titleRef.current?.focus()} />
> <div className="dialog">
>   <h1 ref={titleRef} tabIndex={-1}> 모달 </h1>
>   {/* 중략 */}
>     <button ref={closeButtonRef}> 닫기 </button>
> </div>
> {/* 다이얼로그 맨 끝으로 포커스가 이동하면 '닫기' 버튼으로 포커스를 되돌린다 */}
> <div tabIndex={0} onFocus={() => closeButtonRef.current?.focus()} />
> ```

포커스 트랩을 구현할 때 주의점

포커스 트랩을 구현할 때 주의할 점이 있습니다. 포커스를 가둘 때는 키보드 조작만으로 그 상태에서 벗어날 수 있게 해야 합니다. 왜냐하면 '다이얼로그 닫기' 버튼이 포커스를 받지 못하거나, 키보드로 조작 불가능한 상태라면 포인팅 디바이스를 사용할 수 없는 사용자는 조작이 불가능하게 되기 때문입니다.

또한 '닫기' 버튼처럼 명시적으로 포커스 트랩을 벗어날 수 있는 인터랙티브 요소를 두는 것뿐 아니라, Esc 키를 눌러 언제라도 벗어날 수 있도록 하는 방법도 있습니다. 하지만 "Esc 키를 누르면 '탈출할 수 있음'"을 모든 사람이 이해한다는 보장은 없습니다. 또한 페이지에 설정된 단축키 혹은 지원 기술 간 키 간섭이 생길 우려도 있습니다. Esc 키에 의존한 설계를 하기보단 명시적인 인터랙티브 요소와 병행하는 것이 좋습니다.

요소의 상태를 머신 리더블하게 한다: WAI-ARIA의 활용

지금까지 모달 다이얼로그를 키보드로 조작 가능케 하는 방법과 관련된 문제의 대처 방법을 소개했습니다. 지금부터는 WAI-ARIA를 이용해 모달 다이얼로그를 머신 리더블하게 함으로써 스크린 리더와 같은 지원 기술 이용자가 더욱 사용하기 쉽도록 해보겠습니다.

[문제] 스크린 리더는 다이얼로그라 인식할 수 없다

이 절의 '다이얼로그 내 인터랙티브 요소로 곧바로 포커싱할 수 없다: 포커스 제어 구현'에서는 모달 다이얼로그가 열렸을 때 다이얼로그 제목으로 포커스가 이동함으로써 스크린 리더 이용자는 다이얼로그가 열렸음을 알아차리며 다이얼로그 내용을 읽을 수 있다고 설명했습니다.

그런데 이대로는 스크린 리더에게 해당 부분이 다이얼로그임을 전달할 수 없습니다. 버튼을 누른 결과로 내용을 읽기만 했다고 인식하게 되어 애플리케이션에서 일어나는 일을 이해하기 어려워집니다.

[개선 방법] role 속성으로 다이얼로그임을 표현한다

스크린 리더에 다이얼로그 영역을 알리려면 role 속성에 dialog나 alertdialog를 지정해야 합니다.

alertdialog 역할은 사용자에게 경고를 표시하기 위해 사용합니다. 사용자에게 경고나 확인을 위해 자바스크립트의 `window.alert()`이나 `window.confirm()`에 상응하는 다이얼로그를 구현할 때는 이를 사용합니다. 경고나 확인 이외의 다이얼로그에는 dialog 역할을 사용합니다.

이 역할들을 사용할 경우 aria-labelledby 속성 또는 aria-label 속성으로 이름을 지정해야 합니다. 앞선 사례에서는 다이얼로그 제목이 될 표제 요소를 두었으므로 여기에 id 속성을 지정해 aria-labelledby 속성으로 참고합니다.

> **좋은 사례**: 다이얼로그 부분에 role="dialog"를 지정해 aria-labelledby 속성으로 표제를 참고한다

```
<div role="dialog" aria-labelledby="dialogTitle">
  <h1 id="dialogTitle">모달 다이얼로그</h1>
  ...
```

[문제] 스크린 리더의 커서가 밖으로 빠져나간다

이전 항에서는 포커스 트랩을 도입해 포커스가 다이얼로그 밖으로 나가지 않도록 했습니다. 그러나 이는 어디까지나 일반적인 키보드 조작에 한합니다. 스크린 리더의 커서는 이 포커스 트랩을 무시할 수 있으며 다이얼로그 바깥쪽을 조작할 수 있게 됩니다.

[개선 방법] 커서가 밖으로 빠져나가지 않도록 한다: aria-hidden 속성과 aria-modal 속성

스크린 리더에 대해서도 다이얼로그가 '모달'하려면 다이얼로그 밖으로 나가지 않도록 마크업해야 합니다.

여기서는 두 가지 방법을 소개합니다. 첫 번째는 모달 다이얼로그 이외의 부분에 aria-hidden 속성을 지정하는 것입니다.

> **좋은 사례**: aria-hidden 속성에 의해 모달 다이얼로그 이외의 부분을 가린다

```
<body>
  <div id="app" aria-hidden="true">
```

```
    <!-- 여기에 모달 다이얼로그 이외의 콘텐츠가 있다 -->
  </div>
  <div id="dialog" role="dialog" aria-label="…">
    <!-- 여기에 다이얼로그 내용이 들어간다 -->
  </div>
</body>
```

aria-hidden 속성은 대부분의 지원 기술이 지원 중이기에 많은 환경에서 효과적인 방법입니다.[1] 하지만 기존의 애플리케이션이 이 사례의 `<div id="app">`처럼 한 요소에 다이얼로그 바깥쪽에 있는 모든 요소가 있다고는 할 수 없습니다. 그러면 새롭게 다이얼로그 바깥의 요소를 모으는 요소를 만들거나, 그 많은 요소에 aria-hidden="true"를 부여해야 합니다. 하나로 모은 요소를 만들어도 다른 팀원이 어느새 다른 요소를 추가할 수도 있습니다. aria-hidden 속성을 많은 요소에 부여하는 작업 역시 복잡하며 간단하지 않습니다.

따라서 두 번째 방법으로는 aria-modal 속성을 사용하는 것입니다.

> **좋은 사례: 모달 다이얼로그의 요소에 aria-modal 속성을 부여한다**
>
> ```
> <div id="dialog" role="dialog" aria-modal="true" aria-label="…">
>   <!-- 여기에 다이얼로그 내용이 들어간다 -->
> </div>
> ```

aria-modal="true"를 부여함으로써 지원 기술이 UI가 '모달'임을 인식하게 됩니다. aria-modal 속성을 지원하는 스크린 리더는 모달 바깥으로 커서가 나가는 동작을 막습니다.[2] 그러나 aria-modal 속성을 해석할 수 없는 지원 기술도 존재하므로 이런 혜택을 받을 수 있는 사용자가 한정된다는 문제가 있습니다.

---

1 inert 속성을 이용하는 방법도 있습니다. inert 속성은 aria-hidden 속성과 마찬가지로 요소를 접근성 오브젝트 모델에서 삭제함과 동시에 키보드 조작을 할 수 없게 합니다. 단, 집필 시점(2022년 12월)에서 inert 속성은 파이어폭스에서 지원되지 않습니다.

2 이런 작동은 필수가 아니며 스크린 리더에 따라서는 앞으로도 구현하지 않게 될 가능성이 있습니다.

그렇다면 어떤 방법을 사용해야 할까요? 현재는 aria-hidden 속성을 더 많은 환경에서 사용할 수 있습니다. aria-modal 속성은 집필 시점(2022년 12월)에서도 윈도우의 내레이터나 안드로이드의 TalkBack과 같은 주요 스크린 리더에서 지원되지 않습니다. 구현 방법이 복잡해지긴 하지만 aria-hidden 속성을 사용 가능하다면 그렇게 하는 것이 좋습니다.

그러나 웹 애플리케이션 구현이 복잡해지며, 개발팀의 규칙을 늘리게 되어 오히려 접근성에 대한 개선의 노력을 해칠 가능성이 있습니다. 이런 점을 중시한다면 aria-modal 속성을 사용하면 좋습니다. aria-modal 속성을 해석할 수 없는 스크린 리더라면 커서가 밖으로 나가는 상태에서도 포커스가 적절히 이동되도록 했다면 어느 정도는 쾌적하게 조작 가능한 수준을 달성할 수 있습니다.

지원 기술의 aria-modal 속성에 대한 지원 상황은 앞으로 변화해갈 것입니다. 개발 팀의 의견이나 기존의 구현 방법도 고려하여 도입하기 쉬운 방법을 선택합시다.

모달 다이얼로그의 개선 사례

앞선 개선을 통해 접근성이 좋은 모달 다이얼로그가 탄생했습니다. 앞서 살펴본 내용을 모두 반영한 컴포넌트의 코드는 다음과 같습니다. 또한 스크린 리더에 대한 대응으로 aria-modal 속성을 사용했습니다.

```
개선 사례: 앞에서 살펴본 개선 사항을 모두 반영한 모달 다이얼로그(타입스크립트)
import { useEffect, useState, useRef } from 'react';
import { createPortal } from 'react-dom';

export const ModalSampleGood = () => {
  const [isOpen, setOpen] = useState(false);
```

5.1 모달 다이얼로그

```
  const modalElm = useRef<HTMLDivElement | null>(null);

  const titleRef = useRef<HTMLHeadingElement>(null);
  const triggerRef = useRef<Element | null>(null);

  useEffect(() => {
    const el = document.createElement('div');
    document.body.appendChild(el);
    modalElm.current = el;
    return () => {
      document.body.removeChild(el);
    }
  }, [])

  useEffect(() => {
    if (isOpen) {
      triggerRef.current = document.activeElement;
      titleRef.current?.focus();
    } else {
      triggerRef.current instanceof HTMLElement && triggerRef.current.focus();
    }
  }, [isOpen])

  return <>
    <ul>
      <li>
        <button onClick={() => setOpen(true)}>다이얼로그 열기</button>
      </li>
      <li>
        <a href="https://gihyo.jp/">기술평론사 웹 사이트</a>
      </li>
    </ul>
    {
      isOpen && modalElm.current && createPortal(
        <div className="screen">
          <div tabIndex={0} onFocus={() => titleRef.current?.focus()} />
          <div className="dialog" role="dialog" aria-modal="true" aria-labelledby="dialogTitle">
            <h1 id="dialogTitle" ref={titleRef} tabIndex={-1}>모달 다이얼로그</h1>
            <p>이 부분이 모달 다이얼로그입니다</p>
            <button onClick={() => setOpen(false)}>다이얼로그 닫기</button>
          </div>
          <div tabIndex={0} onFocus={() => titleRef.current?.focus()} />
```

```
      </div>,
      modalElm.current
    )
  }
</>
}
```

> **개선 사례: 앞서 살펴본 개선 사항을 모두 반영한 모달 다이얼로그(CSS)**

```css
.screen {
  position: absolute;
  top: 0;
  left: 0;
  right: 0;
  bottom: 0;
  background: rgba(0,0,0,.4);
  z-index: 1000;
  display: flex;
  justify-content: center;
  align-items: center;
}
.dialog {
  background: #fff;
  padding: 2rem;
}
```

최신 HTML 사양인 dialog 요소의 기대

지금까지 div 요소로 모달 다이얼로그를 구현하는 것을 전제로 접근성을 해치지 않는 방법을 설명했습니다. 현재의 웹에서는 당연히 이러한 방법으로 모달 다이얼로그를 구현해야 합니다.

하지만 최신 HTML 사양에는 dialog 요소가 정의됐으며 다른 방법으로도 접근성 높은 구현이 가능합니다. dialog 요소를 사용해 showModal()로 표시함으로써 다음과 같은 구현은 하지 않아도 됩니다.

- 열고 닫을 때 포커스 이동
- 포커스 트랩 구현
- role 속성에 의한 dialog 역할 명시
- aria-modal 속성에 의한 모달 명시

모달 다이얼로그의 외관을 구성하는 HTML 요소나 CSS 지정도 간단해집니다. 다이얼로그는 창 중앙에 표시되며, 다이얼로그의 바깥 부분은 ::backdrop 유사 요소로 스타일을 지정할 수 있습니다. 다이얼로그를 중앙에 표시하기 위한 CSS 트릭이나, 다이얼로그의 바깥 부분을 덮기 위한 HTML 요소는 불필요해집니다.

dialog 요소는 비교적 최근에 브라우저에서 구현된 요소입니다.[3] 그렇기에 리액트와 같은 자바스크립트 프레임워크 구현 사례도 적습니다. 지원 기술의 지원 현황도 포함해 아직 알려지지 않은 문제가 있을지도 모릅니다.

곧바로 이용하기는 어렵겠지만 dialog 요소를 사용한 참고 사례는 다음과 같습니다.

좋은 사례: dialog 요소를 사용한 모달 다이얼로그(타입스크립트)

```
import { useState, useRef } from 'react';

export const WithDialogElement = () => {
  const [isOpen, setOpen] = useState(false);
  const dialogRef = useRef<HTMLDialogElement>(null);

  return <>
    <ul>
      <li>
        <button onClick={() => {
          if (dialogRef.current) {
            // dialog 요소의 showModal()을 실행함으로써 모달 다이얼로그로서
```

---

[3] dialog 요소가 사파리나 파이어폭스에서 지원된 시기는 2022년 3월입니다.

```
              // 표시되며 포커스 제어도 이루어진다
              dialogRef.current.showModal()
            }
            setOpen(true)
          }}>다이얼로그 열기</button>
        </li>
        <li>
          <a href="https://gihyo.jp/">기술평론사 웹 사이트</a>
        </li>
      </ul>
      <dialog className="dialog" ref={dialogRef} open={isOpen} aria-labelledby=
"dialogTitle">
          <h1 id="dialogTitle">>모달 다이얼로그</h1>
          <p>이 부분이 모달 다이얼로그</p>
          <button onClick={() => {
            if (dialogRef.current) {
              dialogRef.current.close()
            }
            setOpen(false)
          }}>다이얼로그 닫기</button>
      </dialog>
    </>
}
```

좋은 사례: dialog 요소를 사용한 모달 다이얼로그(CSS)

```
.dialog {
  background: #fff;
  border: 0;
}

.dialog::backdrop {
    content: "";
    inset: 0;
    background: rgba(0,0,0,.4);
  }
}
```

5.2 알림

이 절에서는 웹 애플리케이션이 화면 로딩과는 다른 시점에 사용자에게 정보를 알리는 기능을 설명합니다. 사용자 조작에 대한 피드백, 다른 사용자의 행동, 시스템 처리 경과 등의 알림을 가정합니다.

동적인 웹 애플리케이션에는 화면 전환과는 관계없는 시점에서 이러한 알림들이 필요합니다. 예를 들면 예전에는 폼을 전송할 때 반드시 화면 전환이 발생하기에 그에 대한 피드백(입력 내용에 문제 혹은 오류가 있는지)을 다음 화면에 표시했습니다. 하지만 현재 웹 애플리케이션의 대부분은 사용자가 입력한 내용을 자바스크립트로 전송해 화면을 전환하지 않고 서버로부터 받은 응답을 화면에 반영합니다. 이때 사용자 조작에 대한 피드백도 화면 전환 없이 일어나야 합니다.

다른 사용자의 행동에 의한 알림('좋아요'나 메시지 수신 등)과 시스템에 의해 시간이 걸리는 처리가 끝났음을 알리는 알림은 사용자의 조작과는 관계없는 시점에서 발생합니다. 서비스가 실시간성을 중요시한다면 사용자는 화면이 전환되기를 기다리기 원치 않을 것입니다.

소극적인 알림을 스크린 리더에도 전달한다: 라이브 리전

우선 화면 내부에서 알리는 방법으로 `window.alert()`, 스낵바, 토스트를 소개합니다. 이러한 방법의 문제점을 설명한 후, 개선책으로 라이브 리전(live region)을 사용해 접근하도록 하는 방법을 소개합니다.

window.alert()에 의한 알림: 사용자 조작에 간섭하는 알림

가장 간단한 알림은 window.alert()입니다(**그림 5-2-1**). 기존에 존재하던 자바스크립트 다이얼로그로 사용자에게 메시지를 전달할 수 있습니다.

> 예시: window.alert()에 의한 알림
>
> window.alert("처리가 완료됐습니다")

window.alert()에 의한 알림은 브라우저에 내포된 다이얼로그에 의해 페이지 상의 모든 조작에 끼어들어 표시됩니다. 접근성 관점에서 보면 지각 및 조작이 가능합니다. 하지만 window.alert()은 작업 도중에 표시되며 그때마다 사용자는 버튼을 눌러 다이얼로그를 닫아야 합니다. 표시되는 시점과 양에 따라서는 사용자를 불편하게 합니다.

window.alert()은 alert라는 이름대로 사용자 조작에 간섭해서라도 경고하고 싶을 때만 사용해야 합니다.

그림 5-2-1 window.alert()에 의한 알림

스낵바와 토스트에 의한 알림: window.alert()보다 더 소극적인 알림

대부분의 웹 애플리케이션은 '스낵바'와 '토스트'라 부르는 가장 소극적인 알림을

표시합니다(**그림 5-2-2**). 화면 구석에 일시적으로 표시되므로 메시지를 읽고 문제가 없다면 무시할 수 있습니다. 만약 이상 상태를 전달한다면 내용을 보고 대처할 수 있습니다. window.alert()과 같이 버튼을 누르기 전까지 다른 작업이 불가능하지 않습니다.

그림 5-2-2　스낵바(리액트의 UI 라이브러리인 MUI 예시)

[문제] 표시돼 있는데 알아채지 못한다: 스낵바와 토스트의 문제

이처럼 페이지에 표시되는 소극적인 알림은 접근성 문제를 일으키기 쉽습니다. 직접적인 알림은 사용자를 불편하게 하므로 무시하기 쉬운 디자인을 채택한다는 데는 일리가 있지만, 알림의 존재를 알아채지 못하거나 알아채더라도 내용을 읽지 못한다면 또 다른 문제가 발생합니다.

스낵바나 토스트 알림은 페이지의 레이아웃에서 벗어나 페이지 상단이나 하단에 겹쳐 표시됩니다. 브라우저의 창을 확대했거나 작업에 집중하느라 화면 일부분만 보인다면 화면 구석에 알림이 표시되더라도 시야에 들어오지 않습니다. 화면을 확대한 사용자도 확대 표시된 영역 바깥쪽에 알림이 표시된다면 알아챌 수 없습니다.

이전 절에서 설명한 모달 다이얼로그와 마찬가지로 사용자가 조작하는 위치에서 떨어진 body 요소의 마지막 등에 삽입해 구현하는 경우가 많습니다. 즉, 스크린 리더 이용자는 떨어진 위치에 삽입된 알림을 알아챌 수 없다는 모달 다이얼로그와 똑같은 문제가 발생하게 됩니다.

이때 모달 다이얼로그 요소 안쪽으로 포커스를 이동시킴으로써 해당 문제를 해결했습니다. 알림도 같은 대처를 할 수 있다면 좋겠지만 그렇게 하면 큰 문제가 발생합니다.

알림은 다양한 시점에서 표시됩니다. 긴 문장을 읽고 있거나 폼에 내용을 입력하는 도중에 갑자기 다른 위치로 포커스가 이동된다면 window.alert()과 마찬가지로 사용자는 불쾌함을 느낄 것입니다.

[개선 방법] 피드백을 행동 반경 근처에서 전달한다:
　　　　　스낵바와 토스트를 사용하지 않는다

애초에 알림을 스낵바와 토스트로 표시해야 할까요? 이 문제는 시각적으로도, DOM 구조적으로도 떨어진 위치에 알림을 삽입함으로써 발생합니다. 우선 이런 표시 방법이 적절한지 재고해야 합니다.

특히 사용자 조작에 대한 피드백은 스낵바와 토스트보다는 조작 위치 근처에 배치해야 사용자의 눈에 띕니다(**그림 5-2-3**). 스크린 리더 이용자도 DOM과 구조적으로 가까운 위치에 피드백이 표시된다면 발견하기 쉽습니다.

그림 5-2-3　　오류 알림을 로그인 버튼 근처에 표시

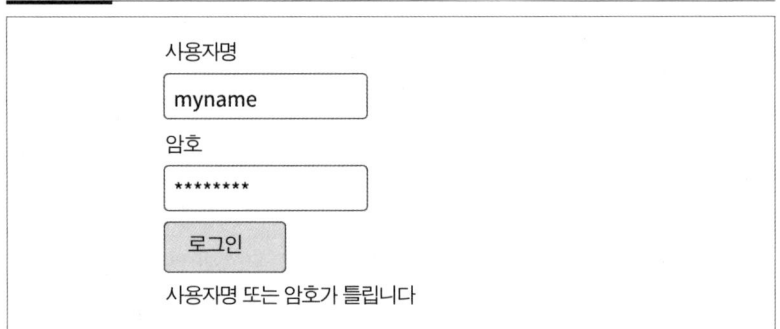

한편 사용자 조작과는 관계없는 시점에서 표시되는 알림의 경우 사용자가 알아채기 쉬운 위치를 고르기 어려운데, 이 경우 스낵바와 토스트와 같은 방법을 선택하면 좋습니다.

[개선 방법] 라이브 리전의 활용: 소극적인 알림을 스크린 리더에 전달한다

포커스를 이동시키지 않으면서 스크린 리더로도 페이지 내 알림을 지각할 수 있어야 합니다. 이를 실현하는 것이 라이브 리전입니다. 라이브 리전 요소의 내용 변화 여부는 스크린 리더와 같은 지원 기술에 전달됩니다. 라이브 리전을 만들려면 특정한 요소나 역할을 사용하거나 aria-live 속성을 사용합니다.

다음은 버튼을 누르면 카운트 수치가 증가하고, aria-live 속성으로 결과를 알리는 사례입니다. 스크린 리더 이용자는 커서를 움직이지 않더라도 그 수치를 알 수 있습니다.

좋은 사례: 라이브 리전에 의한 알림(aria-live 속성)

```
export const Counter = () => {
  // 카운트 수치를 저장하는 state
  const [count, setCount] = useState<number>(0);

  return (
    <>
      <button onClick={() => setCount(count + 1)}>카운트를 늘린다</button>
      <div aria-live="polite" aria-atomic="true">카운트 값은 {count}입니다</div>
    </>
  );
}
```

aria-live="polite"를 지정하면 스크린 리더가 내용을 읽는 도중에 끼어들지 않으며 아이들(idle) 상태가 되면 읽습니다. 보통은 aria-live="polite"를 사용하고, 다른 내용을 읽는 도중에 끼어들어야 한다면 aria-live="assertive"를 사용합니다.

이 사례에서는 추가로 aria-atomic="true"를 지정했습니다. 라이브 리전의 내용이 변화했을 때 그 모든 내용이 사용자에게 전달됨을 나타냅니다. 해당 속성을 부여하지 않으면 NVDA와 파이어폭스의 조합에서는 '1, 2, 3⋯'과 같이 내용 차이만을 읽게 됩니다.

aria-live 속성을 사용할 때의 주의점: '변경'될 때만 읽는다

스크린 리더는 내용과 속성값에 '변경'이 있을 때만 라이브 리전을 읽습니다. 대부분의 스크린 리더는 라이브 리전이 '나타났을' 때는 읽지 않으므로 주의해야 합니다. 따라서 먼저 aria-live 속성을 지정한 요소를 화면에 배치한 후, 알림을 표시할 시점에 요소의 콘텐츠를 변경한다는 절차를 거쳐야 합니다.

알림을 구현할 때 '알림이 발생했을 때 aria-live 속성을 부여한 요소가 표시되면 된다'고 생각해, 그저 aria-live 속성을 부여한 요소가 나타나도록 만들기 쉽습니다.

좋지 않은 사례: aria-live 속성이 부여된 요소를 삽입만 하는 컴포넌트

```
const Notification = ({ message }: { message: string }) => {
  return <div className="notification" aria-live="polite" aria-atomic="true">{ message }</div>
}
```

좋지 않은 사례: 위 컴포넌트의 예시

```
{ processHasDone && <Notification message="처리가 완료됐습니다"> }
```

그런데 이렇게 구현하면 NVDA에서는 읽지 않습니다. aria-live 속성을 가진 요소가 삽입됐을 뿐이라면 단순히 라이브 리전을 만든 것이며 그 내용이 변경된 것은 아니기 때문입니다.

라이브 리전을 이용한 알림을 읽도록 하기 위해서는 미리 aria-live 속성을 부여한 요소를 배치하고 그 내용을 변경합니다.

> 개선 사례: aria-live 속성이 부여된 요소에 나중에 삽입하기 위한 컴포넌트

```
const Notification = ({ message }: { message: string }) => {
  return <div className="notification">{ message }</div>
}
```

> 개선 사례: 위 컴포넌트를 aria-live 속성이 부여된 요소에 삽입하는 예시

```
<div aria-live="polite" aria-atomic="true">
    { processHasDone && <Notification message="처리가 완료됐습니다"> }
</div>
```

이렇게 하면 스크린 리더가 라이브 리전의 내용 변경 여부를 인식할 수 있습니다.

이 방법을 사용할 수 없을 경우 고육지책으로 aria-live 속성을 갖는 요소에 내용이 지연되도록 삽입하는 방법이 있습니다. 필자가 확인한 바로는 100밀리초 지연되도록 내용을 삽입했더니 NVDA에서 읽었습니다. 하지만 이 방법은 확실하지 않으므로 되도록 이 사례처럼 미리 배치한 라이브 리전의 내용을 변경하는 것이 좋습니다.

> 개선 사례: aria-live 속성을 지정한 요소에 메시지가 지연되도록 삽입하는 컴포넌트

```
const Notification = ({ message }: { message: string }) => {
  const [delayedMessage, setDelayedMessage] = React.useState('');
  React.useEffect(() => {
    // 컴포넌트가 마운트됐을 때의 처리
    // 100 밀리초 늦게 delayedMessage 에 message 의 내용을 세팅해 aria-live 속성을 지정한 요소에 삽입한다
```

```
    setTimeout(() => { setDelayedMessage(message) }, 100)
}, []);
return <div aria-live="polite" aria-atomic="true">{ delayedMessage }</div>
}
```

이러한 문제는 스크린 리더를 일상적으로 사용하지 않는 환경에서 개발하는 경우가 많아 알아채기 어렵습니다. 되도록 팀 내부에서 aria-live 속성을 사용하는 방법을 공통화하고, 꼼꼼하게 테스트하도록 합니다.

라이브 리전을 만드는 요소와 역할

aria-live 속성 이외에 alert, log, status, progressbar와 같은 역할로도 라이브 리전을 만들 수 있습니다. status 역할을 암묵적인 역할로 삼는 output 요소나, progressbar 역할을 암묵적인 역할로 삼는 progress 요소도 라이브 리전입니다.

alert 역할은 암묵적인 aria-live 속성값으로서 assertive를 사용합니다. log, status 역할은 polite를 사용합니다. 화면에 '오류 메시지를 표시하는 위치'와 '사용자에 대한 피드백을 표시하는 위치'를 정의할 수 있다면 해당 부분에 alert 역할이나 output 요소를 배치하면 좋습니다.

progress 요소나 progressbar 역할은 aria-live 속성을 갖는 것과는 조금 다르며 진행 상태 바를 위한 요소나 역할입니다. progress 요소의 value 속성이나 progressbar 역할의 aria-valuenow 속성 값이 변화할 때마다 음계가 조금씩 높아지는 비프음[4]을 내는 스크린 리더도 있습니다.

---

4 '도레미파솔라시도'를 떠올리면 연상하기 쉽습니다.

페이지 밖에서의 알림: Notifications API

지금까지 페이지 내부에서 알림을 띄우는 방법을 소개했습니다. 하지만 페이지 안에 알림을 두지 않는 것이 좋은 경우도 있습니다.

Notifications API를 사용하면 웹 페이지 화면 바깥에 알림을 표시할 수 있습니다. 사용자가 다른 탭을 보고 있어도 알림을 표시할 수 있으며, Service Worker[5]와 조합하면 페이지를 열지 않은 사용자에게도 푸시 알림을 보낼 수 있습니다.

다음은 Notifications API를 사용하는 간단한 사례입니다. 처음 표시된 시점에서는 '알림 허가' 버튼이 표시되고, 누르면 확인하는 다이얼로그가 표시됩니다(**그림 5-2-4**). 이를 허가하면 '알림 표시' 버튼으로 변하며, 브라우저가 창 바깥에 알림을 표시합니다(**그림 5-2-5**).

그림 5-2-4 알림 허가를 확인하는 다이얼로그

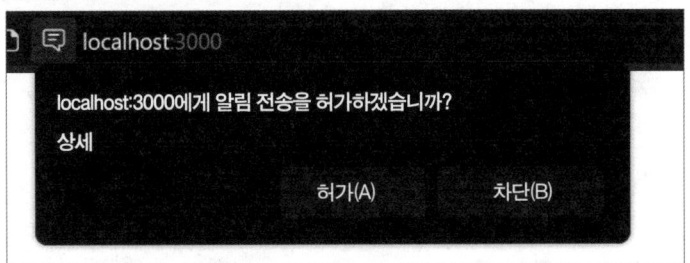

그림 5-2-5 Notifications API에 의한 알림

---

5 웹 애플리케이션 자체와는 다른 프로그램을 제공해 기존의 웹에서는 구현할 수 없었던 기능을 제공하는 구조입니다.

제5장 복잡한 UI 패턴 개선

> **좋은 사례**: Notifications API로 페이지 바깥쪽에 알림 표시

```jsx
import { useEffect, useState } from "react";

export const NotificationAPI = () => {
  // 브라우저의 알림 허가 상태를 저장하는 state
  const [permission, setPermission] = useState<NotificationPermission>('default');

  useEffect(() => {
    // 마운트할 때 현재 알림의 허가 상태를 저장
    setPermission(Notification.permission);
  }, [])

  return (
    <>
      {permission === 'granted' ?
        <button onClick={()=> {
          // 알림을 전송
          new Notification('처리가 완료됐습니다', {body: '실행 중인 처리가 모두 완료됐습니다', });
        }}>
          알림 표시
        </button>
        : permission === 'default' ?
        <button onClick={async () =>{
          // 알림 허가를 요청
          const result = await Notification.requestPermission();
          // 컴포넌트에 상태를 저장
          setPermission(result);
        }}>
          알림 허가
        </button>
        : <p>> 알림이 허가되지 않았습니다 </p>}
    </>
  );
}
```

Notifications API에 의한 알림은 브라우저에 따라서는 OS의 알림 구조를 사용하는 등 각기 다르게 나타납니다. 확인해보니 '스크린 리더 이용자만 알아채지 못하더라'와 같은 상황은 일어나지 않았습니다.

Notifications API와 라이브 리전을 구분해서 사용

하지만 모든 알림을 Notifications API에 맡겨서는 안 됩니다. 앞서 설명했듯 Notifications API를 사용하려면 사용자의 허가가 필요합니다. 사용자가 거부했다면 이를 취소할 때까지 알림을 보낼 수 없습니다. 게다가 불필요한 알림을 대량으로 보내는 서비스 제공자가 있어 알림 허가를 끄리는 사용자도 있습니다.

그렇기에 Notifications API는 알림 허가를 얻을 수 없는 경우에도 문제가 없도록 해야 합니다. 메신저의 메시지 수신이나 캘린더의 '일정 5분 전입니다'와 같은 알림은 알림을 허가하지 않았더라도 해당 페이지를 열람할 수 있으면 문제 없습니다. 알림을 받으면 더욱 편리해진다는 인식을 갖도록 합니다.

한편 사용자 조작에 대한 피드백으로는 사용자의 이해를 재촉하도록 페이지에 표시되는 토스트나 스낵바를 사용해야 합니다. 알림을 받지 못하면 애플리케이션의 움직임을 사용자가 이해할 수 없게 될 우려가 있기 때문입니다. 물론 이 경우 적절히 라이브 리전으로 지정해 둡니다.

알림 제한 시간: 마음대로 사라지는 알림과 현실적인 대처법

스낵바나 토스트 알림에는 앞서 설명했듯 사용자가 행동을 취하지 않아도 되는 알림을 방치하거나 무시할 수 있다는 장점이 있습니다. 사용자가 방치하고 무시한 알림은 그 뒤에 어떻게 될까요? 표시된 채로 둔다면 많은 알림을 받게 됐을 때 화면이 가려질 테니 아마도 몇 초에서 몇십 초 정도만 표시되도록 설정할 것입니다.

하지만 알림이 자동으로 표시되지 않으면 다른 문제가 발생합니다. 몇 초에서 몇십 초 만에 사라진다면 사용자는 짧은 시간 동안 알림 내용을 읽고 어떤 행동을 해야 할지 판단해야 합니다. 이해하기 쉽고, 짧고 간결하며, 사용자가 문장을 재빨리 읽는 데 익숙하다면 문제가 없을 것입니다.

하지만 내용이 어렵고 복잡하며, 사용자가 문장을 빠르게 읽기 어렵다면 문제가 됩니다. 화면을 확대한 상태에서는 내용을 읽는 것이 느려지며, 조작에 시간이 걸릴 때는 스낵바나 토스트 내 버튼과 링크를 누르는 데 시간이 걸립니다. 결과적으로 내용을 이해하거나 미처 행동하지도 못했는데 알림이 사라질 우려가 있습니다.

그리고 사라진 알림을 다시 볼 수단이 없다면 사용자의 불안감은 커집니다. 서비스 제공자는 중요하지 않은 정보라서 스낵바나 토스트를 사용했을지도 모르지만, 사용자는 내용을 볼 수 없다면 중요도를 판단할 수 없습니다. 애플리케이션의 반응을 전달해 안심시키기 위한 알림이 오히려 사용자의 불안감을 크게 만드는 아이러니한 일이 발생합니다.

WCAG의 제한 시간에 대한 취급

WCAG의 달성 기준 2.2.1 '시간 조정 가능'[6]에서는 제한 시간이 있는 콘텐츠에 대해 다음과 같은 기준이 정해져 있습니다. 토스트나 스낵바와 같이 자동으로 표시되지 않는 콘텐츠도 이에 해당합니다.

> 콘텐츠에 제한 시간을 설정하는 경우 다음 사항 중 적어도 하나를 만족해야 한다.
>
> - **해제**
>   제한 시간이 있는 콘텐츠를 이용하기 전에 이용자가 그 제한 시간을 해제할 수 있다.
> - **조정**
>   제한 시간이 있는 콘텐츠를 이용하기 전에 이용자가 최소한 기본값의 10배를 넘는 큰 폭으로 제한 시간을 조정할 수 있다.

---

6 https://www.w3.org/TR/WCAG21/#timing-adjustable
　한국어: http://www.kwacc.or.kr/WAI/wcag21/#timing-adjustable

- 연장

    시간이 지나기 전 이용자에게 경고한 후 적어도 20초간 유예를 두며, 간단한 조작(예를 들어 '스페이스 키를 누른다')으로 이용자가 제한 시간을 최소 10회 이상 연장할 수 있다.

- 실시간 예외

    실시간성 이벤트(예를 들어 경매)로, 제한 시간이 필수적이며 그 제한 시간을 대체하는 수단이 존재하지 않을 경우에는 예외를 둔다.

- 필수적인 예외

    제한 시간이 필수적인 것으로, 제한 시간을 연장했을 때 콘텐츠 작동 여부가 무의미해질 경우 예외를 둔다.

- 20시간의 예외

    제한 시간이 20시간보다 길다면 예외를 둔다.

제한 시간 문제에 대한 현실적인 대처법

기준을 만족하려면 알림이 자동으로 사라지지 않게 하거나, 사라지는 시간을 조정할 수 있도록 설정 항목을 제공해야 합니다. 하지만 방대한 설정 항목이 있는 애플리케이션에서 사용자가 관련 설정 항목을 찾을 것이라 단정할 수 없으며, 설정을 찾을 때까지 다른 중요한 알림이 표시될지도 모릅니다.

그렇기에 스낵바나 토스트와 같은 알림의 경우 단독으로는 이 기준을 만족하지 못한다고 생각해야 합니다. 즉, 알림이 곧바로 사라져 다 읽지 못하는 사용자의 존재를 고려해야 합니다. 구체적으로는 다음과 같습니다.

- 스낵바나 토스트에 표시된 알림을 언제든지 다시 볼 수 있는 리스트를 마련한다
- 스낵바나 토스트에 마우스 오버하는 동안에는 알림이 사라지지 않도록 한다
- 스낵바나 토스트로 표시되는 알림의 텍스트 양을 최소한으로 한다
- 스낵바나 토스트는 사용자의 조작과 관계없는 시점에서 표시되도록 제한하며, 되도록 사용하지 않는다

5.3 캐러셀

캐러셀이란 여러 이미지를 슬라이드로 표시하는 UI를 말합니다(**그림 5-3-1**). 이 절에서는 다음 특징을 갖는 캐러셀을 가정합니다.

- 모든 이미지 중 하나 또는 여러 이미지가 한 번에 화면에 표시된다
- 각 이미지는 링크로 이루어져 있다
- 표시된 이미지는 몇 초 간격으로 자동 전환된다

캐러셀은 접근성에 관해 고려할 점이 많아 다양한 사용자가 쾌적하게 볼 수 있도록 하기 다소 어려운 UI입니다. 안타깝게도 유명한 캐러셀 라이브러리조차 접근성을 충분히 고려하지 않은 것도 꽤 있습니다. 여기서는 캐러셀에 관해 고려해야 할 전형적인 접근성의 관점을 다룹니다.

캐러셀에는 다양한 구현 방법이 있으므로 주의해야 합니다. 이 절에서 설명하는 방법 외에도 캐러셀 전체를 탭 패널처럼 보이도록 한 구현 방법이 있습니다.[7] 이 절에서 설명하는 방법은 어디까지나 다양한 구현 방법 중 하나라고 생각해 주세요.

그림 5-3-1 전형적인 캐러셀의 디자인

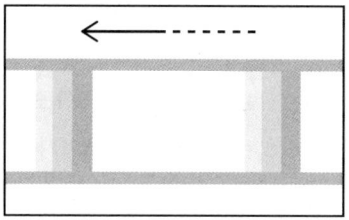

7 https://www.w3.org/WAI/ARIA/apg/patterns/carousel/examples/carousel-2-tablist/

이미지 자동 전환을 일시 정지할 수 있도록 한다

이미지가 일정 시간마다 자동으로 전환되는 캐러셀을 가장 중요하게 고려해야 합니다. 자동으로 이미지가 전환되는 상황은 크게 세 가지 문제를 일으킵니다.

- 제때 캐러셀을 보거나 조작하기 어렵다
- 캐러셀 이외의 콘텐츠 접근을 방해한다
- 자동으로 이미지가 전환되는 것을 페이지 전환으로 오해한다

제때 캐러셀을 보거나 조작하기 어렵다

첫 번째 문제는 자동으로 이미지가 전환되기 전에 캐러셀을 보거나 조작하는 작업을 끝내지 못하는 경우입니다. 저시력자는 화면을 확대하므로 캐러셀이 화면에 다 들어오지 않기에 캐러셀 전체를 보는 데 시간이 걸립니다. 또한 글을 읽기 어렵거나 번역이 필요한 사용자도 캐러셀의 내용을 읽고 이해하는 데 시간이 걸립니다. 게다가 지체 장애인은 마우스를 이동하고 클릭하는 데 시간이 걸리므로 의도한 이미지를 클릭하기 전에 이미지가 바뀌어 버립니다. 이처럼 자동으로 이미지가 바뀌게 되면 일부 사용자는 캐러셀을 보거나 조작하기 어려워집니다.

캐러셀 이외의 콘텐츠 접근을 방해한다

두 번째 문제는 자동으로 바뀌는 이미지가 캐러셀 이외의 콘텐츠로 접근하는 데 방해가 된다는 점입니다. 주의 결핍 장애인은 움직이는 콘텐츠에 주의가 끌려 다른 콘텐츠에 집중할 수 없게 되는데, 이 문제는 첫 번째 문제보다 더 심각합니다. 캐러셀에 포함되는 문제가 캐러셀뿐 아니라 웹 콘텐츠 전체에 악영향을 주기 때문입니다.

자동으로 이미지가 전환되는 것을 페이지 전환으로 오해한다

세 번째 문제는 자동 이미지 전환을 페이지 전환으로 오해할 수 있다는 점입니다. 도서 '고령자를 위한 사용자 인터페이스 디자인'[8]에서는 웹 페이지에서 눈에 띄는 이미지나 색이 자동으로 변경되면 페이지 전환이 발생했다고 사용자가 오해할 수 있음을 지적했습니다.

이미지 전환을 일시 정지할 수 있도록 한다

이미지 자동 전환으로 일어나는 문제를 해결하도록 사용자가 이미지 전환을 일시 정지할 수 있도록 합시다. 구체적으로는 이미지 전환을 일시 정지하는 버튼을 구현합니다. 일시 정지 버튼은 찾기 쉽게 캐러셀 근처에 배치합니다. 자동으로 이미지가 전환되면 콘텐츠에 집중하기 힘든 사용자가 집중력을 잃기 전에 이미지 전환을 미리 멈출 수 있기 때문입니다.

추가적인 해결책으로는 사용자가 캐러셀에 마우스 오버 및 포커싱했을 때 자동 전환을 일시 정지하는 것입니다. 캐러셀에 마우스 오버 및 포커싱했다는 건 사용자가 캐러셀을 조작하려 했을 가능성이 높기 때문입니다. 캐러셀을 조작하려는 순간에 자동 전환이 발생하면 다른 이미지를 조작하게 될 우려가 있습니다. 특히 조작에 시간이 걸리는 사용자는 캐러셀 조작을 완료하기까지 시간이 걸리며, 그 사이에 자동 전환이 발생할 가능성이 높습니다. 자동 전환을 일시 정지함으로써 조작 실수를 줄일 수 있습니다. 한편 콘텐츠에 집중하기 어려운 사용자에게는 이 방법이 큰 효과가 있다고 할 수 없습니다. 캐러셀 이외의 콘텐츠를 읽고 있을 경우에는 캐러셀에 마우스 오버와 포커스를 하지 않으므로 이미지 자동 전환이 발생하기 때문입니다. 그러므로 자동 전환을 일시 정지하는 버튼을 전제로 하면서 이 방법을 보조적으로 이용하면 좋습니다.

---

8 Designing User Interfaces for an Aging Population: Towards Universal Design

다양한 사용자가 이미지를 전환할 수 있도록 한다

캐러셀 이미지를 전환하는 데 스와이프 등의 제스처가 필요한 경우가 있습니다. 지체 장애인은 제스처를 취하기 어렵거나 시간이 걸립니다. 또한 키보드로 조작하는 사용자는 제스처를 재현할 수 없기도 합니다.

캐러셀의 이미지 전환은 제스처에만 의존하지 않고 싱글 탭 등 간단한 조작으로도 할 수 있도록 합시다(**그림 5-3-2**). 구체적으로는 이미지를 앞뒤로 전환하는 '이전 다음 버튼'이나, 특정 이미지로 직접 이동할 수 있는 '내비게이션 버튼'을 구현하면 좋습니다.

그림 5-3-2   조작 방법을 개선한 캐러셀 디자인
캐러셀 양쪽에 이전 다음 버튼이 있다. 캐러셀 뒤에 일시 정지 버튼과 내비게이션 버튼이 있다.

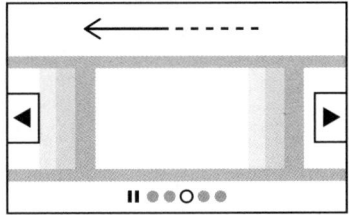

이전·다음 버튼

'이전·다음 버튼'은 포커스 순서에 주의해서 구현해야 합니다. 대부분 이전·다음 버튼은 각 캐러셀의 양쪽 끝에 배치됩니다. 단순히 구현하면 '이전 버튼', 하나 또는 여러 이미지, '다음 버튼'의 순서로 포커스됩니다. 하지만 이 순서라면 '이전 버튼'과 '다음 버튼' 간 거리가 멀어지므로 스크린 리더 이용자는 '이전 버튼'과 '다음 버튼'이 한 쌍임을 인식하기 어려워집니다. 그러므로 HTML로 '이전 버튼' 직후에 '다음 버튼'을 배치하고, CSS를 사용해 각 버튼의 위치를 조정합니다. 이렇게 하면 '이전 버튼' 다음에 '다음 버튼'이 포커싱되므로 버튼이 한 쌍임을 인식할 수 있게 됩니다.

내비게이션 버튼

'내비게이션 버튼'은 '현재 선택한 버튼'이 전달되도록 구현합시다. 많은 캐러셀은 현재 선택한 버튼 상태를 버튼 스타일을 변화시켜 전달합니다. 하지만 스타일만 변화시켜서는 스크린 리더에 현재 선택한 버튼 상태를 전달할 수 없습니다. 가장 간단한 방법으로는 내비게이션 버튼을 라디오 버튼으로 구현하는 것입니다. 이렇게 하면 라디오 버튼의 체크 상태가 스크린 리더에 전달됩니다.

이미지 리스트와 버튼의 배치 순서

'이전·다음 버튼'과 '내비게이션 버튼' 등의 인터페이스를 이미지 리스트의 앞뒤 중 어디에 배치하면 좋을지에 대한 다양한 생각이 있습니다.

이미지 리스트 뒤쪽에 인터페이스를 배치하면 스크린 리더는 이미지 리스트를 읽고서 인터페이스를 읽습니다. 조작 대상을 읽고서 조작부를 읽기에 인터페이스가 이미지를 조작하기 위한 것임을 알 수 있습니다. 반면 인터페이스를 조작한 후에는 포커스를 거꾸로 이동시켜 이미지 리스트로 도달하게 해야 합니다.

한편 이미지 리스트 앞에 인터페이스를 배치하면 스크린 리더는 인터페이스를 읽고서 이미지 리스트를 읽습니다. 인터페이스를 읽고 있는 단계에서는 조작 대상인 이미지의 존재가 사용자에게 전달되지 않으므로 무엇을 조작하는 인터페이스인지 알 수 없습니다. 반면 인터페이스를 조작한 후 순서대로 포커스를 이동하면 이미지 리스트에 도달할 수 있습니다. 두 방법 모두 장단점이 있습니다.

다음은 캐러셀 인터페이스의 마크업을 나타낸 예시입니다. 여기서는 이미지 리스트 뒤쪽에 인터페이스를 배치했습니다.

좋은 사례: 캐러셀 인터페이스

```html
<!-- 이미지 리스트 -->
<ul>
  ...
</ul>
<button type="button">
  <img src="stop.svg" alt="일시 정지">
</button>
<!-- 이전 다음 버튼 -->
<button type="button">
  <img src="prev.svg" alt="이전 이미지로 전환">
</button>
<button type="button">
  <img src="next.svg" alt="다음 이미지로 전환">
</button>
<!-- 내비게이션 버튼 -->
<label><input type="radio" name="carousel"><img src="nav1.svg" alt="1 페이지"></label>
<label><input type="radio" name="carousel"><img src="nav2.svg" alt="2 페이지"></label>
<label><input type="radio" name="carousel" checked><img src="nav3.svg" alt="3 페이지"></label><!-- 현재 선택된 내비게이션 버튼 -->
<label><input type="radio" name="carousel"><img src="nav4.svg" alt="4 페이지"></label>
<label><input type="radio" name="carousel"><img src="nav5.svg" alt="5 페이지"></label>
```

표시하지 않은 이미지를 모든 환경에서 보거나 조작할 수 없도록 한다

overflow: hidden 등을 사용해 영역 밖으로 튀어나온 이미지를 표시하지 않은 캐러셀이 많습니다(그림 5-3-3). overflow: hidden을 사용하는 이유는 움직이면서 영역 밖으로 이동하는 이미지를 구현하기 쉽기 때문입니다.

그림 5-3-3 영역 밖으로 튀어나온 이미지를 overflow: hidden으로 표시하지 않는다

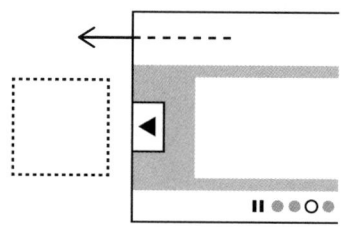

overflow: hidden으로 표시하지 않기

overflow: hidden을 사용해 표시하지 않은 이미지는 스크린 리더가 인식하므로 주의합시다. 스크린 리더가 이미지를 인식하는 이유는 overflow: hidden은 화면 표시에 영향을 주지만 접근성 오브젝트 모델에는 영향을 주지 않기 때문입니다. 스크린 리더는 overflow: hidden으로 표시하지 않은 이미지를 포함해 모든 이미지를 읽으므로 앞서 말한 이전 다음 버튼이나 내비게이션 버튼의 의미가 없어집니다.

게다가 overflow: hidden으로 표시하지 않은 이미지가 링크라면 스크린 리더를 사용하지 않더라도 키보드 조작으로 이미지에 포커싱할 수 있습니다. 화면에 표시되지 않은 위치로 포커싱되면 사용자는 포커스를 잃게 될 우려가 있습니다.

display: none이나 visibility: hidden으로 표시하지 않기

overflow: hidden으로 표시하지 않은 이미지는 모든 환경에서 보거나 조작할 수 없도록 합시다. 만약 영역 밖으로 튀어나온 이미지를 완전히 표시하지 않을 수 있다면 display: none이나 visibility: hidden을 사용합시다. 이 CSS를 사용하면 접근성 오브젝트 모델에서 이미지를 삭제할 수 있기에 스크린 리더는 영역 밖으로 튀어나온 이미지를 읽지 않게 되며, 키보드로 조작해도 포커싱할 수 없게 됩니다.

좋은 사례: 튀어나온 이미지를 표시하지 않는다(display: none을 사용했을 때)

```html
<ul>
  <li style="display: none">
    <a href="/page1">
      <img src="slide1.png" alt="...">
    </a>
  </li>
  <li style="display: none">
    <a href="/page2">
      <img src="slide2.png" alt="...">
    </a>
  </li>
  <li>
    <a href="/page3">
      <img src="slide3.png" alt="..."> <!-- 현재 표시된 이미지 -->
    </a>
  </li>
  <li style="display: none">
    <a href="/page4">
      <img src="slide4.png" alt="...">
    </a>
  </li>
  <li style="display: none">
    <a href="/page5">
      <img src="slide5.png" alt="...">
    </a>
  </li>
</ul>
```

aria-hidden="true"로 표시하지 않기

display: none이나 visibility: hidden을 사용하기 어려울 때 aria-hidden ="true"를 부여하면 접근성 오브젝트 모델에서 이미지를 삭제 가능함으로써 스크린 리더는 이미지를 읽지 않게 됩니다. 또한 이미지가 링크라면 키보드로도 포커스 불가능해야 하며, tabindex="-1"을 부여하면 키보드로 이미지에 포커스하는 것을 막을 수 있습니다.[9]

좋은 사례: 튀어나온 이미지를 표시하지 않는다(aria-hidden="true"와 tabindex="-1"을 사용했을 때)

```
<ul>
  <li aria-hidden="true">
    <a href="/page1" tabindex="-1">
      <img src="slide1.png" alt="...">
    </a>
  </li>
  <li aria-hidden="true">
    <a href="/page2" tabindex="-1">
      <img src="slide2.png" alt="...">
    </a>
  </li>
  <li>
    <a href="/page3">
      <img src="slide3.png" alt="..."> <!-- 현재 표시된 이미지 -->
    </a>
  </li>
  <li aria-hidden="true">
    <a href="/page4" tabindex="-1">
      <img src="slide4.png" alt="...">
    </a>
  </li>
  <li aria-hidden="true">
    <a href="/page5" tabindex="-1">
      <img src="slide5.png" alt="...">
```

---

9 inert 속성을 이용하는 방법도 있습니다. inert 속성은 aria-hidden 속성과 마찬가지로 요소를 접근성 오브젝트 모델에서 삭제함과 동시에 키보드 조작을 할 수 없게 합니다. 단, 집필 시점 (2022년 12월)에서 inert 속성은 파이어폭스에서 지원되지 않습니다.

```
    </a>
  </li>
</ul>
```

이미지 자동 전환을 스크린 리더에 알리지 않는다

스크린 리더가 캐러셀 이외의 위치를 읽고 있을 때 캐러셀 이미지가 자동 전환돼도 스크린 리더는 이미지를 읽지 않습니다. 스크린 리더는 커서가 있는 위치를 읽기 때문입니다. 커서가 있는 위치 이외의 콘텐츠 변화 여부를 전달하려면 이전 절에서 설명한 라이브 리전을 이용합니다.

하지만 스크린 리더가 자동적인 이미지 변화를 읽지 않는다고 해서 라이브 리전을 사용하는 것은 바람직하지 않습니다. 물론 캐러셀 전체에 라이브 리전을 사용하면 이미지가 자동 전환됐을 때 이미지 내용을 읽도록 할 수 있습니다. 하지만 자동으로 이미지가 전환될 때마다, 즉 몇 초 간격으로 계속 이미지 내용을 읽기 때문에 캐러셀 이외의 내용을 읽고 있을 때도 이미지 내용을 빈번히 읽게 되므로 다른 콘텐츠를 보는 데 방해가 됩니다. 이미지가 자동 전환됐다고 스크린 리더에 매번 알리는 상황은 피해야 합니다.

캐러셀이 꼭 필요한지 재검토한다

지금까지 캐러셀의 접근성을 높이는 방법을 설명했습니다. 이처럼 캐러셀은 접근성에 대해서 고려해야 할 점이 많은 UI입니다. 그렇다면 이렇게까지 해서 도입해야만 할까요?

캐러셀의 비용 대비 효과를 신중히 검토해야 한다는 의견은 많습니다. 예시로

Erik Runyon이 진행한 캐러셀의 효과성에 관한 조사[10]에 따르면 사이트 방문자의 1.07%가 캐러셀을 클릭하며, 그중에서도 첫 번째 이후의 슬라이드를 클릭하는 비율은 모든 사이트에서도 20% 이하라고 합니다. 이 조사 결과는 웹 사이트나 캐러셀 자체의 콘텐츠에 의존하기 때문에 단적으로 캐러셀의 효과를 부정하는 것은 아닙니다. 하지만 캐러셀이 있어도 거의 클릭하지 않을 가능성이 있다는 점은 고려해야 합니다.

5.4 단순한 툴팁

이 절에서는 툴팁을 소개합니다. 또한 특정 위치에 마우스 오버하면 마우스 포인터 근처에 표시되는 모든 것을 툴팁이라 합니다.

'대상 요소로 마우스 오버하면 무언가를 표시한다'는 단순한 기능이지만 접근성에 많은 문제를 야기합니다. 예를 들면 툴팁 내용을 읽도록 하려면 화면을 확대해서 사용하는 경우, 키보드로 조작하는 경우, 스마트폰과 태블릿을 사용하는 경우 등을 일일이 신경 써야 합니다.

모든 문제를 한 가지 방법으로 해결할 수 있는 정석과도 같은 방법은 없습니다. 구현 시에 생길 수 있는 문제를 제대로 인식한 후, 하나하나 어떻게 대처하면 좋을지 생각해야 합니다.

---

10 https://erikrunyon.com/2013/01/carousel-interaction-stats/

5.4 단순한 툴팁

이 절에서는 내용이 텍스트만으로 이루어진 '단순한' 툴팁을 소개합니다. 내부에 링크 등 인터랙티브 요소나 복잡한 구조를 포함하며, 자연스러운 표시를 위해 DOM상에서 떨어진 위치에 삽입된 '풍부한' 툴팁은 다음 절에서 다룹니다. 툴팁의 요건에 따라서는 다음 절 내용까지 고려해서 검토해야 하므로 같이 참조하세요.

단순한 툴팁의 사례와 문제점

가장 단순한 툴팁은 title 속성을 사용해 구현하는 것입니다(**그림 5-4-1**).

그림 5-4-1   title 속성에 의한 툴팁

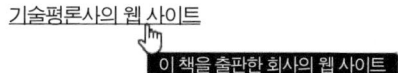

사례: title 속성으로 링크에 툴팁을 추가

```
<a href="https://gihyo.jp/" title="이 책을 출판한 회사의 웹 사이트">기술평론사의 웹 사이트</a>
```

title 속성으로 툴팁을 간단히 구현할 수 있습니다.[11] 하지만 툴팁이 표시되는 시점을 제어하거나, 툴팁의 외관을 바꾸거나, 다기능화할 수는 없습니다.

그래서 대부분의 웹 사이트나 서비스는 툴팁처럼 보이고 작동하는 것, 즉 특정 위치에 마우스 오버하면 근처에 표시되는 것을 독자적으로 구현합니다. 대부분 툴팁 대상인 요소의 위치 근처에 CSS로 `position: absolute`를 지정해 배치합니다.

---

[11] HTML 사양에 따르면 title 속성에 의존하는 것은 권장하지 않는다고 합니다. 해당 취지는 이 절의 내용과도 겹치므로 자세한 내용은 추후 설명합니다.

다음은 리액트로 툴팁을 독자적으로 구현한 사례지만(**그림 5-4-2**) 이 구현에는 다음과 같은 문제가 있습니다.

- 화면 확대 시에 툴팁을 읽을 수 없다
- 키보드 조작으로 툴팁을 읽을 수 없다
- 스마트폰과 태블릿으로 툴팁의 존재를 알아채지 못한다
- 스크린 리더로 툴팁의 존재를 알아채지 못한다

이 절에서는 순서대로 개선 방법을 소개합니다.

그림 5-4-2 　 툴팁을 독자적으로 구현한 사례

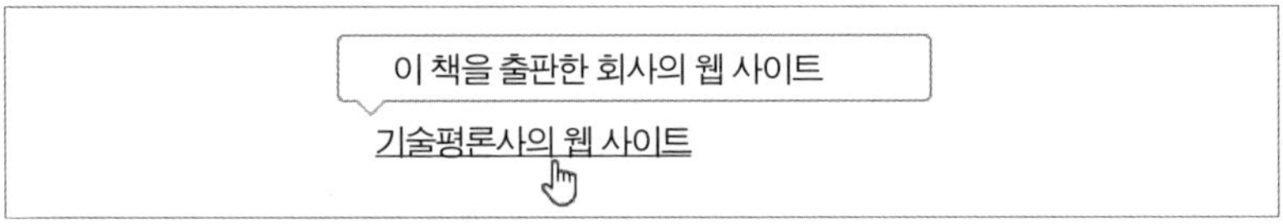

좋지 않은 사례: 접근성을 고려하지 않고 만든 툴팁 컴포넌트(타입스크립트)

```
import { useState } from 'react';
const TooltipSample = () => {
  // 툴팁의 표시 상태를 저장하는 state
  const [isTooltipVisible, setTooltipVisible] = useState(false);

  return <span className="withTooltip">
    <a href="https://gihyo.jp/"
      // mouseenter로 툴팁을 표시하고 mouseleave로 표시하지 않는다
      onMouseEnter={() => setTooltipVisible(true)}
      onMouseLeave={() => setTooltipVisible(false)}>
      기술평론사의 웹 사이트
    </a>
    {isTooltipVisible &&
      <span className="tooltip">이 책을 출판한 회사의 웹 사이트</span>
    }
  </span>
}
```

> 좋지 않은 사례: 접근성을 고려하지 않고 만든 툴팁 컴포넌트(CSS)

```css
.withTooltip {
  position: relative;
}

.tooltip {
  position: absolute;
  bottom: calc(100% + 8px);
  left: 0;
  border: 1px solid #949494;
  border-radius: 4px;
  padding: 4px;
  width: max-content;
  background: #fff;
}

// ::before와 ::after 유사 요소를 사용해 말풍선의 튀어나온 부분을 만든다
.tooltip::before,
.tooltip::after {
  position: absolute;
  content: "";
  border-width: 8px 8px 0;
  border-style: solid;
  width: 0;
  height: 0;
}
.tooltip::before {
  bottom: -8px;
  left: 8px;
  border-color: #949494 transparent;
}
.tooltip::after {
  bottom: -7px;
  left: 8px;
  border-color: #FFF transparent;
}
```

화면 확대·키보드 조작 문제와 개선: 툴팁 표시·미표시 제어

툴팁은 특정 위치로 마우스 오버하면 표시되며, 마우스 포인터가 그 위치를 벗어나면 표시가 사라집니다. 이러한 작동이 발생시키는 문제점과 그 개선 방법을 함께 소개합니다.

[문제] 화면을 확대한 사용자가 툴팁의 내용을 읽을 수 없다

화면을 확대 중일 경우 화면에는 마우스 포인터 주변만 확대돼 표시됩니다. 이때 마우스 포인터 주변에서 다소 벗어난 위치에 있는 것은 화면 밖으로 튀어나와 보이지 않습니다.

툴팁이 확대된 범위에서 튀어나왔다면 튀어나온 방향으로 마우스 포인터를 이동시켜야 합니다. 앞선 구현 사례에서는 툴팁 대상인 요소에서 마우스 포인터가 벗어나면 툴팁이 표시되지 않습니다. 툴팁이 표시된 순간에 마우스 포인터는 툴팁이 설명하려는 링크나 버튼과 같은 요소 위에 있을 것입니다. 그러므로 확대된 범위에서 튀어나온 부분으로 마우스 포인터를 이동시키면 마우스 포인터가 툴팁 대상 요소 위쪽을 벗어나 툴팁이 표시되지 않게 됩니다(**그림 5-4-3**).

그림 5-4-3   확대 표시할 때의 문제
확대 범위에서 튀어나온 툴팁으로 마우스 포인트를 이동시키면 툴팁이 사라진다

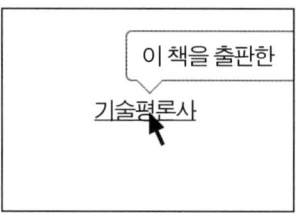
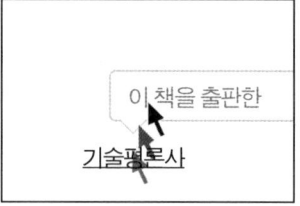

[개선 방법] 툴팁 자체에 마우스 포인터가 있더라도 그대로 툴팁을 표시한다

이런 상황을 막기 위해서는 툴팁 대상 요소뿐 아니라 툴팁 위에 마우스 포인터가 있더라도 그대로 툴팁을 표시해야 합니다. 또, 툴팁이 표시되는 방법에도 따르지만 툴팁이 있는 방향으로 마우스 포인터를 가져갈 때 마우스 포인터가 툴팁 대상인 요소와 툴팁이 아닌 부분을 모두 지나갑니다(그림 5-4-4). 이럴 때도 툴팁이 사라져서는 안 됩니다.

그림 5-4-4   마우스 포인터의 이동
마우스 포인터를 툴팁으로 가져갈 때 툴팁 대상인 요소와 툴팁이 아닌 부분을 모두 지난다

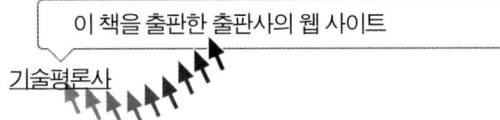

다음은 예시 코드를 툴팁으로 마우스 오버할 때 툴팁이 사라지지 않게 개선한 것입니다. 툴팁 위로 마우스 포인터가 이동되는 동안 마우스 오버가 벗어날 가능성도 감안해, 마우스 포인터 이벤트로부터 1초 늦게 플래그를 전환합니다. 이렇게 하면 툴팁 대상 요소와 툴팁 위에서 마우스 포인터가 벗어나도 1초 이내에 둘 중 어느 요소로 돌아가면 툴팁이 그대로 표시된 상태로 남습니다.

```
개선 중인 사례: 툴팁으로 마우스 오버할 때도 툴팁이 사라지지 않게 한다

// 전략

// setTimeout 의 반환값을 저장하기 위한 RefObject
const timeoutId = useRef<NodeJS.Timeout | null>();
// 1초 후에 isToolTipVisible 을 전환하는 메서드
const changeVisibility = (visible: boolean) => {\
  if (timeoutId.current) {
    // 사전에 예정된 플래그 전환을 취소
```

```
    clearTimeout(timeoutId.current);
    timeoutId.current = null;
  }
  timeoutId.current = setTimeout(() => { setTooltipVisible(visible) }, 1000);
}

// 중략

<a href="https://gihyo.jp/"
  // mouseenter, mouseleave 로부터 1초 후에 표시・미표시를 전환한다
  onMouseEnter={() => changeVisibility(true)}
  onMouseLeave={() => changeVisibility(false)}
>
    기술평론사의 웹 사이트
</a>
{isTooltipVisible &&
  <span className="tooltip"
    // 툴팁에서도 mouseenter, mouseleave 로부터 1초 후에 표시・미표시를 전환한다
    onMouseEnter={() => changeVisibility(true)}
    onMouseLeave={() => changeVisibility(false)}
  >
    이 책을 출판한 회사의 웹 사이트
  </span>
}

// 후략
```

이 사례에서 툴팁이 표시되지 않은 상태라면 대상 컴포넌트로 마우스 오버하고 1초 기다려야 툴팁이 표시됩니다. 물론 곧바로 표시되게 할 수도 있지만 사용자가 의도치 않은 시점에 갑자기 표시되면 오히려 불편함을 느낄 수도 있으므로, 이대로 두는 것도 좋을 것입니다. 사실 title 속성에 의한 툴팁도 사용자의 마우스 오버보다 늦게 표시되는 작동을 보입니다.

[문제] 키보드 조작으로 툴팁의 내용을 읽을 수 없다

마우스 오버로 콘텐츠 표시 여부를 전환하려면 당연히 마우스 포인터의 조작이

필요합니다. 즉, 포인팅 디바이스를 사용하지 않고 키보드를 사용하는 사람은 툴팁의 내용에 접근하기 어렵습니다.

[개선 방법] 키보드 포커스로 표시·미표시를 전환한다

툴팁 정도의 내용이라면 마우스 포인터와 더불어, 포커스로 표시와 미표시를 전환하는 것도 좋습니다. 즉, focus와 blur 이벤트로 각각 mouseenter와 mouseleave 이벤트처럼 툴팁 표시와 미표시 여부를 구현하면 키보드로도 툴팁 내용에 접근할 수 있습니다.

하지만 마우스와 달리 포커스로 표시할 때 툴팁이 늦게 표시되면 부자연스럽습니다. 그렇기에 다음 예시에서는 changeVisibility()의 제2 인수로 immidiate를 추가했습니다. 포커스와 관계 있는 이벤트만 툴팁 표시 상태에 즉시 반영됩니다.

개선 중인 사례: 키보드로 포커싱할 때도 툴팁을 표시·미표시하는 처리를 추가한다

```
// 전략

// 1초 후에 isToolTipVisibility를 전환하는 메서드
const changeVisibility = (visible: boolean, immidiate: boolean = false) => {
  if (timeoutId.current) {
    // 사전에 예정된 플래그 전환을 취소
    clearTimeout(timeoutId.current);
    timeoutId.current = null;
  }
  if (immidiate) {
    setTooltipVisible(visible);
  } else {
    timeoutId.current = setTimeout(() => { setTooltipVisible(visible) },
1000);
  }
}
```

```
// 중략

<a href="https://gihyo.jp/"
  // mouseenter, mouseleave 로부터 1초 후에 표시 · 미표시를 전환한다
  onMouseEnter={() => changeVisibility(true)}
  onMouseLeave={() => changeVisibility(false)}
  // 포커스 이벤트 발생 시에는 곧바로 표시 · 미표시를 전환한다
  onFocus={() => changeVisibility(true, true)}
  onBlur={() => changeVisibility(false, true)}
  // Esc 키를 누른 상태에서는 툴팁을 미표시한다
  onKeyDown={(e) => {
    if(e.key = "Esc") {
      changeVisibility(false, true)
    }
  }}
>
  기술평론사의 웹 사이트
</a>

// 후략
```

이 방법을 사용하려면 대상 요소가 포커스를 받을 수 있어야 합니다. 이전 사례는 링크이므로 포커스를 받을 수 있습니다. 하지만 툴팁 대상이 포커스를 받지 않을 때(인터랙티브 요소 이외의 요소일 때)는 tabindex 속성을 0으로 하는 등 고민해야 합니다.[12]

[문제] 화면 확대 시에 툴팁 아래에 가려진 콘텐츠를 읽을 수 없다

툴팁은 다른 요소 위에 겹쳐져 표시됩니다. 하지만 툴팁 아래에 가려진 콘텐츠를 읽고 싶은 경우도 있을 것입니다. 특히 화면을 확대했을 때 읽고 싶은 콘텐츠로 마우스 포인터를 이동시키면 툴팁이 콘텐츠를 가리는 경우도 있습니다.

키보드로 조작할 때도 포커스로 툴팁이 표시되면 다른 부분이 의도치 않게 가려

---

[12] tabindex 속성은 제2장 2절에서 설명했습니다.

지게 됩니다.

[개선 방법] 툴팁을 간단히 미표시할 수 있게 한다

여기서 개선 방법으로 Esc 키로 툴팁을 미표시할 수 있는 구조를 추가합니다. Esc 키는 다이얼로그 및 메뉴를 닫을 때 자주 사용합니다. 대부분의 키보드에서 쉽게 누를 수 있는 위치에 있으므로 툴팁을 미표시하는 데 적합합니다.

하지만 다이얼로그나 메뉴 안에서 툴팁을 사용했을 때 툴팁을 닫고자 Esc 키를 누르면 다이얼로그나 메뉴가 한꺼번에 닫힐 수 있습니다. 이런 간섭이 일어나지 않도록 툴팁만 닫히도록 제어하거나, 툴팁을 사용하는 곳에 대한 규칙을 만들거나, UI 컴포넌트에 따라 각기 다른 키나 키 조합으로 닫을 수 있도록 해야 합니다.

툴팁이 표시되었을 때 반드시 대상 컴포넌트에 포커스가 있다고 할 수는 없습니다. 떨어진 장소에 있는 텍스트 필드에 포커스를 두고서 마우스 포인터만 이동시켰을 수도 있습니다. 따라서 window에 대해, 즉 페이지 전체에 addEventListener()를 사용해 키 눌림 여부를 감시합니다.

개선 중인 사례: Esc 키를 누르면 툴팁을 미표시한다

```
// 전략

useEffect(()=> {
  // 툴팁이 표시된 경우만
  if (isTooltipVisible) {
    // Esc 키를 누른 상태에서는 툴팁을 미표시한다
    const escKeyHandler = (e: KeyboardEvent) => {
      if (e.key === 'Escape') {
        changeVisibility(false, true)
      }
    }
    // 다른 위치에 포커스 중일 때도 처리되도록 window에 대해 addEventListener 한다
```

```
    window.addEventListener('keydown', escKeyHandler)
    // isTooltipVisible 의 값이 변하거나 컴포넌트가 언마운트될 때는 removeEventListener 한다
    return ()=> window.removeEventListener('keydown', escKeyHandler)
  }
}, [isTooltipVisible])

// 후략
```

[개선 방법] 앞서 설명한 개선 사항을 모두 반영한 것

개선 중인 사례: 앞서 설명한 개선 사항을 모두 반영한 사례

```
import React, { useEffect, useRef, useState } from 'react';

export const TooltipSample = () => {
  // 툴팁의 표시 상태를 저장하는 state
  const [isTooltipVisible, setTooltipVisible] = useState(false);
  // setTimeout 의 반환값을 저장하기 위한 RefObject
  const timeoutId = useRef<NodeJS.Timeout | null>();

  // 1초 후에 isToolTipVisible 을 전환하는 메서드
  const changeVisibility = (visible: boolean, immidiate: boolean = false) => {
    if (timeoutId.current) {
      // 사전에 예정된 플래그 전환을 취소
      clearTimeout(timeoutId.current);
      timeoutId.current = null;
    }
    if (immidiate) {
      setTooltipVisible(visible);
    } else {
      timeoutId.current = setTimeout(() => { setTooltipVisible(visible) }, 1000);
    }
  }

  useEffect(()=> {
    // 툴팁이 표시되어 있을 때만
    if (isTooltipVisible) {
      // Esc 키를 누른 상태에서는 툴팁을 미표시한다
      const escKeyHandler = (e: KeyboardEvent) => {
        if (e.key === 'Escape') {
```

```
            changeVisibility(false, true)
          }
        }
        // 다른 곳에 포커스 중일 때도 처리되도록 window에 대해 addEventListener 한다
        window.addEventListener('keydown', escKeyHandler)
        // isTooltipVisible의 값이 바뀌거나 컴포넌트가 언마운트될 때는 removeEventListener 한다
        return () => window.removeEventListener('keydown', escKeyHandler)
      }
    }, [isTooltipVisible])

    return <span className="withTooltip">
      <a href="https://gihyo.jp/"
        // mouseenter, mouseleave로부터 1초 후에 표시·미표시를 전환한다
        onMouseEnter={() => changeVisibility(true)}
        onMouseLeave={() => changeVisibility(false)}
        // 포커스 이벤트가 발생하면 곧바로 표시·미표시를 전환한다
        onFocus={() => changeVisibility(true, true)}
        onBlur={() => changeVisibility(false, true)}
      >
        기술평론사의 웹 사이트
      </a>
      {isTooltipVisible &&
        <span className="tooltip"
          // 툴팁에서도 mouseenter, mouseleave로부터 1초 후에 표시·미표시를 전환한다
          onMouseEnter={() => changeVisibility(true)}
          onMouseLeave={() => changeVisibility(false)}
        >
          이 책을 출판한 회사의 웹 사이트
        </span>
      }
    </span>
}
```

앞서 설명한 개선 사항을 통해 화면을 시각적으로 보고 마우스나 키보드로 조작하는 사용자가 툴팁의 내용을 볼 수 있게 됐습니다.

하지만 이 상태로는 스마트폰과 태블릿, 스크린 리더 사용자의 접근이 불가능합니다.

스마트폰·스크린 리더의 문제와 개선: 마우스 오버 의존에서 탈피

지금까지는 마우스 오버로 표시된 툴팁의 조작성을 개선하거나 마우스 오버 대신에 키보드 포커스를 사용했습니다. 이러한 조작은 당연히 마우스와 키보드를 사용할 수 있어야 합니다.

하지만 스마트폰과 태블릿 사용자는 마우스나 키보드를 거의 사용하지 않아 마우스 오버나 포커스라는 조작 자체가 불가능합니다. 또한 키보드로 스크린 리더를 사용하는 사용자는 포커스는 가능해도 툴팁 표시 여부를 알 수는 없습니다.

이처럼 마우스 오버 및 키보드에 의한 포커스 조작과 화면 변화를 지각할 수 있음을 전제로 하면 다양한 문제가 발생하게 됩니다.

[문제] 스마트폰과 태블릿 사용자는 툴팁을 알아챌 수 없다

문장 내 용어나 버튼 등 툴팁 대상 요소 대부분은 외관만으로 '마우스 오버하면 툴팁이 나온다'고 예상하기는 어렵습니다. 마우스를 사용하는 사용자는 마우스 포인터를 이동시켜 우연히 툴팁을 봄으로써 비로소 툴팁의 존재를 알게 됩니다.

하지만 스마트폰과 태블릿 사용자는 PC 사용자와는 달리, '우연히 마우스 포인터를 대상 요소 위로 이동시켰더니(또는 포커스를 이동시키면서 검색하다 보니) 툴팁이 표시된' 상황을 마주하지 않습니다. 마우스 오버로만 표시되는 툴팁의 내용은 스마트폰과 태블릿 사용자에게 전달되지 않습니다.

[문제] 스크린 리더 이용자는 툴팁을 알아챌 수 없다

스크린 리더 이용자라면 어떨까요? 방금 사례에서는 마우스 오버 대신 키보드로 포커스를 조작하더라도 툴팁이 표시됐습니다. 하지만 스크린 리더 이용자는 이 툴팁을 읽기 어렵습니다. 스크린 리더로는 툴팁이 표시됐다는 시각적인 변화를 지각할 수 없기 때문입니다.

일부 스크린 리더는 포커스를 툴팁 대상 요소에 두고, 스크린 리더의 커서만 이동시키면 툴팁을 읽어 주기는 합니다. 하지만 애초에 툴팁 존재 여부를 지각할 수 없으므로 그렇게 조작하지는 않을 것입니다.

[문제] 툴팁으로 인해 발생하는 그 밖의 문제

그 밖에도 다음과 같은 문제가 발생합니다.

- 정확한 마우스 조작이 어려울 때 실수로 마우스 오버를 하거나, 마우스 커서를 대상에서 떨어뜨려 표시되지 않게 된다
- 보이는 범위가 한정적일 때 마우스 오버로 인해 무언가 나타났을 때 갑자기 시야가 가려질 가능성이 있다. 덧붙여 주위를 확인하기 위해 마우스 커서를 움직이므로 의도치 않게 여닫는 동작을 반복할 수 있다
- 체류 제어, 음성 명령, 스위치 제어의 경우 사전에 조작을 계획해서 '커서 이동→클릭'이 한 세트인 행동을 실행한다. 이때 마우스 오버로 인해 요소가 추가되는 것을 예측할 수 없다면 '예측하지 않은 것이 추가로 표시돼 의도치 않은 클릭을 실행한 결과가 된다

대체로 마우스 오버는 다음과 같은 문제를 지닌 인터랙션이라 할 수 있습니다.

- 마우스 이용 시에만 발생하는 인터랙션이다
- 사용자가 명시적으로 요구한 행동이라고 할 수 없다
- 마우스 오버로 요소가 나타나는 상황을 사전에 예측하기 어렵다

이런 점을 고려하면 애당초 마우스 오버라는 조작 방법에 의존해서는 안 된다는

사실이 명백합니다. 물론 마우스 오버로 인해 특정 조건에 있는 사용자가 쾌적하게 조작 가능한 경우도 많습니다. 하지만 전혀 그렇지 못한 사용자가 존재한다면 접근성이 있다고 할 수 없습니다.

지금부터는 마우스 오버에 의존하지 않는 방법을 검토하겠습니다.

[개선 방법] 툴팁을 사용하지 않는다

제일 먼저 검토해야 할 점은 '툴팁을 사용하지 않아도 되는지' 여부입니다. 앞에서 설명했듯 마우스 오버로 표시되는 툴팁에는 수많은 문제가 있습니다. 접근성을 염두해 UI를 설계한다면 처음부터 피해야 할 패턴이라 할 수 있습니다. HTML 사양서에 따르면 title 속성이 가진 접근성 문제를 지적하며, title 속성에 의존하는 것은 권장하지 않는다고 합니다.[13] 우선 툴팁 사용을 중단하는 것을 검토합시다.

'툴팁의 내용을 읽을 수 없더라도' 아무런 문제도 일어나지 않는다면 애당초 툴팁 자체가 필요하지 않습니다. 예를 들면 텍스트로 '저장'이라 적힌 버튼에 마우스 오버를 하면 친절하게도 '저장합니다'라고 읽어주는, 즉 어떤 정보도 더 얻지 못하는 툴팁이 표시되는 일이 자주 있습니다(**그림 5-4-5의 왼쪽**). 이는 불필요한 툴팁의 대표적인 사례입니다.

텍스트가 없고 아이콘만으로 표시한 버튼에서 그 아이콘의 의미를 툴팁으로 표시하는 경우도 있습니다(**그림 5-4-5의 오른쪽**). 아이콘의 모양이 무엇을 의미하는지 명확하다면 툴팁은 필요 없습니다. 물론 이런 경우에 무조건 툴팁을 표시해서는 안 된다는 건 아니지만 모든 조건에서 툴팁 내용에 접근하도록 노력할 필요도 없습니다.[14]

---

13 https://html.spec.whatwg.org/multipage/dom.html#the-title-attribute
14 하지만 아이콘에는 반드시 alt 속성이나 aria-label 속성으로 접근할 수 있는 이름을 부여해두는 걸 잊지 말아주세요.

반대로 툴팁이 없다면 의미가 전달되지 않는 곳도 있습니다. 내용을 툴팁에 넣어 숨기기보단 항상 텍스트를 표시합시다(**그림 5-4-6**). 예를 들면 아이콘 모양만으로 무엇을 의미하는지 알기 어려운 곳이나 사용자가 친숙하지 않은 용어의 주석, 폼 입력 형식 지시 등은 툴팁에 내용이 숨겨져 있으면 사용자가 인식하기 어려워 사용성을 저해할 수 있습니다.

애초에 필요하지 않거나, 다른 방법으로 표시함으로써 결과적으로 불필요한 툴팁은 남겨 두더라도 큰 문제는 일어나지 않을지도 모릅니다. 하지만 그 툴팁이 불필요하다는 판단이나 접근성이 높은 툴팁을 만들기 위한 노하우를 개발 팀 내에서 공유하지 않으면 위험성이 생깁니다. 중요한 정보가 툴팁에 추가되거나 접근성이 낮은 툴팁이 다른 위치로 복사될 가능성이 있기 때문입니다. 되도록 툴팁을 삭제하거나 접근성을 높이도록 개선해야 합니다.

그림 5-4-5 툴팁이 불필요하거나 별로 중요하지 않은 사례

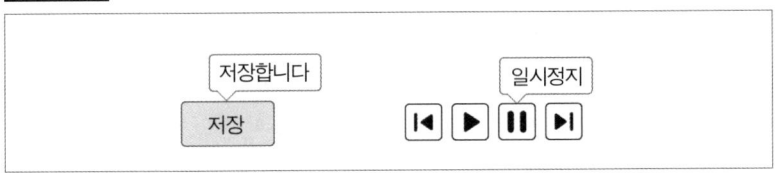

그림 5-4-6 툴팁으로 표시(왼쪽)하지 않고, 항상 텍스트를 표시(오른쪽)한 사례

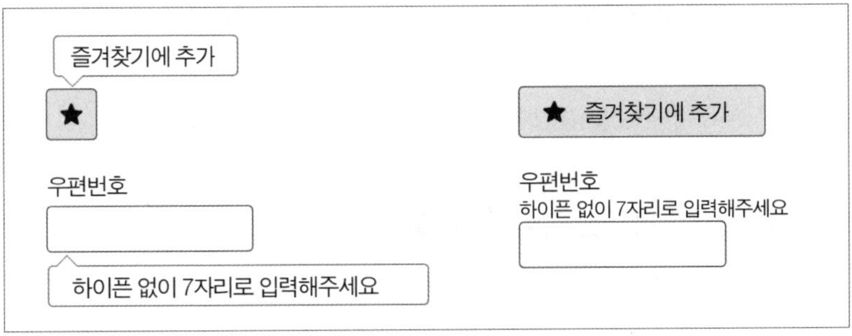

[개선 방법] 보조적인 콘텐츠라 생각할 것

마우스 오버로 표시되는 콘텐츠는 어디까지나 보조적인 것으로 생각합시다. 마우스 오버 가능한 사용자의 사용성을 향상시킨다고 생각하는 것입니다. 즉, 마우스 오버가 불가능한 사용자에게도 같은 정보로 접근할 수 있는 대체 수단이 있다면 문제가 없습니다.

예를 들어 링크를 마우스 오버하면 페이지의 미리보기가 표시된다고 합시다. 이때 툴팁을 볼 수 있는 사용자는 툴팁의 내용만으로 확인할 수 있으며, 그렇지 않은 사용자는 일단 링크를 클릭해 내용을 확인하고 되돌아올 수 있는 것처럼 자유롭게 오갈 수 있다면 해당 미리보기는 문제가 되지 않습니다.

[개선 방법] aria-describedby 속성을 활용한다: 입력 필드의 툴팁

입력 필드를 대상으로 한 툴팁이라면 스마트폰과 태블릿 사용자도 그 존재를 자연스레 알아채 내용을 읽을 수 있습니다. 입력할 때는 그 필드에 포커스됩니다. 따라서 앞서 설명했듯 툴팁 대상 요소로 포커싱했을 때 툴팁이 표시되면 문제가 없습니다.

추가로 스크린 리더로도 툴팁 내용에 접근할 수 있다면 대부분의 사용자가 접근 가능하다고 할 수 있습니다. 제3장 1절에서 소개한 aria-describedby 속성을 툴팁에도 사용해 구현할 수 있습니다.

> **좋은 사례: 툴팁을 aria-describedby 속성으로 연관 짓는다**
>
> ```
> <label for="username-input">사용자명</label>
> <span class="tooltip" id="tooltip" role="tooltip">
>     반각 영숫자로 입력
> </span>
> <input type="text" id="username-input" aria-describedby="tooltip">
> ```

[개선 방법] 툴팁용 버튼 컴포넌트를 마련한다

전문 용어나 UI 설명처럼 도움말 콘텐츠를 툴팁으로 표시할 때는 그에 해당하는 모양을 가진 컴포넌트를 마련하면 좋습니다. 즉, '툴팁 존재' 여부를 표현하는 아이콘을 클릭하면 툴팁이 표시되게끔 하는 것입니다.

문장 내 용어나 버튼 등 툴팁 대상 요소 대부분을 모양만 보고 '마우스 오버하면 툴팁이 나타난다'고 예상하기는 어렵습니다. 마우스 사용자는 해당 요소에 우연히 마우스 포인터를 이동했더니 툴팁이 나타남으로써 그 존재를 알게 됩니다. 툴팁 대상 요소가 다른 요소와 모양이 같다면 사용자는 툴팁 표시 동작을 기대하고 마우스 오버를 하지는 않을 것입니다. 대부분의 사용자가 툴팁의 존재를 알아채지 못하는 상황도 일어날 수 있습니다.

모든 요소에 툴팁이 표시된다면 사용자는 툴팁을 기대하고 마우스 오버를 하겠지만 그런 전제로 화면을 만들면 앞서 설명했듯 추가적인 정보를 얻을 수 없는 무의미한 툴팁으로 화면이 덮일 것입니다.

모든 요소에 무의미한 툴팁을 만들기보다는 '툴팁이 나타날 법한' 모양을 만들고, 툴팁이 표시되는 도움말 콘텐츠에는 반드시 이를 사용하는 것이 좋습니다. 이 경우 원과 사각형으로 둘러싸인 물음표 모양의 아이콘(**그림 5-4-7**) 등을 다양한 웹 사이트나 애플리케이션에서 사용하고 있습니다. 사용자는 이 아이콘을 보고 마우스 오버나 클릭을 하면 툴팁이나 다이얼로그에 의한 도움말 콘텐츠가 표시되기를 기대할 것입니다. 툴팁 대상 요소 바로 옆에 이를 배치하면 사용자는 해당 부분에 도움말 콘텐츠가 있음을 알 수 있습니다.

그림 5-4-7 사용자가 도움말 콘텐츠의 존재를 알 수 있는 아이콘

툴팁용 컴포넌트를 마련하면 또 다른 이점이 있습니다. 컴포넌트를 클릭하는 행동에 툴팁을 표시 및 미표시하는 기능을 부여할 수 있습니다.

폼 제어나 버튼, 링크 등의 인터랙티브 요소를 클릭했을 때 예상되는 작동이 있습니다. 폼 제어라면 해당 요소로 포커스를 이동했을 때 입력을 받는 상태가 돼야 합니다. 전송 버튼이라면 입력 내용이 전송돼야 합니다. 링크라면 해당 URL로 화면이 전환돼야 합니다. 그렇기에 해당 요소로 마우스 오버해야 툴팁이 표시된다면 마우스 오버가 불가능한 사용자를 위해서 대체 방법을 제공하기는 어렵습니다. 앞서 말한 예시에서는 포커스하면 표시되는데, 이 경우 터치 스크린이나 스크린 리더 이용자는 사용할 수 없습니다.

물음표 모양 아이콘처럼 툴팁용 컴포넌트를 마련하면 이를 '툴팁의 표시·미표시를 전환하는 버튼'으로 만들 수 있습니다. 즉, 마우스 오버 대신 클릭 및 탭을 하거나 포커싱한 후 Enter 키를 누르면 도움말 콘텐츠를 열고 닫을 수 있게 됩니다.

다음 예시는 물음표 모양의 아이콘을 툴팁의 표시·미표시를 전환하는 버튼으로 만들었습니다(**그림 5-4-8**). 아이콘 표시에는 react-icons를 사용했습니다. 마우스 오버 시 툴팁을 표시하는 구조는 남겼지만 이를 없애고 클릭만으로 열고 닫는 구조를 구현해도 좋습니다.

그림 5-4-8 물음표 모양의 아이콘을 툴팁의 표시·미표시 버튼으로 배치

5.4 단순한 툴팁

> 개선 사례: 아이콘을 클릭해 표시·미표시를 전환할 수 있는 툴팁(타입스크립트)

```
import { useEffect, useRef, useState } from 'react';
import { MdHelp } from 'react-icons/md'

export const HelpIcon: React.FC = () => {
  // 툴팁의 표시 상태를 저장하는 state
  const [isTooltipVisible, setTooltipVisible] = useState(false);
  // setTimeout의 반환값을 저장하기 위한 RefObject
  const timeoutId = useRef<NodeJS.Timeout | null>();

  // 1초 후에 isTooltipVisible을 전환하는 메서드
  const changeVisibility = (visible: boolean, immidiate: boolean = false) => {
    if (timeoutId.current) {
      // 사전에 예정된 플래그 전환을 취소
      clearTimeout(timeoutId.current);
      timeoutId.current = null;
    }
    if (immidiate) {
      setTooltipVisible(visible);
    } else {
      timeoutId.current = setTimeout(() => { setTooltipVisible(visible) }, 1000);
    }
  }

  useEffect(() => {
    if (isTooltipVisible) {
      // 툴팁 바깥쪽을 클릭하면 툴팁을 즉시 닫는다
      const close = () => { changeVisibility(false, true) }
      // Esc 키를 눌렀을 때도 툴팁을 닫는다
      const escKeyHandler = (e: KeyboardEvent) => {
        if (e.key === 'Escape') {
          changeVisibility(false, true)
        }
      }
      window.addEventListener('click', close);
      window.addEventListener('keydown', escKeyHandler)
      return () => {
        window.removeEventListener('click', close);
        window.removeEventListener('keydown', escKeyHandler)
      }
    }
```

```
  }, [isTooltipVisible])

  return <>
    <a href="https://gihyo.jp/">
      기술평론사의 웹 사이트
    </a>
    {/* window에 click 이벤트가 전달되지 않도록 한다 */}
    <span className="withTooltip" onClick={(e) => e.stopPropagation()}>
      <button
        type="button"
        className="button"
        onMouseEnter={() => changeVisibility(true)}
        onMouseLeave={() => changeVisibility(false)}
        onClick={(e) => {
          changeVisibility(!isTooltipVisible, true);
        }}
        aria-label="도움말"
        aria-haspopup="true"
        aria-expanded={isTooltipVisible}
        aria-controls="tooltip"
      >
        <MdHelp className="icon"/>
      </button>
      {isTooltipVisible && <span
        id="tooltip"
        className="tooltip"
        onMouseEnter={() => changeVisibility(true)}
        onMouseLeave={() => changeVisibility(false)}
        tabIndex={-1}
      >
        이 책을 출판한 회사의 웹 사이트
      </span>}
    </span>
  </>
}
```

개선 사례: 아이콘을 클릭해 표시·미표시를 전환할 수 있는 툴팁(CSS)

```
.withTooltip {
  position: relative;
  width: 24px;
  height: 24px;
```

```
    display: inline-block;
    vertical-align: middle;
}
.button {
    border: 0;
    background: transparent;
    padding: 0;
}
.icon {
    color: #767676;
    width: 24px;
    height: 24px;
}

.tooltip {
    position: absolute;
    bottom: calc(100% + 8px);
    left: -4px;
    border: 1px solid #949494;
    border-radius: 4px;
    padding: 4px;
    width: max-content;
    background: #fff;
}

// ::before와 ::after 유사 요소를 사용해 말풍선의 튀어나온 부분을 만든다
.tooltip::before,
.tooltip::after {
    position: absolute;
    content: "";
    border-width: 8px 8px 0;
    border-style: solid;
    width: 0;
    height: 0;
}
.tooltip::before {
    bottom: -8px;
    left: 8px;
    border-color: #949494 transparent;
}
.tooltip::after {
```

```
    bottom: -7px;
    left: 8px;
    border-color: #FFF transparent;
}
```

지금까지 내용이 텍스트인 툴팁에 대한 문제와 개선 방법을 소개했습니다. 다음 절에서는 '풍부한' 툴팁을 소개한 후 마지막으로 툴팁 전반을 정리합니다.

5.5 풍부한 툴팁

앞에서는 비교적 단순한 툴팁의 접근성을 높이는 방법을 소개했습니다. 이 절에서는 내부에 인터랙티브 요소, 표, 리스트(개조식)가 존재하거나, 자연스럽게 표시되도록 DOM상에서 떨어진 위치에 배치되는 등 보다 기능이 '풍부한' 툴팁의 접근성을 높이는 방법을 소개합니다.

풍부한 툴팁의 사례와 문제점

우선 이 절에서 다룰 풍부한 툴팁의 사례를 소개합니다. 웹 애플리케이션의 툴팁은 보통 다음과 같은 특징을 갖습니다.

- 내부에 버튼 및 링크와 같은 인터랙티브 요소를 포함한다
- 어디에 배치하더라도 자연스럽게 표시되도록 툴팁 대상 요소로부터 DOM상에서 떨어진 위치에 배치된다

예를 들어 용어의 설명을 툴팁으로 표시하면 설명문이 길고 복잡해지는데, 이 경우 툴팁 내 설명은 짧고 간결하게 작성하되, 자세한 내용을 소개하는 페이지의 링크를 배치하는 경우를 자주 봅니다(그림 5-5-1).

그림 5-5-1 용어를 설명하는 툴팁 사례
길고 복잡한 내용(위쪽)은 툴팁에 적지 않고, 자세한 내용을 소개하는 페이지의 링크를 건다(아래쪽)

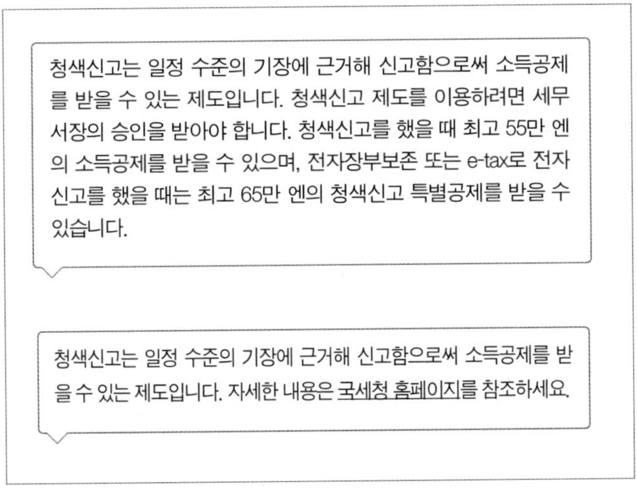

> 청색신고는 일정 수준의 기장에 근거해 신고함으로써 소득공제를 받을 수 있는 제도입니다. 청색신고 제도를 이용하려면 세무서장의 승인을 받아야 합니다. 청색신고를 했을 때 최고 55만 엔의 소득공제를 받을 수 있으며, 전자장부보존 또는 e-tax로 전자신고를 했을 때는 최고 65만 엔의 청색신고 특별공제를 받을 수 있습니다.

> 청색신고는 일정 수준의 기장에 근거해 신고함으로써 소득공제를 받을 수 있는 제도입니다. 자세한 내용은 국세청 홈페이지를 참조하세요.

툴팁 내 인터랙티브 요소는 툴팁을 도입하는 디자이너나 개발자가 생각하지 않더라도 나중에 다른 인원이 제안해 어느새 포함된 경우가 있습니다.

또한 이전 절에서 구현한 툴팁은 툴팁 대상 요소 바로 옆에 배치했습니다. 대부분의 경우 이렇게 하면 충분하지만 `overflow: auto`, `overflow: scroll`, `overflow: hidden`이 지정된 영역에 배치되면 문제가 생깁니다.

예를 들면 모달 다이얼로그의 내용이 다이얼로그의 크기에 다 들어오지 않을 때 페이지 전체 스크롤과는 별도로 다이얼로그 내부만 스크롤하는 부분을 만드는 경우가 있습니다. 표나 리스트도 똑같이 페이지 전체 스크롤과는 별도의 영역을 만드는 경우가 있습니다. 이런 경우에는 `overflow: auto`, `overflow: scroll`

을 사용합니다. 또한 어떤 이유로 인해 요소에서 튀어나온 부분을 표시하지 않을 때는 overflow: hidden을 사용합니다.

이러한 영역 내부에 툴팁 대상 요소가 있다면 툴팁이 영역에서 튀어나온 듯 부자연스럽게 표시됩니다(그림 5-5-2). overflow: hidden이라면 영역에서 튀어나온 부분을 전혀 읽지 못하거나, overflow: auto라면 툴팁이 표시되었을 때만 스크롤바가 생깁니다.

그림 5-5-2　툴팁의 표시 사례

툴팁이 영역 바깥으로 튀어나와야 자연스럽다

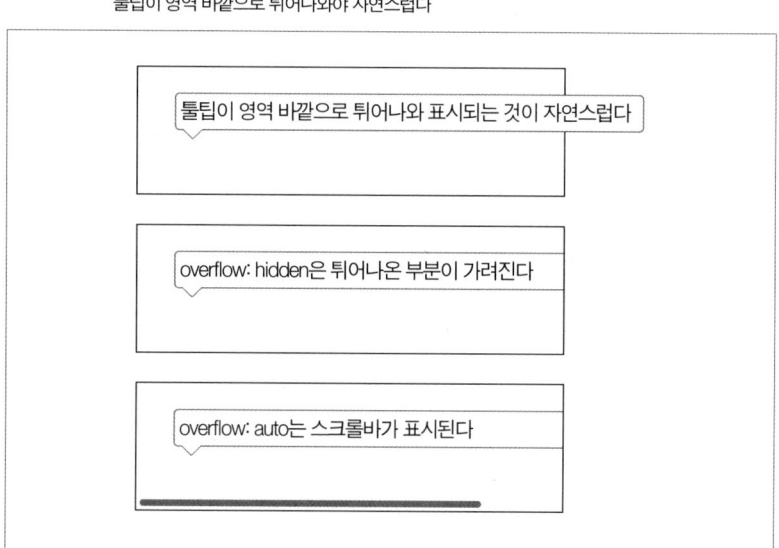

이를 막기 위한 기법으로 제5장 1절에서 소개한 모달 다이얼로그처럼 body 요소 바로 아래에 배치하는 방법이 있습니다. 이 방법을 사용하면 툴팁의 대상 요소가 어디에 있더라도 앞선 사례와 같이 부자연스럽게 표시되는 일은 없습니다.

> 사례: body 요소 바로 아래에 툴팁이 배치돼 있다

```
<html>
  <body>
    <header>...</header>
    <main>
      ...
      <!-- 콘텐츠 안에 툴팁 대상 요소가 배치돼 있다 -->
          <a href="./aoiro.html"> 청색신고 </a>
      ...
    </main>
    <footer>...</footer>

    <!-- overflow: auto 나 overflow: hidden 과의 간섭을 피하기 위해 body 바로 아래에 툴팁만
배치했다 -->
    <span class="tooltip">
        청색신고란 세무서장의 승인을 받고 부기에 따라 장부를 작성해 그 내용을 신고하는 제도입니다 .
        <br />
        자세한 내용은 <a href="https://www.nta.go.jp/taxes/shiraberu/taxanswer/shotoku/2070.htm"> 국세청 홈페이지 </a> 를 참조하세요 .
    </span>
  </body>
</html>
```

툴팁을 DOM상에서 떨어진 위치에 두는 구현이 불필요함에도 추후 배치할 가능성을 염두에 두고 모든 툴팁을 이처럼 구현하기도 합니다. 또한 처음부터 그렇게 구현된 라이브러리를 사용하기도 합니다.

풍부한 툴팁에는 이전 절에서 살펴본 단순한 툴팁 문제와 함께 다음과 같은 문제가 발생합니다.

- 툴팁 내 인터랙티브 요소를 마우스 포인터로 조작하려 하면 툴팁 자체가 사라진다
- 팁 내 인터랙티브 요소를 키보드로 조작할 수 없다
- 툴팁 내용을 스크린 리더로 읽을 수 없다
- 툴팁 내 인터랙티브 요소를 스크린 리더로 조작할 수 없다

이 중 마우스 포인터 문제는 이전 절에서 소개한 툴팁 위에 마우스 포인터를 가져갔을 때의 문제와 같습니다. 이전 절에서는 화면을 확대하는 사용자에게 발생하는 문제로 소개했지만, 툴팁 안을 마우스 포인터로 조작해야 한다면 더 많은 사람에게 문제가 됩니다. 해결 방법은 같으므로 이 절에서는 키보드와 스크린 리더로 조작할 때의 문제를 중심으로 설명합니다.

다음은 이전 절의 툴팁 구현 사례를 기반으로, 내부에 링크를 포함하고 body 요소 바로 아래에 삽입되도록 한 툴팁 구현 사례입니다(**그림 5-5-3**). 마우스 오버 및 포커스로 표시·미표시를 전환하는 부분은 생략했습니다.

그림 5-5-3   **대상에서 떨어진 위치에 삽입되며 링크를 포함한 툴팁 컴포넌트**

> 청색신고란 세무서장의 승인을 받고 부기에 따라 장부를 작성해 그 내용을 신고하는 제도입니다.
>
> 청색신고

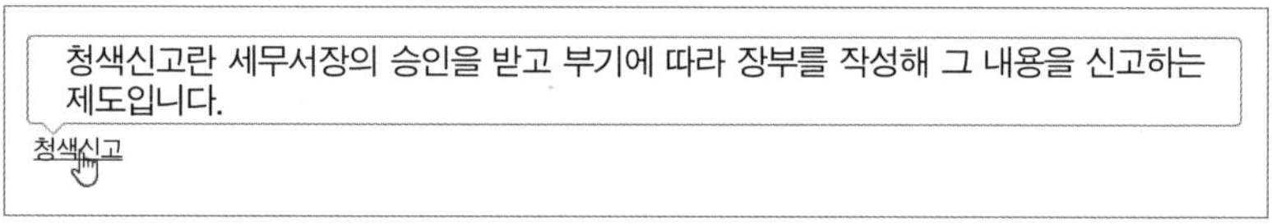

좋지 않은 사례: 대상에서 떨어진 위치에 삽입되며 링크를 포함한 툴팁 컴포넌트(타입스크립트)

```typescript
import { useEffect, useRef, useState } from 'react';
import { createPortal } from 'react-dom';
export const TooltipSample = () => {
  // body 바로 아래에 삽입한 요소를 참고하기 위한 RefObject
  const portalElm = useRef<HTMLDivElement | null>(null);
  // 툴팁 대상 요소를 참고하기 위한 RefObject
  const targetRef = useRef<HTMLAnchorElement>(null);

  useEffect(() => {
    // 컴포넌트가 mount됐을 때의 처리
    // body 바로 아래에 툴팁을 삽입하기 위한 요소를 생성
    const el = document.createElement('div');
    document.body.appendChild(el);
    el.style.setProperty('position', 'absolute');
    portalElm.current = el;
    return () => {
      // 컴포넌트가 unmount될 때 body 바로 아래에 삽입한 요소도 삭제한다
```

```
      document.body.removeChild(el);
    }
  }, []);

  useEffect(() => {
    // 툴팁이 표시되었을 때만
    if (isTooltipVisible) {
      // 툴팁이 표시됐을 때 표시되는 위치를 조정한다
      if (targetRef.current && portalElm.current) {
        const rect = targetRef.current.getBoundingClientRect();
        portalElm.current.style.setProperty('top', `${rect.top}px`)
        portalElm.current.style.setProperty('left', `${rect.left}px`)
      }
  }, [isTooltipVisible])

  return <>
    <span className="withTooltip" onClick={(e) => e.stopPropagation()}>
      <a href="./aoiro.html" ref={targetRef}>
        청색신고
      </a>
      { isTooltipVisible && portalElm.current && createPortal(
        <span className="tooltip" role="tooltip">
          청색신고란 세무서장의 승인을 받고 부기에 따라 장부를 작성해 그 내용을 신고하는 제도입니다.
          <br />
          자세한 내용은 <a href="https://www.nta.go.jp/taxes/shiraberu/taxanswer/shotoku/2070.htm">국세청 홈페이지</a>를 참조하세요.
        </span>
        , portalElm.current)}
    </span>
  </>
}
```

> 좋지 않은 사례: 대상에서 떨어진 위치에 삽입된, 링크를 포함한 툴팁 컴포넌트(CSS)

```
.tooltip {
    position: absolute;
    /* body 요소 바로 아래에 삽입한 부모 요소를 기준으로 표시하므로 bottom: 8px로 변경함 */
    bottom: 8px;
    left: 0;
}
```

위 구현 예시는 몇 가지 문제가 있으며, 순서대로 개선해보겠습니다.

포커스 제어를 구현한다: 키보드 조작과 스크린 리더를 지원

[문제] 툴팁 안의 요소를 키보드로 조작하려 하면 툴팁이 사라진다

이전 절에서는 키보드 조작으로 툴팁을 볼 수 없는 문제를 해결하고자 툴팁 대상 요소로 포커싱할 때 툴팁을 표시하는 방법을 소개했습니다. 툴팁 내부에 인터랙티브 요소가 없다면 그 내용을 읽을 수만 있다면 충분하므로 키보드 사용자에게 접근성이 높다고 할 수 있습니다.

하지만 이 방법은 버튼 및 링크와 같은 인터랙티브 요소가 툴팁에 있다면 문제가 있습니다. 툴팁 대상 요소로 포커싱했을 때(focus 이벤트) 툴팁을 표시하고, 포커스가 멀어지면(blur 이벤트) 툴팁을 표시하지 않는 구조에서는 툴팁 내 인터랙티브 요소로 포커스를 옮기고자 Tab 키를 누르면 blur 이벤트가 발생하게 됩니다. 그 결과 툴팁이 통째로 사라져 툴팁 내 인터랙티브 요소를 조작할 수 없습니다.

[문제] 키보드나 스크린 리더로 툴팁으로 이동할 수 없다

툴팁이 body 요소의 마지막 등 DOM상에서 떨어진 위치에 있을 때는 또 다른 문제가 있습니다. 제5장 1절의 모달 다이얼로그와 마찬가지로 Tab 키를 누르며 DOM상에서 떨어진 위치에 배치된 툴팁으로 포커스를 이동하기는 어렵습니다. 사용자가 툴팁 내 링크나 버튼으로 포커스가 이동되리라 기대해 Tab 키를 눌러도 포커스가 이동되는 곳은 툴팁이 아닌 툴팁 대상 요소 다음에 배치된 포커스 가능한 요소입니다.

스크린 리더 이용자도 마찬가지입니다. 스크린 리더의 커서를 앞으로 보내도 툴팁 대상 요소의 옆에 있는 요소부터 읽을 뿐, 멀리 떨어진 위치에 배치된 툴팁 내용은 읽지 않습니다.

[문제] aria-describedby 속성을 사용하면 플레인 텍스트로 읽는다

이전 절에서 소개한 aria-describedby 속성은 화면 내 어느 요소의 id든 참조 가능합니다. 이 경우 참조 간 거리는 상관없으며, 툴팁만 body 바로 아래에 배치하면 사용할 수 있습니다.

하지만 스크린 리더는 aria-describedby 속성의 내용을 플레인 텍스트로 읽습니다. 그렇기에 알기 쉽게 표나 리스트를 만들었어도 그 내용은 스크린 리더 이용자에게 전달되지 않습니다. 링크나 버튼 같은 인터랙티브 요소도 aria-describedby 속성을 사용했다면 플레인 텍스트로 읽습니다. 또한 aria-describedby 속성 내용을 한 번에 전부 읽으므로 도중에 멈추거나 도중부터 읽을 수 없습니다.

즉, 풍부한 내용을 전달하려면 aria-describedby 속성으로는 부족합니다. 스크린 리더의 커서를 이동시켜 읽을 수 있게 해야 하며, 이를 위해 스크린 리더의 커서를 이동시키지 못하는 문제를 해소해야 합니다.

[개선 방법] 툴팁 내 포커스 제어를 구현한다

풍부한 툴팁은 이전 절에서 소개한 문제와 더불어, 키보드 및 스크린 리더로 내용을 읽거나 조작할 때의 문제도 해소해야 합니다. 여기서는 이전 절의 마지막에서 소개한 툴팁을 표시하는 전용 컴포넌트를 사용하는 사례를 기준으로 포커스 제어를 추가하는 방법을 소개합니다(그림 5-5-4). 구체적으로는 툴팁이 열렸을 때 툴팁으로 포커스를 이동시키고, 툴팁 내부를 키보드로 조작할 수 있도록 합니다. 포커스가 이동되므로 스크린 리더로도 내용을 읽거나 조작하기 쉬워집니다.

툴팁이 표시되면 포커스를 강제적으로 이동시키므로, 단순히 툴팁의 대상 요소로 포커싱했는데 툴팁이 열리면 사용자가 혼란스러울 우려가 있습니다. 따라서 키보드 조작의 경우 툴팁을 표시하는 버튼(이 사례에서는 물음표 아이콘)을 누르는 행동을 했을 때만 툴팁이 표시되도록 했습니다.

포커스 트랩을 통해 툴팁이 표시되는 동안은 툴팁과 툴팁을 표시하는 버튼 사이에서만 포커스가 이동 가능하도록 했습니다. 툴팁 끝쪽에는 Visually Hidden으로 감춘 스크린 리더를 위한 버튼을 마련해 스크린 리더 이용자가 쉽게 툴팁을 닫을 수 있도록 했습니다.

그림 5-5-4   키보드 및 스크린 리더로 이용할 수 있는 풍부한 툴팁 표시

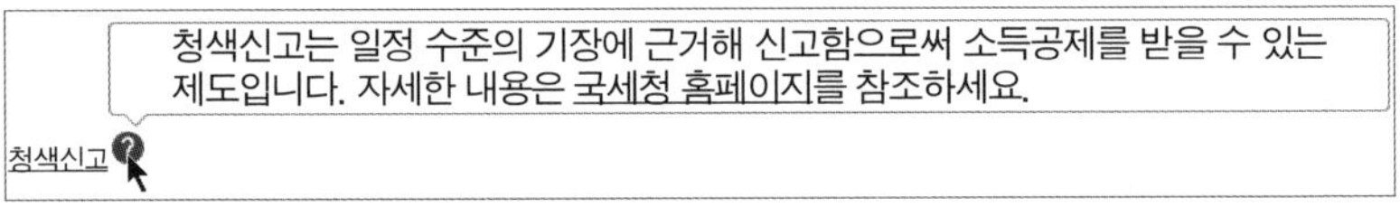

> 청색신고는 일정 수준의 기장에 근거해 신고함으로써 소득공제를 받을 수 있는 제도입니다. 자세한 내용은 국세청 홈페이지를 참조하세요.

청색신고

개선 사례: 키보드 및 스크린 리더로 이용할 수 있는 풍부한 툴팁(타입스크립트)

```typescript
import { useEffect, useRef, useState } from 'react';
import { MdHelp } from 'react-icons/md';
import { createPortal } from 'react-dom';
export const RichContentTooltip: React.FC = () => {
  // body 바로 아래에 삽입한 요소를 참고하기 위한 RefObject
  const portalElm = useRef<HTMLDivElement | null>(null);
  // 툴팁 대상 요소를 참고하기 위한 RefObject
  const targetRef = useRef<HTMLButtonElement>(null);
  // 툴팁 요소를 참고하기 위한 RefObject
  const tooltipRef = useRef<HTMLSpanElement>(null);

  // 툴팁 표시 상태를 저장하는 state
  const [isTooltipVisible, setTooltipVisible] = useState(false);
  // setTimeout의 반환값을 저장하기 위한 RefObject
  const timeoutId = useRef<NodeJS.Timeout | null>();

  // 1초 후에 isTooltipVisible을 전환하는 메서드
  const changeVisibility = (visible: boolean, immidiate: boolean = false) => {
    if (timeoutId.current) {
```

```
      // 사전에 예정된 플래그 전환을 취소
      clearTimeout(timeoutId.current);
      timeoutId.current = null;
    }
    if (immidiate) {
      setTooltipVisible(visible);
    } else {
      timeoutId.current = setTimeout(() => { setTooltipVisible(visible) }, 1000);
    }
  }

  useEffect(() => {
    // 컴포넌트가 mount 됐을 때의 처리
    // body 바로 아래에 툴팁을 삽입하기 위한 요소를 생성
    const el = document.createElement('div');
    document.body.appendChild(el);
    el.style.setProperty('position', 'absolute');
    portalElm.current = el;
    return () => {
      // 컴포넌트가 unmount 됐을 때 body 바로 아래에 삽입한 요소도 삭제한다
      document.body.removeChild(el);
    }
  }, []);

  useEffect(() => {
    // 툴팁이 표시되었을 때만
    if (isTooltipVisible) {
      // 툴팁이 표시됐을 때의 처리
      if (targetRef.current && portalElm.current) {
        const rect = targetRef.current.getBoundingClientRect();
        portalElm.current.style.setProperty('top', `${rect.top}px`);
        portalElm.current.style.setProperty('left', `${rect.left}px`);
      }
      // Esc 키를 누르는 동안에는 툴팁을 표시하지 않는다
      const escKeyHandler = (e: KeyboardEvent) => {
        if (e.key === 'Escape') {
          changeVisibility(false, true);
        }
      }
      // 다른 위치로 포커싱했어도 처리되도록 window 에 대해 addEventListener 한다
      window.addEventListener('keydown', escKeyHandler);
      // isTooltipVisible 의 값이 바뀌거나 컴포넌트가 언마운트될 때는 removeEventListener 한다
```

```
      return () => window.removeEventListener('keydown', escKeyHandler)
    }
  }, [isTooltipVisible])

  return (
    <>
      <span className="withTooltip" onClick={(e) => e.stopPropagation()}>
        <a href="./aoiro.html">
          청색신고
        </a>
      </span>
      <span onClick={(e) => e.stopPropagation()}>
        <button
          className="button"
          onMouseEnter={() => changeVisibility(true)}
          onMouseLeave={() => changeVisibility(false)}
          onClick={(e) => {
            changeVisibility(!isTooltipVisible, true);
            // 툴팁이 열리면 포커스를 이동한다
            // 렌더링을 기다리므로 100ms 지연시켰다
            setTimeout(() => { tooltipRef.current?.focus() }, 100)
          }}
          onKeyDown={(e) => {
            if (e.key === "Tab" && isTooltipVisible) {
              // 툴팁이 열렸을 때 Tab 키를 누르면 툴팁으로 포커스를 이동한다
              e.preventDefault();
              tooltipRef.current?.focus();
            }
          }}
          aria-label=" 도움말 "
          aria-haspopup="true"
          aria-expanded={isTooltipVisible}
          aria-controls="rich-content-tooltip"
          ref={targetRef}
        >
          <MdHelp className="icon"/>
        </button>
      </span>
      {isTooltipVisible && portalElm.current && createPortal(
        <span tabIndex={0} onFocus={() => targetRef.current?.focus()}></span>
        <span
          className="tooltip"
```

```
                id="rich-content-tooltip"
                role="tooltip"
                onMouseEnter={() => changeVisibility(true)}
                onMouseLeave={() => changeVisibility(false)}
                tabIndex={-1}
                ref={tooltipRef}
            >
                청색신고란 세무서장의 승인을 받고 부기에 따라 장부를 작성해 그 내용을 신고하는 제도입니다.
                <br />
                자세한 내용은 <a href="https://www.nta.go.jp/taxes/shiraberu/taxanswer/shotoku/2070.htm"> 국세청 홈페이지 </a> 를 참조하세요.
            </span>
            <span tabIndex={0} onFocus={() => targetRef.current?.focus()}></span>
            <span className="visuallyHidden">
                <button onClick={() => {
                    changeVisibility(false, true);
                    targetRef.current?.focus();
                }}> 도움말 닫기 </button>
            </span>
            , portalElm.current)}
        </>
    )
}
```

개선 사례: 키보드 및 스크린 리더로 이용할 수 있는 풍부한 툴팁(CSS)

```
.button {
  border: 0;
  background: transparent;
  padding: 0;
}
.icon {
  color: #767676;
  width: 24px;
  height: 24px;
}
.tooltip {
  position: absolute;
  bottom: 8px;
  left: 0;
  border: 1px solid #949494;
```

```
  border-radius: 4px;
  padding: 4px;
  width: max-content;
  background: #fff;
}

// ::before와 ::after 유사 요소를 사용해 말풍선의 튀어나온 부분을 만든다
.tooltip::before,
.tooltip::after {
  position: absolute;
  content: "";
  border-width: 8px 8px 0;
  border-style: solid;
  width: 0;
  height: 0;
}
.tooltip::before {
  bottom: -8px;
  left: 8px;
  border-color: #949494 transparent;
}
.tooltip::after {
    bottom: -7px;
    left: 8px;
    border-color: #FFF transparent;
}
.visuallyHidden {
  position: absolute;
  width: 1px;
  height: 1px;
  clip-path: inset(100%);
}
```

툴팁 정리하기

이전 절과 이 절을 통해 툴팁이 갖는 다양한 문제와 그 해결 방법을 소개했습니다. 마지막으로 지금까지 배운 내용을 복습합니다.

UI 조작 방법과 툴팁의 문제

지금까지 소개한 문제를 UI 조작 방법마다 정리하면 다음과 같습니다.

- 마우스 포인터로 조작한다
  - 툴팁으로 마우스 포인터를 가져가면 툴팁이 사라진다
- 키보드로 조작한다
  - 마우스 오버가 불가능해 툴팁을 표시할 방법이 없다
  - 툴팁으로 포커스를 이동시킬 수 없다
- 스마트폰과 태블릿으로 조작한다
  - 마우스 오버가 불가능해 툴팁을 표시할 방법이 없다
- 스크린 리더로 조작한다
  - 마우스 오버가 불가능해 툴팁을 표시할 방법이 없다
  - 툴팁 표시 여부를 알아챌 수 없다
  - 툴팁으로 스크린 리더의 커서를 이동시킬 수 없다

툴팁에 의한 표시를 피하도록 검토한다

툴팁 하나에 생각보다 많은 문제가 발생한다는 것을 알게 됐습니다. 툴팁의 접근성을 고려할 때 가장 먼저 '툴팁에 의한 표시를 피할 수 없는가'를 검토합니다. 툴팁 이외의 요소로 이미 사용자에게 정보를 제시했다면 동일한 내용을 툴팁으로 다시 나타낼 필요가 없습니다. 주석은 툴팁에 감추기보단 항상 표시하도록 합시다.

툴팁의 대상이나 내용 등에 따라 최적의 방법을 검토한다

꼭 툴팁이 필요하다면 툴팁의 대상이나 내용, 배치되는 위치에 따라 분류해 최적의 방법을 검토합시다.

- **툴팁의 대상 요소**
  - 버튼 및 링크 등 클릭 시에 페이지 전환이나 폼 전송 등이 일어날 경우
  - 텍스트 입력란
  - 텍스트 입력 이외의 폼 제어
  - 비인터랙티브 요소
- **툴팁의 내용**
  - 플레인 텍스트일 때만
  - 인터랙티브 요소, 표와 리스트 등의 복잡한 구조를 포함할 때
- **배치되는 위치**
  - 페이지에서 부분적으로 스크롤되는 위치

툴팁 대상 요소가 텍스트 입력란이라면 사용할 때 입력란으로 포커스가 이동되는 것이 자연스럽습니다. 따라서 포커싱할 때 툴팁이 표시되도록 했다면 키보드나 터치스크린으로 조작할 때 툴팁을 표시할 수 있습니다. 플레인 텍스트만으로 이루어진 내용일 경우 aria-describedby 속성으로 연관 지으면 스크린 리더로 조작할 때 그 내용을 알 수 있습니다.

툴팁 대상 요소가 텍스트 입력란이 아닐 경우 스마트폰과 태블릿 사용자는 툴팁을 열 수 없습니다. 또한 비인터랙티브 요소라면 포커스도 받을 수 없습니다. 내부에 인터랙티브 요소나 복잡한 구조를 포함할 때 aria-describedby 속성으로 연관 지으면 스크린 리더로는 툴팁을 인식하거나 조작할 수 없습니다. 이 경우 툴팁을 표시하기 위한 버튼 컴포넌트를 마련해야 합니다.

또한 페이지에서 부분적으로 스크롤되는 위치에 두거나, 내부에 인터랙티브 요소를 가질 때는 포커스 제어까지 구현해야 합니다.

이를 바탕으로 다음과 같이 두 종류의 툴팁 컴포넌트를 마련한다면 다양한 패턴에 대처할 수 있습니다.

- 텍스트 입력란에 aria-describedby 속성으로 연관 지어 사용하는 컴포넌트(플레인 텍스트 전용)
- 툴팁 대상 요소 바로 옆에 물음표 모양 아이콘 버튼을 배치해 사용하는 컴포넌트(인터랙티브 요소나 복잡한 내용을 포함해도 된다)

이처럼 툴팁을 한 종류로 생각하지 않고 툴팁 대상 요소까지 포함하여 패턴화합니다. 그리고 각 제약 사항을 고려해 구분해서 사용하면 다양한 위치에 접근성이 높은 툴팁을 사용할 수 있습니다.

두 경우 모두 툴팁에 마우스 포인터를 가져갔을 때 툴팁이 사라지지 않게 해야 합니다.

5.6 드래그 앤 드롭

이 절에서는 드래그 앤 드롭을 소개합니다. 웹 애플리케이션에서도 '정렬', '파일 선택', '크기 변경'을 할 때 드래그 앤 드롭을 사용합니다. 구글 지도(**그림 5-6-1**)와 '손바닥 도구'(**그림 5-6-2**)와 같이 화면에 표시된 부분을 잡고 이동하는 조작이나 그림 편집 프로그램의 연필처럼 궤적을 사용해 선을 그리는 조작에도 드래그 앤 드롭을 사용합니다.

드래그 앤 드롭으로 결과를 시각적으로 확인하면서 조작하거나 브라우저의 다른 창과 브라우저 외 애플리케이션의 연계된 조작을 원활하게 할 수 있습니다. 드래그 앤 드롭은 비교적 난이도가 높지만 사용성 향상을 위해서는 필요한 구현

제5장 복잡한 UI 패턴 개선

입니다.

그림 5-6-1 구글 지도는 드래그 앤 드롭으로 지도를 이동할 수 있다

그림 5-6-2 피그마(Figma)는 손바닥 도구로 시점을 이동할 수 있다

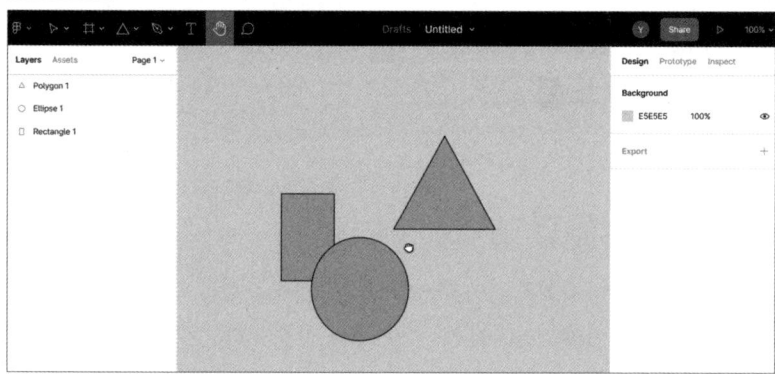

드래그 앤 드롭 조작 시 문제점: 키보드 조작에 의한 대체

큰 장점이 있는 드래그 앤 드롭이지만 접근성 문제를 야기합니다.

드래그 앤 드롭 조작 시 문제점

드래그 앤 드롭 조작은 포인팅 디바이스(마우스 등)로 조작할 때 비교적 난이도가 높습니다. 마우스 조작이나 터치 조작 자체는 가능하지만 클릭이나 터치를 유지한 채 커서와 손가락을 움직이기는 어렵습니다. 손이 떨리거나 계속 누르기 어려운 상황에서 자기도 모르게 손을 떼거나 다른 위치로 드롭하는 등 실수를 일으킬 수 있습니다.

화면을 확대했을 때는 드래그 조작이 더욱 어렵습니다. 화면 전체를 한눈에 볼 수 없으므로 대상을 잡고서 어디까지 가져가야 하는지 가늠하기 어렵습니다. 드롭할 곳을 놓쳐 대상을 계속 잡은 채 드롭할 곳을 찾아 다니게 될 수도 있습니다.

스마트폰과 태블릿 등의 터치 스크린에서는 또 다른 문제가 발생합니다. 터치 스크린의 드래그 앤 드롭은 화면을 스크롤하는 동작과 겹칩니다.[15]

무엇보다 상지 장애나 시각 장애 등 마우스과 같은 포인팅 디바이스를 사용하지 못하는 장애가 있는 사람은 드래그 앤 드롭을 할 수 없습니다.

키보드 조작에 의한 대체

드래그 앤 드롭과 관련해 WCAG의 달성 기준 2.1.1 '키보드'[16]에는 다음과 같이 키보드로 조작할 수 있음을 요구합니다.

> 콘텐츠의 모든 기능은 개별 키 입력에 특정 타이밍을 요구하지 않으며 키보드 인터페이스를 통해 조작할 수 있어야 한다. 하지만 그 기본적인 기능이 이용자의 동작에 의한 시작점으로부터 끝점까지 이어지는 일련의 궤적(경로)에 의존하는 경우는 제외한다.

---

15 HTML의 드래그 앤 드롭 API는 iOS의 사파리에서는 지원되지 않습니다.
16 https://www.w3.org/TR/WCAG21/#keyboard
  한국어: http://www.kwacc.or.kr/WAI/wcag21/#keyboard

레벨 A인 달성 기준 2.1.1에는 '하지만 그 기본적인 기능이 이용자의 동작에 의한 시작점으로부터 끝점까지 이어지는 일련의 궤적(경로)에 의존하는 경우는 제외한다'는 예외 규정이 있습니다. 레벨 AAA인 달성 기준 2.1.3에는 해당 예외 규정이 없습니다.

> **콘텐츠의 모든 기능은 개별 키 입력에 특정 타이밍을 요구하지 않으며 키보드 인터페이스를 통해서 조작할 수 있어야 한다.**

이 예외 규정엔 그림 편집 프로그램의 연필 도구처럼 마우스 포인터의 움직임 자체가 조작하는 데 의미를 갖는 것이 해당합니다.

한편 '정렬', '파일 선택', '크기 변경', '손바닥 도구'와 같은 드래그 앤 드롭에 의한 조작 대부분은 마우스 포인터의 움직임과 크게 관계가 없습니다. 드래그를 시작한 지점과 끝나는 지점이 같다면 도중에 마우스 포인터가 어떻게 움직이든 드롭 후에 나타나는 결과는 같습니다. 이런 조작에 대해서는 드래그 앤 드롭 이외의 대체 수단을 제공해야 합니다.

드래그 앤 드롭의 대체 수단

드래그 앤 드롭을 그 밖의 조작으로 대체하는 방법을 소개합니다.

리스트 정렬: 키보드에 의한 대체 조작

예를 들면 react-beautiful-dnd[17]라는 드래그 앤 드롭으로 리스트를 정렬할 수 있는 라이브러리의 경우 키보드에 의한 대체 조작을 구현했습니다(**그림 5-6-3**).

---

17 https://github.com/Atlassian/react-beautiful-dnd

Tab 키에 의한 포커스로 정렬 대상을 지정하고, Space 키로 선택한 상태에서 방향 키로 이동시킨 후, 다시 Space 키를 눌러 선택 상태를 해제하는 조작 방법입니다. 그리고 라이브 리전을 사용해 현재 상태를 스크린 리더에게 알립니다.

하지만 이런 조작 방법은 일반적으로 알려져 있지 않습니다. 드래그 앤 드롭으로 정렬할 수 있다는 내용 주석을 페이지에 달거나 도움말 페이지를 작성하는 등 조작 방법을 전달해야 합니다.

그림 5-6-3 **리스트 정렬을 키보드 조작으로 대체한다**

react-beautiful-dnd는 키보드 조작으로 정렬할 수 있다

파일 업로드: 파일 선택 다이얼로그와의 병행

대부분의 웹 애플리케이션에서 드래그 앤 드롭으로 파일을 선택하고 업로드하는 기능을 사용하고 있습니다. type="file"을 지정한 input 요소를 사용하면 브라우저가 표시하는 파일 선택 다이얼로그에서 파일을 선택할 수 있지만 대다수 사용자의 편의성을 위해 드래그 앤 드롭으로 파일을 선택할 수 있도록 합니

다. 파일 선택 다이얼로그만 있다면 파일을 찾기 어렵거나, 이미 Finder나 탐색기로 찾은 파일을 파일 선택 다이얼로그에서 다시 찾아야 하기 때문입니다.

하지만 파일 선택 방법으로 드래그 앤 드롭만 제공하면 이 절 처음에서 언급한 키보드로 조작하지 못한다는 문제가 발생합니다. 게다가 '내 문서'와 같이 쉽게 접근 가능한 폴더에 파일을 뒀을 경우 다른 파일 매니저를 실행해 파일을 찾을 때보다 간단해집니다.

type="file"을 지정한 input 요소를 배치함과 동시에 드래그 앤 드롭으로 파일을 선택 가능하도록 하면 사용자는 조작하기 쉬운 쪽을 고를 수 있습니다(**그림 5-6-4**). 이러한 파일 선택 다이얼로그는 키보드로 모든 조작이 가능하며 스크린 리더로도 사용할 수 있습니다.

그림 5-6-4   **파일 선택 다이얼로그에서도 조작할 수 있는 파일 업로드**

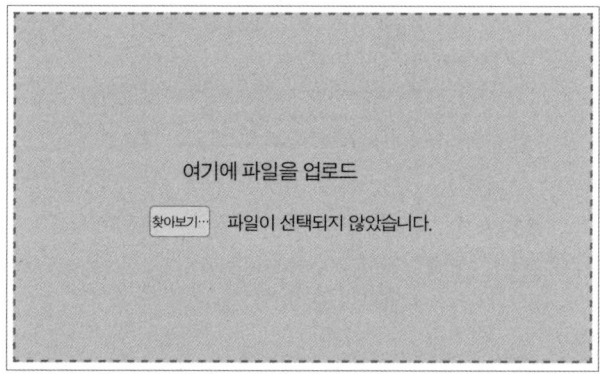

> **좋은 사례: 파일 선택 다이얼로그에서도 조작할 수 있는 파일 업로드(타입스크립트)**

```
import { useState } from "react";

export const FileDrop = () => {
  const [files, setFiles] = useState<File[]>([]);
```

```
  return <>
    <div
      className="fileDrop"
      onDragOver={e => e.preventDefault()}
      onDragEnter={e => e.preventDefault()}
      onDrop={e => {
        e.preventDefault();
        setFiles(Array.from(e.dataTransfer.files))
      }}
    >
      <div>
        <p>여기에 파일을 업로드</p>
        <input
          type="file"
          multiple
          aria-label="파일 선택"
          onChange={e => {
            if (e.target.files) {
              setFiles(Array.from(e.target.files))
            }
          }}
        />
      </div>
    </div>
    {
      files.length > 0 ? (
        <ul>
          {files.map((file, i) =>
            <li key={i}>{file.name} ({file.size} Byte)</li>)
          }
        </ul>)
        : <p>파일이 선택되지 않았습니다.</p>
    }
  </>
}
```

좋은 사례: 파일 선택 다이얼로그에서도 조작할 수 있는 파일 업로드(CSS)

```
.fileDrop {
  width: 30rem;
  height: 18rem;
```

```
background: #dfdfdf;
border: 2px dashed #949494;
display: flex;
justify-content: center;
align-items: center;
text-align: center;
}
```

값의 조정: 입력 필드와의 병행

구글 캘린더에서 드래그 앤 드롭으로 이벤트 일정을 변경할 수 있습니다(**그림 5-6-5**). 대략적인 일정 변경은 드래그 앤 드롭으로 가능하지만 '일정을 5분만 변경'하는 등의 세세한 변경은 할 수 없습니다. 또, 드래그 앤 드롭이 생각대로 되지 않는 경우도 많아 필자는 자주 불편함을 느낍니다. 이럴 때는 이벤트를 클릭해서 편집 화면을 열면 시작과 종료 시간을 드래그 앤 드롭에 비해 정확하면서도 세밀하게 조정할 수 있습니다(**그림 5-6-6**). 편집 화면에서는 키보드만으로 모든 조작이 가능하기에 드래그 앤 드롭을 대체하기도 합니다.

그림 5-6-5 　드래그 앤 드롭에 의한 시간 변경(구글 캘린더)

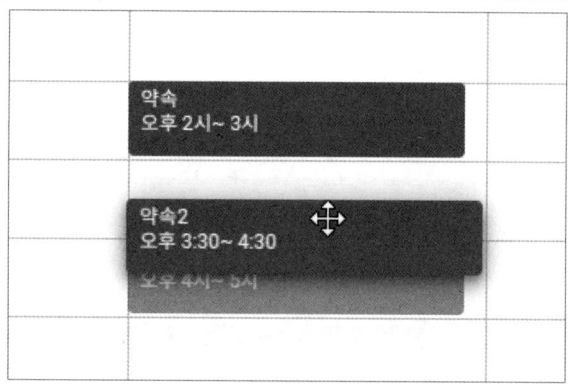

그림 5-6-6 편집 화면에서 시간 변경(구글 캘린더)

조작 결과의 접근성에 주목한다

이 사례에서 드래그 앤 드롭을 통해 얻을 수 있는 결과와 관계된 것은 '어디서 드래그를 시작해, 어디서 드롭할 것인가'라는 정보뿐입니다. 드래그 도중 움직임 여부는 관계없기에 키보드 조작에 의한 대체 수단을 제공할 수 있었습니다.

드래그 앤 드롭을 채택한 기능에 접근하려면 우선 '드래그 앤 드롭에 의한 조작으로 얻을 수 있는 결과는 무엇인가'를 고려해야 합니다. 드래그 앤 드롭으로 얻을 수 있는 결과를 대체할 수단, 즉 조작 결과의 접근성이 확보돼 있다면 접근성이 높다고 할 수 있습니다. WCAG의 각 레벨에 대한 적합 요건에도 달성 기준을 만족하는 요건과 함께, 적합한 대체를 제공하는 선택지가 제시돼 있습니다.

하지만 드래그 앤 드롭을 채택한 기능이기에 마우스 포인터의 움직임을 얻을 수 있는 결과와 관계될 경우 대체 수단을 제공하기 어렵습니다. WCAG의 달성 기준 2.1.1은 예외 규정으로 만족하지만, 달성 기준 2.1.3을 만족할 수는 없습니다.

> **Column**
>
> ## 지원 기술을 사용한 드래그 앤 드롭
>
> 이 절에서는 키보드를 통한 드래그 앤 드롭을 대체하는 방법을 소개했습니다. 하지만 서비스 제공자가 관련 대체 수단을 마련하지 않았을 때 사용자는 지원 기술 기능을 사용해 드래그 앤 드롭을 합니다. 다음은 그 관련 사례입니다.
>
> - OS의 접근성 옵션에서 '길게 눌러 계속 누르는 모드로 진입한다→커서를 이동시킨다→클릭해서 이동을 확정한다'를 설정한다
>   - PC나 터치 디바이스에도 해당 설정은 있다. 또한 마우스 키 등의 대체 디바이스로 에뮬레이트한 경우도 이 설정이 활성화된다
> - 클릭을 체류로 대체했을 때 체류 시의 행동으로서 드래그 앤 드롭을 선택한다
>   - 마우스 커서를 대상으로 이동시키고 체류해 그 대상을 잡는다. 그다음 다시 마우스 커서를 이동시키면 목적 위치까지 이동된다
> - 음성 명령으로 드래그 앤 드롭 명령을 사용할 수 있다
>   - 예를 들어 번호가 10인 파일을 번호가 15인 폴더로 이동시키려면 '10을 15로 드래그'라고 말한다
>   - 또는 그리드나 번호 등을 사용해 대상 파일을 선택한다. 그다음 이동하고 싶은 곳을 선택해 '10으로 드래그'처럼 말하면 이동시킬 수 있다
> - 스위치 제어로 드래그를 실행할 수 있다. 마우스 커서를 대상으로 이동시킨 후 '클릭한 상태'를 선택해 대상을 잡는다
>   - 그다음 다시 마우스 커서를 이동시키면 목적 위치까지 이동된다
>
> 이렇게 보면 사용할 수 있는 상황이 생각보다 많은 듯 보이지만 드래그 앤 드롭을 에뮬레이트해서 구현하려면 조작 절차를 나눠서 실행해야 하므로 조작 시간이 길어집니다. 이런 조작이 가능하다는 점이 반드시 사용하기 쉽다는 것을 의미하지는 않습니다.

5.7 햄버거 메뉴

햄버거 메뉴는 특히 스마트폰, 태블릿, 화면 확대 상태 등 비교적 작은 화면에 대한 내비게이션 메뉴의 주요 표시 형식 중 하나입니다(**그림 5-7-1**). 일반적으로 햄버거 메뉴는 다음과 같은 특징이 있습니다.

- 화면 왼쪽 위 또는 오른쪽 위에 메뉴를 열고 닫는 버튼이 있다
- 버튼을 누르면 화면 끝에서 메뉴가 밀려 나온다
- 버튼을 다시 누르면 화면 끝으로 메뉴가 접힌다

햄버거 메뉴라는 이름은 메뉴를 여는 버튼에 그려진 줄 세 개가 햄버거와 닮은 데서 유래했습니다. 햄버거 메뉴를 '서랍(drawer, 드로어)', '서랍 메뉴'라고도 합니다.

햄버거 메뉴에는 모드리스 햄버거 메뉴와 모달 햄버거 메뉴가 있습니다. 모드리스 햄버거 메뉴는 메뉴를 열었을 때도 메뉴 뒤쪽 요소를 조작할 수 있습니다. 한편 모달 햄버거 메뉴는 메뉴를 열었을 때 메뉴 뒤쪽 요소를 조작할 수 없습니다.

그림 5-7-1 햄버거 메뉴의 예시

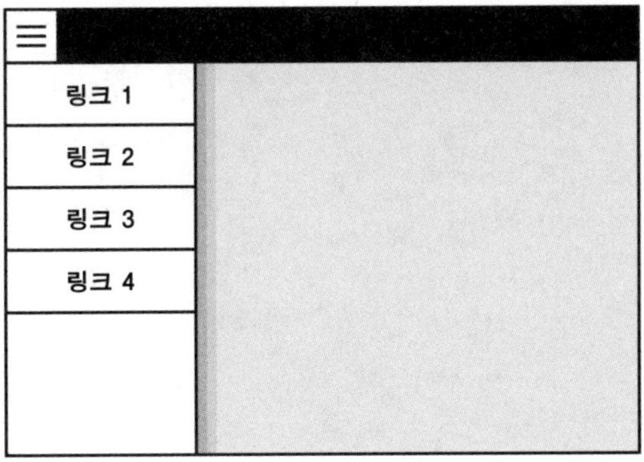

이 절에서는 모드리스 햄버거 메뉴를 설명합니다. 모달 햄버거 메뉴를 구현하는 경우에는 이 절에서 설명하는 내용과 함께 포커스 트랩을 구현하여 지원 기술에 모달임을 명시해야 합니다. 자세한 내용은 제5장 1절을 참조하세요.

햄버거 메뉴의 사례와 문제점

다음은 전형적인 햄버거 메뉴 구현 사례입니다. SVG 아이콘이 지정된 이미지를 클릭하면 햄버거 메뉴의 열고 닫힌 상태가 전환됩니다. 햄버거 메뉴는 버튼을 눌렀을 때 애니메이션으로 표시와 미표시를 전환하는 경우가 많습니다. 다음 사례는 미표시할 때 넓이를 0으로 함으로써 넓이를 변화시키면서 화면 끝에서 밀려 나오는 것처럼 보이도록 애니메이션을 구현했습니다.

좋지 않은 사례: 접근성을 고려하지 않은 햄버거 메뉴

```
import React, { useState } from 'react';
import styled from 'styled-components';

export const HamburgerStyle = styled.div`
  .hamburgermenu {
    background: #ccc;
    overflow: hidden;
    transition: width 0.5s;
  }
  // 햄버거 메뉴가 닫혀 있을 때는 넓이를 0으로 한다
  .hamburgermenu:not(.expanded) {
    width: 0;
  }
  // 햄버거 메뉴가 열려 있을 때 넓이를 지정한다. 애니메이션으로 밀려나오는 것처럼 보이도록 한다
  .hamburgermenu.expanded {
    width: 200px;
  }
`;

const HamburgerMenu = () => {
```

```
  // 열고 닫힌 상태를 관리하는 state
  const [isExpanded, setExpanded] = useState(false);

  const handleClick = () => {
    // 클릭했을 때 열고 닫힌 상태를 전환한다
    setExpanded(!isExpanded);
  };

  return (
    <HamburgerStyle>
      <div onClick={handleClick}>
        <svg>...</svg>
      </div>
      <nav className={`hamburgermenu${isExpanded ? ' expanded' : ''}`}>...</nav>
    </HamburgerStyle>
  );
};
```

이 사례는 접근성상 많은 문제가 존재합니다. 메뉴를 열고 닫는 버튼과 메뉴 자체에 각각 주의해야 할 문제가 있습니다.

메뉴를 열고 닫는 버튼을 구현할 때 주의할 점은 다음과 같습니다.

- 키보드로 버튼을 조작할 수 없다
- 스크린 리더로 버튼이 열고 닫힌 상태를 인식할 수 없다

메뉴 자체에서 주의할 점은 다음과 같습니다.

- 메뉴가 닫혀 있어도 메뉴를 조작할 수 있다
- 스크린 리더로는 햄버거 메뉴와 다른 내비게이션을 구별할 수 없다

메뉴를 열고 닫는 버튼을 접근 가능하도록 한다

[문제] 메뉴를 열고 닫는 버튼을 조작할 수 없다

우선 메뉴를 열고 닫는 버튼을 키보드나 스크린 리더로 조작 가능케 해야 합니다. 모든 스마트폰 및 태블릿 사용자가 터치 조작만으로 조작하지는 않습니다. 사용자에 따라서는 스크린 리더를 활용하거나, 외장 키보드를 연결해 조작하기도 합니다. 적절한 HTML 요소를 선택하지 않으면 열고 닫는 버튼을 키보드나 스크린 리더로 조작할 수 없게 됩니다.

[개선 방법] 메뉴를 열고 닫는 버튼을 키보드나 스크린 리더로 조작 가능하도록 한다

제2장 2절에서 설명했듯 버튼에 button 요소를 사용함으로써 키보드로 조작할 수 있게 됩니다. 또한 스크린 리더로도 요소의 의미를 이해할 수 있도록 이름 속성(접근 가능한 이름)을 부여해야 합니다. img 요소로 아이콘을 표현할 때는 alt 속성을, svg 요소로 아이콘을 표현할 때는 aria-label 속성 등을 사용해 이름 속성을 부여합니다.

> 개선 중인 사례: aria-label 속성으로 아이콘에 이름 속성을 부여한다
>
> ```
> <button type="button">
>   <svg role="img" aria-label="메뉴">...</svg>
> </button>
> ```

[문제] 스크린 리더가 메뉴 버튼이 열고 닫힌 상태를 인식할 수 없다

열고 닫는 버튼의 현재 상태를 스크린 리더에게 전달해야 합니다. 상태를 스크린 리더에 전달하지 않으면 스크린 리더를 사용해 버튼을 눌러도 읽는 데 변화가 없기에 무슨 일이 일어났는지 알 수 없기 때문입니다. 스크린 리더 이용자는 버튼을

누르기 전과 누른 후의 주위 상태를 파악해 메뉴의 존재를 이해해야 됩니다.

[개선 방법] 스크린 리더가 메뉴 버튼이 열고 닫힌 상태를 인식하도록 한다

메뉴의 상태를 전달하는 데는 두 가지 방법이 있습니다.

- aria-expanded 속성을 사용하는 방법
- 버튼의 이름 속성에 상태를 포함하는 방법

첫 번째 방법은 aria-expanded 속성과 aria-controls 속성을 사용하는 방법입니다. WAI-ARIA에는 요소가 열고 닫힌 상태를 나타내는 속성으로 aria-expanded 속성이 존재합니다. 메뉴를 열었을 때 버튼에 aria-expanded="true"를, 메뉴를 닫았을 때 aria-expanded="false"를 부여함으로써 스크린 리더가 상태를 읽을 수 있게 됩니다. 버튼을 누른 시점과, 버튼으로 다시 포커싱했을 때도 열고 닫힌 상태를 읽습니다.

aria-expanded 속성을 사용할 때 몇 가지 주의점이 있습니다. 우선 aria-expanded 속성은 열고 닫힌 상태를 제어하는 요소(여기서는 버튼)에 부여해야 합니다. 메뉴 전체에 aria-expanded 속성을 부여해도 스크린 리더는 해당 상태를 읽지 않습니다. 또한 aria-expanded 속성을 사용할 때 열고 닫힘을 제어하는 컴포넌트(여기서는 메뉴)를 지원 기술에 명시해야 합니다. 제어하는 컴포넌트를 나타내는 방법 중 하나는 aria-controls 속성을 사용하는 것입니다. 메뉴 전체에 id 속성을 부여해 그 값을 버튼의 aria-controls 속성에 지정합니다. 일부 스크린 리더는 aria-controls 속성을 부여함으로써 제어할 컴포넌트로 직접 이동할 수 있습니다.

제5장 복잡한 UI 패턴 개선

> 개선 중인 사례: aria-expanded 속성으로 메뉴 버튼이 열고 닫힌 상태를 전달한다(메뉴가 열려 있을 때)

```
<button type="button" aria-expanded="true" aria-controls="menu">
  <svg role="img" aria-label="메뉴">...</svg>
</button>
<nav id="menu">
  ...
</nav>
```

> 개선 중인 사례: aria-expanded 속성으로 메뉴 버튼의 열고 닫힌 상태를 전달한다(메뉴가 닫혀 있을 때)

```
<button type="button" aria-expanded="false" aria-controls="menu">
  <svg role="img" aria-label="메뉴">...</svg>
</button>
<nav id="menu">
  ...
</nav>
```

두 번째 방법은 버튼의 이름 속성에 메뉴가 열고 닫힌 상태를 포함하는 방법입니다. 열렸을 때와 닫혔을 때 이름 속성을 전환함으로써 버튼이 열고 닫힌 상태가 스크린 리더에게 전달됩니다. 이 방법은 구현상의 이유로 aria-expanded 속성을 사용하지 못하거나, 스크린 리더가 aria-expanded 속성을 지원하지 않을 때 효과적입니다. 하지만 aria-expanded 속성과는 달리 일부 스크린 리더는 버튼을 눌렀을 때 열고 닫힌 상태를 읽지 않고, 버튼을 다시 포커싱했을 때만 읽습니다.

> 개선 중인 사례: 이름 속성에 메뉴가 열고 닫힌 상태를 포함한다(메뉴가 열려 있을 때)

```
<button type="button">
  <svg role="img" aria-label="메뉴 닫기">...</svg>
</button>
<nav id="menu">
  ...
</nav>
```

> 개선 중인 사례: 이름 속성에 메뉴가 열고 닫힌 상태를 포함한다(메뉴가 닫혀 있을 때)

```
<button type="button">
```

```
  <svg role="img" aria-label="메뉴 열기">...</svg>
</button>
<nav id="menu">
  ...
</nav>
```

aria-expanded 속성을 사용하는 방법과 열고 닫는 버튼의 이름 속성에 상태를 포함하는 방법은 동시에 이용하지 않도록 합니다. 열고 닫힌 상태를 이중으로 읽으므로 정확한 상태를 인식할 수 없게 되기 때문입니다. 예를 들면 다음 HTML을 NVDA로 읽으면 '메뉴 닫기, 버튼, 열기'라 읽습니다. 열고 닫은 상태를 나타내는 말이 두 종류나 있어 상태를 이해하는 데 시간이 걸리게 됩니다.

> **좋지 않은 사례: aria-expanded 속성과 이름 속성으로 메뉴 버튼이 열고 닫힌 상태를 전달한다**

```
<button type="button" aria-expanded="true">
  <svg role="img" aria-label="메뉴 닫기">...</svg>
</button>
```

메뉴를 접근 가능하도록 한다

[문제] 메뉴가 닫혀 있어도 조작할 수 있다

메뉴가 닫혀 있는데도 키보드로 조작할 수 있게 되는 경우가 있습니다. Tab 키를 누르면 닫혀 있는 메뉴로 포커스됩니다. 닫혀 있는 메뉴로 포커싱했을 때 화면을 보는 사람은 현재 포커스 위치를 알 수 없습니다. 닫혀 있는 메뉴로 포커스하는 동안 화면상에 포커스 인디케이터가 표시되지 않기 때문입니다. 또한 맹인은 햄버거 메뉴를 열고 닫는 버튼의 의미를 이해할 수 없습니다. 버튼을 누른 여부와 상관없이 메뉴를 항상 조작할 수 있기 때문입니다. 사용자에 따라서는 햄버거 메뉴가 아닌 다른 대상을 조작하는 버튼이라 오해할 수도 있습니다.

닫혀 있는 메뉴를 조작 가능한 이유는 메뉴를 화면 바깥쪽에 내보내거나 메뉴의 넓이 혹은 높이를 0으로 했기 때문입니다. 메뉴를 닫을 때 메뉴의 넓이나 높이가 축소되거나 애니메이션으로 메뉴를 화면 밖으로 내보내는 구현을 자주 봅니다(**그림 5-7-2**). 이 경우 메뉴가 닫혀 있어도 메뉴를 키보드로 조작할 수 있게 됩니다. 메뉴가 닫혀 있을 때는 키보드로 조작할 수 없도록 해야 합니다.

그림 5-7-2 햄버거 메뉴를 닫는 구현의 패턴

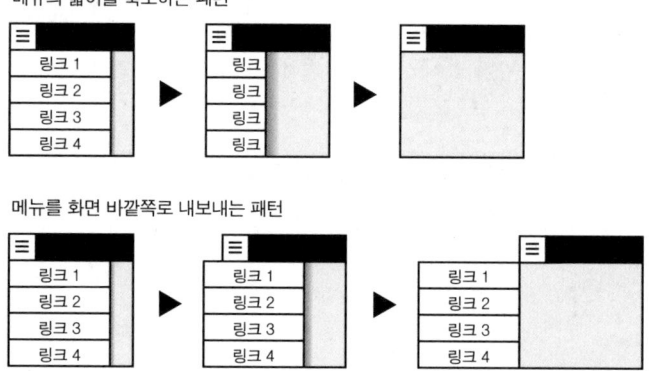

[개선 방법] 메뉴가 닫혀 있을 때 메뉴를 조작하지 못하게 한다

메뉴가 닫혀 있을 때 메뉴를 키보드로 조작할 수 없도록 합니다. 키보드 조작을 막는 데는 여러 방법이 있습니다.

- hidden 속성을 지정한다
- CSS로 display: none을 지정한다
- CSS로 visibility: hidden을 지정한다

이 속성과 CSS가 지정된 요소는 접근성 오브젝트 모델에서 삭제되므로 Tab 키로

키보드 포커스를 할 수 없게 됩니다.[18]

[문제] 스크린 리더 이용자가 메뉴를 다른 내비게이션과 혼동한다

스크린 리더 이용자는 햄버거 메뉴와 다른 내비게이션을 혼동하거나 구별하는 데 시간이 걸립니다. 이는 페이지 안에 여러 nav 요소가 존재하기 때문입니다. 햄버거 메뉴는 대개 nav 요소로 구현하며, 햄버거 메뉴 외에도 페이지 전체를 내비게이션하는 요소가 있을 때 해당 요소도 nav 요소로 구현합니다. 제4장 9절에서 설명했듯 페이지에 여러 nav 요소가 있다면 스크린 리더로 각 요소를 구별하기 어렵습니다. 예를 들면 VoiceOver로 랜드마크를 살펴보면 어떤 nav 요소든 '내비게이션'이라 표시됩니다. 또한 nav 요소로 랜드마크 점프를 하면 어느 nav 요소든 '내비게이션'이라 읽습니다.

[개선 방법] 내비게이션에 접근 가능한 이름을 부여한다

페이지에 여러 nav 요소가 존재할 때는 각 nav 요소에 고유한 이름 속성을 부여합니다. 구체적으로는 다음과 같이 각 nav 요소에 `aria-label` 속성을 부여합니다.

> **좋은 사례: 각 내비게이션에 이름을 부여한 사례**
>
> ```
> <nav aria-label="메인메뉴">...</nav> <!-- 햄버거 메뉴 -->
> ...
> <nav aria-label="서브메뉴">...</nav> <!-- 햄버거 메뉴 이외 -->
> ```

스크린 리더는 nav 요소의 이름 속성을 읽어 사용자가 구별하기 쉽도록 표현합니다. 예를 들어 VoiceOver로 랜드마크를 살펴볼 때 각 요소의 이름 요소를 표시

---

18 inert 속성을 이용하는 방법도 있습니다. inert 속성은 요소를 접근성 오브젝트 모델에서 삭제함과 동시에 키보드 조작을 하지 못하게 합니다. 단, 집필 시점(2022년 12월)에서 inert 속성은 파이어폭스에서 지원되지 않습니다.

합니다(그림 5-7-3) 또한 각 nav 요소로 랜드마크 점프를 하면 '메인메뉴 내비게이션', '서브메뉴 내비게이션'이라 읽습니다. 두 경우 모두 각 랜드마크를 사용자가 구별하기 쉬워집니다.

그림 5-7-3 VoiceOver로 랜드마크를 살펴본 결과

aria-label 속성을 부여하지 않으면 '내비게이션 내비게이션'이라 표시된다. 한편 aria-label 속성을 부여하면 '메인메뉴 내비게이션', '서브메뉴 내비게이션'이라 표시된다.

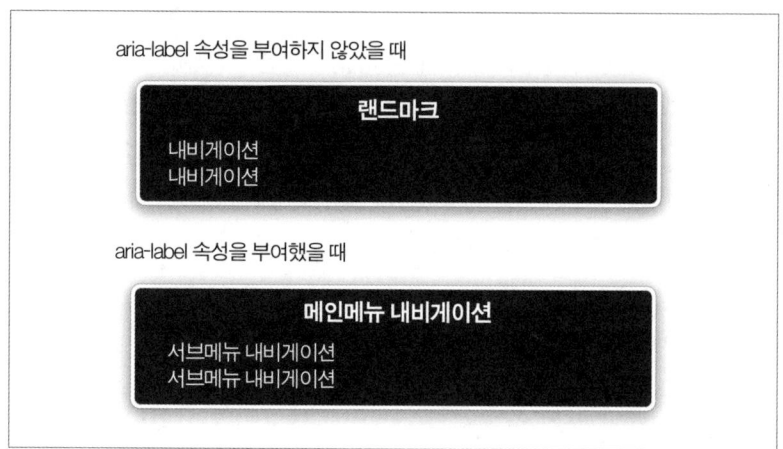

이름 속성으로 지정할 문구는 사용자가 쉽게 이해하도록 정합니다. 예를 들어 aria-label="햄버거 메뉴"일 경우 일반적인 사용자는 '햄버거 메뉴'의 의미를 알 수 없습니다. 평소 사용자에게 기능을 설명할 때 나타내는 말이나 사용자가 연상하기 쉬운 말을 사용합니다.

햄버거 메뉴의 개선 사례

지금까지 설명한 내용을 반영한 햄버거 메뉴의 구현 사례를 나타냅니다.

- 열고 닫는 버튼은 button 요소로 구현했다(❹). button 요소를 사용하면 키보드로 버

튼을 누를 수 있게 된다.

- 열고 닫는 버튼에 `aria-expanded` 속성과 `aria-controls` 속성을 부여했다(❺). `aria-expanded` 속성에는 열고 닫힌 상태를 나타내는 isExpanded 값을 지정했다. 스크린 리더는 `aria-expanded` 속성에 의해 열고 닫힌 상태를 읽을 수 있다.
- 메뉴가 완전히 닫힌 상태를 isHidden이라는 변수로 관리한다(❶). 메뉴가 닫히고 애니메이션이 종료됐을 때 hidden 속성에 true가 지정된다(❸). 그 이외의 경우는 hidden 속성에 false가 지정된다(❷). hidden 속성에 의해 메뉴가 닫혀 있을 때 키보드나 스크린 리더로 메뉴를 조작할 수 없게 된다.
- 메뉴에는 `aria-label` 속성으로 이름 속성을 지정했다(❻). 스크린 리더는 메뉴에 도달했을 때 이름 속성을 읽는다.

> 개선 사례: 지금까지 설명한 내용을 모두 반영해 구현한 햄버거 메뉴

```
import React, { useState } from 'react';
import styled from 'styled-components';

export const HamburgerStyle = styled.div`
  .hamburgermenu {
    background: #ccc;
    overflow: hidden;
    transition: width 0.5s;
  }
  // 햄버거 메뉴가 닫혀 있을 때는 넓이를 0 으로 한다
  .hamburgermenu:not(.expanded) {
    width: 0;
  }
  // 햄버거 메뉴가 열려 있을 때 넓이를 지정한다
  // 애니메이션으로 내보내는 것처럼 보이도록 한다
  .hamburgermenu.expanded {
    width: 200px;
  }
`;

const HamburgerMenu = () => {
  // 열고 닫힌 상태를 관리하는 state
  const [isExpanded, setExpanded] = useState(false);
```

```
// 완전히 닫힌 상태를 관리하는 state
const [isHidden, setHidden] = useState(true); ❶

const handleClick = () => {
  // 클릭한 직후에는 열리거나 닫힌 상태여도 hidden 속성값을 false로 한다
  setHidden(false); ❷
  // 클릭했을 때 열고 닫힌 상태를 전환한다
  // 애니메이션이 부드럽게 실행되도록 hidden 속성이 반영된 이후 setExpanded 한다
  setTimeout(() => {
    setExpanded(!isExpanded);
  }, 0);
};

const handleTransitionEnd = () => {
  // 애니메이션이 종료돼 메뉴가 닫혔을 때 (isExpanded가 false일 때), hidden 속성값을 true로 한다
  !isExpanded && setHidden(true); ❸
};

return (
  <HamburgerStyle>
    <button type="button" onClick={handleClick} ❹
      aria-expanded={isExpanded} aria-controls="menu" ❺
    >
      <svg>...</svg>
    </button>
    <nav
      className={`hamburgermenu${isExpanded ? ' expanded' : ''}`}
      onTransitionEnd={handleTransitionEnd}
      hidden={isHidden}
      id="menu"
      aria-label="메인메뉴" ❻
    >
      ...
    </nav>
  </HamburgerStyle>
);
};
```

HTML 표준 요소를 사용해 열고 닫힌 상태를 갖는 UI를 구현한다: 디스클로저(summary 요소·details 요소)

이 절에서 소개한 햄버거 메뉴 외에도 웹 애플리케이션에는 열고 닫는 상태를 가진 다양한 UI가 있습니다. HTML의 발전에 따라 열고 닫힌 상태를 가진 UI 중 몇 가지는 HTML 표준 요소로 간단히 구현할 수 있게 됐습니다.

'디스클로저(disclosure)'는 열고 닫힌 상태를 가진 UI 중 HTML 표준 요소를 이용해 간단히 구현할 수 있는 UI 중 하나입니다(**그림 5-7-4**). 디스클로저란 사용자가 캡션을 누르면 영역을 열고 닫을 수 있는 UI를 말합니다. 영역에는 주로 폼 제어와 텍스트가 배치됩니다.

디스클로저는 summary 요소와 details 요소를 사용하면 간단히 구현할 수 있습니다. 구체적으로는 details 요소로 디스클로저 전체를 마크업하고, summary 요소로 캡션을 마크업합니다. summary 요소는 details 요소의 첫 자식 요소로서 배치합니다. summary 요소를 클릭하면 summary 요소 이외의 요소가 접힙니다.

그림 5-7-4 　 디스클로저

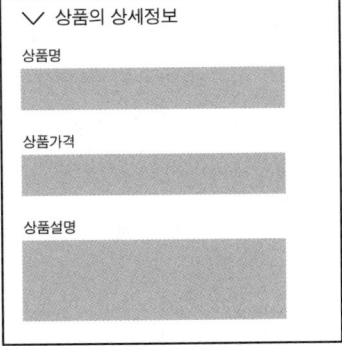

> **사례: summary 요소와 details 요소에 의한 디스클로저**
>
> ```
> <details>
>     <summary>캡션</summary>
>     (열고 닫을 내용)
> </details>
> ```

summary 요소와 details 요소를 사용해 디스클로저를 만들면 크게 두 가지 이점이 있습니다.

첫 번째는 큰 비용을 들이지 않고 접근성을 확보할 수 있습니다. summary 요소와 details 요소를 사용하면 마우스뿐 아니라 키보드로도 디스클로저를 열고 닫을 수 있습니다. 또한 details 요소는 group 역할을 갖기에 스크린 리더는 디스클로저를 한 그룹으로 읽으며, aria-expanded 속성을 사용하지 않아도 열고 닫은 상태를 읽습니다.

두 번째는 보다 좋은 브라우저 기능을 제공할 수 있습니다. summary 요소와 details 요소를 사용하면 디스클로저가 닫혀 있어도 디스클로저 내부의 텍스트를 페이지 내부 검색으로 찾을 수 있습니다. 해당 텍스트를 찾게 되면 디스클로저가 열리게 됩니다. summary 요소와 details 요소가 아닌 다른 요소를 사용해서 디스클로저를 만들었을 때 이와 같이 열리게끔 만들기는 어렵습니다.

디스클로저를 비롯한 열고 닫는 상태를 가진 UI 중에는 HTML 표준 요소를 사용하면 간단히 구현할 수 있는 것도 있습니다. 복잡하게 구현하기 전에 HTML 표준 요소 사용 가능 여부를 다시 한번 검토합시다.

5.8 화면 전환

애플리케이션뿐 아니라 이용자의 경험을 향상시키는 목적으로 브라우저가 가진 기능을 자바스크립트로 다시 구현하는 경우가 있지만 엉성하게 구현하면 접근성을 저해할 수 있습니다.

이 절에서는 화면 전환을 위한 클라이언트 사이드 라우팅을 자바스크립트로 구현했을 때의 주의점과 그 개선 방법을 설명합니다.

클라이언트 사이트 라우팅이란 a 요소의 href 속성과 form 요소의 action 속성을 이용한 화면 전환이 아닌, 자바스크립트로 전환되는 부분의 콘텐츠를 불러온 후, 현재 페이지의 DOM 트리를 교체해 유사적으로 화면을 전환시키는 방법입니다. 화면이 전환될 때마다 중복된 CSS나 이미지 등을 읽거나 렌더링할 필요가 없으므로 빠르게 화면을 전환할 수 있어 이용자의 경험을 향상시킵니다.

클라이언트 사이트 라우팅의 문제점

클라이언트 사이드 라우팅으로 단순히 DOM 트리의 일부를 변경할 경우 브라우저가 지닌 몇 가지 작동이 재현되지 않아 접근성 문제가 생깁니다.

브라우저는 화면 전환 시에 화면의 내용을 바꿀 뿐 아니라 방문 기록에 이전 페이지의 URL을 추가하는 등 다양한 처리를 합니다. 그 처리 중 누락이 생길 때 접근성 관점에서 문제가 되기 쉬운 작동은 다음 두 가지입니다.

- 페이지 제목을 지원 기술에 알린다

- Tab 포커스의 시작 위치가 페이지 맨 처음으로 되돌아간다

[문제] 페이지 제목을 알 수 없다

일반적으로 브라우저는 화면 전환이 끝나면 다음 화면의 title 요소에 작성된 내용을 지원 기술에 알립니다(**그림 5-8-1**). 이를 통해 스크린 리더 이용자 등 시각으로 정보를 얻지 못하는 이용자는 화면이 전환됐음을 알 수 있습니다.

클라이언트 사이드 라우팅의 경우 올바르게 구현하지 않으면 지원 기술에 페이지 제목을 알릴 수 없습니다. 페이지 제목을 알 수 없다면 지원 기술 이용자는 화면이 전환됐음을 알아챌 수 없습니다.

그림 5-8-1 기술평론사의 서적 리스트 페이지로 전환했을 때의 스크린 리더

[문제] Tab 포커스의 시작 위치가 페이지 맨 처음으로 되돌아가지 않는다

브라우저는 화면 전환 후에 `Tab` 키에 의한 포커스의 시작 위치를 페이지 맨 처음으로 되돌립니다.

사용자는 화면이 전환됐을 때 화면의 맨 처음으로 되돌아가는 데 익숙하기에 맨 처음 부분부터 다시 조작하려고 합니다. 하지만 포커스의 시작 위치가 맨 처음으로 되돌아가지 않아 화면 중간에 남아 있으면 사용자는 자신의 현재 위치를 알 수 없어 혼란스러울 것입니다.

변경되는 화면 내용에 따라서는 포커스 위치가 바뀌지 않는 경우가 편리하겠지만, 이용자에 따라서는 애플리케이션이나 페이지마다 그 작동 양상을 알아야 하므로 원칙적으로 브라우저의 기본 작동에 맞추는 것이 좋습니다.

클라이언트 사이드 라우팅을 접근 가능하도록 한다

지금까지 다룬 브라우저의 작동을 클라이언트 사이드 라우팅으로도 재현해 접근 가능하도록 하는 방법을 설명합니다.

[개선 방법] 페이지 제목을 지원 기술에 알린다

우선 페이지의 제목을 지원 기술에게 알리는 방법입니다. title 요소를 바꾸기만 한다면 스크린 리더를 비롯한 지원 기술에 페이지 제목 변경 여부를 알릴 수 없습니다.

이 경우 라이브 리전을 이용합니다.[19] 페이지 맨 처음에 aria-live="assertive"를 부여한 라이브 리전이 될 요소(이하 아나운서 요소)를 배치합니다. 페이지 콘텐츠에 해당하지 않아 불필요하므로 Visually Hidden[20] 등이 시각적으로 표시하지 않습니다.

> 좋은 사례: 페이지 맨 처음에 라이브 리전을 배치한다(HTML)

```html
<body>
  <p id="announcer" role="alert" aria-live="assertive"></p>
  …
</body>
```

클라이언트 사이드 라우팅이 완료된 후 아나운서 요소의 자식 텍스트 노드에 title 요소의 내용을 복제한 텍스트를 대입합니다. 라이브 리전 안의 텍스트 콘텐츠가 변경되며 변경된 내용을 지원 기술에 알립니다.

> 좋은 사례: 내비게이션 종료 후에 title 요소의 내용을 아나운서 요소에 대입한다(자바스크립트)

```javascript
const onNavigationEnd = () => {
  const announcer = document.getElementById("announcer");
  const title = document.querySelector('title').textContent;
  if (announcer instanceof HTMLElement) {
    announcer.textContent = title; // title 요소의 텍스트를 대입한다
  }
}
```

화면 전환 여부를 알려면 이전 페이지 제목과는 다른 페이지 제목을 읽어야 합니다. 클라이언트 사이드 라우팅 사용 여부와 상관없이 페이지 제목이 모두 같은 애플리케이션을 종종 봅니다.

---

19 라이브 리전은 제5장 2절을 참조하세요.
20 Visually Hidden은 제2장 3절을 참조하세요.

화면의 문맥이 크게 변경되는 애플리케이션이라면 우선 화면마다 적절한 제목을 설정해야 합니다.

[개선 방법] Tab 포커스의 시작 위치를 페이지 맨 처음으로 되돌린다

다음으로 Tab 포커스의 시작 위치를 페이지 맨 처음으로 되돌립니다. 아나운서 요소를 페이지 맨 위쪽에 배치했으므로 포커스를 가져가면 유사적으로 Tab 포커스의 시작 위치를 되돌립니다.

앞서 다룬 사례는 p 요소를 이용하므로 포커스를 가져갈 수 있게 하려면 tabindex 속성을 부여합니다. p 요소는 title 요소의 대체로서 배치했으므로 Tab 키로 포커스를 가져갈 필요는 없습니다. 어디까지나 시작 위치로만 취급하며 tabindex 의 값은 -1로 합니다.

> **페이지 전환을 알리는 좋지 않은 구현 사례**
>
> 페이지 전환을 지원 기술에 알리는 좋지 않은 구현 사례로, 페이지 콘텐츠 전체를 포함한 요소를 라이브 리전으로 만들고 그 변경 여부를 지원 기술에 전달하는 방법이 있습니다.
>
> 이 방법은 화면이 전환되면 페이지의 모든 내용을 읽으므로 장황해지며, 페이지 제목을 읽지 않으므로 브라우저의 작동과 크게 차이가 있습니다.
>
> 속성을 부여하기만 하는 간단한 구현 방법이지만 페이지 전환 이외의 변경 여부도 알리는 등 단점도 많으므로 사용하지 않도록 합시다. 이와 같은 방법으로 구현된 라이브러리도 있으므로 주의해주세요.

> **좋은 사례: 내비게이션 종료 후에 제목을 알리고 아나운서 요소에 포커스를 가져간다(HTML)**

```html
<p id="announcer" tabindex="-1" role="alert" aria-live="assertive"></p>
```

> **좋은 사례: 내비게이션 종료 후에 제목을 알리고 아나운서 요소에 포커스를 가져간다(자바스크립트)**

```javascript
const onNavigationEnd = () => {
  const announcer = document.getElementById("announcer");
  const title = document.querySelector('title').textContent;
  if (announcer instanceof HTMLElement) {
    announcer.textContent = title;
    announcer.focus();
  }
}
```

아나운서 요소로 포커스하면 스크린 리더가 텍스트를 읽어야 하는데 몇 가지 브라우저와 스크린 리더의 조합을 테스트해본 결과 포커스만으로는 그렇지 않은 경우도 있었습니다. 그렇기에 라이브 리전에 의한 알림도 같이 제공하면서 지원 기술이 어떻게 작동하는지 반드시 확인해야 합니다.

이 절에서 소개한 대응 방법을 이미 구현한 클라이언트 사이드 라우팅 라이브러리나 프레임워크도 있습니다. 라이브러리나 프레임워크를 이용할 때는 똑같이 구현했는지 확인하면 좋습니다.

클라이언트 사이트 라우팅에서도 a 요소를 사용한다

클라이언트 사이드 라우팅으로 유사적인 화면 전환이 가능해지면 a 요소를 이용하지 않고도 화면 전환이 가능합니다.

그럴 때 div 요소 등 비인터랙티브 요소에 이벤트를 부여한 화면 전환도 가능하지만, 이 경우 a 요소라면 가능한 이동되는 곳의 URL을 화면에 표시하거나, 컨텍스트 메뉴에서 새로운 탭을 열고 이동되는 곳의 URL을 복사하는 작업이 불가능합니다.

따라서 자바스크립트로 화면을 전환하더라도 href 속성을 가진 a 요소로 브라우저가 제공하는 기능을 되도록 잃지 않게끔 해야 합니다.

href 속성을 가진 a 요소를 이용하면 만에 하나 자바스크립트가 기능하지 않는 상황에서도 화면 전환은 가능하므로 대비책으로 쓸 수 있습니다.

자바스크립트가 기능하지 않는 상황은 상상하기 어려울지 모릅니다. 하지만 클라이언트 사이드 라우팅을 사용할 때 자바스크립트의 크기가 커지기 쉽습니다. 이 경우 페이지를 처음 로딩할 때 HTML·CSS의 로딩과 렌더링, 그리고 자바스크립트 평가까지 걸리는 시간에 차이가 발생합니다. 자바스크립트에만 의존한 클라이언트 사이드 라우팅이라면 그 시간에 링크가 보이더라도 기능하지 않는데, 그럴 때 a 요소를 이용했다면 링크로서 기능하게 됩니다. 이처럼 일시적으로 자바스크립트가 기능하지 않는 상태에서 링크 기능을 보장하기 위해 a 요소를 이용한다는 건 의미가 있습니다.

접근성을 높이면 특정 이용자뿐 아니라 조건이 좋지 않은 상황일 때의 경험도 향상되는 좋은 사례라 할 수 있을 것입니다.

제 **6** 장

디자인 시스템과 접근성

이 장에서는 디자인 시스템을 사용해 조직 전체에서 접근성이 높은 웹 애플리케이션을 개발하는 방법을 설명합니다. 일반적으로 제품 디자인의 일관성을 유지하기 위해 디자인 시스템을 정비하며, 이에 접근성 관점을 더해 필요한 자원과 개발 프로세스를 마련하면 '디자인 시스템에 따라 개발하는 동시에 접근성이 높은 상태'를 만들 수 있습니다. 이 장에서는 디자인 시스템의 개요를 소개하고 디자인 시스템에서 접근성을 다루는 방법과 주의점 등을 설명합니다.

6.1
디자인 시스템이란

디자인 시스템은 넓은 의미로 디자인의 일관성을 유지하기 위한 문서 및 부품, 가이드라인, 제작 프로세스 등의 총칭입니다.

조직에서 일관성이 있는 디자인을 구현하려면 그 디자인이 어떤 규칙에 근거해 어떻게 만들지 명문화하는 것이 중요합니다. 이 장에서는 체계적으로 정비한 이러한 요소를 디자인 시스템이라 합니다.

디자인 시스템의 구성

대부분의 디자인 시스템은 다음을 포함합니다.

- 디자인 원칙
- 스타일 가이드
- 패턴 라이브러리

디자인 원칙에는 제품과 제품을 만드는 조직이 중시하는 가치관, 판단 기준이 정의돼 있습니다(그림 6-1-1). 고려하는 제품의 디자인을 목표로 하는 것과 조직에 따라서는 브랜드가 표현하고자 하는 것(브랜드 아이덴티티) 등을 포함하며, 그 원칙을 기준으로 스타일 가이드나 패턴 라이브러리를 제정합니다.

스타일 가이드에는 제품이 사용하는 아이콘과 타이포그래피, 컬러 팔레트, 문구 가이드라인 등이 포함됩니다(그림 6-1-2). 디자인 원칙과 브랜드 아이덴티티에 따라 어떤 것을 조합해 디자인을 만들면 되는지를 나타냅니다. 컬러 팔레트 등은

그림 6-1-1   디자인 원칙의 사례

SmartHR Design System의 디자인 원칙
https://smarthr.design/foundation/

그림 6-1-2   스타일 가이드의 사례

GOV.UK Design System의 Colour
https://design-system.service.gov.uk/styles/colour/

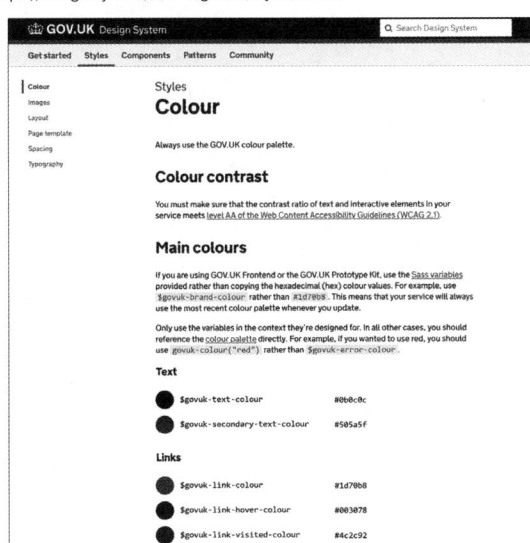

디자인 토큰이라는 형태로 CSS 변수로 자주 정의되기도 합니다.

패턴 라이브러리는 디자인을 구성하는 디자인 언어를 패턴화해 라이브러리로서 재이용을 가능케 한 것입니다(**그림 6-1-3**). 제품이 제공하는 기능, 사용자에게 어떻게 보이는지 등 패턴의 단위는 다양합니다. 더욱 세세한 단위로 UI 컴포넌트의 라이브러리를 만든 경우도 있습니다. UI 컴포넌트는 리액트나 Vue.js에서 실제로 작동하는 코드로 제공할 수도 있습니다. 또한 Atomic Design처럼 구체적인 패턴 구성 방법도 제창돼 있습니다.

그림 6-1-3 패턴 라이브러리의 사례

Carbon Design System의 Patterns
https://carbondesignsystem.com/patterns/overview/

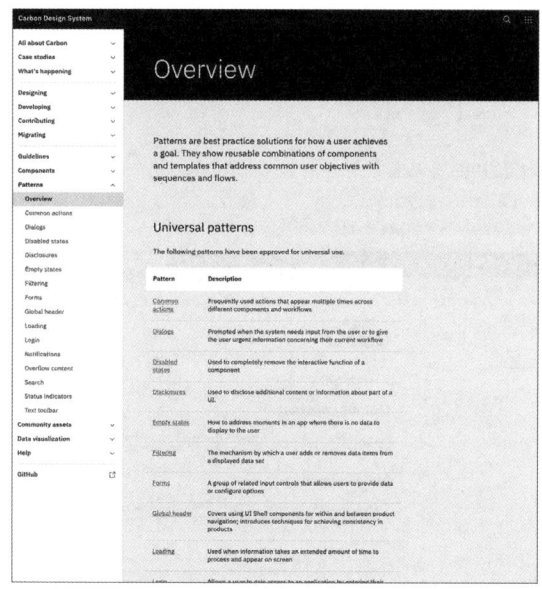

디자인 시스템의 장점

디자인 시스템이 있으면 어떤 장점이 있을까요?

일관성이 있고 품질이 높은 제품을 효율적으로 만들 수 있다

가장 떠올리기 쉬운 것은 제품의 일관성과 품질의 보장입니다. 스타일 가이드를 사용해 디자인하면 '거의 똑같아 보이지만 살짝 다른 색상 코드'를 사용할 여지가 사라집니다. 실제로 작동하는 코드로 구축한 UI 컴포넌트 라이브러리가 있다면 비슷한 UI 컴포넌트에서 그 모습과 작동이 다르다고 생각하는 일도 발생하지 않게 됩니다. 사용자가 느끼기에 일관성이 있으며 제품의 품질이 높아진다는 장점이 있습니다.

개발자에게도 장점이 있습니다. 스타일 가이드나 패턴 라이브러리가 있다면 디자인을 만들 때 고민이 줄어듭니다. 디자인 원칙을 따르기 위한 구체적인 방법이 정의돼 있다고 간주할 수 있습니다. 그렇기에 디자인 원칙을 따른 제작 방법을 처음부터 생각할 필요가 없으며, 이미 정의된 제작 방법을 따라가기만 하면 품질 높은 제품을 만들 수 있습니다.

CSS나 자바스크립트의 변수, 컴포넌트 코드로 제공된 UI 패턴은 디자인뿐 아니라 개발할 때도 효과적입니다. 이미 정의된 것을 조합해 만들 수 있으며, 정의를 설계자와 개발자의 공통 언어로 삼아 더욱 효율적인 소통이 가능해집니다.

디자인 원칙에 따른 체계화

디자인 시스템이 디자인 원칙을 내세우는 데도 큰 장점이 있습니다. 스타일 가이드나 패턴 라이브러리가 디자인 원칙을 기준으로 체계화되면 지속적으로 유지 관리하며 발전시키기 쉬워집니다.

체계적인 디자인 원칙이 있다면 디자인 시스템에 결점이 있을 때 디자인 원칙을 되짚어 볼 수 있습니다. 즉, 스타일 가이드나 패턴 라이브러리를 수정하거나 새로운 것을 추가할 때 '디자인 원칙을 따랐는가'를 기점으로 생각하고 의논할 수 있습니다. 때로는 디자인 원칙 자체를 변경해야 하는 경우도 있습니다. 그럴 때도 디자인 원칙을 따라 만들어진 디자인 시스템이라면 무엇을 어떻게 변경해야 하는지가 명확할 것입니다.

체계적인 디자인 원칙이 없다면 관련 내용을 생각하고 의논하는 데 기준이 없습니다. 그때 의논에 참여한 인원들만 정보를 공유하거나 특정 인원의 판단에 의존할 우려가 있으며, 그런 상황에서 인원 교체가 발생하면 일관성을 유지할 수 없게 되거나 특정 인원에 의존하여 부하가 커집니다. 즉, 해당 시점에선 일관성과 품질을 보장할 수 있겠지만 이를 계속 유지하고 발전시키는 것은 어렵습니다.

디자인 시스템 제정과 도입 시의 의사 결정

한편 디자인 시스템을 도입하는 데는 큰 비용을 수반합니다.

조직이 디자인 시스템의 제정과 도입을 결정하는 시기는 대부분 이미 가동 중인 서비스가 있을 때입니다. 아직 아무것도 없는 백지 상태인데 갑자기 디자인 시스템을 만들지는 않습니다.

대부분 일관성과 품질, 생산성에 문제가 있으니까 디자인 시스템을 도입하는 것입니다. 따라서 디자인 시스템 도입이란 다양해진 디자인을 정리해 품질이 저하된 코드를 대규모로 리팩터링하는 작업을 의미합니다. 경우에 따라서는 UI 전체,

제품 전체를 대규모로 리뉴얼합니다.

디자인 시스템 제정은 매우 힘든 작업입니다. 디자인 원칙을 만들려면 조직과 제품이 무엇을 중시하며 이를 위해 무엇을 할지 언어화해야 합니다. 단순히 생각나는 대로 정하는 것이 아닌, 다양하고 구체적인 것으로부터 추상적인 공통 원칙을 발견해 디자인에 관한 인원이 기억하고 이해하기 쉬운 명쾌한 언어로 표현해야 합니다. 또한 디자인 및 개발 부서뿐 아니라 경영층과 같은 이해관계자의 합의를 얻어야 합니다.

즉, 디자인 시스템은 '그냥 좋아 보인다'는 이유로 제정하고 도입할 수 있는 것이 아닙니다. 제정과 도입에 막대한 비용이 들며, 투자를 해서라도 반드시 필요한지 여부에 대한 경영상 판단이 필요합니다.

이 장에서는 '접근성을 위해서는 디자인 시스템이 유용하다'고 설명했지만 '접근성을 위해 디자인 시스템을 도입'하라고는 하지 못하는 점에 주의해야 합니다. 하지만 만약 디자인 시스템을 도입하려는 움직임이 있거나, 미완성 상태에서 디자인 시스템이 있다면 접근성을 위한 노력을 가속화하는 기회이기도 합니다.

이 장에서는 디자인 시스템을 위해 노력해 보려는 사람, 이미 노력 중인 사람을 위해서 디자인 시스템에 접근성을 포함하는 데 참고가 될 내용을 설명합니다. 단, 반드시 각 화제가 디자인 시스템의 존재를 전제로 하는 것은 아닙니다. 큰 디자인 시스템을 이상으로 하면서 작은 것부터 도입해 보면 좋습니다.

6.2
디자인 시스템과 접근성의 관계

디자인 시스템은 품질과 개발 생산성뿐 아니라 접근성 향상에도 유용합니다. 또한 디자인 시스템 자체의 질을 높이기 위해서도 접근성 지식은 큰 도움이 됩니다.

이 절에서는 이러한 디자인 시스템과 접근성의 관계를 소개합니다.

디자인 시스템의 일부로 접근성을 포함하는 장점

디자인 시스템 도입은 모든 제품에 디자인 시스템을 적용해 디자이너의 작업 결과가 디자인 시스템의 내용인 상태를 목표로 합니다. 디자인 시스템이 일정 수준의 접근성을 확보했다면 모든 제품에 마찬가지로 해당 수준 이상의 접근성을 확보하게 될 것입니다.

접근성을 고려한 디자인 시스템이 있는 조직의 디자이너는 그때마다 세세한 부분을 처음부터 숙지하거나 고민할 필요가 없어집니다. 이때 디자인 시스템의 스타일 가이드나 패턴 라이브러리는 색 대비 및 조작성 문제가 일어나기 어려운 상태일 것입니다. 복잡하게 움직이는 UI 컴포넌트는 키보드 조작이 가능하도록 구현했을 것입니다.

따라서 인원 모두에게 접근성에 관한 깊은 지식을 교육하지 않더라도 신규 인원이 접근성이 좋은 제품을 계속 만들 수 있습니다. 물론 접근성을 신경 쓰지 않아도 완벽하게 작업 가능한 상태가 되는 것은 아니지만 신경 써야 하는 부분을 충분히 좁힐 수 있습니다.

그렇지만 디자인 시스템을 제정하고 도입하는 것은 매우 큰 의사 결정입니다. 많은 사람이 시간을 들여 의논해 디자인 원칙을 정하는 작업도 힘든데 이에 현장에서 사용할 수 있는 스타일 가이드나 패턴 라이브러리까지 정비해야 합니다. 시간이 지나면 지금까지는 눈치채지 못한 수요나 문제를 알게 되거나, 이미 알고 있는 내용이 오래된 상태가 됩니다. 또한 때로는 디자인 시스템 정비에 투자하기보단 눈앞에 있는 사업 문제를 해결하는 데 힘을 쏟아야 하기도 합니다.

그럼에도 디자인 시스템을 도입하기로 한 조직은 분명 품질과 생산성에 문제를 느껴 이와 같은 의사 결정을 했을 것입니다. '접근성 향상을 추진'하는 것보다 더 강력한 이유가 존재할 것입니다. 그 이유에 접근성 향상을 올바르게 연관 지으면 디자인 시스템에 편승할 수 있게 됩니다.

무엇보다 접근성도 제품 품질을 구성하는 요소 중 하나임을 잊어서는 안 됩니다. 디자인 시스템을 통해 품질 향상을 예상한다면 동시에 접근성 향상도 목표할 수 있을 것입니다.

유명한 디자인 시스템에서의 접근성의 위상

세상에 공개된 디자인 시스템에는 접근성을 다룬 것이 많습니다. 여기서는 몇 가지 디자인 시스템의 사례를 들며 접근성을 어떻게 다뤘는지 소개합니다.

Carbon Design System

IBM의 Carbon Design System[1]은 접근성을 고려한 디자인 시스템의 대표적인 사

---

1 https://www.carbondesignsystem.com

제6장 디자인 시스템과 접근성

레입니다. 가이드라인의 접근성 섹션[2]에는 디자인 시스템에서의 접근성의 위상을 다음과 같이 구체적으로 설명했습니다.

접근 가능한 디자인은 장애인을 돕는 데 그치지 않고 모든 사용자에게 좋은 경험을 가져다주는 것입니다. 접근 가능한 제품은 다음을 만족해야 합니다.

- 모든 사용자에게 똑같은 경험을 제공한다
- 사용자와 상황에 적응한다

Carbon의 컴포넌트는 WCAG AA, 미국 재활법 508조, 유럽 기준에 근거한 IBM 접근성 체크리스트를 따릅니다. Carbon 팀은 스크린 리더와 그 밖의 지원 기술을 사용하는 사용자를 포함한 모든 사용자에게 지각, 조작, 이해가 가능한 패턴을 작성하도록 노력합니다.

접근 가능한 개별적인 요소와 컴포넌트는 접근 가능한 제품을 만들기 위한 일부에 지나지 않습니다. 이 가이드를 활용해 어떤 사용자든 사용이 가능한 제품을 디자인하고 구축하세요.

이 머리말에 이어 구체적으로 장애인이 어떤 인터페이스를 사용 중이며, 디자이너가 어떻게 생각하고 대처해야 하는지, 그리고 해당 장애가 없는 사람에게는 어떤 장점을 갖는지를 소개합니다. 예를 들면 맹인 사용자에게는 AI 어시스턴트와 같은 음성 인터페이스가 인기가 있어 음성에 의한 사용자 경험의 표현에 기대가 높아졌음을 지적합니다.

각 컴포넌트나 패턴마다 어떻게 접근성 문제를 해결하는지, 어떤 점을 신경 써야 하는지를 설명합니다. 포커스 순서 및 키보드 조작 방법(**그림 6-2-1**), 레이블 문구, WAI-ARIA를 중심으로 한 코딩 시의 유의점 등을 자세히 설명합니다.

---

2 https://carbondesignsystem.com/guidelines/accessibility/overview

그림 6-2-1   Carbon Design System 컴포넌트의 키보드 조작

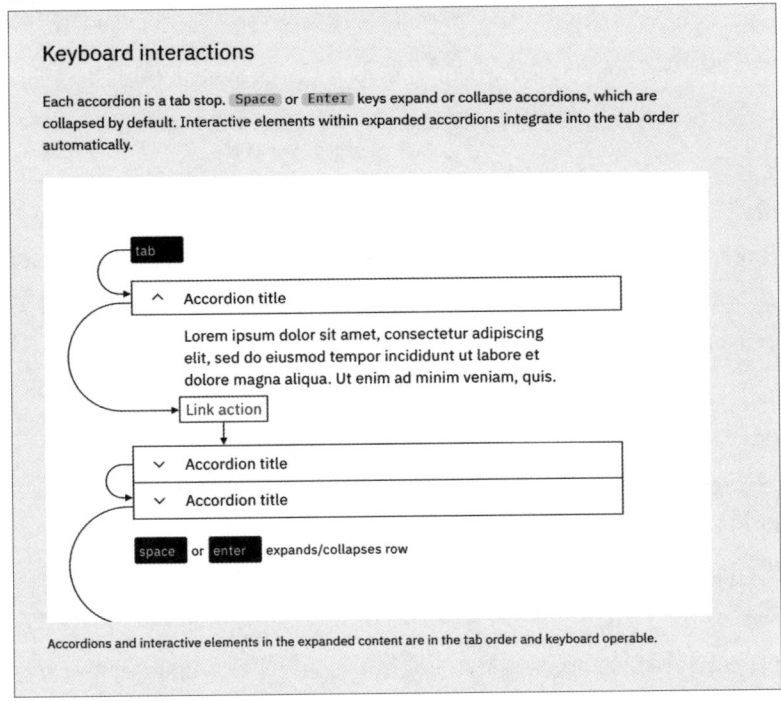

이러한 문서는 디자인 시스템 구축 관련 인원을 위한 것이자 디자인 시스템을 사용해 제품을 만드는 인원을 위한 것이기도 합니다. 그리고 이렇게 문서를 공개했다는 건 우리 같은 조직 외의 사람을 위한 것이기도 할 것입니다. 디자인 시스템을 구축하는 인원에게는 어떤 사용자를 위해 무엇을 신경 써야 하는지가 명확해지며, 각 컴포넌트에 무엇을 어떻게 디자인해 구현했는지(해야 할지)에 대한 정의가 됩니다. 디자인 시스템을 사용해 제품을 만드는 인원에게는 컴포넌트나 패턴을 사용하는 데 무엇을 신경 써야 하는지 혹은 신경 쓰지 않아도 되는지 그 내용이 명확해집니다. 그리고 조직 외의 사용자에게는 조직이 접근성을 어떻게 대하는지를 피드백하기 위한 기준이 됩니다.

Spectrum Design System

어도비의 Spectrum Design System[3]은 Carbon Design System처럼 많은 분량을 다루지는 않지만 높은 수준으로 접근성을 다루고 있습니다.

접근성 관점에서 본 Spectrum의 최대 특징은 컴포넌트 구현에 있습니다. Spectrum의 컴포넌트에는 리액트로 구현한 React Spectrum[4]이 있습니다. 그리고 각 컴포넌트의 작동은 React Aria[5]와 React Stately[6]라는 패키지로 추상화해 구현돼 있습니다.

React Spectrum에는 UI 컴포넌트가 배치돼 있으며 React Aria나 React Stately가 제공하는 React Hooks로 구성됩니다. React Aria나 React Stately에는 컴포넌트보다 더 세세한 단위로 UI의 작동이 분할돼 있으며 이를 다양한 컴포넌트에서 공유합니다.

다른 디자인 시스템에서도 배색과 글꼴, 요소의 크기와 같은 디자인의 구성 요소를 디자인 토큰으로서 정의한 것이 많습니다. React Spectrum은 이에 더해 UI의 작동까지 디자인 토큰과 마찬가지로 컴포넌트를 구성하는 부품으로 정의합니다. 그 조합에 의해 컴포넌트를 정의함으로써 디자인 시스템 전체의 개발 효율과 확장성, 높은 이식성을 실현합니다.

그리고 React Aria는 그 이름에서 떠올릴 수 있듯이 WAI-ARIA를 전제로 합니다. React Aria를 사용하면 적절한 WAI-ARIA는 무엇인지 여부가 React Aria가 제공하는 React Hooks에 가려집니다. 그렇기에 개발자는 WAI-ARIA를 직접적으로

---

3 https://spectrum.adobe.com
4 https://react-spectrum.adobe.com
5 https://react-speactrum.adobe.com/react-aria/
6 https://react-speactrum.adobe.com/react-stately/

의식하지 않고도 접근 가능한 UI를 만들 수 있습니다.

SmartHR Design System

일본 내에서 접근성 개선 사례로 SmartHR Design System[7]을 소개합니다. SmartHR Design System은 SmartHR 브랜드의 가이드라인도 포함한 디자인 시스템이며, 내부에 프로덕트 UI를 위한 컴포넌트 라이브러리인 SmartHR UI가 있습니다.

SmartHR UI는 JIS X 8341-3:2016의 레벨 A와, WCAG 2.1의 레벨 A 및 레벨 AA의 일부 달성 기준을 만족하는 목표를 명시하며, 정기적으로 UI 컴포넌트의 접근성을 시험해 그 결과를 공표합니다.[8]

일본에는 SmartHR Design System 말고도 사이버 에이전트의 Spindle,[9] freee의 Vibes[10] 등 접근성을 고려한 디자인 시스템 구축 사례가 있습니다.

정부 기관의 디자인 시스템

정부 기관 중에도 디자인 시스템을 마련한 곳이 있습니다. 영국 정부의 GOV.UK Design System[11]과 미국 정부의 U.S. Web Design System(USWDS)[12]가 유명합니다.

---

7 https://smarthr.design/
8 https://accessibility.smarthr.co.jp/development/
9 https://spindle.ameba.design/
10 https://developers.freee.co.jp/entry/growing-vibes/
11 https://design-system.service.gov.uk
12 https://designsystem.digital.gov

일본 정부의 디지털청도 디자인 시스템을 공개했습니다.[13] 현재는 디지털청 내부의 일부 웹사이트와 서비스에는 필수로 적용해야 하며, 추후 디지털사회추진 표준 가이드라인의 편입을 목표로 하고 있습니다.

접근성을 '좋은 제약'으로 활용할 수 있다

디자인 시스템과 접근성의 관계에 한 가지 더 중요한 점은 디자인 시스템 자체를 구축하는 목적으로도 접근성이 유용하다는 것입니다.

배색과 글꼴, 문자 크기와 같은 스타일, UI의 외관과 작동 등 디자인 시스템을 구축할 때는 많은 것을 정해야 합니다. 하지만 제품과 기능에 따라 목표인 사용자층도, 사용자가 느끼는 인상도, 사용법도 다 다릅니다. 일관성을 위해 무엇을 어떻게 통일하면 되는지 정하기가 상당히 어렵습니다.

접근성은 디자인 시스템이 가져다주는 일관성을 정하는 데 '좋은 제약'이 될 수 있습니다. WCAG 2.1에는 접근성이 높은 상태를 정의한 달성 기준이 있으며, 구체적인 정보가 관련 문서로 다수 정리돼 있습니다. 이 자료들을 활용하면 일관성이 높은 고품질 디자인 시스템을 구축하는 기반을 만들 수 있습니다.

접근성 향상을 위해서만 디자인 시스템을 사용하는 것이 아닌, 디자인 시스템 자체의 품질을 높이는 데 접근성은 큰 역할을 합니다.

---

13 https://www.digital.go.jp/policies/servicedesign/designsystem/

6.3
디자인 시스템에 접근성을 포함시킨다

구체적으로 디자인 시스템 자체를 접근 가능하도록 하기 위한 방법을 소개합니다.

디자인 원리에 포함시킨다

접근 가능한 디자인 시스템을 구축하는 데 가장 중요한 것은 접근성을 디자인 원칙에 포함시키는 것입니다. 디자인 시스템으로서 접근성 개선에 대한 합의가 이루어지지 않았다면 디자인 시스템 전체를 접근 가능하도록 만들기는 어렵습니다. 디자인 시스템은 구축뿐 아니라 지속적으로 관리 및 발전시켜야 한다는 점도 염두해야 합니다. 초기에 디자인 시스템을 구축한 인원뿐 아니라 앞으로 디자인 시스템을 만들 인원도 '접근성을 개선할 것'이라는 눈높이를 맞추지 않으면 각기 다르게 대응하거나 이후 개선하지 않게 될 위험이 있습니다.

접근성에 대한 원칙은 되도록 구체적인 목표 기준을 제시하면 좋습니다. 예를 들면 Carbon Design System에서는 WCAG 레벨 AA, 미국 재활법 제508조, 유럽 통일 규격을 기반으로 한 체크리스트를 기준으로 삼았습니다. SmartHR처럼 JIS와 WCAG 2.1에 적합한지 시험해 보는 방식도 좋습니다. freee의 접근성 가이드라인[14]에서는 WCAG 레벨 AA를 목표로 함과 동시에 일부 달성 기준을 재검토해[15] 독자적인 가이드라인을 제정했습니다.

---

14 https://a11y-guidelines.freee.co.jp
15 https://a11y-guidelines.freee.co.jp/info/priority.html

접근성을 완벽하게 실현하기란 어려우며 WCAG 레벨 AAA인 달성 기준에는 달성이 어려운 조건도 많이 있습니다. 또한 접근성 개선을 처음 접할 경우 레벨 A 조차 만족하기 어렵기도 합니다. 구체적인 목표를 들고자 해도 접근성에 관한 지식이 없다면 그 목표를 달성하는 난이도를 평가하는 것도 어려울 것입니다.

그럴 때는 구체적인 목표를 들기보다는 우선 접근성 개선에 대한 의사를 구체화하는 것부터 시작합시다. 그다음 목표 자체를 구체화하기 위한 지식을 습득합니다. 구체적인 지식 습득 방법은 제7장에서 자세히 설명합니다.

스타일 가이드에 포함시킨다

접근성 개선을 디자인 원칙에 기재했다면 그다음 개발 현장 작업에서 필요로 하는 구체적인 내용을 스타일 가이드에 기재합시다.

구체적으로 배려할 사항을 정의

현장에서 디자인 시스템을 사용해 개발하는 사람이 반드시 접근성에 관한 지식이 있다고는 장담하지 못합니다. 아마 이 책을 보는 독자도 처음엔 무엇부터 해야 하는지 몰랐을 것입니다.

그렇기에 우선은 접근성 문제가 어떤 사용자에게 영향을 주는지, 디자인하는 데 어떤 점을 신경 써야 하는지 그 도입 배경을 이해하기 쉽게 설명해야 합니다.

특히 제품 타깃층에 영향을 받기 쉬운 사람이 있을 경우 예상 사용자를 정리해두면 현장의 이해를 얻기 쉬워질 것입니다. 그러고서 어떤 점을 특히나 신경 써야 하는지, 스타일 가이드의 어느 부분을 읽으면 필요한 정보를 얻는지를 알 수 있다면 현장에서 활용하기 쉽습니다.

우선 이 책을 비롯한 참고 문헌 리스트를 만드는 일부터 시작해보는 것도 좋습니다.

컬러 팔레트

스타일 가이드에서 '프라이머리 컬러', '액센트 컬러', '베이스 컬러'와 같이 특정 역할을 가진 컬러 팔레트를 자주 정의합니다. 컬러 팔레트를 설계해두는 작업은 접근성 면에서도 상당히 중요합니다.

제4장 1절에서 색의 명암비의 중요성과 개선 방법을 설명했는데 명암비가 기준에 못 미치는 곳을 계획 없이 개선하면 사용하는 색상 수가 늘어나기 쉽습니다. 애플리케이션에서 미묘하게 다른 색이 비슷한 UI에서 사용되면 일관성이 없어 색의 차이를 느끼는 사용자는 특별한 의미가 있는 것처럼 혼동할 수 있습니다. 또한 무질서하게 색을 사용하면 어떤 색과 색의 조합이 명암비를 확보했는지 알 수 없으므로 확인 시에 방대한 시간이 듭니다.

따라서 컬러 팔레트로 애플리케이션에서 이용할 색에 일관성을 주며 색의 수를 제한합니다. 또한 컬러 팔레트로 정의한 색을 어떻게 조합하면 명암비를 만족하는지를 팔레트와 함께 나타내 디자이너 지침으로 삼을 수 있습니다.

예를 들어 Contrast Grid[16]라는 서비스를 이용하면 팔레트에 있는 색의 대비 리스트(그림 6-3-1)를 간단히 생성할 수 있습니다. 팔레트를 정의한 후 이렇게 표를 만들고 그 범위 안에서 문자색과 배경색을 고르면 명암비 문제가 일어나기 어렵습니다.

브랜드나 조직을 상징하는 색의 명도가 높고, 배경색에 자주 사용하는 백색과의 명암비가 낮을 때 팔레트를 정의하기는 어려울 것입니다. 그럴 때는 브랜드 컬

---

16 https://contrast-grid.eightshapes.com

러 자체를 바꾸는 것도 하나의 선택지지만 이는 어려운 선택입니다. 현실적으로는 기존 로고 색을 그대로 두면서 UI에는 다소 명도를 낮춘 색을 사용하는 방법 등을 고민해볼 것입니다.

색각 특성을 고려해 구별하기 쉬운 색이 담긴 팔레트도 마련합시다. 구별하기 쉬운 색을 4~5개 정도 마련해두면 그림이나 표를 이해하는 데 도움이 됩니다. 이 경우에도 물론 명암비가 확보된 색을 골라야 합니다.

그림 6-3-1 Contrast Grid이 제공하는 각 색 조합에 따른 색상 대비 리스트

Background	Text	MAIN #0077C7	DANGER #E01E5A	WARNING #FF8800	TEXT_BLACK #23221F	TEXT_GREY #706D65	TEXT_LINK #0071C1
WHITE #FFFFFF		Text AA 4.7	Text AA 4.6	Text DNP 2.3	Text AAA 15.9	Text AA 5.1	Text AA 5
OVER_BACKGROUND #F2F1F0		Text AA18 4.1	Text AA18 4.1	Text DNP 2.1	Text AAA 14.1	Text AA 4.5	Text AA 4.5
CELL HEAD #EDEBE8		Text AA18 3.9	Text AA18 3.9	Text DNP 2	Text AAA 13.3	Text AA18 4.3	Text AA18 4.2
ACTION_BACKGROUND #D6D3D0		Text AA18 3.1	Text AA18 3.1	Text DNP 1.6	Text AAA 10	Text AA18 3.4	Text AA18 3.4

라이팅

적절한 표제와, 이미지에 대체 텍스트를 다는 것도 스타일 가이드에 포함시킵니다. 적절한 표제 수준이나 문맥에 맞는 대체 텍스트는 이를 배치하는 사람만 판단할 수 있습니다. 코딩하는 사람에게 대체 텍스트의 검토를 요청하지 않도록 확실한 지침을 나타내야 합니다.

문구의 일관성이나 오류 메시지 표현 방법 등 라이팅에 관한 다양한 사항도 필

요합니다. 애플리케이션 내에서 어떤 용어를 사용할지, 언제 높임말을 사용할지 등 세세한 방침을 정해두면 일관된 표현을 하기 쉽습니다.

표제나 대체 텍스트, 일관된 텍스트 표현 등은 애플리케이션의 UI에서만 필요한 것이 아닙니다. 텍스트 작성자는 대체로 엔지니어나 디자이너가 아닌 문서 작성자나 지원 담당자 등입니다. 직종의 틀을 넘어 같은 방침을 실천하기 위해서는 디자인 시스템의 스타일 가이드와는 별도로 해당 목적만을 위한 문서를 마련하도록 검토합시다.

패턴 라이브러리에 포함시킨다

패턴 라이브러리는 재이용 가능한 패턴을 포함하며, 접근성을 포함시키면 모든 곳에서 접근성 향상을 기대할 수 있습니다.

특히 리액트나 Vue.js로 구현한 UI 컴포넌트가 있다면 이를 공유함으로써 효율적으로 접근성 문제를 대처할 수 있습니다. 스타일 가이드와 같은 정적인 문서로는 마크업 방법과 키보드 조작법 등 문서로 나타내기 어려운 정보를 표현할 수 없습니다. 실제로 움직이는 UI 컴포넌트라면 정적인 문서로는 표현하기 어려운 대응을 문서에 포함시킬 수 있습니다.

컴포넌트 접근성을 가시화한다

UI 컴포넌트가 구현된 라이브러리를 만든다면 우선 lint를 준비합시다. eslint-plugin-jsx-a11y[17]나 eslint-plugin-vuejs-accessibility,[18] markuplint[19]를 사용하면

---

17 https://www.npmjs.com/package/eslint-plugin-jsx-a11y
18 https://www.npmjs.com/package/eslint-plugin-vuejs-accessibility
19 https://markuplint.dev/

코드상 문제를 기계적으로 확인할 수 있습니다.

기존 코드베이스에 lint를 도입하면 많은 줄에 오류나 경고가 표시됩니다. 이를 방치하게 되면 아마 팀 인원은 '이건 무시해도 되는구나'라며 오류 메시지를 읽지도 않고 방치하는 것이 일상화될 수 있습니다. 그래서 우선 가장 많이 실수한 규칙을 비활성화하여 오류 및 경고가 표시되지 않는 상태로 하고, 규칙을 하나씩 활성화해 잘못된 곳을 수정하기를 권장합니다.

자동 확인 도구인 axe를 사용하는 것도 좋습니다. 브라우저의 확장 기능으로 제공되는 axe DevTools를 사용하는 것은 물론이며, StoryBook[20]을 사용 중이라면 @storybook/addon-a11y[21]에서 검증 결과를 표시할 수 있습니다.

자동 확인 도구로 확인 가능한 문제는 어디까지나 컴포넌트나 코드의 파일과 같이 단편화된 범위에 존재하는 것으로, 모든 문제를 발견할 수 있는 것은 아니므로 주의해야 합니다. 하지만 간단하게 도입할 수 있어 CI(Continuous Integration, 지속적 통합)에 포함시켜 자동화하기도 쉽습니다. 우선은 발견하기 쉬운 문제를 대처함으로써 같은 문제가 반복되지 않는 체계를 만들어갑시다.

전문가의 지혜를 빌린다

접근성을 고려한 UI 컴포넌트를 갑자기 구현하는 작업은 접근성 지식이 풍부한 엔지니어에게도 쉽지 않습니다. 지금까지 이 책을 읽고 '이렇게 고려할 점이 많네', 'WAI-ARIA의 속성이 이렇게 많네'라며 놀라는 사람도 많을 것입니다. 하지만 접근할 수 있는 구현 방법도, WAI-ARIA의 속성도 모두 외울 필요는 없습니다. 접근성이 높은 기존 구현 방법을 참고해도 괜찮습니다.

---

20 https://storybook.js.org/
21 https://storybook.js.org/addons/@storybook/addon-a11y

W3C가 공개한 ARIA Authoring Practices Guide(APG)[22]에는 애플리케이션 UI를 구현할 때의 주의점이나 WAI-ARIA를 활용한 구현 사례가 많이 소개돼 있습니다.

이전 절에서 소개한 Adobe Spectrum의 React Aria와 React Stately나, Headless UI[23]와 같은 라이브러리를 사용하는 것도 좋습니다. 이러한 라이브러리는 UI 컴포넌트의 작동만을 제공하며 외관은 사용자가 제어할 수 있도록 함으로써 비교적 자유롭게 스타일을 정의할 수 있습니다.

MUI[24]나 Chakra UI[25]와 같이 UI 프레임워크로 제공되는 것을 커스터마이징하면서 사용하는 방법도 좋습니다. 이런 라이브러리를 사용하면 도입 시점부터 일관성이 있으면서 효율적으로 만들 수 있습니다. 하지만 이러한 라이브러리는 스타일을 구성하는 데 제약이 있습니다. 그러므로 스타일 가이드 작성자나 화면을 설계하는 디자이너와 소통하면서 도입해야 합니다.

이러한 라이브러리 문서에는 접근성을 어떻게 고려했는지 작성되어 있습니다. 관련 설명 작성 여부를 라이브러리를 고르는 기준으로 정하면 좋습니다.

---

22 https://www.w3.org/WAI/ARIA/apg/
23 https://headlessui.com/
24 https://mui.com/
25 https://chakra-ui.com/

6.4 디자인 시스템을 접근성 관점에서 강화한다

지금까지 접근성을 고려한 디자인 시스템을 구축하는 방법을 설명했습니다. 이 절에서는 디자인 시스템을 접근성 관점에서 강화하는 체계 및 이를 위해 필요한 것을 추가로 설명합니다.

접근성과 연관된 직종과 역할

이 책을 여기까지 읽었다면 '엔지니어'나 '디자이너'처럼 한 직종만 접근성 향상을 추진하기는 어려움을 알게 되었을 것입니다. 접근성은 다양한 직종과 역할을 가진 사람들이 협력해야 향상됩니다.

각 직종마다 접근성 향상을 위해 어떤 역할을 해야 하는지 정리합니다.

프로덕트 매니저와 프로젝트 매니저

제품 개발 시 '무엇을 할지', '언제까지 할지' 등을 결정하는 입장으로서 프로덕트 매니저나 프로젝트 매니저 역할을 가진 사람이 있을 것입니다. 엔지니어나 디자이너가 겸임하는 경우도 있는데 관련 경험이 없는 비기술직이 맡는 경우도 있습니다.

이런 역할을 가진 사람은 직접적으로 제품을 만들지는 않지만 접근성 향상 면에서 중요한 역할을 합니다. 예를 들어 다음과 같은 행동을 하지 않으면 접근 가능한 제품을 개발할 수 없습니다.

- 개발 중인 제품의 접근성을 요건으로서 정의한다
- 접근성에 관한 작업의 공수를 확보한다
- 접근성을 개선하기 위한 사항을 관련 인원에게 주지한다

실제로 제품을 만드는 디자이너나 엔지니어가 접근성을 적극적으로 개선하려면 이러한 행동이 필요합니다. 또한 능동적으로 이런 행동을 취하지 못해도 다른 인원의 제안을 받아들이거나 의논할 수 있어야 합니다. 이를 위해서는 비기술직이라도 접근성에 관한 기초 지식을 갖춰야 합니다.

디자이너

제품의 UI, 기존 제품의 가치를 사용자에게 어떻게 제공할지 설계하는 디자이너는 접근성을 추진하는 데 가장 중요한 역할을 지닙니다. 모습만이 아닌 UI 조작 방법, 내비게이션과 화면 구성, 개념 모델과 같은 정보 설계 등 디자이너가 고려할 점은 다방면에 이릅니다.

접근성 향상 면에서 디자이너는 사용성 향상과는 다른 사고가 필요합니다. 사용성을 향상시키려면 구체적인 사용자상을 그린 후 사용자에 맞춰 제품을 튜닝할 것입니다. 디자이너가 생각하는 사용자상은 디자이너가 자신의 연장(延長)으로 생각할 수 있는 속성을 가지며, 생각한 상황에서 생각한 대로 행동합니다.

하지만 실제 사용자는 디자이너의 생각과는 다른 속성을 가지며, 다른 상황에서 다른 행동을 합니다. 그리고 디자이너의 생각에서 크게 벗어난 사용자 중에는 제품을 전혀 사용할 수 없거나 접근성 문제에 부딪히는 사람이 생깁니다. 접근성을 향상시키려면 생각하는 사용자상에 맞춰 튜닝하는 동시에 적절한 범용성에 대한 균형을 잡아야 합니다.

디자이너가 접근성을 개선하려면 이러한 사고를 더 의식해야 합니다. 사용자는

다양한 속성을 가지며, 다양한 상황에서 다양한 행동을 한다는 점을 의식할 수 있도록 관찰과 인터뷰를 통해 다양한 사용자상을 숙지해야 합니다.

엔지니어

아이디어 및 디자인을 적용해 실제로 움직이는 제품을 만드는 엔지니어(개발자)는 다른 어떤 역할보다도 기술을 잘 알고 있을 것입니다. 구현은 물론이며 다른 역할을 가진 사람과 함께 아이디어를 실현하는 것도 엔지니어의 역할입니다.

UI 위젯의 키보드 조작 정의 등의 작업은 디자이너가 모두 하기 어려운 경우도 많습니다. UI가 어떤 조작에 의해 어떤 상태로 바뀌는지를 정리하고, 정의되지 않은 부분은 디자이너에게 확인하며 진행하는 등 능동적으로 움직여야 합니다. 그렇기에 접근성을 디자이너에게만 맡기지 않고, 엔지니어도 어떤 사용자에게 어떤 영향이 일어날 수 있는지를 신경 써야 합니다.

이전 절에서 소개한 UI 컴포넌트 구현에 사용하는 라이브러리 선정 작업은 엔지니어와 디자이너의 협력이 필요합니다. 그 밖에도 이 책에서 설명한 몇 가지 기법은 프런트엔드 개발 경험이 없다면 이해하기 어려운 내용도 있을 것입니다. 어떻게 제품 개발에 반영하는지, 효율적으로 지속 가능하며 장점이 큰 방식은 무엇인지를 탐구하는 것은 엔지니어의 몫입니다.

QA

제품 테스트로 품질을 보증하는 QA(Quality Assurance)도 접근성 개선에 참가하면 접근성 향상에 상당히 도움이 됩니다. QA 단계에서 접근성을 확인할 수 있다면 접근성이 낮은 제품이 릴리즈되는 상황을 막는 최후의 요새가 되기 때문입니다. 디자이너나 엔지니어처럼 만드는 입장이 아닌 객관적인 입장에서 제품의 접근성을 확인하기 위해 접근성 향상에 QA가 필요합니다.

완성된 화면의 접근성 확인은 물론이며 어느 화면의 어디를 개선해야 하는지 계획을 세울 때도 QA의 테스트 계획 능력이 크게 도움될 것입니다. 어느 화면, 어느 기능에 문제가 일어나면 제품의 위험성이 높아지는 사실을 QA는 잘 알고 있습니다. 그 능력을 그대로 접근성 향상에 반영한다면 어디서부터 고치면 될지 곧바로 알 수 있을 것입니다.

접근성 향상에 QA팀이 공헌하려면 접근성 문제를 발견했을 때 어떻게 다룰지 규칙을 정하는 것이 중요합니다. QA가 문제를 지적해도 개발팀이 제품에 반영하지 않으면 해당 작업은 의미가 없습니다.

접근 가능하도록 하기 위한 역할과 작업 방법 정의

지금까지 설명했듯 개발과 연관된 여러 직종들의 협력이 있어야 접근성 향상을 추진할 수 있습니다. 그렇기에 단순히 스타일 가이드나 UI 컴포넌트 모음집을 마련하기보단 어떤 역할이 어떤 단계에서 무엇을 할지를 정의해야 합니다.

예를 들면 freee의 접근성 체크리스트[26]에서는 확인 대상을 '디자인', '코드', '프로덕트'로 나눴습니다. 각각 디자이너, 엔지니어, QA가 확인하도록 정의했으며 확인하는 내용도 해당 역할에 따릅니다.

여기서 중요한 점은 각 역할이 어느 부분에 책임을 지는지 정의하는 것입니다. 각 역할을 가진 사람에게 무엇을 기대하는지, 구체적으로 무엇을 하는지를 정의하지 않으면 스스로 행동하지 않을 것입니다. 그 상태에서 접근성 추진 담당자만 존재하면 그 사람에게 모든 부하와 책임이 집중됩니다. 심하면 접근성과 연관된 사항은 모두 해당 담당자에게 맡기면 된다는 오해까지 생길 수 있습니다.

---

26 https://a11y-guidelines.freee.co.jp/checks/checklist.html

접근성 향상 면에서 해당 역할을 정의한 후 어려운 부분을 함께 소통할 수 있는 체계를 만들어야 합니다. 연수를 통해 "우리 조직은 이렇게 진행합니다"와 같은 설명을 하는 것도 좋습니다.

접근성을 향상시키는 체계를 만드는 법은 제7장에서 소개합니다.

접근성 강화를 위해서 준비할 수 있는 것

'접근성 향상'을 보다 구체적인 작업 형태로 만들려면 현장에서 일하는 사람이 곧바로 쓸 수 있는 도구를 준비해야 합니다. 역할과 작업 방법을 정의함과 동시에 각 역할에서 사용하는 도구도 준비합시다.

접근성의 독자적인 가이드라인

접근성 가이드라인은 내용상 WCAG로 충분합니다. 하지만 WCAG는 비교적 내용이 어려우며, 접근성을 개선하려는 각오가 없다면 이해하기 어렵습니다. 또한 달성 방법도 콘텐츠 제작자에게 맡기므로 개발 현장의 인원이 갑자기 최적의 개선 방법을 골라 활용하기는 어렵습니다.

그렇기에 조직에 따라서는 WCAG를 기반으로 한 독자적인 가이드라인을 제정합니다. WCAG의 설명을 보충하거나, 조직의 접근성 대응 방침에 맞춰 바꾸거나, 항목 나열 방법을 변경합니다. 독자적인 가이드라인이 있다면 실제 작업자가 원하는 정보를 원하는 형태로 제공할 수 있습니다. 문장체나 명칭도 조직 내에서 사용하는 것에 맞출 수 있습니다.

일본 국내에는 사이버 에이전트의 Ameba Accessibility Guidelines,[27] freee의 freee 접근성 가이드라인[28]이 있습니다.

독자적인 가이드라인을 제정하려면 접근성에 관한 깊은 지식과 많은 노동력이 필요합니다. 그렇기에 다른 조직이 제정한 가이드라인을 그대로 이용하거나 관련 참고 문서를 정비하는 방법도 있습니다. 예를 들면 GMO 페파보의 접근성 가이드라인[29]은 Ameba나 freee의 가이드라인을 참고한 '링크집'과 같은 가이드라인입니다.

접근성의 독자적인 체크리스트

가이드라인보다는 체크리스트가 현장에서 요긴할 것입니다. 설명 중심인 가이드라인에 비해 체크리스트는 확인 순서나 판단 기준을 간결하게 나타내므로 실제 작업과 밀접합니다. 체크리스트도 가이드라인과 마찬가지로 독자적으로 제정하면 조직에 맞춘 내용을 표현할 수 있습니다.

독자적인 가이드라인의 사례로 소개한 사이버 에이전트와 freee의 가이드라인에는 체크리스트 확인 방법도 있습니다. cybozu에도 사내용으로 정리한 체크리스트[30]가 있습니다.

체크리스트는 가이드라인보다도 내용이 단순하며 현장의 업무에 맞춰 개선하기 쉽습니다. OK/NO의 기준이 애매하거나 확인 방법이 알기 어렵다면 계속 수정하며 현장에서 쉽게 사용하도록 합시다. OK와 NO를 명확히 판단할 수 있도록 쉬운 문장으로 작성하거나, 순서를 구체화해서 사내 모든 인원이 곧바로 확인할

---

27 https://a11y-guidelines.ameba.design
28 https://a11y-guidelines.freee.co.jp
29 https://tech.pepabo.com/2020/07/07/designers-meeting-issue10/
30 https://cocoda.design/mma2i/p/pce6ce0340c7b

수 있는 체크리스트로 만드는 것이 이상적입니다. 제7장 6절에서는 확인 가능한 인원을 늘리기 위한 방법을 소개하니 이 부분도 참조하세요.

하지만 접근성을 체크리스트만으로 확인하고 현장에 맡기는 작업은 신중해야 합니다. WCAG의 달성 기준 중에는 기계적으로 OK와 NO를 판단하기 어려워 달성 기준을 숙지한 사람의 눈으로 확인해야 하는 것도 있습니다. 체크리스트를 사용하는 모든 인원이 이와 같이 판단 가능하다면 좋겠지만 현실적으로는 불가능합니다. 체크리스트를 그저 사용만 하기보단 확인이 필요한 제품을 만드는 디자이너나 엔지니어에게 교육을 하거나 리스트를 어느 정도 숙지한 인원이 확인하는 작업이 필수적입니다.

체크리스트 자체의 개선을 위해서라도 확인을 담당하는 인원의 피드백을 구하거나, OK인지 NO인지 여부를 정기적으로 조사합시다. 이에 사내 가이드라인이나 패턴 라이브러리를 보다 정교하게 만드는 활동으로 이어 나간다면 접근성 개선은 더 가속됩니다.

디자이너를 위한 도구 정비

접근성 개선에 여러 역할이 얽혀 있는 이상 역할 간에 소통이 잘되지 않으면 개선 작업을 진행할 수 없습니다. 특히 접근성은 디자이너가 엔지니어와 QA에게 정보를 전달하는 것이 중요합니다.

웹 애플리케이션 개발에서 디자이너가 피그마나 스케치, 어도비 XD와 같은 디자인 도구로 UI 완성 견본을 만들어 엔지니어에게 전달하는 작업 흐름이 일반적입니다. 이때 이러한 도구로는 표제 수준이나 이미지의 대체 텍스트 또는 aria-label 속성과 같이 화면상에 표시되지 않는 정보를 표현할 수 없습니다. 아무리 디자이너의 아이디어가 뛰어나더라도 엔지니어나 QA에게 내용을 전달하지 못하면 제대로 구현되지 않습니다.

이를 해결하는 방법으로 Indeed는 피그마에 관련 정보를 기재하기 위한 A11y Annotation kit[31]을 사용합니다. freee도 lib_patwah[32]라는 UI 완성 견본에 주석을 다는 도구를 사용합니다.

이런 도구가 있다면 접근성에 관한 의식이 높은 디자이너가 아니어도 지시를 내리기 쉬워집니다. 지시 방법도 구두 전달 혹은 다른 문서로 나타내는 등 분산되는 상황을 막을 수 있습니다. 도구로 방식을 표준화해 두면 어떤 디자이너가 작업했더라도 엔지니어나 QA는 같은 방식으로 관련 정보를 확인할 수 있습니다.

---

31 https://medium.com/designing-atlassian/create-accessible-designs-using-the-figma-a11y-annotation-kit-35371f00dac5
32 https://note.com/ymrl/n/n902fc08a3d56

6.5
디자인 시스템만으로는 접근할 수 없다

지금까지 디자인 시스템에 접근성을 포함시키는 방법과 장점을 소개하고 조직 내에 역할 분담을 설명했습니다. 접근성을 추진하는 데 디자인 시스템은 강력한 존재지만 만능은 아닙니다. 이 절에서는 디자인 시스템만으로는 해결할 수 없는 문제를 소개합니다.

디자인 시스템 작성자의 의도대로 사용하지 않는다

디자인 시스템으로 접근성을 확보한다면 실제로도 지금까지 설명한 것처럼 확보할 수 있는 부분이 많습니다. 하지만 작성자의 의도대로 사용하지 않으면 그 노력도 물거품이 됩니다.

예를 들면 스타일 가이드의 컬러 팔레트를 텍스트에 요구하는 7:1이나 4.5:1의 명암비를 의식해서 정의할 것입니다.

우선 배경색으로 사용 가능한 색을 정의하고, 그에 대해 명암비의 기준을 밑돌지 않는 색을 텍스트용으로 정의합니다. 그것만으로 UI를 구성할 수는 없으므로 텍스트에 사용하지 않는 색도 준비합니다. 비텍스트 대비 기준인 3:1을 의식한 색으로 설정하거나 기준이 필요 없는 곳에는 명암비가 더 낮은 색으로 합니다.

이런 의도로 만든 컬러 팔레트라면 텍스트에 사용 가능한 색과 그렇지 않은 색의 구별 여부가 명확하며, 부속 문서에는 그 취지도 작성된 상태일 것입니다. 하지만 내용을 읽지 않으면 컬러 팔레트에 있는 색이니까 괜찮을 거라며 텍스트용이 아닌 색을 텍스트에 사용할 우려가 있습니다.

패턴 라이브러리의 컴포넌트도 문서를 읽지 않으면 올바르게 사용할 수 없습니다. `aria-labelledby` 속성이나 `label` 요소의 `for` 속성처럼 유일한 `id` 속성을 사용해 참조할 경우 UI 컴포넌트 시스템과 궁합이 그다지 좋지 않습니다. 한 컴포넌트 안에 참조할 곳과 참조되는 곳의 요소가 있다면 연속되는 숫자로 유일성을 확보한 `id` 속성값을 만들어 할당하면 확실하게 참조할 수 있습니다. 그런데 다른 컴포넌트 안의 요소를 참조해야 하는 경우는 양쪽 컴포넌트에 `id` 속성값을 지정하는 인터페이스를 만들어 각 요소에 같은 값을 지정해 줘야 합니다. 이런 방식으로는 `id` 속성값이 유일하다는 것도, 같은 값이 지정됐다는 것도 컴포넌트 쪽에서는 보장할 수 없습니다. 사용자가 문서를 제대로 읽고 그 지시에 따라줘야 합니다.

이런 문제는 문서 작성법이나 인터페이스를 궁리해 어느 정도 개선할 수 있습니다. 그러나 디자인 시스템을 정비하는 쪽 입장에서는 아무리 궁리해도 작성자의 의도대로 사용하지 않는 사람이 생기는 건 머리 아픈 문제입니다.

페이지 전체 및 제품 전체의 상황을 알 수 없다

디자인 시스템이 제공하는 자원은 스타일 가이드의 컬러 팔레트나 패턴 라이브러리의 UI 컴포넌트처럼 작은 단위가 중심입니다. 하나하나 접근 가능하도록 설계했으며, 이를 조합해 화면이나 제품을 완성했더라도 정말로 접근 가능한지는 완성된 것을 평가해야 알 수 있습니다.

컴포넌트 자체는 완벽하더라도 화면 내 컴포넌트 조합에 따라서는 문제가 발생할지도 모릅니다. 예를 들면 모달 다이얼로그의 드롭다운 메뉴가 열려 있을 때 `Esc` 키를 누르면 메뉴가 닫히도록 했을 때, 메뉴를 포함해 모달 다이얼로그까지 닫히게 되는 경우도 일어날 수 있습니다. 다른 화면이 아무리 접근성이 좋더라도 어느 특정 화면의 접근성이 낮아 도달하기 어려운 경우도 예상할 수 있습니다.

제6장 디자인 시스템과 접근성

그 밖에도 패턴 라이브러리에 있는 컴포넌트를 조합해 제5장에서 소개한 복잡한 UI를 구현할 때는 다시금 접근성을 어떻게 확보할지 생각해야 합니다.

각자가 책임감을 갖는다

완성도 높은 디자인 시스템은 접근성 추진에 큰 도움이 되지만 각 인원이 접근성에 대한 작업을 전혀 하지 않아도 된다는 건 아닙니다. 디자인 시스템 설계자의 의도대로 접근성이 유지되도록 하려면 어느 정도 지식이 필요할 수 있습니다. 완성된 제품의 접근성 확인 작업도 필수적입니다. 즉, 디자인 시스템이 존재하더라도 방심하면 안 됩니다.

디자인 시스템으로는 문제의 일부만 해결 가능하며, 개발에 연관된 각자가 책임감을 갖고 접근성을 다뤄야 합니다.

제 7 장

접근성의 조직 도입

기업이 제공하는 웹 애플리케이션은 큰 규모로 성장해 나가지만 접근성에 대한 사내의 의식은 높지 않다는 것이 현실입니다. 그런 상황에서 접근성을 향상시키려면 우선 팀을 만들어 사내에 접근성을 인식시켜야 합니다. 그리고 사용자를 만나 구체적인 성과를 올리고 사내외에 관련 내용을 알림으로써 사내 공인팀이 되기를 목표로 합니다. 이 장에서는 필자가 몇몇 곳에서 경험한 사례를 기반으로 '혼자서 시작하는 웹 접근성'의 과정을 설명합니다.

제7장 접근성의 조직 도입

7.1 이 장을 읽는 법과 사용법

혼자서 시작하는 웹 접근성

이 장에서는 웹 서비스를 제공하는 회사에서 접근성에 대한 이해가 퍼지기 시작하고 개선 활동이 시작되기까지의 과정을 소개합니다. 필자 중 한 명인 이하라가 freee에서 경험한 사례를 기반으로 하겠습니다.[1]

접근성에 관한 개념과 이해가 없었던 freee에 이하라가 입사하여 한 명의 프로덕트 디자이너로 활동하는 상향식 접근법으로 시작했습니다. 주변에 목소리를 내어 개선의 실적을 쌓으며, 이윽고 회사 공인의 접근성 팀을 설립하게 됩니다.

지금부터, 어디서든 시작할 수 있다

이 장에서 소개하는 개선 방법은 제1장부터 제5장을 읽고 개요를 파악했다면 시작할 수 있습니다. 시작 전에 상세하게 이해하고 있지 않아도 됩니다. 기술은 개선을 진행하면서 팀 인원과 같이 학습하면 됩니다. 중요한 건 열정입니다. 하고 싶다는 마음이 들었다면 그때 시작해야 합니다.

이 장은 이하라가 노력해온 순서로 설명하지만 회사, 서비스, 프로덕트의 상황은 각기 다르므로 독자 입장에서 시작하기 쉬운 것, 소속된 회사 입장에서 효과를 내기 쉬운 것부터 시도하세요.

---

[1] 이하라는 집필 시점(2022년 12월)에 note, Ubie, STUDIO, 도쿄도 신형 코로나바이러스 대책 사이트의 접근성 향상을 지원했으며 그 경험도 포함합니다.

이 장에서 목표하는 것과 그 미래

이 장의 목표 지점은 다음과 같습니다.

- 프로덕트의 접근성 개선에 노력하는 회사 공인팀이 있다
- 접근성 개선을 실시한 프로덕트를 개발하기 시작했다
- 프로덕트의 접근성 개선에 대한 내용을 사외에 발언할 수 있다

이 장의 내용에는 일정 부분 재현성이 있습니다. 필자들의 소속 회사 및 이 책의 리뷰어 대부분이 실제로 이 목표에 도달했기 때문입니다. 자신이 소속된 회사에 접근성을 심는 '틀'로서 이 장이 참고가 되면 좋겠습니다. 독자 여러분의 도전을 필자들은 진심으로 응원합니다.

하지만 이 목표는 아직 마지막 목표가 아닙니다. 마지막 목표는 기업 활동의 전제로 접근성이 뿌리 박히고, 프로덕트 및 서비스, 정보 제공 역시 접근 가능한 상태를 목표로 해야 합니다.

필자들은 소속된 기업이 접근성에 투자하고, 기업들이 서로 협력하여 새로운 서비스로 시장을 창출하는 상태를 목표로 합니다. 독자 여러분과 함께 이러한 미래를 실현하는 첫 걸음으로 이 장이 도움 되면 좋겠습니다.

7.2 정보를 공유하고 동료를 찾는다

접근성을 높이는 활동은 한 사람의 힘만으로는 곧바로 한계를 맞이합니다. 개발, 디자인, 홍보, 지원 등의 역할을 맡는 여러 인원이 접근성에 관심을 가지면 작은 물결에서 큰 물결이 되듯 결국 회사 내에 정착하게 됩니다.

'접근성이라는 말은 들어본 적이 있다', '내가 만든 걸 누구나 사용 가능한지 궁금하다' 하는 사람은 늘어나고 있으며 사내에도 분명히 있습니다. 우선 핵심 인원이 될 동료를 사내에서 찾는 것부터 시작합시다.

접근성 채널을 만든다

맨 처음 행동으로 사내 커뮤니케이션 도구에 '접근성'이라는 단어를 표시하는 것입니다. 접근성이라는 단어를 사내에서 보게 된 사람이 '회사의 활동과 접근성은 관계가 있을지도 몰라'처럼 생각하는 계기가 늘어납니다.

사내 채팅 도구나 그룹웨어에 접근성 채널을 만듭시다. 그날이 당신의 회사에서 접근성 향상 활동을 시작한 첫날이 됩니다.

채널을 만들려면 몇 가지 팁이 있습니다. '쉽게 이해 가능할 것', '널리 전달할 용기를 가질 것'입니다.

- 채널명은 '접근성'이나 'Accessibility'로 한다. 약어인 'A11y'로 표시하면 무슨 채널인지 알기 어려워 참가율이 떨어진다
- 용기를 내어 채널을 만들었음을 널리 알린다. 다양한 역할을 가진 사람이 흥미를 가져

주면 앞으로 활동하기 쉬워진다
- 채널의 존재를 정기적으로 알려서 신입사원이나 나중에 흥미를 갖게 된 사람이 쉽게 참가하도록 한다. 입사 시의 안내 자료에 기재하는 것도 좋다

기사나 자료를 채널에 배포한다

채널을 만들었습니다. 그다음 무엇을 해야 할까요? 채널을 만든 당신과 참가자 간에는 인식에 대한 온도차가 있어 대부분은 '접근성이 뭐지?' 싶어 갸우뚱거리는 상태일 것입니다. 우선 접근성에 관한 기사나 자료를 채널에 배포한 후 이를 기준으로 대화를 시작하는 것을 목표로 합니다.

기사나 자료를 배포할 때는 다음과 같은 점을 주의합니다.

- 우선 배포자 본인이 흥미를 가진 화제임이 중요하다. '참고가 된다', '재밌다', '누군가와 얘기하고 싶다'고 느껴지는 기사를 배포하면 대화하기 쉽다
- 화제는 한정하지 않는다. 건축, 하드웨어, 일용품, 게임 등의 얘기도 넣음으로써 주변에도 접근성 화제가 많이 있음을 알아챌 수 있다
- 정보를 배포할 때는 그 감상과 궁금증을 덧붙인다. 단순히 정보를 배포하기만 하면 상대방은 의견을 내기 어렵다. 봇(bot)을 사용한 자동 게시도 대화를 발생시키지 않으므로 피한다

유명 기업의 노력을 조사하고 공유한다

사내에서 인지도가 늘어났다면 자신이 속한 업계가 어떤 상황에 있는지도 다룹니다.

구글, 애플, 메타, 아마존, 마이크로소프트 등의 유명 기업 역시 접근성을 개선하고자 노력 중이며 그 활동은 매우 큽니다. 이러한 기업의 개발자 이벤트에서도

제7장 접근성의 조직 도입

접근성을 중요한 노력으로 다루는 사례가 늘고 있습니다.

우리가 업무에서 일상적으로 사용하는 깃허브, 슬랙, 아틀라시안(지라), 어도비, 세일즈포스 등에서도 접근성은 이미 당연한 요소가 됐습니다. 이러한 서비스는 평소에 자주 사용하므로 시험해보기 쉽습니다. 자료를 조금만 찾아보면 나오는 키보드에 의한 조작 방법과 접근성 설정을 실제로 시험해보면 아마 새로운 발견이 있을 것입니다.

가까운 업계의 노력을 조사하고 공유한다

'해외의 유명 기업은 체력이 있으니까', '해외와 국내는 사정이 다르다' 하는 의견도 있을지 모릅니다. 하지만 일본 내에서도 노력하는 기업이 여럿 있습니다. B2C 서비스로는 야후 재팬, 사이버 에이전트, note 등이, B2B 업무 애플리케이션으로는 cybozu, freee, SmartHR, Chatwork 등이 있습니다. B2C와 B2B 모두에 관한 서비스로는 STUIDO, Ubie, GMO 페파보 등이 있습니다. '기업명+접근성'을 검색하면 접근성에 관한 자세나 구체적인 개선 사례, 어떤 사내 활동을 해왔는지 등의 정보를 얻을 수 있습니다.

가까운 분야의 다른 국내 서비스가 노력하고 있다는 점과 그 필요성을 자신이 속한 조직에 언급할 때의 자료로 활용할 수 있습니다.

또한 예시로 든 기업은 모두 상향식으로 활동을 시작했습니다. 그 노력을 알아보면 용기를 가지는 계기가 될 것입니다.

흥미를 가질 법한 사람을 유도한다

대화의 장을 마련했다면 흥미가 있을 법한 사람을 찾아 조금씩 유도합니다.

접근성에 대한 관심이 적지만 그렇다고 아예 없지도 않습니다. '약간은 궁금하다'는 사람은 의외로 많이 있습니다. 어딘가에서 접근성 정보를 접해본 사람, 디자인이나 구현에 대해 고민 중인 사람, 입사 전에 접근성을 언급하던 사람 등이 존재할 가능성이 있습니다.

다른 사람에게 관련 내용을 들으며 사내 SNS나 위키, 회의록 등에서 '접근성', '대비', '마크업', '음성 변환', '스크린 리더' 등의 관련 용어를 검색해보는 것도 좋습니다.

접근성에 흥미가 있을 법한 사람을 찾았다면 우선 말을 걸고 대화의 장을 소개합시다. 같이 활동하고 싶다는 사람도 있겠지만 그럴 수 없는 경우 지금 진행할 수 있는 범위에 맞춰 정보를 얻습니다. 접근성 향상을 곧바로 하기는 어려운 사람도 있을 테니 각 상황에 맞춰 참가하도록 합시다.

동료와 함께 사외 이벤트에 참가한다

타사에서 노력 중인 사람의 목소리를 듣거나 교류의 장을 경험하는 데 영향이 큽니다. '지금 말하는 사람이 실제로 하는 것'이라 이해할 수 있기 때문입니다.

일본 내 대규모 이벤트로는 GAAD(Global Accessibility Awareness Day, 5월 제3 목요일)에 맞춰 실시되는 '접근성 행사'와 'GAAD Japan'이 있습니다. 해외에서는 'CSUN Assistive Technology Conference'와 'Inclusive Design 24'가 매년 개최되고 있습니다(CSUN에는 매년 일본 참가자도 있으며 개최 후에 보고회가 열리는 것이 관례입니다).

일본 내에서는 다음과 같은 이벤트가 많이 있습니다. 한 달에 여러 번 정도 이벤트가 열립니다.

제7장 접근성의 조직 도입

- 디자인이나 프런트엔드 기술 계통의 대규모 컨퍼런스에 접근성에 관한 세션이 있다
- 기술 테마를 설정하는 정기 이벤트에서 접근성 회의가 열린다
- 디자인과 프런트엔드의 라이트닝 토크[2]에 접근성에 관한 라이트닝 토크가 있다

이벤트 운영 서비스(compass, Peatix, Doorkeeper, TECH PLAY 등)에서 '접근성'을 검색하면 찾을 수 있습니다.

이벤트에 혼자서 참가하는 것도 의미가 있지만 그다음에는 동료를 불러서 같이 참가하도록 합니다. 이벤트의 감상을 서로 교환함으로써 이해가 더해져 의욕도 생기기 때문입니다.

집필 시점(2022년 12월)에는 코로나 바이러스의 영향으로 대부분 온라인으로 개최됩니다. 온라인이라면 참가하기 쉬우므로 앞으로도 이러한 경향은 지속될 것이며 이는 기회입니다. 기존의 오프라인 이벤트 시절에는 동료를 부르기 어려웠지만 지금은 시간만 맞으면 어디서나 참가할 수 있습니다.

동료를 부를 때는 상대를 직접 부릅니다. 이벤트 정보를 채널에 배포해도 좋지만 '갈 수 있는 사람은 갑시다'라고만 덧붙이면 참가자들은 '나를 말하는 건가?' 싶어 자신의 일처럼 생각하지 않습니다. '당신과 함께 이 얘기를 들으러 가고 싶다'며 직접 의사를 전달하는 것이 중요합니다.

---

2 역주: 5~10분 이내의 짧은 프레젠테이션을 말합니다.

7.3
사내 커뮤니티를 설립한다

접하는 정보가 늘어나면 이해가 더해집니다. 하지만 이해가 더해질수록 대상 범위가 넓음을 알게 돼 어디서부터 무엇을 하면 되는지 알기 어려워집니다. 이때 배운 내용을 공유할 수 있는 사내 커뮤니티를 설립하면 유용합니다.

접근성 서적 낭독회를 실시한다

시작하기 쉬운 활동 중 하나는 '접근성 서적 낭독회'입니다(**그림 7-3-1**). 다음 서적을 추천합니다.

그림 7-3-1   freee의 낭독회 모습
디자이너들이 점심을 먹으면서 서적을 낭독하고 있다

- 'Inclusive Design Patterns', Heydon Pickering 저
  - 웹 사이트 및 웹 서비스에 필수적인 구성 요소에 대해 HTML과 WAI-ARIA를 전제로 어떻게 설계할지를 패턴마다 설명
- 'Form Design Patterns', Adam Silverr 저
  - 웹 애플리케이션의 UI 대부분을 점유하는 폼에 대해 접근 가능하면서 쉽게 사용 가능케 하기 위한 프랙티스를 설명. 사용성 향상의 관점에서도 읽을 가치가 크다

낭독회 시 팁은 다음과 같습니다.

- 모여서 읽는 방식은 편하게 참가할 수 있지만 시간이 든다. 사전에 책을 읽은 후 낭독회에서 감상을 말하는 방식은 준비가 필요하지만 진행이 빠르다. 참가자와 소통하여 보다 지속되기 쉬운 편을 고른다
- 낭독회 조력자는 돌아가면서 맡으면 좋다. 어느 한 사람만 담당하게 되면 시간이 지나 그 사람이 가르치는 형태가 돼 참가자의 주체성이 옅어진다. 비대칭 관계가 되지 않도록 주의한다
- 감상 및 의론 내용을 문서로 남긴다. 서적 내용을 기준으로 자사의 상황을 되돌아보는 의론 등은 해당 회사의 자산이며 귀중한 것이다. 또한 낭독회가 여러 번 열릴 수 있으며 그때마다 문서가 큰 도움이 된다

시험삼아 지원 기술을 이용해보는 모임을 만든다

낭독회와 같이 지원 기술을 이용해보는 모임을 만들면 이해가 더해집니다.

서적에는 지원 기술 사용 방법이 있지만 읽기만 해서는 체감할 수 없습니다. 실제로 써 봄으로써 사용감이 어떤지 알게 되고, 왜 문제가 일어나는지 실감할 수 있습니다(그림 7-3-2).

그림 7-3-2 지원 기술을 시험하는 모임
iOS용 회계 프로그램을 스크린 리더로 조작하는 데모 모습

지원 기술을 시험하는 모임을 개최하려면 '우선 내가 제대로 쓸 수 있게 되고서'라는 마음이 들지 모르지만 그렇게 생각하면 좀처럼 개최하기 힘듭니다. '제가 기능을 시험하고 싶은데 같이 해보실래요?' 정도의 가벼운 마음으로 개최합시다.

지원 기술을 시험하는 모임의 대표적인 내용은 다음과 같습니다.

- 키보드만으로 조작한다
- 얼굴의 방향이나 표정으로 마우스 조작을 시험한다. 음성 명령을 시험한다
- 화면 표시 확대, 문자 크기 확대, 고대비, 색반전 등을 실시한다
- 스크린 리더로 조작한다

지원 기술을 시험하는 모임은 다음 단계로 구성합니다.

❶ 지원 기술의 설정이 어디에 있으며 어떻게 켜고 끌 수 있는지 파악한다

우선 지원 기술의 설정이 있는 위치를 확인합니다. 예를 들어 화면 확대 설정은 OS의 접근성 항목에 있습니다. 스크린 리더도 마찬가지로 OS의 접근성 항목에 있습니다. Mac과 iOS라면 VoiceOver, 윈도우라면 내레이터, 안드로이드라면 TalkBack이 OS에 표준 탑재돼 있습니다.[3]

OS가 달라 지원 기술이 다르더라도 큰 틀에서는 차이가 없습니다. 하지만 시험하는 지원 기술은 되도록 참가자끼리 맞추면 좋습니다. 각자가 다른 환경에서 시험하면 사용법을 모를 때 서로 도와줄 수 없기 때문입니다.

지원 기술은 일단 켜면 OS 사용법 자체가 크게 변화합니다. 대표적인 문제는 스크린 리더를 켜면 끌 수 없게 되는 것입니다. 켜고 끄는 방법을 확실히 익혀 둡시다.

❷ 지원 기술로 웹 사이트를 보기 위한 최소한의 조작 방법을 파악한다

지원 기술의 사용법은 대부분 OS의 도움말에 있으며 검색해서 쉽게 찾을 수 있습니다. 매뉴얼을 읽으면서 단계를 밟으면 기본적인 조작을 바로 할 수 있게 됩니다.

❸ 지원 기술로 웹 사이트를 실제로 접속해서 사용감을 확인한다

평소 이용 중이거나, 유명한 웹 사이트에 접속해서 접근 가능한 경우가 그렇지 않은 경우를 대략적으로 이해할 수 있는 상태를 목표로 합시다.

웹 애플리케이션은 조작이 복잡하므로 지원 기술로 접속해도 어떻게 조작해야

---

3 안드로이드 TalkBack은 별도로 설치해야 하는 경우가 있습니다.

할지 알기 힘든 경우가 있습니다. 우선 웹 사이트를 지원 기술로 볼 수 있게 된 이후 웹 애플리케이션 조작을 시도합시다.

❹ **지원 기술로 웹 애플리케이션에 실제로 접속해서 사용감을 확인한다**

웹 애플리케이션을 지원 기술로 시험할 때는 우선 근태 관리 시스템이나 버그 트래킹 시스템 등 자사에서 업무에 이용하는 도구를 주제로 합시다. 평소에 아무렇지도 않게 쓰는 시스템이 접근성이 높거나 전혀 사용할 수 없다는 데 놀랄 것입니다.

조작하고 입력하는 감각을 익혔다면 지원 기술로 자사 서비스에 접속해 사용감을 익힙니다. 현 시점에서는 접근성을 개선하지 않았기에 사용하기 힘든 상태가 많겠지만 어느 정도 사용 가능한 상태도 있을 것입니다. 현재 상태를 '좋지 않다'고 보기보단 어떻게 하면 개선할지, 이미 사용 가능한 부분은 왜 그런지 등을 생각하며 건설적인 관점에서 대화합시다.

접근성을 화제로 한 살롱을 개최한다

접근성 개선에 대한 노력은 진지하면서 격식이 있는 것이 되기 쉽습니다. 결론을 요구하지 않아 긴장감이 없는 '살롱(소모임)'과 같은 장을 마련하면 분위기를 중화할 수 있습니다(**그림 7-3-3**). 생활 속에서 접근성에 관한 것을 발견했다, 이벤트에 참가하려 했다, 이런 얘기를 들었는데 어떻게 생각하는가, 이런 노력이 좋다고 생각한다 등 다양한 감상을 편하게 말할 수 있는 장소를 만든다면 오래 활동하는 데 사이다 같은 존재가 됩니다.

접근성은 '접근 가능성'이며 모든 사물과 서비스에 그 개념이 존재합니다. 이런 건 접근할 수 없어, 이러면 접근할 수 있어, 그건 왜 그러지, 어떻게 하면 좋지와 같은 대화를 지속하면 접근성을 재밌게 느끼는 원동력이 되며, 먼 관점에서 보면 디자인과 엔지니어링에 도움이 됩니다.

이러한 살롱은 점심이나 간식 시간에 맞춰 실시합니다. freee에서는 일주일에 한 번, 요구르트가 도착하는 오후 시간에 맞춰 개최합니다.

그림 7-3-3 살롱 개최 여부를 알리는 화이트보드
딱딱하지 않은 분위기를 위해 손 글씨로 '누구든 참가 OK, 과자도 있어요'라는 문장을 덧붙였다

7.4
자신의 생각을 사내에서 발언한다

정보를 통해 접근성에 대한 감각을 익혔다면 다음엔 결과를 냅니다. 현 시점에서는 아직 흥미를 가진 사람들이 모인 일종의 '동아리' 상태입니다. 회사가 공인하는 활동으로 만들려면 결과를 내기 위해 노력해야 합니다.

사내용으로 접근성 기사를 쓴다

사내용 위키[4]가 있다면 기사를 써봅시다.

내용은 뭐든 상관없습니다. 낭독회 메모나 자신만의 스크린 리더 사용법 등 이전 절에서 소개한 활동을 실시할 때마다 기록한 내용이나, 알게 된 점을 작성하는 방법이 간편합니다. 기존의 접근성 자료나 요약, 이벤트 참가 보고서도 좋습니다.

써 두면 누군가에게 도움이 되겠다고 한순간이라도 생각했다면 조금씩이나마 작성합니다. 결과물을 더해 감으로써 자신이 노력하는 이유나 집중하고 싶은 영역이 정리됩니다.

제대로 된 내용을 쓰려 하면 시간만 계속 흘러갑니다. 가볍게 기사를 작성하면 다른 사람도 접근성에 대해 얘기해도 되겠다는 분위기를 만들 수 있습니다. 짧아도 좋으니 조금씩 작성해봅시다.

---

4 Scrapbox, Confluence, Qiita Team, esa, kibela, Notion 등입니다.

사내 발표회에서 접근성을 얘기한다

이 시점에서는 접근성에 관한 활동이 아직 일부 사람에게만 전달되었을 것입니다. 당신의 활동에 반응해주는 사람들이 몇 명 생겼더라도 아마 '원래부터 접근성에 어느 정도 관심이 있었던 사람'일 것입니다.

사람이 인지하는 데 사용하는 자원은 한정돼 있어 자신과 크게 관계가 없다고 생각한 것은 무시하게 됩니다. 끼어들려면 상대방이 오기를 기다리기보단 우리가 먼저 발표해야 합니다. 사내에서 라이트닝 토크나 발표할 기회가 있다면 적극적으로 손을 듭시다(**그림 7-4-1**).

발표 내용은 '접근성 개선의 현 상황 보고' 정도면 됩니다. 지금 정보를 모으고 있다, 이런 얘기가 있더라, 추후 방향성을 생각하고 있다는 정도로 충분합니다. 슬라이드를 예쁘게 만들 필요도, 멋진 말도 필요 없습니다.

그림 7-4-1 라이트닝 토크
웹 접근성에 관한 라이트닝 토크가 진행되고 있다.

먼저 움직임으로써 자신감을 갖고 발표할 수 있다고 느낀다면 다음 절의 내용에 대한 경험을 통해 느낀 점을 말해봅시다.

발표는 경험을 쌓는 것을 목표로 합시다. 말하는 입장에서 '계속 같은 말을 하고 있네'라는 생각이 들어야 겨우 주변에서 '접근성이라는 말을 최근에 들어본 것 같다'고 인식합니다. 기회가 있다면 모임에 얼굴을 비춰 편한 마음으로 발표해 봅시다.

다른 팀의 공부회에서 발표한다

앞으로 접근성 향상을 위해 노력하려면 다양한 직무를 가진 인원의 협력이 필요합니다. 필자가 소속된 freee에서도 다음 직무에 관한 인원이 접근성 향상과 연관돼 있습니다.

- 프로덕트 매니저
  - 프로덕트 성장에 따라서 품질 개선을 검토한다. 로드맵을 만든다.
- 디자이너
  - 시각적인 디자인이나 인터랙션을 개선한다. 디자인 가이드라인을 만든다.
- 엔지니어
  - 프런트엔드 구현을 개선한다. 구현 가이드라인을 만든다.
- QA
  - 품질 개선을 위해 접근성을 체크한다. 프로세스화한다.
- 지원
  - 사용자 피드백을 접수하고 대응한다. 프로덕트 이외의 도움말이나 자료를 만든 후 접근성을 개선한다.
- 마케팅
  - 접근 가능한 프로덕트임을 온라인 마케팅을 통해 전달한다.

- 영업
  - 미팅에서 접근성에 관한 요구를 듣는다. 접근 가능한 프로덕트임을 전달한다.
- 홍보
  - 접근성 개선에 대한 사항을 사외 이해관계자에게 전달한다.

처음엔 디자이너나 엔지니어 이외의 다른 직무에서는 '무엇이 문제인지, 무엇을 하면 되는지'를 연상하기 어려운 경우가 많습니다. 그럴 때는 '출장'을 갑니다. 직무마다 공부회나 정례회가 있을 텐데 이에 참가한 후, 시간을 조금 할당받아 '접근성과 그 직무가 어떻게 연관되는지'를 설명합니다.

시작 단계에서는 상대방이 흥미를 가져 주기만 하면 된다고 생각하며 임합시다. 해당 직무와 관련 있는 타사의 사례나 홍보 기사를 활용해 '앞으로 이런 상태로 만들고 싶으니까 그때는 같이 협력합시다'처럼 전달할 수 있다면 더욱 좋습니다. 또한 여유가 된다면 상대방의 직무에 맞는 자료를 만드는 것도 좋습니다.

7.5
작은 규모의 개선을 시도한다

그냥 듣기만 해서는 한계가 있습니다. 활동의 기반이 마련됐다면 작은 규모부터 개선을 시도합시다. 직접 개선 작업을 해봄으로써 실제로 '사용할 수 없었던 것이 사용 가능해진다'고 실감할 수 있습니다.

혼자서 개선해보고 감을 잡는다

감을 잡기 위해 지금 담당하는 프로젝트에서 개선을 시험해봅시다. 이 시도는 사전 연습이며 시도 자체가 목적입니다. 다음과 같은 사항이 개선하기 쉬울 것입니다.

- UI의 대비를 부분적으로 개선한다
- 표시되지 않는 포커스를 표시한다
- 버튼을 button 요소로 마크업한다
- 이미지에 대체 텍스트를 부여한다

지금 단계에서 가능하거나 자신의 재량으로 바꿀 수 있는 범위라도 좋습니다. 우선 '접근성을 개선하기 위한 커밋(commit)이 실제로 나타났다'는 사실을 만듭시다.

정말로 작은 부분을 개선해도 좋습니다. 몇 줄 안 되는 코드라도 이용자에게는 큰 의미가 있습니다. 누르지 못했던 버튼을 누를 수 있게 됐다는 변화는 기존에 무리해서라도 사용했던 사용자나 해당 동작을 포기했던 사용자에게 압도적인 개선입니다.

다른 프로젝트와의 일치성도 신경 쓸 필요 없습니다. 일치시키려면 전체를 한 번에 수정해야 하므로 손을 댈 수 없게 됩니다. 접근 가능한 부분이 일부라 해도 사용자에게 단점이 되지는 않습니다.

모두가 개선을 하기 위해서: 대상을 좁히기

혼자서 감을 잡았다면 이제부터는 모두가 같이 활동하게 됩니다.

모두가 개선을 위해 노력할 때 각 인원이 특히 신경 쓴 개별적인 부분을 개선하는 상황은 피합시다. 개선을 시도하는 인원은 일반적으로 사내의 여러 프로젝트에 각각 분산돼 있습니다. 그런 상태에서 개별적으로 개선하면 개선되는 부분이 여기저기 흩어지므로 다음과 같은 문제가 발생합니다.

- 정돈이 잘 된 내용이라고 실감하는 데 상당히 시간이 걸린다
- 회사 전체 혹은 프로덕트 전체적으로 봤을 때 얼마나 좋아졌는지 알기 어렵다
- 개선도를 사내외에 발표하기 어렵다

결과적으로 동기를 유지하지 못해 지속하기 어려워집니다. 팀으로 개선을 하기 위해서는 대상을 좁혀 목표를 세우는 것이 중요합니다. 이 항에서는 '대상을 좁히는' 방법을 소개합니다.

대상을 좁히려면 '보도 자료로 내보낼 수 있는 단위'로 생각한다

접근성에는 항상 '폭넓음'이 따라다닙니다. 보다 폭넓게 접근하도록 목표하면 모든 화면에서, 모든 기능에서, 모든 이용 상황에서, 모든 접근 수단으로 사용 가능해야 한다는 생각에 사로잡힙니다. 하지만 개선은 이제 막 시작됐고 자원은 한정적입니다. 어떻게 하면 될지 모르는 것도 당연합니다.

이를 타파하고 목표를 정하는 데 '사외에 알리거나 보도 자료로 내보낼 수 있는 단위'를 생각하면 유용합니다.

프로덕트나 서비스를 통해 제공하며, 사용자가 접근할 수 있었다는 결과를 얻

것이 중요합니다. 그 결과를 역산해 '이 서비스나 프로덕트가 접근 가능하다는 것을 사내 및 사외, 사용자에게 전달되도록 하려면 어떻게 하면 되는지'를 생각하면 우선도나 착수 순서를 정하는 길이 보입니다.

보도 자료로 내보낼 수 있는 단위로 '제공 형태나 기능 단위', '특정한 접근성 관점'을 생각합니다.

'제공 형태'란 어느 프로덕트의 어느 플랫폼에서 제공하는 버전을 대상으로 할지와 같은 것입니다. freee로 말하자면 freee 회계인지, freee 인사노무인지, 또한 웹 버전인지, 스마트폰 애플리케이션 버전인지라는 큰 틀을 가리킵니다. '기능 단위'란 애플리케이션의 어느 부분을 접근 가능케 하는지와 같은 것입니다. 애플리케이션은 일정한 기능 단위를 사용함으로써 작업을 실행해 목적을 달성할 수 있습니다. 어느 한 화면만 대응하면 사용자의 목표인 '설정을 끝낸다', '작업을 실시한다'와 같은 흐름 전체로 봤을 때는 접근하지 못할 가능성이 있습니다. 화면을 띄엄띄엄 개선하기보단 우선 일정한 기능 단위 전체가 접근 가능한 모습이 되는 것을 목표로 합니다.

'특정한 접근성 관점'이란 여럿 있는 접근성 개선 포인트 중 어떤 것을 대응할지와 같은 것입니다. 스크린 리더로 읽는 것, 키보드 조작, 보기 쉬운 시각 디자인 만들기, 내비게이션 레이블 개선 등 개선 관점은 다방면에 이릅니다. 개선에 익숙하지 않거나 자원을 할당하기 힘든 상황에서 다양한 관점에 대해 동시에 대응하려 하면 부분적인 대응에 그칩니다. 그렇기에 개선을 시작한 단계에서는 개선하는 관점을 일부러 좁혀야 성과를 올리기 쉽습니다.

예를 들면 freee에서는 '제공 형태'로서 freee 인사노무 직원용 스마트폰 애플리케이션을, '기능 단위'로는 애플리케이션에서 자주 이용하는 근태입력과 급여명세 열람을 대상으로 했습니다. 다음으로 '특정한 접근성 관점'으로는 스크린 리더 이용 가능 여부를 골랐습니다. 그리고 이 세 가지에 중점을 둔 개선점을 사외에 알렸습니다(**그림 7-5-1**). 기능으로 보면 작은 단위이며 접근 가능 여부는 스크린 리더를 이용할 때로 한정됩니다. 하지만 이 개선에 따라 시각 장애인인 직원이 직접 근태를 입력하고 급여명세를 열람할 수 있게 됐습니다.

그림 7-5-1 '인사노무 freee'의 모바일 애플리케이션을 릴리즈했을 때의 공지 사항

이번 릴리즈에서는 서비스 중 처음으로 iOS에 탑재된 화면 읽어주는 기능을 이용하여 모바일 애플리케이션을 모든 사람이 이용할 수 있도록 했다는 문구가 있다.
https://corp.freee.co.jp/news/mobilehrfreee-8372.html

제공 형태나 기능 단위를 좁히려면

제공 형태나 기능 단위를 좁히려면 프로덕트나 서비스가 무엇을 제공하는지를 파악해 '이 부분을 사용하지 못하면 치명적이다' 싶은 위치를 찾아냅니다.

우선 접근성 개선에 관심 있는 인원과 함께 어떤 형태로 사용자에게 서비스를 제공하는지 파악합니다(혼자 진행하면 누락이 발생할 수 있습니다).

여러 프로덕트를 가진 회사라면 관련 프로덕트를 나열합니다. 관리자용과 직원용처럼 사용자 형태마다 분리된 프로덕트도 포함합니다.

그다음 프로덕트를 여러 플랫폼으로 제공하는 경우 각 플랫폼을 나열합니다. 웹 브라우저를 통하는지, iOS나 안드로이드 같은 네이티브 애플리케이션인지, 임베디드인지 여부 등입니다. 하드웨어의 경우 PC인지, 스마트폰인지, 태블릿인지, 키오스크 단말인지도 고려합니다.

추가로 기능 단위로도 나열합니다(**그림 7-5-2**). 일반적으로 홍보나 공지용 웹 페이지, 회원가입과 로그인, 튜토리얼, 홈 화면과 대시보드, 사용자 설정, 개별적인 기능 등으로 나눕니다.

리스트업을 해보면 우선도를 정하기 위한 기반이 생깁니다. 리스트에 높음(대응하지 않으면 사용 불가), 중간(사용 불가능할 가능성이 있다), 낮음(사용이 불가하다고는 하기 어렵다)의 세 단계 정도로 우선도를 매깁니다. 우선도를 고려하는 데 다음과 같은 점이 있습니다.

- **프로덕트의 핵심은 무엇인가?**
  - 핵심이 없다면 이 회사의 프로덕트로서 성립하지 않는다고 단언할 수 있는 것
- **이용하는 데 피할 수 없는 것은 무엇인가?**
  - 회원가입과 로그인, 홈 화면 등 사용 불가능하다면 아예 시작조차 할 수 없는 것
- **이용 빈도가 높은 것은 무엇인가?**
  - 이용 빈도가 높은 기능을 매번 누군가가 대신 조작해주기란 어렵다. 접근 불가능하다면 지속적인 이용이 어려워진다
- **사용자가 많은 기능은 무엇인가?**
  - 필수 기능이 아니어도 사용자가 많다면 개선을 통해 더 많은 사람이 이용할 수 있게 된다

그림 7-5-2 대상 좁히기

기능 단위로 대상을 좁힌 리스트

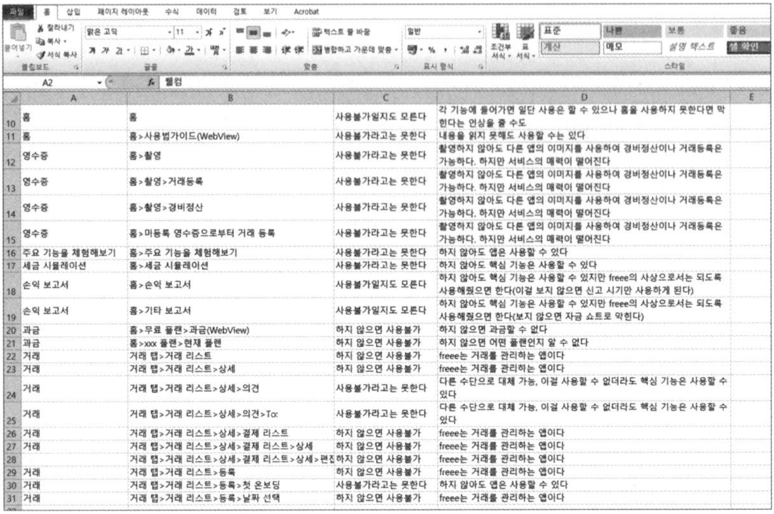

	A	B	C	D	E
10	홈	홈	사용불가일지도 모른다	각 기능에 들어가면 일단 사용은 할 수 있으나 홈을 사용하지 못한다면 막힌다는 인상을 줄 수도	
11	홈	홈>사용법가이드(WebView)	사용불가라고는 못한다	내용을 읽지 못해도 사용할 수는 있다	
12	영수증	홈>촬영	사용불가라고는 못한다	촬영하지 않아도 다른 앱의 이미지를 사용하여 경비정산이나 거래등록은 가능하다. 하지만 서비스의 매력이 떨어진다	
13	영수증	홈>촬영>거래등록	사용불가라고는 못한다	촬영하지 않아도 다른 앱의 이미지를 사용하여 경비정산이나 거래등록은 가능하다. 하지만 서비스의 매력이 떨어진다	
14	영수증	홈>촬영>경비정산	사용불가라고는 못한다	촬영하지 않아도 다른 앱의 이미지를 사용하여 경비정산이나 거래등록은 가능하다. 하지만 서비스의 매력이 떨어진다	
15	영수증	홈>미등록 영수증으로부터 거래 등록	사용불가라고는 못한다	촬영하지 않아도 다른 앱의 이미지를 사용하여 경비정산이나 거래등록은 가능하다. 하지만 서비스의 매력이 떨어진다	
16	주요 기능을 체험해보기	홈>주요 기능을 체험해보기	사용불가라고는 못한다	하지 않아도 앱은 사용할 수 있다	
17	세금 시뮬레이션	홈>세금 시뮬레이션	사용불가라고는 못한다	하지 않아도 핵심 기능은 사용할 수 있다	
18	손익 보고서	홈>손익 보고서	사용불가일지도 모른다	하지 않아도 핵심 기능은 사용할 수 있지만 freee의 사상으로서는 되도록 사용해줬으면 한다(이걸 보지 않으면 신고 시기만 사용하게 된다)	
19	손익 보고서	홈>기타 보고서	사용불가일지도 모른다	하지 않아도 핵심 기능은 사용할 수 있지만 freee의 사상으로서는 되도록 사용해줬으면 한다(보지 않으면 자금 쇼트로 막힌다)	
20	과금	홈>무료 플랜>과금(WebView)	하지 않으면 사용불가	하지 않으면 과금할 수 없다	
21	과금	홈>xxx 플랜>현재 플랜	하지 않으면 사용불가	하지 않으면 어떤 플랜인지 알 수 없다	
22	거래	거래 탭>거래 리스트	하지 않으면 사용불가	freee는 거래를 관리하는 앱이다	
23	거래	거래 탭>거래 리스트>상세	하지 않으면 사용불가	freee는 거래를 관리하는 앱이다	
24	거래	거래 탭>거래 리스트>상세>의견	사용불가라고는 못한다	다른 수단으로 대체 가능, 이걸 사용할 수 없더라도 핵심 기능은 사용할 수 있다	
25	거래	거래 탭>거래 리스트>상세>의견>To:	사용불가라고는 못한다	다른 수단으로 대체 가능, 이걸 사용할 수 없더라도 핵심 기능은 사용할 수 있다	
26	거래	거래 탭>거래 리스트>상세>결제 리스트	하지 않으면 사용불가	freee는 거래를 관리하는 앱이다	
27	거래	거래 탭>거래 리스트>상세>결제 리스트>상세	하지 않으면 사용불가	freee는 거래를 관리하는 앱이다	
28		거래 탭>거래 리스트>상세>결제 리스트>상세>편집	하지 않으면 사용불가	freee는 거래를 관리하는 앱이다	
29	거래	거래 탭>거래 리스트>등록	하지 않으면 사용불가	freee는 거래를 관리하는 앱이다	
30	거래	거래 탭>거래 리스트>등록>첫 온보딩	사용불가라고는 못한다	하지 않아도 앱은 사용할 수 있다	
31	거래	거래 탭>거래 리스트>등록>날짜 선택	하지 않으면 사용불가	freee는 거래를 관리하는 앱이다	

접근성 관점을 좁히려면: 세 가지 관점

제공 형태나 기능 단위를 좁혔다면 어느 접근성 관점을 개선할지 그 범위를 좁혀 나갑니다. 필자는 '인식 가능한 것부터 개선', '키보드 조작부터 개선', '자동 확인으로 100점을 노린다'의 세 가지를 추천합니다. 각 항목을 설명합니다.

접근성 관점 좁히기❶: 인식 가능한 것부터 개선

접근성을 좁히는 여러 관점 중 하나는 접근성 원칙을 생각하는 것입니다. WCAG에는 '지각 가능', '조작 가능', '이해 가능', '견고성'의 네 가지 원칙이 있으며, 여기서 '지각 가능'으로 더 좁힐 수 있습니다. 요소의 존재를 지각할 수 없다면 조작할 수도, 이해할 수도 없기 때문입니다. 반대로 말하면 요소의 존재를 지각할 수만 있다면 지원 기술을 구사하거나 다른 사람의 일시적인 도움으로 해결할 가능성이 생깁니다.

접근성 관점 좁히기❷: 키보드 조작부터 개선

결과가 눈에 보이면서 많은 달성 기준에 영향을 주는 것은 '키보드만으로 모든 조작을 가능케 한다'부터 개선한다는 접근법입니다.

우선 키보드 조작은 친근합니다. 개발자가 일부 조작을 마우스를 사용하지 않고 키보드만으로 조작하는 경우도 많기에 그 효과도 체감할 수 있습니다. 개선하는 담당자 자신이 이용자의 시점에 설 수 있으므로 답이 비교적 명확하며 검증하기 쉽습니다.

반복 조작을 동반하는 업무 애플리케이션의 경우 키보드 조작에 의한 효율화도 기대할 수 있습니다. 또한 자사 프로덕트의 약점을 메우는 의미로도 키보드 조작에 대응해야 합니다. 경쟁사의 제품이 이미 키보드 조작을 구현한 경우가 있기 때문입니다.

접근성 관점 좁히기❸: 자동 확인으로 100점을 노린다

자동 확인으로 100점을 노리는 방법도 시작점으로는 좋습니다.

자동 확인으로 발견할 수 있는 문제는 한정적이지만 문제가 명확하고, 개선하기 쉽고, 시도하거나 동기를 유지하기 쉽다는 점에서는 우수합니다. 문제를 이해하기 쉬우므로 오류에 대한 대처 시 작업을 분담하기 쉽다는 장점도 있습니다.

실제로 freee에서는 Lighthouse로 100점을 따는 일부터 시작한 팀이 있습니다. 구체적인 점수를 알 수 있어 지속적인 개선을 유지하기 쉬우며 주위에도 결과를 전달하기 쉬웠습니다.

개인 혹은 팀의 재량을 활용해서 개선한다

개선할 대상을 좁혔다면 드디어 실제 개선에 착수합니다. 손을 움직임으로써 문제 및 공수 범위를 가늠할 수 있으므로 예상 계획도 세우기 쉬워집니다.

하지만 현 시점에서는 아직 공식적인 활동이 아니라 관심 있는 사람들이 모여서 개선하는 작업이므로 큰 환경을 변화시키려면 힘듭니다. 우선 개인이나 소속된 팀의 재량으로 가능한 범위에서 시도해봅시다.

최근 소프트웨어 개발 현장에서는 디자이너나 엔지니어가 일정한 개선 공수를 재량껏 갖는 경우가 있습니다. freee에서는 엔지니어에게 이른바 '20% 규칙(주에 하루는 팀의 목표와는 다른 시책에 공수를 사용할 수 있다)'이나 '품질 유지 공수'가 정해져 있습니다. 디자이너도 프로젝트의 진행을 방해하지 않는 선에서 개인의 재량으로 다른 활동을 실시할 수 있습니다.

이렇게 시간에 제약이 있지만 착실히 개선을 쌓아 나갑시다. 대상을 좁혔다면 완료하기까지 걸리는 마일스톤(milestone)은 짧아집니다. 테마를 좁혔다면 학습도 빨리 진행되므로 일정한 동기를 갖고 진행할 수 있습니다. 무엇보다 특정한 기능에 대해 '지금까지 사용할 수 없었던 것이 사용 가능해진다'는 실감을 얻을 수 있다는 것이 큰 원동력이 됩니다.

개선 결과를 사내에서 공유한다

문제점을 개선했다면 그 결과를 사내에서 공유합니다.

문서나 기사, 슬라이드 등 나중에도 참고할 수 있는 형태로 공유합니다. 현시점에서 접근성의 대응 사례는 아직 사내에 축적되지 않았을 것입니다. 이후에도 참고할 수 있다면 흥미를 느낀 사람이 늘어나는 계기가 되며, 같은 문제를 맞닥뜨렸을 때 사례로 활용할 수 있습니다.

키보드 조작이나 스크린 리더의 음성 인식을 개선했다면 조작 방식을 동영상으로 남기면 개선 결과도 구체적으로 전달됩니다.[5]

공유 빈도를 월 단위나 스프린트 단위[6] 등으로 정해 정기적으로 공유합니다. 한 번에 공유하려면 시간도 들며 정리하기도 힘듭니다. 일정 간격으로 공유하면 작업 부하도 낮으며 공유하는 방법도 패턴화할 수 있습니다.

---

5 음성 인식을 개선한 사례의 동영상 샘플이 있습니다. '[인사노무 freee] iOS의 음성 인식 기능(VoiceOver)의 데모.' https://www.youtube.com/watch?v=8BCnHntPqGo
6 역주: 스크럼(scrum)에서 말하는 대략 일주일에서 한 달 단위로 구분한 개발 기간입니다.

제7장 접근성의 조직 도입

7.6
주변에서 확인 및 개선 가능하도록 지원한다

시작한 개선 작업을 사내에 공유하면 흥미를 가지는 사람도 늘어납니다. 하지만 그들은 아직 개선을 시작하기 전의 당신과 같은 상태며 접근성이 어떤 것인지 구체적으로 이해하지 못합니다.

이해를 도우려면 실제로 접근성 확인을 해봐야 합니다. 현 시점에서 개선 가능한 서비스는 적으며 조금만 확인해보면 '접근할 수 없는' 다양한 포인트를 발견할 것입니다.[7]

하지만 접근성 확인 작업을 혼자서 하기에는 불안합니다. 우선 작업 중인 상황을 담은 시연 영상을 시청하고, 같이 확인하고, 같이 개선하는 단계를 밟습니다. 주변 사람들도 확인 및 개선이 가능하도록 지원합시다.

접근성을 확인하는 모습을 시연한다

접근성 확인이란 무엇이며, 이를 통해 어떤 점을 발견 가능한지 알도록 하기 위해서는 직접 시연하는 것이 가장 좋습니다. 실제로 과거에 했던 확인 작업을 한 번 더 따라 하면 충분합니다.

아직 자신이 없으니까 가르칠 수 있는 수준이 된 이후를 생각하면 공유하는 것은

---

[7] 접근성을 확인하는 모습이 담긴 영상들을 참고하면 좋습니다.
'봄이다! 기존 프로덕트의 웹 접근성 개선 착수' https://www.youtube.com/watch?v=lYAAFxjtjDM
'만약 당신이 '접근성 시험'을 하게 된다면' https://www.youtube.com/watch?v=sv5zvQnR9_s

먼 미래의 일이 됩니다. 상대방 입장에서는 우선 개요나 흐름을 알고 싶다, 작업의 감각을 알고 싶다는 요구가 있습니다. 당신의 활동을 실시간으로 그대로 전달할 수 있으면 그 요구를 만족할 수 있습니다. 동료인 당신이 실시한다는 점도 중요합니다. 타사 직원이 시연하면 심리적인 거리감이 있어 자신의 일처럼 생각하기 어렵기 때문입니다.

워크숍을 실시한다

'본 적이 있다'와 '해본 적이 있다'는 크게 차이가 납니다. 시연으로 개요를 파악했다면 그다음은 모두가 확인을 해봅니다. 특별한 절차나 디바이스는 필요 없습니다. 참가자에게 체크리스트로 확인을 요청하고, 경험자가 그 모습을 보면서 질의응답 등을 하며 도울 뿐입니다. 체크리스트는 미경험자도 쉽게 이해하도록 만듭니다. 예시로 'freee 접근성 체크리스트[8]'를 추천합니다.

확인 대상은 지금 담당하는 프로젝트나 최근 릴리즈된 것 등 참가자에게 친근한 것을 고릅니다. 확인 결과를 기준으로 나중에 개선을 시도할 때도 유리합니다. 최근까지 담당했던 작업이라면 익숙하면서도 어떻게 사용 가능하도록 만들지 생각하기 쉽기 때문입니다.

간단하게 개선해보는 워크숍을 실시한다

확인을 실시한 후 계속해서 워크숍 형태로 발견된 문제를 개선해봅니다. 중간에 시간이 비면 보류 상태가 되기 쉽기 때문입니다. 한두 시간 정도 투자함으로써 작은 개선 사항을 모두가 끝까지 개선해보도록 합시다(혹은 개선할 곳을 어림잡

---

8 https://a11y-guidelines.freee.co.jp/checks/index.html

읍시다).

큰 부분을 개선하려면 힘듭니다. 우선 제2장 2절, 제3장 1절, 제4장 1절, 제4장 5절과 같은 소규모 개선을 시도합시다. '가성비가 높은' 개선점으로, 해야 할 작업이 단순하고 명확하며, 적은 공수로 개선 가능한 구체적인 변화를 확인할 수 있습니다.

손을 조금만 움직이면 키보드 포커스가 표시돼 조작이 가능해지며, 스크린 리더로 아이콘 버튼을 읽을 수 있으며, 폼과 레이블의 대응 관계가 명확해집니다. 이를 통해 감각을 익힌 사람은 접근성을 신경 쓰지 않으면 더 이상 제품을 만들 수 없는 체질이 됐을 겁니다.

확인하기 쉬운 환경을 정비한다

확인 작업 시에는 여러 가지 체커나 지원 기술을 사용합니다. 다음 사항 등을 미리 마련해두면 많은 사람이 참가하기 쉬워집니다.

접근성 체커를 설치하도록 한다

접근성을 확인할 때는 axe DevTools[9] 등과 함께 대비 체커도 같이 사용합니다. 접근성 체커를 사내에서 사용할 때 허가가 필요하다면 사용 허가를 받습니다.

윈도우 환경을 마련해 스크린 리더를 실행할 수 있도록 한다

제공하는 웹 애플리케이션에 스크린 리더로 접근할 수 있는 환경을 마련해둡

---

[9] https://www.deque.com/axe/devtools/ freee 접근성 가이드라인의 참고 정보에 사용법이 설명돼 있다 https://a11y-guidelines.freee.co.jp/explanations/axe.html

니다.

제2회 지원 기술 이용 상황 조사 보고서[10]에 따르면 일본의 시각 장애인 90% 이상이 윈도우 사용자입니다. 접근성 개선 결과로 접근성이 지원[11]되는지 확인하려면 PC-Talker나 NVDA가 설치된 윈도우 환경이 필요합니다. 실제 환경을 마련하기 어렵다면 클라우드로 윈도우를 이용할 수 있는 서비스를 계약한 후 해당 인스턴스에 스크린 리더를 설치하는 방법도 있습니다.

스마트폰으로 검증할 수 있는 환경을 마련한다

한 가지 더 필수적인 요소는 스마트폰과 태블릿입니다. OS의 접근성 옵션을 설정하면 어떻게 표시되는지, 햇빛 아래서는 어떻게 보이는지 등 실제로 테스트하지 않으면 확인할 수 없는 경우도 많기 때문입니다. iOS VoiceOver나 안드로이드 TalkBack과 같은 스크린 리더는 실제로 터치 스크린을 통해 사용함으로써 비로소 그 조작감을 이해할 수 있습니다. 구형 스마트폰이라도 좋으니 비용을 고려해 여러 대를 준비합시다.

> **Column**
>
> **확인의 자동화는 어느 정도 이해가 되고 나서…**
>
> 어떻게 확인할지를 알게 되면 그 방법을 자동화하고 싶어집니다. 로컬에서 깃허브로 푸시했을 때 스토리북상에서… 등 다양한 단계에서 Lint에 의한 확인을 걸 수 있습니다.
>
> 하지만 접근성 초보자에게 갑자기 자동화로 얻은 확인 결과의 오류를 보여주는 방식은 권장하지 않습니다. 개선이 시작되기 전에 확인을 자동화하면 대량

---

10 https://jbict.net/survey/at-survey-02
11 접근성 지원은 제1장 4절을 참조하세요.

> 의 오류가 출력됩니다. 하지만 아직 결과의 내용을 이해하지 못하거나 결과를 기준으로 수정하는 작업이 정착되지 않은 상황에서 이러한 오류가 출력되더라도 잘 이해하지 못하므로 무시하게 됩니다. 당연히 오류가 출력되어도 릴리즈를 멈출 수도 없으며 그러다가 확인 결과를 무시하면서 '일단 빼 버릴까?'처럼 생각하는 상황이 됩니다.
>
> 확인 자동화는 접근성이 얼마나 조직에 정착됐는지 여부를 기준으로 맞추면 좋습니다. 접근성을 전제로 진행하는 프로젝트라면 자동화를 도입하는 의미가 있습니다. 그리고 QA팀에서 조직적으로 확인하는 단계이거나, 개발하는 쪽에서도 먼저 확인하려는 조직적인 절차가 생겼다면 자동화는 큰 힘을 발휘합니다.

7.7 접근성이 필요한 사람과 만나다

접근성을 개선하는 작업은 어느 누군가를 위해서가 아닌 모든 상황에서 이용 가능하도록 품질을 높이는 활동입니다. 한편 접근성이 누구에게 필요한지를 알기 어렵다는 문제도 있습니다. 활동을 계속하려면 접근성이 필요한 사람과 직접 만나야 합니다.

개인적으로는 지금까지 어떤 방법보다 우선할 행동이라고 생각합니다. 하지만 좀처럼 실천하지 못하는 사람이 많은 것도 사실입니다. 접근성이 필요한 사람은 자신들과는 다른 세상에 있는 사람이라며 말을 걸기 어렵다고 느끼거나, 상대방을 잘 이해하지 못한 채 대화를 하면 실례가 되리라 생각하기 때문입니다.

하지만 필자의 경험으로는 접근성이 필요한 사람, 특히 장애인은 오히려 자신의 의견을 전달할 기회를 원하고 있습니다. 놓인 상황, 경험 및 노력, 그리고 '당사자로서 보이는 관점'을 공유하고 싶다고 생각하고 있습니다. 꼭 그 첫걸음을 내딛읍시다.

새로운 관점을 얻으려면 '만나야' 한다

필자를 포함해 접근성 개선을 지속하는 사람들은 대부분 '장애인이나 고령자 등 접근성을 절실히 원하는 사람들'을 만나고 문화 충격을 받아서 본격적인 활동을 하기 시작했습니다.

장애인의 불편한 생활과 그 노력은 이를 모르는 사람의 상상을 초월합니다. 편의점의 삼각김밥 포장은 내용물에 가까운 색으로 구분해야 인식하기 쉽고, 휠체어를 타고 슈퍼에 가면 각도 문제로 가격표가 보이지 않는다는 얘기는 듣기 전까지 생각조차 하지 못하던 관점입니다.

접근성이 필요한 구체적인 사례를 직접 들으면 '그 사람에게 이 개선은 어떤 의미가 있을까?'라며 상상해볼 수 있습니다(**그림** 7-7-1~7-7-5).

그림 7-7-1 장애인의 이용 상황

약시로 인해 화면을 크게 확대해서 이용하고 있다

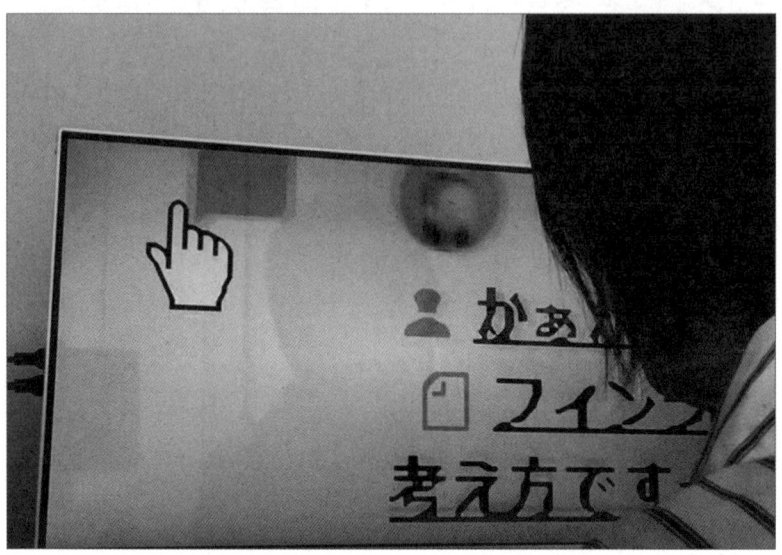

그림 7-7-2 장애인의 이용 상황

선천성다발성관절구축증(AMC)으로 인해 한 손, 한 팔꿈치, 손가락 관절로 컴퓨터를 조작하고 있다

그림 7-7-3 인터뷰의 모습

선천성척수성근위축증(SMA)이 있어 마우스와 스크린 키보드만으로 컴퓨터를 사용하는 사람과의 인터뷰

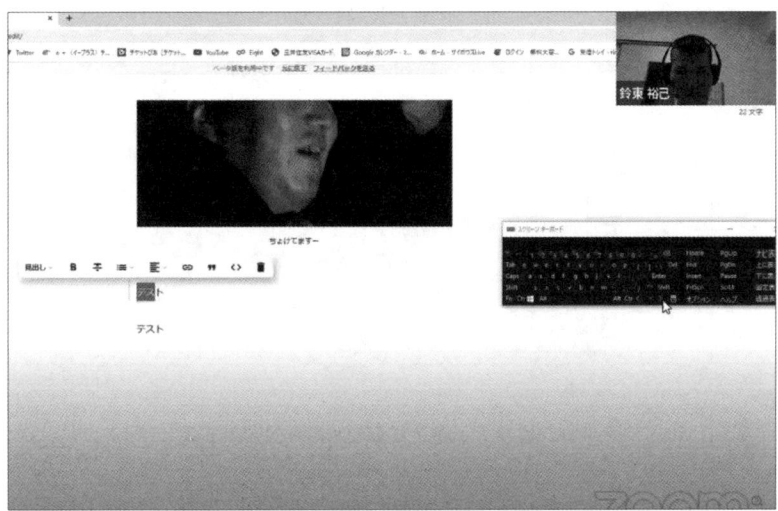

그림 7-7-4 인터뷰의 모습

근위축성측색경화증(ALS)으로 인해 안구 이외의 부분을 움직일 수 없어 시선 조작으로 컴퓨터를 조작하는 사람과의 인터뷰

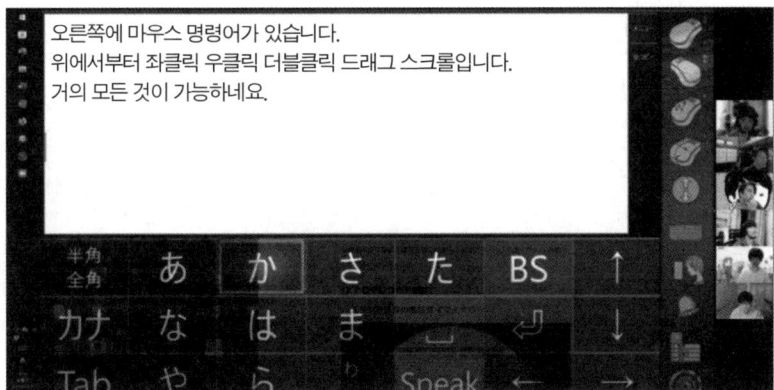

그림 7-7-5   note가 실시한 사용자 인터뷰

note에서 인터뷰 내용을 기록하고 정리했다. '접근성 향상을 위해 note가 실시 중인 사용자 인터뷰'. 해당 링크에서는 2022년 3월부터 5월까지 접근성 향상을 위한 사용자 인터뷰, 사내 개선 활동 등을 소개하고 있다. https://note.com/info/n/na0119118af73

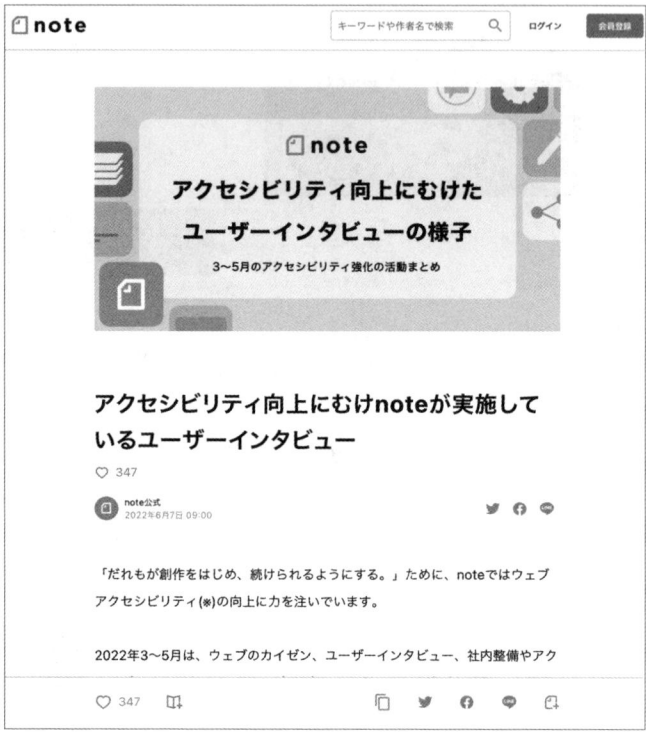

무엇을 묻고, 어떻게 듣는가

장애인과의 인터뷰는 통상적인 사용자 인터뷰와 별반 다르지 않습니다. 우선 다음 내용을 전달합니다.

- 인터뷰의 목적은 제품의 접근성을 개선하기 위한 정보 수집이다
- 접근성이 필요한 사람의 생활과 경험을 듣고 이해하고 싶다

- 얘기해도 되는 내용만 얘기하며, 질문받기 싫은 내용은 요구하지 않는다
- 아직 모르는 것이 많으므로 틀린 내용은 지적해주면 좋겠다
- 시간이 드는 만큼 사례를 제대로 지급하겠다

물어야 할 내용은 단순하며 다음과 같습니다.

- 평소 어떻게 생활하고 있는가
- 언제 접근성이 필요해지는가
- 어떤 방법으로 문제를 대처하는가

장애인과 만나는 방법

'어떻게 장애인과 만나면 되는지 모르겠다'는 질문을 자주 듣습니다. 필자가 지금까지 실시해온 방법을 소개합니다.

접근성 관련 이벤트 발표자에게 연락을 취한다

가장 연락하기 쉬운 관련자는 접근성 관련 이벤트에서 발표하는 사람들입니다. 이런 사람들은 접근성 자체를 보급하는 활동을 하고 있으므로 실제로 개선 작업을 하려는 사람이 접근해오면 환영할 것입니다.

장애인이면서 전문가인 사람이 있다면 말을 걸어 보는 것이 가장 좋습니다. 발표자가 장애인이 아니더라도 접근성에 관한 활동을 하고 있는 사람이라면 대부분 장애인과 인연이 있습니다.

사내 장애인에게 얘기를 듣는다

사내에 장애인이 있다면 그 사람에게 얘기를 들을 수 있는지 검토합니다. 특히 색각 특성을 가진 사람과, 교정을 하더라도 시력이 약한 사람 등은 사내에도 비교적 많이 있을 것입니다.

장애인의 생활을 전달하는 사람에게 연락을 취한다

블로그나 SNS 등에서 장애의 호칭(약시, 저시력, 색각 특성, 전맹, 농인, 실청, 난청, 지체 부자유 등)으로 검색하면 정보를 전달하는 사람과 만날 수 있습니다. 투고를 통해 자신의 생활이나 불편한 점, 추천하는 도구나 애플리케이션 등을 소개한 장애인이 있다면 이러한 의뢰에도 협력해줄 가능성이 비교적 높습니다.

장애를 지원하는 단체에 인터뷰를 실시한다

장애인의 생활, 취업, IT 이용에 관한 지원을 하는 단체는 많습니다. 그러한 사회 복지법인, NPO, 공적 기관이 운영하는 장애인 IT 지원 시설 등을 검색해 인터뷰를 신청하는 방법이 있습니다.

클라우드 소싱 서비스의 장애인 사용자에게 의뢰한다

블로그나 SNS와 마찬가지로 일반적인 클라우드 소싱 서비스에도 관련 단어를 검색하면 일정 수의 장애인 사용자가 검색됩니다. 자신의 생활과 일에 대한 정보를 제공할 수 있다고 기재한 사람도 있습니다.

장애인을 전문으로 하는 조사 회사나 클라우드 소싱 서비스를 통해 인터뷰를 실시한다

장애인을 조사 및 모니터링하는 조사 회사나 장애인이 일하는 데 특화된 클라우드 소싱 서비스도 출시됐습니다. 이러한 서비스를 통해서 인터뷰를 신청할 수 있습니다.

자사 서비스를 이용 중인 장애인 사용자를 만나는 방법

자사 서비스에도 이미 장애인 사용자가 있을지 모릅니다. 연락을 취하려면 다음과 같은 방법이 있습니다.

자사 서비스의 프로필에서 확인한다

자사 서비스에 사용자 프로필 등이 있다면 검색해봅니다. 인터뷰를 요청할 때는 '프로필을 검색해서 당신을 알게 됐다'고 덧붙입니다. 또한 사용자가 공개하지 않은 정보로 검색하거나 신청하는 것은 피하도록 주의해야 합니다.

지원 팀에 온 연락이나 문의 사항을 통해 확인한다

사용자가 자발적으로 문의를 했을 가능성이 있으므로 지원 팀과 대화를 나누거나 문의 메일 내용 등을 검색합니다. 하지만 접근성이 필요한 사용자의 대부분은 기존의 경험을 통해서 질문하더라도 답변은 오지 않을 것이라 생각할 가능성이 있습니다. 그러므로 미리 접근성에 관한 질문을 접수하는 폼을 마련하는 등의 궁리가 필요합니다.

접근성이 필요한 잠재적인 사용자와 미팅에 참석한다

B2B 서비스라면 자료 요청이나 서비스 안내를 통한 미팅, 도입 지원과 같은 사람이 개입하는 부분에서 '이런 장애가 있으므로 배려해줬으면 좋겠다'와 같은 연락이 오는 경우가 있습니다. 미팅 지원을 자원하여 동석할 수 있는지 요청합시다.

웹 사이트나 서비스에 인터뷰하고 싶다는 취지를 공지사항으로 게재한다

사용자에게 공지사항을 알리는 구조가 있다면 인터뷰를 모집합니다. 아직 서비스가 접근성이 좋지 못한 상태라면 서비스 이용 전 예상 사용자의 접점으로, 이른바 랜딩 페이지 등으로 모집하는 방법도 있습니다.

장애인과 만난 경험을 활용하는 방법

장애인을 만난 후에는 같은 환경을 공유해본 느낌이나 대화를 통해 알게 된 것을 자신의 활동에 반영합니다.

장애인을 만나서 얘기를 들으면 앞으로는 '이번에 만난 사람이 서비스를 사용하지 못했을 때의 영향'을 생각하지 않을 수 없게 됩니다. '사용하지 못하는 사람이 있을지도 몰라'처럼 막연히 생각하는 것과 '정말로 사용하지 못하는 사람을 구체적으로 알고 있는' 것엔 큰 차이가 있습니다.

프로덕트를 장애인이 사용 가능하도록 하려면 위 방법으로 알게 된 사람에게 '접근성에 중점을 둔' 사용자 인터뷰나 사용성 테스트에 참가를 요청하면 효과적입니다. 지원 기술을 사용하는 사용자에게 자사의 웹 애플리케이션 테스트를 요청하면 직접적인 피드백을 얻을 수 있습니다.

HTML 사양과 WCAG에 기재된 내용이 모두 비슷해 보여서 어느 부분에 힘을 써야 할지 판단이 잘 서지 않습니다. 사용자의 이용 상황을 실제로 확인해보면 왜 이러한 대응이 필요한지와 같은 배경이나 작업이 막히는 부분은 어딘지, 다른 수단으로는 어떻게 회피할 수 있는지 등을 연상할 수 있어 취사선택이 가능해집니다.

개선을 실시하고서 이러한 인터뷰나 테스트를 진행하면 판단이 타당했는지, 보다 적절한 대응은 무엇인지와 같은 경험이 축적됩니다. 그럼으로써 실제로 지원 기술을 이용할 때 사전에 지각·조작·이해에 대한 시뮬레이션을 통해 적절한 디자인과 구현을 처음부터 검토할 수 있게 됩니다(제8장에서 이러한 경험을 통해 원리를 이끌어 냈습니다).

또한 필자들의 모든 근무처에는 장애인 동료가 있습니다. 함께 생활하면 '혼자서 할 수 있는 것', '타인의 지원이 있다면 할 수 있는 것', '타인의 지원이 있어도 어려운 것'이 있음을 알게 됩니다. 그리고 혼자서 할 수 있는 것을 늘려가는 데 큰 의미가 있다고도 느낍니다. 이처럼 폭넓고 포용적인 환경을 만들어 가는 것도 하나의 목표입니다.

7.8 접근성 면에서 사내 오너가 된다

접근성 개선을 상향식으로 진행하면 조금씩 사내에서 그 활동이 인지되기 시작합니다. 하지만 접근성이라는 분야는 아직 대부분의 사람에게 이해도가 낮습니다. 구체적으로 어떤 것인지 모르거나, 대충 알고는 있지만 자신들과 어떤 관계가 있는지 모르는 사람도 아직 많습니다.

그런 상황을 바꾸려면 동호회와 같은 활동에서 사내의 공식 활동으로 발전시켜야 합니다. 그러려면 우선 나 자신이 혹은 동료나 매니저와 함께 '이 회사에서 접근성을 개선하려는 이유'를 언어화해 뜻을 맞춰야 합니다.

개인적인 배려 차원으로 진행하거나 사람에 따라 말이 달라지는 활동이라면 동호회라는 틀을 벗어날 수 없어 회사 입장에서도 투자를 할 수 없습니다. 반대로 자신과 가까운 사람들과 뜻이 일치한다면 활동하는 토대가 됨으로써 개선 작업을 알리는 데 든든한 방패 역할을 합니다.

언어화를 통해 자신이 접근성을 추진하는 사내 오너임을 명시적으로 선언합시다.

왜 내가 접근성을 개선하는지 언어화한다

지금까지 접근성을 개선해온 원동력은 어디에 있을까요? 우선 이를 구체화하는 것부터 시작합시다.

당신이 접근성을 의식한 순간, 개선을 시작하려 한 계기, 지금까지 계속해서 의식해온 이유, 앞으로 나아가려는 활동 동기가 있을 것입니다. 다른 사람과 공유할 수 있도록 언어화를 시도해봅시다.

과거의 일을 생각해내려면 접근성뿐 아니라 지금까지 활동한 발자국을 되돌아보는 것도 좋습니다. 자신이 다녔던 회사나 담당한 프로젝트, 직책의 변화, 사내에서의 움직임 등을 생각해봄으로써 힌트가 되며, 사고방식의 축을 발견할 수 있습니다.

팀 육성의 일환으로 위 내용을 주제로 동료와 상호 인터뷰를 실시하는 것도 좋습니다. 다른 사람이 질문을 했을 때 답변하거나, 다른 사람의 답변을 들음으로써 자신을 되돌아보는 기회도 얻을 수 있습니다.

참고를 위해 필자들이 접근성을 의식하게 된 계기를 설명합니다. 힌트가 되면 좋겠습니다.

접근성이 필요한 사람과 만나며 웹에 관한 로망이 현실로: 마스다 소이치의 경우

제가 접근성을 개선하려던 이유를 되돌아보면 웹의 로망에 매료됐기 때문입니다. 블로그 테마의 커스터마이징 CSS를 작성하면서 웹 개발을 시작한 저는 HTML의 시맨틱스를 시각 표현으로 전달하는 디자인의 즐거움을 느끼고 있었습니다. 그러한 시맨틱스는 웹 표준으로 제정돼 있어 시각 표현에 의존하지 않아도, 말이 통하지 않아도, 능력 여부에 관계없이 접근 가능하다는 로망에 매료됐습니다.

그런 로망이 현실이 된 것은 사용자와의 만남이었습니다. 웹 업계에서 일하기 전 봉사 활동으로 ALS(근위축성측색경화증)를 비롯한, 몸을 자유롭게 움직이지 못하는 분들의 소통을 지원하는 NPO의 웹 사이트를 제작하는 기회를 얻었습니다. ALS를 앓고 있어 손끝만 움직일 수 있는 분이 지원 기술을 이용해 웹을 통해 소통하는 모습을 보고 웹은 보편적이며 동기를 부여하는구나 하는 실감을 얻었습니다. 그 후 웹 개발 업무를 맡는 중에 자연스레 접근성을 주제로 활동하게 됐습니다.

소통을 하는 것, 엔터테인먼트를 즐기는 것, 일하는 것 모두 살아가는 데 중요한 것들입니다. 이제 웹은 인프라이며 이 모든 것을 지탱하고 있습니다. 어떤 것을 만들더라도 전 세계에 도달할 수 있다는 로망과, 접근할 수 있음을 필요로 하는 사용자가 있다는 실감, 바로 이것이 제가 계속해서 접근성을 개선하는 이유입니다.

자사 직원조차 사용할 수 없는 기능을 개발한 책임으로부터: 고바야시 다이스케의 경우

제가 접근성을 의식한 계기는 개발한 제품의 기능을 저시력자가 이용하는 사용성 테스트를 보게 된 것입니다. 제가 근무하는 cybozu에서는 신입사원에게 사용성 테스트를 실시하는 경우가 있습니다. 2014년 cybozu에 입사한 저시력자 직원에게 사용성 테스트를 실시했습니다. 사용성 테스트에서는 제가 개발한 제품의 기능을 검증했습니다. 이 기능은 제품의 메인 메뉴로, 주요 화면을 이동하기 위한 몇 가지 텍스트 링크가 있었습니다. 당시 접근성에 대해 잘 알지 못했던 저는 큰 문제 없이 조작 가능하겠다고 생각했었습니다.

사용성 테스트의 결과는 참담했고 무척 충격을 받았습니다. 제가 개발한 기능은 전혀 사용할 수 없었습니다. 메뉴의 텍스트 링크는 문자색과 배경색의 명암비가 너무 낮아 저시력자인 직원에게는 가독성이 현저히 낮았기 때문입니다. "무엇이 쓰여 있는지 모르기에 감으로 클릭할게요"라는 저시력자인 직원의 말을 지금도 잊을 수 없습니다. 저는 제가 만들어 낸 결과에 강한 책임감을 느꼈습니다.

또한 저는 cybozu가 제창하는 이상과 현실에 상당한 격차를 느꼈습니다. cybozu는 '협력이 활발한 사회를 만든다'라는 존재 의의를 제창하고 있습니다. 전 세계 모든 팀에게 정보 공유를 위한 인프라를 제공함으로써 각 인원의 다양한 개성을 중시하고 누구나 팀의 이상에 공감하며 공헌할 수 있는 세상을 목표로 합니다. 하지만 실제로는 자사 직원조차 만족스럽게 사용하지 못해 팀에 참가하며 공헌하기를 방해하는 제품을 만들어낸 것입니다. cybozu가 모든 팀의 인프라가 된다는 이상을 제창한다면 cybozu에는 누구나 팀에 접근할 수 있도록 제품을 개발할 책임이 있을 것입니다.

제가 접근성을 개선하려는 이유는 우리 모두 각자 개발한 것에 책임이 있다고 생각하기 때문입니다. 의식하지 않더라도 우리들은 개발한 것으로 누군가를 사회에 참가시키도록 정하고 있습니다. 저는 제가 만들어 낸 것에 의해 누군가가 배제되는 상황을 참을 수 없었습니다. 접근성을 개선함으로써 개발자로서의 책임을 완수하고 싶습니다.

성공 사례를 만들면 운동으로 발전한다: 이하라 리키야의 경우

제가 접근성을 의식하기 시작한 것은 1998년 고등학생일 때 HTML 4를 만난 것이 계기입니다. 차근차근 따라 하며 웹 사이트를 만들던 중 일본어로 번역된 HTML 4.01 사양서를 읽고 '구조와 표현을 분리함으로써 다양한 접근을 실현한다'는 구조에 매료됐습니다. 같은 HTML 문서에서도 CSS를 바꾸기만 하면 전혀 다르게 표현할 수 있다는 점도 재밌게 느꼈고, CSS로 여러 가지 표현을 시도했으며, 정신을 차려 보니 웹 업계에서 일하고 있었습니다.

그 후 당시 근무했던 회사의 사내 공부회에서 시각 장애인이자 엔지니어인 나카네 씨에게 스크린 리더로 웹 사이트를 어떻게 이용하는지 시연을 요청했을 때 '내가 작성한 코드엔 이런 중요한 의미가 있구나' 싶어 새삼 충격을 받았습니다. 이 경험을 통해 접근성의 의의가 제 안에 뿌리내렸고, 모두가 사용 가능한 설계를 해야 한다고 생각하게 됐습니다.

웹 애플리케이션의 접근성을 개선하려던 것도 나카네 씨와, 시각 장애인이자 접근성 컨설턴트로도 활동하는 이시키 씨와 소통한 것이 계기였습니다. 저는 2015년에 공저로 '디자이닝 웹 접근성'이라는 서적을 출판했으며 해당 서적에 관한 발언을 하면서 더욱 접근성에 힘을 쏟고 싶다고 생각했습니다.

그래서 이 두 사람에게 '접근성을 갖춰 주면 좋을 법한 서비스'를 질문했더니 회계 소프트웨어인 'freee'라고 대답했습니다. 제1장 6절에서 언급한 것처럼 접근성을 갖춘 회계 소프트웨어를 통해 혼자서도 개인사업자나 법인으로 활동할 수 있게 됩니다. 이는 취업 기회를 늘리는 기회를 만드는 것이기도 합니다.

이처럼 사용자와 서비스 제공 회사 양쪽에 '접근성 성공 사례'가 생긴다면 SaaS(Software as a Service) 업계나 웹 제작 업계와 같은 웹에 관한 민간 기업의 운동으로 발전시킬 수 있지 않을까 하는 생각이 들었으며, 이를 모토로 저는 활동을 계속하고 있습니다.

디자인과 기술 그리고 사회와 문화로: 야마모토 레이의 경우

저는 대학생일 때 보다 나은 HTML과 CSS 작성법을 알아보던 중에 HTML로 의미가 있는 구조(시맨틱)를 표현하는 재미에 매력을 느끼게 됐습니다. HTML을 올바르게 구조화하면 CSS를 작성하기 쉬워진다는 이점이 있으며, 머신 리더빌리티가 향상되면 페이지 내용을 해석하는 프로그램을 쉽게 만들 수 있게 된다는 데도 가능성을 느꼈습니다. 그때쯤 접근성과 스크린 리더를 접했는데 저와 그리 관계가 있는 내용이라 느끼지는 않았습니다.

2017년에 이 책의 공동 저자인 이하라 씨가 접근성을 개선한다고 선언한 후 제 근무처인 freee에 입사한 것을 계기로 상황이 달라졌습니다.

직접 만든 서비스의 어느 부분에 접근성이 부족하며, 나카네 씨를 비롯한 장애인이 어디서 불편을 겪는지를 알게 되며 충격을 받음과 동시에 웹이 가진 가능성을 강하게 인식했습니다. 본질적으로 웹은 접근 가능하다는 성질이 있어 조금만 노력하면 접근성을 더욱 높이면서 더욱 편리한 세상을 만들 수 있으리라는 확신을 갖게 됐습니다.

저는 접근성이 디자인과 기술, 그리고 사회와 문화 의식이 모두 연결돼 있다고 봅니다. 사회 전체의 접근성이 높아질수록 보다 많은 사람이 보다 다양한 형태로 사회에 참가할 수 있어 훨씬 풍성한 문화를 만들어갈 수 있을 것입니다. 그리고 웹 개발자로서 접근성을 높이려면 기술과 디자인을 양면으로 노력해야 하며, 넓은 시야를 갖고 문제를 마주한다는 재미가 있습니다. 우리가 살아가는 사회가 그렇게 돼야 한다는 생각과 이를 실현하는 일 자체에서 느끼는 재미가 제가 접근성을 개선 중인 이유입니다.

접근성 향상의 로드맵을 생각한다

왜 접근성을 개선하는지를 생각함으로써 자신만의 목적이 정리됐다면 그다음은 목표하는 형태를 만듭니다. 무언가를 완수하려면 목표 설정이 필요합니다. 언제까지, 어떤 상태로 만들고 싶은지를 정의한 후 무엇을 해야 하는지를 분석함으로써 행동 가능한 내용으로 반영할 수 있습니다.

우선 약 3개월 단위로 접근성에 관해 어떤 흐름으로 진행할지 생각합니다. 진행하는 데 긍정적으로 작용하는 점, 반대로 극복해야 할 점을 예상해서 메모해두면 추후 개선을 생각하거나 가설을 검증할 때 도움이 됩니다.

정답 단계란 없음에 유의하세요. 사례로 이 책을 활용할 수 있겠지만 책의 내용은 어디까지나 필자들의 과거 행동을 정리한 것에 지나지 않습니다. 과연 이 방법이 맞는지 너무 고민하기보단 편하게 가설을 세우고 시행착오를 통해 앞으로 나아갑시다.

사내에서 아직 접근성에 관한 목표나 마일스톤을 설정하지 않았다면 이를 만드는 것은 당신입니다. '내가 그런 걸 생각해야 되는 입장일까?'처럼 생각하면 좀처럼 진행되지 않습니다. 당신의 회사에는 아직 접근성을 추진하는 역할이 없으므로 누군가가 역할을 할당해주는 경우는 없기 때문입니다. 그러므로 먼저 본인이 직접 역할을 할당하도록 합니다.

접근성 추진을 개인 목표로 삼고 매니저와 합의한다

접근성 향상이 갖는 의의는 크지만 성과가 잘 보이지 않는 활동입니다. 구체적인 성과를 위해서는 시행착오가 필요합니다. 당신이 개선의 의미를 정의한 후

'이 회사에서 접근성을 개선해야 하는 이유'나 '개선 로드맵'을 설명할 수 있다면 들을 가치가 있는 얘기로서 관심을 갖습니다.

그렇다면 접근성의 활동이 사내에서 공인받았음을 어느 시점에서 말할 수 있을까요? 사내에 관련 내용을 진행하겠다고 선언했을 때? 개선의 Pull Request를 머지 후 릴리즈했을 때? 사외 이벤트에서 접근성을 발표했을 때? 이러한 경우도 해당할 수 있겠지만 필자는 '개선을 진행하려는 데 매니저와 합의했을 때'라고 생각합니다.

매니저는 당신을 포함한 인원을 관리하며 회사에 성과를 올리는 역할을 합니다. 매니저가 승인했다는 것은 당신의 재량을 넘어 당신이라는 자원의 일부분을 접근성에 투자하도록 승인했다는 의미입니다. 또한 팀의 성장과 팀에 속한 당신의 성장이라는 점에서도 이 개선이 효과적일지도 모른다고 생각한 증거입니다.

바로 이때가 회사라는 조직 구조에 접근성이 스며들기 시작했다고 할 수 있습니다.

이 단계를 거치지 않으면 조직적으로 활동을 하는 데 불필요한 수고가 계속 듭니다. 주변 사람은 당신이 소속된 부문과 팀에서 인정받지 못했기에 당신의 개인적인 활동이라 생각하기 때문입니다. 조직을 움직이려면 조직의 힘이 필요합니다. 우선 자신과 가장 가깝고, 자신을 지원해주는 존재인 매니저에게 승인을 받는 과정이 조직화의 첫 걸음입니다.

공식적인 접근성 추진 팀을 만든다

매니저의 승인을 받았다면 접근성 추진 팀을 사내에 명시하고 인원과 역할, 소통 채널 등을 게시합니다.

지금까지 진행한 활동을 통해 당신 및 협력하는 동료를 '접근성 관계자'라 인지하고 있을지도 모릅니다. 하지만 주변 입장에서는 명확한 선언이 없다면 질문하기 어렵습니다. 개선할 만한 사항이 있어도 기회를 놓칠지도 모릅니다. 바꿔 말하면 질문 가능한 팀이 존재한다면 '접근성과 연관 있어 보이니까 한번 얘기해보자' 하는 사고가 주변 사람에게 생깁니다.

팀을 선언하려면 다음 내용을 구체화합니다.

- 팀의 목적
- 팀의 리더
- 참가 인원과 역할
- 팀을 관리하는 부서
- 사내 SNS 등의 연락처
- 지금까지 개선해온 것
- 지금부터 개선하려는 것
- 어떤 내용이든 의견을 접수한다는 취지
- 접근성에 관한 화제라면 먼저 다가가겠다는 취지

리더로서 팀을 만든 후 각 부서에 선언하는 것은 당신의 역할입니다. 당신 외에도 누구든 현상 유지를 하고 싶습니다. '일이 많아지면 바빠지지 않나', '잘 안 되면 어쩌지', '우선 가능한 범위에서 돕자' 하는 사고는 주변 사람 모두가 갖고 있습니다. 누군가가 손을 들기를 기다리고 있으면 개선 작업 속도는 떨어집니다. 기세를 유지하고 앞으로 나아가려면 의지가 있는 사람이 대표로 나서야 합니다.

'접근성은 누구나 개선하는 작업이므로 별도 팀으로 두지 말고 각자 개선하면 된다'는 사고방식도 나쁘진 않지만 사내 전체에 개선 활동이 정착하려면 상당히 긴 시간이 걸릴 것입니다. 회사가 참가한 시장에서 접근성이 당연한 요소가 되지 않는 한 그런 상황은 찾아오지 않을 것입니다.

제7장 접근성의 조직 도입

주변 사람들은 그 밖에도 중요하다고 생각하는 것이 많이 있습니다. 당신이 접근성을 중요하다고 생각하듯 각자 우선순위나 자부심이 있습니다. 그런 가운데 새로운 작업을 시작하려는 것은 조직으로부터 반감을 살 수 있는 행동입니다.

접근성이 그 밖의 중요한 사항과 모순되지 않고 장기적으로 필요한 요소라는 점을 설명하고서 상대방의 입장에서 무엇을 해야 하는지를 소통하고 결정합니다. 이를 위해서는 다른 누구보다도 접근성에 이해가 있으며 선도하는 존재로서 당신과 접근성 팀이 필요합니다. 조금씩 이해를 얻음으로써 접근성이 사내 활동에 스며들게 됩니다.

'모두가 접근성을 개선하는' 상태는 어느 정도 개선이 정착돼 각 부서가 자율적으로 움직일 수 있는 환경 및 도구가 정비됐을 때 찾아옵니다. 아니면 이를 다음 목표로 삼아 각 부서에 접근성을 이해하는 사람이 생기도록 합시다.

제 **8** 장

접근할 수 있는 UI 설계의 원리를 이끌어내다

이 장의 주제는 다양성을 수용한 새로운 디자인의 원리를 나타내는 것입니다. 지원 기술은 SF 수준이라 할 수 있을 정도로 발전했습니다. 하지만 그 전제가 없는 상태로 가이드라인에 따라 나중에 조정하는 흐름으로 디자인 작업을 진행하면 계속 문제가 발생합니다. 접근성 향상이란 마이너스를 제로로 하는 활동이 아닌 표현 수단과 접근 가능성의 이율배반적인 관계에 맞서는 도전입니다. 이 장에서는 다양한 이용 상황에서 발견한 공통점을 근거로 부담감과 혼란을 사전에 제거하는, UI 설계의 출발점이 될 원리를 제시합니다.

제8장 접근할 수 있는 UI 설계의 원리를 이끌어내다

8.1
처음부터 접근 가능하도록 하려면

우선 기존의 애플리케이션을 개선함으로써 현재 상황을 파악하고 어떻게 재정립할지 생각합니다. 이는 당연히 중요한 작업이며, 자주 일어나는 접근성 문제를 어떻게 대처할지 관련 내용을 앞에서 설명했습니다.

하지만 이것이 가장 좋은 방법이라고 하지는 못합니다. 설계 시점에서 접근성이 낮은 부분은 나중에 확인하여 문제를 찾아낸다는 순서로 작업하면 언제까지나 문제가 계속 발생하며, 설계에 따라서는 접근 가능하게 만드는 것이 애당초 불가능한 경우도 있습니다.

이 장에서는 다음 두 가지를 통해 그러한 흐름 자체를 재검토합니다.

- UI 설계의 전제로서 다양한 이용 상황 및 그 공통적 문제를 이해한다
- 공통적 문제로부터 도출한 '접근 가능한 UI 설계의 원리'에 근거해 설계한다

두 가지 사항을 구체화함으로써 대부분의 상황에서 부담 없이 쉽게 접근해 사용 가능한 애플리케이션의 토대가 생깁니다.

다양한 이용 상황 및 그 공통적 문제를 이해한다

설계 시점에서 접근성이 낮은 요소가 생기는 원인은 다양한 이용 상황이 있음을 상상하고, 이때 어떤 문제가 일어나는지를 이해하기 어렵기 때문입니다. 우선 이 점을 해결해야 합니다.

현재의 UI 설계 흐름과 접근성 관점의 부족

왜 문제가 일어나는지 이해하고자 여기서는 일반적인 UI 설계 흐름과 접근성 관점의 문제를 알아보겠습니다.

디자이너가 PC나 모바일용 UI를 설계할 수 있는 것은 다음과 같은 전제가 있기 때문입니다.

- **자신의 연장선상에서 이용 상황을 상상할 수 있다**
  디자이너가 이용 중인 PC나 모바일 디바이스의 사용 형태로부터 사용자의 사용 형태를 상상할 수 있다
- **UI 설계의 원칙과 UI 패턴이 명문화돼 있다**
  사용성 원칙과 레이아웃 패턴, 관용적인 UI 위젯을 활용할 수 있다
- **사용성 테스트를 실시할 수 있다**
  실제로 사용 가능한지 알아보고자 사용자에 의한 테스트가 일반화되고 있다

디자이너는 이러한 전제를 통해 상상한 사용 방식을 기준으로 원칙과 패턴을 조합하여 디자인하고 테스트로 피드백을 얻어 자신만의 디자인 이론을 개발할 수 있습니다.

하지만 접근성 관점에서는 이런 흐름이 실현되지 않아 다음과 같은 문제가 일어나는 경우가 많습니다.

- **이용 상황을 상상하기 어렵다**
- **개별적인 확인에 의존해 본질적인 이해에 도달할 수 없다**
- **지원 기술 이용자의 사용성 테스트를 실시하기 어렵다**

이렇기에 접근성 확인을 해보면 예상 밖의 문제가 발견되어도 왜 문제가 되는지

는 이해하지 못하고, 문제를 대처해도 정말로 개선됐는지는 알 수 없는 상황이 지속됩니다.

위 세 가지 상황을 순서대로 설명합니다.

접근성 관점의 부족❶: 이용 상황을 상상하기 힘들다

우선 자신과 크게 다른 이용 상황을 상상하기 힘들다는 점입니다.

앞서 말한 것처럼 디자이너는 무의식 중에 '의자에 앉고, 책상 위의 PC 화면을 보면서 마우스와 키보드로 조작한다', '스마트폰을 손에 쥐고 화면을 보면서 터치로 조작한다'와 같은 자신의 이용 상황의 연장선상에서 디자인을 하기 마련입니다.

디자이너는 지원 기술과 접근성 옵션이 필요하지 않거나 일상적으로 사용하지 않는 경우가 많습니다. 자기 주변에 지원 기술을 사용하거나 접근성 옵션의 설정이 필요한 사람이 없으면 누군가에게 물어보거나 보여 달라고 하는 것도 어렵습니다.

디자이너에게 화면을 제대로 볼 수 있는 시력, 일반적인 색각, 충분히 들리는 청력이 있으면 '애당초 느낄 수 있는가?'라는 관점은 갖기 어렵습니다. 마찬가지로 마우스와 터치에 의한 조작을 정확히 할 수 있고 키보드 입력은 폼 제어 부분에만 사용하고 있다면 '애당초 조작할 수 있는가?'라는 관점도 갖기 어렵습니다.

그렇기에 WCAG에 있는 '지각 가능'과 '조작 가능'은 디자인 시점에서는 디자이너의 의식으로 나타나기 어려운 것입니다.

접근성 관점의 부족❷: 개별적인 확인에 의존해 본질적인 이해에 도달할 수 없다

접근성 체크리스트에 의한 확인에만 의존하면 본질적인 이해에 도달할 수 없습니다.

디자이너가 참조하는 사용성 원칙이나 레이아웃 패턴, 관용적인 UI 위젯은 대체로 접근성을 구체적으로 언급하지 않았습니다. 그렇기에 적절히 디자인했다고 생각해도 접근성을 확인해보면 문제가 자주 발견됩니다.

하지만 그 시점에서 원점으로 돌아가는 경우는 적습니다. '지금은 우선 확인한 문제를 해결하자'처럼 생각하기 쉽습니다.

실무적으로 접근성 체크리스트부터 활용하는 것이 사실상 개선 작업을 하기 쉽습니다. 또한 체크리스트의 기준인 WCAG의 달성 기준은 국제 표준이며 포괄적이므로 '아무튼 달성 기준에 있는 내용을 따르면 된다'고 인식하기 쉽습니다. 게다가 WCAG의 달성 기준을 만족하는 방법, 접근성 자동 체커가 표시하는 오류를 해결하는 방법, 접근 가능한 위젯 예시와 같은 자료를 제공하는 웹 사이트는 많습니다.

이러한 사이트를 참고하면 확인한 문제를 임시적으로 대처할 수는 있겠지만, 이처럼 확인과 대처를 반복만 해서는 WCAG의 달성 기준과 체크리스트의 토대에 있을 '다양한 이용 상황을 알기', '그중에서 공통적 문제는 무엇인지를 생각하기', '대처한 이후 사용 방식의 변화 여부를 알아보기' 같은 활동으로는 이어지지 않아 본질적인 이해에 도달하기는 어렵습니다. 결과적으로 '접근성은 어디서 지적을 받을지 모르니 두더지 게임 같은 존재'라는 인상을 떨치지 못한 상태가 됩니다.

접근성 관점의 부족❸: 지원 기술 이용자의 사용성 테스트를 실시하기 어렵다

장애인 혹은 항상 지원 기술을 사용하는 사용자를 만나거나, 사용성 테스트 참가를 요청하려면 어느 정도 조직으로 추진해야 합니다.[1]

실제로 사용자와 만나면 다양한 이용 상황을 이해하거나 사용 방식을 이용하는데 크게 도움이 됨을 알고 있더라도 곧바로 실천에 옮기지 못하는 경우는 많을 것입니다. 그렇기에 '이용 상황을 상상하기 어렵다', '개별적인 확인에 의존해 본질적인 이해에 도달할 수 없다'는 문제를 해결하지 못한 상태가 됩니다.

또한 사용성 테스트를 할 수 없으면 실제 사용자에게 개선안이 정말로 효과가 있는지 알 수 없습니다. 잘못된 생각으로 부적절한 '접근성 대책'을 하게 되는 일도 있습니다. 예를 들면 다음과 같은 사례를 자주 봅니다.

- 이미지의 대체 텍스트를 장문으로 작성한다
- 스크린 리더용으로 숨겨진 텍스트를 과도하게 넣는다
- 스크린 리더의 음성 인식 순서를 조정할 목적으로 tabindex 속성을 사용한다
- 화면 변화를 필요 이상으로 aria-live 속성으로 알린다

이러한 대응법도 이용 상황에 대한 이해가 없다면 체크리스트에서 OK로 체크한 경우도 있을 것입니다.

이용 상황을 알고 임시방편에서 벗어난다

이런 악순환에서 벗어나려면 다양한 이용 상황을 직접 살펴보며 이해하고, 실제 조작 체험을 통해 사용 방식을 상상해야 합니다. 결국 우리는 모르는 것을 디자

---

1 자세한 내용은 제7장 7절을 참조하세요

인하는 것은 불가능합니다.

하지만 갑자기 모든 것을 이해하기는 어려울 것입니다. 이용 상황은 다양합니다. 문화, 환경, 각 사용자의 생각, 이해력 등도 포함하면 개인이 상상할 수 있는 범주를 초과합니다.

이 장에서는 여러분이 이해 및 체험 시 발판이 될 만한 점을 집중적으로 설명합니다. UI 설계 시의 접근성을 생각하려면 입출력 디바이스에 관한 지식이 필요합니다. 사용자와 UI 사이에서 직접 소통하는 것은 지원 기술로서의 입력 디바이스(마우스나 키보드에 해당하는 것)와 출력 디바이스(화면 표시에 해당하는 것)이기 때문입니다.

다음 절에서는 지원 기술을 이용할 때 일어나는 '입력 가능한 대신 일어나는 문제', '출력을 인식 가능한 대신 일어나는 문제'를 정리한 후 해당 문제들의 공통점을 찾아냅니다.

또한 지원 기술의 자세한 설명은 부록으로 마련했습니다. 포인팅 디바이스, 키보드, 화면 표시와 같은 일반적인 입출력 디바이스를 다양한 하드웨어나 소프트웨어에 의해 다른 형태로 바꾸는 방법을 설명합니다. 자신의 사용 방식과 크게 다른 이용 상황을 파악하기 위한 참고가 되면 좋겠습니다.

'접근 가능한 UI 설계의 원리'에 근거해 설계한다

'해당 UI는 이런 형태로 존재해야 한다'는 전제를 의심한다

필자가 소속된 freee의 디자인 팀에서는 디자인안에 대한 접근성 리뷰를 실시합니다. freee의 접근성 체크리스트를 제정한 디자이너들이 주로 체크리스트의 관점을 기준으로 디자인안에 대해 리뷰를 합니다.

리뷰를 하던 도중에 한 가지 흥미로운 현상이 있었습니다. '현재 구성으로 접근 가능하도록 하기보단 제공하는 기능과 정보 설계부터 재검토하면 좋겠다'는 결론에 이르는 경우가 일정 빈도로 발생했습니다.

UI의 존재를 인식하고 조작 및 이해 가능한 것이 접근성 가이드라인과 체크리스트에 정의된 접근성이라 할 수 있습니다. 여기에는 '해당 UI는 이런 형태로 존재해야 할 것'이라는 암묵적인 전제가 있습니다. 가이드라인은 존재를 위해서는 이와 같이 접근하도록 요구합니다.

하지만 가이드라인상 '접근 여부'와 실제로 지원 기술을 이용해 '문제 없이 작업이 가능한지 여부'가 반드시 같은 건 아닙니다.

예를 들면 캐러셀 등의 복잡한 UI는 접근 가능하도록 구현해도 복잡한 상태를 유지하며, 이용하는 데 불편이 따른다는 점은 변하지 않습니다. 모달 다이얼로그는 화면 확대 시에 혼란을 야기하기 쉬우며 조작 부담도 늘어나기 쉬운 UI입니다. 드래그 앤 드롭과 마우스 오버로 인한 추가 표시는 특정 디바이스에 의존하고 있으므로 접근 가능하도록 만들기란 원리적으로 어렵습니다. 스낵바와 토스트 등 자동적으로 사라진다는 요건과 접근성상 요건이 서로 타협할 수 없는 UI도 있습니다.

디자이너는 '해당 UI는 이런 형태로 존재해야 한다'는 암묵적인 전제를 의심해야 합니다. 애당초 표시할 필요가 없거나 조작 및 입력이 필요 없다면 UI를 없애는 것이 최적의 방법이며, 접근성 문제도 발생하지 않게 됩니다. 없애기는 어렵더라도 단순한 형태로 바꿀 수 있을지를 생각함으로써 해결의 실마리가 보이기도 합니다.

즉, '일단 설계한 것을 어떻게 접근 가능하도록 하지?' 하고 고민하는 순서가 아닌 '처음부터 대부분의 상황에서 부담감 없이 사용 가능한 디자인을 검토하고서 시각 디자인과 구현을 통해 접근 가능하도록 한다'는 순서로 생각해야 합니다. freee의 접근성 리뷰에서 하는 행동은 이러한 사고방식에 따른 것이라 할 수 있습니다.

'접근 가능한 UI 설계의 원리'를 알다

이러한 순서로 생각하려면 대부분의 상황에서 부담 없이 사용 가능한 디자인, 즉 접근 가능한 설계가 무엇인지를 미리 알아야 합니다. 이 장에서는 제8장 2절에서 다룬 문제의 공통점을 기준으로, 문제가 커질 수 있는 다음 안티 패턴과 그 대책을 제8장 3절부터 8절까지 다룹니다.

- 한 화면에 많은 상태를 가진다
- 텍스트가 생략된 화면
- 작고 밀집된 조작 대상
- 사용자가 요구하지 않은 작동
- 확인과 보고가 많다
- 입력 사항이 많아 시간이 든다

그리고 제8장 9절에서는 그 대책을 기준으로, UI 설계의 출발점으로 삼아야 할 점을 정리한 '접근 가능한 UI 설계의 원리'를 제안합니다.

8.2
이용 상황으로부터 공통적 문제를 이끌어낸다

포인팅 디바이스, 키보드, 화면 표시와 같은 입출력 디바이스를 보조하거나 다른 형태로 변환하는 지원 기술에는 많은 차이가 있습니다.[2]

한편 지원 기술의 이용 상황을 살펴보면 하드웨어나 소프트웨어가 달라도 공통되는 문제가 있음을 알 수 있습니다. 크게 분류하면 다음 두 가지로 요약할 수 있습니다.

- 조작에 많은 절차나 시간이 필요하다
- 화면을 한 번에 볼 수 없어 추측과 기억에 의존한다

관련 이용 상황과 문제점을 자세히 살펴보겠습니다.

조작에 많은 절차나 시간이 필요하다

상지가 불편하면 포인팅 디바이스 조작 혹은 키보드를 조작할 때 정신적 및 신체적인 피로가 커지거나, 조작에 대한 정밀도 향상이 어렵거나, 복합적인 조작이 어려운 문제가 발생합니다. 사용자는 지원 기술을 이용하면서 이러한 문제를 다음과 같이 대처합니다.

❶ 어려운 조작을 시간으로 해결한다
❷ 반복해서 조작 정밀도를 커버한다
❸ 조작을 모드로 나눠서 대처한다
❹ 단계적인 조작으로 변환한다

---

2 자세한 내용은 제1장 3절과 부록에서 설명합니다.

네 경우 모두 조작 자체는 가능하므로 조작 결과를 얻을 수 있지만 최종적인 결과를 얻기까지 시간이 오래 걸립니다. 즉, '조작에 많은 절차나 시간이 필요하다'는 점이 공통적 문제입니다.

다양한 이용 상황에서 이 문제가 어떻게 나타나는지 확인해보겠습니다.

❶ 어려운 조작을 시간으로 해결한다

조작 자체를 가능케 하기 위해 시간을 들인다는 방식이 있습니다. 대신 한 가지 조작을 끝내기까지 걸리는 시간은 늘어나므로 부담감이 증가합니다.

물리적인 보조 기구를 사용한다

팔을 움직이기 어려운 상태에서 마우스와 키보드를 조작하는 것(**그림 8-2-1**)과 마우스 스틱(**그림 8-2-2**), 헤드 포인터, 타이핑 에이드, 키 가드 등을 구사하는 건 조작 자체에 시간이 듭니다. 이런 상황에서는 조작 시 신체적, 정신적 부담이 크므로 휴식을 취하면서 조작해야 하기도 합니다.

그림 8-2-1 한 팔로 키보드를 조작한다
'Web Accessibility Perspectives: Keyboard Compatibility' https://www.youtube.com/watch?v=93UgG72os8M

그림 8-2-2 마우스 스틱으로 PC를 조작한다
'Web Accessibility Perspectives: Keyboard Compatibility' https://www.youtube.com/watch?v=93UgG72os8M

OS 설정으로 반응을 늦춘다

조작 시 정밀도를 높이기 위해 OS 설정이나 접근성 옵션에서 입력 속도를 낮춘 경우가 있습니다. 조작 시 정밀도는 향상되지만 조작에 드는 시간은 늘어납니다.

- 마우스 포인터의 속도를 늦춘다
- 더블 클릭 간격을 길게 한다
- 트랙패드의 반응 속도를 늦춘다(**그림 8-2-3**)
- 키 반복 판정을 늦춘다
- 일정 시간 이상 계속 누른 키만 인식한다(느린 키)

그림 8-2-3   macOS의 트랙패드 설정

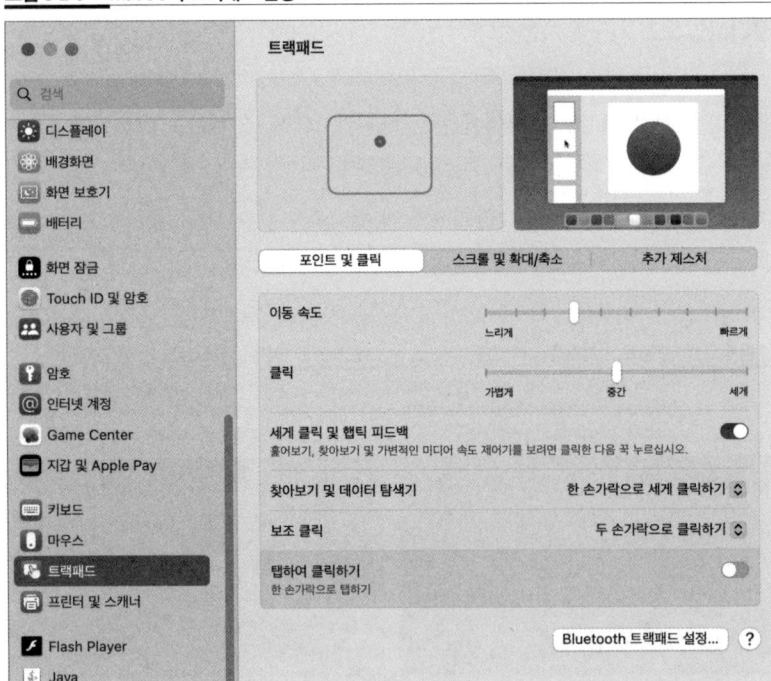

시간 경과에 따른 자동 조작을 사용한다

마우스 포인터를 움직이거나 클릭하기 어렵기에 자동 설정을 통한 시간 경과로 조작을 대체하는 방식이 있습니다. 마우스 포인터를 일정 시간 같은 위치에 두면 클릭 등의 행동을 일으키는 체류 제어(**그림 8-2-4**)이나 스위치 제어로 마우스 포인터를 이동하는 등의 이러한 방법(**그림 8-2-5**)은 사용자가 원하는 상태에 이르기까지 대기함으로써 한 가지 행동에 대해 수 초의 대기 시간이 발생하므로 결과를 얻기까지 시간이 오래 걸립니다. 예를 들어 화면상의 특정 아이콘으로 마우스 포인터를 이동해서 클릭하기까지 빨라도 5초에서 10초 정도는 걸립니다.

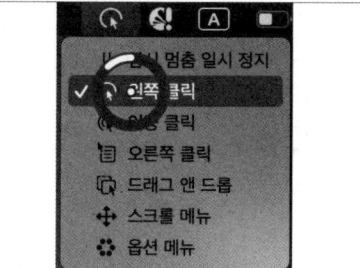

그림 8-2-4　체류 제어
macOS의 체류 제어 대기 시간

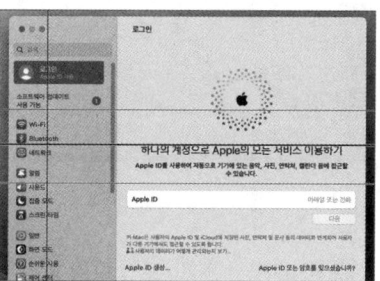

그림 8-2-5　스위치 제어
글라이드 커서를 사용해 클릭하는 모습

음성으로 조작 및 인식한다

음성 명령에도 시간에 관한 문제가 있습니다(**그림 8-2-6**). 음성 자체가 시간 경과에 따라 전달되는 매체이기 때문입니다. 음성 명령에서는 사용자가 말하는 동안 혹은 말하기를 인식하는 동안에는 대기 상태가 됩니다.

그림 8-2-6　음성 명령
　　　　　항목 번호를 나타낸 모습

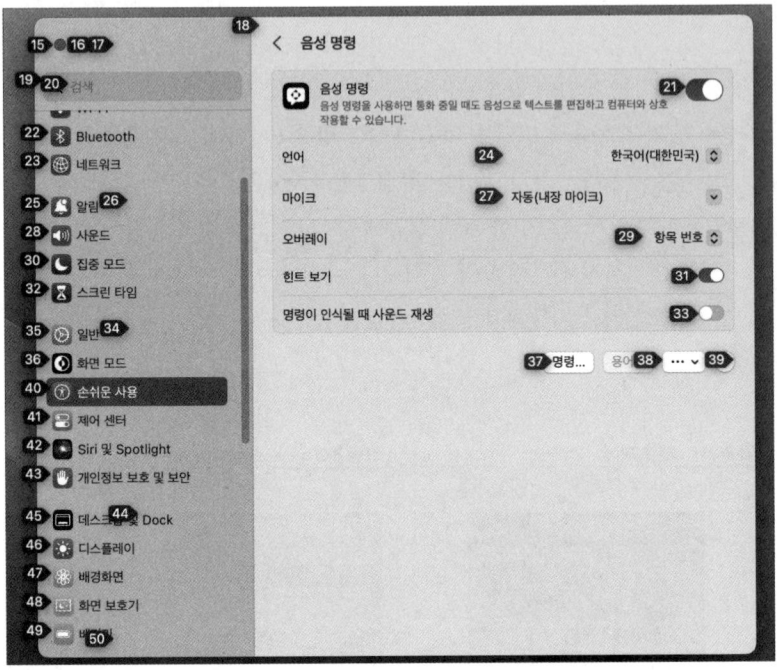

❷ 반복해서 조작 정밀도를 커버한다

자신이 조작 가능한 디바이스를 고르거나 접근성 옵션에서 설정을 조정해도 조작 정밀도를 일정 수준 이상으로 올리기 어렵기도 합니다. 이런 경우는 실패를 전제로 조작을 반복합니다.

입력 방향이 한정된다

키보드의 마우스 키 기능(**그림 8-2-7**)을 사용해 마우스 포인터를 이동하면 여덟 가지 방향으로만 이동할 수 있고 미세한 조정도 하기 어렵기에 원하는 위치에 포인터를 이동시키려면 수고가 듭니다. 게임 패드나 조이스틱형 마우스(**그림 8-2-8**), 카메라 입력을 할 때 얼굴 방향으로 포인터를 움직이는 등 입력 방향이 한정된 디바이스를 사용할 때도 마찬가지입니다.

그림 8-2-7   macOS의 마우스 키 조작 방법의 도움말

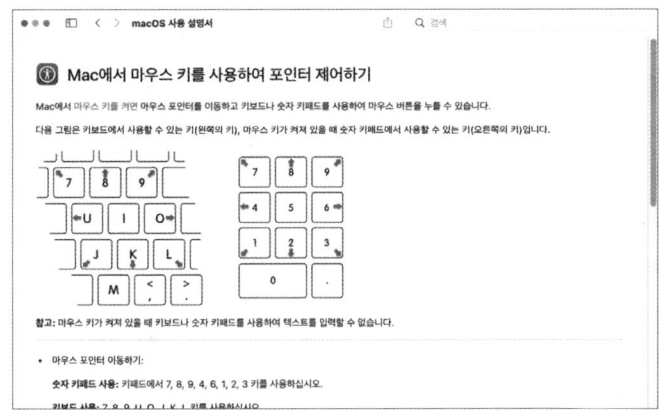

그림 8-2-8   조이스틱형 마우스
사진 제공: 테크노툴 주식회사

세세한 조작이 어렵다

마우스를 잡는 손이 떨리거나 팔의 힘을 조절하기 어렵거나 발과 턱으로 조작하는 경우 대상물을 정확히 가리켜 클릭하기는 어렵습니다. 카메라 입력과 시선 입력 등의 방법으로 마우스 포인터를 움직이는 경우도 마찬가지입니다(**그림**

8-2-9). 근처를 대략 가리키는 건 가능해도 원하는 곳을 정확히 클릭하기는 어려우므로 빗나가는 경우도 있습니다. 스크린 키보드를 사용할 때도 마우스 포인터의 이동 정밀도가 낮으면 원하는 키를 누르기 힘들며(**그림 8-2-10**), 수정 작업에도 수고가 듭니다.

그림 8-2-9　**카메라 입력**
macOS의 카메라 입력(헤드 포인터)을 켠 모습

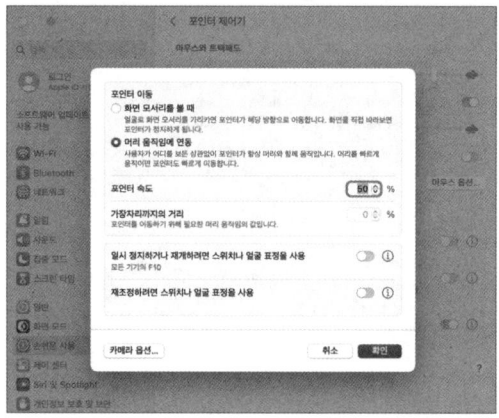

그림 8-2-10　**스크린 키보드**
macOS의 스크린 키보드를 사용하는 모습

체류 제어의 조작이 어렵다

체류 제어도 정확한 발동이 어려운 조작 중 하나입니다(**그림 8-2-11**). 설정한 시간 동안 한곳에 마우스 포인터를 둬야 하는데, 그 사이에 마우스를 잡은 손이 움직이거나 시선 입력 도중 시선을 움직이면 체류가 취소됩니다. 하지만 너무 짧은 시간으로 설정하면 이번엔 의도치 않게 체류 조건을 만족하게 돼 행동이 발동됩니다.

그림 8-2-11 **체류 제어**
macOS의 체류 제어 설정. 체류 시간이나 움직임의 허용 범위를 조정한다

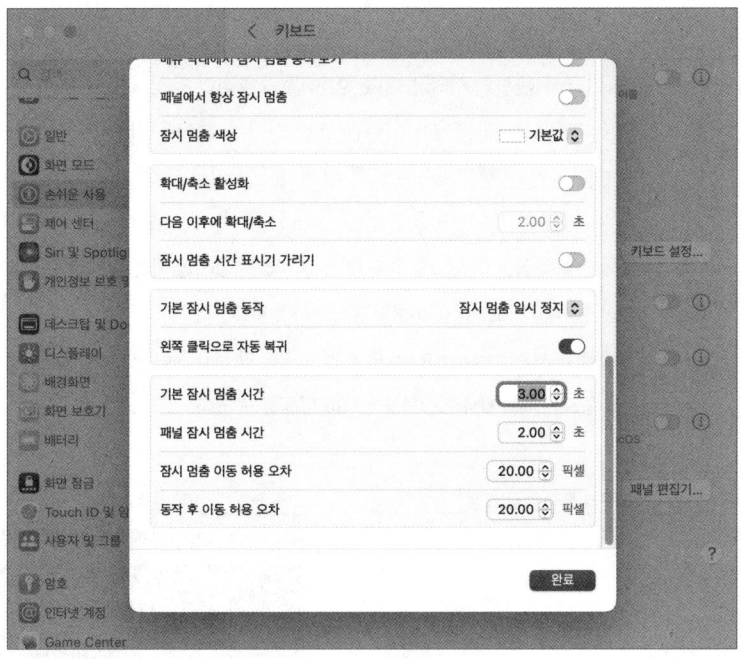

❸ 조작을 모드로 나눠서 대처한다

복합적인 조작이 어려운 경우라도 특정 조작 모드를 통해 행동을 가능케 하는 방식이 있습니다. 대신 모드에 들어가는 절차, 모드에서 나오는 절차가 필요하므로 조작 절차 및 조작에 필요한 시간도 늘어납니다.

접근성 옵션을 통해 단계적인 조작으로 나눈다

드래그 조작, 터치 디바이스의 제스처, 수식 키(Shift, Ctrl 키 등)를 누르는 입력은 모두 '누른 상태를 유지한 채 다른 입력을 하는' 조작을 요구합니다. 이런 조작이 어려울 경우 '일시적인 모드로 조작을 단계적으로 나누는' 설정을 통해 조작을 에뮬레이트할 수 있습니다.

다음은 각 OS의 접근성 옵션의 사례입니다. 이처럼 단계적인 조작으로 나누면 조작이 가능해지지만 해당 모드에 들어가기 위한 조작 절차가 늘어나 작업 시간이 늘어납니다. 조작을 중단하려는 경우에도 모드를 빠져나오기 위한 조작이 필요합니다.

- 윈도우에서는 클릭 잠금 기능(**그림 8-2-12**)을 설정하면 길게 클릭하여 드래그 조작을 하는 모드에 들어간다. 포인터를 이동하고 클릭하여 완료한다.
- iOS 및 iPadOS에서는 AssistiveTouch를 켜면 화면에 메뉴 버튼이 표시된다(**그림 8-2-13**). 버튼을 누르면 메뉴에서 제스처를 선택해 발동할 수 있다.

그림 8-2-12 윈도우의 클릭 잠금 설정

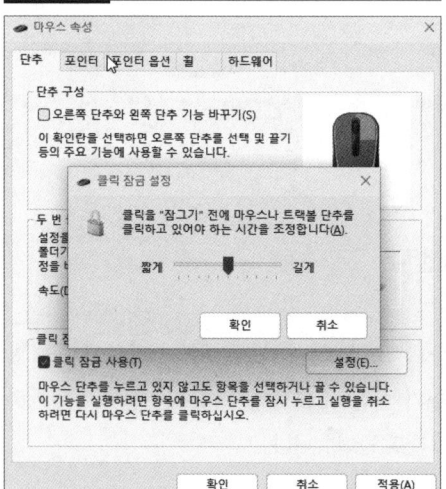

그림 8-2-13 iOS의 AssistiveTouch

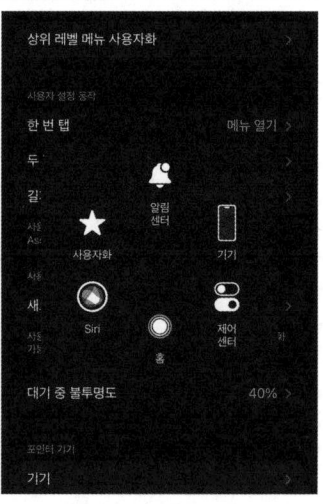

- 윈도우의 고정 키 기능 또는 macOS의 고정 키 기능(**그림 8-2-14**)을 설정하면 수식 키를 한 번 누르면 해당 키가 눌린 모드에 들어간다(두 번 누르면 계속 눌린 모드가 된다).

그림 8-2-14 macOS의 고정 키 설정

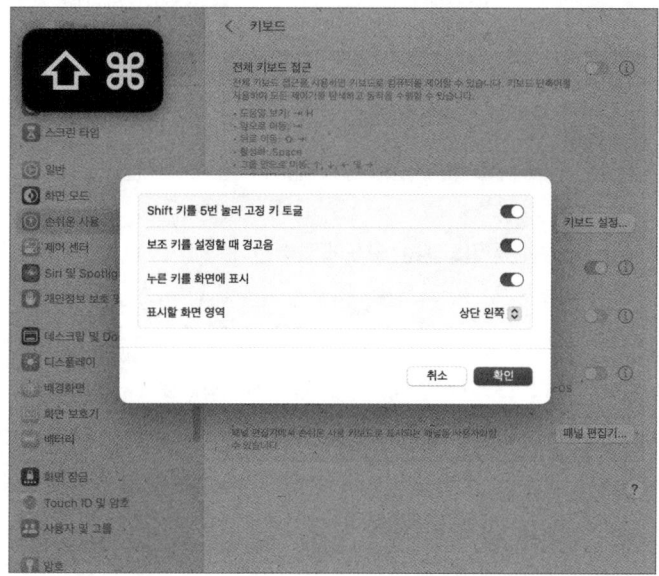

조작 디바이스를 하나로 집중해 모드를 전환한다

마우스와 키보드는 서로 대체가 가능하며 그에 따라 조작이 가능해지는 상황은 많습니다. 한편 조작을 한 가지 디바이스로 집중하면 모드 전환이 필요하기에 수고가 늘어납니다. 키보드로 마우스 키를 사용할 때 키보드에 물리적으로 인쇄된 키로 텍스트를 입력하는 경우에는 모드 전환이 필요합니다(**그림 8-2-15**). 마찬가지로 스크린 키보드를 사용할 때 화면 조작과 텍스트 입력 간 모드 전환이 발생합니다. 시선 입력도 마우스와 키보드를 한 가지 입력 방식으로 집중한다는 점은 같으므로 모드 전환 시 수고가 듭니다.

그림 8-2-15 macOS의 마우스 키
마우스 키 모드를 끄는 모습

그림 8-2-16 macOS의 체류 제어
마우스 포인터 주변을 확대하는 모습

정확한 포인트를 위해 정밀도 향상 모드에 들어간다

마우스 포인터 주변을 부분적으로 확대한 후 조작 대상을 결정하거나(**그림 8-2-16**), 음성 명령의 그리드를 세세하게 설정하거나(**그림 8-2-17**), 스위치 제어의 글라이드 커서 단계를 늘리는 등의 대응도 조작을 모드로 나눠서 대처하는 패턴 중 하나입니다. 조작을 여러 단계로 나눠서 포인트 위치의 정밀도를 높이는 대신에 클릭까지 필요한 조작 절차가 늘어납니다.

그림 8-2-17 macOS의 음성 명령
그리드로 특정 위치를 보다 세세하게 선택하는 모습

❹ 단계적인 조작으로 변환한다

일시적인 모드에 들어간다는 수준을 넘어 OS의 조작 자체를 완전한 절차식으로 전환함으로써 조작을 가능케 하는 방식이 있습니다. 궁극적으로는 스위치 하나로 OS 전체가 조작 가능해지는 대신에 절차가 방대해지므로 한 조작을 완료하는 데 시간이 현저히 늘어납니다. 시행착오 비용이 상당히 커지므로 목적에 도달하기까지의 경로를 계획하고서 조작해야 합니다.

조작 방법을 사전에 계획한다

스위치 제어를 이용하려면 애당초 어떤 모드에서 조작하면 목적을 달성할지 계획해야 하며(**그림 8-2-18**), 음성 명령도 마찬가지입니다. 항목을 전환하는 방법으로 할지(**그림 8-2-19**), 화면상의 좌표를 가리키는 방법으로 할지(**그림 8-2-20**), 단축키를 발동할지 생각하고서 시험해 봅니다. 잘되지 않을 경우 다른 조작 방법으로 바꿉니다.

그림 8-2-18 macOS의 스위치 제어 홈 메뉴
처음에 키보드 조작인지, 포인터 조작인지를 고른다

그림 8-2-19 macOS의 음성 명령 항목 번호 표시

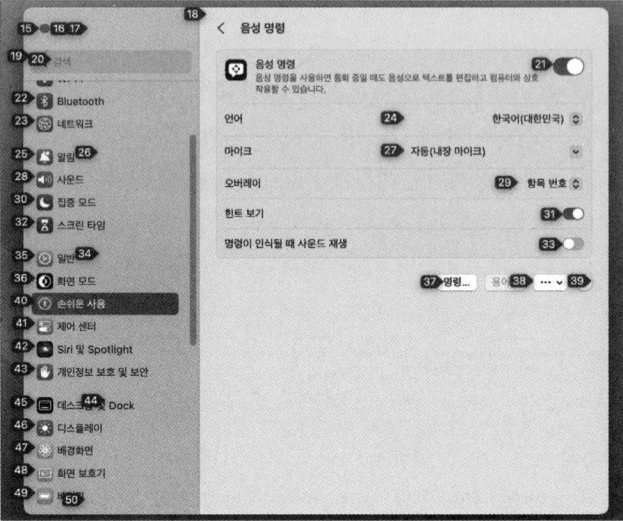

그림 8-2-20 macOS의 음성 명령 그리드 표시

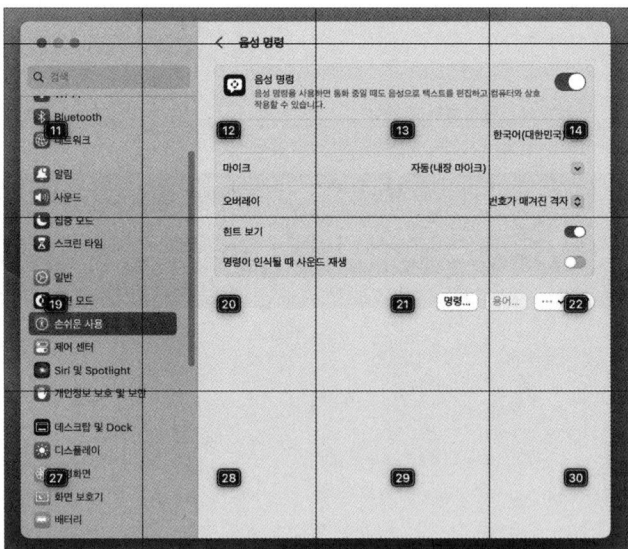

클릭 시의 행동을 먼저 지정한다

클릭 대신에 체류 제어를 사용할 때는 우선 '체류하면 좌클릭하는' 행동을 선택합니다. 그리고 마우스 포인터를 대상으로 이동해 일정 시간 그 위치에 머무르는 절차를 밟아야 합니다(**그림 8-2-21**). 스위치 제어로 마우스와 동일한 움직임을 할 때도 마찬가지입니다(**그림 8-2-22**). '이동해서 클릭'과 같은 메뉴를 고르고서 마우스 포인터의 이동 모드에 들어갑니다(포인터만 이동하거나 행동만 하는 등 개별적으로 지시는 할 수 있지만 조작에 시간이 걸리므로 합쳐서 지시를 보내면 시간을 단축할 수 있습니다).

그림 8-2-21 macOS의 접근성 키보드의 체류 제어 도구(위쪽)
체류 시에 실행할 행동을 먼저 고른다

그림 8-2-22 macOS의 스위치 제어 포인터의 메뉴
'이동해서 클릭'을 강조하고 있다

스크롤을 그때마다 지시한다

마우스 포인터 이동과 클릭 이외에 스크롤 조작도 절차식인 경우가 있습니다. 터치 디바이스에서 제스처를 할 수 없을 때는 메뉴에서 스크롤을 선택해 스크롤하는 동작을 반복해야 합니다(**그림 8-2-23**). 스위치 제어도 마찬가지로 메뉴에서 '아래로 스크롤'을 선택하고(**그림 8-2-24**), 음성 명령으로는 '아래로 스크롤'이라고 말함으로써 한 번씩 스크롤합니다.

그림 8-2-23 iOS의 AssistiveTouch
메뉴에 상하좌우 스크롤을 설정한 모습

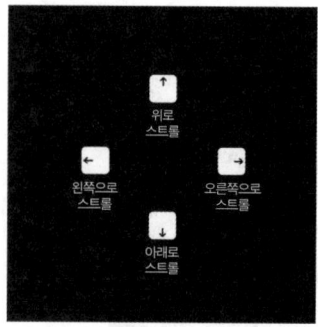

그림 8-2-24 macOS의 스위치 제어 포인터 메뉴
'아래로 스크롤'을 강조하고 있다

키보드만으로 전체를 조작한다

포인팅 디바이스를 사용하기 어렵거나 화면을 보지 않고 스크린 리더를 이용 중일 때 키보드만으로 조작해야 하는 경우가 있습니다. 이때 다른 창에 있는 버튼을 누르려면 우선 애플리케이션을 전환하고 메뉴와 페인(pane)을 골라 대상을 선택하는 단계적인 조작이 필요합니다(**그림 8-2-25**). 음성 명령으로 항목 번호나 항목명을 말로 선택하거나, 스위치 제어를 항목 전환 모드로 사용하는 경우에도 이러한 키보드 조작과 같은 절차가 필요합니다.

그림 8-2-25 macOS의 전체 키보드 접근

Finder의 파일 선택 상태에서 시스템 설정으로 이동하려는 모습

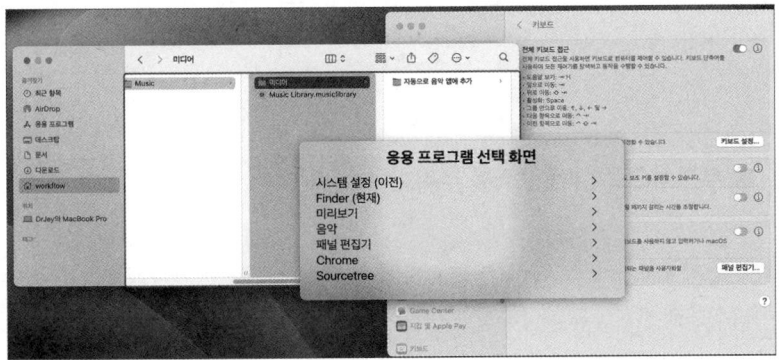

화면을 한 번에 볼 수 없어 추측과 기억에 의존한다

지금까지 첫 번째 문제인 '조작에 많은 절차나 시간이 필요'한 경우를 소개했습니다. 이 절에서는 두 번째 문제인 '화면을 한 번에 볼 수 없어 추측과 기억에 의존하는' 경우를 설명합니다.

시력이 약해 화면을 보기 힘든 경우 정보를 인식하기 위해 화면을 크게 확대합니다. 또한 화면을 볼 수 없는 경우엔 스크린 리더를 이용해 소리와 점자로 정보를 인식합니다. 모두 정보 자체를 인식할 수는 있지만 화면을 한 번에 보는 경우와 비교하면 한 번에 얻을 수 있는 정보량이 상당히 적어집니다. 사용자는 이러한 상황일 때 다음과 같이 화면을 이해하려고 합니다.

- 부분적으로 읽어 구조를 추측한다
- 정보의 취사선택에 시간을 들인다
- 화면 변화를 이해하는 데 시간을 들인다
- 기억에 의존해 이용 시의 문맥을 유지한다

모두 부분적인 '점'으로 인식하고, 점을 기억과 추측으로 연결하여 해석하는 형식입니다. 즉, '화면을 한 번에 볼 수 없어 추측과 기억에 의존'하는 것이 공통적 문제입니다.

❷ 부분적으로 읽어 구조를 추측한다

화면을 확대하거나 스크린 리더를 이용 중일 때는 화면을 한 번에 보고 이해하기 어려우므로 전체상을 파악하려면 시간이 들어 사용자의 부담도 커집니다. 결과적으로 부분적인 내용으로 구조를 추측하게 됩니다. 이는 가지와 잎을 무시하고 줄기를 찾는 방식이므로 화면 내 요소를 미처 못 보거나 빼먹을 수 있습니다.

표시 영역을 움직여 배율을 변화시킨다

화면을 확대했을 때는 화면을 전부 보고 전체 내용을 얻을 수 없습니다. 그렇기에 화면 구성을 파악하려면 마우스 포인터를 크게 움직여서 화면 내 다양한 부분을 둘러봐야 합니다. 마우스 포인터만이 아닌 키보드 포커스에 맞춰 표시 범위를 따라가도록 하는 것도 가능합니다(그림 8-2-26).

그림 8-2-26 윈도우의 돋보기(설정)
보는 방식이나 어떤 조작을 따라갈지 설정할 수 있다

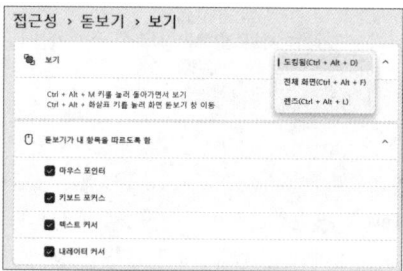

돋보기 설정은 여럿 있습니다.

- **도킹됨**

    확대 영역을 고정한다. 같은 배율의 화면을 별도로 표시해두고 전체상을 파악하는 데 활용한다(**그림 8-2-27**)

- **전체 화면**

    화면 전체를 확대한다. 전체상과 개별 부분을 비교할 때는 확대율을 바꿔 대처한다(**그림 8-2-28**)

- **렌즈**

    마우스 포인터나 키보드 포커스를 따라가는 확대 영역을 만든다. 전체상은 파악하기 쉽지만 확대 영역으로 인해 화면 일부가 가려진다(**그림 8-2-29**)

그림 8-2-27   윈도우의 돋보기(도킹됨)

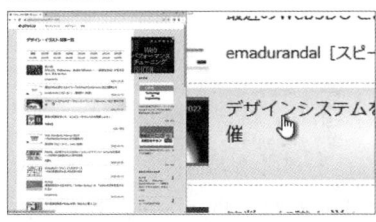

그림 8-2-28   윈도우의 돋보기(전체 화면)

그림 8-2-29   윈도우의 돋보기(렌즈)

하지만 이러한 조작에는 수고가 들기에 화면을 전부 확인하기보단 화면 구조를 대략적으로 파악하고서 필요한 내용을 골라 보게 됩니다. 화면 확대 도구에 따

라서는 화면에서 검색한 텍스트를 강조한 위치로 표시 범위를 이동하는 기능(그림 8-2-30)이 있으며 이러한 기능을 활용해서 부분적으로 읽는 경우도 있습니다.

그림 8-2-30 ZoomText의 Finder로 텍스트를 검색한 상태

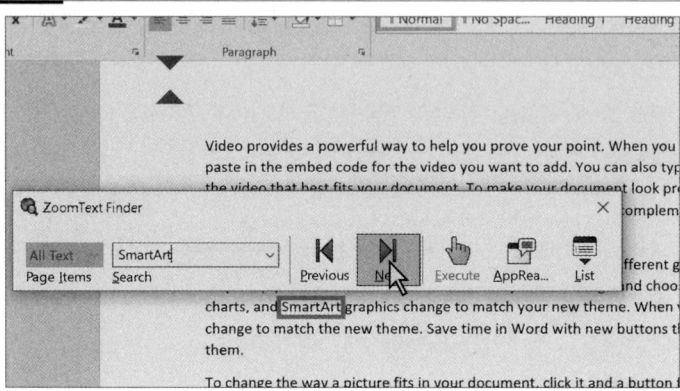

점프 기능을 사용해 구조를 추측한다

스크린 리더는 원칙적으로 현재 커서가 있는 위치의 정보만 전달합니다. 또한 음성을 이용하므로 음성 인식을 듣는 동안에는 조작을 중단해야 합니다.[3] 그렇기에 화면 내 요소를 모두 읽으려면 방대한 시간이 듭니다. 읽는 속도를 올릴 수도 있지만(그림 8-2-31) 사용자의 훈련도 필요하며 한계도 있습니다.

화면이 어떤 구성인지를 파악하는 데 큰 수고가 들어 스크린 리더에 탑재된 점프 기능을 사용하는 경우가 많습니다(그림 8-2-32). 웹 페이지 내 표제나 랜드마크와 같은 특정 요소로 이동하는 기능이며, 점프 기능을 통해 필요한 위치로 재빨리 접근하거나 표제만을 읽고 구조를 추측합니다. 그 밖에도 리스트, 표, 링크, 폼, 입력란, 버튼, 이미지 등으로 점프할 수 있습니다.

---

3 점자 디스플레이를 사용 중인 경우에도 표시된 핀을 손가락으로 읽는 시간이 필요합니다.

그림 8-2-31 NVDA의 음성 인식 속도의 설정

고속으로 읽는 설정도 있다

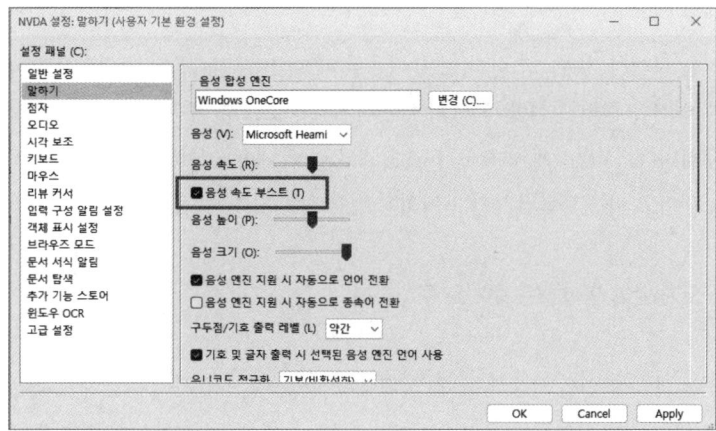

그림 8-2-32 NVDA의 요소 리스트

페이지 내 요소를 리스트업하여 해당 위치로 점프할 수 있다(이외에도 점프 가능한 요소의 종류가 여럿 있다)

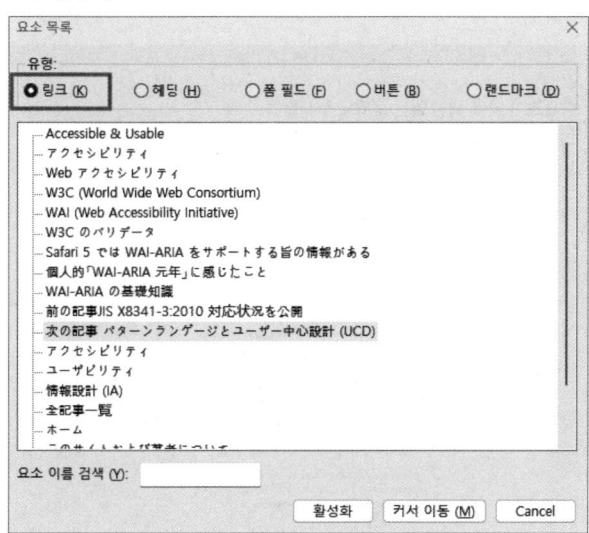

❷ 정보의 취사선택에 시간을 들인다

화면을 확대하거나 스크린 리더를 이용할 때 화면 레이아웃과 스타일을 인식하기 어렵거나 전혀 인식할 수 없기에 콘텐츠의 중요도를 판단하는 내용이 부족한 상태입니다. 그렇기에 중요도가 낮은 요소라도 내용을 어느 정도 읽지 않으면 건너뛰어도 되는지 판단하기가 어려워 열람 시 부담이 됩니다.

중요도가 낮아 색이 옅은 문자도 주시한다

시력이 약해 화면을 확대했을 때 실제로 잘 안 보이는지, 문자가 실제로 옅은 색인지 판단하기 어려운 경우가 있습니다. 그렇기에 주석, 비활성(disabled), 플레이스 홀더의 문자 등은 얼핏 봐서는 중요도를 판단하기 어려우며, '보기 힘든 문자를 주시해서 힘들게 읽긴 했는데 그다지 중요하지는 않은 내용'인 경우도 있습니다(그림 8-2-33).

그림 8-2-33 중요도가 낮아 색이 옅은 문자도 주시한다
SEO용 및 면책 사항으로 적힌 옅고 작은 문자를 확대해서 읽는 모습

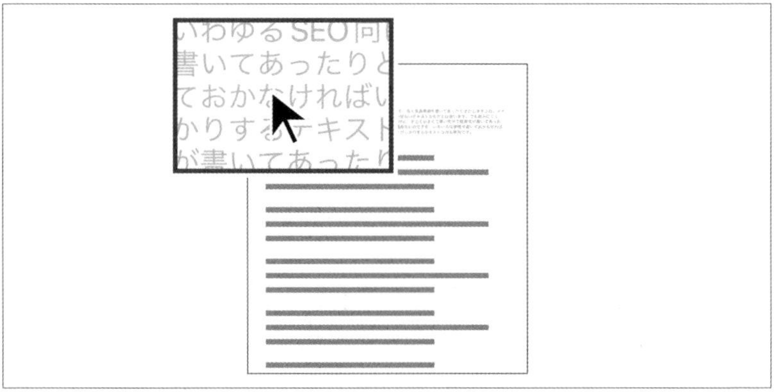

중요도를 판단하려면 음성 변환이 필요하다

스크린 리더는 화면 표시의 영역 배치, 색 구분, 구분선, 마진, 문자의 굵기나 크기 등 요소 간 관계나 강약을 나타내는 시각 정보가 전달되지 않습니다. 그러므로 요소의 중요도를 판단하려면 어떤 내용이든지 우선 어느 정도 읽어야 합니다 (그림 8-2-34). 현재 하는 작업과 직접적인 관계가 없는 주석이나 보충 내용을 읽느라 시간을 낭비하게 되는 경우가 자주 있습니다.

그림 8-2-34 중요도를 판단하려면 음성 변환이 필요하다
SEO용 및 면책 사항으로 적힌 옅고 작은 문자를 확대해서 음성 변환으로 파악하는 모습

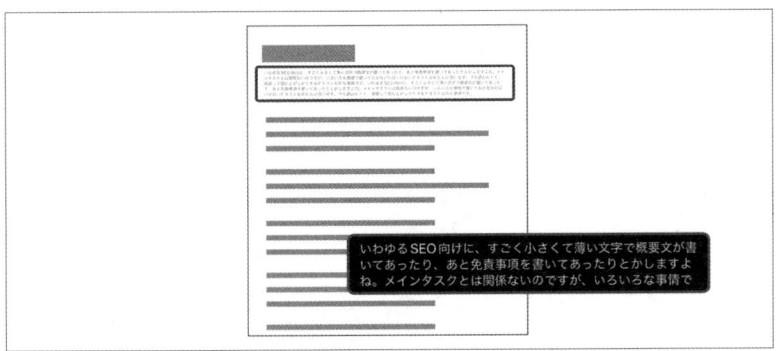

❸ 화면 변화를 이해하는 데 시간을 들인다

화면을 확대하거나 스크린 리더를 이용할 때 인지할 수 있는 범위가 좁아 화면 변화를 알아채지 못하거나 예상 밖의 변화로 인해 더 혼란을 느끼기도 합니다. 이런 일이 발생하면 어떤 부분이 어떻게 변화했는지 시간을 할애해 둘러보고 상황을 다시 파악해야 합니다.

시야 밖의 변화를 알아채지 못하거나 예상 밖의 변화에 망설인다

사용자의 조작에 의해 화면 일부가 변화했을 때 그 변화가 시야 밖에서 일어났다면 알아채지 못하는 경우가 있습니다(그림 8-2-35). 또한 자신이 조작하지 않았는데 화면이 크게 변화하거나 조작 결과에 의한 변화를 예상치 못했다면 무엇이 일어났는지 모른 상태에서 시야가 가려져 혼란스러운 경우도 있습니다. 이러한 경우는 지금 조작하지 않은 페인이 변화하거나, 마우스 오버로 인해 다이얼로그 등이 생긴 경우처럼 자주 일어나는 경우를 예상하면서 화면을 돌아보며 복귀를 꾀합니다.

그림 8-2-35 시야 밖의 변화를 알아채지 못한다

화면을 확대한 상태에서 왼쪽 필터를 조작하고 있다. 오른쪽에서는 로딩이 시작됐지만 알아채지 못한다

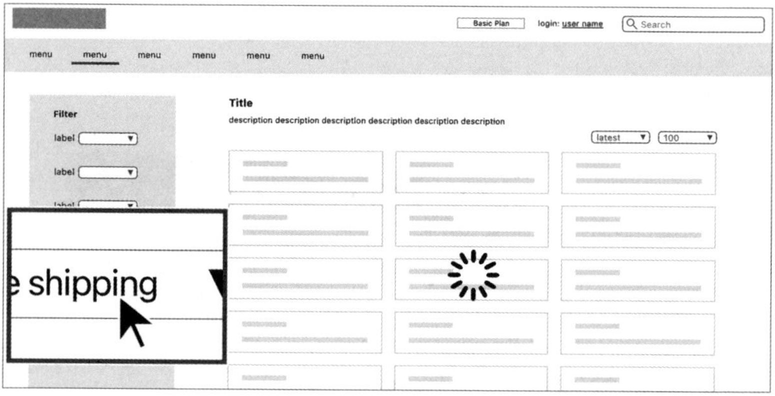

커서 바깥쪽의 변화를 알아채지 못한다

사용자의 조작에 의해 화면 일부가 변화했더라도 스크린 리더는 현재 커서가 있는 위치만 읽으므로 변화 여부를 알아채지 못하는 경우가 있습니다(그림 8-2-36).[4] 변화한 위치를 확인하려면 화면 확대 동작과 마찬가지로 지금 무엇이 일어

---

4 aria-live 속성 등을 사용하여 변화를 명시적으로 전달하도록 구현할 수는 있습니다.

났는지를 예상하면서 커서를 이동하고 상태를 파악합니다.

그림 8-2-36 스크린 리더는 커서가 있는 위치만 읽는다
macOS의 VoiceOver로 웹 사이트를 읽는 모습. 표제 1에 위치한 스크린 리더 커서 부분의 내용만 읽고 있다

❹ 기억에 의존하여 이용 시의 문맥을 유지한다

화면을 확대하거나 스크린 리더를 이용할 때 인지할 수 있는 범위는 한정됩니다. 그렇기에 범위 바깥쪽에는 무엇이 있는지, 그것이 어떤 상태인지를 기억해야 합니다. 기억이 희미해지면 화면의 구성과 상태를 파악하기 위해 화면 여기 저기를 반복해서 살펴보느라 인지 및 조작 부하도 높아집니다.

기억이 희미해지기 전에 표시 범위를 움직인다

화면을 확대 중일 때는 앞서 설명한 '부분적으로 읽어 구조를 추측하는' 방법으로 전체감을 잡은 후 필요한 부분의 상세 내용을 파악합니다. 하지만 내용을 착각하거나 읽은 위치를 놓치거나 하면 그때마다 같은 내용을 다시 봐야 합니다. 예를 들면 여러 줄의 텍스트가 표시 영역에서 튀어나온 경우 우선 표시 범위를 오른쪽으로 이동해서 줄의 끝까지 읽어 문맥을 기억하고서 왼쪽으로 되돌려 다음 줄의 첫 부분을 찾는 조작을 반복합니다(**그림 8-2-37**). 이러한 조작은 인지 부하가 높아

줄의 첫 부분을 놓치면 어디까지 읽었는지 다시 봐야 할 필요가 생깁니다.

그림 8-2-37 기억이 희미해지기 전에 표시 범위를 움직인다

macOS의 줌 기능(Picture in Picture)으로 웹 사이트의 기사를 읽는 모습. 줄의 끝에서 다음 줄의 첫 부분으로 표시 범위를 이동시키고 있다

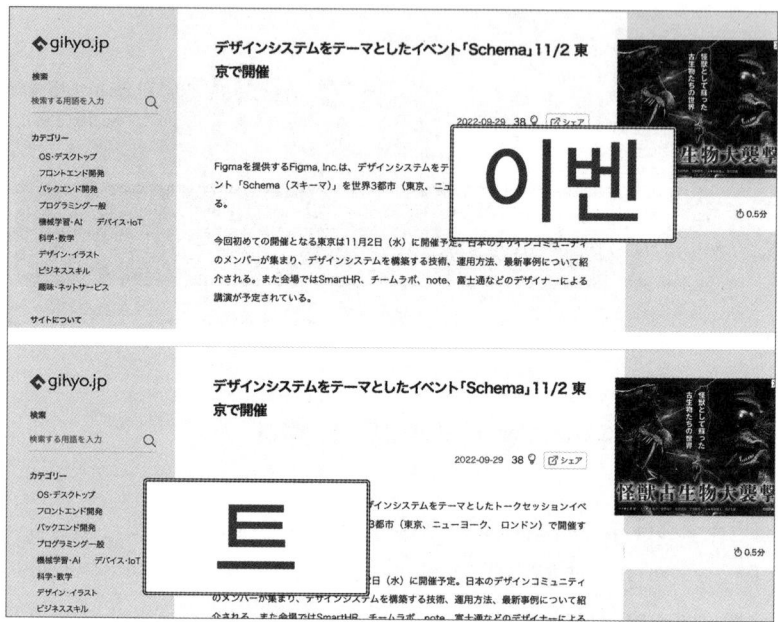

소리가 휘발돼 기억이 희미해지기 쉽다

스크린 리더의 경우 현재 커서가 있는 위치에 대한 상태 여부 등 한정된 범위의 정보조차 소리로 제공되므로 순식간에 휘발됩니다. 무언가를 조작하고서 커서를 움직이면 '조작했다는 결과'는 자신의 기억에만 있습니다.[5] 방금 무슨 내용이 들렸는지를 확인하기 위해 커서를 되돌리는 등의 행위는 번번히 일어납니다.

---

5 점자의 경우도 한 번에 표시되는 텍스트는 수십 문자에 그치므로 얻은 정보를 기억해야 합니다.

공통적 문제와, 문제를 증폭시키는 안티 패턴

지금까지 조작 및 열람을 위해 보조 혹은 지원 기술을 이용할 때 '조작에 많은 절차나 시간이 필요'하며, '화면을 한 번에 볼 수 없어 추정과 기억에 의존'하는 공통적 문제가 발생함을 확인했습니다.

웹 애플리케이션에는 문제를 더욱 증폭시킬 수 있는 여러 상황에서 부담감과 혼란을 발생시키는 '안티 패턴'과 같은 설계가 있습니다. 안티 패턴이란 무엇이며, 어떻게 대책을 세울지 알면 부담감과 혼란을 발생시키지 않는 '접근성이 좋은 설계'를 하는 데 실마리가 됩니다.

다음 절부터는 지원 기술을 이용할 때 부담감이 특히 발생하기 쉬운 다음과 같은 UI 설계상 안티 패턴을 대책과 함께 설명합니다.

- 한 화면에 많은 상태를 가진다
- 텍스트가 생략된 화면
- 작게 밀집된 조작 대상
- 사용자의 요구가 아닌 작동
- 확인과 보고가 많다
- 입력 사항이 많아 수고가 든다

8.3
안티 패턴과 대책❶: 한 화면에 많은 상태를 가진다

조작 대상이 흩어져 있어 상태 파악이 어려워진다

대다수 웹 애플리케이션의 레이아웃은 다음 구성처럼 한 화면에 조작 대상이 흩어져 있으며, 여러 상태의 조합이 존재합니다(그림 8-3-1).

- 헤더, 위쪽 및 왼쪽의 내비게이션 바, 메인 영역의 상단·중앙·하단, 서브 영역, 모달 다이얼로그와 같은 다양한 영역이 있다
- 영역마다 버튼과 링크, 폼 제어와 같은 인터랙티브 요소가 있다
- 인터랙티브 요소의 조작 결과로 내비게이션 선택 상태, 표시 내용 전환 상태, 편집 모드 등이 존재한다

그림 8-3-1 　애플리케이션 화면의 예시
다양한 내비게이션, 링크, 버튼이 복잡하게 조합돼 있다

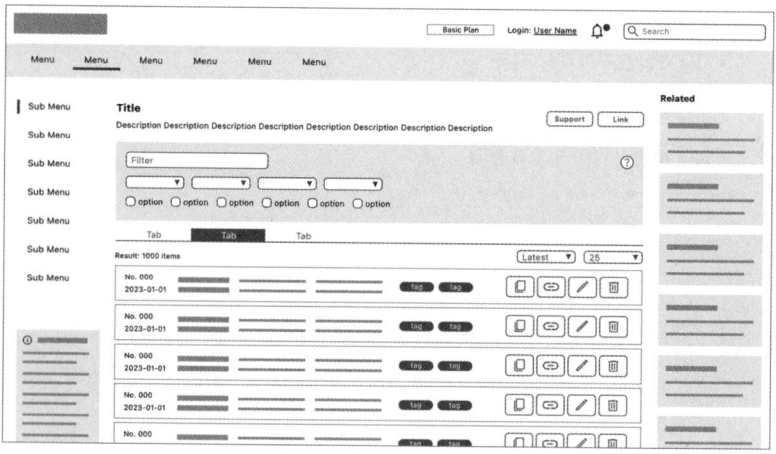

마우스 조작이 어려울 때 대부분의 조작 대상이 화면에 흩어져 있을수록 부담감

도 늘어납니다. 어딘가를 선택하고, 무언가를 보고, 스크롤을 하고, 무언가를 전환하고, 다시 돌아오는 이러한 절차 자체에 큰 비용이 듭니다. 키보드만으로 조작하는 경우도 마찬가지입니다. 마우스 조작과 달리 키보드 조작으로는 화면 내 영역을 넘나드는 비연속적인 조작이 불가능하므로 Tab 키에 의한 연속적인 포커스 이동으로만 조작 대상을 전환할 수 있기 때문입니다.

화면을 크게 확대한 경우나 스크린 리더를 이용할 때도 '흩어져 있는 조작 대상을 오가는 작업'을 하는 데 똑같이 수고가 듭니다. 현재 마우스 포인터나 스크린 리더 커서가 있는 위치만 인식하므로[6] 오가기 위해서는 매번 포인터나 커서를 움직여서 조작 대상을 찾게 됩니다. 게다가 추정과 기억에 의존할 수밖에 없다는 문제도 발생합니다. 조작 결과가 시야 바깥에 반영돼 알아채지 못하거나 시야에서 벗어난 현재 위치 표시 상태를 나중에 생각해낼 필요가 생기기 때문입니다.

많은 조작 대상이 화면 내에 흩어져 있으며 상태를 파악하기 힘든 웹 애플리케이션이 늘어나는 이유로는 다음과 같은 점을 생각해볼 수 있습니다.

- 전환 위젯 남용
- 복수로 구성한 페인 남용
- 모달 다이얼로그 남용

이 세 가지 경우를 자세히 살펴보겠습니다.

---

[6] aria-live 속성 등을 사용해 변화를 명시적으로 전달한 경우는 제외합니다.

전환 위젯 남용

안티 패턴

전환 위젯이란 화면상에 존재하는 요소를 일시적으로 가려두고 요청이 있을 때 표시하는 UI 패턴입니다. 사용자와의 상호작용에 의해 변화한 내용을 표현하기 위해 자주 이용합니다. 일반적인 UI 패턴이지만 한 화면에 요소를 너무 많이 집어넣어 복잡해진 상황도 더러 있습니다.

사례로는 아코디언형 폼을 들 수 있습니다(그림 8-3-2). 전체적으로 아코디언 형식으로 이루어진 EC 사이트에서 물건을 구입할 때 배송지, 배송 옵션, 지불 정보 등의 단계가 각 패널로 이루어져 있습니다. 그리고 패널 단위로 완료 버튼을 누르면 패널이 접히고, 다음 단계의 패널이 열립니다.

그림 8-3-2 아코디언형 폼

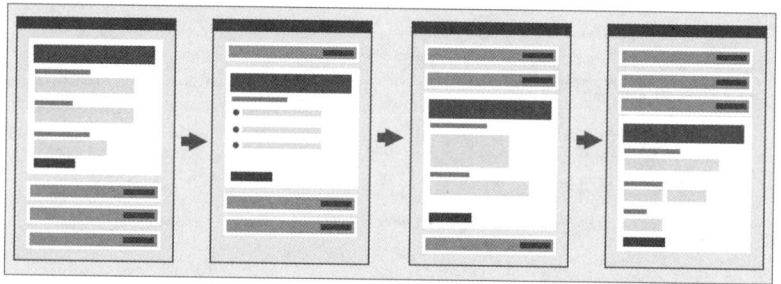

출처: https://www.smashingmagazine.com/2017/05/better-form-design-one-thing-per-page/

왜 안티 패턴인가?

'누르면 나오는' 전환 위젯의 작동은 '누르지 않으면 나오지 않는'다고도 할 수 있습니다. 발견성이 낮고 조작하는 양도 늘어납니다. 또한 화면상의 어디가 열려 있고, 어디가 닫혀 있는지와 같은 위치나 상태 파악 여부를 사용자에게 요구하기도 합니다.

서적 'Form Design Patterns'[7]는 이러한 폼을 다음과 같이 평가합니다.

사용자에 따라서는 주문을 완료하기 어려웠습니다. 오류를 수정하려면 위아래로 스크롤을 해야 해 귀찮았습니다. 애당초 아코디언 자체가 번거롭고 사용자의 집중력을 저해했습니다.

이러한 폼은 마우스 조작이 어려운 사용자에게도 큰 문제를 일으킵니다. 조작에 부담이 크거나 음성 명령과 스위치 제어로 스크롤할 때 스크롤 위치를 조정하는 데 큰 수고가 들기 때문입니다. 게다가 화면을 한 번에 보기 어려운 경우도 다음과 같은 문제가 발생합니다.

- 아코디언이 움직여도 무엇이 일어났는지 파악하기 어렵다
- 지금 봐야 할 패널에 표시 범위를 맞추는 데 수고가 든다
- 자동으로 스크롤되면 무엇이 일어났는지 파악하기 힘들다
- 패널을 다시 고를 때 어느 부분에 있는지 찾기 어려워진다
- 조건 분기로 후속 패널이 변화해도 변화 여부를 알아채지 못한다
- 확인 화면에서 수정 작업 시 수정 대상 패널을 발견하는 데 수고가 든다

대책

이러한 문제에 대한 대책은 단순합니다. 전환 위젯을 사용하여 한 화면에 여러 폼을 집어넣는 것이 아닌, 한 화면당 한 폼으로 독립시키면 됩니다(**그림 8-3-3**,

---

7 https://formdesignpatterns.com/

'GOV.UK Service Manual'의 'Structuring forms'[8]에서는 이 방법을 'Start with one thing per page'로 소개하고 있습니다). 이렇게 하면 한 화면에는 개별 폼만 존재하게 되므로 사용자는 입력 작업에 집중할 수 있습니다. 애니메이션도, 사용자에 의한 스크롤 위치 조정도 필요 없게 됩니다. 완성된 폼으로 되돌아가 수정할 때도 브라우저의 '뒤로 가기' 내비게이션을 활용할 수 있게 됩니다.

많은 사용자에게 단순한 화면으로 구분한 구성이 사용하기 쉬워지는 경우가 자주 있습니다. 앞서 소개한 서적 'Form Design Patterns'에서도 한 화면당 하나의 작업 형태로 만들었더니 입력 완료율이 크게 상승했다는 설명이 있습니다.

그림 8-3-3　한 화면에 폼이 한 개인 형태로 독립시킨 예시

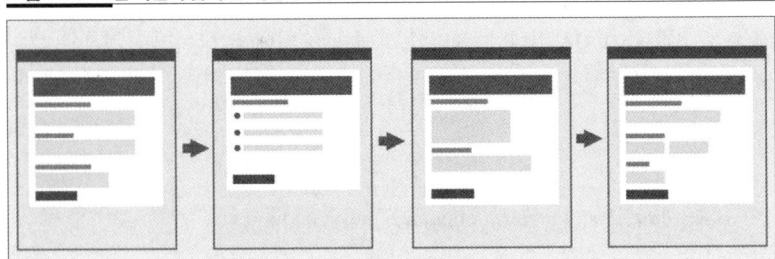

출처: https://www.smashingmagazine.com/2017/05/better-form-design-one-thing-per-page/

복수로 구성한 페인 남용

안티 패턴

필터와 리스트, 리스트와 상세 내용 등을 한 화면에 담고 양쪽을 오가면서 조작할 수 있는 레이아웃이 있습니다. 데스크톱 애플리케이션에서는 일반적인 레이아웃이며 최근엔 웹 애플리케이션에서도 보게 됐습니다.

8　https://www.gov.uk/service-manual/design/form-structure

여기서는 예시로 Master-Detail을 살펴보겠습니다(**그림 8-3-4**). Master-Detail이란 한 화면에서 페인을 나눔으로써 리스트와 상세 내용이 같이 있는 레이아웃 패턴을 말합니다. 리스트 페인에서 대상을 선택하면 상세 내용이 즉시 상세 페인에 표시됩니다. 전체 화면 전환을 동반하지 않고 리스트 페인에서 내용을 전환하면서 상세 내용을 볼 수 있으므로 조작 절차가 줄어 효율성 향상을 기대할 수 있습니다.

그림 8-3-4   Master-Detail의 예시

왼쪽 리스트 페인에서 대상을 선택하면 상세 내용이 오른쪽 상세 페인에 표시된다

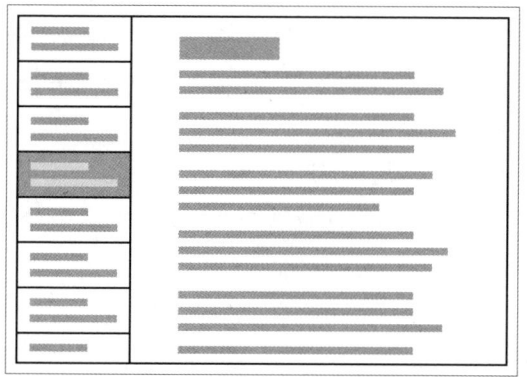

왜 안티 패턴인가?

Master-Detail이 모든 상황에서 작업 효율이 좋아지는 것은 아닙니다. 조작에 시간이 들거나 화면을 한 번에 볼 수 없는 상황에서는 오히려 사용하기 어려운 경우가 있습니다.

- **리스트의 정보량이 적다**

    상세 내용 쪽에서 내용을 파악한다는 전제이므로 리스트에는 최소한의 정보만 표시된다. 리스트에서 선택→상세 내용 확인이라는 반복 행위에 수고가 드는 경우 원하는 항목에 이르기까지 시간이 든다

- **선택 후의 변화를 알기 어렵다**

  시각적으로 화면을 한 번에 보기 힘든 상황이라면 리스트에서 항목을 선택해도 갱신되는 상세 내용은 시야 바깥에 있는 상태가 된다. 상세 내용이 변화했음을 전달받기 어려워 작업 효율이 떨어진다

- **상하좌우로 움직이므로 부담이 크다**

  화면을 확대했을 때 표시 범위를 상하좌우로 움직여서 원하는 내용을 표시하는 데 수고가 든다

  - 리스트에 있는 항목을 선택해 상세 내용을 위에서부터 읽는 경우: 왼쪽 리스트 중앙부터 오른쪽 상세 내용의 첫 부분을 향해, 표시 범위를 오른쪽 대각선 위로 움직인다(**그림 8-3-5**).

  상세 내용을 밑 부분까지 읽고서 리스트에서 다음 항목을 선택하는 경우: 오른쪽 상세 내용의 하단에서 왼쪽 리스트의 중앙을 향해, 표시 범위를 왼쪽 대각선 위로 움직인다(**그림 8-3-6**).

- **키보드로 조작할 때 부담이 크다**

  리스트와 상세 내용을 오가려면 Tab 키를 계속 눌러야 하므로 시간이 든다. 조작 대상인 페인을 전환하는 단축키가 애플리케이션에 구현되지 않았다면 키보드만으로 조작할 경우 상당히 비효율적이다

그림 8-3-5　Master-Detail의 조작
왼쪽 리스트 중앙부터 오른쪽 상세 내용의 첫 부분을 향해 표시 범위를 오른쪽 대각선 위로 움직인다

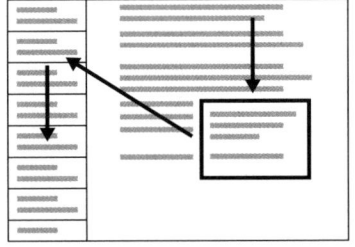

그림 8-3-6　Master-Detail의 조작
오른쪽 상세 내용의 하단에서 왼쪽의 리스트 중앙을 향해 표시 범위를 왼쪽 대각선 위로 움직인다

대책

리스트와 상세 내용으로 독립된 화면을 구현하면 앞서 언급한 문제는 일어나지

않게 됩니다.

- 독립된 리스트 화면에는 표시할 수 있는 공간이 있으므로 정보량을 늘릴 수 있다. 상세 내용을 열지 않아도 개요를 파악할 가능성이 높아진다
- 리스트 화면에서 항목을 선택하면 상세 화면으로 전체가 전환되므로 변화 여부가 명확히 전달된다
- 화면을 확대한 상태에서도 상하 방향으로만 표시 범위를 움직이면 되므로 부담이 적다 (**그림 8-3-7**). 마우스 휠과 키보드로 스크롤(상하 키나 스페이스 키 등)하기 쉽다
  - 리스트에 있는 항목을 선택해 상세 내용을 위에서부터 읽는 경우: 리스트 화면에서 항목을 선택하면 상세 화면의 첫 부분을 향해 표시 범위를 위로 움직인다
  - 상세 내용을 아래까지 읽고서 리스트에서 다음 항목을 선택하는 경우: 브라우저의 '뒤로 가기'를 통해 상세 화면에서 리스트 화면으로 돌아와 다른 항목을 고르기 위해서 표시 범위를 위로 움직인다
- 키보드로 조작할 때도 브라우저의 '뒤로 가기, 앞으로 가기' 내비게이션을 사용할 수 있으므로 리스트와 상세 내용을 편하게 오갈 수 있다

그림 8-3-7 리스트와 상세 내용이 독립된 화면 조작
표시 범위를 상하 방향으로만 움직이면 된다

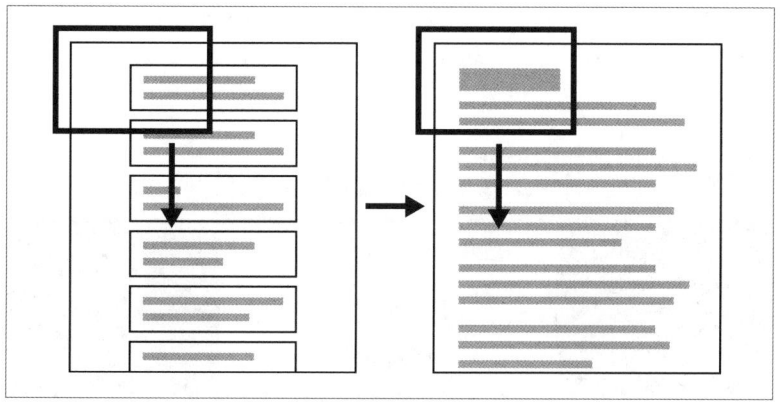

모달 다이얼로그 남용

안티 패턴

모달 다이얼로그는 현재 하는 조작에서 다른 모드로 들어가 다이얼로그 바깥쪽 조작을 하지 못하게 합니다. 사용자를 특정 조작에 집중시킬 수 있지만 단점도 많으므로 '모달 다이얼로그여야 할' 필요성이 있는 경우에만 사용해야 합니다.

하지만 실제로는 '한 화면에 다양한 상태를 담을 수 있는 것', '문맥을 유지한 채 새로운 캔버스를 만들 수 있는 편리한 것'으로 남용되는 경향을 보입니다. 남용하는 구체적인 사례로는 '정보만 표시하는 다이얼로그', '편집 모드 다이얼로그', '추가 입력 다이얼로그'가 있으며, 모두 모달 다이얼로그의 필요성이 낮은 경우입니다.

모달 다이얼로그 남용❶: 정보만 표시하는 다이얼로그

'상세 내용 보기' 버튼을 누르면 모달 다이얼로그로 추가 정보가 표시됩니다(그림 8-3-8). 모드가 필요하지 않은데도 단순히 '평소엔 미표시되며, 호출을 받으면 표시하는 것'으로 사용되고 있습니다.

그림 8-3-8 **정보만 표시하는 다이얼로그**
참고 정보를 제공한다. 내용을 읽으면 닫는다.

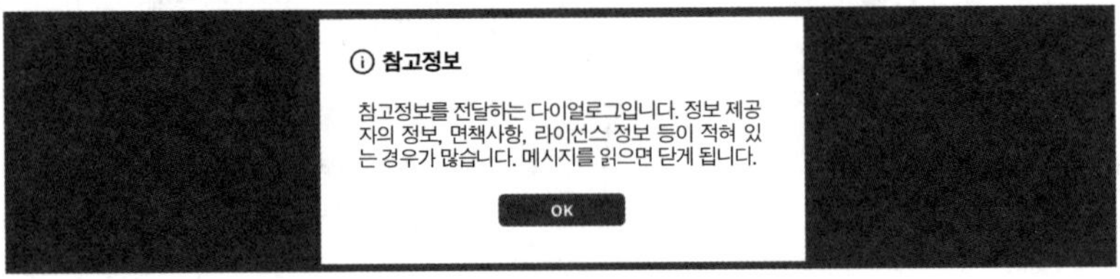

모달 다이얼로그 남용❷: 편집 모드 다이얼로그

편집 버튼을 누르면 입력 및 수정 폼이 모달 다이얼로그로 나타납니다(**그림 8-3-9**). 부주의하게 편집하지 않도록 모달 다이얼로그로 모드를 만들었습니다.

그림 8-3-9 편집 모드 다이얼로그

폼 제어가 있으며 '저장' 또는 '취소'로 닫는다.

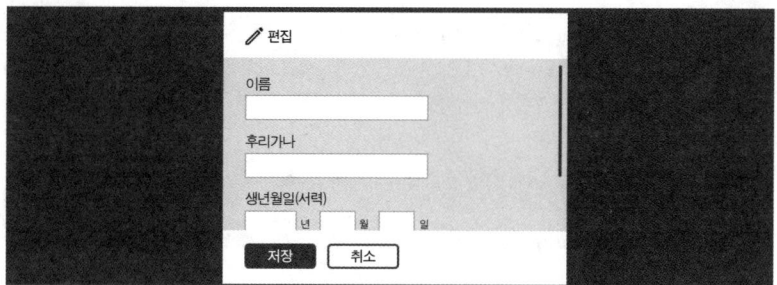

이 경우 모달 다이얼로그에서 탭과 디스클로저를 사용하거나, 리스트와 필터링 기능이 있거나, 다이얼로그 내부에서 스크롤이 가능하거나, 다이얼로그에 페이징이 있는 등 애플리케이션 내부에 또 다른 애플리케이션이 있는 것처럼 느껴지기도 합니다(**그림 8-3-10**).

모달 다이얼로그 남용❸: 추가 입력 다이얼로그

다음과 같이 특정 작업 도중에 추가 입력을 요구하는 모달 다이얼로그도 있습니다.

- 처음 로그인할 때 나타나는 설정을 입력시키는 다이얼로그
- 작업 실행 전에 옵션 입력을 요구하는 다이얼로그
- 폼 입력 시 조건 분기를 위한 질문을 하는 다이얼로그
- 중요 정보에 접근할 때나 결제 도중에 로그인 및 암호 재입력, CAPTCHA 입력을 요구하는 다이얼로그

제8장 접근할 수 있는 UI 설계의 원리를 이끌어내다

그림 8-3-10 작은 애플리케이션 같은 다이얼로그

작은 애플리케이션 수준의 내용이 다이얼로그에 들어가 있다(freee 회계의 '자동으로 경리')

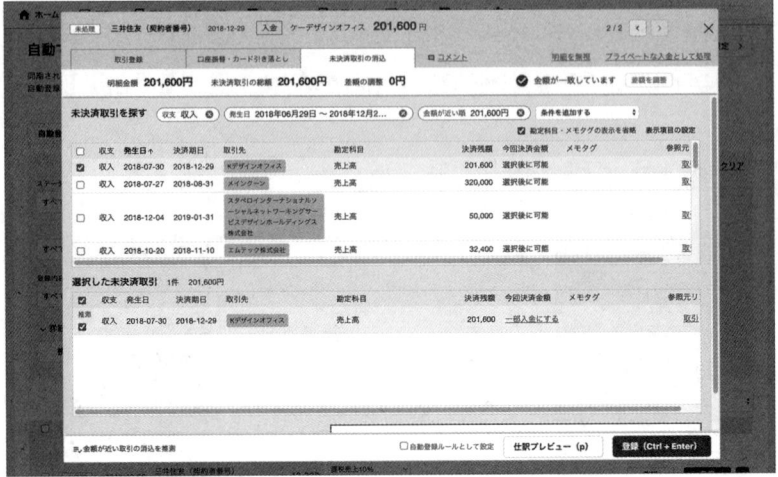

왜 안티 패턴인가?

'현재 하는 조작에서 다른 모드로 들어가 다이얼로그 바깥에 있는 부분을 조작하지 못하게' 하는 모달 다이얼로그 특성상 다음과 같은 많은 단점이 있습니다.

- 나타나는 내용을 예측하지 못할 때 무엇이 일어났는지 알지 못하므로 상황을 이해하는 데 시간이 든다
- 보이는 범위가 한정적인 상태라면 '갑자기 시야가 어두워지거나' '밝아진' 상황처럼 느껴 혼란을 야기한다(**그림 8-3-11**)
- 다이얼로그의 면적이 좁거나 스크롤 가능한 다이얼로그라면 보고 조작하기 어려워진다
- 조작에 시간이 드는 상황이라면 다이얼로그를 닫는 버튼으로 마우스 포인터나 키보드 포커스를 이동하기 위한 부담이 발생한다
- 다이얼로그가 URL을 갖지 않을 때 이전 상태를 다시 방문할 수 없다. 또한 브라우저의 '뒤로 가기, 앞으로 가기' 내비게이션을 사용할 수 없다
- 현재 하는 조작에 끼어들어 즉시 대응을 요구하므로 문맥을 잃어버리기 쉽다. 다이얼로

그를 닫고서 기존 문맥을 생각해내야 한다
- 다이얼로그에 대응하기 위해 배경에 존재하는 정보가 필요할 때 일단 한 번 닫고서 참조한 배경의 정보를 기억하고 다시 여는 수고가 발생한다

그림 8-3-11   혼란을 야기하는 다이얼로그
애플리케이션을 조작하는 도중 모달 다이얼로그가 나와 시야가 가려졌다

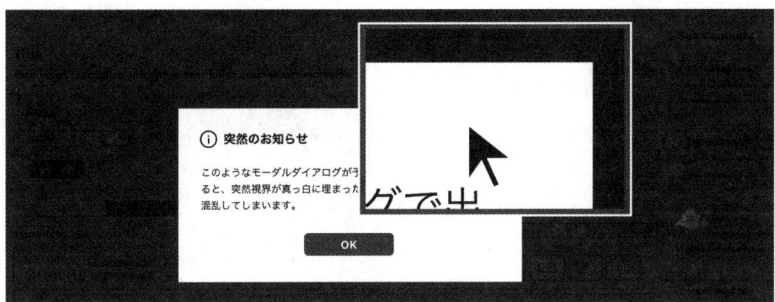

대책

인라인 표시나 디스클로저로 추가 표시하도록 대체하면 위와 같은 단점을 해결할 수 있습니다. 또한 다른 화면으로 전환되도록 대체하면 조작 부담을 낮출 수 있습니다.

예를 들면 '정보만 표시하는 다이얼로그'는 기존 인라인으로 쓰고, 감추더라도 디스클로저로 하고(**그림 8-3-12, 8-3-13**), 상세 정보를 표시하는 다른 화면으로 이동하는 방법으로 대체할 수 있습니다.

'편집 모드 다이얼로그'도 같은 방식으로 생각할 수 있습니다.

- 편집 버튼을 두지 않고, 현재 내용이 포함된 입력 폼이 나열된 상세 화면을 구현한다
- 편집 버튼을 누르면 상세 화면 자체가 편집 가능한 상태로 전환된다(**그림 8-3-14, 8-3-15**). 혹은 상세 화면에 입력 폼을 삽입한다

- 편집 버튼을 누르면 개별 편집 화면으로 바뀐다

그림 8-3-12 디스클로저의 사용 사례
디스클로저가 닫혀 있다
(freee 회계의 동기 계좌 표시)

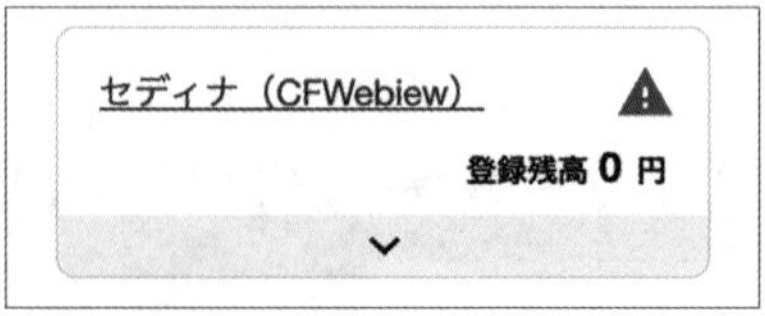

그림 8-3-13 디스클로저의 사용 사례
디스클로저를 열면 동기 오류 메시지가 나온다
(freee 회계의 동기 계좌 표시)

그림 8-3-14 상세 화면이 입력 폼으로 전환되는 사례

직원 정보 표시(freee 인사노무) 오른쪽에 '편집' 버튼이 있다

이름, 별명, 입사일, 생일, 성별 등이 표시되어 있다.

8.3 안티 패턴과 대책❶: 한 화면에 많은 상태를 가진다

그림 8-3-15 상세 화면이 입력 폼으로 전환되는 사례

직원 정보에서 '편집'을 누르면 상세 화면이 편집 가능한 상태로 바뀐다(freee 인사노무)
이름, 별명, 입사일, 생일, 성별 등이 표시되어 있다.

'추가 입력 다이얼로그'도 같습니다. 다음과 같이 입력 전체의 흐름을 재검토하면 필수적으로 모달 다이얼로그로 표현해야 하는 경우가 줄어듭니다.

- 처음 로그인할 때의 설정은 독립된 화면을 마련한다. 나중에 재설정할 때도 해당 화면으로 이동시킨다
- 실행 전 옵션을 실행 버튼 근처에 인라인으로 표시한다. 감추더라도 디스클로저로 하거나 독립된 화면을 마련한다
- 조건 분기 질문도 화면에 추가로 표시하거나 독립된 화면을 마련한다
- 로그인과 암호 재입력, CAPTCHA 입력 등도 독립된 화면을 마련한다. 이러한 로그인 인증은 다양한 위치에서 전환될 가능성이 있으므로 독립된 화면으로 구현하면 애플리케이션 설계가 단순해진다

8.4
안티 패턴과 대책❷: 텍스트가 생략된 화면

안티 패턴

위치 관계, 내용, 모양, 색, 기호 등으로 알 수 있을 것으로 판단해 정보에 대한 표제나 관련 요소 자체가 무엇인지를 나타내는 텍스트를 생략하는 경우가 있습니다. 자주 있는 패턴으로 다음과 같은 것이 있습니다.

- 섹션 표제 생략
  - 섹션에 포함된 내용을 보면 어떤 섹션인지 암묵적으로 전달될 것으로 생각해 섹션 표제를 생략한다(그림 8-4-1)
- 아이콘 레이블 생략
  - 아이콘이 등장하는 문맥이나 위치 관계로 이해할 수 있다고 판단해 텍스트 레이블 없이 아이콘만을 배치한다
- 폼 레이블 생략
  - 좁은 영역에 폼을 배치할 때 입력란 레이블과 버튼 레이블을 생략한다. 플레이스 홀더로 대체하는 경우도 있다

그림 8-4-1   섹션 표제가 있는 화면 구성(왼쪽)과 표제를 생략한 화면 구성(오른쪽)

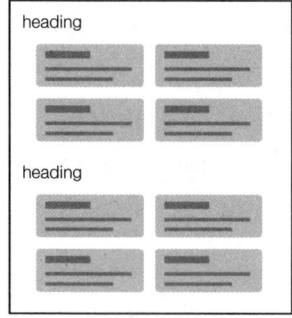 

- **링크 레이블 단축**
  - 전후 문장이나 섬네일 이미지 등의 문맥으로부터 알 수 있을 것이라 판단해 링크 레이블을 'more'나 '자세히' 등으로 단축한다

왜 안티 패턴인가?

접근성 면에서 텍스트의 필요성을 지금까지 여러 번 설명했습니다.[9]

텍스트가 있다면 사이트 내 검색이나 페이지 내 검색과 같은 방법으로 실마리를 찾을 수 있습니다. 화면을 확대한 경우나 스크린 리더를 이용할 때 원하는 내용을 찾고자 이러한 검색 방법을 활용합니다.

다른 사람에게 화면을 설명할 때도 텍스트가 효과적입니다. 예를 들어 사용자가 고객 센터와 소통할 때도 화면에 텍스트가 있다면 해당 텍스트를 지시함으로써 가리킨 화면 내용이 사용자와 상담원 사이에 확실히 전달됩니다.

대책

섹션과 요소의 내용을 적절히 나타내는 텍스트를 화면에 넣습니다.

하지만 텍스트를 생략한 이유가 '화면 내 요소가 많아서 단순하며 깔끔하게 보이게 하고 싶은' 경우 애당초 '표시하고 싶은 영역의 크기에 비해 요소가 많다'는 근본적인 문제를 해결해야 합니다. 이를 해결하지 않으면 텍스트를 넣을 공간이 생기지 않습니다.

---

9 제2장 1절, 3절, 4절 / 제3장 1절, 2절 / 제4장 1절, 4절, 5절, 9절을 참조하세요.

또한 스크린 리더용으로 숨겨진 문자를 나중에 넣겠다는 생각은 권장하지 않습니다. 디자인을 할 때 이러한 텍스트가 생략돼 있으면 애당초 '없으므로' 문제를 고려하기도 어려우며, 지정이 누락돼 구현하는 쪽에서도 반영하지 못할 가능성이 높아지기 때문입니다.

8.5
안티 패턴과 대책❸: 작게 밀집된 조작 대상

안티 패턴

다음과 같은 이유로 버튼 및 링크, 폼 제어가 작거나, 요소 간격이 좁아 인접해 있는 등 정밀한 조작을 요구하는 화면 구성인 경우가 있습니다(**그림 8-5-1**).

그림 8-5-1 　작게 밀집된 조작 대상

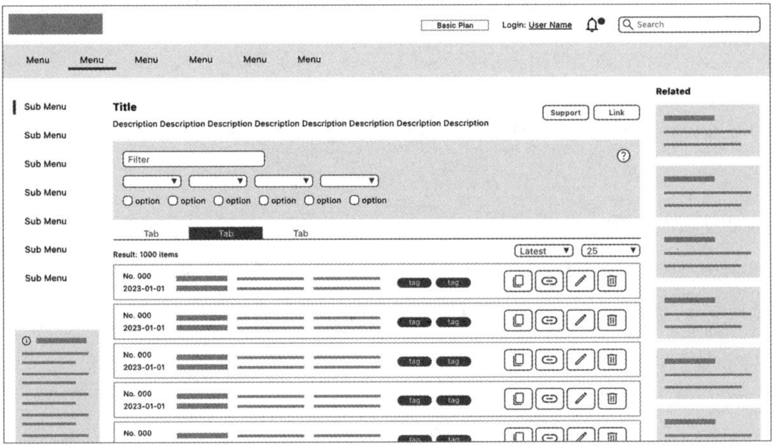

- 전체 구성상 보조 기능에 해당하는 것이므로 버튼을 작게 했다
- 텍스트와 일체감을 위해 버튼 크기를 본문의 문자 크기와 맞췄다
- 여백을 만들고자 히트 영역의 명시 없이 텍스트만으로 링크와 버튼을 만든다

또한 이전 절에서 설명한 텍스트 레이블의 생략도 조작 대상의 크기를 작게 만듭니다. 다음과 같이 링크와 버튼이 아이콘만으로 이루어져 있거나 폼 입력란에 레이블이 없다면 텍스트 부분의 히트 영역이 사라집니다.

- 한정된 영역에 배치하므로 텍스트 레이블이 없는 아이콘만으로 링크와 버튼을 만든다
- 좁은 칼럼에 배치하므로 텍스트 레이블이 없는 폼 제어만으로 입력란을 만든다

왜 안티 패턴인가?

시력이 약해 화면을 보기 어렵거나 정밀한 조작이 어려운 상황에서는 작게 밀집된 조작 대상을 인식하고 이용하기 어렵습니다.

대책

이러한 문제를 대처하는 방법은 언뜻 단순해 보입니다. 작은 조작 대상이 밀집된 상태에서 대상을 충분히 크게, 선택하기 쉬운 상태로 만들면 됩니다. 제4장 8절의 '[사례 3 개선] 터치 대상의 크기를 키운다'에서 설명한 것처럼 각종 가이드라인에 근거해 조작 대상의 크기를 결정하면 좋습니다.

텍스트 레이블은 제3장 1절에서 설명했듯 작성한 텍스트를 폼 제어와 연관 지으면 히트 영역이 넓어집니다.

하지만 지금 있는 조작 대상의 크기를 그저 키우기만 하면 해결 가능한 경우는 적을 것입니다. 왜 작게 밀집돼 있는지는 '제한된 영역에 많은 기능을 넣으면서, 해당 기능들의 관계를 시각적으로 나타낸다'는 전제가 있기 때문입니다. 즉, 이전 절과 마찬가지로 이 역시 '표시하려는 영역의 크기에 비해 요소가 많다'는 것이 근본적인 문제라 생각할 수 있으며, 이 문제를 먼저 대처하지 않으면 조작 대상을 키우기는 어려울 것입니다.

또한 제4장 8절에서는 반응형 디자인으로 만드는 방법을 소개했습니다. 이 역시 '표시하려는 영역의 크기에 비해 요소가 많다'는 문제를 해결해야 합니다. 모바일 디바이스나 PC 브라우저에서 화면을 확대했을 때 표시 영역이 좁은 상황에서도 성립하도록 디자인한다는 건 화면 내 요소나 조작 대상을 솎아내서라도 성립하도록 디자인한다는 것이기 때문입니다.

8.6
안티 패턴과 대책❹: 사용자가 요구하지 않은 작동

애플리케이션에 숨어 있는 다양한 '예상 밖의 움직임'

지금까지 다뤄왔듯이 애플리케이션에는 사용자가 명시적으로 행동하지 않았는데 자동으로 작동하는 UI를 사용합니다.

- 사용자의 조작을 동반하지 않고 자동으로 움직인다[10]
- 마우스 오버만으로 요소가 추가로 표시된다[11]
- 키보드 포커스가 자동으로 이동한다[12]
- 변화된 결과가 화면에 머무르지 않고 사라진다[13]

사용자가 원하는 것과 애플리케이션에서 자동으로 일어난 일이 일치한다면 '친절'하다고 느낄지도 모릅니다. 만약 일치하지 않더라도 일반적인 조작이 가능한 상황이라면 애플리케이션을 이용할 수 없게 되는 사태는 일어나지 않을 것입니다.

하지만 조작에 시간이 들거나 화면을 한 번에 볼 수 없는 경우 이러한 UI는 애플리케이션 이용을 어렵게 합니다. 무엇이 일어났는지 알지 못하거나 예상 밖의 상황에 대처하는 데 큰 부담이 되기 때문입니다.

여기서는 지금까지 다루지는 않았지만 웹 애플리케이션에서는 자주 있는, 다음과 같은 네 가지 '예상 밖의 움직임'을 자세히 살펴보겠습니다.

---

10 제4장 7절, 제5장 3절을 참조하세요.
11 제2장 2절, 제4장 8절, 제5장 4절을 참조하세요.
12 제3장 4절을 참조하세요.
13 제5장 2절을 참조하세요.

- 스크롤 스냅
- 무한 스크롤
- 예상 밖의 모달 다이얼로그
- 새 탭

스크롤 스냅

스크롤은 어디까지나 대상을 고르거나 발견하기 위한 행동이며 사용자는 애플리케이션에 직접 결정을 전달하지 않습니다. 하지만 스크롤 조작을 '간주 결정'으로 취급함으로써 조작 수고를 줄여 부담을 덜게 하려는 UI 패턴이 있습니다.

스크롤 스냅(Scroll Snap)이란 사용자가 일정량을 스크롤하면 다음 콘텐츠까지 자동으로 스크롤되거나 알맞은 콘텐츠 위치로 스크롤이 '스냅'되는 UI로(**그림 8-6-1**). 스크롤 재킹(Scrolljacking)이라고도 합니다.

그림 8-6-1 　 스크롤 스냅의 예시

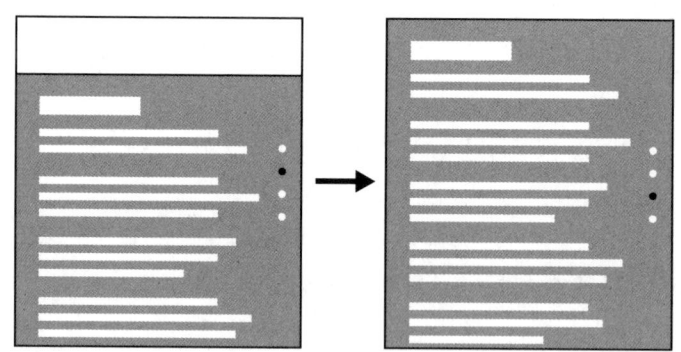

왜 안티 패턴인가?

브라우저 창이 크고 콘텐츠를 한 번에 볼 수 있는 환경에서는 그리 문제가 되지 않아 스크롤 연출을 받아들일 수 있겠지만 화면을 확대하거나 스크롤 조작 시 수고가 드는 상황에서 이러한 움직임은 화면을 보거나 조작하는 데 어려움이 있습니다.

화면 해상도, 브라우저의 줌과 문자 크기 확대, OS의 화면 확대 기능과 같은 상황의 조합이나 사용자의 시야 등에 의한 최적의 표시 위치 패턴은 무한합니다. 하지만 스냅이 일어나면 도중에 스크롤을 멈추더라도 자동 이동되거나, 스냅한 위치에서는 콘텐츠가 다 보이지 않아 읽기 힘들어지는 경우가 있습니다.

대책

대체 수단이 없으므로 스크롤 스냅 사용은 피해야 합니다.

무한 스크롤

안티 패턴

스크롤 조작을 '간주 결정'으로 취급하는 대표적인 UI 패턴 중 또 다른 사례로 무한 스크롤이 있습니다(**그림 8-6-2**). 페이지 최하단까지 스크롤하면 다음 콘텐츠를 자동으로 읽습니다.

그림 8-6-2   무한 스크롤

왜 안티 패턴인가?

서적 'Inclusive Design Patterns'에서는 무한 스크롤에 대해 '다양한 조작 방법에 대해 스트레스가 넘치는 체험을 야기하는 결과로 이어지기 쉽다'고 말합니다. 그 이유는 다음과 같습니다.

- 레이아웃상의 문제를 일으킨다
    - 하단에 콘텐츠가 추가되므로 푸터에 접근할 수 없게 된다
    - 키보드 조작으로 무한 스크롤 영역 뒤쪽에 있는 요소(예를 들면 오른쪽 사이드 바)에 접근할 수 없게 된다. Tab 키를 계속 눌러도 다음 콘텐츠가 나타나기 때문이다
- 구현 시 고려 사항을 신경 쓰지 못해 문제를 일으킨다
    - 무한 스크롤을 하고 페이지를 이동한 후 브라우저의 '뒤로 가기'를 눌렀을 때 기존 상태가 재현되지 않는다
    - 스크롤한 상태에 대한 URL이 없으면 즐겨찾기나 공유를 할 수 없다. 또한 검색 엔진의 크롤러도 접근할 수 없다[14]

---

14 https://developers.google.com/search/blog/2014/02/infinite-scroll-search-friendly에서는 무한 스크롤을 분할한 페이지군을 생성해 접근 가능한 URL을 구성하도록 요구합니다.

- 스크린 리더 이용 시에 적절히 알리지 않으면 자동으로 다음 콘텐츠를 읽더라도 알아챌 수 없다
- 계속 추가되는 콘텐츠로 인해 화면의 성능이 저하된다. 스크롤 및 표시가 무거워진다[15]

• **페이지네이션의 이점을 얻을 수 없다**
- 페이지네이션(pagination)이 제공하는 '다음 내용을 보기 위해서는 무엇을 하면 되는지', '모든 내용을 보려면 시간이 얼마나 드는지 예측할 수 있는지' 등의 정보를 무한 스크롤로는 얻을 수 없다
- 페이지네이션이라면 가능한 '중간을 건너뛰거나', '통과한 범위를 지정하여 다시 볼 수 있는' 작업 등을 무한 스크롤로는 할 수 없다

• **브라우저의 스크롤바를 사용하기 어려워진다**
- 스크롤바를 잡고 아래로 드래그하면 다음 콘텐츠가 추가됨으로써 바가 마음대로 위로 이동하면서 짧아진다

대책

위 문제를 모두 대처할 수 있다면 채택을 검토해도 좋습니다. 예를 들면 트위터, 페이스북, 인스타그램 등은 이러한 판단에 이른 것이라고 생각합니다. 레이아웃과 구현 문제를 해결할 수 있고 콘텐츠 특성상 빨리 바꾸는(재핑, zapping) 것이 목적이므로 페이지네이션에 의한 건너뛰기 및 재표시가 불필요하며, 오히려 무한 스크롤에 의한 몰입감이 더 중요하다고 생각하기 때문입니다.

반대로 말하면 이런 상황이 아니라면 무한 스크롤의 사용은 피하며, '더 보기' 버튼이나 페이지네이션을 사용하도록 합니다.

---

15 역주: 동영상과 그림이 많은 사이트라면 메모리 부족으로 브라우저가 종료될 우려도 있습니다.

예상 밖의 모달 다이얼로그

안티 패턴

나타나는 정보를 사전에 예측하기 어려운 '예상 밖의 모달 다이얼로그'는 많습니다. 대표적인 것은 공지 또는 요구하기 위한 다이얼로그로, 예를 들면 아래와 같습니다.

- 로그인 시에 정기 점검 일자를 전달하는 다이얼로그
- 로그인 시에 특별히 중요하지 않은 '중요한 알림'을 전달하는 다이얼로그
- 콘텐츠를 열람하도록 모바일 애플리케이션으로 유도하는 다이얼로그(**그림 8-6-3**)
- 기능을 이용하도록 유료 플랜 가입을 요구하는 다이얼로그
- 광고를 하기 위해 알림 허가를 요구하는 다이얼로그
- 회원 가입 시 감사를 표시하는 다이얼로그
- 회원 가입 후에 메일 매거진 등록을 요구하는 다이얼로그
- 화면을 열었을 때 작업의 개요를 전달하는 다이얼로그
- 화면을 열었을 때 사용 가이드의 존재를 알리는 다이얼로그

그림 8-6-3 예상 밖의 다이얼로그
내용을 보는 도중 갑자기 나타나는, 모바일 애플리케이션을 요구하는 모달 다이얼로그

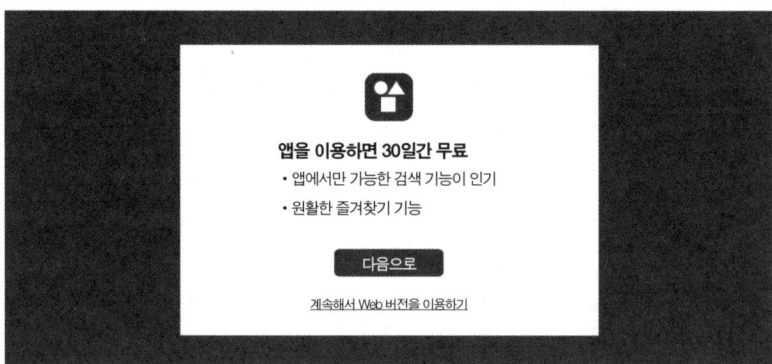

- 화면을 이동하면 일정 조건에서 광고를 끼워 넣는 다이얼로그
- 스크롤을 하면 일정 조건에서 광고를 끼워 넣는 다이얼로그
- 기능 이용 후에 친구에게 권할 것을 요구하는 다이얼로그
- 기능 이용 후에 SNS에서 공유할 것을 요구하는 다이얼로그
- 게임화의 일환으로 임무 달성을 요구하는 다이얼로그
- 사용자가 일련의 작업을 마쳤을 때 이를 위로하는 다이얼로그
- 탈퇴 시에 지속 이용 시의 장점을 호소하거나 되돌릴 수 없음을 강조하여 말리는 다이얼로그

이를 왜 예측할 수 없냐면 서비스 제공자가 사업상의 이유로 '여기를 주목해줬으면 좋겠다', '이 기능을 사용해줬으면 좋겠다'고 생각한 결과로서 나타나는 다이얼로그이기 때문입니다. 따라서 사용자 자신이 행동한 결과로서 추정할 수 있는 타이밍이 아닌, 서비스 제공자의 논리와 타이밍에 따라 나타납니다.

왜 안티 패턴인가?

제8장 3절에서 언급했듯 모달 다이얼로그는 혼란을 야기하기 쉽고 조작 시 부담이 발생하기 쉬운 UI입니다. 사용자가 예측할 수 없는 타이밍에서 모달 다이얼로그가 나타나면 혼란과 부담감은 더욱 더해집니다. 이러한 다이얼로그가 지속적으로 나타나면 이용을 그만두는 원인이 되기까지 합니다.

대책

모달 다이얼로그는 다른 작업은 모두 중단시키고 다이얼로그로 주목을 모으는 UI입니다. 그렇기에 인지도와 신청률을 높일 수 있으며, 관련 지표를 개선하는 데 매력적인 방법입니다. 하지만 지표를 개선하기 위해 불만과 혼란이 발생할 우려가 있는 방법을 사용하는 건 좋은 디자인의 태도라 할 수 없습니다.

이러한 방법을 취하려는 배경을 이해하고서 공지나 요구 자체가 정말로 사용자에게 이익이 되는지를 우선 따져야 합니다. 그래도 필요하다고 판단한 경우는 제8장 3절에서 언급한 것처럼 조작 부담이 적고 사용자를 모드에 가두지 않는 다른 방법으로 접근하도록 제안하는 것이 디자이너의 역할입니다.

새 탭

안티 패턴

링크 및 버튼을 클릭했을 때 새로운 탭 열기 여부에 대한 웹 애플리케이션만의 논쟁거리가 있으며 긴 세월 동안 논쟁의 주제가 됐습니다.

서비스 제공자는 새 탭이 열리면 원래 탭을 유지할 수 있어 체류 시간이 늘고, 비교 및 검토하기 쉬워지면 신청률이 상승하고, 다른 사이트나 서비스로 이동할 때는 관례로 탭을 나누고 싶다고 생각합니다.

사용자도 자동으로 열리면 편리하다는 의견이 있습니다. 이는 아마존이 검색 결과 리스트에서 상세 내용을 클릭하면 새 탭으로 이동되게 한 것과, 페이스북과 트위터가 글의 링크를 새 탭으로 열리도록 한 것도 연관이 있을 것이라 생각합니다. 서비스 제공자가 당연한 듯이 제공 중이며 사용자는 그 움직임에 익숙해짐으로써 사용법이 변화된 것입니다.

왜 안티 패턴인가?

한편 조작에 시간이 들거나 화면을 한 번에 볼 수 없는 사용자 입장에서는 다음과 같은 단점이 있습니다.

- 시야가 좁을 때는 새 탭이 열렸는지 모르기에 혼란스럽다. 알아챘을 때는 대량의 새 탭이 열려 있어 원래 문맥으로 돌아가기 어렵다
- PC의 주요 브라우저(크롬, 엣지, 파이어폭스)에서는 새롭게 열린 탭에서 '뒤로 가기' 버튼을 눌러도 기능하지 않아 돌아갈 수 없기에 새 탭이 열렸다는 사실을 놓치면 혼란스럽다
- 대량으로 탭이 열리면 인지 부하가 높아진다. 탭 사이즈도 작아지므로 어디에 무엇이 있는지 놓친다
- 본인이 직접 열지 않은 탭을 닫아야 하므로 조작 시 부담이 늘어난다

또한 새 탭이 열리도록 설계하면 사용자의 선택지가 좁아진다는 보다 근본적인 문제도 있습니다. 일반적인 링크라면 사용자가 직접 현재 탭으로 열지, 새 탭으로 열지를 선택할 수 있습니다. 하지만 제공자가 새 탭으로 열리도록 설계했다면 해당 링크를 현재 탭으로 열 수 없게 됩니다(그림 8-6-4).

그림 8-6-4   **구글 크롬의 링크 컨텍스트 메뉴**

일반적인 링크와 새 탭을 여는 링크 모두 항상 같은 메뉴가 나타난다. '현재 탭에서 열기'라는 메뉴는 없다

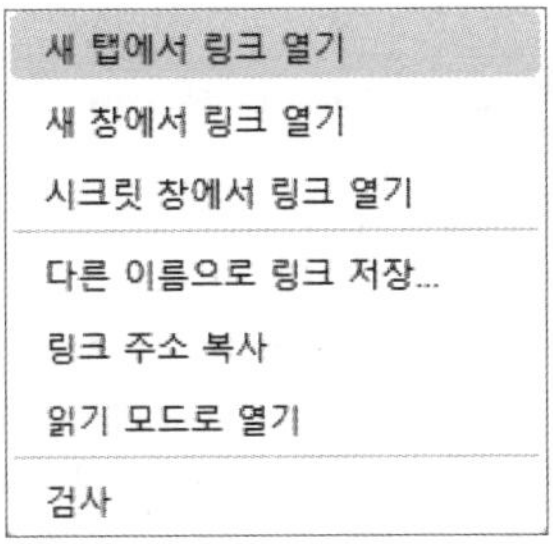

> 새 탭에서 링크 열기
> 새 창에서 링크 열기
> 시크릿 창에서 링크 열기
> 다른 이름으로 링크 저장...
> 링크 주소 복사
> 읽기 모드로 열기
> 검사

대책

결국은 서비스 제공자의 정책 문제라 할 수 있습니다. '사용자에게 선택지를 제공'한다는 접근성 개념을 기반으로 한다면, 서비스 쪽의 사정으로 새 탭이 열리도록 하는 것은 권장하지 않습니다. 꼭 필요한 경우에 사용하며, 이 경우에도 새 탭이 열린다는 사실을 명시해야 합니다.

8.7
안티 패턴과 대책 ❺: 확인과 보고가 많다

안티 패턴

애플리케이션을 조작할 때 폼에 내용을 입력하고 실행 버튼을 누르면 다음과 같은 모달 다이얼로그가 나타납니다.

- 확인 다이얼로그(**그림 8-7-1**)
  정말로 이 처리를 실행해도 되는지 확인하는 모달 다이얼로그
- 결과 보고 다이얼로그(**그림 8-7-2**)
  등록, 변경, 삭제 처리가 완료됐음을 전달하는 모달 다이얼로그
- 오류 다이얼로그(**그림 8-7-3**)
  처리 결과로 오류가 발생했음을 전달하는 모달 다이얼로그

그림 8-7-1 확인 다이얼로그

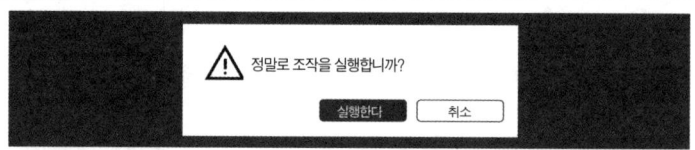

그림 8-7-2 결과 보고 다이얼로그

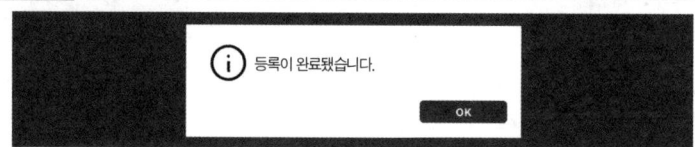

그림 8-7-3 오류 다이얼로그

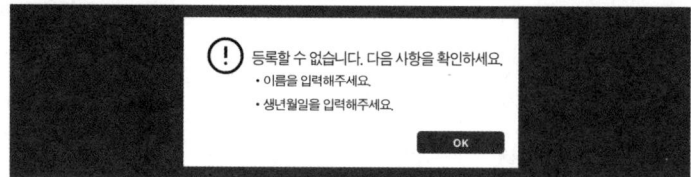

이러한 모달 다이얼로그는 앞으로 설명할 '입력 시의 즉시 반영과 취소 가능성'에 근거해 되도록 줄입니다.

왜 안티 패턴인가?

이러한 다이얼로그는 다음과 같은 이유로 인해 줄여야 합니다.

- 제8장 3절의 '모달 다이얼로그의 남용'에서 언급했듯 모달 다이얼로그 특성상 많은 문제가 있다
- 오류 다이얼로그의 경우 다이얼로그를 닫으면 오류 메시지를 읽을 수 없기에 오류를 해결하기 어렵다
- 결과 보고 다이얼로그나 오류 다이얼로그는 대부분 'OK'를 누른다는 선택지밖에 없다. 따라서 '시스템이 자동으로 대행'해야 한다'[16]

대책

입력 시의 즉시 반영과 취소 가능성: 확인·결과 보고·오류 다이얼로그를 줄이는 특효약

확인·결과 보고·오류 다이어그램을 줄이는 특효약은 '입력 시의 즉시 반영과 취소 가능성'입니다.

다음 두 가지가 전제되면 '이 내용으로 하겠습니까?'라는 확인과 '저장했습니다'

---

16 Sociomedia의 휴먼 인터페이스 가이드라인 '29. 사용자가 취할 수 있는 조작이 한 가지라면 자동화한다'에서는 '복잡한 입력을 적은 조작으로 할 수 있다면 정보 효율성이 높은 UI라고 할 수 있다. 현재 허용된 입력이 한 종류일 때 사용자가 직접 작업할 경우 정보 효율은 제로라고 할 수 있다. 시스템이 자동으로 대행해야 한다'고 합니다. https://www.sociomedia.co.jp/9299

라는 결과 보고 메시지가 필요해집니다.

- 입력→실행→작성·저장·삭제라는 단계가 있다
- 실행에 의해 데이터가 지속적으로 갱신됨으로써 원래 상태로 되돌릴 수 없는 구조다

또한 이러한 구조라면 실행 절차를 잊거나, 실수로 창을 닫으면 지금까지 입력한 내용이 수포로 돌아갑니다.

입력 내용이 즉시 반영되면서 원래 상태로 되돌릴 수 있다면 조작 실수는 없어지므로 확인 및 결과 보고도 불필요합니다.[17]

즉시 반영 개념은 최근 10년 사이에 일반화됐습니다. 애플리케이션 설정 화면 등에서 선택지를 바꾸면 저장과 반영이 동시에 이루어지는 사례를 자주 봅니다. 게다가 그 선택을 기준으로 후속 내용을 입력 가능하거나 추가 입력란이 나타나는 폼은 일반적인 패턴으로 정착됐습니다.[18] CMS의 편집 화면에서도 입력할 때마다 저장되며, 변경 이력을 통해 원래대로 되돌릴 수 있는 것도 있습니다(**그림 8-7-4**).

즉시 반영 시 유의할 점

즉시 반영을 다룰 때는 접근성상의 유의점이 있습니다. WCAG 2.1의 달성 기준 3.2.2 '입력 시'[19]에는 다음과 같이 언급합니다.

> 사용자 인터페이스 구성 요소의 설정을 변경하는 작업이 문맥 변화를 자동적으로 일으키지는 않는다. 단, 이용자가 사용하기 전에 해당 작동 여부를 알린 경우는 제외한다.

---

17 이른바 Undo(취소) 기능이 아니더라도 사용자가 선택지를 다시 골라 이전 상태를 재현할 수 있다면 사실상 원래 상태로 되돌릴 수 있다고 할 수 있습니다.
18 서적 'Designing Interfaces(Jenifer Tidwell 저)'에서는 'Responsive Enabling(반응형 활성화)', 'Responsive Disclosure(반응형 추가 표시)'로 소개합니다.
19 https://www.w3.org/WAI/WCAG21/Understanding/on-input

그림 8-7-4 입력할 때마다 저장

10초마다 자동 저장되며, 변경 이력을 통해 원하는 버전으로 되돌릴 수 있다(note의 경우) 왼쪽에는 내용이, 오른쪽에는 변경 이력이 시간순으로 표시되어 있다.

'문맥 변화 여부를 자동적으로 일으키지 않는' 구체적인 사례로는 다음을 들 수 있습니다.[20] 또한 이런 변화가 필수적인 경우는 입력에 의해 변화가 일어남을 사용자에게 사전에 알려야 합니다.

- 브라우저의 창이나 탭을 변화시키지 않는다
- '웹 페이지 전체를 한 번에 보기 힘든 이용자'의 혼란을 야기하는 변화를 일으키지 않는다
- 키보드 포커스의 위치를 변화시키지 않는다
- 웹 페이지의 내용을 크게 변화시키지 않는다

---

20 자세한 내용은 WCAG 2.1의 '6. 용어집'에 있는 '문맥의 변화'를 참조하세요.
    https://www.w3.org/TR/WCAG21/#glossary
    한국어: http://www.kwacc.or.kr/WAI/wcag21/#glossary

즉, 즉시 반영을 하는 경우라도 이 장에서 지금까지 다뤄온 것처럼 '조작에 시간이 들더라도 부담감을 증가시키지 않거나', '화면을 한 번에 보기 힘든 상황에서도 혼란을 발생시키지 않도록' 구체적으로 요구합니다.

확인 다이얼로그를 개별적으로 줄인다

'입력 시의 즉시 반영과 취소 가능성'에 따른 설계가 어렵더라도 확인·결과 보고·오류 다이얼로그를 개별적으로 줄일 수 있습니다. 확인 다이얼로그부터 순서대로 설명합니다.

확인 다이얼로그는 '모달 다이얼로그로 확인해야 하는지' 여부를 의심해야 합니다. 다음과 같은 방법이라면 모달 다이얼로그에 의존하지 않고도 확인할 수 있습니다.

- 체크 박스로 의사를 확인함으로써 전송 가능케 한다
- 아이폰의 알람에서는 사용자가 항목 삭제 버튼(각 항목의 왼쪽에 있는 빨간 마이너스 표시)을 누르면, 오른쪽에서 나타나는 '삭제' 버튼을 누르면 삭제가 실행된다[21] (**그림 8-7-5, 8-7-6**)
- 깃허브에는 리포지토리 이름을 입력하는 의사 확인 여부 구조가 있다[22]

그림 8-7-5 아이폰 알람의 삭제 1단계

그림 8-7-6 아이폰 알람의 삭제 2단계

---

21 출처: 서적 '오브젝트 지향 UI 디자인' ISBN: 978-4297113513
22 제3장 3절의 '사례 5 개선'을 참조하세요.

독립된 확인 화면으로 만드는 방법도 있습니다. 계약 및 결제, 삭제 시에는 사용자에게 해당 내용을 재확인하도록 재촉해야 합니다. 독립된 화면으로 영역을 확보해 어떤 조작을 실행하려는지, 해당 조작을 하면 무엇이 일어나는지 설명해야 합니다.

확인 다이얼로그를 없애려면 유사적으로 취소를 구현하는 방법도 있습니다. 예를 들면 지메일은 메일을 보냈을 때 잠시 동안은 보낸 메일을 취소할 수 있습니다(**그림 8-7-7**). 실제로 취소하는 것이 아닌, 보낼 때까지 시간 차이를 두고 그동안에 취소가 가능한 것입니다. 메일을 보낼 때 '정말로 보내도 됩니까?'처럼 물어보는 프로그램은 없으므로 타당한 방법입니다.

그림 8-7-7　보낸 메일을 취소할 수 있는 알림(지메일)

결과 보고 다이얼로그를 개별적으로 줄인다

결과 보고 다이얼로그는 그 필요성을 의심해야 합니다. 다음과 같이 '처리에 의해 변화가 일어나는 화면'을 나타내면 대체로 조작 결과가 전달됩니다.

- 회원 가입을 완료했을 때 로그인된 화면 상단을 나타내면 가입이 완료됐음을 알 수 있다
- 리스트 화면에서 항목을 추가했을 때 해당 리스트 화면을 나타내면 항목이 추가됐음을 알 수 있다
- 리스트 화면에서 항목을 삭제했을 때 기존의 리스트 화면을 나타내면 항목이 삭제됐음을 알 수 있다
- 설정을 변경할 때 해당 설정 화면이 표시돼 있다면 변경됐음을 알 수 있다

위의 내용만으로 결과를 전달하기 어렵더라도 모달 다이얼로그로 전달할 필요는 없습니다. 위 화면에서 '조작에 의해 변화할 것'이라 사용자가 기대하는 위치 근처에 결과 보고 메시지를 인라인으로 추가하면 목적을 달성할 수 있습니다.[23]

오류 다이얼로그를 개별적으로 줄인다

오류 다이얼로그는 오류를 수정하는 데 도움이 되지 않으므로 명백한 안티 패턴입니다. 제3장 3절에서 설명했듯 오류는 메인 UI에 인라인으로 기재하며, 오류 메시지에 따라서 수정할 수 있도록 합니다.

> **Column**
>
> **일괄 비동기 처리: 예외적으로 확인과 결과 보고 다이얼로그가 필요하다**
>
> 처리 실행 확인 여부나 결과 보고가 필요한 때도 있습니다. 전형적으로는 레코드 일괄 추가나 일괄 갱신을 비동기로 실시하는 경우입니다. 이러한 처리는 일괄적으로 이루어지므로 원래대로 되돌리기는 어렵기에 처리 실행 여부를 확인해야 합니다. 무엇을 대상으로 하여 어떤 처리를 하는지, 일괄적으로 취소 불가능하다는 취지를 확인 화면으로 나타내면 좋습니다.
>
> 또한 처리는 백그라운드에서 진행되므로 사용자에게 곧바로 피드백을 줄 수 없어 다른 시점에서 완료됐음을 보고해야 합니다. 하지만 사용자는 진행 중인 비동기 처리와는 다른 작업을 하고 있기 때문에 메인 UI의 특정 위치에 인라인으로 완료 알림을 표시해도 알아채지 못할지도 모릅니다. 예를 들면 화면 상단에 알림을 나타내도 사용자는 다른 작업 중이므로 상단을 보지 않을 수 있기 때문입니다.
>
> 이럴 때는 토스트나 스낵바로 결과 보고를 알립니다. 사용자는 다른 작업을 하고 있기에 모달 다이얼로그가 나타나 갑자기 작업을 멈추게 되면 혼란을 야기하기 때문입니다.[24]

---

23 자세한 내용은 제5장 2절을 참조하세요.
24 제5장 2절에서 설명한 것처럼 알림 센터를 만드는 대책과 같이 사용합니다.

8.8
안티 패턴과 대책❻: 입력 사항이 수고가 든다

안티 패턴

폼의 접근성을 생각할 때 '해당 입력란은 존재해야 한다'는 전제로, 입력란을 어떻게 접근 가능하도록 할지를 생각합니다.

접근성 가이드라인은 '그 입력란은 필요하겠지, 그렇다면 누구라도 접근 가능하도록' 하자는 입장을 표명해야겠지만 디자이너는 이 부분을 의심해야 합니다.

왜 안티 패턴인가?

폼을 입력하는 데는 수고가 듭니다. 특히 지원 기술을 이용할 때는 입력 부담이 크므로 입력이 많을 경우 애플리케이션의 이용 가능성에 직결됩니다.

입력란이 없다면 사용자는 입력할 필요가 없으며 오류를 일으키는 일도 없습니다. 디자이너는 우선 입력란과 오류를 접근 가능하도록 만들기 전에 입력란을 최대한 줄이도록 합니다.[25]

대책

'테슬러의 복잡성 보존의 법칙'[26]이 있습니다. 구체적인 사례로 자주 언급되는 것

---

25 제3장 2절의 사례 1을 참조하세요.
26 Sociomedia의 휴먼 인터페이스 가이드라인 '18. 복잡성 보존의 법칙' https://www.sociomedia.co.jp/9187

은 메일입니다. 메일을 보내려면 보내는 사람의 주소와 받는 사람의 주소가 필요하며 생략할 수는 없습니다. 이는 복잡성의 '임계점'이지만 메일 프로그램이 이 두 가지 정보를 채워주도록 지원할 수 있습니다. 보내는 사람의 주소는 설정값에서 채우고, 받는 사람의 주소는 최근에 이용한 주소나 주소록에서 입력을 보완할 수 있습니다.

입력란을 줄이려면 이처럼 시스템에 복잡성을 이동시키거나, 설계자가 배짱(guts)을 보여줘야 합니다.[27]

필자들이 소속된 업무 애플리케이션을 만드는 분야에서도 다음과 같은 방법을 채택하고 있습니다.

- 외부 서비스의 정보를 이용해 사용자에게 입력을 요구하지 않는다
  - 은행 API 정보를 사용해 입출금 정보의 입력 사항을 없앤다(**그림 8-8-1**)

그림 8-8-1   입력할 정보를 없앤다

은행 계좌 동기화 설정(freee 회계)
은행 계좌를 등록하기라는 페이지로, 일본의 은행명이 나열되어 있다.

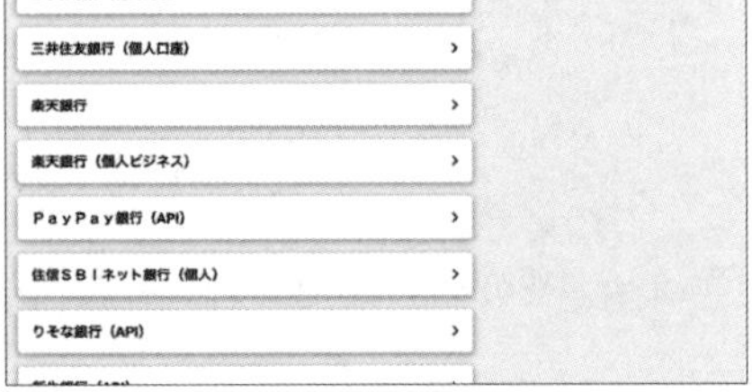

---

[27] Sociomedia의 휴먼 인터페이스 가이드라인 '58. 배짱을 보인다' https://www.sociomedia.co.jp/9585

- 경비를 정산할 때 외부 경로 검색 API와 연계하여 역 이름을 제안함으로써 해당 구간의 금액을 자동 정산한다
- 외부 캘린더 정보를 사용해 근태 시간과 공수 입력을 간소화한다

- **패턴 추측과 서류 인식으로 입력을 보조한다**
  - 입력된 입출금 정보로부터 자주 사용하는 계정의 패턴을 추측한다
  - OCR을 사용해 종이와 PDF로부터 옮겨 적는 작업을 줄인다
- **다른 곳에서 입력한 정보를 활용해 입력을 줄인다**
  - 직원 명부에 등록된 부서 정보를 사용해 결재 경로를 자동 선택한다(**그림 8-8-2**)
  - 직원 명부 정보를 참고해 공공기관에 제출할 서류의 일부 내용을 자동으로 채운다
- **이전에 입력한 사항과 템플릿을 통해 작성을 요구한다**
  - 경비를 정산할 때 이전에 입력한 내용을 호출하여 복사할 수 있도록 한다
  - 먼저 등록해둔 템플릿을 기준으로 견적서나 청구서의 일부 내용을 자동으로 채운다
  - 연말정산 및 확정 신고 시 작년 정보를 복사하여 반영해 변경된 부분만을 수정한다
- **텍스트 입력이 아닌 선택식으로 구성한다**
  - 공공기관에 제출할 서류에 금액을 입력하기보단 선택하도록 구성해 작성 규칙을 만족한다[28](**그림 8-8-3**)

그림 8-8-2 결재 경로를 자동 선택한다

결재 경로의 설정. 부서 정보를 기준으로 경로가 자동 선택된다(cybozu의 kintone). 그림에서는 영업1과와 영업2과가 표시되어 있다.

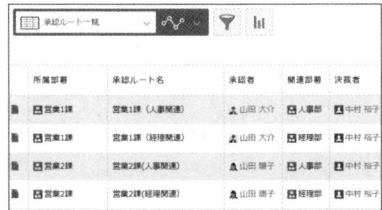

그림 8-8-3 선택식으로 하여 작성 규칙을 만족한다

연말정산 시 배우자공제신청서의 연수입 구분을 선택식으로 구성한 예시(SmartHR). 금액에 따라 A부터 D를 선택할 수 있게 표시되어 있다.

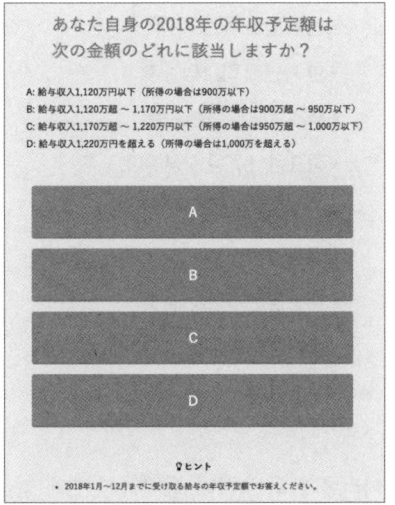

---

28 '배우자 공제 개정에 따른 SmartHR의 대처'를 참조하세요. https://smarthr.jp/update/13094

이러한 방법의 채택은 새로운 것이 아닌 보편적인 것입니다. 입력란을 되도록 줄이고서 남은 입력란도 접근 가능하도록 궁리합니다. 자세한 내용은 제3장을 참조하세요.

8.9
접근 가능한 UI 설계 원리

제8장 3절부터 8절까지 다룬 대책을 기준으로 UI 설계 시에 전제로 할 점을 정리하면 다음과 같이 11개 원리로 정리할 수 있습니다.

- 단순한 모델
- 명쾌한 호칭
- 단일 칼럼 우선
- 한 화면에 하나의 주제
- 텍스트를 최대한으로
- 중요한 내용은 항상 위로
- 키보드만으로, 클릭만으로
- 일관성
- 주도권은 사용자에게
- 복잡성의 이동
- 모드가 없도록(Modelessness)

이러한 원리에 따라 설계하면 쉽게 접근 가능한 애플리케이션의 토대가 생깁니다. 제2장부터 제5장까지 다룬 방법도 구현하기 쉬워집니다. '접근성을 확인했더니 설계를 토대부터 재검토하지 않으면 WCAG의 달성 기준을 만족할 수 없는' 등의 일도 일어나지 않게 됩니다.

단순한 모델

애플리케이션을 설계할 때 다음에 나타내는 관점을 오가면서 애플리케이션의 윤곽을 찾아냅니다. 다음은 서적 '오브젝트 지향 UI 디자인'에서 말하는 설계 기법입니다.[29]

- 대상 도메인(업무나 활동 등의 영역)을 생각한다
- 도메인 중에서 무엇을 애플리케이션으로 할지 그 범위를 생각한다
- 애플리케이션으로 하고자 하는 작업이나 필요해 보이는 기능을 작업 리스트나 사용자 스토리로 나타낸다
- 작업과 스토리를 실마리로 하여 오브젝트(목적, 관심의 대상, 취급할 개념)를 찾아낸다
- 오브젝트 간의 관계성을 생각해 모델(요소 간의 관계성을 공식화하여 나타낸 것)로 가시화한다(그림 8-9-1)

그림 8-9-1   오브젝트 모델

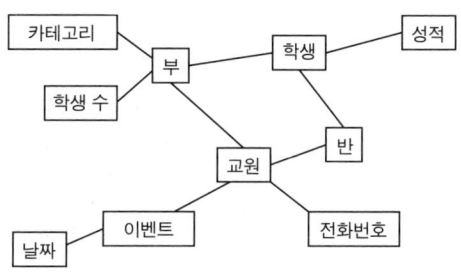

출처: '오브젝트 지향 UI 디자인' 69쪽에서

---

29 도메인과 범위에 대해서는 서적 'Designing Connected Content(Carrie Hane, Mike Atherton 저)'에서 자세히 다룹니다.

모델에 대한 인터랙션을 생각합니다(**그림 8-9-2**). 오브젝트에 대해 어떤 뷰(오브젝트를 표시하거나 입출력을 처리하는 기능)가 필요한지, 뷰를 어떻게 조합해서 화면으로 나타낼지를 생각함으로써 프레젠테이션, 즉 사용자에게 나타내야 할 화면을 발견합니다.

그림 8-9-2   모델과 인터랙션과 프레젠테이션

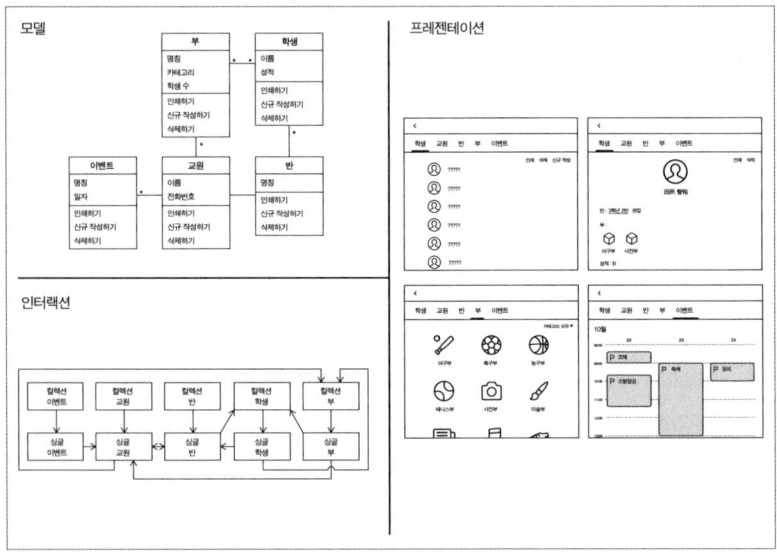

출처: '오브젝트 지향 UI 디자인' 137쪽에서

이때 취급할 범위, 실행 가능한 기능, 나타나는 오브젝트가 많아질수록 애플리케이션의 구성과 UI는 복잡해집니다. 뷰에 담아야 할 요소 및 화면상의 상태가 늘어나고, 증가한 조작 대상이 밀집되기에 텍스트를 둘 여유가 없어집니다.

요소가 가려지며 누르기 어렵고 실마리가 될 텍스트가 없어지므로 접근 가능하도록 구현하는 데도 힘이 듭니다. 복잡한 것을 접근 가능케 하더라도 그 복잡함이 줄어드는 건 아닙니다. 지원 기술로 정보를 얻기 어려워지거나, 조작 부담과 함께 이용 시 난이도는 더욱 상승합니다. 복잡하기에 사용할 수 없게 되는 것입니다.

이런 상황을 막으려면 애플리케이션 자체를 단순하게 구현해야 합니다. 애플리케이션 자체의 구성이 복잡하면 접근 가능하도록 하기 위한 방법은 모두 임시방편이 됩니다.[30]

우선 애플리케이션의 범위를 충분히 간소화하고 되도록 단순한 모델을 그립니다. 한 애플리케이션에 여러 요소를 넣은 '슈퍼 앱'이 되지 않도록 하고, 단순하게 성립하는 단위로 애플리케이션을 분할합니다. 그다음 '있으면 좋은 기능과 오브젝트'를 생략하고 필요한 것만 성립시킵니다. 구체적으로는 '단일 모바일 앱으로서 성립'하는 것이 하나의 기준이라 저자는 생각합니다.[31]

명쾌한 호칭

'단순한 모델'에서 한 가지 더 중요한 점은 모델에 등장하는 명칭을 사용자 입장에서 명쾌하게 만드는 것입니다. 애플리케이션의 형태는 명칭의 조합에서 나타나기 때문입니다.

모델에 등장하는 오브젝트명, 속성명, 속성값, 행동 이름과 같은 '호칭'은 UI를 통해 사용자에게 직접 전달됩니다. 내비게이션 레이블이 되고, 화면 제목이 되고, 섹션 표제가 되고, 리스트에 나타나는 항목명이 되고, 그 리스트의 속성 레이블이 되고, 오브젝트에 대한 조작의 레이블이 됩니다.

특히 접근성에서는 호칭이 중요한 실마리가 됩니다. 스크린 리더 이용 시에는 시각적인 정보를 얻을 수 없어 모두 텍스트로 인식합니다. 호칭이 알기 어렵다

---

30 애플의 Human Interface Guidelines의 Accessibility에서도 '단순함-복잡한 작업을 단순하면서 간단히 실행할 수 있고, 익숙해지기 쉽고 일관성 있는 인터랙션을 가능케 한다'고 쓰여 있습니다. https://developer.apple.com/design/human-interface-guidelines/accessibility
31 이 절의 마지막 칼럼인 '원리와 모바일 디바이스용 설계와의 부합'에서도 설명합니다.

면 아무리 적절하게 마크업해도 알기 어렵습니다. 확실히 전달되는 호칭이 있다면 사용자는 그 호칭의 관계성을 기준으로 애플리케이션의 형태를 머릿속에 그릴 수 있습니다.

명쾌한 호칭을 찾아내려면 사용자가 해당 대상과 행위를 뭐라고 부르는지를 파악합니다. 기존 문헌을 찾아보고, 전문가의 의견을 듣고, 사용자를 관찰하고, 사용자의 환경 및 도구를 알아보는 행동을 통해 어떤 개념을 어떻게 부르는지에 대한 패턴을 파악할 수 있습니다. 그다음 관련 내용을 정리해 관련성과 포괄적 관계를 이해하면 해당 개념에 대한 명쾌한 호칭이 보일 것입니다.[32]

단일 칼럼 우선

우선 화면은 여러 페인과 칼럼이 아닌, 단일 페인과 칼럼으로 생각합니다. 제8장 3절에서 예시로 든 것처럼 리스트 뷰와 상세 뷰를 한 화면으로 만들기보단 리스트 화면에서 상세 화면으로 파고 들어가듯(drill down) 표현하는 것을 첫 번째로 선택합니다.[33]

한 화면에 하나의 주제

단일 칼럼이라도 세로로 다양한 내용이 나열돼 있으면 복잡성은 증가합니다. 그러므로 한 주제에 독립된 화면을 부여합니다. 다음과 같은 점을 주의합니다.

---

[32] 서적 'Information Architecture 제4판(Louis Rosenfeld, Peter Morville, Jorge Arango 저)'의 '제2장 정보 구조의 기본 원칙'에서는 호칭을 어떻게 생각하고, 정리하고, 애플리케이션에 반영할지를 설명합니다.

[33] 뷰와 화면의 대응에 대해서도 일서 '오브젝트 지향 UI 디자인'이 참고가 됩니다. 국내에는 에이콘출판사의 '객체지향 UI 디자인'으로 번역서가 나와 있습니다.

- **한 화면에 여러 작업을 넣지 않는다**

  예를 들어 '글 리스트'와 '글의 신규 작성 폼'을 한 화면이 아닌 개별 화면으로 나눈다

- **한 화면에 오브젝트가 다른 여러 뷰를 넣지 않는다**

  예를 들어 '파일 리스트'와 '작업 리스트'를 한 화면이 아닌 개별 화면으로 나눈다

- **한 화면에 동일 오브젝트의 여러 표현을 넣지 않는다**

  예를 들어 '지도 표시'와 '리스트 표시'는 한 화면이 아닌 개별 화면으로 나눠 오갈 수 있게 한다

- **한 화면에 여러 모드를 넣지 않는다**
  - 예를 들어 '아코디언 폼'과 '편집용 모달 다이얼로그'는 피하고 개별 화면으로 나눈다[34]

화면이 주제마다 분할돼 있다면 이해가 필요한 대상이 구분되므로 인지 부하가 낮아집니다.[35] 이는 화면 확대 시나 스크린 리더 이용 시와 같은 얻을 수 있는 정보에 한계가 있는 이용 상황에서 유리하게 작용합니다. 또한 주제마다 개별 화면이 존재한다면 브라우저의 '뒤로 가기' 내비게이션을 사용할 수 있습니다.

> **Column**
>
> ### 여러 페인으로 구성해도 되는 사례: 시각 장애인용 애플리케이션
>
> 화면을 확대한 상태나 스크린 리더 이용을 전제로 한 애플리케이션이라도 여러 페인으로 구성한 건 있습니다. 일본의 코우치시스템개발이 제공하는 MyMail(메일 프로그램), MyNews(뉴스리더), MyDic(사전검색)입니다(**그림 8-9-a**).
>
> 이 애플리케이션에는 다음과 같은 공통점이 있습니다.

---

34 제8장 3절을 참조하세요.
35 이해가 필요한 대상의 수와 인지 부하의 관계는 힉의 법칙(Hick's Law)으로 알려져 있습니다. 자세한 내용은 서적 'Laws of UX(Jon Yablonski 저)'의 '제3장 힉의 법칙'을 참조하세요.

- 리스트에는 메일함이나 메일 제목, 뉴스 제목, 사전 검색 결과의 표제 등 단순한 항목명이 표시돼 있다
- 리스트와 상세 내용으로 페인이 독립돼 있어 현재 페인에서 할 수 있는 조작에는 모두 단축키가 설정돼 있다
- 페인은 Enter 키와 Esc 키로 간단히 오갈 수 있다

즉, 아래 조건이라면 Master-Detail의 설계도 허용할 수 있습니다.

- 이용 빈도가 높고 사용자의 학습을 기대할 수 있다
- 리스트에 표시할 수 있는 기존의 내용이 적다
- 페인이 서로 독립돼 있어 개별적으로 조작할 수 있다
- 페인을 키보드 조작만으로 간단히 오갈 수 있다

그림 8-9-a　MyMail V

왼쪽부터 메일함 리스트, 메일 리스트, 메일 본문의 Master-Detail 구성으로 돼 있다

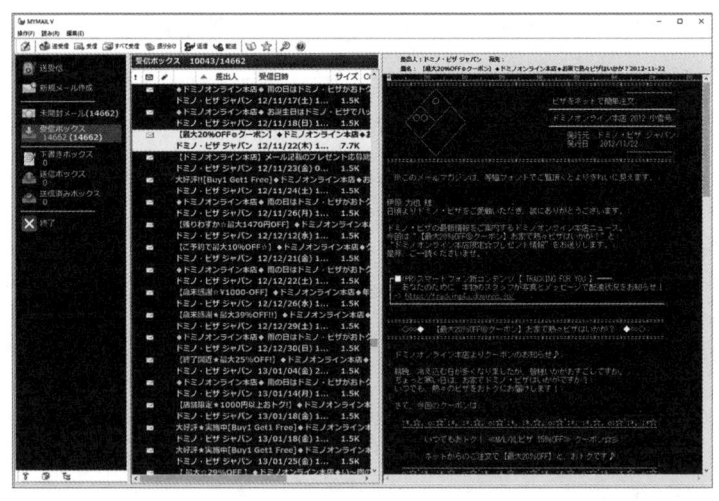

텍스트를 최대한으로

접근성 면에서 뷰를 구성하는 중요한 요소는 텍스트입니다. '명쾌한 호칭'에서 설명했듯 다양한 환경에서 가장 전달되기 쉬운 UI는 텍스트이기 때문입니다.

텍스트를 배치하면 제8장 5절에서 다룬 문제도 해결할 수 있습니다. 버튼과 링크에 텍스트가 있고 폼 제어와 연관된 레이블이 있다면 클릭과 터치 대상으로서 충분한 크기가 됩니다.

'단순한 모델'과 '한 화면에 하나의 주제'에 따라 텍스트를 배치할 공간이 생겼을 것입니다. 페이지 제목, 섹션 표제, 아이콘 레이블, 링크 레이블, 폼 제어의 그룹 레이블과 항목 레이블 등을 되도록 그대로 텍스트로 배치합니다. 레이블은 '명쾌한 호칭'에서 나타낸 애플리케이션의 형태를 머릿속에 그릴 수 있는 것으로 합니다.

중요한 내용은 항상 위로

'텍스트를 최대한으로'를 통해 나타낸 텍스트는 페이지 제목, 섹션 표제, 링크 레이블, 폼 입력 조건, 오류 설명 등 모든 내용을 위에서부터 아래로 읽도록, 의미가 통하도록 배치합니다. 구체적으로는 본문 위쪽에 표제 및 개요가, 보충 정보 위쪽에 중요한 정보가, 입력란 위쪽에 입력 조건이 오도록 합니다.

어떤 환경에서도 전달되는 순서는 '위에서부터 아래'가 유일합니다. 화면 내 텍스트로 표현한 요소가 개요에서 상세로, 중요한 내용에서 보충 정보로 구조화되고 직선적(리니어)으로 배치돼 있다면 대부분의 상황에서 정보가 전달됩니다. 또한 키보드로 조작할 때 Tab 키에 의한 포커스 순서도 자연스럽게 화면의 흐름과 일치하게 됩니다.

텍스트를 위에서 아래로 배치하면 내비게이션 역할을 하게 됩니다. 내비게이션이라 하면 글로벌 내비게이션이나 로컬 내비게이션처럼 링크가 나열된 영역에서 항목을 선택하여 페이지 간을 이동하는 것을 떠올릴 것입니다. 하지만 화면 확대 시 혹은 스크린 리더 이용 시에는 표시된 페이지 안에서도 표제나 링크, 버튼을 읽습니다. 페이지를 이동하거나 페이지에서 검색할 때도 매한가지로, 원하는 정보를 발견할 때까지는 모든 것이 내비게이션입니다.

키보드만으로, 클릭만으로

화면에 있는 UI를 키보드의 포커스와 키 입력만으로, 마우스 클릭만으로 조작하도록 합니다. 그리고 단축키로 드래그나 스와이프와 같은 복잡한 조작 방법을 추가합니다.

마우스나 터치 스크린에 의존하는 UI는 해당 디바이스를 사용할 수 없으면 조작할 수 없습니다. 또한 조작 자체는 가능해도 키보드와 마우스를 바꿔 잡는 모드 전환이 부담이 되거나, 키보드만으로 조작하는 이점을 살릴 수 없게 된다는 점을 고려하더라도 키보드 조작을 보장해야 합니다.[36]

마우스 오버에 의한 추가 요소 표시는 제2장 2절, 제4장 8절, 제5장 4절에서 문제점을 다루며 이용을 피하도록 제안했으며 이제는 덮어두는 것이 좋을 것 같습니다.

드래그나 스와이프는 마우스나 터치에 의존하고 있어 그 상태에서 접근 가능하

---

36 제2장 2절을 참조하세요.

도록 하기는 어렵습니다. 그렇기에 제5장 6절에서는 다른 조작 절차를 둠으로써 접근성을 확보하도록 제안했습니다. 마찬가지로 제4장 8절에서도 스와이프에 대해 한 번 탭하거나 키보드로 조작하는 방법을 제공하도록 제안했습니다.

마우스 오버나 드래그, 스와이프를 전제로 설계했다면 나중에 고치는 건 어렵습니다. '키보드만으로, 클릭만으로'라는 원리를 설계 시작 시부터 이해해두는 게 중요합니다.

일관성

애플리케이션의 모든 곳에서 사용자가 '일관성이 있다'고 느끼도록 합니다.

화면을 한 번에 볼 수 없는 경우 한정된 정보에 의지하여 애플리케이션의 구조를 예측해 시행착오를 겪으면서 상황을 이해할 수밖에 없습니다. 조작이 어려운 경우도 마찬가지입니다. 무언가를 선택 및 실행하기 위해 시간이 걸리므로 조작해서 화면을 바꿔가면서 학습하는 시간이 방대해집니다.

그렇기에 사용자는 지금 보고 있는 화면에서 애플리케이션의 작동을 예측하고 싶습니다.

설치형 데스크톱 애플리케이션은 인터페이스와 콘텐츠가 분리돼 있어 OS의 규칙에 따라 OS 표준 컴포넌트로 내비게이션과 위젯을 구성합니다. 그렇기에 이전 애플리케이션을 통한 학습을 다음에도 활용하기 쉽습니다. 하지만 웹 애플리케이션은 인터페이스와 콘텐츠가 결합돼 있어 내비게이션과 UI 컴포넌트 사용법에서 표준이라 할 수 있는 것도 없습니다. 독자적으로 구현한 위젯도 여럿 있으며 서로 다른 애플리케이션 간에는 구현 일관성도 없습니다.

결과적으로 대략적인 이해를 바탕으로 누락과 오해가 일어나고, 혼란을 야기하며, 작업을 재시도하여 더욱 시간이 들게 됩니다. 필자의 경험상으로도 지원 기술을 이용하는 사용성 테스트에서는 이른바 '우연히 미로에서 빠져나왔다'는 사례를 많이 봐왔습니다.

그러므로 적어도 특정 애플리케이션의 내부 및 같은 회사가 제공하는 애플리케이션 간에는 디자인 등의 일관성을 유지해야 합니다.[37]

주도권은 사용자에게

모든 요소는 사용자의 명시적인 행동에 의해서만 작동하도록 합니다. 제8장 6절에서 언급한 안티 패턴을 모두 피합니다.

서비스 제공자의 사정으로 인해 자동적으로 작동하면서 접근성 있게 만들기란 어렵습니다. 사용자의 사용법에 맞추는 것이 접근성의 전제지만, 제공자의 예상과 사정을 전제로 작동하기 때문입니다. 여기엔 보이지 않는 장벽이 있습니다. 문제 발생을 막으려면 마음대로 무언가를 하는 인터랙션을 사용하지 않도록 할 수밖에 없습니다. 이를 관철하려면 디자이너의 윤리관과 제안 능력이 시험대에 오릅니다.

복잡성의 이동

시스템으로 복잡성을 이동시켜 입력을 최대한 줄입니다. 구체적인 방법은 제8장 8절을 참조하세요.

---

[37] 일관성을 유지하려면 디자인 시스템이 효과적입니다. 자세한 내용은 제6장을 참조하세요.

특히 이번 절에서 언급한 '단일 칼럼 우선'과 '한 화면에 하나의 주제'를 유지하면서 애플리케이션으로서 성립시키려면 입력을 최대한 줄여야 합니다.

이는 애플리케이션 설계의 근간에 관한 것으로 실행하기 어렵지만 혁신의 기회이기도 합니다. 제한이 있는 이용 상황을 '단순화 프레임워크'로 받아들임으로써 복잡성의 이동을 시도할 기회를 얻을 수 있습니다.[38]

모드가 없도록(Modelessness)

데이터 편집과 행동 실행 시 확인·보고 모달 다이얼로그나 알림은 되도록 피합니다. 개념과 대책은 제8장 7절에서 언급한 것과 같습니다.

이는 모드를 줄이는, Modelessness[39]를 향하는 노력이자 모달리스 유저 인터페이스 실현을 위한 노력의 일부입니다. 일본 Sociomedia의 블로그 '모달리스 사용자 인터페이스'[40]에는 '모드가 없어지면(줄면) 일반적으로 다음과 같은 이점이 있다'고 합니다.

- 사용자 인터페이스가 나타내는 기능과 정보가 사용자 입장에서 보다 알기 쉽고 의미가 있다
- 사용자가 자신만의 방법으로 작업을 진행할 수 있어 시스템 이용이 활성화된다
- 사용자가 더욱 쉽게 시스템을 제어함으로써 학습 효과가 높아진다
- 시스템을 전체적으로 조작하는 단계가 줄어 사용자의 작업 효율이 높아진다
- 필요한 제어 기능과 화면 수가 줄어 구현과 유지 보수 비용이 낮아진다

---

38 이 점은 뒤에서 언급할 칼럼에서도 설명합니다.
39 Modelessness에 대해서는 우에노 마나부 씨의 블로그를 참조하세요. https://modelessdesign.com/modelessandmodal/
40 https://www.sociomedia.co.jp/3950

- 사용자 인터페이스의 구성이 프로그램 및 데이터 구성과 더욱 긴밀해져 설계가 단순해진다
- 이것들을 종합하여 사용자와 개발자 모두에게 훨씬 창조적, 생산적이다

그리고 실현 방법으로 다섯 가지 원칙을 나타냅니다.

- 사용자가 다룰 대상 오브젝트를 화면에 표시한다
- 직접 조작이 가능하며 취소할 수 있게 한다
- '명사→동사'의 순서로 조작할 수 있게 한다
- 모드를 해제하기만 하는 절차를 두지 않는다
- 오브젝트의 상태를 실시간으로 표시에 반영한다

제8장 7절에서 소개한 '입력의 즉시 반영과 취소 가능성'은 이 중의 '취소할 수 있게 한다', '모드를 해제하기만 하는 절차를 두지 않는다', '실시간으로 표시에 반영한다'에 해당합니다.

한편 접근 가능한 UI 설계와 Modelessness의 사이에는 이율배반적인 면도 있습니다. Sociomedia의 UI 디자인 패턴의 '모달리스 인터랙션'[41]에는 용법으로 다음과 같이 설명합니다.

- 멀티 윈도우나 플렉서블 페인을 활용해 작업과 기능의 전체상을 파악하면서 작업 가능하도록 한다
- 순서에 구애받지 않고 화면에 보이는 요소 중에서 흥미가 있는 것을 고르면서 작업을 할 수 있도록 한다. 그때 저절로 화면이 크게 바뀌거나, 새로운 요소가 갑자기 나타나거나 사라지지 않는 등 작업의 '장'으로서 안정된 공간을 유지한다. 작업 진행은 화면 전환 표현이 아닌, 장의 단계적인 상태 변화로 표현된다

---

41 https://www.sociomedia.co.jp/1358

이번 절의 '단일 칼럼 우선'과 '한 화면에 하나의 주제'는 이 용법에 반합니다. 1차원으로 화면을 나누면 화면의 정보량을 줄일 수 있어 인지 및 조작 부담은 줄어들지만 그 대가로 순서와 화면 전환이라는 모드가 생깁니다. 결과적으로 2차원인 시각적 관계성을 이용한 '전체상을 파악하면서 작업', '장의 단계적인 상태 변화'라는 모달리스 인터랙션에서는 멀어집니다.

그렇다고 접근 가능하도록 하면 모드가 늘어나 사용하기 어려워질 것이라 생각하기에는 성급합니다. 단일 칼럼으로 하거나, 화면을 분할하거나, 조작 방법을 한정함으로써 모드가 늘어나는 부분이 있으므로 다른 부분에서는 적극적으로 모드를 줄이는 것이 중요하다고 필자는 생각합니다.

예를 들면 화면을 분할하는 방침에 대해 애플리케이션 자체가 지닌 모드가 많으면 그에 따라 화면의 수도 늘어납니다. 편집 모드가 있고, 상세 설정 모드가 있고, 그 상세 설정 모드 안에 변경 확인 모드가 있는… 식으로 눈덩이처럼 화면이 늘어납니다. 이를 피하려면 애초에 입력 조작 자체를 없애고, 입력 조작이 필요해도 모드를 갖지 않도록 해야 합니다. 그래야만 '복잡성의 이동'과 제8장 7절의 '입력의 즉시 반영과 취소 가능성'의 개념에 다다를 수 있습니다.

Modelessness엔 또 하나 이율배반적인 면이 있습니다. 앞서 말한 '모달리스 사용자 인터페이스'에는 '마우스와 터치 제스처로 오브젝트에 직접 영향을 준다', '더블 클릭, 드래그, 핀치와 같은 제스처에 의해 즉시 행동을 실행한다'고 서술돼 있으며, 이 역시 이번 절의 '키보드만으로, 클릭만으로'에 반합니다. 접근성을 고려하면 키보드의 직선적인 조작과 클릭 한 번으로 조작하는 것이 전제가 되기 때문입니다.

하지만 이 역시 '접근성을 고려한다면 여러 조작이 합쳐진 제스처(더블 클릭, 드래그, 핀치 등)는 사용할 수 없다'고 생각하기에는 성급합니다. '키보드만으로, 클릭만으로' 접근 가능한 조작 방법을 마련하고서 이러한 제스처를 단축 기능으로 제공하면 모순 없이 공존할 수 있습니다(자세한 내용은 제5장 6절을 참조하세요).

제스처를 사용할 수 없어도 문제 없이 조작 가능하며, 제스처를 사용할 수 있다면 더욱 조작을 단축하는 선택지를 제공하므로 보다 접근 가능한 UI 설계라 할 수 있습니다.

> **원리와 모바일 디바이스용 설계의 부합**
>
> 지원 기술 이용자를 대상으로 사용성 테스트를 진행해보면 이따금 "모바일 사이트나 모바일 앱이 더욱 사용이 편리하다"는 의견을 듣게 됩니다. 이는 모바일 디바이스용 UI 설계 이론과 '접근 가능한 UI 설계의 원리'에 부합되는 부분이 많기 때문입니다.
>
> - 모바일 디바이스는 이동 중이나 휴식 시간 등 단시간 및 간헐적으로 사용하는 방식에 대응해야 한다. 그런 상황에서 주요 작업이나 콘텐츠에 재빨리 집중할 수 있도록 하려면 '단순한 모델'에 근거한 애플리케이션이 요구된다.[42]
> - 모바일 디바이스의 터치 스크린은 작아서 손가락으로 조작해야 하므로 어느 정도 조작 대상의 크기가 커야 한다. 그렇기에 화면상의 조작 개수를 제한해 최소한의 조작으로 보조적인 상세 내용과 행동을 발견할 수 있도록 '한 화면에 하나의 주제' 구성을 만든다.
> - 화면은 세로로 길기 때문에 레이아웃은 필연적으로 '단일 칼럼 우선'이 된다. 세로로 긴 화면을 위에서 아래로 한 방향으로 읽기 때문에 그 흐름에 따르면 '중요한 내용은 항상 위로' 표시 요소가 쌓이기 쉽다.

---

42 'Designing for iOS'에서는 '화면상의 조작 개수를 제한해 최소한의 조작으로 보조적인 상세 내용과 행동을 발견하도록 함으로써 사람들이 주요 작업과 콘텐츠에 집중할 수 있도록 지원한다'고 합니다. https://developer.apple.com/design/human-interface-guidelines/designing-for-ios

- 터치 스크린에는 마우스 오버가 없으므로 마우스 오버에 의존한 UI 설계는 피해야 한다. 이는 '키보드만으로, 클릭만으로'에 가까워지는 것이다(단, 오히려 스와이프 등의 터치 디바이스에 의존한 UI가 이용될 가능성은 있다).
- 터치 스크린은 마우스보다 조작 정밀도가 낮고 키보드보다 텍스트 입력에 드는 수고가 커진다. 그렇기에 '복잡성의 이동'을 통해 조작 및 입력을 가능한 줄여야 한다.

즉, 모바일 앱으로서 성립시키면 접근 가능한 UI 설계의 토대가 될 가능성이 있습니다.

예를 들어 freee 회계에는 모바일 앱 버전이 있습니다(**그림 8-9-a**). 종이 기반의 경리 작업을 그대로 디지털화하려면 종이와 똑같은 표시 영역이 필요합니다. 그렇기에 다음과 같이 '거래'라는 옵션을 통해서 업무를 진행하도록 작업을 분리한 후, 해당 작업에서 '복잡성의 이동'을 통해 입력을 최소한으로 줄였습니다.

❶ 애플리케이션에서 청구서를 발행하여 수입 '거래'를 작성한다. 또한 지불 청구서나 경비 영수증을 OCR로 읽고 지출 '거래'를 작성한다.
❷ 은행 계좌와 API 연계함으로써 '명세'를 자동적으로 불러온다.
❸ 1에서 작성한 '거래'에 대해 자동 예측과 직접 만든 규칙에 따라 위의 2의 '명세'를 맞춰보고 자동으로 삭제[43] 작업을 한다.
❹ 다른 명세도 마찬가지로 자동 예측과 직접 만든 규칙에 따라 자동적으로 '거래'로 등록한다.

이처럼 '관리표와 장부에 입력'하는 작업을 '자동 처리된 상황을 확인'하도록 변

---

43 역주: 일단 외상으로 매출을 잡고 실제로 입금이 됐을 때 장부를 맞춰보면서 문제 없는 항목을 지우는 행위

화시킴으로써 모바일 앱의 좁은 화면에서도 경리 업무를 할 수 있게 됐습니다. 그리고 결과적으로 이 애플리케이션은 '접근 가능한 UI 설계의 원리'에 준하는 부분이 많아졌습니다.

휴대하기 쉬운 모바일 디바이스는 장소나 시간을 따지지 않고 이용할 수 있어 접근성 기능도 풍부합니다. 그러한 모바일용 애플리케이션을 제공한다는 건 보다 많은 사람에게 선택지를 제공하는 것이기도 합니다.

제약이 있는 모바일 디바이스를 '단순화의 프레임워크'로 받아들여 범위를 좁혀서 복잡성을 이동시키며, 분할 및 직선화되는 화면이나 한정된 입력 방법을 전제로 설계하면서도 Modelessness를 추구하는 것이 바로 애플리케이션의 접근성을 비약하는 도전이라 생각합니다.

그림 8-9-a   iOS용 freee 회계의 홈 화면

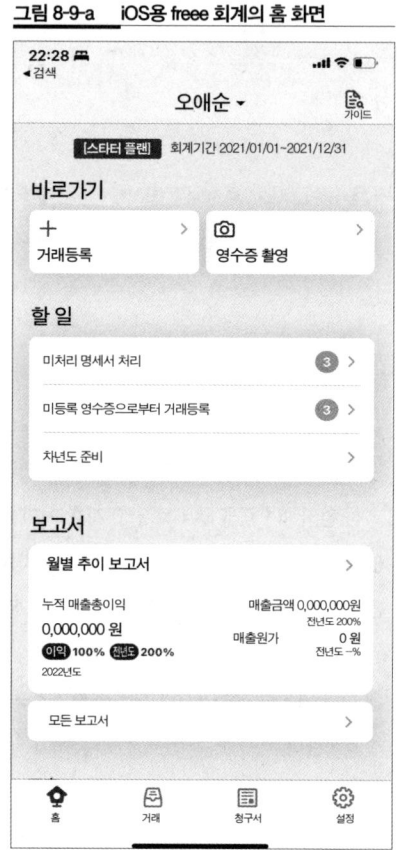

부록

지원 기술과 이용 상황

부록에서는 포인팅 디바이스, 키보드, 화면 표시를 지원 기술로 변화시키거나 다른 형태로 바꾸는 방법을 설명합니다. 다양한 이용 상황을 알기 위한 자료로 활용해주세요. 단, 조작감을 지면으로 전달하는 데는 한계가 있습니다. OS에 탑재된 지원 기술은 곧바로 시험해볼 수 있으므로 우선 이 책을 참고하면서 해보시기 바랍니다. 그러고서 가능하다면 실제로 지원 기술 이용자에게 어떻게 사용 중인지 알려달라고 부탁하세요. 그 경험이 당신이나 팀을 움직이는 원동력이 됨으로써 접근 가능한 디자인 및 구현을 생각하기 위한 토대가 될 것입니다.

부록 | 지원 기술과 이용 상황

1
포인팅 디바이스와 지원 기술

GUI의 조작·표시와 지원 기술

GUI의 조작 체계를 다시 살펴보면 포인팅 디바이스와 키보드에 의한 것으로 나눌 수 있습니다. 정말 다양한 디바이스나 소프트웨어가 있는데, 그 모두가 최종적으로는 포인팅 디바이스에 의한 입력 또는 키보드에 의한 입력으로 변환되어 처리됩니다. 애플리케이션이 그 두 종류의 조작을 지원한다면 조작 가능성이 보증됩니다.

조작 대상과 조작 결과를 표시하는 건 화면입니다. 화면의 상태를 확대해서 전달하거나 스크린 리더의 음성과 점자 디스플레이의 표시처럼 변환해서 전달함으로써 애플리케이션 내 한 가지 표시를 다양한 상황에서 이용할 수 있습니다.

부록에서는 다음에 나타내는 GUI의 조작과 표시 체계를 기반으로 하여 지원 기술과 접근성 옵션이 언제 선택되고 어떻게 사용되는지, 그리고 사용 시에는 어떤 문제가 생기는지 설명합니다.

- 포인팅 디바이스와 지원 기술
  - 보조가 있는 마우스·터치 조작
  - 키보드를 마우스 대신 사용한다(마우스 키)
  - 터치 디바이스를 마우스로 조작한다
  - 시선 입력과 카메라 입력으로 제어
  - 클릭 조작을 대체한다
- 키보드 조작과 지원 기술
  - 보조가 있는 키보드 조작

- 포인팅 디바이스로 문자를 입력한다(스크린 키보드)
- 터치 디바이스로 키보드를 사용한다
- 조작 방식을 변경하는 지원 기술
  - 음성 명령
  - 스위치 제어
- 화면 표시와 지원 기술
  - 문자나 화면을 확대한다
  - 스크린 리더로 사용한다

우선 이 절에서는 '포인팅 디바이스와 지원 기술'을 설명합니다.

포인팅 디바이스 조작의 특징과 문제

특징: 원하는 순서로 대상을 선택할 수 있다

포인팅 디바이스에 의한 조작의 최대 특징은 원하는 순서로 대상을 선택할 수 있다는 점입니다(**그림 1-1**). 구체적으로는 물리적인 공간을 본뜬 2차원 GUI 내에서 정한 대상물에 비선형으로 포인터를 이동시켜 직접 행동할 수 있습니다.

예를 들면 바탕화면에 있는 파일 아이콘에 마우스 포인터를 이동한 후 더블 클릭으로 실행할 수 있습니다. 우클릭하면 메뉴를 표시할 수 있습니다. 그리고 실행된 애플리케이션 창에서 조작 중이더라도 다른 창을 곧바로 선택하여 활성화할 수 있습니다. 윈도우 내에서도 메뉴 바나 좌우로 나뉜 페인, 상태 바 등 다른 카테고리 요소나 멀리 떨어진 요소의 관계를 신경 쓸 필요가 없습니다. 마음대로 포인터를 움직여서 클릭하면 그 요소로 행동을 보낼 수 있습니다.

터치 디바이스에서도 화면에 있는 요소를 직접 터치함으로써 조작을 실행할 수 있습니다. 하지만 포인터 이동이라는 개념은 없습니다. 포인터 이동에 해당하는 행위는 화면 밖에서 손가락을 이동하여 실행합니다.

다시금 설명하면 당연한 것으로 느낄지도 모릅니다. 하지만 이러한 조작성 실현 여부가 GUI의 이해 및 조작을 성립시키기 위한 중요한 포인트입니다.

그림 1-1   **포인팅 디바이스에 의한 조작**
마우스 포인터의 이동과 클릭으로 바탕 화면, 아이콘, 폴더, 메뉴, 애플리케이션을 자유롭게 오가며 조작한다

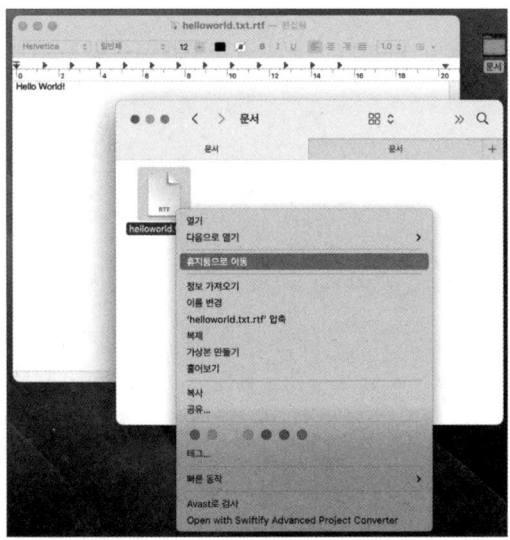

문제❶: 정확한 조작이 어렵다

포인팅 디바이스나 터치 디바이스는 특정 대상을 정확히 선택하거나, 해당 대상에 확실히 행동을 지시하기 어렵습니다. 비연속적으로 대상을 고르거나 다양한 행동을 할 수 있으며, 도중에 작업을 취소할 수 있다는 '자유로움'이 정확함이라는 점에서는 그대로 단점이 됩니다. 예를 들면 손이 떨리거나 클릭한 상태로 움직이기 어렵다면 그 '자유로움'으로 인해 정확한 조작이 어려워집니다.

문제❷: 다채로운 명령이 어렵다

다채로운 명령을 바로 보내는 것도 어렵습니다. 마우스는 좌우클릭과 휠만으로만 명령어를 보낼 수 있습니다. 제스처를 사용하면 변화는 늘릴 수 있지만 일반적인 제스처는 더블 클릭과 드래그 앤 드롭 정도며, 그 이외의 조작은 '메뉴 선택과 실행'입니다.

이 점을 보충하는 멀티 버튼 마우스도 존재하며 또한 마우스 제스처(마우스의 궤적으로 명령을 실행하는 기능)와 같은 방법도 있습니다. 하지만 다음 절에서 소개하는 키보드 단축 기능처럼 일반적이지는 않고 일부 사용자의 고도의 이용 방법에 그칩니다. 자신의 사용법에 맞춰 커스터마이징이 필요한 점이나, 사실상 표준(de facto standard)이 될 조작 체계가 확립되지 않은 것이 이유일 것입니다.

또한 터치 디바이스는 화면의 오브젝트를 손가락으로 직접 조작하는 느낌을 재현할 수 있으며, 스와이프 등의 제스처는 비교적 외우기 쉬워 OS의 조작 방법에도 포함돼 있습니다. 하지만 두세 개의 손가락을 사용하는 제스처는 패턴이 너무 많아 기억하기 어려워집니다.

문제❸: 화면이 보여야 한다

또 다른 문제는 포인팅 디바이스나 터치 디바이스로 조작하려면 화면이 보여야 한다는 것입니다. 마우스 포인터 자체와 포인터로 가리키는 대상도 화면에 표시됩니다. 터치 디바이스도 손가락으로 가리키기 위한 대상은 화면에 표시됩니다. 따라서 화면이 보이는 상태가 아니라면 이러한 조작 방법은 사용할 수 없습니다.

포인팅 디바이스를 대체하는 조작 방법

OS나 소프트웨어를 문제 없이 느낄 수 있는 상황에서는 포인팅 디바이스에 의한 조작이 필수적이며, 그렇기에 보조 도구나 지원 기술도 다채롭습니다. 훈련 및 다양한 하드웨어와 소프트웨어의 조합에 의해 조작 방법을 실현할 수 있습니다.

이 절에서는 다음의 다섯 가지 조작 방법을 소개합니다.

- 보조가 있는 마우스·터치 조작
- 키보드로 마우스를 대신한다(마우스 키)
- 터치 디바이스를 마우스로 조작한다
- 시선 입력과 카메라 입력으로 제어
- 클릭 조작을 대체한다

보조가 있는 마우스·터치 조작

마우스나 터치 디바이스를 손으로 사용할 수는 있지만 조작하기 어려운 경우가 있습니다. 손을 움직이는 범위 및 움직일 수 있는 손가락이 한정되거나 손에 떨림이 있는 경우 등이 있으며, 손끝의 정밀도, 동작의 속도, 팔의 근력 등이 저하된 경우도 있습니다. 이런 상황을 다양한 보조로 대처하는 방법이 있습니다.

사람이 맞춘다

우선 사람이 맞추는 방법입니다. 일반적인 마우스나 터치 디바이스를 사용하면서도 그 사용법을 연구합니다. 움직일 수 있는 범위의 팔, 손, 손가락을 사용하거나 손가락의 사용법을 바꾸거나 때로는 다른 손을 같이 사용할 수는 없는지 시험해봅니다.

디바이스를 시험한다

디바이스를 시험해보는 방법도 있습니다. 특히 장애가 없더라도 손에 익숙한 것을 고르기 위해 포인팅 디바이스를 여러모로 테스트해 볼 것입니다. 손을 움직이기 어려운 경우 이러한 디바이스를 선택하는 효과가 더욱 커집니다.

시판 중인 마우스 역시 특징이 다양합니다. 경량으로 피로해지기 어렵고, 버튼이 커서 잘못 누르지 않고, 많은 버튼을 통해 단축 기능을 실행(**그림 1-2**)할 수 있는 등입니다. 포인팅 디바이스로서는 마우스 이외에도 트랙패드, 펜 태블릿, 트랙볼(**그림 1-3**), 스틱형 마우스(**그림 1-4**), 반지형 마우스(**그림 1-5**), 게임 컨트롤러(**그림 1-6**) 등 다양한 종류가 있습니다. 스마트폰을 트랙패드로 만들어주는 애플리케이션(**그림 1-7**)도 있습니다.

그림 1-2 멀티 버튼 마우스
사진은 G600
사진 제공: 주식회사 로지쿨

그림 1-3 트랙볼
사진은 MX ERGO
사진 제공: 주식회사 로지쿨

그림 1-4 스틱형 마우스
사진은 MA-ERGW19
사진 제공: 산와서플라이 주식회사

부록 지원 기술과 이용 상황

지원 기술로서 판매되는 디바이스로는 조이스틱형 마우스(**그림 1-8**), 손가락 하나로 조작하는 버튼형 마우스, 턱이나 발로도 조작할 수 있는 마우스(**그림 1-9**) 등 다양한 것이 있습니다. 자신의 조작 특성에 맞춰 디바이스를 고른다면 평소와 가까운 조작을 할 수 있습니다.

그림 1-5 반지형 마우스
사진은 MA-RING2BK
사진 제공: 산와서플라이 주식회사

그림 1-6 플레이스테이션 4의 컨트롤러
출처: 주식회사 소니 인터랙티브 엔터테인먼트 웹사이트

그림 1-7 스마트폰을 트랙패드로 만들어주는 애플리케이션
사진은 Remote Mouse
출처: Emote Interactive 웹사이트

그림 1-8 조이스틱형 마우스
사진은 라쿠라쿠 마우스 3
사진 제공: 테크노툴 주식회사

그림 1-9 턱이나 발로도 조작할 수 있는 마우스
사진은 조이스틱형 마우스
사진 제공: 테크노툴 주식회사

OS 설정과 접근성 옵션

OS 설정과 접근성 옵션을 사용하는 방법도 있습니다(**그림 1-10**). 다음과 같은 마우스 옵션을 설정할 수 있습니다.

- 마우스 포인터의 이동 속도를 바꾼다
- 스크롤 방향을 바꾼다
- 클릭 시의 행동을 바꾼다
- 더블 클릭의 간격을 바꾼다
- 스크롤 속도를 바꾼다
- 마우스 포인터를 보기 쉽게 한다(위치를 표시하거나 흔들어서 확대하기 등, **그림 1-11**)

그림 1-10 macOS의 마우스 설정

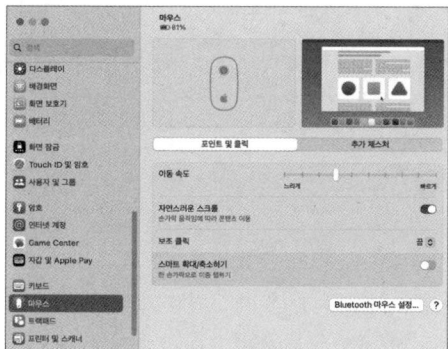

그림 1-11 macOS의 디스플레이 설정

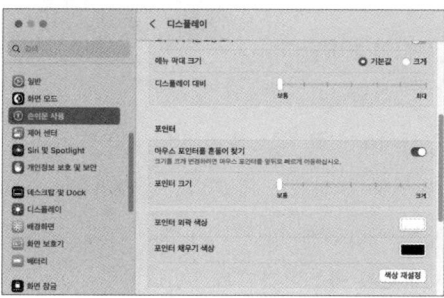

- 마우스 포인터를 키운다
- 특정 버튼으로 마우스 포인터를 맞춘다(그림 1-12)
- 마우스 포인터 이동 시에 궤적을 표시한다

그림 1-12   윈도우의 마우스 설정

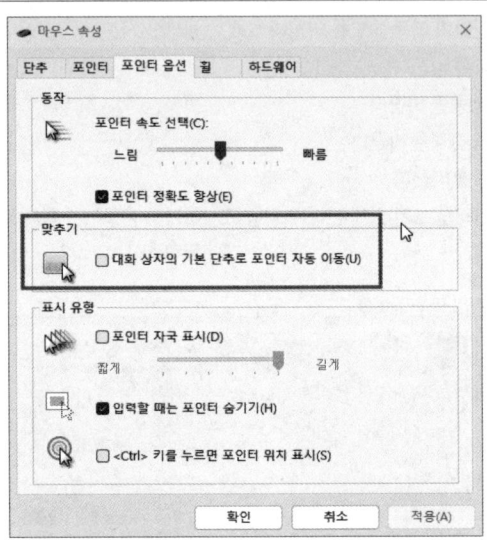

트랙패드라면 이러한 설정과 함께 제스처 커스터마이징도 가능합니다(**그림 1-13**). 터치 디바이스의 경우도 한 손가락으로 탭을 조작하도록 하거나 터치 조작에 대한 반응을 세밀하게 조절할 수 있습니다(**그림 1-14, 1-15**).

문제: 시간이 들며 수고가 늘어난다

이러한 방법을 조합하여 되도록 '평소와 가까운 조작'을 가능케 하는 것이 사용자 입장에서 가장 먼저 취할 수 있는 선택입니다. 플랫폼인 OS 자체도 포함해 대부분의 소프트웨어나 웹 애플리케이션은 마우스와 터치 조작을 전제로 하여 적절한 퍼포먼스를 발휘하도록 만들어졌기 때문입니다.

그림 1-13　macOS의 트랙패드 설정

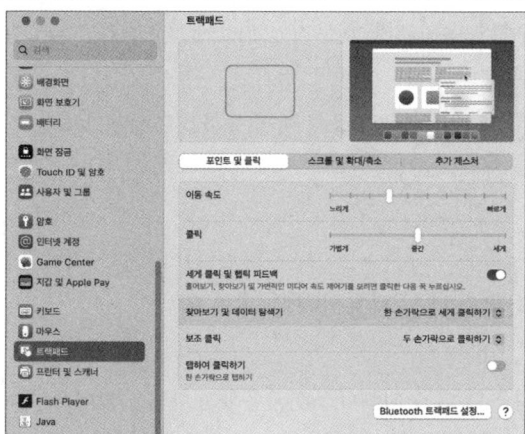

그림 1-14　iOS의 터치 설정

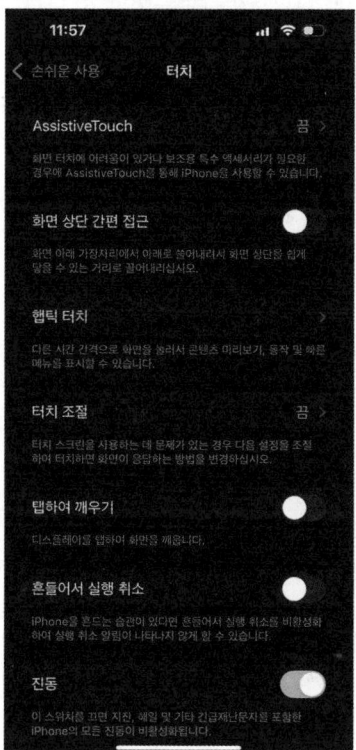

그림 1-15　iOS의 터치 조정 설정

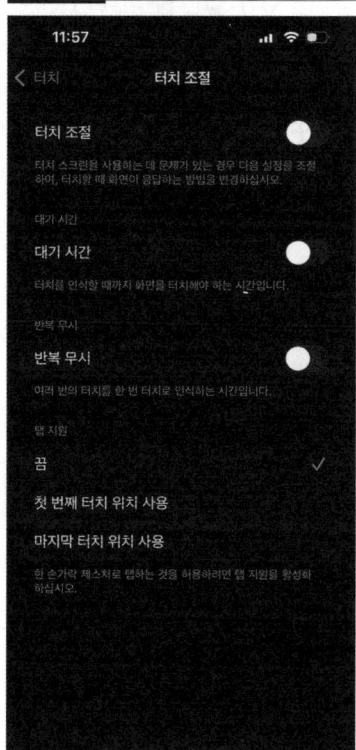

하지만 디바이스나 사용법을 연구하여 '평소의 사용법'을 재현해도 조작 속도를 느리게 설정하여 사용하거나, 절차적인 조작이 필요해지면 의도한 조작을 하기 위한 시간과 수고는 늘어납니다. 그렇기에 마우스 포인터의 이동 거리가 길거나 조작 대상이 작거나 드래그 등의 여러 동작을 조합해야 하는 경우 부담은 커집니다.

키보드를 마우스 대신 사용한다: 마우스 키

조작하기 어려울 때 다른 디바이스를 사용하는 방법을 앞에서 소개했습니다. 물론 디바이스를 바꾸는 것이 효과적인 경우도 있지만 그전에 먼저 시험해봐야 할 사항이 있습니다. 대부분의 PC에는 키보드가 있습니다. 마우스를 사용하기 어려울 때는 키보드를 마우스 대신으로 활용할 수 있습니다.

마우스 키: 키보드로 마우스를 조작

키보드로 마우스 조작을 하는 기능을 마우스 키라고 합니다(**그림 1-16**). 마우스 키를 켜면 텐 키를 사용하여 마우스 포인터를 이동할 수 있습니다.[1] 8방향의 직선적인 이동이므로 마우스처럼 자유자재로 움직이기는 어렵지만 마우스로만 조작 가능한 요소에는 효과적입니다.

문제: 효율이 떨어진다·모드에 들어간다

마우스를 대체할 수단이 제공되는 것은 좋은 일입니다. 조작이 불가능한 상황을 탈피할 수 있다면 이용 가능성이 생기기 때문입니다. 한편 이러한 수단은 기존의 조작 방법과 비교해 상당히 효율이 떨어집니다. 마우스 키를 사용해보면 알

---

[1] 텐 키가 없더라도 Num Lock 키를 켜면 사용할 수 있습니다. 또한 맥에서는 I(알파벳 아이) 키 주변을 마우스 키로 이용할 수 있습니다.

겠지만(OS 설정으로 간단히 시도할 수 있습니다) 8방향으로만 움직일 수 있으며 손의 움직임에 의한 미세한 조정이 불가능합니다. 마우스를 사용한 조작에 비해 시간과 부담이 듭니다. 그렇기에 앞에서 언급한 '보조가 있는 마우스·터치 조작'과 같은 문제가 생깁니다.

그림 1-16 macOS의 마우스 키 조작 방법 도움말

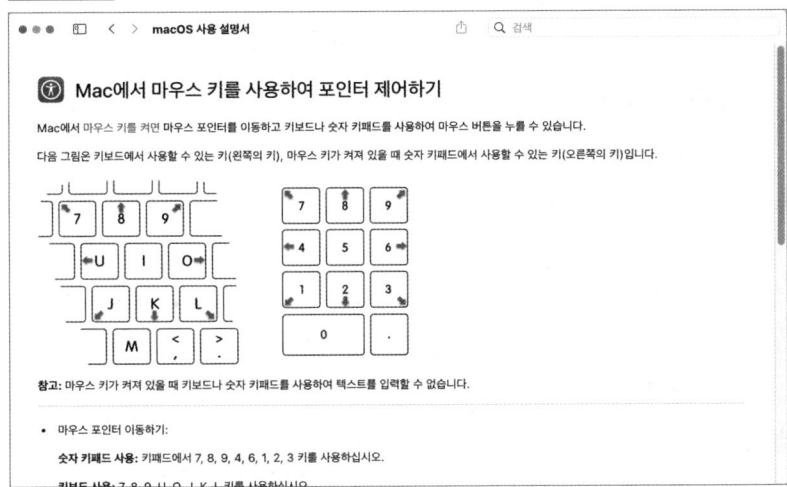

또한 마우스와 키보드가 모두 있다면 따로따로 다룰 수 있지만 키보드로 마우스 키를 사용할 때는 일반적으로 '마우스 모드'에 들어가야 합니다. 그렇기에 마우스 키와 키보드 조작을 교대로 바꿔야 할 필요성이 몇 번이고 생기면 모드를 변경해야 하므로(**그림 1-17**) 작업 효율은 더욱 떨어집니다.

그림 1-17　마우스 키는 모드 변경이 필요하다
　　　　　　macOS에서 마우스 키 모드를 끈 모습

터치 디바이스를 마우스로 조작한다

터치 디바이스를 마우스로 조작

스마트폰, 태블릿과 같은 터치 디바이스의 주요 조작 방법은 스크린을 손가락으로 만지는 것입니다. 하지만 팔, 손, 손가락의 상황에 따라서는 사용하기 어렵습니다. 터치 디바이스는 마우스나 트랙패드를 연결하여 조작을 확장하거나(**그림 1-18**) 마우스와 트랙패드만으로 조작할 수 있습니다. 손가락으로 대상을 숨기는 것보다 마우스로 더욱 정밀한 조작이 가능하기에 작업 효율이 개선되는 경우도 있습니다.

또한 터치 디바이스로 마우스를 사용할 수 있다면 앞서 말한 '보조가 있는 마우스·터치 조작'에서 언급했듯 다양한 디바이스나 설정 조합에 의한 조작 방법을 터치 디바이스에서도 실현할 수 있습니다. 게다가 터치 디바이스에 키보드를 연결할 수 있으므로 마우스 키도 사용할 수 있습니다. iOS의 접근성 설정을 보면 AssistiveTouch에 마우스 키 설정이 있습니다(**그림 1-19**).

그림 1-18 터치 디바이스를 마우스로 조작
아이폰에 마우스를 연결

그림 1-19 iOS의 마우스 키 설정

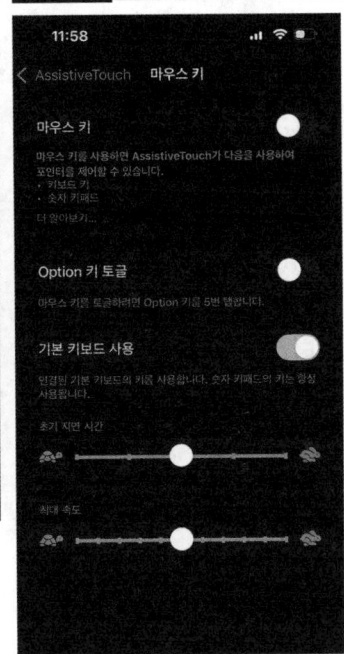

문제: 제스처 조작이 어렵다

마우스로는 터치 디바이스의 제스처를 하기 어렵습니다. 대표적인 사례는 스와이프입니다. 터치 디바이스에서는 빈도가 높은 조작인데 마우스로 스와이프에 해당하는 동작을 하려면 '클릭을 한 상태에서 움직인다', 즉 드래그 조작이 필요합니다. 모든 곳에서 드래그가 필요하기에 그 상태로는 사용하기 어려워집니다.

또한 마우스는 여러 손가락을 사용한 제스처를 그대로는 재현할 수 없습니다. 그리고 제스처는 손가락을 움직인 결과와 화면의 움직임이 연동되는 직접적인 조작감을 전제로 합니다. 마우스에는 직접적인 조작감이 없어 손가락의 움직임과 연동되지 않기에 제스처를 외우거나 실행하는 데 인지 부하가 듭니다.

그렇기에 마우스 이용 시에는 커스터마이징이 필요합니다.[2] 마우스의 물리적인 버튼에 행동을 할당거나(**그림 1-20**), 제스처를 소프트웨어상의 버튼 조작으로 변경하는(안드로이드의 뒤로 가기, 홈, 메뉴 버튼의 전형적인 예시) 대응 방법이 있습니다(**그림 1-21**).

또한 화면 내에 구현한 '임의의 행동을 실행하는 버튼'으로 행동을 실행하는 방법도 있습니다(**그림 1-22**). 메뉴에서 행동을 고르는 것은 절차적인 순서에 해당하므로 이러한 점에서는 작업 효율이 떨어집니다.

그림 1-20 마우스 이용 시에는 커스터마이징이 필요

아이폰에 연결한 트랙볼에 추가 버튼을 설정

그림 1-21 마우스 이용 시에는 커스터마이징이 필요

안드로이드에서 세 가지 버튼의 내비게이션 설정

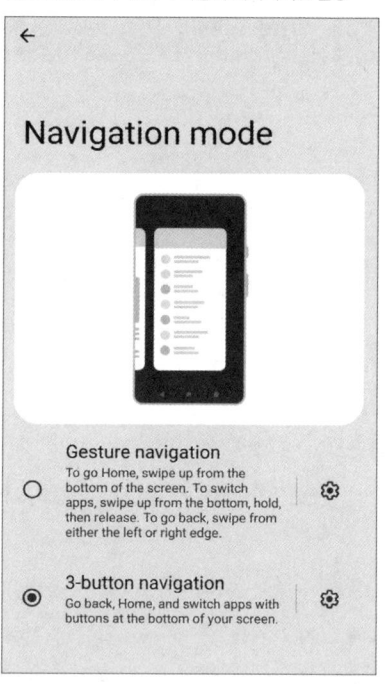

그림 1-22 버튼에서 행동 실행

iOS의 AssistiveTouch(임의의 행동을 실행하는 버튼)에서 상하좌우의 스와이프 동작 호출

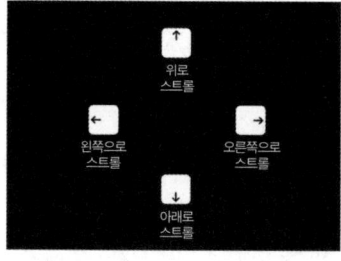

---

2 아이패드는 마우스 연결 시에 조작 체계가 자동적으로 변하기 때문에 문제가 생기기 어렵습니다. 또한 매직 마우스, 매직 트랙패드, 아이패드용 매직 키보드의 트랙패드라면 스와이프 제스처를 할 수 있으므로 문제가 발생하지 않습니다.

시선 입력과 카메라 입력으로 제어

마우스를 사용할 수 없는 상황이라도 화면 내 요소를 가리키는 방법을 다른 수단으로 대체하면 OS나 소프트웨어를 조작할 수 있습니다.

손을 사용하지 않고 마우스 포인터를 조작하는 수단으로 시선 입력과 카메라 입력을 활용하는 방법이 있습니다. 예전부터 활용되었으나 가격이 비싸 도입하기 어려웠습니다. 하지만 최근엔 VR(Virtual Reality) 수요에 따라 모션 캡처 기술이 향상돼 슈팅 게임에서 시점 이동에 이용하는 게이밍 디바이스의 이용 사례도 늘어나 쉽게 구할 수 있게 됐습니다.

아이 트래킹 기기

대표적인 건 아이 트래킹 기기를 사용한 시선 입력입니다(**그림 1-23**). 집필 시점(2022년 12월)에서 가장 저렴한 건 30만 원 정도로 구입할 수 있으며, 윈도우 10/11의 아이 제어로 사용할 수 있습니다(단, 복지 기기로 판매 중인 건 더 비쌉니다). 이러한 기기를 사용해 시선 이동을 추적하고, 지원 기술의 소프트웨어에 의해 마우스 포인터 이동으로 대체합니다. 포인터의 이동 속도는 마우스와 동등한 수준입니다.

그림 1-23 아이 트래킹 기구
Tobii Eye Tracker 4C
출처: Tobii Technology 웹사이트

반사광이나 자이로 센서에 의한 트래킹

시선 이외의 트래킹 기기도 있습니다(**그림 1-24**). 예를 들면 모자나 안경, 헤드셋 등에 반사 실을 붙이고 그 적외선의 반사광을 기준으로 좌표를 도출하는 것입니다. 자이로 센서로 얼굴의 움직임에 따라 포인터를 움직이는 마우스도 있습니다.

얼굴을 움직여야 하지만 정밀도가 높은 입력이 가능합니다. 조작에 익숙해지면 화면을 확대하지 않고 아이콘과 체크 박스, 스크린 키보드[3] 등을 조작할 수도 있습니다.

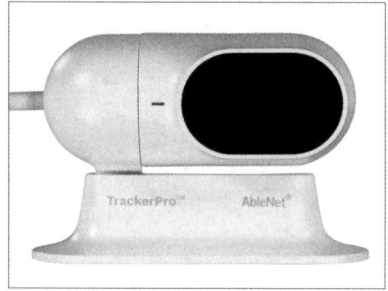

그림 1-24 시선 이외의 트래킹 기기
AbleNet TrackerPro 2
출처: Ablenet, Inc 웹 사이트

웹 카메라

평범한 웹 카메라를 이용하는 방법도 있습니다. macOS, iOS에는 헤드 포인터와 헤드 트래킹이라는 기능이 있습니다(**그림 1-25**). 이를 켜면 PC의 웹 카메라나 스마트폰의 전면 카메라로 찍은 얼굴의 방향을 따라 마우스 포인터를 이동할 수 있습니다(macOS로 간단히 시도해볼 수 있습니다). 포인터의 이동 속도나 정확성은 일반적

---

3 2절의 '포인팅 디바이스로 문자를 입력한다: 스크린 키보드' 항에서 소개합니다.

인 수준이지만 다른 조작 방법도 사용하면서 보조적으로 이용할 경우 유용합니다.

그림 1-25 웹 카메라
macOS의 카메라 입력(헤드 포인터)를 켠다

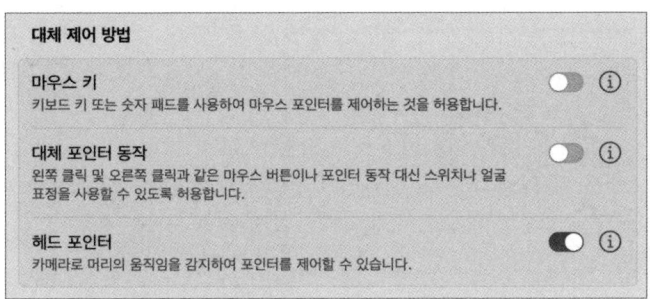

문제: 조작 정밀도가 떨어진다·피로도가 크다

이러한 방법으로 마우스 포인터를 제어할 수 있다는 건 조작 가능한 상황을 늘린다는 점에서 보면 대단합니다. 하지만 조작 정밀도는 마우스에 비해 떨어집니다. 시선 입력과 카메라 입력으로는 대략적인 포인터 이동만 가능하므로 대상 자체를 키워야 합니다. 항상 확대 상태로 이용하거나 확대한 스크린 키보드를 조합함으로써 정밀도를 얻을 수 있습니다. 그 밖에도 '대상 근처를 부분적으로 확대한 후 요소를 선택하여 행동'하는 등의 절차를 밟음으로써 레이아웃을 변경하지 않고 조작하는 방법도 있습니다(**그림 1-26**).

조작에 대한 피로도가 증가하는 점에도 유의해야 합니다. 헤드 포인터로 조작하는 데 어느 정도 훈련이 필요하며 손으로 마우스를 사용하는 데 비해 피로를 동반합니다. 스크린 키보드로 텍스트를 입력하는 데 수고가 들면서 피로도 역시 커지므로 장문을 쓰려면 시간이 걸립니다.

조작 정밀도가 떨어지며 피로도 커지므로 앞서 말한 '보조가 있는 마우스·터치 조작'이나 '키보드를 마우스 대신에 사용한다: 마우스 키'에서 언급한 문제(시간

부록 지원 기술과 이용 상황

이 든다·수고가 늘어난다·효율이 떨어진다·모드에 들어간다)가 더욱 커집니다.

그림 1-26　macOS의 체류 제어
마우스 포인터 주변을 확대

클릭 조작을 대체한다

마우스를 대체할 때 포인터 이동의 대체에 더해 클릭이나 계속 누르는 등의 행동도 대체해야 합니다. 클릭 조작의 대체로는 스위치, 표정이나 소리, 체류 제어와 같은 방법이 있습니다. 사용자 상황에 따라서 조합하여 사용할 수도 있습니다.

물리적인 스위치

물리적인 스위치가 있다면 이를 이용하여 클릭할 수 있습니다.[4] 의사가 즉시 반영

---

4 디바이스는 3절의 '스위치 제어' 항에서 소개합니다.

된다는 점에서 작업 효율은 상대적으로 높지만 온/오프만으로 제어하므로 여러 행동을 하려면 조금 더 노력이 필요합니다. 스위치를 늘릴 수 있다면 각 스위치에 우클릭이나 더블 클릭과 같은 행동을 할당합니다. 명령어 메뉴를 실행하고 그 메뉴에서 행동을 선택하는 등의 단계를 넣음으로써 여러 행동을 할 수 있습니다.

표정으로 조작

웹 카메라를 이용하는 방법으로 표정으로 조작하는 것이 있습니다. macOS는 '대체 포인터 액션' 설정에서 입 벌리기, 혓바닥 내밀기, 웃기, 눈썹 올리기 등의 변화에 대해 클릭 등의 행동을 할당할 수 있습니다(**그림 1-27**). 상당히 정밀도가 높아 충분히 실용적입니다. iOS는 표정에 더해 입으로 소리를 내거나 책상을 쳐서 낸 소리를 트리거로 하여 탭 등의 입력도 할 수 있습니다(**그림 1-28**).

그림 1-27 표정으로 조작
macOS의 대체 포인터 액션에서는 표정에 대해 행동을 할당할 수 있다

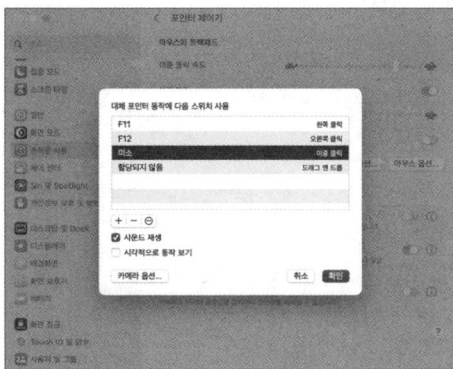

그림 1-28 소리에 의한 조작
iOS의 사운드에 의한 스위치에서는 소리를 트리거로 하여 행동을 실행할 수 있다

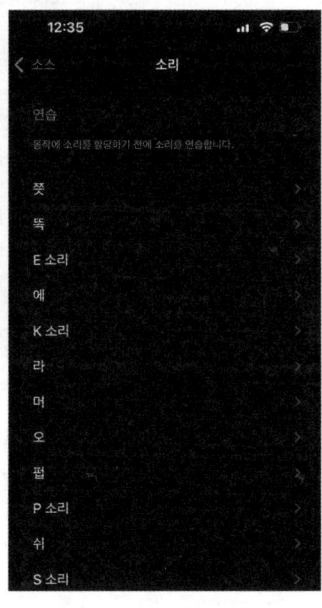

체류 제어

또 다른 방법은 일정 시간 포인터를 멈출 경우 명령이 발동되는 '체류 제어'(**그림 1-29**)입니다. 우선 명령 메뉴로 마우스 포인터를 이동하고 클릭과 드래그 등의 행동 버튼에 포인터를 맞춰 일정 시간 '체류'합니다. 그러면 다음에 체류가 일어났을 때 해당 명령이 실행되도록 세팅됩니다. 그 후 조작하고 싶은 대상으로 마우스 포인터를 이동해 다시 체류하면 그 명령이 실행됩니다.[5]

그림 1-29   체류 제어
macOS의 체류 제어 대기 상태

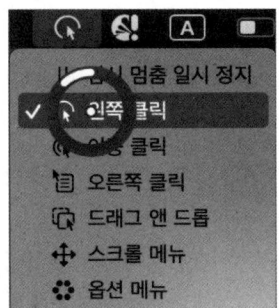

문제: 개별 설정 및 행동에 폭발적인 피로감

물리적인 스위치는 사용자의 상황에 따라서 스위치의 종류를 골라야 하며, 확실하게 누를 수 있는 위치에 설치해야 합니다. 또 스위치의 종류나 신체적인 상황에 따라서는 누르는 행동 자체에 피로를 동반하기도 합니다. 자세한 내용은 3절 '조작 방식을 변경하는 지원 기술'에서 설명합니다.

---

5 윈도우에서 체류 제어를 하려면 클릭 어시스트나 Point-N-Click과 같은 프로그램이 필요합니다.
클릭 어시스트(https://www.at-mall.com/collections/click-assist/products/click-assist-download)
Point-N-Click(https://www.polital.com/pnc/)

표정을 짓거나 소리를 내는 클릭은 피로를 동반합니다. 평소 마우스나 터치 디바이스를 사용 중이라면 알아채기 어렵지만 OS나 브라우저의 조작은 비교적 많은 클릭을 해야 합니다. 그럴 때마다 표정을 짓거나 소리를 낼 경우 신체적인 부담이 큽니다.

체류 제어는 먼저 행동을 정한 후 대상을 고르는 순서로 이루어집니다. 마우스 포인터를 움직여 대상을 정하고서 행동하는 것과는 반대입니다. 따라서 먼저 할 일을 계획하고서 조작해야 합니다. 또한 체류 제어는 일정 시간 기다림으로써 행동을 실행하므로 비교적 조작이 늦어집니다. 그리고 '포인터를 멈춰서 일정 시간 기다리는' 조작에 익숙해지려면 어느 정도 훈련이 필요합니다. 멈춘 도중에 포인터가 움직이면 해당 조작을 다시 해야 하며 그렇다고 너무 짧게 체류 시간을 설정하면 원치 않는 행동을 실행할 수 있기 때문입니다.

2
키보드 조작과 지원 기술

키보드 조작의 특징과 문제

텍스트 입력과 GUI 자체를 조작하는 데 사용

키보드는 포인팅 디바이스와 정반대의 존재입니다. 많은 키를 조합하여 누르면 다양한 명령을 디바이스로 전송할 수 있습니다. 텍스트 입력으로 대표되는 복잡한 인풋을 빠르게 수행할 수 있습니다.

PC나 터치 디바이스를 사용하는 데 텍스트 입력은 없어서는 안 될 존재입니다. 열람이 주 목적이더라도 검색을 하려면 텍스트를 입력해야 합니다. 누군가와 연락을 취하려면 메일이나 채팅으로 텍스트를 입력해야 합니다. 또, 워드나 엑셀 등으로 일을 하려면 텍스트 입력은 필수적입니다.

키보드는 텍스트 입력만이 아닌 GUI 자체를 조작하는 데도 사용할 수 있습니다. 대상을 선택하거나 그 대상에 대해 행동을 실행하는 조작입니다. 윈도우는 기본적으로 키보드 조작이 활성화돼 있습니다. macOS나 iOS에서도 설정→손쉬운 사용→키보드에서 '전체 키보드 접근'을 켜면 키보드 조작을 할 수 있습니다(**그림 2-1**). 애플리케이션이 키보드 조작을 지원한다면 키보드만으로도 거의 모든 조작을 할 수 있습니다.

키보드로 GUI를 조작할 때 GUI상의 요소가 모두 트리상에 매핑된 상태가 됩니다. 애플리케이션 창에 메뉴와 페인이 있고, 페인 안에 선택할 대상이 나열돼 있는 상태를 위에서부터 순서대로 따라가 대상 요소에 이릅니다. 커서 위치는 포커스 인디케이터로써 파란색 틀의 스타일로 표시되는 것이 많습니다. `Tab` 키를 계속 눌러 포커스 인디케이터를 다음 요소로 보낼 수 있고, 원하는 요소에 이르면 Enter 키를 눌러 실행합니다.

그림 2-1　키보드에 의한 GUI 조작
　　　　　macOS의 전체 키보드 접근 설정

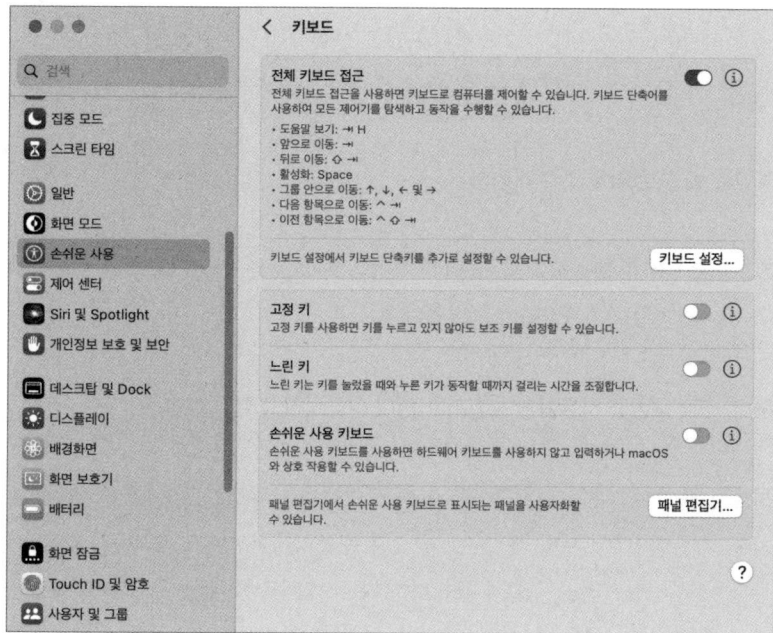

정확한 조작과 높은 효율성

키보드 조작의 특성은 포인팅 디바이스 조작의 특성과는 정반대입니다. 키를 온/오프해 대상의 전환과 명령을 실행하므로 자유도가 제한되므로 포인팅 디바이스보다도 훨씬 정확하게 조작할 수 있습니다. 업무 애플리케이션이나 편집기로 텍스트를 입력하면서 애플리케이션 자체를 조작하는 반복 동작을 해야 할 때 키보드를 이용하면 더욱 빠른 작업이 가능한 경우가 많습니다.

키보드는 원래 여러 키가 있는 디바이스이므로 키를 조합해 다양한 명령을 전송할 수 있는데 이를 단축키라고 합니다. 메뉴로 포커스를 움직이고서 조작을 선택하는 절차를 단축하여 순식간에 행동을 실행할 수 있습니다. 훈련이 필요하지만 조작 효율이 높고 애플리케이션과 일체화된 느낌으로 조작할 수 있습니다. 키보드 단축 기능은 OS 자체에도 마련돼 있습니다. 복사 및 붙여넣기나 원래대로 돌리기(Undo), 다시 하기(Redo)와 같은 사실상 표준이라고 할 수 있는 조작이 있기에 항상 사용한다면 훈련하기 위한 이유로는 충분합니다.

화면을 볼 수 없어도 조작이 가능

키보드로 GUI를 조작하는 데 또 다른 특징은 화면을 볼 수 없어도 GUI를 조작할 수 있다는 점입니다. 4절에서 설명합니다.

문제: 조작 대상을 자유롭게 오가기 어렵다·직접적인 조작감 상실

키보드로 GUI를 조작하는 구조는 앞서 설명했듯 절차적인 것입니다. 그렇기에 지금 하는 작업으로부터 **빠져나오거나** 각 애플리케이션에서 **빠져나와** 조작 대상을 서로 전환하려면 수고가 듭니다. 다른 작업을 하려면 마우스나 터치로는 다른 창이나 아이콘을 가리키기만 하면 되지만 키보드의 경우 우선 애플리케이션을 전환하고, 메뉴나 페인을 고르고, 대상을 고른다는 절차가 필요합니다(그림 2-2). 먼저 계획을 세우고서 조작해야 하며, 조작 대상에 도달하기까지 상대적으로 시간이 걸린다는 점에서 직접적인 조작감을 잃게 됩니다.

키보드 조작을 대체하는 방법

포인팅 디바이스와 마찬가지로 키보드 조작도 OS나 애플리케이션을 이용할 때 필수적이므로 보조 도구나 지원 기술도 다양합니다. 이 절에서는 다음 세 가지를 소개합니다.

- 보조가 있는 키보드 조작
- 포인팅 디바이스로 문자를 입력한다(스크린 키보드)
- 터치 디바이스에서 키보드를 사용한다

그림 2-2 **키보드에 의한 GUI 조작**
macOS의 전체 키보드 접근을 사용해 Finder의 파일 선택 상태에서 시스템 설정의 키보드로 이동하려는 **모습**

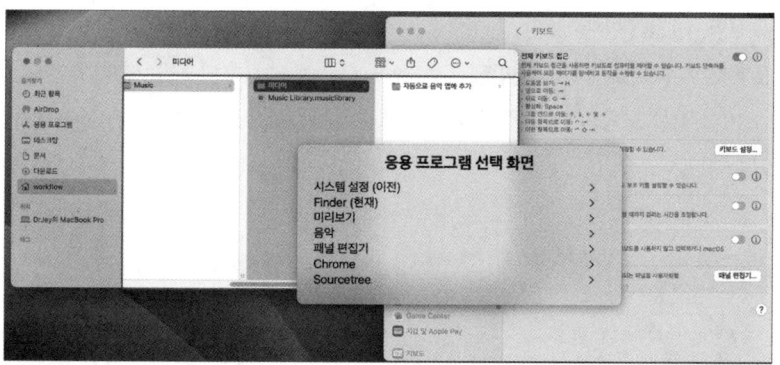

보조가 있는 키보드 조작

손으로 키보드를 다루더라도 1절의 '보조가 있는 마우스·터치 조작' 항에서 설명한 이유로 인해 작업 효율이 오르지 않거나 특정 조작이 불가능한 경우가 있습니다. 키보드의 경우도 마우스나 터치 디바이스와 마찬가지로 다양한 방법을 조합해서 대처합니다.

사람이 맞춘다

이 역시 우선 사람이 맞추는 것부터 시작합니다. 사용할 수 있는 손가락이나 손을 사용해 다루는 방법입니다. 키보드를 치기 쉬운 상태로 하거나 몸을 잘 지지하는 것도 중요합니다. 일반적인 상황에서도 손목 받침대나 팔 받침대를 설치하거나 (**그림 2-3**) 키보드의 각도를 조절하며, 이러한 환경의 조절은 손을 자유롭게 사용하지 못하는 사람에게도 유용합니다.

물리적인 지원 기술을 사용한다

물리적인 지원 기술을 사용하는 방법도 있습니다. 손을 움직이지 못해도 팔을 움직일 수 있다면 봉 모양의 타이핑 에이드를 손에 장착합니다. 팔을 움직이지 못해도 마우스 스틱이라는 입에 무는 봉을 사용하거나(**그림 2-4**), 헤드 포인터라는 머리에 봉 모양의 도구를 장착하는 기구를 사용함으로써 키보드를 조작할 수 있습니다.

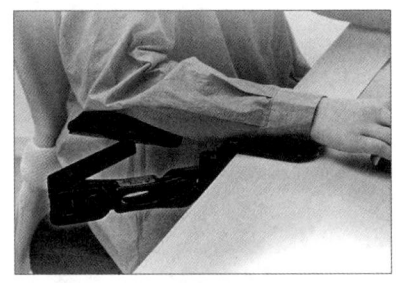

그림 2-3   팔 받침대
사진은 인간공학적 팔 받침대
사진 제공: 산와 다이렉트

그림 2-4   마우스 스틱으로 PC를 조작
출처: 'Web Accessibility Perspectives: Keyboard Compatibility' https://www.youtube.com/watch?v=93UgG72os8M

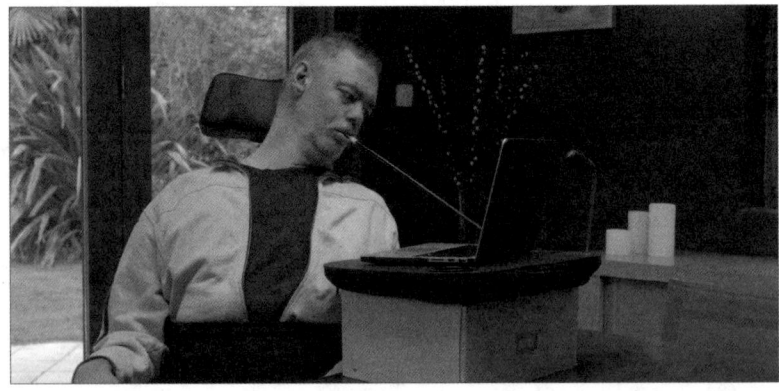

다른 키보드를 사용한다

키보드 자체를 다른 도구로 대체하는 것도 효과적인 수단입니다. 키보드의 타건 감이나 배열은 다양하며 이 책을 보는 독자도 자신에게 맞는 제품을 고른 사람도 많을 것입니다. 마찬가지로 손을 사용하지 못하는 사용자 역시 적절한 키보드를 고릅니다. 힘을 주기 어렵거나 손을 움직이는 데 부담이 있는 경우는 적은 힘으로도 누를 수 있는 제품을 고릅니다. 반대로 힘을 조절하기 어렵거나 정확히 치는 동작이 어렵다면 하나씩 정확히 누를 수 있는 것을 고릅니다.

키보드에 옵션을 부여한다

키보드에 옵션을 부여하는 방법도 있습니다. 예를 들면 타건할 부분에 구멍이 뚫려 있고 키보드에 씌워서 사용하는 키 가드라는 커버가 있습니다(**그림 2-5**). 손이 떨려 실수로 다른 키를 누르게 되는 경우에 효과적이며 구멍에 손가락을 넣음으로써 원하는 키를 정확하게 누를 수 있습니다.

그림 2-5 키 가드
오타를 방지하는 커버를 씌운다. 사진은 키 가드가 딸린 키보드
사진 제공: 주식회사 비트트레이드원

입력을 보조하기 위한 다른 디바이스를 사용한다

입력을 보조하기 위한 다른 디바이스를 병행하는 방법도 있습니다. 키보드 이용

시는 커맨드 키, [Ctrl] 키, [Shift] 키, [Alt] 키 등의 수식 키가 필요한데 손을 사용할 수 없으면 일반적인 키보드만으로 해당 기능을 활용하기 어려운 경우가 많기 때문입니다. 예를 들면 일반적으로 이용할 때도 다음과 같은 보조 디바이스를 사용합니다. 이런 디바이스는 일반적인 키보드만으로는 조작이 어려운 경우에도 유용합니다.

- 포인팅 디바이스 버튼에 키보드 단축 기능을 설정한다
- 업무 애플리케이션 이용 시에 독립된 텐 키를 추가하여 사용한다
- 그래픽 소프트웨어나 게임 등에서 왼손용 키패드를 사용한다(**그림 2-6**)
- 문자 변환 시 되감기, 정지, 빨리 감기나 악기 연주 시의 악보 넘기기 등에서 발로 누르는 풋 스위치를 사용한다

그림 2-6 왼손 전용 키패드
사진은 Razer Tartarus V2
출처: Razer Inc 웹 사이트

OS 설정이나 접근성 옵션

OS 설정이나 접근성 옵션도 이용할 수 있습니다. 키를 계속 눌렀을 때의 반복

간격 조정(**그림 2-7**)이나 수식 키를 누르면 모드에 들어가는 설정(고정 키, **그림 2-8**) 수식 키 전환, 단축 기능 명령 설정 등을 통해 지금까지 언급한 문제를 소프트웨어적으로 해결하는 방법입니다.

그림 2-7   macOS의 키보드 설정
반복 속도나 인식에 걸리는 시간을 설정할 수 있다

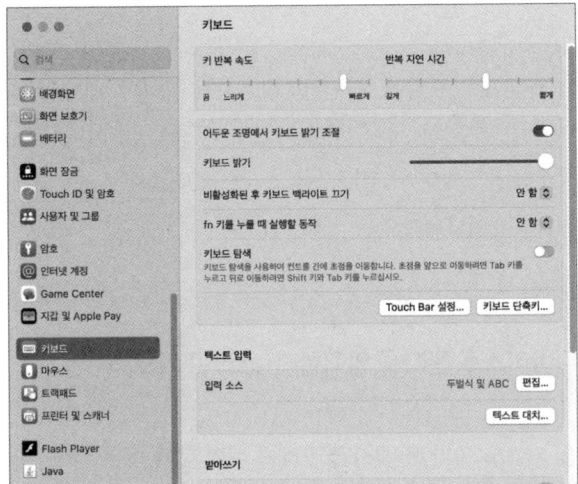

그림 2-8   macOS의 고정 키 설정

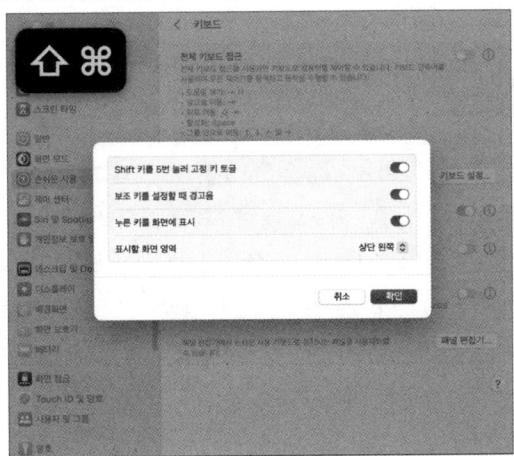

문제: 시간과 부담이 든다

입력을 받는 애플리케이션은 입력 디바이스와 입력 설정이 어떤 상태든 특정 키 입력을 받았다는 결과만으로 작동합니다. 따라서 지금까지 언급한 수단을 조합해 일반적인 입력 방식에 근접한 입력을 재현하는 방향으로 대처할 수 있습니다.

하지만 조작 시간 및 부담감은 증가함에 유의해야 합니다. 타이핑 에이드, 마우스 스틱, 키 가드는 키를 하나씩 눌러야 하므로 입력에 시간이 듭니다. 정확한 조작을 위해서 속도를 늦추거나 절차적인 조작으로 대체하는 경우도 조작을 완료하기까지 수고가 늘어납니다.

포인팅 디바이스로 문자를 입력한다: 스크린 키보드

'보조가 있는 키보드 조작' 항에서 조작하기 어려울 때 다른 디바이스를 고르는 방법을 소개했습니다. 물론 사용 중인 디바이스를 변경하면 효과적인 경우도 있지만 그 밖에도 '마우스로 텍스트를 입력'하는 선택지도 있습니다.

스크린 키보드

마우스로 키보드 입력을 하는 기능을 스크린 키보드라고 합니다(**그림 2-9**). 이 기능을 켜면 화면상에 나타난 키보드를 마우스 포인터로 클릭하면 임의의 키를 입력할 수 있습니다. 스마트폰과 태블릿으로 문자를 입력할 때 나타나는 키보드와 같은 종류라 익숙할 것입니다. 터치패널을 탑재한 윈도우 기기라면 아이패드나 안드로이드 태블릿과 마찬가지로 손가락으로 누르거나, 스타일러스 및 마우스 스틱 등의 봉 모양 도구로 입력할 수 있습니다.

대부분의 PC에는 포인팅 디바이스가 갖춰져 있습니다. 하드웨어 키를 누르지 못해도 마우스는 사용할 수 있으며 터치 조작이 가능할 때는 효과적인 입력 수단입니다. 또한 1절에서 소개한 '시선 입력과 카메라 입력으로 제어'를 사용할 때는 팔을 움직이지 못하는 상황에서 생각하므로 스크린 키보드를 사용하는 경우가 많을 것입니다. 마우스 포인터의 이동과 클릭에 해당하는 행동을 할 수 있다면 스크린 키보드로 문자를 치는 것도 가능하기 때문입니다.

그림 2-9   **윈도우의 스크린 키보드**

문제: 입력 효율이 나쁘다·모드에 들어간다

스크린 키보드를 마우스나 스타일러스, 마우스 스틱 등으로 사용할 때 키보드 버튼을 하나씩 선택해야 하므로 입력 효율이 떨어지므로 앞서 설명한 '보조가 있는 키보드 조작'과 같은 문제가 생깁니다. 게다가 카메라 입력이나 시선 입력은 포인팅 디바이스의 정밀도가 낮거나 체류 제어에 의한 대기 시간이 발생합니다. 그렇기에 스크린 키보드로 장문을 입력하는 데는 시간과 부담을 동반합니다.

이러한 소프트웨어상의 대체 입력은 일시적으로 모드에 들어가게 됩니다. GUI 마우스를 조작하고 있는데 스크린 키보드를 만지는 상황이 몇 번이고 발생하게 되면 조작 대상과 스크린 키보드의 사이를 오가야 하므로 작업 효율은 더욱 떨어집니다.

터치 디바이스에서 키보드를 사용한다

터치 디바이스에서 텍스트를 입력할 때는 일반적으로 스크린 키보드를 손가락으로 조작합니다. 하지만 팔, 손, 손가락의 상황에 따라서는 사용하기 어려운 경우도 있습니다. 이런 상황에서는 물리적인 키보드를 연결하면 효과적입니다(**그림 2-10**).

스크린 키보드보다도 입력 효율성이 높아지므로 태블릿을 PC처럼 이용하기 위해 키보드를 연결하여 사용하는 사람을 자주 봅니다. 스마트폰으로 장문을 쓰기 위해서 키보드를 휴대하는 사람도 있을 것입니다(필자도 아이폰으로 원고를 작성합니다).

마우스를 연결했을 때와 마찬가지로 키보드를 연결하면 터치 디바이스상에서도 '보조가 있는 키보드 조작'에서 언급한 디바이스나 설정의 조합을 실현할 수 있습니다. 게다가 iOS의 손쉬운 사용 설정을 보면 키보드 설정에 키 반복 조정이나 고정 키(수식키를 누르기만 하면 모드에 들어가는 설정) 항목이 있습니다(**그림 2-11**).

그림 2-10 아이폰에 키보드와 마우스를 연결

그림 2-11 iOS의 키보드 설정

전체 키보드 접근, 키 반복, 고정 키, 느린 키 설정이 있다

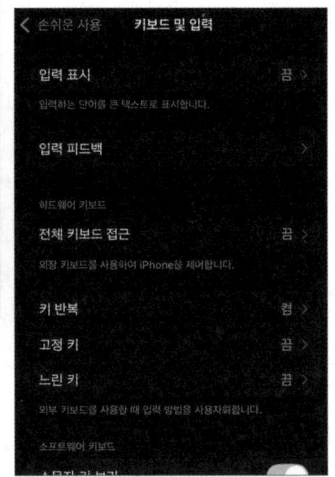

스크린 키보드를 사용할 수 없는 경우라도 물리 키보드와 이러한 옵션을 조합하여 텍스트를 입력할 수 있습니다. 하지만 물리 키보드를 이용할 때 보조가 필요하다면 역시나 '보조가 있는 키보드의 조작'에서 언급한 문제가 생깁니다.

3 조작 방식을 변경하는 지원 기술

포인팅 디바이스와 키보드를 대체한다

포인팅 디바이스와 키보드는 특성이 크게 다릅니다. 양쪽을 조합하여 이용하면 조작 효율은 최대화됩니다. 그렇기에 우선 양쪽에 각각 지원 기술을 조합해 모두 사용 가능한 환경을 만드는 것을 생각하는 경우가 많습니다. 또한 포인팅 디바이스와 키보드는 서로 대체가 가능합니다. 스크린 키보드로 키보드 입력을 할 수 있고, 마우스 키로 포인팅 디바이스에 해당하는 입력을 할 수 있습니다.

그러한 방법을 취해도 조작이 어려운 경우가 있습니다. 그럴 때의 선택지가 바로 음성 명령과 스위치 제어입니다. 발성이나 스위치 온/오프와 같은 독자적인 방식으로 포인팅 디바이스에 해당하는 조작과 키보드에 해당하는 조작을 모두 대응합니다.

음성 명령과 스위치 제어는 우선 조작 모드를 선택하고, 입력 결과를 어떻게 반영할지를 고릅니다. 그러고서 포인터 이동이나 선택, 키보드로 입력, 단축 기능으로 입력을 각각 대체합니다. 이를 통해 한정된 입력 수단이라도 최종적으로는 포인팅 디바이스에 의한 입력 혹은 키보드에 의한 입력으로 변환하여 처리할 수 있답니다.

음성 명령

마우스나 키보드를 사용할 수 없더라도 발성이 가능하다면 음성 명령으로 OS나 애플리케이션을 조작할 수 있습니다. 음성 명령은 윈도우, macOS, iOS, 안드로이드와 같은 주요 OS에 모두 탑재돼 있습니다. 최근엔 음성인식 기술이 발전하여 잘못 인식하는 일도 줄었으며 충분히 실용적입니다.

세 가지 조작 방법

음성 명령에는 세 종류의 조작 방법이 있습니다. 각각 단축 기능, 키보드, 마우스 조작에 준하는 것입니다.

첫 번째는 명령을 직접 말하는 방법입니다(**그림 3-1**). '음성으로 조작'하는 상황을 이렇게 연상할 것입니다. 예를 들면 '(애플리케이션명) 실행'과 같이 직접 지시하면 OS가 해당 작동을 실행합니다. 행동을 직접 지시한다는 점에서 키보드 단축 기능이나 마우스 제스처에 가까운 방법입니다. 하지만 등록되지 않은 표현에는 반응하지 않습니다. 명령과 그에 따른 행동을 추가하려면 커스터마이징을 합니다.

두 번째 조작 방법은 번호 표시입니다(**그림 3-2**). 키보드에 의한 GUI 조작에 해당하는 조작 방법입니다. '번호 표시'라고 말하면 키보드 포커스가 맞춰지는 요소(폼 제어나 링크 등)에 번호가 부여되며, 번호를 말하면 해당 요소를 선택합니다. iOS/iPad에서는 마찬가지로 '항목명 표시'라고 말하면 조작 대상의 이름이 표시되며, 조작을 원하는 요소의 이름을 말하면 선택할 수 있습니다.

세 번째 조작 방법은 그리드 표시로(**그림 3-3**). 포인팅 디바이스를 대체하는 방법입니다. '그리드 표시'라고 말하면 화면의 영역을 분할한 그리드 선이 나타나고 각 영역에 번호가 붙습니다. 번호를 말하면 영역을 세세히 분할한 그리드 선이 나타납니다. 이를 반복함으로써 조작 대상을 특정해 마지막으로 '3 클릭'처럼 말하면 마우스 포인터가 해당 위치로 이동하여 클릭을 실행합니다.

그림 3-1　macOS의 음성 명령 명령 리스트

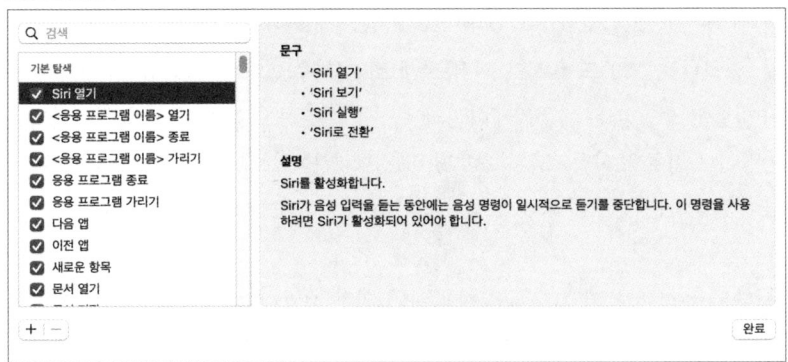

그림 3-2　음성 명령의 번호 표시

화면 내 레이블이나 번호를 말하면 조작할 수 있다. macOS의 음성 명령(항목 번호)

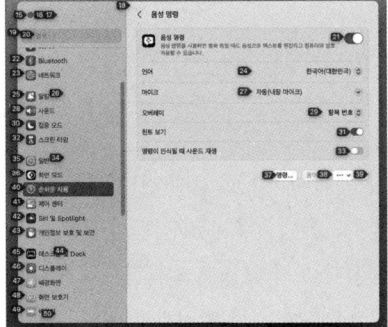

그림 3-3　음성 명령의 그리드 표시

화면 내부에서 그리드 선으로 분할된 영역의 번호를 말하면 조작할 수 있다. macOS의 음성 명령의 조작 상태(그리드)

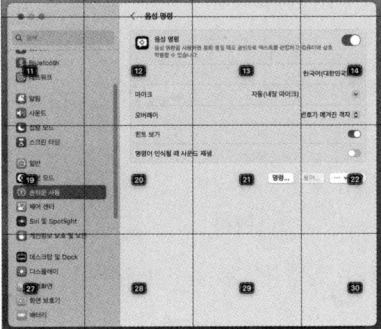

조작 방법을 조합한다

음성 명령으로 이러한 조작 방법을 여럿 조합하여 조작합니다. 명령을 말하여 대응할 수 있다면 그 방법이 가장 빠릅니다. 자주 하는 동작이나 빈번히 반복하는 동작에는 적합한 한편 특정 애플리케이션의 설정을 변경하는 경우 그때마다 명령을 등록하기에는 합리적이지 않으므로 번호 표시로 조작하는 것이 적절합니다.

이 두 가지 방법을 보완하는 것이 그리드 표시에 의한 마우스 조작입니다. 그 목적 중 하나는 '그리드 표시로 더 빠르게 조작할 수 있다'는 점입니다. 예를 들면 이미 실행 중인 다른 애플리케이션의 설정을 변경하고 싶을 때 절차적인 순서로 명령이나 번호 표시를 조합하기보단, 배경에 있는 창으로 마우스 포인터를 이동하여 클릭하는 것이 더 빠른 경우가 있다는 것입니다.

또 다른 목적은 '조작 가능성을 확보'하기 위한 점입니다. 음성 명령으로 조작할 때는 대상이나 행동의 호출 방법을 알아야 합니다. 거꾸로 호출 방법을 알지 못한다면 명령을 조작할 수 없습니다. 또한 키보드 포커스가 불가능한 요소에는 번호 표시를 시도해도 번호가 부여되지 않으므로 조작할 수 없습니다. 이 경우에도 그리드 표시에 의한 마우스 조작을 하면 마우스로 누른 것과 동일하게 조작 자체는 할 수 있습니다.

특징: 확실한 조작·낮다고는 못하는 효율

음성 명령은 정확한 조작이 가능합니다. 훈련하여 명령을 외우면 실수 없이 실행할 수 있습니다. 번호 표시나 그리드 표시도 선택지 혹은 그리드의 번호를 말하여 실행하므로 실수가 일어나기 어렵습니다. 조작 효율도 일률적으로 낮다고는 하기 어렵습니다. 예를 들어 편집기를 실행하여 음성 입력으로 텍스트를 써서 저장한다는 단순한 작업이라면 마우스나 키보드를 이용할 때보다 높은 효율성을 기대할 수도 있습니다(단, 입력한 텍스트의 수정 작업은 커서 이동이나 한

조작 방식을 변경하는 지원 기술

자 변환 등으로 많은 시간이 필요합니다).

문제: 시행 착오에 시간이 든다

어떤 모드에서 음성 명령을 조작할지 먼저 검토하거나, 창 전환 및 화면 내 스크롤 표시 등도 그때마다 말하여 실행하거나(**그림 3-4**), 음성을 인식하는 데 수 초의 시간이 든다는 특성이 있습니다. 그렇기에 '시도하여, 결과를 보고, 그다음 조작을 생각하는' 일련의 흐름에 많은 시간이 걸립니다.

그림 3-4   화면 내 스크롤 등의 명령
macOS 음성 명령의 이동하거나 스크롤하는 명령

스위치 제어

마우스나 키보드, 터치 디바이스를 사용하지 못해도 스위치를 하나 이상 누를 수 있다면 PC나 태블릿, 스마트폰을 사용할 수 있습니다. 마우스와 키보드로 조작할 때의 동작을 다단계로 나누고, 스위치에 의한 온/오프 입력으로 동작을 하나씩 고르면서 조작을 에뮬레이트할 수 있습니다.

스위치 제어를 이해하려면 우선 이를 실현하는 소프트웨어의 작동을 알아야 합니다. 여기서는 키보드 조작과 마우스 조작을 스위치 제어로 어떻게 실현하는지 소개합니다.

키보드 조작의 대체

키보드 조작이 더욱 단순하므로 먼저 소개합니다. 우선 일반적인 키보드 조작과, 스위치 제어에 의한 키보드 조작을 비교합니다. 일반적으로 문자를 입력할 때는 다음 순서를 따릅니다.

❶ 키보드에 손가락을 둔다
❷ 누르고 싶은 키보드의 키를 고른다
❸ 그 키를 누른다

스위치 제어는 스위치 온/오프만을 할 수 있으므로 해당 입력만으로 실현할 수 있도록 위 조작법을 아래와 같이 분리합니다.[6]

❶ 화면에 표시된 메뉴에서 조작에 대한 큰 카테고리(이 경우는 '키보드')를 골라 결정한다(그림 3-5)
❷ 키보드가 화면에 표시된다
❸ 키보드에서 누르고 싶은 키가 있는 행을 골라 결정한다(그림 3-6)
❹ 행에서 누르고 싶은 키가 있는 열(3~4개의 키가 일렬로 나열돼 있다)을 골라 결정한다 (그림 3-7)
❺ 열에서 누르고 싶은 키를 하나 골라 결정한다(그림 3-8)
❻ 키가 입력된다

---

6 여기서는 맥의 스위치 제어를 예로 설명합니다. 윈도우는 'Microsoft Assistive Technology Vendor Program 관련 제품'을 이용해야 합니다. https://www.microsoft.com/ja-jp/enable/guides/dexterity

그림 3-5   표시된 메뉴에서 '키보드'를 선택
macOS의 스위치 제어

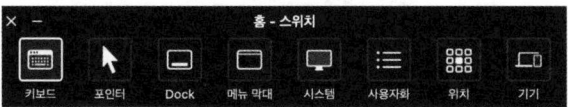

그림 3-6   행을 선택

그림 3-7   열을 선택

그림 3-8   키를 선택

이처럼 조작을 분리함으로써 키보드 입력을 실현할 수 있습니다. 조작 절차는 늘어나지만 예측 변환을 조합하면 문장도 쓸 수 있습니다. 수식키를 누른 채로 조작할 수도 있으므로 절차를 밟으면 키보드 단축 기능도 이용할 수 있습니다.

스위치 제어 조작은 메뉴에서 키보드를 고르거나 키보드의 행, 열, 키를 고르는 등 '대상을 다음으로 보내면서 전환하는 행위'와 '고른 것을 결정하는 행위'라는 두 계통의 입력이 필요합니다. 두 계통의 입력에 각각 다른 스위치를 할당하여 조작하는 방법을 '수동 스캔'이라고 합니다.[7]

하나의 스위치만으로 모든 것을 조작하려면 '대상을 다음으로 보내면서 전환하

---

[7] 스위치를 짧게 누르는 것과 길게 누르는 것을 구분하여 사용할 수 있다면 물리적으로는 스위치가 하나여도 수동 스캔으로 조작할 수 있습니다.

는 행위'는 자동화하며, '고른 것을 결정하는 행위'에 스위치 입력을 할당합니다. 이를 '자동 스캔'이라고 합니다. 자동 스캔은 선택 대상을 나타내는 커서가 일정 시간이 지나면 자동으로 다음 내용으로 전환됩니다. 사용자는 타이밍에 맞춰 선택하고 싶은 요소에 커서가 위치할 때 스위치를 켬으로써 결정합니다.

하나의 스위치만으로 조작하는 또 다른 방법으로 '단일 스위치 스텝 스캔'이 있습니다(**그림 3-9**). 자동 스캔과는 반대로 '대상을 다음으로 보내면서 전환하는 행위'는 스위치로 하고, '고른 것을 결정하는 행위'는 반자동화합니다. 스위치를 눌러서 대상으로 커서를 맞추고 일정 시간 대기하면 임시 결정 상태가 됩니다. 그 상태에서 스위치를 누르면 결정 상태가 되며 행동이 실행됩니다.

자동 스캔이나 단일 스위치 스텝 스캔을 사용하면 대기 시간이 길어져 조작하는 시간은 늘어납니다. 하지만 스위치 하나로 모든 조작이 가능하므로 PC나 태블릿, 스마트폰을 이용할 수 있는 환경이 크게 넓어집니다.

마우스 조작의 대체

키보드와 마찬가지로 스위치로 마우스 조작을 할 수 있습니다. 이 부분도 일반적인 마우스 조작과 스위치 제어에 의한 마우스 포인터의 조작을 비교합니다. 일반적인 마우스 조작으로 대상을 골라 클릭하려면 다음과 같은 순서를 따릅니다.

❶ 마우스를 잡는다
❷ 마우스를 움직여서 화면 내부의 대상까지 마우스 포인터를 이동한다
❸ 대상에 마우스 포인터를 놓고서 클릭한다

스위치 제어는 스위치 온/오프만을 할 수 있으므로 해당 입력만으로 실현할 수 있도록 위 조작법을 다음과 같이 분리합니다.

조작 방식을 변경하는 지원 기술 3

❶ 앞으로 하려는 조작의 큰 카테고리(이 경우는 '포인터')를 메뉴에서 선택한다(**그림 3-10**)

❷ 큰 카테고리에서 하고 싶은 조작(이 경우는 '이동하여 클릭')을 메뉴에서 선택한다(**그림 3-11**)

❸ 마우스 포인터를 이동하고 싶은 곳의 세로 위치(Y 좌표)를 고른다

❹ 마우스 포인터를 이동하고 싶은 곳의 가로 위치(X 좌표)를 고른다

❺ 마우스 포인터가 이동 및 클릭된다

클릭 행동을 바꾸고 싶다면 '이동하여 클릭' 부분을 '이동'과 '클릭'으로 나눕니다. ❷에서 '마우스를 이동'을 골라 ❺까지 진행해 포인터를 이동한 후 다시 한번 메뉴로 돌아가 하고 싶은 조작으로 '더블 클릭'을 고르는 순서입니다.

그림 3-9   iOS의 스위치 제어 스캔 스타일 설정

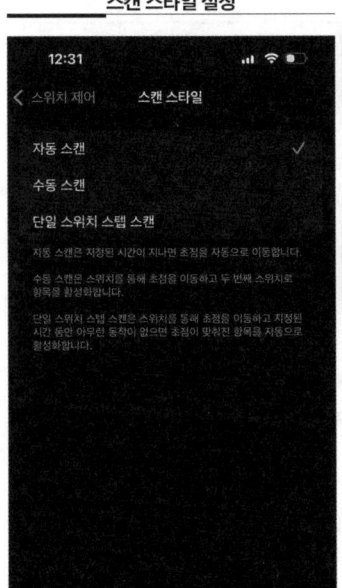

그림 3-10   메뉴에서 '포인터'를 선택

macOS의 스위치 제어

그림 3-11   '이동하여 클릭'을 선택

639

❸과 ❹를 하기 위해서 macOS나 iOS에서는 '글라이드 커서'라는 특수한 커서가 표시됩니다(**그림 3-12**). 인형 뽑기를 연상하면 이해하기 쉬울 것입니다. Y 좌표를 선택할 때는 화면 상단에서 수평선이 내려오며, 대상에 가까워졌을 때 스위치를 켭니다. 다음으로 X 좌표도 화면 왼쪽에서 수직선이 나오므로 같은 방법으로 결정하면 마우스 포인터를 이동시키기 위한 좌표가 확정됩니다. 좌표 지정을 2단계나 3단계로 나눠서 보다 정밀하게 선택 가능하도록 설정할 수도 있습니다.

그림 3-12 　 **글라이드 커서**

글라이드 커서를 사용해 마우스 포인터를 이동하여 클릭한다. macOS의 스위치 제어

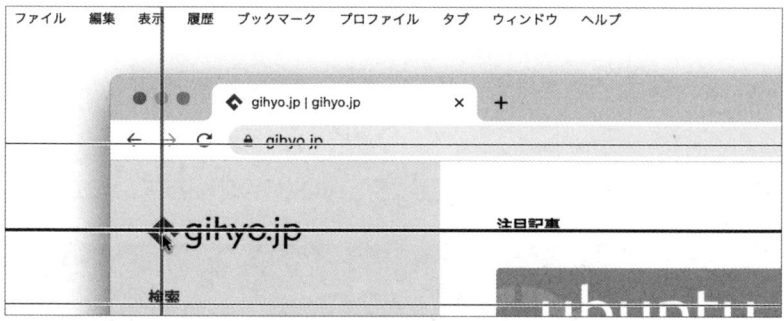

X축·Y축을 고르는 방법 이외에도 각도를 골라 비스듬히 마우스 포인터를 움직이거나 8방향으로 움직이는 방법도 있습니다. 보다 고도의 조작으로써 그래픽 소프트웨어상에서 선을 그리거나, 각도를 골라 곡선을 그리는 행동 등도 할 수 있습니다.

위 방법은 macOS나 iOS의 조작 방법이며, 그 밖에도 마우스 포인터를 움직이는 방법은 다양합니다. 예를 들면 1절의 '키보드를 마우스 대신 사용한다: 마우스 키' 항에서 설명한 마우스 키를 스위치로 선택하여 마우스를 움직이는 방법이나 마우스 포인터가 자동으로 이동하면서 스위치를 누를 때마다 이동 방향이 바뀌는 방법입니다.[8]

---

8 원키 마우스라는 제품으로 실현할 수 있습니다. http://kikiroom.cool.coocan.jp/sub1.htm

메뉴 조정에 의한 단축 기능

그 밖에도 이른바 단축 기능에 해당하는 조작도 할 수 있습니다. 자주 하는 행동을 미리 메뉴에 등록하면 메뉴에서 선택하여 결정함으로써 실행할 수 있습니다. 메뉴를 커스터마이징하여 빈번하게 하는 조작을 단축 기능이나 키보드 조작, 마우스 조작으로 나눠서 조작 효율을 높일 수 있습니다(**그림 3-13**).

그림 3-13 스위치 제어 패널의 커스터마이징

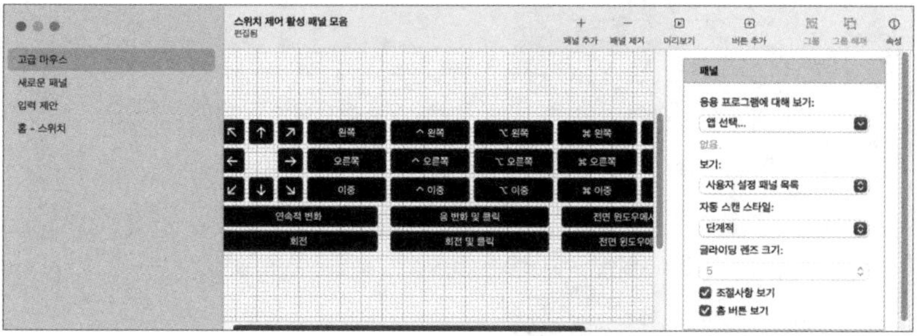

스위치 제어의 입력 방법

스위치 제어 입력에는 하드웨어나 소프트웨어 등 다양한 방법이 있습니다.

대표적인 것은 하드웨어 스위치입니다. 어떤 신체 부위를 자신의 뜻대로 움직일 수 있는지는 사용자마다 다르므로 스위치의 형태도 다양합니다. 무선으로 사용할 수 있는 스위치, 부드러운 스위치, 손가락을 끼워 누를 수 있는 스위치, 약한 힘으로도 누를 수 있는 스위치, 근육의 움직임을 탐지하는 스위치 등이 있습니다.

게다가 iOS/iPadOS는 화면의 아무 곳을 탭하거나, 전면 카메라에 대고 머리를 좌우로 움직이거나, 디바이스의 뒷면을 탭하거나, 사운드를 입력하는(입으로 소리를 내거나 무언가를 때려서 내는) 등의 다양한 방법으로 스위치 입력을 할 수 있습니다(그림 3-14).

키보드 키나 마우스 클릭 등도 스위치로서 사용이 가능하므로 조작감을 시험해볼 수 있습니다(그림 3-15).

그림 3-14 **다양한 방법으로 스위치를 입력한다**
iOS의 스위치 소스 목록

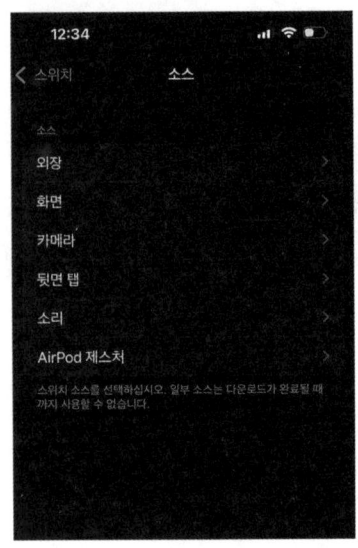

그림 3-15 **키보드 키나 마우스 클릭도 스위치로 사용할 수 있다**
macOS의 스위치에 마우스나 키보드의 입력을 설정

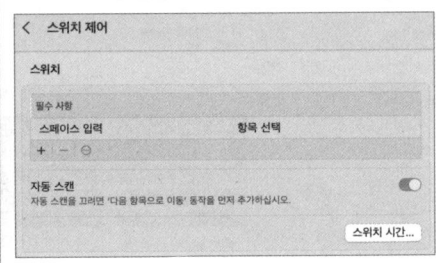

문제: 조정이나 훈련이 필요해 시간이 들고 부담감이 커진다

스위치 온/오프만으로 모든 GUI 조작이 가능한 스위치 제어라면 신체의 일부만 움직여 의사 전달함으로써 자율적인 작업을 할 수 있습니다. 자신의 의지로 행동 가능한 범위를 늘릴 수 있다는 점에서 큰 의미를 갖습니다. 한편 조작할 수 있도록 하드웨어를 장착해야 하기도 하고, 자동 스캔의 타이밍에 익숙해지려면 훈련과 조정도 필요합니다. 조작에 드는 시간도 방대하므로 시행착오를 겪는 데 큰 부담이 됩니다.

4
화면 표시와 지원 기술

화면 표시의 지원

GUI의 G는 Graphical로, 화면에 표시된 바탕화면이나 겹치는 창, 메뉴나 아이콘 등을 포인팅 디바이스나 키보드로 조작하여 이용하는 구조를 의미합니다. 따라서 화면 표시 결과를 어떠한 형태로든 사용자가 받을 수 없다면 조작할 수 없습니다.

화면이 잘 보이지 않는 데는 다양한 이유가 있습니다. 시력이 약하거나, 화면을 보기 어려운 환경에 있거나, 특정 색을 식별하기 어렵거나, 시야를 확보하기 힘들거나, 눈을 계속 뜨고 있기 어려운 상황 등입니다. 이에 대해 OS나 브라우저는 다양한 대응 방법을 마련했습니다. 그중에서도 화면을 확대하는 지원 기술은 이해 및 조작하는 데 큰 영향을 미치기에 이 절에서 자세히 설명합니다. 애플리케이션의 레이아웃이 변경되거나 확대 범위가 마우스 포인터나 터치 조작에 연동되기 때문입니다.

시각적으로 화면을 이해하거나 조작하기 어렵더라도 화면이 나타내는 정보를 텍스트로 대체해 음성이나 점자로 전달함으로써 GUI 조작이 가능합니다. 이를 가능케 하는 것이 스크린 리더라는 소프트웨어입니다. 스크린 리더는 화면이 하나도 보이지 않는 상황을 가정합니다. 그렇기에 커서가 있는 곳이 무엇인지, 해당 요소가 어떤 상태인지, 입력한 내용은 무엇인지, 행동을 실행한 결과가 어떤지 등 텍스트로 대체할 수 있는 모든 정보를 전달합니다. 스크린 리더에 대해서도 이 절에서 자세히 설명합니다.

문자나 화면을 확대한다

화면을 보기 어려울 경우 브라우저나 OS의 기능을 통해 문자나 화면을 확대합니다. 보이지 않는 정도는 사람에 따라서 다양한데 그 정도에 따라서 몇 가지 옵션이 있습니다.

브라우저의 줌

가장 간편한 것은 브라우저의 줌입니다(**그림 4-1**). 브라우저 메뉴에서 알기 쉬운 위치에 있으며 단축키도 있습니다. 다소 보기 힘든 웹사이트를 방문했을 때 이 방법을 먼저 시도해봅니다. 줌 기능으로 확대하면 화면 레이아웃을 유지한 채 전체가 확대됩니다.[9]

그림 4-1　브라우저의 줌

9　웹 사이트가 반응형 디자인이라면 레이아웃은 변경됩니다.

우선 요소가 커짐으로써 시인성이 향상됩니다. 그 대신 화면 전체적인 정보량은 감소합니다. 즉, 한 번에 볼 수 있는 범위가 좁아집니다. 튀어나온 영역을 보기 위해서 가로 스크롤이 발생하기도 합니다. 줌의 비율이 낮으면 그리 문제가 되지는 않지만 두 배 정도 줌을 하면 조작이 상당히 번거로워집니다. 텍스트를 처음부터 끝까지 읽기 위해 오른쪽으로 가로 스크롤을 하고, 다시 처음으로 돌아오기 위해 왼쪽으로 가로 스크롤을 합니다.

브라우저의 문자 크기 확대

문자 크기만을 확대하는 방법도 있습니다(**그림 4-2**). 문자가 커져 시인성이 향상되며, 레이아웃이 유지됨으로써 가로로 스크롤하지 않아도 텍스트를 읽을 수 있습니다. 하지만 텍스트 이외의 요소는 확대되지 않으므로 이미지의 크기는 변하지 않습니다. 또한 텍스트가 커져도 줄 바꿈 너비가 바뀌지 않으므로 블록당 줄

그림 4-2 브라우저의 문자 크기 확대

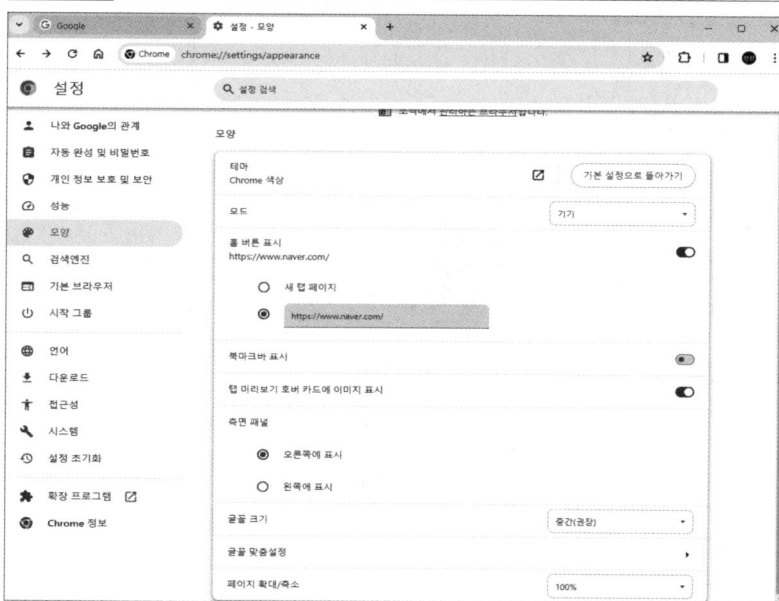

수가 늘어납니다. 즉, 요소의 높이가 커지므로 세로로 나열된 요소는 화면 밖으로 튀어 나가게 됩니다. 결과적으로 화면의 전체적인 정보량은 감소하며 스크롤 분량이 늘어납니다.

OS에 의한 화면의 확대

브라우저뿐 아니라 OS에서도 화면을 확대할 수 있습니다(윈도우에서는 돋보기라고 합니다). 단축키나 제스처 등으로 기능을 켤 수 있습니다. PC나 스마트폰을 시각적으로 사용하고 싶지만 시력이 낮을 때 이러한 기능을 사용합니다. 브라우저만이 아닌 OS의 GUI도 포함해 전체를 확대할 수 있기 때문입니다. 또한 화면에 문자 몇 개 정도만 표시되도록 고배율로 확대할 수도 있습니다.

예를 들어 윈도우의 돋보기로 다음과 같은 설정이 가능합니다.

- 도킹됨
  - 확대 영역을 고정한다. 1:1 배율의 화면을 별도로 표시해 전체상을 파악하는 데 활용한다 (그림 4-3)

그림 4-3　도킹됨(OS에 의한 화면 확대)
　　　　　윈도우의 돋보기

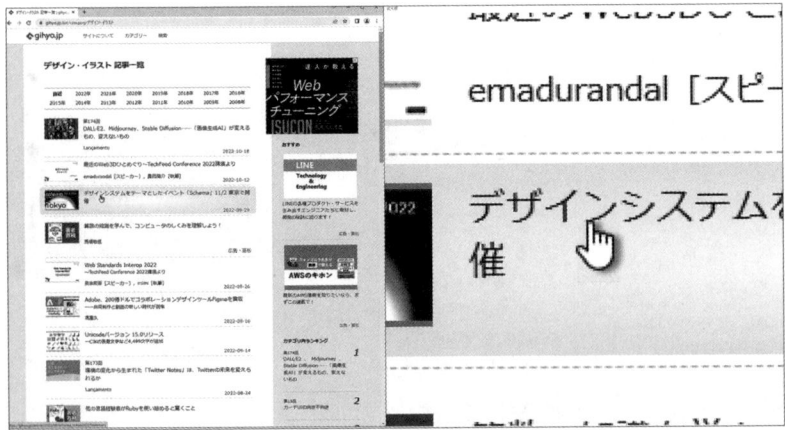

- 전체 화면
  - 화면 전체를 확대한다. 전체상과 각 부분을 비교할 때는 확대율을 바꾼다(**그림 4-4**)
- 렌즈
  - 마우스 포인터나 키보드 포커스를 따라가는 확대 영역을 만든다. 전체상은 파악하기 쉽지만 확대 영역으로 인해 화면의 일부가 가려진다(**그림 4-5**)

스마트폰에서도 위와 같이 화면을 확대할 수 있습니다(**그림 4-6**).

그림 4-4 　전체 화면(OS에 의한 화면 확대)
윈도우의 돋보기

그림 4-6 　스마트폰의 화면 확대 설정
iOS의 줌

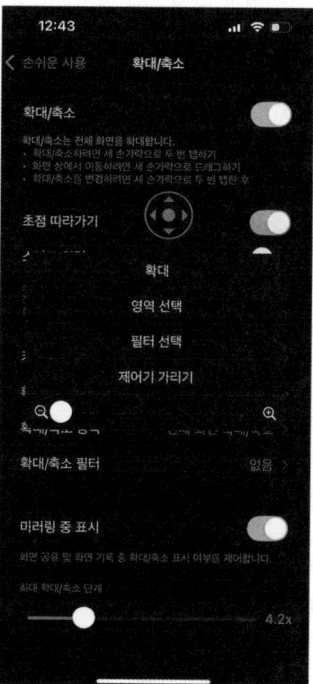

그림 4-5 　렌즈(OS에 의한 화면 확대))
윈도우의 돋보기

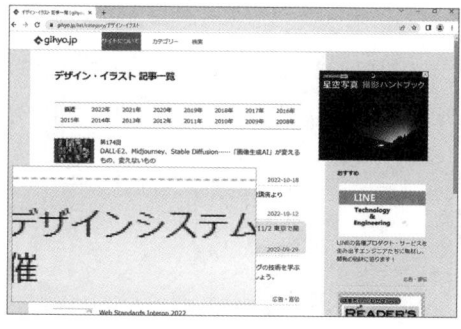

문제: 화면의 일부만 보인다

문자나 화면의 확대 비율에 따라 시력이 많이 낮더라도 시각적으로 PC나 스마트폰을 사용 가능케 된다는 점은 대단합니다. 한편 화면을 고배율로 확대한다는 건 달리 말하면 한 번에 보이는 범위는 좁아진다는 것입니다. 한 번에 보이는 범위가 작아 항상 화면의 극히 일부분만 보인다는 표현이 적절할 것입니다.

이러한 상황에서는 보이는 범위의 정보를 이어가며 화면의 구성을 유추하거나, 조작 결과가 시야에 모두 들어오지 않으므로 기억해두는 등 단기 기억을 혹사하는 부담을 강요당합니다.

스크린 리더

GUI 환경에서는 그래픽으로 정보를 표시하여 전달하는 것이 일반적입니다. 하지만 GUI의 본질은 오브젝트의 조합으로 화면이 구성돼 있다는 점입니다. 오브젝트 정보를 텍스트로 읽거나 점자 등으로 전달하면 화면을 전혀 보지 않아도 OS나 애플리케이션을 이용 가능하며, 이를 실현하는 것이 스크린 리더입니다.

스크린 리더는 OS에 탑재된 것도 있고 별도로 설치하는 것도 있습니다. 소프트웨어마다 기능이나 조작 방법이 조금씩 다릅니다. 여기서는 각 스크린 리더에서 대체로 공통되는 기능이나 작동을 소개합니다.

키보드에 의한 조작이 메인

스크린 리더는 키보드 조작이 메인입니다(**그림 4-7**). 마우스 포인터와, 화면에 무엇이 있는지 보이지 않기 때문입니다. 하지만 키보드 조작이라면 '키를 온/오프해 대상의 전환과 명령을 실행'하는 특징에 의해 물리적인 키와 그 배치를 알면 시각에 의존하지 않고도 입력할 수 있습니다.

터치 디바이스에서도 스크린 리더를 이용할 때 '스와이프로 커서를 전환하고 더블 탭으로 실행'하는 움직임으로 바뀝니다. 키보드의 Tab 키로 포커스를 전환하는 느낌에 가깝습니다. 물론 2절의 '터치 디바이스에서 키보드를 사용한다' 항에서 소개한 것처럼 키보드도 사용할 수 있습니다. 이때 터치 디바이스상에서도 PC의 스크린 리더를 키보드로 조작하는 경우와 같은 조작 체계가 됩니다.

스크린 리더를 실행하면 스크린 리더 커서라는 틀이 표시됩니다.[10] 커서를 방향키로 전환하여 커서가 있는 위치를 읽음으로써 화면에 무엇이 표시돼 있는지를 파악합니다.

그림 4-7   스크린 리더를 키보드로 조작

NVDA를 키보드로 조작하기 위한 치트 시트. https://github.com/nvdajp/cheatsheet

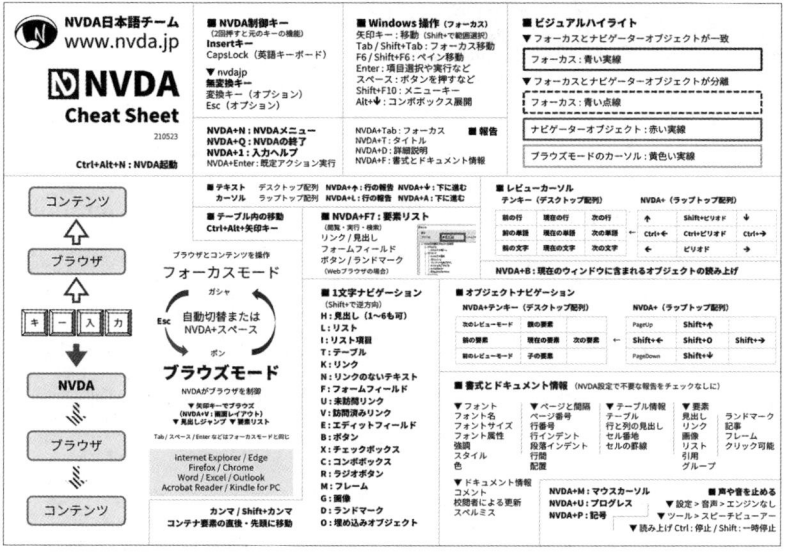

---

10 스크린 리더에 따라서는 이 틀이 기본적으로 표시되지 않는 경우도 있습니다.

출력 형태로는 음성 이외에 점자 출력도 가능합니다(**그림 4-8**). 양쪽 모두 실체는 텍스트로, 텍스트를 읽어서 스피커 등을 통해 전달되거나, 점자 디스플레이에 출력된다는 점이 다릅니다. 읽기와 점자를 병행하는 경우도 있습니다.

그림 4-8   점자 디스플레이
사진은 Focus 80 Blue 5th Gen, 출처: Freedom Scientific 웹 사이트

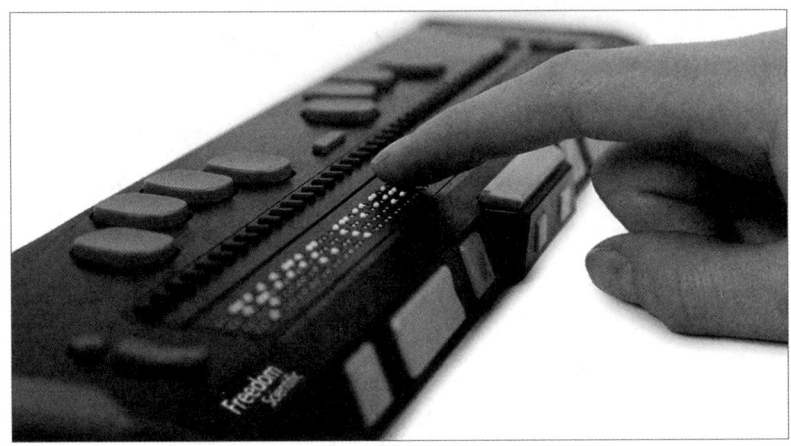

읽는 대상·순서

스크린 리더는 화면이 전혀 보이지 않는 상황에서의 이용을 가정합니다. 그렇기에 OS의 도구 바나 창, 페인 등 프레임 부분에서 각 부분의 항목명이나 버튼 레이블까지 화면상에 표시되는 모든 요소가 읽는 대상입니다. 키보드로 GUI 조작을 할 때와 마찬가지로 모든 요소가 트리 형태로 매핑되며, 읽을 대상을 키로 전환합니다. 그렇기에 화면상의 위치 관계를 신경 쓰지 않아도 구조를 이해할 수 있습니다.

스크린 리더 커서가 전환되는 흐름은 스크린 리더에 따라 다릅니다. 예를 들면 페인 1→페인 1의 개별 요소→페인 2→페인 2의 개별 요소라는 순서로 전환되는 것도 있다면, 페인 1→페인 2로 전환되면서 '안에 들어가는' 조작을 하면 개별 요

소를 읽는 메뉴로 이동되는 것도 있습니다(**그림 4-9**). 양쪽 모드를 구분하여 사용하는 것도 가능합니다.

그림 4-9   스크린 리더 커서가 전환되는 흐름
macOS VoiceOver를 통해 영역으로 들어가는 조작의 안내를 받는다

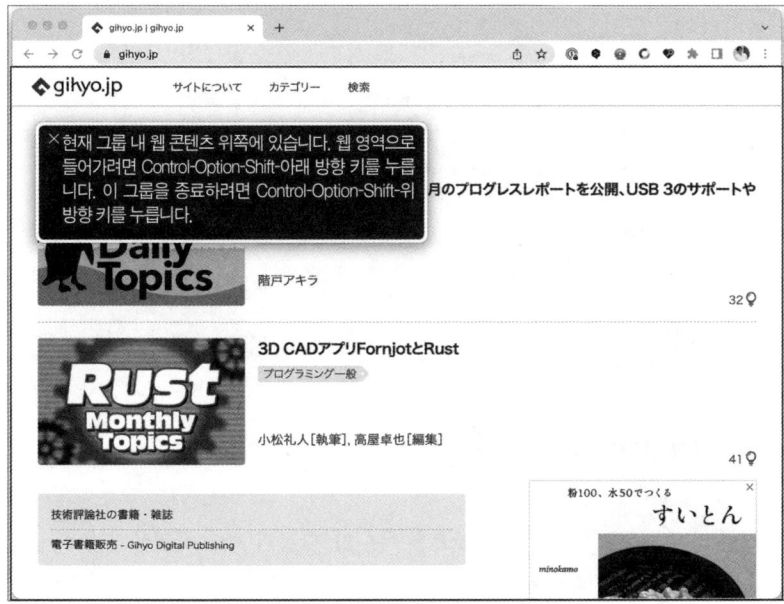

그리고 브라우저나 오피스 도구, PDF 뷰어 등에서는 콘텐츠의 표제만을 목록으로 표시하거나 표제로 점프하여 대략적인 내용을 읽는 등 추가 기능도 사용할 수 있습니다(**그림 4-10**). 신문이나 잡지를 시각적으로 볼 때 표제를 읽고서 읽고 싶은 부분만을 고르는 것과 같은 작업이 가능합니다. 많은 콘텐츠를 구석구석 읽으면 정보를 얻는 데 시간이 오래 걸리므로 중요한 부분을 읽고 효율을 올리는 방법입니다. 표제 이외에도 랜드마크, 리스트, 테이블, 링크, 폼, 입력란, 버튼, 이미지 등으로 점프할 수도 있습니다.

그림 4-10　윈도우용 NVDA 요소 리스트

페이지 내 요소를 리스트업하여 해당 위치로 점프할 수 있다

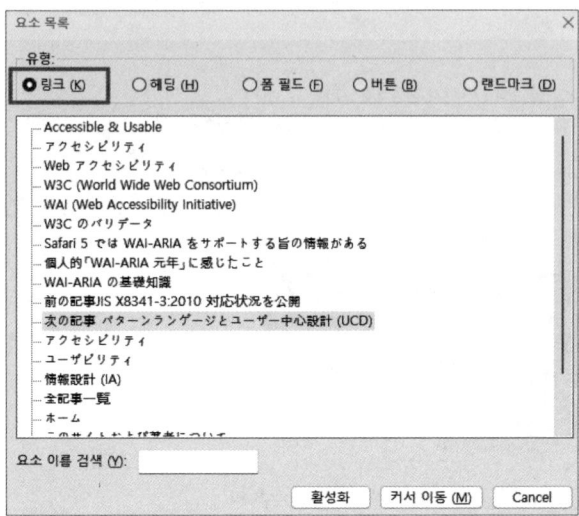

상태나 실행 결과 읽기

스크린 리더는 화면 구성이나 텍스트뿐 아니라, 다음과 같은 화면상의 요소 상태도 포함하여 읽습니다.

- 지금 커서가 위치한 요소를 조작 가능한지
- 어느 태그가 활성화 상태인지
- 리스트의 어느 항목이 선택돼 있는지
- 체크 박스가 체크돼 있는지
- 팝업이 표시돼 있는지

또한 어떤 조작을 실행할 수 있는지 보충 정보로 읽는 경우도 있습니다. 예를 들어 셀렉트 박스에 대해 '고르는 항목, 조정 가능'이라는 정보가 있다면 사용자는 선택을 전환하는 UI임을 이해할 수 있습니다. 그리고 사용자가 조작을 실행하면

실행 결과를 '약관에 동의, 체크 박스, 체크됐습니다'와 같이 바로 읽습니다.

이처럼 스크린 리더는 화면 구성, 개별 창이나 제어의 상태, 어떤 조작이 가능한지, 조작 결과가 어떤지 등을 단일 트리, 오브젝트, 속성으로 표현합니다(**그림 4-11**). 사용자는 해당 정보를 음성 변환이나 점자 표시를 통해 전달받음으로써 화면을 보지 않고도 화면에 해당하는 정보를 머릿속에서 재구성하여 OS나 애플리케이션을 이용할 수 있습니다.

마우스와 터치를 보조적으로 이용

화면상의 위치에 관한 정보를 보조적으로 이용하는 경우도 있습니다. 스크린 리더에는 소리의 높낮이와 좌우 음량으로 마우스 포인터의 좌표를 알리거나, 마우스 포인터가 위치한 곳의 내용을 읽는 기능이 있습니다(**그림 4-12**). 저시력 등으로 인해 화면을 보면서 스크린 리더를 병행할 때 효과적입니다.

터치 디바이스는 화면을 터치하면서 손가락을 움직이면 스크린 리더 커서가 손가락을 따라가도록 할 수 있습니다. 스마트폰과 태블릿의 애플리케이션은 상단에 메뉴가 있고, 하단에 탭이 있는 경우가 많으므로 이와 같은 방법으로 얻을 수 있는 레이아웃 정보를 활용할 수 있습니다.

문자의 입력과 확인

문자의 입력 및 확인 시에도 화면에서 얻을 수 있는 정보와 동등하게 읽습니다. 화면을 보면서 문자를 입력할 때 어떤 문자가 입력됐는지, 예측 변환에는 무엇이 표시돼 있는지, 최종적으로 입력된 문자가 무엇인지는 화면에 나타나며, 이러한 정보를 스크린 리더도 읽습니다. 문자 하나를 입력할 때마다 화면에 반영되는 문자를 실시간으로 읽습니다. 예측 변환에 커서를 가져가면 해당 내용을 읽으며, 선택한 후 커서를 움직이면 커서 위치에 있는 문자를 읽습니다.

부록 　지원 기술과 이용 상황

그림 4-11 　구글 크롬의 접근성 트리

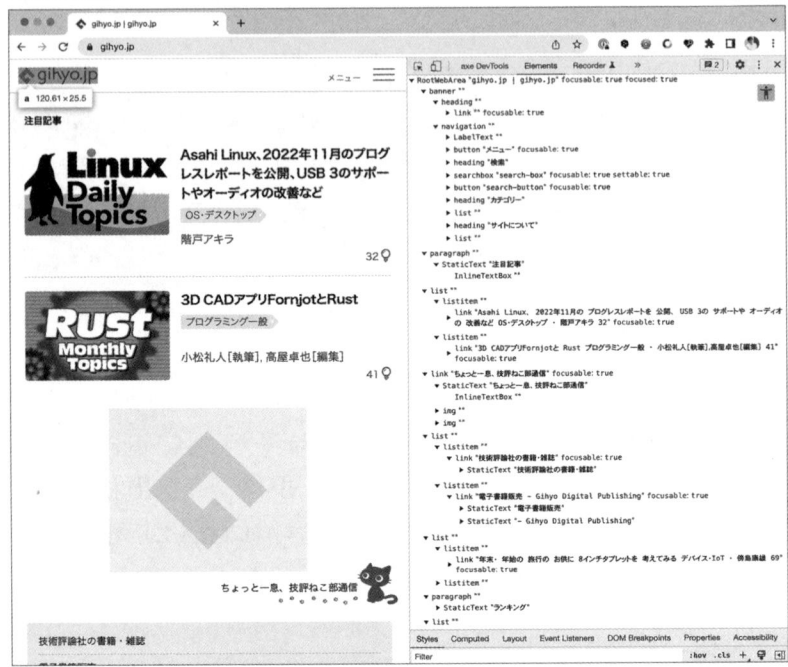

그림 4-12 　소리로 마우스 포인터의 좌표를 알린다

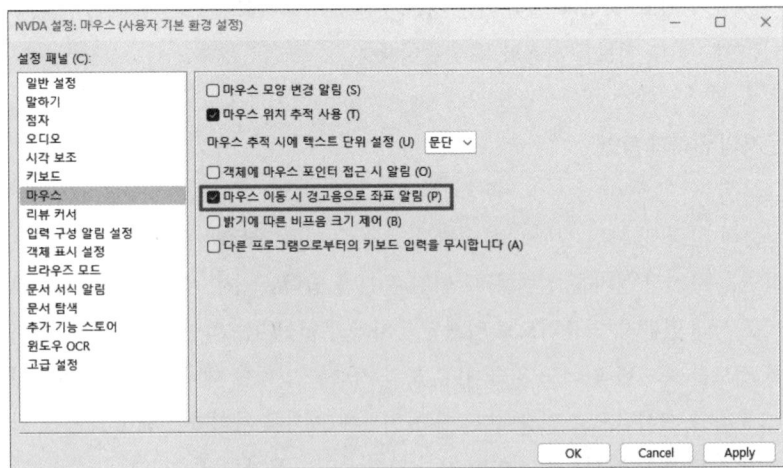

하지만 일본어의 경우 동음이의어가 있으므로 표시된 문자를 읽기만 해서는 정보가 부족합니다. 그렇기에 스크린 리더에는 상세 읽기라는 기능이 있습니다. 한자에 커서를 가져가면 '숫자 일', '날 일'처럼 예시와 함께 해당 한자를 설명합니다. 전화로 주소나 이름을 전달할 때 보충 설명하는 것과 같습니다. 히라가나나 가타카나도 발음은 같으므로 상세 읽기로 '히라가나의 아', '가타카나의 아'처럼 확인을 할 수 있습니다.

문제: 전체상과 상황을 이해하는 데 커지는 부담

읽기·점자와 키보드로 GUI를 조작하는 스크린 리더는 화면과 포인팅 디바이스에 의한 GUI 조작과 어떤 의미로 보면 정반대에 위치합니다. 전달 매체와 조작 체계가 전혀 달라도 같은 인터페이스를 통하여 이용할 수 있다는 데는 놀랄 따름입니다. 그렇기에 접근성의 필요성을 전달하는 시연에서 스크린 리더가 자주 인용되는 것 같습니다.

하지만 이 책에서 소개한 것처럼 애플리케이션의 설계 및 구현이 표준을 따르지 않았다면 이용할 수 없습니다. 아무리 접근 가능하더라도 스크린 리더의 구조 자체가 난이도가 높은 편임을 알아 둬야 합니다.

- 구조가 모두 텍스트와 트리로 전달된다. 그러므로 화면 표시의 영역 배치, 색 구분, 구분선, 마진, 문자의 굵기나 크기 등의 요소 간 관계나 상태를 나타내기 위한 정보가 전달되지 않는다
- 스크린 리더는 원칙적으로 커서가 있는 위치의 정보만 읽는다. 그렇기에 주변의 정보를 얻기 어려워 내용을 한 번에 보는 데 효율성이 낮다
- 소리는 발생한 순간부터 휘발되며, 점자도 수십 문자의 텍스트를 표시하는 데 그친다. 그렇기에 사용자는 읽거나 점자로 얻은 정보를 기억해 둬야 한다
- 소리를 듣거나 점자를 읽으려면 조작을 중단해야 하며, 정보를 얻는 데 시간이 든다. 그렇기에 조작 절차의 연속성은 없다

위 특성에 따라 전체상을 파악하거나 현재 상황을 이해하는 데 시간이 들어 부담감이 생깁니다. '지금 뭐가 어떻게 됐어? 무엇을 하면 어떻게 변해?' 등의 정보를 각 요소마다 확인한 후 모두 단기 기억의 머릿속 트리로서 저장해야 합니다.

스크린 리더의 이용 효율성을 높이려면 읽는 속도를 올리면서 애플리케이션 구조, 화면 구조, 개별 인터페이스 구조를 빠르게 파악해 조작 절차를 계획해야 합니다. 읽기에만 의지해 이러한 구조를 인지하여 기억하려면 시간이 듭니다. 그렇기에 메일 프로그램이나 오피스 소프트웨어 사용법을 익히는 것처럼 개별 애플리케이션마다 어느 정도 시간을 할애하여 그 구조와 작동을 사전에 학습하는 경우를 자주 봅니다.

찾아보기

한글

ㄱ

가이드라인 450, 514
감각적 특징 249
값의 조정 400
건너뛰기 링크 314
검색 557
견고 32
고대비 모드 10
고령자 24
공백 문자 238
그룹 132, 136, 177
기계적으로 확인 444

ㄴ

나이를 먹어감 24
낭독회 465
내비게이션 버튼 349
뉴스 티커 289

ㄷ

다이얼로그 115, 187, 316, 550
다크 모드 10
단축키 287, 304, 324, 527, 548
대비 10, 52, 210, 221, 441, 454
대체 텍스트 33, 66, 101, 249, 442
도움말 페이지 276, 397
동영상 276
드래그 393
드래그 앤 드롭 393
디스클로저 415
디자이너 432
디자인 시스템 426
디자인 원칙 426
디자인 토큰 436
디자인과 기술 502
디지털청 438

ㄹ

라디오 버튼 163
라디오 버튼 그룹 136
라이브 리전 333
라이팅 442
랜드마크 304, 411
랜드마크 점프 305, 411
레이블 35, 69, 132
로드맵 503
리더 505
리스트 박스 163
리플로우 52, 300
링크 557
링크 텍스트 247, 254

ㅁ

마우스 602
마우스 오버 368
마우스 키 608
머신 리더블 64
머신 리더빌리티 37, 100
모달 다이얼로그 316
모델 581
모두의 공공 사이트 운용 가이드라인 40
모드 316
모드가 없도록 591
모바일 디바이스 594
모션 애니메이션 290
무한 스크롤 202
문자 이미지 239, 271
문자 크기 변경 기능 226
문자 크기 확대 467, 563

ㅂ

반응형 디자인 300
배짱 578
버튼 558
보도 자료 476
복수로 구성한 페인 543
복잡성 590
뷰 582
비간섭 38

ㅅ

사용성 2, 43
사용자 에이전트 35, 49, 100

ㅅ (계속)

사회 모델 27
살롱 469
상대 단위 233
상태 70
새로운 탭 270, 423
색 210
색각 특성 13, 210, 442
색 반전 10
설명 132
섹션 표제 556
셀렉트 박스 163, 189, 192
소프트웨어 키보드 134, 159
속성 70
수화 통역 281
스낵바 333
스와이프 297, 349
스위치 제어 369, 402, 519
스크롤 530
스크롤 스냅 562
스크린 리더 8, 15, 64, 471
스크린 키보드 628
스타일 가이드 440
시맨틱스 64
시선 입력 82, 297
시차 290
실시간 방송 277
싱글 탭 349

ㅇ

아이 트래킹 613
아이콘 556
아코디언 544
안티 패턴 541

찾아보기

알림	333
알림 제한 시간	343
애니메이션	287
약시	10
양쪽 정렬	237
엔지니어	448
역할	70, 129
예측할 수 있는 작동	188
오너	497
오류	52, 167
오류 요약	180
오픈 캡션	282
워크숍	485
웹	5, 9
웹 애플리케이션	60, 542
웹 접근성	5, 9, 31
웹 카메라	614
위젯	37, 448
음성	276
음성 설명	279
음성 명령	17, 250, 369, 402
의학 모델	27
이미지 자동 전환	355
이벤트	463
이용 상황	3, 9, 508
이전 다음 버튼	349
이해 가능	32
인라인	553
인지·학습 장애	20
인터랙션	582
인터랙티브 요소	83, 89, 320
인터뷰	491
인터페이스 인벤토리	312
일관성	303
일시정지	278, 291
입력 형식	150, 173

ㅈ

자막	19, 279
장식 이미지	261
장애 당사자	59
장애인	9, 20
장애인 차별 해소법	52
저시력	10
전맹	14
절대 단위	229
점자	8, 598
점프 기능	247, 534
접근성	2, 5, 63
접근성 API	74
접근성 오버레이	58
접근성 오브젝트 모델	74
접근성 지원	41
접근성 체크리스트	511
접근성 트리	654
접근할 수 있는 이름	250
정렬	393
제스처	297, 349
제약 검증 API	175
제약의 검증	167
조작 가능	32
줌	39
즉시 반영	571
지각 가능	32
지속적 통합	444
지원 기술	7, 597

ㅊ

책임	266, 449
천(川)	237
체류 제어	519
체크리스트	34, 439
체크 박스	67, 135, 222

ㅋ

카메라 입력	522
칼럼	584
캐러셀	346
캡션	279
커뮤니티	465
커스텀 제어	195
커스텀 컴포넌트	195
컬러 팔레트	441
콤보 박스	82, 165
클라이언트 사이드 라우팅	417
클로즈드 캡션	282
키보드 조작	81, 620
키보드 포커스	4, 36, 92, 363

ㅌ

탭 시퀀스	91
터치 스크린	395, 588
텍스트	556
텍스트 블록	239
텍스트 레이아웃	235
텍스트 크키	226
토스트	333
툴팁	356

트랙볼	603
팀	458
팀 버너스 리	8

ㅍ

파일 업로드	397
패턴 라이브러리	426
페이지 레이아웃	304
페이지 제목	244
포인팅 디바이스	35, 81, 516
포커스 인디케이터	87
포커스 트랩	202
포커스의 리셋	202
폼 제어	133
표제	247
표제 점프	118
표준 문자 크기	233
프레젠테이션	582
프로덕트 매니저	446
프로젝트 매니저	446
플레이스 홀더	132, 556
플릭	297
핀치 아웃	228
필수 입력	137, 150, 216

ㅎ

합리적 배려	52
햄버거 메뉴	403
현재 위치	307
화면 전환	417
화면 표시	643
화면 확대	10, 646

찾아보기

확대 226
확장 음성 설명 285
환경의 정비 53
휴먼 리더빌리티 38, 51
히트 영역 559

영문

A

a11y 2
A11y Annotation kit 453
alertdialog 역할 325
alert 역할 340
Ameba Accessibility Guidelines 451
AOM 74
APG 200, 445
ARIA Authoring Practices Guide 200, 445
ARIA in HTML 80, 204
aria-controls 속성 407
aria-current 속성 307, 313
aria-describedby 속성 78, 138, 141, 147, 176, 372, 385, 392
aria-expanded 속성 78, 407
aria-hidden="true" 354
aria-hidden 속성 326
aria-invalid 속성 177
aria-labelledby 속성 77, 141, 146, 326
aria-label 속성 72, 77, 112, 138, 250, 326
aria-live 속성 173, 337, 512
aria-modal 속성 326
aside 요소 311
autocomplete 속성 151,
autofocus 속성 191

axe 106, 444
axe DevTools 444, 486
a 요소 36, 73, 417, 422

B

B2B 462, 495
B2C 462
BGM 24, 278, 286

C

Carbon Design System 428
Chakra UI 445
CI 444
Contrast Grid 441

D

datalist 요소 165
Description 속성 78, 142
details 요소 83, 415
dialog 요소 83, 330
dialog 역할 325
display: none 75, 112, 353
DOM 37, 75

E

em 42, 233
ESLint 88
eslint-plugin-jsx-a11y 443
eslint-plugin-vuejs-accessibility 443
Expanded 속성 77

F

fieldset 요소 143
footer 요소 310
freee 접근성 가이드라인 34, 451
freee 접근성 체크리스트 485

G

GOV.UK Design System 427, 437
GUI 598, 643

H

header 요소 310
Headless UI 445
hidden 속성 410

I

inert 속성 203, 327, 354
inputmode 속성 159

J

JIS X 8341-3:2016 .... 9, 40, 437

L

label 요소 77, 84, 126, 134, 139, 176
lang 속성 251
legend 요소 143, 177
letter-spacing 속성 240
line-height 속성 240
Lint 443, 487

list 속성 165
log 역할 340

M

main 요소 307
markuplint 443
maximum-scale=1.0 228
maxlength 속성 162
max 속성 162
meta 요소 228
min 속성 162
MUI 335, 445

N

name 속성 157
Name 속성 77, 102, 132
nav 요소 310, 411
Notifications API 341

O

optgroup 요소 164
option 요소 164
output 요소 340
overflow: auto 379
overflow: hidden 352, 380
overflow: scroll 379

P

pattern 속성 155, 159
prefers-reduced-motion 미디어 쿼리 291

progressbar 역할 340
progress 요소 340

Q

QA 448, 473, 488
Quality Assurance 448

R

React Spectrum 436
rem 233
required 속성 138, 147
role="group" 85, 138, 146
role="radiogroup" 146
role 속성 72, 77, 80, 91, 146
Role 속성 77, 107

S

select 요소 83, 142, 163
SmartHR 62
SmartHR Design System 437
Spectrum Design System 436
Spindle 437
status 역할 340
step 속성 162
Storybook 444
summary 요소 83, 415

T

tabindex 속성 90, 323, 364

Tab 포커스 418
text-align: justify 240
title 속성 78, 138, 254, 357
type 속성 69, 83, 155, 161

U

U.S. Web Design System 437
UI 컴포넌트 37, 221, 323, 365, 428
user-scalable=no 229

V

Vibes 437
video 요소 83, 287
visibility: hidden 112, 353, 410
Visually Hidden 112, 250, 420

W

WAI-ARIA 37, 70, 77, 113, 141, 195, 325
WCAG 31, 34, 124,
                                   219, 293, 344, 438, 496
window.alert() 325

특수문자

:focus-visible 유사 클래스 99
:invalid 174
:valid 174
* 137, 148
% 233

웹 접근성 바이블
WCAG, WAI-ARIA 적용부터 UI 개선과 디자인 시스템 도입까지

출간일	2025년 6월 2일
지은이	이하라 리키야, 코바야시 다이스케, 마스다 소이치, 야마모토 레이
옮긴이	이민성
펴낸이	김범준
기획 · 책임편집	조부건
교정교열	윤모린
편집디자인	김옥자
표지디자인	셀로판 강수정
발행처	(주)비제이퍼블릭
출판신고	2009년 05월 01일 제300-2009-38호
주 소	서울시 중구 청계천로 100 시그니처타워 서관 9층 945, 946호
주문 · 문의	02-739-0739 팩스 02-6442-0739
홈페이지	http://www.bjpublic.co.kr 이메일 bjpublic@bjpublic.co.kr
가 격	38,000원
ISBN	979-11-6592-323-5 (93000)

한국어판 © 2025 (주)비제이퍼블릭

이 책은 저작권법에 따라 보호받는 저작물이므로 무단 전재와 무단 복제를 금지하며,
내용의 전부 또는 일부를 이용하려면 반드시 저작권자와 (주)비제이퍼블릭의 서면 동의를 받아야 합니다.

이 책을 저작권자의 허락 없이 **무단 복제 및 전재(복사, 스캔, PDF 파일 공유)하는 행위**는 모두 저작권법 위반입니다. 저작권법 제136조에 따라 **5년** 이하의 징역 또는 **5천만 원** 이하의 벌금을 부과할 수 있습니다. 무단 게재나 불법 스캔본 등을 발견하면 출판사나 한국저작권보호원에 신고해 주십시오.(불법 복제 신고 https://copy112.kcopa.or.kr).

잘못된 책은 구입하신 서점에서 교환해드립니다.